COLUMBIA COLLEGE CHICAGO
3 2711 00169 1736

C0-DKM-475

Indios y cristianos

•

Cómo en México el Santiago español se hizo indio

ARACELI CAMPOS

LOUIS CARDAILLAC

Indios y cristianos

•

Cómo en México el Santiago español se hizo indio

EL COLEGIO DE JALISCO
UNIVERSIDAD NACIONAL AUTÓNOMA DE MÉXICO
EDITORIAL ITACA

México, 2007

INDIOS Y CRISTIANOS
Cómo el Santiago español se hizo indio

Primera edición 2007

Cuidado de edición: David Moreno Soto
Diseño de portada y de láminas interiores: Alejandra Torales
Formación: Adriana Cataño / Alfavit

ISBN 13: 978-970-32-4502-4

Impreso y hecho en México
Printed in Mexico

Prólogo

En lo que se conoce desde el V Centenario del Descubrimiento como "el encuentro de dos mundos", importaron más la sexualidad y las creencias que las batallas campales, teatro de las apariciones prodigiosas de Santiago Matamoros. Aunque, bien pensado, el Apóstol sí ha tenido que ver con todos estos aspectos de las conquistas españolas en los muchos Méxicos indígenas preexistentes. Desde sir William Prescott y don Manuel Orozco y Berra, hasta Salvador de Madariega, José Luis Martínez y otros más recientes, la conquista de México y la figura de Hernán Cortés han sido objeto de valiosos libros. El mestizaje biológico también ha sido explorado primero por don Angel Rosenblat y después, contradictoriamente, por Woodrow Borah y su equipo, Aguirre Beltrán, Magnus Moerner, Guillermo Bonfil... Al estudio del sincretismo religioso, un veterano de los estudios islámicos y santiaguinos, Cardaillac, aporta una piedra blanca. El libro que presentamos (más por amistad que por necesidad) viene a colmar una laguna, inexplicable laguna, dado que Rojas Garcidueñas, Fernando Horcasitas, Roberto Ricard, López Austin y el autor de estas líneas, ya señalaron la importancia de la devoción a Santiago en México. Crecido número de historiadores ha estudiado la imagen sincrética de la Virgen de Guadalupe, desde Francisco de la Maza y Ernesto de la Torre. Como es natural, los conquistadores, el mismo Cortés y sus tenientes, oriundos de Extremadura, tuvieron una devoción por la imagen "de bulto" de sierra de las Villuercas. Pero como veteranos (o hijos de éstos) de la Reconquista peninsular sobre los moros, veneran por igual a Santiago Matamoros. El apóstol había sido nombrado por Jesucristo: *Boanarges*, esto es Hijo del trueno; así aparecía en su caballo blanco, blandiendo su espada fulminante, socorriendo las huestes cristianas, según una tenaz leyenda que dejó incrédulo a un Bernal Díaz del Castillo.

Los indios mexicanos no fueron menos desconcertados por los usos y las creencias de sus conquistadores españoles, que éstos en presencia de los mitotes, las pirámides, los *tzompantli*, la etiqueta del *tlatoani*, la homosexualidad institucionalizada, los baños rituales y los sacrificios humanos... Pasado el terror inicial, los indios empezaron a razonar y experimentar; se dieron cuenta de que los españoles no eran de raza inmortal, de que sus venados (caballos) no eran dioses, de que las armas de fuego eran como cerbatanas, etcétera... Igual que los vencedores, los vencidos intentaron reducir la absoluta novedad mediante analogías; en el aspecto religioso también vieron significativos parecidos. Los indios mexicas, politeístas, tenían un panteón abierto, en el que incorporaban dioses nuevos cuya eficacia se había hecho patente en sus vencedores. En Santiago vieron a un *Huitzilopochtli* de procedencia oriental, un guerrero mítico venido de donde el sol sale al amanecer; pensaron que si lo naturalizaran se haría también invencible. Así hicieron igualmente los incas del Perú, al identificarlo con su dios del trueno, *Illapa*, de donde nació la creencia híbrida en Santiago-*Illapa*. En las grandes cosmogonías amerindias había una divinidad común, la diosa-madre, la Pachamama de los andinos, la *Tonantzin* de los mexicanos. Pero, igual que en el judeocristianismo, en la religión azteca había una pareja originaria, el principio dual, *Ometéotl*, el padre y la madre del género humano, esto es de los indios yutoaztecas. Las sociedades humanas razonan en conformidad con sus propios modelos lógicos y míticos, proyectándolos sobre las otras culturas. El padre Sahagún ha comparado a *Quetzalcóatl* con "otro Hércules"; un anónimo Sahagún ha asociado a Santiago con *Huitzilopochtli*. Y, según testimonio del cronista dominico Remesal, los indios, agudos observadores de las devociones de los conquistadores, se persuadieron de que éstos adoraban al padre y la madre de la humanidad, "Santiago y María, su mujer", a los que confundieron con Adán y Eva; si bien otros ignoraban "si Santiago era hombre o mujer", según el mismo cronista.

Con este malentendido fue planteado el escenario de "la conquista espiritual", como la llamaron los primeros misioneros de las órdenes mendicantes, encargados por la monarquía española de esta ambigua misión, misionera e imperialista. Pero se inició subrepticia y simultáneamente, otro proceso, no programado, de "resistencia espiritual". Sería poco equitativo decir que la evangelización de México ha sido un fracaso, pero sería confiar demasiado en la *propaganda fide* afirmar que se ha "extirpado la idolatría", usando el vocabulario de la época, en el Perú y la Nueva España. El sigiloso proceso de apropiación de las devociones cristianas por parte de los indios es un perfecto ejemplo de lo que ha llamado Roger Bastide, en sus estudios de sincretismos afro-brasileños, "la antropofagia cultural". La correspondencia entre santos cristianos y dioses indígenas les permitió adoptar las creencias del grupo dominante hispano-criollo, sin renunciar a sus creencias ancestrales.

El libro de Cardaillac es el estudio magistral de este fenómeno. Al usar la palabra "magistral" no cedo a una convención encomiástica, de rigor en un prefacio. La verdad es que parecía imposible, después de la publicación de *Santiago Apóstol, el santo de los dos mundos* (El Colegio de Jalisco, 2002), que Cardaillac pudiera escribir otro libro, más extenso, dedicado al mismo apóstol. Con todo lo tenemos a la vista y en manos, y además es la demostración de otra metodología, que combina la historiografía con la antropología religiosa.

Indios y cristianos. Cómo en México el Santiago español se hizo indio (UNAM-El Colegio de Jalisco, 2006) es obra conjunta de Louis Cardaillac y Araceli Campos. Como suele ocurrir en tales casos, es difícil apreciar con justeza y justicia la aportación respectiva de cada uno de los coautores. Me atrevo a suponer, con escaso margen de error por lo que sé de los trabajos anteriores de ambos, que el historiador santiaguista es Cardaillac y la encuestadora de campo es Araceli Campos (¡como lo declara su apellido!). Incansables peregrinos de Santiago son los autores de este libro. Quien no se ha dedicado a este tipo de investigación no puede apreciar los tesoros de paciencia, los viajes, los gastos y las miles de molestias que supone juntar documentos, testimonios innumerables, fotos (tomas inteligentes y artísticas de Araceli Campos). Entrar en las capillas de pueblos dispersos, de norte a sur y de este a oeste del inmenso y accidentado territorio mexicano; presenciar las danzas y procesiones del 25 de julio, fiesta del apóstol, supone un don de movilidad y ubicuidad que superan la de un candidato en la campaña presidencial. El maratón santiaguista de los autores los ha llevado de Compostela a Jerusalén, de Santiago de Chile a Santiago del Estero, sin pasar por alto Santiago Tlatelolco, Santiaguito Itzcatlán, Santiago de Mazatlán, de Tingambato, de Sahuayo, de Jalpan en la Sierra Gorda, etcétera. No ha descansado hasta acotar la lista completa de imágenes, leyendas y danzas, y relacionarlas: la danza de los tastoanes, el teatro evangelizador y el arte *tequitqui*, el nagualismo subyacente... todo se anuda y se aclara en este penetrante análisis: una obra en la que la sensibilidad compite con una erudición nunca aburrida.

Por no cansar más la atención del lector y no frustrar más tiempo su impaciencia de leer el libro que sigue, lo quiero citar; así se resume su propósito:

> Iconografía y arquitectura corren parejas para crear aquí un nuevo fenómeno nacional de raigambre hispánica, pero de libre evolución. En cuanto al culto que se tributa a Santiago, bien se puede considerar que es un caso análogo de mudejarismo mexicano. Los frailes evangelizadores españoles lo aportaron, pero los nativos se lo apropiaron (cap. I).

La alusión a los mudéjares de la España medieval nos recuerda la obra y la experiencia islamista de Cardaillac, mejor preparado que cualquiera para estudiar las danzas de moros y cristianos de los indios mexicanos, estrechamente ligadas a la devoción a Santiago y sus avatares sincréticos. El nuevo libro de Cardaillac y Campos es, a mi modo de ver, un hito desde ahora insoslayable en la vía exploratoria de la conciencia de identidad mexicana, identidad todavía múltiple como lo es la indígena, "inculturada" según los teólogos, "aculturada" según los antropólogos, "marginada" según los sociólogos... pero quizás en vía de rescate por la Iglesia, las Naciones Unidas y la opinión internacional, que presionan en ese sentido a las autoridades federales.

Jacques Lafaye, junio de 2006

Presentación

El viajero fue, durante muchas semanas, un espejo que refleja imágenes exteriores, una vidriera transparente que luces y sombras atravesaron, una placa sensible que registró, en tránsito y proceso, las impresiones, las voces, el murmullo infinito de un pueblo.

José Saramago, *Viaje a Portugal*

Si es verdad, como se ha dicho, que los rostros de los países se van conformando con la suma de arrugas históricas acumuladas, México, en este sentido, presenta una identidad con unos ingredientes notables.

El país tenía unas culturas aborígenes fuertes, desarrolladas. Luego sufrió la conquista española a partir de la cual hubo un mestizaje y nació no sólo una nueva raza, sino una nueva civilización. Durante los tres siglos en que el país fue Colonia, se verificó lo que Fernand Braudel llamaría un proceso de larga duración: la adopción y la adaptación en estas tierras de ese conjunto de modos de vida y de creencias que España aportó. Como lo escribió el historiador Georges Baudot: "La conquista espiritual de América es posiblemente la más grande empresa de transmutación ideológica de la época moderna."

Entre los rasgos definitorios de México están su geografía y la multiplicidad de sus regiones en relación con la enorme diversidad de las etnias y de las lenguas que hablan; sin ella la realidad indígena sólo sería imagen sin contenido. México es pluriétnico y multicultural.

Otro rasgo particularizante es la religión, o más bien las religiones: éstas, siendo un sistema de creencias que explica y cohesionan la existencia humana, ofrecen a sus fieles una cosmovisión, es decir, un sistema complejo y fundamental que facilita la integración entre los creyentes y la comunicación con las deidades. La religión de los pueblos indios, que se elaboró en un largo proceso histórico, se expresa de manera diferente en cada uno de los grandes grupos étnicos, sin embargo, existen elementos semejantes para todas las culturas del país que proceden de un origen común prehispánico. Esos elementos en el momento de la evangelización se mezclan con componentes cristianos. El culto de Santiago ha sido escogido como tema de estudio en este libro por ser el más difundido en México, después del de la virgen de Guadalupe; es revelador de cierta forma de religiosidad que los conquistadores transmitieron en el Nuevo Mundo. Con razón Luis Weckman le dedicó un capítulo en su libro *La herencia medieval de México.*

Escribir sobre Santiago en México no es fácil, por la excesiva riqueza de la documentación. A cada paso de un viaje por la República, uno se topa con él: con una imagen, una leyenda, un topónimo o un acto folklórico.

Sin embargo, pensamos que merecía la pena, primero recoger toda la documentación posible, luego clasificarla, analizarla y distribuirla en centros de interés. Nuestros viajes fueron múltiples durante más de tres años, y algunos estados como Oaxaca, Puebla o el estado de México recibieron nuestra visita varias veces. Nos metimos en los lugares más recónditos de las tierras jacobeas, a través de brechas, caminos de terracería, trochas y vericuetos.

Terminamos dándonos cuenta que si España y Europa tienen una red de caminos de Santiago bien delimitada, en la que todos se dirigen hacia una misma dirección, Compostela, en México la diferencia es notable: allí ninguna ciudad se impone como centro del culto jacobeo, pero los pueblos de Santiago son tan numerosos que todo México es Camino de Santiago. Las vías que conducen a esas poblaciones terminan formando una inmensa red compuesta de tramos que parecen multiplicarse al infinito. Todos esos caminos finalmente llevan a "Santo Santiago".

En nuestra investigación por esas tierras nos dejamos guiar por las informaciones que pudimos recoger a través de mil testimonios y otras veces nos llevó la sencilla inspiración, después de establecer, a partir de los documentos del Instituto Nacional de Estadística, Geografía e Informática (INEGI), la lista de los pueblos dedicados a Santiago.

Nuestros contactos nos permitieron comprobar que el culto de Santiago sigue vivo en México y es diferente según las regiones. Tratamos de encontrar contestaciones a las numerosas preguntas que nos planteábamos desde hace tiempo. Entre ellas: ¿cómo pudo ese culto ser adoptado de forma tan evidente por poblaciones que lo recibieron como un símbolo de imposición?, ¿cuál fue el proceso de asimilación y hasta dónde llegó la evolución?, ¿cómo se construyó la visión de Santiago en una base de creencias prehispánicas? Muchas preguntas que, precisamente, nuestros interlocutores nos ayudaron a formular y a contestar. Pero el estudio hubiera quedado incompleto si no nos hubiéramos interrogado sobre los descendientes de los españoles, criollos y mestizos: ¿cómo ellos también, en sus ciudades y pueblos vieron a Santiago e hicieron evolucionar su culto? El lector del libro quedará sorprendido, al igual que los autores, con las conclusiones a las que llegamos.

En la elaboración del libro, estimamos indispensable precisar en un primer tiempo las circunstancias mexicanas de la difusión del culto de Santiago. México es el país en el mundo con más iglesias dedicadas al Santo. Para descubrir el por qué, nos fue necesario estudiar el papel de las órdenes religiosas que evangelizaron el país en el siglo XVI y estudiar cuáles fueron sus recursos de evangelización y sus estrategias.

Buscamos las huellas de esta evangelización en el folklore todavía presente en las fiestas del 25 de julio. La iconografía fue otra fuente riquísima en que vimos la aportación española, el substrato indígena y la expresión de una religiosidad popular. Esa misma religiosidad también se expresa en el mundo de las leyendas que se transmiten generación tras generación y que todavía se encuentran vivas y se pueden recoger en los pueblos.

En la segunda parte de este libro quisimos contestar a varias preguntas complementarias: ¿en la actualidad qué queda de esta herencia recibida de España?, ¿se ha terminado o sigue vigente este largo proceso de asimilación de las creencias venidas del otro lado del mar?

Al fin y al cabo Santiago nos pareció ser un elemento aglutinador y señal de identidad de muchas comunidades. Es, no cabe duda, un elemento básico de las creencias populares que se han transmitido desde la primitiva evangelización hasta nuestros días. Por eso pensamos que merecía un estudio exhaustivo como el que presentamos hoy al lector.

Nos queda por agradecer a las instituciones que han permitido la realización de este proyecto: El Colegio de Jalisco en Zapopan y la Facultad de Filosofía y Letras de la UNAM, que aceptaron la constitución de un equipo formado por dos investigadores procedentes de esos centros. Con su apoyo pudimos progresar eficazmente. También nuestra gratitud va dirigida a nuestros informantes, quienes, en la inmensa mayoría de los casos, nos recibieron con simpatía; sin su testimonio y colaboración no hubiéramos podido llevar a cabo esta empresa. Dedicamos esta obra a todas las personas y comunidades con las que compartimos nuestro común interés por el Santo.

Araceli Campos y *Louis Cardaillac*

SANTIAGO Y SUS CIRCUNSTANCIAS MEXICANAS

•

Las órdenes religiosas y la propagación del culto jacobeo

¿No es paradójico ver que los monasterios, lugares cerrados por naturaleza, concebidos precisamente para instaurar una ruptura con el mundo, en México se convierten por el contrario en polos de irradiación y difusión del cristianismo en tierras indianas?

Christian Duverger, *Agua y fuego*

Las órdenes religiosas desempeñaron un papel fundamental en la evangelización de México. No sólo transmitieron a las poblaciones indígenas los valores fundamentales religiosos sino que fueron los intermediarios eficaces para darles a conocer las características de la religiosidad propiamente castellana. Entre todos los santos, el apóstol Santiago gozaba en España de una gran popularidad por haber mantenido —según la tradición— estrechas relaciones con el país en tres momentos distintos: primero como evangelizador, luego por haber sido sepultado en Compostela y finalmente por haber ayudado a los cristianos en tiempos de la Reconquista. Con los conquistadores, Santiago cruzó el Atlántico y en las Indias recién descubiertas se asentó.[1]

Como lo vamos a ver fueron las órdenes religiosas, especialmente los franciscanos, los dominicos y los agustinos, las que se hicieron grandes propagandistas del Santo y desarrollaron su culto. Los escudos heráldicos de las órdenes, esculpidos en las fachadas de los templos y de los monasterios, evocan todavía hoy esta gigantesca obra evangelizadora y nos ayudan a precisar las zonas de influencia de cada una de ellas.

El más complejo de estos escudos es el de la orden franciscana; varios de los elementos que lo componen se refieren a la pasión de Cristo y a los estigmas que san Francisco recibió en su cuerpo. La representación más frecuente consiste en dos brazos cruzados clavados en la cruz, el uno es del santo fundador y el

[1] Una primera versión de este capítulo fue publicada con el título "Las órdenes religiosas y el culto de Santiago en el México colonial", *Iacobus. Revista de estudios jacobeos y medievales*, pp. 243-274.

otro de Cristo. Otro elemento de identificación de la orden son las cinco llagas de la pasión dispuestas en un óvalo. Es también un recuerdo de la estigmatización del santo. Se utiliza además, pero con menos frecuencia para identificar a la orden, la cruz de Jerusalén (cuatro pequeñas cruces encuadrando otra mayor), símbolo de la presencia franciscana desde hace siglos en Palestina.

El escudo dominico consta de cuatro flores de lis reunidas para formar una cruz. Otras veces se utiliza como atributo de la orden la representación de un perro. Este símbolo procede de un juego de palabras, a partir del latín, sobre dominicos (*domini canes*: los perros del Señor). El perro puede llevar en su hocico una tea que simboliza la difusión de la luz del evangelio, primer cometido de la orden.

Los agustinos utilizan como símbolo heráldico un sagrado corazón *alumbrado*, esto es despidiendo llamas, atravesado por dos flechas. A veces una de las flechas es substituida por el báculo episcopal del santo fundador.

La orden franciscana y Santiago

Desde los inicios de la orden hasta la evangelización en el Nuevo Mundo

La orden franciscana fundada por Francisco de Asís manifestó desde los principios su vocación misionera. A partir del siglo XIII, los franciscanos, atraídos por el mundo islámico, fueron respetados por los musulmanes, aún en aquellos siglos de enconadas luchas contra el islam. En Palestina son desde aquella época lejana los guardianes de los Santos Lugares. También, desde los principios, manifestaron su interés por el continente africano: en Marruecos, tuvieron sus primeros mártires.

No podían faltar sus misioneros en la empresa de la evangelización del Nuevo Mundo. La ayuda decisiva que prestaron a Cristóbal Colón cuando llegó al pequeño convento andaluz de la Rábida, en la primavera de 1485, parecía predestinarlos a eso. Allí hicieron alianza las tradiciones milenaristas y proféticas de la orden con las utopías del que va a ser el descubridor de nuevas tierras. A partir de ahora quedan vinculados esos dos destinos y más aún el de la orden franciscana y el de América. Ya la vocación misionera de los frailes, una vez que se conoce la existencia del nuevo continente, va a orientarse hacia actividades apostólicas destinadas a llevar la buena noticia del evangelio a las poblaciones locales. Este nuevo reto vino a enmarcarse en las preocupaciones primordiales de la orden.

En 1524, doce religiosos desembarcaron en las costas de México. Son los *doce apóstoles de la Nueva España.* El ministro general de la orden justifica así su elección: "porque éste fue el número que Cristo tomó en su compañía para hacer la conversión del mundo, y san Francisco, nuestro padre, hizo lo mismo para la publicación de la vida evangélica".

Lo que buscan efectivamente es la conversión del mundo: la tradición hispánica franciscana metida en las interpretaciones apocalípticas y milenaristas de la historia había preparado los espíritus para reaccionar al impacto provocado por la aparición del Nuevo Mundo. Ya se abrían inmensas posibilidades para la evangelización. De la conversión masiva y urgente de los indios, "esos últimos gentiles reencontrados al otro extremo de la tierra", dependía la realización de las promesas del Apocalipsis. Fray Martín de Valencia, el que encabezaba a los doce misioneros, fue la clave de esas nuevas perspectivas, siendo el lazo profundo entre la evangelización activa de México y la reflexión milenarista. Tienen todos la convicción de vivir los preludios de los últimos tiempos, en vísperas del reino del Espíritu Santo prometido como introducción al *Millenium.* Esas perspectivas escatológicas suscitaron un afán misionero sin igual que caracteriza la expansión franciscana en territorio mexicano.[2] Su gran propósito era el de edificar en el antiguo imperio de los mexicas, una humanidad nueva, preparada espiritualmente para el fin de los tiempos, después de ganarla a Cristo por la conversión. Colón expresó, a su manera, esa misma ideología visionaria: "Jerusalén y el monte Sión ha de ser edificado por mano de cristiano; quien ha de ser, Dios por boca del profeta en el salmo 14 lo dice. El abad Joaquín dijo que éste habría de salir de España".[3]

Algunas cifras resaltan la labor misionera de la orden. En una carta de 1531, fray Juan de Zumárraga, hermano menor y primer arzobispo de México, afirma que en siete años, en el período que va de 1524 a 1531, los franciscanos habían bautizado un millón de indígenas. En 1529, Pedro de Gante declaró que cada día se administraba el bautismo a 14 000 personas. Fray Toribio de Benavente, Motolinía, calcula que en 1536 el número de indios bautizados ascendía a 5 000 000, y Mendieta da la cifra para 1540 de 6 000 000.[4] Cifras exageradas tal vez, pero de seguro, empresa maratónica que lleva en sí una consecuencia importante: la instrucción religiosa que se daba a los candidatos al bautismo sólo podía en esas condiciones ser rudimentaria. Esta práctica del sacramento suscitó recelos y críticas entre las órdenes mendicantes, especialmente de los dominicos.

[2] *Cf.* Georges Baudot, *La pugna franciscana por México*, pp. 22-27.

[3] *Apud* Joaquín Montes Bardo, "Iconografía santiaguista y espiritualidad franciscana en la Nueva España, siglo XVI", en *Historia del Arte*, t. VIII, p. 92. La alusión al "Abad Joaquín", se refiere a Joaquín de Flore, abad calabrés, en quien se ve una de las fuentes principales de este milenarismo.

[4] *Apud* Georges Baudot, *op. cit.*, p. 27.

El gran desarrollo de la evangelización franciscana

Dos meses más tarde de haber desembarcado en las costas mexicanas, el grupo de los doce apóstoles llegó a la ciudad de México, y desde allí se convirtieron en los grandes agentes de la evangelización del Altiplano, que fue el escenario principal de la conquista cortesiana de México a Tlaxcala. Pronto comenzaron a levantar conventos a partir de dos zonas iniciales: México y Puebla recién fundada. De esas dos ciudades partió el gran despliegue misional de la orden: ya en 1525, construyen la primera iglesia que hubo en todo México, la de San Francisco, con un gran convento a su lado. Hacia el norte fundan la misión del Pánuco y en Morelos establecen otro convento en Cuernavaca; lo mismo, en 1526, en Tzintzunzán, capital de los tarascos y en otros lugares de Michoacán, como Pátzcuaro y Guayanguareo (actual Morelia). En el eje del sudeste, llegan pronto a Tehuacán y Oaxaca y en el eje del noroeste a las regiones de Querétaro-Guanajuato. Acompañan los progresos de la Conquista no sólo en Michoacán, sino también en Nueva Galicia.

Precisamente la importancia numérica de las fundaciones y de los frailes a lo largo de los siglos XVI y XVII nos muestra la importancia de la red franciscana a través de todo el territorio. En 1569 había en las cuatro provincias de la Nueva España 320 religiosos y 96 residencias; en 1586, los religiosos sumaban más de 900 y las residencias 219. A finales del siglo XVII, cuando ya las comunidades contaban en su mayoría criollos, pasaban de 2 400 religiosos. Desde México se extendió la evangelización al resto de las Indias.[5] En 1531 llegaban los frailes al Perú; en 1550, erigían convento en Santa Fe de Bogotá, capital del Nuevo Reino de Granada; en 1565, creaban una provincia en Chile; en 1575, se establecían en Venezuela y, en 1582, fundaban las primeras reducciones de indígenas de Paraguay. Fueron los grandes pioneros y grandes aventureros de la "conquista espiritual de las Indias".

Los hijos de san Francisco fueron acérrimos defensores de los derechos indianos y decididos promotores de la cultura nativa. Georges Baudot califica esa empresa de "fascinante utopía" y la define como el intento de edificar una sociedad amerindia cristiana, aferrada a su primera y original identidad, protegida por sus propios valores, una vez limpios de toda idolatría. En esta magna transmutación ideológica, los franciscanos quisieron utilizar y proteger el acervo cultural indígena. Pretendieron obrar en el nacimiento de una futura sociedad casi exclusivamente indígena. Aquello suponía el rechazo de la hispanización y de la inserción en los modelos del mundo europeo y especialmente

[5] *Apud* Manuel de Castro y Castro, "Expresión geográfica de los franciscanos en y desde el Nuevo Mundo", en *Los franciscanos,* p. 45.

español, condenado por perverso. Esas pretensiones tuvieron sus realizaciones hasta fines del siglo XVI y fueron discriminadas después por la instalación progresiva de una iglesia seglar muy jerarquizada que sustituyó la primitiva Iglesia de las órdenes mendicantes, especialmente influenciada por los franciscanos.[6] Sin embargo, este ideal de sociedad perduró y todavía tuvo sus brotes a lo largo de los siglos de la Colonia. En este ambiente se propagó el culto de los santos y especialmente el de Santiago. Este culto, en esas condiciones, bien podía desarrollarse con mucha libertad en las comunidades indígenas sobre un substrato de creencias prehispánicas.

Franciscanismo santiaguista

Por ahora nos interesa precisar que un elemento fundamental condicionó la difusión del culto de Santiago: sus promotores, los franciscanos, por tradición de la orden, eran grandes santiaguistas.[7] El mismo fundador, en el viaje que realizó a España en los años 1213-1214, visitó la sepultura del Apóstol en Compostela.

Los primeros hagiógrafos de san Francisco le aplicaron los títulos de la gloria militar: "Caballero del crucificado", "Gonfalonero de Cristo", "Condestable del ejército santo", y subrayaron que fundó sus tres órdenes concibiéndolas como "la triple milicia de los escogidos".[8]

Pero la orden seráfica suavizó el alcance de esta visión que la hubiera acercado demasiado al ideal de los conquistadores. Vio esos calificativos en un sentido ascético y místico: la empresa evangelizadora convierte a los misioneros en soldados de Cristo, que tienen que enfrentarse con los trabajos comunes a los de la milicia. Su conquista será espiritual. Los esfuerzos desplegados en América serán los de los miembros de un ejército de Cristo que obrarán para cumplir las profecías que se expresaban en el mesianismo de la época. En este combate Santiago estará a su lado.

[6] Estas afirmaciones se deben matizar: desde el siglo XVI algunos miembros eminentes de la jerarquía compartieron con los franciscanos esta visión de los indígenas. Fue el caso de don Vasco de Quiroga, letrado y primer obispo de Michoacán (1537), que estimaba que los naturales mostraban en sus formas tradicionales de conducta, de gobierno y de organización social cualidades humanas que facilitaban la vida en comunidad. Según él, su modo de vivir hacía que estuvieran desprovistos del individualismo, la soberbia y la ambición de los españoles. De modo que abogó para que fuera respetada su forma de vida y soñó para ellos un modelo de sociedad inspirado en la *Utopía* de Tomás Moro, y hasta puso en marcha, en esta perspectiva, la fundación de "hospitales pueblo". También, según la tradición, dio el nombre de Santiago a algunos pueblos recién fundados en su diócesis, como al de Valle de Santiago y al de Santiago Nurio.

[7] Desarrolla magníficamente esta idea Montes Bardo, *op. cit.*, pp. 89-102.

[8] *Ibid.*, p. 92.

Es notable que de las cuatro provincias franciscanas que se erigieron, una estuviera dedicada a san Francisco y otra a Santiago. Esas cuatro jurisdicciones son: la del Santo Evangelio de México (1535), la de San Pedro y San Pablo de Michoacán (1565), la de San Francisco de Zacatecas (1604) y la de Santiago de Jalisco (1607). No cabe duda, por otra parte, que el origen gallego de la mayoría de los "doce apóstoles" hacía de ellos unos devotos del Santo y favoreció la difusión de su culto.

Dos estampas que reúnen a Santiago y a san Francisco en una misma representación alegórica de la orden franciscana, nos permiten comprender la relación íntima que se estableció en las mentes de aquella época entre los dos santos.

La primera ilustra la obra de un cronista santiaguista, Jacobo de Castro, titulada *Árbol cronológico de la santa provincia de Santiago.* En el grabado aparece san Francisco plantando el árbol de su orden. Santiago lo está regando y Dios Padre preside la escena. Un texto parafrasea una frase de san Pablo (I Cor. 3, 6) aplicada a la escena: "*ego plantavi* (san Francisco), *ego regavi* (Santiago), *ego incrementum dedi* (Dios Padre)".

Esta iconografía es, al mismo tiempo, una representación simbólica de la propagación de la fe cristiana en la Nueva España, que va a crecer como un árbol cargado de frutos, gracias a la labor evangelizadora de las órdenes religiosas, particularmente la franciscana, y la protección de los santos apóstoles, especialmente de Santiago, cuyo culto va a ser desarrollado en esas tierras de misión.[9]

La segunda estampa es del siglo XVIII. Es obra del artista valenciano Vicente Capilla Cid que fue realizada en 1792. También se presenta como una alegoría de la orden franciscana, esta vez relacionada con la conquista de Querétaro (1531). El centro está ocupado por una gran cruz-palmera que san Francisco, situado simbólicamente sobre la taza de una fuente, está regando con la sangre que se derrama de las llagas de Cristo. Esta gran cruz central está presentada como una *via perfeccionis*; sobre los peldaños que permiten acceder a ella están escritas las virtudes franciscanas: *abstinentia, humilitas, patientia, paupertas, caritas, obedientia, zelus animarum.* La realización de este ideal es favorecido por la evangelización, representada por los ilustres franciscanos, el padre Antonio Llimaz, junto a un pequeño edificio que representa al colegio franciscano fundado por él en Querétaro, y el padre Antonio Margil, en acto de predicar a los indígenas.

[9] La referencia a esta iconografía se encuentra en Montes Bardo, *op. cit.*, p. 90. El autor del artículo concluye: "La propagación de la fe cristiana en la Nueva España es circunstancial a esta iconografía".

En el plano superior de la estampa están grabadas algunas escenas celestes: la Virgen coronada por la Trinidad, con ángeles, san José y san Miguel que sojuzgan al demonio en forma de perro.[10] En esta exaltación franciscana no podía faltar Santiago, supuestamente aparecido, al mismo tiempo que la cruz, en el cielo de Querétaro el 25 de julio de 1531. El Apóstol está representado a caballo, con su espada, volando sobre la colina del Sangremal, lugar de las apariciones. San Francisco y Santiago son dos santos considerados como los dos pilares de la evangelización del Viejo y del Nuevo Mundo.

La labor franciscana bajo el signo de Santiago

La labor de los frailes se desarrolló a favor de los indígenas en varios niveles: fue una empresa evangelizadora y educativa, así como de defensa de derechos humanos. Para cada uno de esos dos aspectos expondremos algunos ejemplos ilustrativos.

Las labores evangelizadora y educativa

Los franciscanos desde los primeros años de la colonia edificaron en Tlatelolco varios edificios que simbolizan su preocupación misionera. La elección del sitio es altamente simbólica. Tlatelolco era un señorío vecino de Tenochtitlan. En la época precolombina había sido la sede de un calmécac famoso, que había contado entre sus alumnos al último de los emperadores del México indígena, Cuauhtémoc. De ahí salió la más fuerte oposición militar a la implantación española, siendo el escenario de la última batalla durante la toma de Tenochtitlan.[11]

Encima de la pirámide que allí se levantaba había un templo dedicado al dios de la guerra. Los conquistadores, como manifestación del triunfo cristiano sobre la "idolatría", expresaron así su determinación: "que desde que ganamos aquella fuerte y gran ciudad y se repartieron los solares, que luego propusimos que en aquel gran cú habríamos de hacer la iglesia de nuestro patrón y guiador señor Santiago".[12] Así lo expresa Bernal Díaz del Castillo en su *Historia verdadera de la conquista de la Nueva España.* De esta manera, en el reducto de la resistencia azteca, Santiago se transforma en sustituto de Huitzilopochtli.

[10] La estampa está representada en la página 282. Santiago Sebastián, "La iconografía de Santiago en el arte hispanoamericano", en *Santiago y América*, p. 284.

[11] Baudot, *op. cit.*, p. 34.

[12] Bernal Díaz del Castillo, *Historia verdadera de la conquista de la Nueva España*, p. 194.

Arruinada la primitiva capilla, más tarde se levantó una nueva iglesia también dedicada a Santiago y construida con los materiales de la pirámide. Detrás del altar mayor un suntuoso retablo representaba en su relieve central a Santiago Matamoros. Esta única parte del retablo se ha conservado hasta hoy. Además se creó al lado del convento franciscano el célebre Colegio de la Santa Cruz de Tlatelolco, destinado a los hijos de la nobleza india. El establecimiento funcionó entre 1536 y 1568. Se pensaba que de allí saldrían las élites del futuro México que sería cristiano e indio; sería la continuidad del destino histórico de los mexicanos. La empresa, expresión de la utopía misionera de los franciscanos, fracasó en buena parte, por lo menos en su pretensión de formar allí un clero mexicano, pero sí resultó positiva en la formación intelectual y religiosa de los indígenas que allí se iniciaban a las prácticas de las letras y de las artes con maestros de la categoría de fray Bernardino de Sahagún y fray Juan de Torquemada.

El Colegio se convirtió en institución emblemática: un lugar de encuentro privilegiado para esos dos mundos que el destino había situado frente a frente. En este espacio, la reciprocidad del intercambio predominó.

Y sin embargo, la empresa, al cabo de algunos decenios, no prosperó. Los historiadores nos explican el porqué: "En este asunto, la orden seráfica tuvo que enfrentar por una parte la desconfianza de los españoles, quienes, por reacción colonial, veían la empresa con los peores ojos, y por la otra la animadversión de los dominicos, que frecuentemente criticaban las iniciativas de los hermanos menores".[13]

Fracasaron los franciscanos en su intento de transformar su Colegio en un seminario del cual saldrían los primeros sacerdotes indios. A partir de 1546, algunas de sus actividades fueron más o menos absorbidas por el monasterio mismo. Sin embargo, el espíritu allí lanzado permaneció: los franciscanos, a pesar de todas las dificultades, lograron implantar en los lugares de su acción misionera una red de responsables indígenas, debidamente formados, dotados de funciones apostólicas. Crearon un auténtico laicado evangelizador, "inventando una jerarquía específica con los títulos de *tepixqui* y *tlapixqui*".[14]

No lejos de Tlatelolco, los franciscanos edificaron otros conventos con el patronazgo de Santiago: uno en Chalco y otro en Xiutepec (1580). Los dos lugares tienen un punto en común: sus habitantes fueron de los primeros aliados de Cortés, antes del asalto definitivo a Tenochtitlan. Desde los primeros momentos reconocieron su obediencia al rey de España ante el mismo Cortés, en los momentos que precedieron a la toma de la capital. La adopción de San-

[13] Christian Duverger, *La conversión de los indios de Nueva España.* Con el texto de los *Coloquios de los Doce de Bernardino de Sahagún (1564)*, p. 180. El autor dedica al colegio de Tlatelolco todo un capítulo, pp. 176-186.

[14] *Ibid.*, p. 182.

tiago representa un primer paso en el proceso de transculturación en la mente del indígena ya cristianizado. El indio evangelizado hace suya la sensibilidad popular y medieval transmitida por el español. Joaquín Montes Bardo señala, además, que desde 1526 algunos caciques de la zona, entre ellos los de San Esteban de Axapasco y de Santiago de Tepeyahualco, piden imágenes de sus respectivos patronos para las iglesias: "Y os hacemos saber con el gusto que vamos a colocar a Señor San Sebastián y Santiago por patronos de nuestros pueblos."[15]

Por una parte, desde los principios de la Conquista la empresa se vio como una cruzada que prolongaba la larga lucha de los siglos de la Reconquista española. En la península, la empresa militar tuvo su componente religioso que desarrolló una religiosidad militante. En las grandes etapas, se mencionaba que Santiago se aparecía a las tropas para darles la victoria final. Supuestamente se presentó en 38 batallas, prestándoles su ayuda. De la misma manera en el nuevo continente, unas 13 veces bajó del cielo para ayudar a los conquistadores en su empresa.

Las edificaciones conventuales de los principios recuerdan ese ambiente guerrero, heredado de la Edad Media española. Algunos conventos están fortificados y conservan todavía sus muros almenados y caminos de ronda. Eran puntos defensivos en la línea frontera que progresivamente se avanzaba en zonas todavía sin controlar o que por lo menos se debían afianzar. Por eso, allí se fundaron tantos conventos de Santiago, en recuerdo del papel que tuvo el Santo en situaciones análogas durante la Reconquista. Además de Chalco y Xiutepec ya citados, podemos nombrar los siguientes: Querétaro (1531), Tlatelolco (1535), Tlajomulco (1551), Tecali (1554), Atotonilco de Tula (1560), Sayula (1573), Teconzantla (1649); en cada uno de esos conventos se difundió el culto de Santiago.

Por otra parte, en la conquista de la Nueva España se prolongó esta concepción de la sociedad: al lado de los soldados que luchaban, los franciscanos estaban presentes con otros religiosos y los ayudaban con sus oraciones y plegarias. El ritual religioso se enmarcaba en el ritual bélico. Pero progresivamente se apartaron de esa tradición medieval que suponía la alianza de la espada y de la cruz. Van a actuar por su propia cuenta, por la necesidad primordial que sienten de convertir a los indígenas por otros medios que el de la guerra. De modo que aceptan los hechos consumados, debido a su visión providencialista, pero se esfuerzan por impedir su repetición o por lo menos por atenuar sus efectos. Así actuaron, mostrando toda su humanidad, fray Antonio de Segovia y sus compañeros, en Jalisco, después de la batalla del Mixtón (1541), a favor de los indios vencidos. Otro misionero, fray Martín de Valencia, pretendió la

[15] Montes Bardo, *op. cit.*, p. 99.

propagación del evangelio hacia el Asia, y obtuvo de Cortés la promesa de fletar unas naves "para que allí predicasen el evangelio, sin que precediese conquista de armas." Mas tarde, en 1560, según A. Zurita, fueron habituales las entradas de franciscanos en la Nueva Galicia, sin acompañamiento militar.[16]

La defensa de los indígenas

Quien expresó esa postura franciscana a favor de los indios con su corolario de la crítica de las actuaciones guerreras españolas, que suponían la dominación de los nativos y la propagación de la fe acompañada por las armas, fue el fraile Francisco Fernando Frejes, quien publicó en la primera mitad del siglo XIX un libro titulado *Memoria histórica de los sucesos más notables de la conquista particular de Jalisco por los españoles.*[17] En él aboga por los indios, censurando a quienes les enajenaron con violencia sus propiedades y los oprimieron, mientras ellos sólo reclamaban "su libertad civil, y no más que su libertad". Es notable que cuando escribe sobre las distintas batallas en las que según la tradición apareció Santiago en territorio americano, no menciona al Apóstol. Suponemos que para él, que se define como "jalisciense amante de la ilustración", estas historias no son más que consejas.

Pero, cuando en su relato llega el momento de contar la guerra del Mixtón, su sangre de repente rebulle. Por una parte, ha sido unos pocos años atrás un fervoroso partidario de la independencia de su país, oponiéndose en esa ocasión a los españoles; por otra parte, es sacerdote *ilustrado* y no admite cualquier leyenda sobre la vida de los santos. Su rechazo es completo cuando se atribuyen a un santo atrocidades e injusticias. Escribe:

> El manuscrito que tengo de la historia dice que santo Santiago se apareció en el Mixtón matando indios y que así lo publicaron los españoles. No es la primera vez que estos bárbaros levantan falsos y quimeras contra los santos, haciéndoles cómplices de sus maldades. ¿Qué tenía que hacer santo Santiago con los infelices e inocentes indígenas que sólo se defendían de una agresión injusta? ¿Y cuándo fueron nunca los indios a dominarlos como los moros a ellos?[18]

Lo que rechaza el fraile con la última frase es el concepto de guerra justa. Para él, la conquista de los indios no se justificaba, ya que los indios defendían

[16] *Ibid.*, p. 94.

[17] Fray Francisco Frejes, *Memoria histórica de los sucesos más notables de la conquista particular de Jalisco por los españoles,* 1990.

[18] *Ibid.*, pp. 88-89.

su tierra. Pero sí era guerra justa la de Las Navas y demás batallas de la Reconquista, ya que los españoles luchaban contra una dominación extranjera. Pero en el Mixtón, los indios no pretendían invadir ni dominar a nadie, se defendían, nada más.

Y concluye con unas palabras que exaltan el gran mérito de los indios, quienes, a pesar de sufrir las injusticias, se adoptaron a la fe que se les proponía: "El mayor milagro que Dios y sus santos hicieron en la Conquista fue que los indios amaron tanto desde entonces una religión que los bárbaros españoles les trajeron en la punta de la espada y boca del cañón." Con este milagro estamos a mil leguas del relato de las apariciones de Santiago a favor de los españoles según lo cuentan los cronistas.

La ambigüedad de la política evangelizadora franciscana

De modo que los franciscanos se apartaron progresivamente del cristianismo militante que esculpió la figura de Santiago Matamoros. Prescindiendo de la religiosidad medieval guerrera, dejaron a los indígenas la rienda suelta en su representación del que había sido, después de matamoros, mataindios. Los indígenas pretendieron apropiarse esta figura e introducirla en su sistema cosmogónico perfectamente coherente y estructurado.

Los evangelizadores, por su parte, pretendían sustituir en la mente de los indígenas un conjunto de creencias por el concepto cristiano del mundo. Se toparon con grandes dificultades: al mismo tiempo que admitían la libre expresión de la mentalidad indígena, a través de su sensibilidad artística, experimentaban un gran temor por todo aquello que entrañara confusiones de sincretismo religioso.

La empresa a veces pareció casi imposible, pero dio resultados creando una nueva identidad, hecha de aportaciones indígenas y cristianas. En los capítulos siguientes del libro analizaremos las manifestaciones en el arte y en el folklore de esa nueva identidad; el Santiago que descubriremos tanto en la iconografía como en las danzas de moros y cristianos, se apartará de lo tradicional hispánico y se naturalizará americano e indígena.

Recordemos al respecto la trayectoria de un franciscano de los primeros tiempos, Bernardino de Sahagún. Llega a México a los treinta años y enseguida emprende el estudio del náhuatl, siguiendo el ejemplo de sus predecesores como Olmos y Motolinía. Este aprendizaje de la lengua de los vencidos está cargado de sentido y tiene implicaciones ideológicas: conociendo mejor al indígena a través de su lenguaje, captará más fácilmente su confianza con vista a la transmisión de la fe cristiana. Al mismo tiempo, es un paso importante en la comprensión del otro; otras actitudes más contribuyen a crear una auténtica simpatía entre el emisor del mensaje y su receptor. Un indio contestó así a un español que le preguntaba el por qué de su preferencia por los franciscanos: "Porque éstos andan pobres y descalzos como nosotros, asiéntanse entre nosotros, conversan entre nosotros mansamente."[19]

Sahagún, aprovechándose de todos los contactos tanto con sus alumnos indígenas en Tlatelolco, como en Tepepalco, donde misionó, y basándose en la lectura de los antiguos códices, escribe una obra que lo ocupó durante casi 40 años, la *Historia general de las cosas de la Nueva España.* Se ha dicho de ella que es "una inapreciable enciclopedia de la vida espiritual y material de los aztecas antes de la conquista, el retrato detallado de una sociedad que difería muy especialmente de nuestras sociedades occidentales y que estaba destinada a extinguirse definitivamente en poco tiempo".[20]

Aunque el propósito de la obra es proselitista, existe al lado otro móvil que es el deseo de conocer y preservar la cultura náhuatl de los antiguos mexicanos. En ella, el autor se hace el defensor de los valores sociales de los indígenas. Lamenta que la venida de los españoles provocara la pérdida de "todas las costumbres y maneras de regir que tenían estos naturales, y que quisieron reducirlos a la manera de vivir de España".[21] Su sueño corresponde al ideal franciscano de crear un estado ideal nuevo, mexicano y cristiano a la vez, en el que se unirían armónicamente las dos culturas. Quiere preservar la actual cultura indígena y cristianizarla.

Pero, después de 45 años de apostolado entre los indígenas escribe un texto muy pesimista en 1576, en el que parece condenar el método franciscano lleno de comprensión para las culturas indígenas. El viraje es importante: para él es el momento de analizar lúcidamente la parte de responsabilidad de los franciscanos en el mestizaje religioso que finalmente triunfó en México. Y estima que "el sincretismo cultural no sólo es fruto de la resistencia del paganismo, también es consecuencia de las iniciativas de los frailes".[22] Así analiza el ejemplo célebre de Nuestra Señora de Guadalupe:

> En este lugar, tenían un templo dedicado a la madre de los dioses que llamaban Tonantzin, que quiere decir *nuestra madre*; allá hacían muchos sacrificios a honra de esta diosa y venían a ellos de muy lejanas tierras, de más de veinte leguas, de todas estas comarcas de México, y traían muchas ofrendas [...] y vienen ahora a visitar a esta Tonantzin, de muy lejos, tan lejos como antes, la cual devo-

[19] *Apud* Tzvetan Todorov, *La conquista de América. El problema del otro*, p. 210.
[20] *Ibid.*, p. 239.
[21] *Ibid.*, p. 251.
[22] Christian Duverger, *op. cit.*, p. 199.

> ción también es sospechosa, porque en todas partes hay muchas iglesias de Nuestra Señora, y no van a ellas, y vienen de lejanas tierras a esta Tonantzin, como antiguamente.[23]

Con el culto de Santiago pasó lo mismo. Es otro caso de metamorfosis de dioses prehispánicos, en el que se opera un juego de similitudes estructurales. En los lugares de culto del dios de la guerra, Huitzilopochtli, instalaron templos de Santiago, como en Tlatelolco. En esas condiciones los franciscanos se hicieron los propagandistas del Santo.

La orden dominica y Santiago

De la creación de la orden a la erección de la Provincia de Santiago

La orden de los Hermanos predicadores tuvo su origen en Toulouse (Francia), el año de 1216, en plena Edad Media. Por ser su fundador Domingo de Guzmán, un clérigo español, se les suele llamar dominicos. Domingo fue al Languedoc para predicar a los cátaros, herejes medievales que representaban la gran preocupación de la Iglesía en aquella época. Para intentar resolver la gran crisis espiritual y eclesiástica del siglo XIII fundó una orden religiosa que desarrolló a lo largo de los siglos una notable actividad tanto en el campo intelectual como misionero. Los hermanos se proponían contrarrestar mediante la predicación las herejías, errores y supersticiones, primero, del sur de Francia, luego, de todas las regiones que les tocó evangelizar.

La primera relación que encontramos entre los dominicos y Santiago se dio entre Santo Domingo y algunos peregrinos de Compostela. Se produjo en fecha muy temprana, cosa muy normal si reflexionamos que el siglo XIII es el apogeo de la peregrinación compostelana y de la presencia de Santo Domingo en Toulouse, etapa importante en el Camino de Santiago.[24] Una leyenda muy difundida en el sur de Francia nos cuenta cómo se estableció el lazo.

Según este relato, en Toulouse unos cuarenta peregrinos ingleses, para cruzar el río Garona, alquilaron un barco. Pero siendo la carga demasiado pesada y la corriente muy violenta, el barco amenazaba zozobrar. Los ingleses gritaron. En la orilla, Santo Domingo, que estaba rezando en una capilla, los oyó y en su oración pidió a Dios el milagro de la salvación. Dios, conmovido por la súplica de su fiel servidor, dirigió el barco hacia la orilla, evitando que se hun-

[23] Fray Bernardino de Sahagún, *Historia general de las cosas de Nueva España*, t. II, p. 808.
[24] Louis Cardaillac, *Santiago apóstol, el santo de los dos mundos*, pp. 63-64.

diera. El Santo, para ayudarlos a subir a la tierra firme, les tendió un palo, que era sencillamente un bordón de peregrino. Y así todos se salvaron.

Con tales premisas las relaciones entre la orden y Santiago no podían más que estrecharse. Fueron patentes en España y en América, donde los misioneros dieron a algunas de sus fundaciones la advocación de Santiago. En México, los dominicos, como las demás órdenes religiosas, utilizaron en el siglo XVI, conventos que establecían como medio de consolidación de las fronteras internas en los territorios que se les atribuía. Representaban las avanzadas en la evangelización. A varios de ellos dieron el nombre de Santiago, como al de Santiago de Cuilapan, en el que se celebró en 1578 el capítulo provincial.

Así multiplicaron los conventos en el estado de Oaxaca, lugar principal de su evangelización. Más que cualquier otra región, es el estado que posee más lugares llamados Santiago. En la actualidad 159 poblaciones oaxaqueñas así se denominan. El dominico fray Antonio Barbosa, considerado como "el mayor arquitecto que se había visto en estos reinos", dibujó la traza de varios conventos y templos de la zona, especialmente el de Santiago de Cuilapan.[25]

Ayudados por competentes arquitectos europeos, los dominicos obtuvieron allí grandes logros al construir edificios notables que se relacionan íntimamente con los grupos mixtecos y zapotecos, que eran pueblos altamente civilizados. Sus artesanos, con larga tradición en el arte de labrar la piedra, "dieron a la obra de los dominicos en el sur de México una calidad jamás alcanzada en ninguna región de la Nueva España".[26]

En su encuentro con el Nuevo Mundo los dominicos van a renovar el espíritu misionero de los primeros años de su fundador. Se mostraron preocupados por ser fieles a su divisa que es *veritas*, la verdad evangélica, dinámica, tal como la cita Juan en su evangelio *veritas liberabit vos* (la verdad os hará libres).

Les gustaba poner a la entrada de sus conventos o de sus templos dos representaciones de perros, uno a cada lado de la puerta principal. Así estaban, antes de la reciente remodelación, en la entrada del convento de Santo Domingo de Oaxaca. Como ya lo indicamos, se trata aquí de un juego de palabras a partir de dominicanos, interpretado como *domini canes* (los perros del Señor). Los hijos de Santo Domingo quieren ser los guardianes de la casa del Señor: se proponen ladrar o sea denunciar las injusticias, predicar las verdades divinas, las morales y las leyes naturales, defender a los oprimidos, combatir con energía los atropellos, errores o deformaciones del evangelio.[27]

[25] Ramón Gutiérrez da Costa, "Las arquitecturas de Santiago", en *Santiago y América*, p. 121.

[26] George Kubler, *Arquitectura mexicana del siglo XVI*, p. 38.

[27] *Cf.* fray Esteban Arroyo, *Los primeros y principales abanderados de los derechos humanos de los indios fueron los misioneros dominicos (según sus cronistas de los siglos XVI, XVII y XVIII)*.

Fray Domingo de Betanzos fue el gran dominico de los principios de la orden en Nueva España. Con el título de vicario general organizó los primeros pasos de la misión. Hizo después un largo viaje a Europa (1531-1535), durante el cual gestionó en la corte papal la autonomía de la vicaría de la Nueva España. Primero obtuvo del capítulo general de la orden, la separación de la provincia de México de la de la Santa Cruz; segundo, logró del papa Clemente VII la ratificación de lo decidido y la creación de una nueva provincia independiente. El Sumo Pontífice lo expresó en la bula *Pastoralis oficii*, del 11 de julio de 1532, dando el nombre de Santiago apóstol a la nueva provincia.

Sólo dos años después, en 1534, se conoció la noticia en México. El 24 de julio, "víspera del apóstol Santiago, titular de la provincia", se publicaron los despachos recibidos. Hubo en la noche un repique general de las campanas de las iglesias y se encendieron luminarias en toda la ciudad. Al día siguiente, con gran júbilo y exaltación de todos, se celebró una misa solemne y, al concluirse, se cantó el *Te Deum laudamus* y después subió al púlpito el más famoso de los oradores, que "hizo una oración latina elocuentísima congratulando en ella a la nueva provincia".[28]

Resaltaba la solemnidad del acto la presencia de varios obispos, como el de la isla de Santo Domingo y el de Tlaxcala, y de personalidades como el presidente de la Real Cancillería, los señores togados de la Real Audiencia, y también todo el regimiento y nobleza de la ciudad. Muchos representantes de las órdenes de san Francisco y san Agustín manifestaron también su solidaridad y júbilo.

Con tales premisas ahora podía escribirse un nuevo capítulo de la presencia dominica en Nueva España, a la par que se lanzó la devoción de Santiago tanto en las fundaciones de la orden como en las campañas evangelizadoras. Los dominicos se extendieron en tres zonas, que las actas de los capítulos provinciales de la provincia de Santiago definen como naciones: la nación mexicana, que comprendía los estados actuales de Puebla, Morelos y el Valle de México; la mixteca, que no constituye una unidad geográfica bien definida, y la zapoteca. En las regiones del sur, la mixteca y la zapoteca, tuvieron una actividad fundacional más metódica, caracterizada por un rápido crecimiento que se inició a partir de la Villa de Antequera (hoy Oaxaca).

Muy temprano fundaron un convento en la ciudad de Puebla y otro en Izúcar, que vino, por su situación, a ocupar un lugar de máxima importancia, pues era el punto de reunión entre las misiones del centro y las de Oaxaca.

[28] Juan José de la Cruz y Moya, *Historia de la santa y apostólica provincia de Santiago de predicadores de México en la Nueva España*, t. II, p. 13.

Santiago en las campañas evangelizadoras y en las fundaciones de la orden

En América, los dominicos aparecen como denunciadores de injusticias y protectores de los indígenas. Empezó la protesta en la isla Española, en 1511, cuando fray Antonio de Montesinos reclamó a la autoridad su crueldad. Fue el inicio de la lucha por los derechos indígenas en la América de aquel entonces. Continuador de la obra de Montesinos fue Bartolomé de las Casas, obispo de Chiapas. Mientras tanto, en su cátedra de Salamanca del convento de San Esteban, el padre Victoria se convertía en pionero de la doctrina de la dignidad de los indios, pronunciándose también contra los abusos que sufrían.

El problema que planteamos, desde ahora, en relación con el tema que tratamos es el siguiente: ¿vieron los dominicos el culto de Santiago de igual manera que los españoles, que transformaron al santo apóstol en matamoros?

La verdad es que para ellos hubo debates mucho más importantes, ya que alguna gente puso en duda si los indios eran verdaderamente hombres de la misma naturaleza que los colonizadores. Y no faltó quien afirmase que no lo eran y, por lo tanto, se los incapacitaba para recibir los sacramentos y se les negaba el derecho de propiedad.

Los dominicos entonces se hicieron los defensores vehementes de la racionalidad de los indios. En 1536, el obispo de Tlaxcala, fray Julián Garcés, escribió una larga y documentada carta en latín, cuyo destinatario era el papa, en la que hacía "una brillantísima apología de las cualidades intelectuales y morales de los niños indígenas".[29] La carta fue redactada en nombre de la provincia dominicana de Santiago.

Un mensajero de la orden llevó el documento a Roma. En consecuencia de esta información, el Sumo Pontífice extendió la bula *Sublimis Deus* en la que declaraba que los indios son verdaderos hombres racionales y que, por lo tanto, gozan de las prerrogativas relacionadas con este estado. Se afirmaba que son capaces de recibir los sacramentos y que por ningún motivo —siendo personas libres— se les podía someter a la esclavitud ni privar de sus bienes.

Cuando en México los religiosos se enteraron del tenor del documento pontificio, los frailes hicieron muchas copias y las mandaron a los sacerdotes que se hallaban entre los indios. La bula tuvo una repercusión saludable: empezaron a cambiar las cosas. No cabe duda que contribuyó a que se diera libertad a los indios y a disminuir los malos tratos hacia ellos.

De modo que, bajo esta perspectiva, bien podía difundirse entre los nativos el culto de Santiago sin más necesidad de debates sobre su legitimidad o

[29] Arroyo, *op. cit.*, p. 144.

no. En ningún caso la iconografía santiaguera suscitó inquietudes entre los religiosos de la orden, tal vez porque "en América permaneció europea".[30]

En cuanto a las fundaciones jacobeas de los dominicos, nos puede servir de ejemplo la región ocupada por el actual estado de Chiapas, del cual fray Bartolomé de las Casas fue el primer obispo residente. Alrededor de su sede episcopal estableció algunas parroquias o sencillas capillas, llamadas doctrinas, con el patronazgo de Santiago. Así siguieron haciéndolo sus sucesores. Desarrollaremos este punto en la segunda parte del libro en el capítulo dedicado a Chiapas; de la misma manera, cuando hablemos de Oaxaca, veremos cómo en este estado los dominicos se hicieron también grandes propagandistas del Santo.

Dominicos y franciscanos: dos estrategias misioneras

En el siglo XVI surgió un conflicto que enfrentó dos políticas respecto a los indios: la de los dominicos y la de los franciscanos. Aunque unos y otros perseguían la misma meta, en la evangelización de los nativos, los primeros fueron más rigoristas.

Los dominicos, en efecto, piensan que la fe no se escatima, que la conversión debe ser total, incluso si eso implica transformar todos los aspectos de la vida de los neoconversos. Consideran que el sincretismo religioso es la forma más escandalosa de la supervivencia de las antiguas creencias. Tienen conciencia que en la sociedad indígena todo está relacionado, de cerca o de lejos, con la religión. Por eso persiguen esas costumbres antiguas que, según ellos, transmiten los valores paganos e idolátricos. Los misioneros de la orden se esfuerzan por estudiar las lenguas indígenas y piensan que para obtener conversiones hace falta un mejor conocimiento de su antigua religión.

Un caso ejemplar es el del dominico Diego Durán que redactó, entre 1576 y 1581, el libro *Historia de las Indias de Nueva España e islas de la tierra firme.* Después de tratar en las dos primeras partes de la religión de los aztecas, y en la tercera de su historia, llega a escribir que desearía "que se quitase y se olvidase cualquier uso antiguo."[31]

Los franciscanos son más realistas: piensan que el tiempo obra a su favor. La conversión integral terminará por llegar, pero para el presente encuentran acomodos que facilitan la evangelización. Tienen conciencia de la imperfección de su método, a la par que están convencidos de su eficacia.

[30] Así lo afirma Daniel Ulloa, *Los predicadores divididos. Los dominicos en Nueva España, siglo XVI*, p. 280.

[31] Todorov, *op. cit.*, p. 216. El autor dedica en su libro un muy interesante apartado a la obra de Diego Durán del que nos inspiramos: pp. 212-229.

Al fin y al cabo unos y otros se esfuerzan por comprender al indígena dentro de su civilización. El mismo Durán manifiesta su deseo de saber de ella y hasta llega a simpatizar con algunos de los aspectos que expone. Quiere de todas sus fuerzas convertir a los indios al cristianismo, a la par que él mismo se ha dejado convertir al indianismo. Tal es la paradoja de *un ser dividido.* La situación del evangelizador era muy compleja: por una parte se hace el propagandista de una religión que es totalmente extranjera a sus neófitos; por otra parte, vive la vida de los indígenas, se acerca a ellos, aprende a conocerlos en su marco y casi se asimila a ellos. Durán, evocando la vida que les tocaba a los misioneros, los presenta como "vueltos bestias con las bestias, e indios con los indios, y bárbaros con los bárbaros, gente extraña de nuestra condición y nación política."[32]

Este acercamiento a las comunidades indígenas y el conocimiento de todos los daños que sufrían, hará que, a pesar de las divergencias en la estrategia evangelizadora, se levanten numerosas voces de uno y otro campo a favor de sus fieles, la de un Bernardino de Sahagún, de un padre Las Casas y de muchos más.

En los capítulos siguientes comprobaremos que, debido a la diferencia de estrategia misional, el culto de Santiago no se difundirá de la misma manera en zonas evangelizadas por los franciscanos que en las de los dominicos.

La tercera orden mendicante, los agustinos

Historia de la orden agustina

Los agustinos remontan sus orígenes al gran padre de la Iglesia que les dio el nombre, san Agustín, que estableció en África del Norte varios conventos en los cuales los monjes buscaban un ideal de perfección. La orden, fundada en el siglo IV, se difundió por toda Europa hasta que en el siglo XIII se incluyó en ese gran movimiento de renovación de la vida espiritual que se produjo dentro de la Iglesia y que dio lugar a la aparición de las órdenes mendicantes de san Francisco y santo Domingo. Las distintas ramas de los agustinos europeos, bajo el impulso del papado, se unieron y crearon la tercera de las órdenes mendicantes. Al adoptar la nueva constitución que les propuso el pontífice Inocencio IV, añadieron a sus ideales eremítico y contemplativo la preocupación por la actividad misionera. Como las demás órdenes, en la transición de la Edad Media a la Época Moderna, conoció una gran reforma. En España la promovieron los Reyes Católicos y el cardenal Cisneros. Los observantes agustinos conocieron

[32] *Ibid.*, p. 221.

un gran desarrollo. Fray Tomás de Villanueva, gran evangelizador de los moriscos, y el insigne profesor salmantino y eminente poeta, fray Luis de León, se cuentan entre los más ilustres. Toda esa larga historia de la orden hizo que los agustinos, cuando se sumaron a la evangelización de los indígenas, estaban preparados para participar en esa gran empresa.

Los agustinos y Santiago

En 1524 llegaron a México los hermanos menores (franciscanos), en 1526, los hermanos predicadores (dominicos) y por fin, en 1533, siete agustinos desembarcaron en el puerto de Veracruz. El padre prior, dos años más tarde, salió a España para conseguir más frailes. Regresó el año siguiente con un grupo de 12 misioneros más.

En un principio, fueron acogidos en la ciudad de México por los dominicos, que los hospedaron en su casa. Luego de construir un edificio provisional, levantaron un convento y una iglesia, cuya primera piedra fue puesta el 28 de agosto de 1541 por el virrey don Antonio de Mendoza. Trabajaron en la obra los indios de Texcoco y la corona española sufragó gran parte del gasto.

Desde el año 1534, los frailes salieron a evangelizar las tierras que se les concedió de acuerdo con las demás órdenes religiosas. Es notable que el primer convento que fundaron lo pusieran bajo la advocación de Santiago. Se trata de Ocuituco, en Morelos, levantado en tiempos del arzobispo Zumárraga. El edificio conserva un claustro muy antiguo, que estuvo decorado con pinturas en sus paredes y bóvedas, de las cuales quedan pocas huellas.

En la Nueva España, la mayor parte de los sacerdotes agustinos se encontraban en los conventos de pueblos de indios. Al final del siglo, en 1598, el número de sacerdotes ascendió a 341, entre ellos 219 eran los que habitaban entre los naturales, distribuidos de tres a cuatro en cada pueblo.[33] Vivían en íntima relación con los nativos de los cuales muchos religiosos aprendieron las lenguas, especialmente el náhuatl, el tarasco, el otomí y no pocos dominaban dos lenguas.[34] En esta misma fecha de 1598, 122 sacerdotes agustinos vivían en los conventos urbanos, entre españoles, con cierto número de novicios y legos.

Los agustinos se conformaron con las tierras que la Audiencia les otorgó para misionar. Los primeros en llegar fueron mandados en dirección al sur, hacia Tlapa y Chilapa, Ocuituco y Santa Fe y el marquesado. Conforme aumentaba el número de religiosos, la orden se fue extendiendo en todas las direcciones:

[33] Antonio Rubial García, *El convento agustino y la sociedad novohispana (1533-1630)*, p. 35.
[34] *Ibid.*, p. 31.

primero hacia el norte, a la región de los otomíes y la Sierra Alta. En esos territorios de difícil acceso, la evangelización precedió la conquista militar. Luego vino la evangelización de la Huasteca, que fue territorio asentado y cristianizado hacia 1560 y, finalmente, se establecieron hacia el occidente, en Michoacán, en territorios dejados vacantes por los franciscanos.

Las primeras grandes fundaciones se sitúan en los que son ahora los estados de Morelos y de Hidalgo. Allí levantaron grandes conventos que eran "focos de irradiación evangelizadora",[35] entre los cuales destacan los conventos de Ocuituco, Totolapan (1534), Yacapixtla (1535), Zacualpan de Amilpas (1535) en Morelos; Acolman (1539), Metztitlán (1539), Actopan (1546), Tlayacopan (1554) en Hidalgo; Tiripitío (1537), Yuririapecundaro (1550), Cuitzeo (1550), Ucareo (1554) en Michoacán.

La llegada a Nueva Galicia fue más tardía, pues las otras órdenes mendicantes actuaban en la zona desde hacía tiempo. Fundaron casa en Guadalajara, Tonalá y Ocotlán, a partir de 1574. El obispo franciscano de Guadalajara, fray Pedro de Ayala, se oponía desde 1562 a su venida. La fundación del convento de Zacatecas es contemporánea de la del convento de Guadalajara.

Pero los horizontes de la evangelización no se limitaron a la Nueva España. Desde 1542, algunos religiosos fueron mandados a las islas del poniente con la expedición de Ruy López de Villalobos y en 1564, se abrió la zona misional de Filipinas. En 1551 ya habían salido dos agustinos de Nueva España para fundar casa en Perú, junto con 12 religiosos que el rey mandaba desde España.

La labor misionera agustina tuvo sus propias características. Nunca se negaron a labores particularmente ingratas y hasta tuvieron predilección por las zonas de acceso difícil y conflictivas. Fue así como los agustinos, penetrando por la Sierra Alta de Metztitlán, Hidalgo, se pusieron en contacto con los chichimecas-pames de la Sierra Madre Oriental. Con ese contacto, en 1537, iniciaron una convivencia que perduró durante más de dos siglos y mediante la cual, los chichimecas adquirieron la civilización novohispánica.

De esta manera, los monasterios que fundaban venían a ser el centro de vida de las comunidades indígenas. Para ellos, evangelizar no era sólo catequizar, sino reducir a población a los indios dispersos, congregarlos para transformarlos en hombres occidentales. De recolectores y cazadores los transformaron en cultivadores y criadores. Así lo hicieron en la Sierra Gorda de Querétaro, en Michoacán y en otros lugares, esforzándose por crear y organizar pueblos, trazando calles y plazas, levantando fuentes y acueductos, al mismo tiempo que capillas, iglesias y hospitales. Todos esos aportes socioeconómicos formaban parte de su obra evangelizadora. Tal fue el caso de fray Cornelio Bye, quien

[35] Según la expresión de Antonio Rubial, *ibid.*, p. 109.

además de bautizar unos 16 000 indígenas en la Sierra Gorda, a partir de 1567 creó los conventos de San Juan Tetla, Santiago de Jalpan, San Agustín Tancoyol, San Juan Bautista Pizquintla, etcétera.

Otra característica de los agustinos es que al lado de los humildes templos que elevaban en las zonas de extrema pobreza donde se desplegaba su actividad, en otros lugares levantaban templos y conventos con una grandiosidad y una magnificencia que se les criticaba. Un arzobispo de México escribe:

> En un monasterio de agustinos hemos sabido que se hace un retablo que costará más de seis mil pesos para unos montes donde nunca habrá más de dos frailes; el monasterio es superbísimo y hémoslo reñido y no ha aprovechado de nada; el pueblo se llama Epazoyucan [Hidalgo] pequeño y de gente pobre, todo a costa de los pobres maceguales y derramas que para ello hacen y en esto son muy culpables los padres de san Agustín [...].[36]

Estos conventos propagaban el culto de los santos. Si es verdad que cada orden tenía sus santos predilectos, es notable que el denominador común de cada una sea la devoción a Santiago. El santo apóstol siempre lleva un lugar preferencial en la dedicación de las iglesias y conventos. En un cuadro sinóptico que publica Antonio Rubial García y que se refiere a las fundaciones agustinas (vicarías y prioratos) realizadas entre 1533 y 1633, diez tienen la advocación de Santiago. Ésta es una cifra importante si se considera que los dos santos principales de la orden sólo reciben doce menciones para san Agustín y siete para san Nicolás de Tolentino. Sólo la Virgen ocupa un lugar destacado, ya que 17 conventos la toman como santa patrona, bajo diversas invocaciones (Santa María, la Asunción, la Purificación, Santa María de Gracia...). Además precisemos que esas cifras no son limitativas, ya que las iglesias que dependían de esos conventos también recibían la titularidad de un santo patrón.[37]

Esas diez fundaciones agustinas con la advocación de Santiago son las siguientes:

- Ocuituco, priorato desde 1534
- Ocuila, priorato desde 1537
- Cupándaro, vicaría desde 1550
- Pahuatlán, priorato desde 1552
- Tantoyucan o Metlatepec, priorato desde 1557 y vicaría desde 1566

[36] *Apud* J. Jesús Solís de la Torre, *Bárbaros y ermitaños. Chichimecas y agustinos en la Sierra Gorda, siglos XVI, XVII Y XVIII (S.L.P, Hidalgo y Querétaro)*, p. 274.

[37] Antonio Rubial, *op. cit.*, cuadro XII, en los apéndices sin número.

- Chiapantongo, vicaría desde 1566, priorato desde 1569
- Ílamatlan, vicaría desde 1572, priorato desde 1575
- Tingambato, priorato desde 1581
- Undameo, priorato desde 1594
- Tangamandapio, priorato desde 1620.

En consecuencia se puede afirmar, que el apóstol Santiago fue un santo muy venerado por los agustinos y que la orden fue, como la de los franciscanos y dominicos, gran propagandista de su culto.

CONCLUSIÓN

Las otras órdenes evangelizadoras de México (como los mercedarios, los jesuitas y algunos más) no tuvieron un papel trascendente en la transmisión del culto de Santiago. Hablando de los jesuitas se puede mencionar que una de las 17 misiones que fundaron entre 1692 y 1762 en Baja California está dedicada al santo Apóstol en Santiago el Pinar (1721).

A mediados del siglo XVIII, la mayor parte del clero regular fue desplazado por el secular en la administración eclesiástica de los pueblos de indios. A partir de allí, ya empieza a escribirse otro capítulo muy diferente del que nos ha tocado exponer aquí.

Una última observación para concluir: las órdenes mendicantes transmitieron a México una religiosidad con caracteres muy hispánicos, simbolizada en cierta manera por Santiago. Y al mismo tiempo los frailes construyeron templos, algunos de ellos de marcada identidad española. Nos referimos a los conventos y a las iglesias mudéjares. Franciscanos, dominicos y agustinos los levantaron en sus zonas de evangelización.

Citemos algunos de los más notables. A partir de 1526, los franciscanos introdujeron el arte mudéjar en Michoacán: lo vemos manifiesto en iglesias de la antigua capital de los purépechas, Tzintzuntzan, y en torno al lago de Pátzcuaro. En Oaxaca, estado evangelizado por los dominicos, se multiplicaron los templos mudéjares como el de San Mateo Calpulalpan, con cúpula ochavada y típico artesonado. En Hidalgo, en la zona evangelizada por los agustinos, varios conventos, como el de Actopan, lucen en los techos de sus claustros alfarjes o artesonados. Pues bien, en los dos casos, transmisión del culto de Santiago y del arte mudéjar, la aportación se mexicanizó gracias a la participación indígena, con la mediación de las órdenes mendicantes.

Analizaremos más adelante cómo Santiago y su caballo fueron recibidos mezclándose con elementos de cultura prehispánica. También el arte mudéjar, fruto del choque de dos civilizaciones en la península, la cristiana y la islámica, fue aceptado en México y reproducido por la mano de obra indígena que, a su vez, lo adoptó a sus propias técnicas y a su estética.

Viene a ser un mestizaje de mestizajes entre lo hispánico, lo musulmán y lo indígena y eso hasta el punto de que a este nuevo arte se le da un nombre de procedencia náhuatl: *tequitqui* que equivale a *sometido* (el tequio es el trabajo obligatorio que tenía que hacer el indio a favor del conquistador).

De la misma manera que se puede analizar la fachada de una iglesia de esos pueblos indígenas (como la de Angahuan, al pie del volcán Paricutín), distinguiendo los elementos góticos, platerescos y mudéjares reelaborados por los constructores locales que le dan un sello inconfundible, así frente a una imagen de Santiago, como la que se venera en la citada iglesia de Angahuan, nuestra atención se fija en los rasgos indígenas del Santo, en su vestidura típicamente local, y en la presentación especialmente cuidada del caballo que es muy distinto del español.

Iconografía y arquitectura corren parejas para crear aquí un nuevo fenómeno nacional de raigambre hispánica, pero de libre evolución. En cuanto al culto que se tributa a Santiago, bien se puede considerar que es un caso análogo de mudejarismo mexicano. Los frailes evangelizadores españoles lo aportaron, pero los nativos se lo apropiaron.

El teatro de evangelización

y que mejor que los oídos, les entraría la fe por los ojos...

Fray Agustín de Vetancurt

Alrededor de la religión giraba la vida de los pueblos mesoamericanos que encontraron los españoles al llegar a México. Sus creencias religiosas ceñían todas las actividades humanas, aun aquellas que hoy nos parecen ajenas al sentimiento religioso, como los deportes, la guerra, la política y el comercio.

Ante este panorama, la tarea que tenían los frailes de evangelizar a los indígenas mexicanos parecía difícil. ¿Cómo instaurar una nueva fe totalmente desconocida para los aborígenes y erradicar sus enraizadas creencias religiosas?

Las primeras acciones de catequización fueron infructuosas por el desconocimiento de las lenguas de los nuevos catecúmenos. Los procedimientos que utilizaron los frailes fueron inimaginables: intentaron predicar a señas, en los caminos, en los mercados y en lugares concurridos, sin más provecho que despertar la curiosidad de los nativos. A los niños les enseñaban oraciones en latín que no entendían, siendo "esta doctrina de muy poco fructo", reconoce Mendieta. Otros procedimientos eran muy drásticos y podrían calificarse de absurdos. Se cuenta que un misionero ideó una caldera donde arrojaba animales vivos para demostrar los horrores del infierno. Desconocemos cuál fue la reacción de los aborígenes al ver tal espectáculo, pero por su peculiar manera de evangelizar, el sacerdote pasó a la historia con el nombre de fray Juan de la Caldera.

Después de aquellos iniciales y poco aprovechables esfuerzos, los misioneros se dan a la tarea de aprender las lenguas vernáculas. Luego, a medida que iban conociendo la cultura indígena, los frailes supieron que los aborígenes estaban acostumbrados a largas y faustuosas ceremonias y que gustaban de los bailes, la música y el canto. Es posible, dice Rojas Garcidueñas, que los espectáculos y los mitotes indígenas, "tan gustados por el pueblo en sus festividades religiosas", inspiraran a los evangelizadores a crear "piezas religiosas, sin las complicaciones y teológicas sutilezas de los autos sacramentales españoles, sino obras pías y sencillas, en forma asequible a la mentalidad de aquellos catecúmenos y recientes conversos cuya custodia ejercían."[1]

Mediante el teatro, los misioneros se propusieron adoctrinar a los aborígenes de forma agradable y espectacular. Debían sustituir las representaciones indígenas por algo análogo e introducir una nueva religión en condiciones lo más favorables posible. Asimismo, querían evitar que

> los indios, probados de la antigua pompa religiosa, sin nada que la sustituyera, se vieran tentados a resucitar en secreto sus antiguas fiestas, o al menos, entregarse a una ociosidad nociva que viniera a parar en todo género de vicios. Hubo entonces el empeño de entretener y recrear a los neoconversos con esplendorosos oficios, con procesiones y fiestas de todas clases, procurando celebrar todo esto con la mayor solemnidad posible.[2]

Los franciscanos crearon el teatro de evangelización y lo utilizaron más que el resto de las órdenes religiosas. En náhuatl escribieron las piezas teatrales, idioma con mayor número de hablantes. La orden seráfica se extendió en un amplio territorio: el centro de México (Texcoco, Teotihuacán, Tlaxcala, Huexotzingo), el occidente (Michoacán y la zona de Jalisco), por lo cual cabe la posibilidad de que el teatro acuñado por los franciscanos fuera conocido en muchos de estos lugares.

El teatro evangelizador incluyó a Santiago entre sus personajes. Pero antes de pasar a este tema conviene revisar las dos tradiciones teatrales que confluyeron en las obras creadas por los franciscanos. Por un lado, el teatro religioso español y, por otro, la teatralidad de las ceremonias, fiestas y ritos precolombinos.

La diversión en los templos. La Iglesia incorpora el teatro

La religión es la principal fuerza teatral, pues de los ritos, de su repetida realización, brota la representación, la teatralización. Según Lázaro Carreter, ni el teatro griego ni los *scenici* (mimos, histriones, juglares, etcétera) tuvieron que ver con el nacimiento del drama medieval que se desarrolló en Europa. "Éste nace con caracteres muy peculiares, desde gérmenes mínimos que, en coincidencia sorprendente con lo que quizá ocurrió en Grecia, brotan de los ritos

[1] José Rojas Garcidueñas, *El teatro de Nueva España en el siglo XVI*, p. 27.
[2] Robert Ricard, *La conquista espiritual de México*, pp. 272-273.

sagrados."[3] Fue incorporado al oficio religioso que, por ser parco y tedioso, debió animar a los feligreses, haciendo menos monótona la ceremonia.

Desde tempranas fechas la Iglesia se interesó por dramatizar los textos litúrgicos. En la *Aetheriae peregrinatio*, una de las más antiguas descripciones del ritual cristiano fechada en el siglo IV, es evidente el interés de revivir el drama de la pasión y la muerte de Cristo. Este esfuerzo, totalmente consciente del clero, tenía como fin vitalizar la liturgia y hacer más cercana la religión a los fieles. El mismo público lo demandaba, pues, motivado por su fervor religioso, quería tener un contacto más vivo y próximo con la vida de Jesús.

Los dramas litúrgicos se representaron en lengua vulgar hacia el siglo XII. Las rudimentarias escenificaciones que hasta entonces se hacían en latín no eran tan atractivas como los cantos, las recitaciones, las parodias y los debates que los juglares decían en romance. El cambio a las lenguas romances señala la necesidad de adecuarse a los gustos de los fieles.

Es lógico suponer que no todo el clero debió aprobar las distintas teatralizaciones que se efectuaron dentro y fuera de los templos, que en algunos casos cayeron en los excesos.[4] Pero, en definitiva, es claro que en la Iglesia medieval hubo una poderosa tendencia por hacer atractiva la religión mediante la escenificación de temas sacros.

Esta estrategia, que continuó siglos después, promovía que el templo, que era el centro y el eje de la comunidad, podía ser un lugar divertido, en el cual los feligreses se involucrarían en las escenificaciones religiosas. La estrategia rindió frutos insospechados, prueba de ello es el nacimiento del teatro que se empleó para evangelizar a los indios mexicanos en el siglo XVI.

El *Auto de los Reyes*, fechado a mediados del siglo XII, es probablemente uno de los más remotos restos del teatro eclesiástico, que debió propagarse por el territorio español.[5] La aceptación que fue adquiriendo el drama religioso explica por qué en las *Partidas* de Alfonso X se anima a los clérigos a hacer representaciones para conmemorar el nacimiento, la epifanía y la resurrección de Jesús.

[3] Lázaro Carreter, *Teatro medieval*, p. 16.

[4] En las escenificaciones navideñas, "a veces, en su delirio, llegaban a matar al desgraciado que hacía de demonio". Se tiene documentado que en la noche de Navidad de 1020, en Kölbigk, Alemania, los actores, gente del pueblo, disfrazados de moros y con las caras pintadas de negro, interrumpieron el oficio cantando melodías obscenas y, "furiosos por la resistencia que les hacían el sacerdote y los fieles, dieron muerte a algunos de éstos". Causaron escándalo las danzas que, en Francia, en la fiesta de los Inocentes, se interpretaban en los templos y en las cuales intervenían los clérigos, a menudo disfrazados de mujeres. *Ibid.*, p. 42.

[5] En Castilla la expansión del drama religioso se difundió lentamente en el siglo XIII; lo contrario sucedió en Aragón, debido a su cercanía con Francia, que había alcanzado gran auge en materia teatral. *Ibid.*, p. 87.

La Iglesia, estratégicamente, insertó el teatro en las fiestas que señala el calendario litúrgico, como la Pascua, el *Corpus Christi*, el día de san Juan, la celebración de la Asunción de la Virgen, la Navidad, etcétera. Pero el propósito de las representaciones no era únicamente divertir al público, tenía fines didácticos. Las piezas teatrales se aprovechaban para explicar y exaltar ciertos dogmas, episodios y personajes cristianos que se deseaban promover. Se van a convertir en verdaderos actos de fe, en los cuales participa una comunidad entera, que afirma, mediante la puesta en escena, su identidad cristiana. El carácter didáctico de este teatro será empleado brillantemente por los misioneros novohispanos, como veremos más adelante.

A partir de las últimas décadas del siglo XVI, en Castilla se registra una intensa actividad teatral.[6] Es decir, el panorama ha cambiado respecto a la época medieval, de tal manera que, a mediados de esta centuria, los autos castellanos se escenificaban en teatros, procesiones y lugares señalados, convirtiéndose "en un festejo sometido a creciente demanda popular".[7] Destacan por su número las piezas que se escenificaron con motivo del día del *Corpus Christi*, fiesta instituida por Urbano IV, en 1264, y que desde el siglo XIV conmemora toda la cristiandad.

Los archivos catedralicios de Toledo documentan "la existencia de un repertorio de más de treinta obras representadas en los carros de esta procesión entre 1493 y 1510 (entre las que destacan por su frecuencia *El pecado de Adán, Los santos padres, El Juicio* y *La tentación*)", y así como el *Auto de la Pasión*, obra que se ha conservado. También se sabe que en Murcia, desde 1419, se acostumbraba celebrar la procesión del *Corpus*.[8]

El *Códice de autos viejos* es referencia obligada para conocer la actividad teatral castellana. Contiene 96 piezas, compuestas entre 1550 y 1575, pero los estudiosos coinciden en que su origen es más antiguo a la fecha de su composición. Por su temática se pueden dividir en autos bíblicos, hagiográficos y farsas alegóricas. Es posible que algunos de estos autos fueran antecedentes de las representaciones organizadas por los franciscanos en Tlaxcala, en 1539.[9]

En Sevilla, ciudad clave de donde zarpaban las naves hacia el Nuevo Mundo, también hubo una intensa actividad teatral desde finales del siglo

[6] A mediados de este siglo la nobleza castellana también se interesará por el arte teatral, que señorea Juan del Enzina.

[7] Carreter, *op. cit.*, p.56.

[8] El desarrollo teatral de esta ciudad hacia el último cuarto del siglo XV, se debió a su proximidad con el área levantina.

[9] *Cf.* Carmen Corona, "Los autos de Tlaxcala en 1539 y el Códice de Autos Viejos", en *Literatura Mexicana*, t. IV, pp. 327-342.

XV. Para la feligresía sevillana ya eran comunes las escenas de la Pasión, para las cuales se construían los castillos, los pasos y las andas. También se conoce que escenificaron varios autos durante el *Corpus*, como el de *Adán y Eva*, *La Epifanía*, *La invención de la cruz* y *El Juicio*, en las primeras décadas del siglo XVI.

Son pocas las noticias de los dramas religiosos que se representaron en Extremadura, de donde salieron las primeras misiones de franciscanos para evangelizar a los indios mexicanos, pero el panorama teatral no debió ser muy distinto al de otras provincias españolas. En la primera mitad del siglo XVI, allí "se revela una de las áreas más definidas del panorama dramático peninsular".[10] Prueba de ello es el surgimiento de los dramaturgos Micael de Carvajal, Luis de Miranda y Vasco Díaz Tanco de Freganal, cuyas obras son fundamentalmente religiosas. Encabeza la lista Diego Sánchez de Badajoz, quien dará lustre al drama religioso con sus farsas, casi todas representadas para celebrar la Navidad y el día de *Corpus Christi*.

Éste es, pues, a grandes rasgos, la herencia teatral religiosa que se tenía en España hasta el siglo XVI. Pero este panorama sería insuficiente sin hablar de la teatralidad indígena que existía al llegar los españoles a México.

LOS HOMBRES Y LOS DIOSES. LA TEATRALIDAD INDÍGENA

Si, como ha dicho Mircea Eliade, "conocer los mitos es aprender el secreto del origen de las cosas", si mediante la fuerza de los ritos es posible revivirlos,[11] todo parece indicar que los antiguos nahuas se empeñaron en aprehender, en revitalizar los mitos que daban sentido a su cultura. Poseían un estricto calendario ritual, cada mes dedicado a un dios, al que debían adorar y ofrendar. Las ceremonias, los ritos y las fiestas eran numerosísimas y comunidades enteras participaban en ellas. La danza, el canto y la música no eran ajenas a tales manifestaciones religiosas, pues se consideraban parte del ritual que se daba a los dioses.

Para honrar a Tezcatlipoca, se escogía a un enemigo prisionero que tenía el cuerpo perfecto. Ataviado y pintado como si fuera el dios, se le daban cuatro esposas, a las que se consideraban diosas. "Llegado el día de su muerte, lo llevaban a un templo en las afueras de la ciudad, donde abandonaba sus flau-

[10] María Beatriz Aracil Varón, *El teatro evangelizador. Sociedad, cultura e ideología en la Nueva España del siglo XVI*, p. 141.

[11] Mircea Eliade, *Mito y realidad*, p. 20.

tas y otros objetos que le habían proporcionado". Era sacrificado para que el dios renaciera con nuevo vigor y, luego, se escogía un sustituto para el año siguiente.[12]

Los sacerdotes dirigían las fiestas, que se componían de largas y complicadas ceremonias. Ejemplificativos, al respecto, son los festejos que hacían los aztecas para honrar a Huitzilopochtli, señor de la guerra, deidad fundamental para este pueblo de guerreros. Según el *Códice Ramírez*, su fiesta era la "más celebrada y más solemnizada de esta tierra, y en particular de los mexicanos y tetscucanos". Las doncellas que tenía a su servicio, dos días antes, "molían mucha cantidad de semilla de bledos, juntamente con maíz tostado, y después de molido, amasábanlo con miel y hacían de aquella masa un ídolo tan grande como el de madera que estaba en el templo."[13]

Muchachos célibes y en recogimiento, cuyas vidas dedicaban al dios de la guerra, lo sacaban del templo en andas hasta las gradas, "donde se humillaba todo el pueblo". En fechas principales, con ligereza, el pueblo lo llevaba hacia tres localidades cercanas; "llamaban a esta procesión *ypaina Huitzilopuchtli*, que quiere decir el veloz y apresurado camino de Huitzilopochtli". Mediante cuerdas, se subía la imagen para regresarla a su lugar, "con mucho ruido de flautas y clamor de bocinas, y caracoles, y atambores."[14]

Ante la figura fabricada con semillas de amaranto, "hacían ceremonia de canto y baile", con lo cual los que iban a ser sacrificados, "quedaban benditos y consagrados por carne y hueso de aquel ídolo". El sumo sacerdote les arrancaba "el corazón con las manos", lo ofrecía al sol, "y luego se volvía al ídolo y arrojábaselo al rostro."[15]

Los festejos en honor a Huitzilopochtli evidencian la complejidad de las ceremonias indígenas, imbricadas en numerosos actos rituales, que aquí hemos sintetizado. Destaca el hecho de que la comunidad esté presente a lo largo de la fiesta: lleva al dios en procesión, marca los momentos cruciales con música y presencia los sacrificios humanos.

Cuando concluían las ceremonias, los bailes y los sacrificios, los sacerdotes del templo comían trozos de la figura fabricada de amaranto (que representaba al dios), los cuales repartían al público; "comulgaban con ellos a todo el pueblo, chicos y grandes, hombres y mujeres, viejos y niños, y recibíanlo con

[12] Alfredo López Austin, "Los ritos, un juego de definiciones" en *Arqueología Mexicana*, núm. 34, p. 10.

[13] La descripción de la fiesta del *Códice Ramírez* se ha tomado de *Mitos indígenas*. Est. prelim., selec. y notas de Agustín Yáñez, p. 49.

[14] *Ibid.*, pp. 48 y 49.

[15] *Ibid.*, p. 52.

tanta reverencia, temor y lágrimas que ponían admiración, diciendo que comían la carne y huesos de dios".[16]

Hombres y dioses prehispánicos se unían mediante los ritos y las fiestas religiosas. ¿Pero hasta que punto estas prácticas religiosas pueden considerarse representaciones teatrales? Ya hemos dicho al iniciar el capítulo que de la religión y de los ritos surge la principal fuerza tetragónica. Las ceremonias prehispánicas implicaban una serie de representaciones, pero no necesariamente pueden considerarse arte teatral.

Grandes especialistas de la cultura náhuatl, como Ángel María Garibay y Miguel León-Portilla, han asegurado que entre los antiguos nahuas sí había un teatro indígena. Para ello, se han basado en las crónicas de los conquistadores y los misioneros, además de los textos dramáticos, o semidramáticos, que se han conservado.

José Quiñones ha opinado lo contrario. Sus argumentos se basan en que, bajo una perspectiva occidental, los cronistas identificaron las ceremonias indígenas con el teatro y confundieron el espectáculo con el arte teatral. Inmersos en sus esquemas culturales, fueron incapaces de distinguir entre obra dramática y representación religiosa.

Por su parte, Armando Partida insiste en señalar los límites entre teatro y ceremonia religiosa. En el arte dramático se subliminan los conflictos sociales, pues "se encuentra al margen de la realidad concreta".[17] Cuando se habla de teatralidad en el rito y la liturgia, debe entenderse que se trata de formas de representación social, en este caso, religiosa.

Más convincente nos parece la opinión de Beatriz Aracil, quien señala la necesidad de ampliar el concepto tradicional del teatro; coincide con Horcasitas, quien afirma que "el diálogo más rudimentario, o danza, o canto dialogado, puede ser calificado como drama."[18]

Puesto que no puede olvidarse la premisa de que el rito forma parte de la realidad y el teatro sólo la imita, es necesario decir que los espectáculos prehispánicos contienen rasgos teatrales. Los testimonios de los bailes dramatizados de los indígenas muestran que las culturas amerindias "utilizaron de manera peculiar determinados 'recursos' como el maquillaje, el vestuario, la mimesis, la escenografía y el escenario".[19]

Los recursos teatrales eran los siguientes: a) *los escenarios*, que en un principio eran naturales (montes, cuevas, bosques, encrucijadas) y luego sirvieron

[16] *Ibid.*, pp. 54 y 55.
[17] *Teatro mexicano. Historia y dramaturgia*, t. II, p. 17.
[18] Beatriz Aracil, *op. cit.*, p. 161.
[19] *Ibid.*, p. 162.

los patios en los templos, donde la comunidad se reunía en las ceremonias y las fiestas; b) *el decorado*, que era natural; por ejemplo, para la representación de la diosa Xochiquetzal, el escenario se adornaba de multitud de flores, animales y rica plumería; c) *el atuendo*, que tenía gran importancia, pues distinguía clases sociales y poseía carácter simbólico, para significar, por ejemplo, a los dioses, o bien era un simple disfraz, casi siempre de animales, según lo dicen las crónicas; d) *la música, la danza* y *el canto*, a menudo implicados entre sí, solían acompañar los espectáculos indígenas.

Algunos de los elementos representacionales enumerados aquí se emplearon en el teatro que los franciscanos encabezaron. Al incluirlos, es evidente que los frailes tenían ya un mayor conocimiento de las culturas indígenas; para ese entonces, sabían que debían hacer atractiva la fe cristiana a los aborígenes, equiparando el espectáculo teatral con las fastuosas ceremonias a las que estaban acostumbrados.

EVANGELIZAR DELEITANDO

Los franciscanos que llegaron a México en 1524 al mando de fray Martín de Valencia, tomando la experiencia europea, idearon piezas teatrales para que los indios aprendieran la nueva religión deleitándose. Ya hemos visto que la Iglesia, tiempo atrás, había alentado los dramas que exaltaban determinados temas y dogmas que deseaba difundir y que esta forma agradable de recibir la instrucción religiosa fue bien aceptada por la feligresía. El teatro como instrumento catequizador no era, por tanto, desconocido para los frailes.

Los temas que se exponían en las piezas teatrales se emparentaban con los europeos. Se escenificaron los ciclos de la natividad, la epifanía y la pasión de Cristo, así como historias de personajes bíblicos y de santos. *El Juicio Final, La caída de nuestros primeros padres, La asunción de Nuestra Señora, La adoración de los Reyes* y *san Jerónimo en el desierto* son algunos de los títulos de las obras representadas, que claramente aluden a la dramaturgia religiosa de España.

El calendario religioso daba pie a las representaciones, tal como se venía haciendo en Europa desde la Edad Media. En Tlaxcala, el día de san Juan Bautista sirvió de marco para *La anunciación de la natividad de san Juan Bautista, La visitación de la santísima Virgen a santa Isabel* y *La natividad de san Juan.* La fiesta del *Corpus Christi* también motivó varias dramatizaciones, en las cuales se improvisaban tablados en las calles, por donde pasaba la procesión religiosa. Motolinía señala que en la de 1538, organizada por los tlaxcaltecas, desfilaron por las calles "el Santísimo Sacramento y muchas cruces y andas con sus santos" —costumbre que hasta ahora perdura en muchas poblaciones mexicanas—, así como "muchas banderas de santos", y los "doce apóstoles vestidos con sus insignias",[20] insignias que permitían identificar a cada santo y que se enseñaban a los recién conversos.

Las tramoyas y los efectos que apoyaban las obras teatrales también eran de origen europeo, lo mismo que la idea de utilizar los atrios y las calles como escenarios y que el pueblo actuara y participara activamente en las obras. ¿Qué era entonces lo original en el teatro de evangelización?

El principal aspecto a considerar es que, por primera vez, los indígenas exponían en su propia lengua conceptos religiosos que apenas unos años antes les eran totalmente desconocidos. La evangelización nunca se había hecho bajo estas circunstancias. En España, se habían tenido experiencias similares, como la de los moriscos, pero la enorme diferencia es que éstos sabían de la existencia del cristianismo, los indios americanos, no.

Pese a lo adverso de las circunstancias, los misioneros suponen que, junto a otros métodos de enseñanza, el teatro cambiaría la mentalidad y las creencias ancestrales de los aborígenes a partir de la puesta en escena,

> de la noche a la mañana, los indígenas, que veinte años antes habían adorado a Huitzilopochtli y Tezcatlipoca, deben enterarse y creer en Adán y Eva, en Abraham e Isaac, en la Redención, en la toma de Jerusalén por Santiago.[21]

La doctrina cristiana fue aprendida, pero, como es sabido, los resultados no siempre fueron los esperados. Baste señalar la singular apropiación religiosa que hicieron del apóstol Santiago, al que sincretizaron a sus antiguas creencias, en danzas dramatizadas tan desconcertantes como la de los tastoanes, de la cual se hablará en el capítulo siguiente.

Por lo pronto, es evidente que el teatro de evangelización nació del contexto americano, al cual debieron enfrentar los misioneros. Según Pedro de Gante, los naturales, durante años, se negaron a escuchar los sermones, e indomables "no los podíamos traer al gremio y consagración de la Iglesia, ni a la doctrina, ni al sermón [...] huían como salvajes de los frailes". Gracias al favor divino —expresa el fraile— "empécelos a conocer y a entender sus condiciones y quilates, y cómo me había de haber con ellos, y es que toda su adoración dellos a sus dioses era cantar y bailar delante dellos". Entonces, ideó componer himnos de Dios, de la Virgen, del nacimiento de Jesús, con los cuales instruía a los indios

[20] Fray Toribio de Benavente, Motolinía, *Memoriales e historia de los indios de la Nueva España*, p. 236.

[21] Fernando Horcasitas, *Teatro náhuatl. Épocas novohispana y moderna*, t. I, p. 57.

y, por si fuera poco, les dio "libreas para pintar en sus mantas, para bailar con ellas, porque ansí entre ellos, conforme a los bailes y a los cantos que ellos cantaban, así se vestían de alegría o de luto o de victoria".[22]

El mensaje religioso que los frailes proponían mediante la obra dramática debió atraer a los nuevos catecúmenos. Según Chimalpain, los mexicas "quedaron grandemente admirados y maravillados" con *El Juicio Final*, que se representó en Santiago Tlatelolco, en 1533. Fue tan amplia la aceptación que, a dos escasos años, tuvo como escenario la capilla de San José de los Naturales, en la ciudad de México. Se cree que el texto dramático fue distinto en cada ocasión y que tenemos tan sólo unas cuantas noticias de las varias veces que fue escenificado. Los especialistas consideran que antes, en 1531, ya se había representado en esta ciudad, y la consideran la primera puesta en escena del teatro de evangelización. En el terreno de las hipótesis, tal vez no sea aventurado decir que el tema en sí mismo y su fuerza dramática provocaran la conversión de varios indígenas. También existe la posibilidad que fueran los franciscanos los que, de acuerdo con sus ideas milenaristas, insistieran en llevarla a los tablados, suponiendo que la obra conmovería a los indios, orillándolos a arrepentirse de sus pecados. Cualquiera que sea la explicación del éxito que tuviera *El Juicio Final*, se sabe que, en 1539, nuevamente se llevó a escena en la capital mexicana. Fray Bartolomé de las Casas, admirado por el espectáculo, afirmó:

> nunca hombres vieron cosa tan admirable hecha por el hombre, y para muchos años quedará memoria della por los que la vieron. Hubo en ella tantas cosas de notar y de qué se admirar, que no bastaría mucho papel ni abundancia de vocablos para encarecella...[23]

Los misioneros se empeñaron en escribir, planear y dirigir las obras, en cuyo proceso pudieron recibir la ayuda de los indios, en especial, aquellos que habían tenido una esmerada educación en sitios como el Colegio de Santa Cruz de Tlatelolco.

Algunos frailes utilizaron el teatro más asiduamente que otros, como Juan de Ribas, quien hacía obras sobre "los misterios de nuestra fe y vidas de algunos santos en sus propias fiestas"; recomendaba las dramatizaciones para que el mensaje evangélico "mejor lo pudiesen percibir y retener en la memoria".[24]

[22] *Apud* Othón Arróniz en *Teatro de evangelización en Nueva España*, pp. 31-32.

[23] *Apud* Arróniz, *op. cit.*, p. 40. *Vid.* Fray Bartolomé de las Casas, *Apologética historia de las Indias*, p. 214.

[24] Fray Jerónimo de Mendieta, *Historia eclesiástica indiana*, p. 624.

Según los testimonios de los cronistas, los indígenas participaban con entusiasmo. Distinto a las representaciones europeas, el teatro de evangelización involucraba a un grupo considerable de personas, que podía ser masivo, como en la *Conquista de Jerusalén*, en la cual se calcula que salieron a escena mil quinientos actores. Asimismo, las obras se montaban en lugares donde había una mayor cantidad de indios con el afán de que la enseñanza evangélica llegara a más personas.

Los misioneros procuraban que los textos dramáticos fueran convincentes, conmovedores, espectaculares; los temas se abordaban con espíritu festivo, o bien con gravedad. Los nuevos festejos que sustituían a los antiguos "permitieron una rápida identificación con los referentes básicos de la fe cristiana" convirtiendo "la fiesta religiosa [en] uno de los máximos exponentes de la incorporación del indígena al cristianismo".[25]

Las representaciones echaron mano de recursos teatrales que se habían empleado en los actos religiosos prehispánicos. Los escenarios se adornaron con fauna y flora de la región. Según Motolinía, el montaje de *La caída de nuestros primeros padres* incluyó muchas flores y frutos, así como papagayos, ocelotes, búhos, gallos, gallinas, entre otros. "Estaban tan adornada la morada de Adán y Eva, que bien parecía paraíso de la tierra". Había árboles, donde se encontraba una gran cantidad de pájaros, "desde búho y otras aves de rapiña hasta pajaritos pequeños, y sobre todo tenían muchos papagayos, y era tanto el parlar y gritar que tenían a veces, que estorbaban la representación; yo conté en un sólo árbol catorce papagayos pequeños y grandes".[26]

Por estar los aborígenes acostumbrados a ceremonias al aire libre, se emplearon como escenarios las calles y sobre todo los atrios, que se construyeron de grandes dimensiones, para dar cabida a las comunidades que se debían evangelizar. Nunca antes los atrios se habían utilizado con tanta intensidad: allí los misioneros enseñaban la religión; los indios, agrupados en barrios, escuchaban los sermones de los padres y recibían el bautismo colectivo; también eran el recinto donde se efectuaban las procesiones y las fiestas.

El canto, la música y la danza se interpolaban constantemente en las piezas dramáticas. A excepción de los bailes que se contagiaron de elementos indígenas, la música y los cantos eran más bien de raigambre europea. Los instrumentos musicales que se utilizaron fueron traídos por los españoles: órgano, chirimía, trompetas, flautas, etcétera, y los cantos a menudo eran en latín, ocasionalmente, en español.

[25] Beatriz Aracil, *op. cit.*, p. 87.
[26] Motolinía, *op. cit.*, p. 239.

El hecho de que las piezas dramáticas se escribieran y recitaran en las lenguas de los nuevos catecúmenos no puede pasar desapercibido y que diferencia este teatro del que se hacía en el continente europeo. Los misioneros, acaso sin proponérselo, dignificaron y alentaron la preservación de los idiomas aborígenes. Fue, al mismo tiempo, una estrategia muy acertada, pues, lógicamente, el mensaje evangélico tenía mayores posibilidades de ser comprendido; la experiencia que se había tenido con los moros de Granada, catequizados en su propia lengua, es el referente más cercano a esta manera de impartir la religión. El náhuatl, como ya se ha dicho, fue la lengua de la dramaturgia franciscana, pues era el idioma dominante en la zona que adoctrinaban.

Otro aspecto a considerar es que, en contraste con la dramaturgia española que se escribía en verso, el teatro de evangelización está en prosa. La tradición poética del arte teatral español pasa de largo entre los franciscanos, más interesados en la predicación que en la poesía. Hay algunas excepciones, como en *La caída de nuestros primeros padres*, donde se incluye un villancico.[27]

La traducción de conceptos religiosos fue cuidadosa. Los misioneros "en muchos casos no se atrevieron a presentar conceptos que chocaran violentamente con la cultura y la psicología indígenas".[28] Por ejemplo, creyeron conveniente suprimir el pasaje en que Abraham sacrifica a un carnero, para que no se asociara con el sacrificio prehispánico, y tuvieron cuidado de no traducir los términos Dios, Jesucristo, Espíritu Santo, Santa Iglesia, etcétera, para resaltar la importancia de conceptos claves y evitar que los aborígenes hicieran paralelos con la cosmovisión náhuatl.

También se procuró que el mensaje evangélico sirviera para introducir nuevas reglas morales. Ilustrativo al respecto es *El Juicio Final*, donde, además de presentar con gran dramatismo el juicio divino en el final del mundo, se expone la gravedad de no ceñirse al sacramento del matrimonio. La obra es protagonizada por una india llamada Lucía, que, al contravenir este sacramento, sufre los horrores del infierno, pese a haberse arrepentido. La poligamia que practicaban los indígenas debió alarmar a los frailes, de ahí que surgiera la idea de tratar el tema del matrimonio. En la obra el mensaje doctrinal va dirigido a las mujeres, más dóciles que los hombres para recibir la nueva religión. Temas como éste no aparecen o tenían poca importancia en la dramaturgia española. "En una palabra, el teatro náhuatl, no sólo en formas literarias sino

[27] El villancico fue cantado por los ángeles, después de ser desterrados Adán y Eva del Paraíso: "y consolando a los que quedaban muy desconsolados, se fueron cantando por derechas en cantos de órgano un villancico que decía: Por qué comía/ la primera casada/ por qué comía/ la fruta vedada./ La primera casada/ ella y su marido/ a Dios han traído/ en pobre posada/ por haber comido/ la fruta vedada". Motolinía, *op. cit.*, p. 253.

[28] Fernando Horcasitas, *op. cit.*, p. 57.

en sus ideas y temas, difiere del drama hispano de la época y, por consiguiente, presenta algo nuevo".[29]

El realismo de las representaciones es otra de las características notables del teatro evangelizador. Las crónicas señalan el esmero con el cual se fabricaban los escenarios para que parecieran reales. Las calles, los teatros y los edificios que llegaron a emplearse como escenografía apoyaban el realismo que se quería dar a la obra.

Las fronteras entre lo real y lo ficticio más de una vez se traspasó.[30] En *La Natividad de san Juan*, por ejemplo, fue bautizado un niño recién nacido, dándosele el nombre de Juan.[31] Es decir, la representación sirvió para aplicar el mensaje que se pretendía enseñar y comprometer al indígena en su adoctrinamiento. El realismo de la puesta en escena se debe considerar una táctica pensada por los misioneros, pues, para ellos, "era necesario que el ejemplo conmoviera a cientos, o a miles de personas si eso era posible".[32]

En el teatro de evangelización coexistieron las tradiciones española e indígena. El contenido, la esencia ideológica del teatro, pertenece al mundo occidental, al cristianismo, con historias bíblicas y hagiográficas, ritos sagrados, santos, etcétera. Ciertos recursos formales se inscriben en la cultura de los aborígenes, como el náhuatl, la escenografía adornada con plantas y animales de la región, la constante interpolación de danzas y música, los vestuarios indígenas, etcétera. ¿Es posible, entonces, hablar de sincretismo? Creemos que sí o, al menos, debe interpretarse como la interrelación de dos culturas de representación teatral, que se vuelcan sobre el mismo escenario.

[29] *Idem.*

[30] Todavía en México una obra teatral puede ser interpretada como un hecho real. Recientemente, estudiantes de la Facultad de Filosofía y Letras de la UNAM, bajo la dirección de su profesor Óscar Armando García Gutiérrez, llevaron a escena una pastorela en Zumpango, poblado cercano a la ciudad de México. Tuvieron como escenario una capilla abierta, que aún se conserva en ese lugar, y como público, a los pobladores de esa comunidad. Grande fue su sorpresa, cuando, al terminar la representación, el público entero se hincó ante el escenario. Para los lugareños la pastorela no había sido un espectáculo navideño, sino un acto religioso, mediante el cual presenciaban el nacimiento de Jesús. Óscar Armando García en *Fiesta y teatralidad en la pastorela mexicana*, p. 142.

[31] Aunque tenemos noticias de que en sólo dos obras (*La Natividad de San Juan* y *La conquista de Jerusalén*) se realizaron bautizos, es posible que en más ocasiones el escenario sirviera para dar tal sacramento (o al menos, en los primeros años de la evangelización). Urgidos por salvar las almas de los infieles, los franciscanos fueron criticados por los bautismos masivos que realizaron. Los frailes refieren en sus crónicas la afición que adquirieron los aborígenes por este sacramento. Narra Motolinía que salían de los caminos suplicándoles que los bautizaran, unos iban "rogando, otros importunando, otros lo piden de rodillas, gimiendo y encogiéndose, otros lo demandan y reciben llorando y con suspiros". Motolinía, *op. cit.*, p. 253.

[32] Othón Arróniz, *op. cit.*, p. 40.

LAS CONQUISTAS TEATRALES DE SANTIAGO

La conquista de Jerusalén fue representada en Tlaxcala, en 1539, tan sólo un año después de *La conquista de Rodas,* escenificada en la capital novohispana. Las dos piezas tuvieron el fin de conmemorar la paz firmada entre Carlos V y Francisco I, el 18 junio de 1538. La decisión de festejar el tratado con estas obras dramáticas da por sentado que una parte de la sociedad novohispana estaba al pendiente de los acontecimientos europeos y veía con buenos ojos la paz pactada entre el emperador español y el monarca francés.

Pero este acontecimiento histórico, evidentemente circunstancial, no fue el único motivo que generó su representación. Como veremos en este apartado, *La conquista de Jerusalén* es una obra con más implicaciones que el simple festejo de un tratado de paz. Antes de continuar debemos decir que, si bien el texto dramático se ha perdido, sabemos de la representación gracias a una estupenda carta que escribió Motolinía a fray Antonio de Ciudad Real[33] cuando vivía en Tlaxcala y que aparece en *Memoriales e historia de los indios de la Nueva España,* capítulo 15.[34] Según Georges Baudot y Manuel Pazos, al insigne fraile se le debe adjudicar la autoría de esta obra, así como de otras que fueron representadas en los años 1538 y 1539, en aquella ciudad.

La puesta en escena de *La conquista de Jerusalén* respondía, entre otras razones, a la rivalidad que existía entre las ciudades de México y Tlaxcala en materia teatral. Los tlaxcaltecas quisieron superar la espectacularidad de *La conquista de Rodas,* actuada en la capital del antiguo imperio que los había subyugado, haciendo una obra que también desarrollaba la lucha entre cristianos e infieles.

Es realmente notoria la presencia indígena en *La conquista de Jerusalén.* Según cálculos de Fernando Horcasitas, intervinieron 1 500 actores, la mayoría indios, cifra que revela, por un lado, la capacidad de los franciscanos de mover multitudes en el escenario y, por el otro, el desarrollo al que había llegado el teatro de evangelización, que en este caso significó una compleja dirección y un alto costo de producción.[35] Asimismo, es notable el hecho de que los escuadrones indígenas estuvieran compuestos por diferentes etnias y que éstas se diferenciaran entre sí. Es decir, en la obra, los indígenas no son una masa

[33] El desarrollo de la obra se describe en "Santiago sale a escena", dentro del capítulo III de la segunda parte.

[34] En adelante, todas las citas de *La conquista de Jerusalén* corresponden a la descripción de Motolinía, *op. cit.*, pp. 240-246.

[35] El cálculo de Horcasitas se basa en lo siguiente: si cada escuadrón se componía de 150 actores, entre los tres escuadrones europeos y los moros e indígenas sumarían 1 350 personas, cantidad a la que añade 150 más, que comprendería la corte papal y otros personajes.

indiferenciada sin pertenencia alguna. Los franciscanos saben distinguirlos y sus vestimentas seguramente ayudaron para tal efecto.

En la *Conquista de Jerusalén* actuaron muchos caciques indios, los cuales, precisa el fraile: "todos eran señores y principales, que entre ellos se nombran *teuhpiltin*". La participación de la comunidad caracteriza a este tipo de representaciones, pero aquí, rebasa el ámbito social. La intervención de un soberano en una pieza teatral con fines catequizadores implicaba que él ya se había convertido, hecho que se exhibía en un espectáculo público y masivo. Su prestigio y la influencia que ejercía en sus vasallos obligaba a éstos a seguir su ejemplo.

El meollo de la obra se centra en la lucha de los ejércitos cristianos por recuperar la ciudad sagrada de Jerusalén. Lo interesante es que entre los ejércitos cristianos ahora no sólo se cuenta a los europeos (intervienen las tropas de España, Alemania, Roma e Italia), sino también las tropas americanas de Perú, islas de Santo Domingo y Cuba y el ejército novohispano, compuesto por las diferentes *naciones novohispanas*: zempoalteca, mixteca, huasteca, etcétera. Dada su importancia política, los tlaxcaltecas y los mexicas iban a la vanguardia, "muy unidos, y fueron muy mirados; llevaban el estandarte de las armas reales y el de su capitán general, que era Don Antonio de Mendoza, visorrey de Nueva España".

Los indígenas no fueron los únicos en salir a escena. También actuaron encumbradas personalidades virreinales, entre ellas, Hernán Cortés, que interpretó al gran sultán que se apodera de la ciudad sagrada, papel desconcertante, si tenemos en cuenta que gracias a él el cristianismo ganó más adeptos en las tierras novohispanas.

Los franciscanos consideraban a Hernán Cortés su benefactor. En la carta que dirigiera al monarca español solicitando misioneros para catequizar a los indios, el conquistador señaló su preferencia por la orden seráfica. Asimismo, los frailes lo consideraban un instrumento de Dios, "para por medio suyo abrir la puerta y hacer camino á los predicadores de su Evangelio en este nuevo mundo".[36] ¿Por qué, entonces, le asignaron en *La conquista de Jerusalén* el papel de jefe de las huestes de los infieles musulmanes?

Habría que considerar, dice Beatriz Aracil, que el prestigio político de Cortés había disminuido en aquellos años. Se habían producido enfrentamientos entre el virrey Mendoza y el marqués, pues la corona española había otorgado al virrey poderes que limitaban los del conquistador.

Aracil da una segunda explicación, a nuestro juicio más convincente que la anterior. Tiempo atrás, en el teatro se acostumbraba reservar los papeles principales a los caballeros. No era, por tanto, una deshonra que Cortés desempe-

[36] Fray Jerónimo de Mendieta, *op. cit.*, p. 174.

ñara el papel del gran sultán. Para los conquistadores, la obra teatral era un acto público, que formaba parte de sus obligaciones sociales y que tenía el buen fin de catequizar a una gran masa de indígenas; participar en ella bien podría interpretarse como un deber cristiano.

El marco religioso estuvo ligado a la representación teatral. La *Conquista de Jerusalén* se interpretó el día del *Corpus Christi*. Después de misa, aquel 25 de junio se hizo una procesión, que incluyó tres obras más: *La tentación de Cristo, La predicación de san Francisco a las aves* y *El sacrificio de Abraham*,[37] menos espectaculares que *La conquista de Jerusalén*. No sabemos cuánto tiempo duraron los festejos, seguramente fueron varias horas, en las cuales tlaxcaltecas y frailes parecen infatigables, imbuidos en un gran fervor religioso que los lleva de un acto a otro sin descanso.

En ese entonces, la ciudad de Tlaxcala se estaba edificando. Para la representación, los tlaxcaltecas emparejaron el nivel del suelo y dejaron espacio para una plaza, que habría de ser el escenario central, sobre la cual se levantaron cinco torres, "la una de homenaje en medio, mayor que las otras, y las cuatro a los cuatro cantos". El número y la disposición son significativas, pues el cinco tiene referentes mitológicos entre los antiguos mexicanos. Cuatro correspondían a los rumbos del universo y puntos cardinales, cada uno habitado por un dios y el cinco estaba destinado al centro del cosmos. ¿Los franciscanos sabían el sentido que tenían estas columnas?

Es probable que sí. Ya para ese entonces tenían conocimiento de las culturas indígenas y no sería la única ocasión en que, a propósito, introdujeran elementos prehispánicos en la religiosidad cristiana, a manera de sustituir una religión por otra. Fray Juan de Torquemada relata que, en el bosque de Chapultepec, había un árbol "altísimo", el cual los indios tenían "por cosa deífica, y así lo limpiaban y escamondaban muy de ordinario y con sumo cuidado en tiempo de su gentilidad y luego que entraron los religiosos y tuvieron en casa, cortaron dicho ciprés y levantáronlo en cruz en medio del patio".[38] El árbol era un ahuehuete, que crece a orillas de los manantiales y los arroyos, al que los indios vinculaban con tres divinidades prehispánicas.[39] Este árbol trinio, como señala Solange Alberro, estaba "obviamente destinado a convertirse en

37 Los textos dramáticos se han perdido, salvo *El sacrificio de Isaac*, que Horcasitas localizó.

38 *Apud* Solange Alberro, "Los franciscanos y la tabula rasa en la Nueva España", en *El teatro franciscano en la Nueva España*, p. 33. *Vid.* Fray Juan de Torquemada, *Monarquía Indiana*, t. III, pp. 414 y 415.

39 Según Durán, los indígenas solían plantar árboles en los templos dedicados a las deidades pluviales, "y decían *tota, topiltzin*, y *yolometle*, los quales bocablos quieren decir nuestro padre y nuestro hijo y el coraçón de ambos, haciendo fiesta a cada uno en particular y a todos en uno". Solange Alberro, *op. cit.*, p. 33.

la cruz de Cristo que fue levantada en el patio de san Francisco."[40] La colocación en el recinto franciscano fue un acto totalmente consciente, en que se establecen paralelismos entre la cultura indígena y el cristianismo.

La conquista de Jerusalén es, según fuentes conocidas hasta el momento, la primera representación de moros y cristianos organizada por los misioneros en la Nueva España. En la plaza de la ciudad de Tlaxcala, los ejércitos cristianos luchan contra los musulmanes, en varios episodios que van aumentando en dramaticidad. Finalmente, la guerra se resuelve gracias a la intervención de Santiago, de san Hipólito y del arcángel san Miguel, santos relacionados con la actividad bélica. El mensaje es evidente: cualquier batalla contra los infieles, por difícil que sea, será favorecida por el poder de Dios.

La inclusión de estos santos revela el sentido histórico-religioso del texto dramático. Como sabemos, a Santiago los españoles lo consideraban su protector en las luchas contra los moros en España que se prolongaron por varios siglos y, luego, en los enfrentamientos armados para vencer a los indígenas mexicanos. Según la historia bíblica, al arcángel san Miguel encabeza las huestes celestiales. En cuanto a san Hipólito, se le asocia a un acontecimiento trascendental en la historia occidental: un 13 de agosto, día en que se le conmemora, cae la ciudad de Tenochtitlan después de haber sido asediada durante tres meses. Para recordar este hecho, durante el virreinato novohispano, cada año se sacaba el pendón o estandarte con las armas y el escudo de la ciudad, para llevarlo a la iglesia que se edificó en honor de este santo.[41]

Según el argumento de la obra, Santiago recibe la ayuda de san Hipólito para vencer a los infieles. Luego, en lo más crudo de la batalla, se aparecerá el arcángel san Miguel, quien, después de anunciar que Dios ha perdonado a los pecadores, concluye el combate. Aunque Santiago no sea el único protagonista, no se le puede restar importancia por el papel que se le adjudica como guerrero de la cristiandad.

La aparición del Apóstol a caballo en el supuesto campo de batalla debió impactar al público. Su entrada fue calculada, pues cuando las tropas cristianas desmayaban ante el rudo combate y puestos todos de rodillas ante el Santísimo Sacramento, "en esto —describe Motolinía—, entró Santiago en un caballo blanco como la nieve y él mismo como lo suelen pintar; y como entró en el real de los españoles, todos le siguieron", aterrados, los moros se encierran en la

[40] *Idem.*

[41] El 29 de agosto de 1594, el bachiller Arias de Villalobos sugería que, en el acto de la salida del pendón, "se hiciera 'un juguete' teatral es decir, un entremés adecuado, como lo que en el teatro del siglo pasado se llamaba un *propósito*, en el que se recordara a los conquistadores la toma de México por Cortés y así al público tuviera presente el origen de ese México, cabeza del reino de la Nueva España". Rojas Garcidueñas, *op. cit.*, p.125.

ciudad; y mientras los cristianos continúan el asedio, "andaba siempre Santiago en su caballo, dando vueltas por todas partes".

El fraile no dice quién interpretó el papel de Santiago. Cualquier español podría serlo, bajo la lógica de que sería más diestro jinete que algún indígena. Sin embargo, cabe la posibilidad de que fuera un tlaxcalteca el que actuara este papel. En pago a la ayuda que dieron a los conquistadores, los tlaxcaltecas podían montar a caballo desde 1525, fecha en que se fundó Tlaxcala por orden real. Los españoles, por tanto, no eran los únicos que tenían el privilegio de montar caballos en aquella ciudad y los tlaxcaltecas pudieron ser tan diestros jinetes como los hispanos.

Resulta también interesante la precisión de Motolinía de que Santiago apareció "como lo suelen pintar". Para aquel entonces ya se había propagado la imagen del santo ecuestre, mediante grabados y pinturas. La representación teatral recurrió a esta imagen plástica, que tanto se ha reproducido en la iconografía popular mexicana. Desde la perspectiva del espectador, la imagen belicosa del santo cobraba vida en el escenario.

Por otra parte, *La conquista de Jerusalén* recreaba el deseo escatológico de la orden franciscana de recuperar la ciudad santa, empresa en la cual participarían a manera de "cruzados" los indígenas recién convertidos, en especial, los tlaxcaltecas. La idea, por extraña que parezca, estaba en la mente de muchos españoles de la época, pues había resurgido el espíritu de cruzada por aquellos años. El mismo papa Sixto IV lo había reforzado, al conceder, el 13 de noviembre de 1479, una bula que autorizaba a los Reyes Católicos a tomar el reino de Granada, último reducto de los moros en España. El 2 de enero de 1492, el anhelado sueño de terminar con la presencia musulmana se vio realizado y unos meses después, Cristóbal Colón ponía en manos de la monarquía española nuevas tierras, enfatizando la urgencia de cristianizar a sus habitantes. Otra cruzada emprendieron los españoles al conquistar México, tierra en la que también se insistirá en la importancia de establecer el reino de Dios.

El deseo franciscano de conquistar Tierra Santa se vio influido por la política exterior del emperador Carlos V, que insistía en luchar contra los turcos, que habían creado un poderoso imperio a lo largo del Mediterráneo. Para el monarca español, era necesario que los reinos cristianos se unieran para combatir al enemigo turco. De ahí que firmara la paz con el rey francés, con la esperanza de que éste participara en tal empresa.

En el Concilio de Letrán, la Santa Sede había proclamado la cruzada contra los moros y el 14 de noviembre de 1517, el papa León X pidió que participaran los príncipes cristianos a las órdenes del emperador Maximiliano y del rey de Francia. La avanzada del imperio otomano en Siria, Egipto y Constantinopla[42] determinaron el surgimiento de esta nueva cruzada, que justificaba el papa. Pero a su llamado, sólo respondió el emperador Carlos, quien puso al servicio del papa un ejército de 19 mil soldados.[43]

Inspirados por sus ideales religiosos, los franciscanos decidieron escenificar *La conquista de Jerusalén*, aprovechando la disposición y el entusiasmo de los tlaxcaltecas. La obra se incluyó en el *Corpus Christi*, día que implicó una larga jornada de actos rituales. El alcance de la celebración del tratado político firmado por Carlos V y Francisco I que justificaba la puesta en escena parece disminuido por la carga espiritual en que se ve envuelto.

Los franciscanos novohispanos creían que Carlos V podría recuperar la Tierra Santa. La utopía estaba presente en otros hermanos de la orden, como el cardenal Cisneros, quien en 1506, alentado por la conquista de Granada, solicitó ayuda a los monarcas cristianos para tomar Jerusalén.

En la cruzada para recuperar la ciudad santa, los evangelizadores pensaban que los indígenas ayudarían, pues consideraban que, por ser "tiernos en la fe", "a diferencia de los judíos conversos y los moriscos de la península, estaban en condiciones de luchar por la expansión universal de la cristiandad".[44] Motolinía llegó a afirmar que los indios mexicanos eran muy "obedientes, mansos y bien acondicionados, y dispuestos para todo acto virtuoso".[45]

Los tlaxcaltecas desempeñaban un papel fundamental en la utopía franciscana. En *La conquista de Jerusalén*, un ángel recuerda que los tlaxcaltecas junto con los conquistadores, ganaron México. Fueron de los primeros naturales en aceptar la nueva religión y convertirse en devotos del apóstol Santiago.

Como lo señala Beatriz Aracil, poco después de que fuera representada *La conquista de Jerusalén*, el sueño de que los tlaxcaltecas defendieran la nueva religión, a la manera de los cruzados, se hizo realidad. En los años 1541 y 1542, lucharon contra los chichimecas del Mixtón, en la Nueva Galicia, que se habían rebelado contra el poder colonial.[46] Para el virrey don Antonio de Mendoza el sometimiento de los indígenas rebeldes representaba una cruzada, que juzgaba necesaria para establecer la fe cristiana en aquella región.

Él mismo fue a tierras neogalicienses a combatir a los chichimecas, acompañado de un poderoso ejército, entre los cuales estaban los tlaxcaltecas. Fue así que, por primera vez, los indígenas convertidos al cristianismo pelearon

[42] Los turcos tomaron Siria en 1516, Egipto en 1517 y Constantinopla en 1543.

[43] Beatriz Aracil, *op. cit.*, p. 455.

[44] *Ibid.*, p. 469.

[45] Motolinía, *op. cit.*, p. 258.

[46] Sobre las guerras en la Nueva Galicia, *vid.* Louis Cardaillac, *Santiago apóstol, el santo de los dos mundos*, pp. 134-148.

contra otros indígenas para defender la religión que los evangelizadores les habían enseñado.

En el texto dramático que fue representado en Tlaxcala, los franciscanos "realizaron una propuesta sociopolítica que otorgaba a los nuevos vasallos indígenas un papel fundamental en la constitución de ese Imperio de la cristiandad regido por Carlos V".[47] El proyecto, obviamente, no coincidió con los planes de la Corona y mucho menos con los españoles de la época. Pero, bajo esta perspectiva, tal vez no sería ilógico pensar que el papel de Santiago, defensor de la cristiandad, fuera actuado por un indígena tlaxcalteca.

Como veremos en el capítulo dedicado al estado de Querétaro, al parecer, un cacique indígena protagonizó la guerra que, entre españoles y otomíes, se desató en el cerro del Sangremal, un 25 de julio de 1531. Era un indígena cristianizado, llamado Nicolás de San Luis Montañés, que al igual que el cacique tlaxcalteca Fernando de Tapia, acompañaba a la tropa española. Este acontecimiento se liga a la posibilidad de que Santiago fuera interpretado por un indígena en *La conquista de Jerusalén* representada en Tlaxcala.

No sabemos en cuantas piezas teatrales el apóstol Santiago salió a escena. Muchos documentos coloniales se perdieron a causa de los conflictos armados y de la desamortización de los bienes de la iglesia que provocó la dispersión de valiosos manuscritos. A ello debemos añadir que varias de esas obras eran escritas casi en el momento, pues estaban a expensas de la catequización de los indígenas. Asimismo, sus creadores seguramente no tuvieron en mente la idea de archivarlas, cual si fueran tesoros literarios. El teatro de evangelización era, como hemos dicho antes, una herramienta para la enseñanza de la religión, ceñida por su contexto.

Francisco del Paso y Troncoso encontró una versión de *La destrucción de Jerusalén* en náhuatl, que data del siglo XVII o XVIII. Según este estudioso, el origen de este auto es una pieza medieval, escrita en lemosín, de la que se conocían tres ejemplares en su lengua original. Para Garcidueñas, el origen más próximo de este auto es una versión en castellano de fines del siglo XV o comienzos del XVI, que fue publicada en la colección de Rouanet en 1901.[48]

El manuscrito lleva el engañoso título de *Nican moctecpana in inemiliztzin in señor Santiago Apóstol*, que significa "Aquí se asienta la vida del señor Santiago apóstol". El personaje nunca aparece en la obra, cuyo argumento se sitúa en la época romana, periodo en el cual es imposible relacionar al Santo. Lo que no deja de llamar la atención es que el título haga referencia al Apóstol, indicando la posibilidad de que existió la obra que corresponde al título del manuscrito.

[47] Beatriz Aracil, *op. cit.*, p. 475.

[48] Rojas Garcidueñas, *op. cit.*, p. 42.

Fernando Horcasitas encuentra una referencia al respecto en fray Juan de Torquemada, quien dirigió el Colegio de Santa Cruz de Tlatelolco. El fraile, al elogiar la buena memoria de los indígenas, incidentalmente añade datos que nos revelan la existencia de una pieza teatral protagonizada por el Santo:

> Tenían tanta memoria, que un sermón o una historia de un santo una o dos veces oída, se les quedaba de memoria y después la decían con mucha gracia, osadía y eficacia. En cuya comprobación me sucedió en esta casa donde al presente soy guardián y que escribo esto, que los años pasados, queriendo hacer una representación de la vida del glorioso apóstol Santiago, cuya vocación es la del convento, en su mismo día, en presencia del virrey y otra mucha gente de concurso, como la hay aquel día, la compuse en lengua castellana, latina y mexicana, distribuida por actos. Y como mejor pareció que es el que más se manifiesta y habla era necesario persona tal, que satisfaciese, encomendé su dicho a un hombre de buena edad que había sido estudiante gramático en este Colegio de Santa Cruz y dile una plática así en latín, como en mexicano, que había de predicar en forma de sermón, subido en púlpito como el mismo apóstol hizo para la conversión de la gente.
>
> Y confieso que aunque lo que se le había dado escrito para tomar de memoria iba concertado y muy mirado, lo dijo tan vestido y acompañado con lo que de repente se ofreció, y con tanta energía y gracia, que yo mismo desconocí el acto.[49]

Es posible que la obra se representara entre 1603 y 1611. Como bien lo señala Horcasitas, es interesante que Torquemada la escribiera en español, además de hacerlo en latín y náhuatl. La noticia del fraile añade la posibilidad de que en las iglesias dedicadas a Santiago se representaran piezas teatrales con el fin de honrar al Santo y que, al mismo tiempo, sirvieran para instruir a la población sobre la vida del Apóstol. Horcasitas supone que el tema de la obra antes mencionada pudo ser el viaje del Apóstol a España y sus intentos de convertir al pueblo español. Por la experiencia que hemos tenido en esta investigación, nos inclinamos en suponer que más bien se recreó la leyenda, mil veces contada en tierras españolas y mexicanas, sobre el Santiago que, a caballo, interviene en las guerras para favorecer a los cristianos en sus guerras contra los infieles.

Resalta, además, la gracia y el aplomo con que el indígena interpretó su papel, causando la admiración de Torquemada, ya que el monólogo fue mejorado por el actor. Es factible que se tratara de un recitador experimentado en arte teatral y que hubiera otros más. El gusto de los indígenas por la actividad teatral se siguió conservando en algunos lugares, más allá del siglo XVI. No es imposible que esto sucediera si tenemos en cuenta la capacidad que el teatro

[49] *Apud* Horcasitas, *op. cit.*, p. 609.

tiene de integrar a una comunidad que se identifica con la temática del espectáculo, en especial, si está imbuido de un hondo sentido religioso. Un viajero de principios del siglo XVI describe el carácter ritual que la representación tenía para los indios de Chiapas, que antes de interpretar a un personaje bíblico se confesaban, cual si existiera la necesidad de purificarse:

> La mayoría de los indios que bailan esta danza son supersticiosos en cuanto a lo que hacen, creyendo que es acto y acción real lo que sólo es una representación danzada. Cuando viví entre ellos era común que el que iba a representar a san Pedro o a Juan Bautista viniera primero a confesarse, diciendo que tenían que ser santos y puros como el santo a quien representaban, e igualmente preparados para la muerte. De igual manera, el que hacía el papel de Herodes, o de Herodias, o de alguno de los soldados que habrían de acusar a los santos en la danza, venía después a confesar su pecado y a pedir absolución, como si hubiera sido culpable de haber derramado sangre.[50]

Los tlaxcaltecas, por su parte, siguieron inclinados en la representación teatral, aún en ceremonias de orden político. El 27 de octubre de 1585, recibieron al nuevo virrey novohispano con un escenario que recuerda *La conquista de Jerusalén.* Construyeron "un castillo de madera de dos o tres altos, con muchos aposentos y retretes para pelear en él, en el hábito de soldados a su modo y a la española, contra otros indios en traje de chichimecas, cuando el virrey entrase en aquella cibdad".[51]

Una hora antes de que el sol se pusiera, los tlaxcaltecas entregaron simbólicamente las llaves de la ciudad al nuevo gobernante. El acto no fue tan simple como podría imaginarse, pues, entre tanto, en un tablado había "cuatro indios viejos, vestidos a lo antiguo, con corona de reyes a la cabeza, los cuales representaban a los cuatro reyes o cuatro cabeceras de aquella provincia que ayudaron al marqués del Valle tan valerosamente a la conquista de México".[52] Acompañados por un escuadrón de tlaxcaltecas vestidos con sus trajes guerreros y otros, como soldados españoles, los ancianos recitaron unos sonetos.

El castillo debió ser parte del escenario, donde se representaría la toma de una ciudad, que podría ser Tenochtitlan o Jerusalén. Desafortunadamente no pudo utilizarse, porque fue arrasado por el fuego, lo cual provocó "a todos muchísima lástima y causó a los indios grandísima pena, por ver que su industria y trabajo se hobiese perdido antes que gozasen dello".[53]

[50] *Apud* Horcasitas, *op. cit.*, pp. 96 y 97.

[51] Fray Antonio de Ciudad Real, *Tratado curioso y docto de las grandezas de la Nueva España*, t. I, p. 102.

[52] *Ibid.*, p. 103.

[53] *Ibid.*, p. 102.

Los tlaxcaltecas parecen ser muy diestros para recibir a los dignatarios, como lo prueba la entrada del virrey en 1585. Habían establecido la costumbre de construir pequeños escenarios a lo largo del camino de entrada, para que los actores reivindicaran los privilegios y las libertades que la ciudad de Tlaxcala poseía.

Pocos años después, en 1572, en la ciudad de México se escenificó una batalla entre moros y cristianos, según lo consiga el *Códice Aubin.* Es probable que el espectáculo se hiciera para festejar la victoria española en Lepanto, acaecida un año antes, y se reviviera el espíritu de cruzada. El mensaje de la obra sería el mismo que el de *La conquista de Jerusalén*, esto es, Dios favorecerá cualquier guerra contra los infieles. Casi podríamos asegurar que el apóstol Santiago salió a escena en esta ocasión, pues la obra se escenificó el 25 de julio, día en que se festeja al Santo.

Hacia el final de estas líneas valdría preguntarse si algo ha quedado de *La conquista de Jerusalén* en la actualidad. Fernando Horcasitas señala que, en el año 1930, se representaba *Los alcharriones*, en Chimalpa, Texcoco, cuyo tema era la conquista de Jerusalén por el apóstol Santiago. Se recitaba en náhuatl y en su tiempo fue muy popular; como suele suceder con la literatura oral, a lo largo de los siglos, el texto dramático fue variando, debido a los cambios que realizaban los actores a los parlamentos. La obra teatral no logró superar el paso del tiempo ni la modernidad, por lo cual ya no se representa.

CONCLUSIONES

El teatro de evangelización fue, sin duda, una de las herramientas más atractivas y espectaculares que crearon los misioneros para catequizar a los indígenas. El público debió ser sorprendido por el realismo de las escenas, lo masivo de la representación, el concierto en que se desarrollaba la acción teatral, lo mismo que por las danzas, la música y los cantos, manifestaciones artísticas que confluían en la escena teatral. Es imposible afirmar, como lo hace Motolinía, que las representaciones teatrales originaron conversiones masivas. Sí, en cambio, que los misioneros ofrecieron un espectáculo rico y completo, convirtiéndose, sin proponérselo, en dramaturgos, directores y productores de las obras que —según imaginaban—, podrían cambiar las creencias de los aborígenes.

Como bien lo ha señalado Rojas Garcidueñas, no debemos olvidar que los frailes "nunca hicieron obras con un propósito y un fin meramente artístico, por el contrario, con un definido carácter ético y evangélico, mirando, al mismo tiempo, que fuera un motivo de esparcimiento sano y en todo benéfico".[54] Si bien sus fines eran meramente prácticos y religiosos, la dramaturgia franciscana, al igual que la de otras órdenes, se considera parte ineludible de la historia teatral mexicana.

El teatro de evangelización evidencia, por un lado, la cultura teatral que traían los franciscanos desde España. La experiencia de la Iglesia de incorporar el teatro a la religión había rendido buenos resultados desde la Edad Media, siendo éste un antecedente que tomaron en cuenta los frailes. Y, por otra parte, este teatro, al incorporar elementos de representación indígena, manifiesta no sólo el conocimiento que ya se tenía de la cultura aborigen, sino de la pensada estrategia de los evangelizadores de utilizar tales elementos para atraer a los nuevos catecúmenos.

La vista fue sin duda el sentido más exacerbado en las representaciones. La pintura mural y los lienzos que emplearon los catequizadores para ilustrar los temas religiosos cobraban vida en el escenario. Como ha dicho José María Garibay "la educación audiovisual, hoy en día tan ponderada, era cosa de la vida común para aquellos maestros de las multitudes".[55]

Es muy probable que la enseñanza que los misioneros predicaban en los sermones fuera mejor asimilada por los aborígenes en las representaciones teatrales. Además del aspecto didáctico, la imagen asociada al espectáculo tiene la particularidad de ser portadora de emoción, "fue concebida y realizada para sorprender, para hacer llorar, para espantar [...] jugaba sobre la apariencia, la ilusión y la 'fachada'".[56] Es decir, además de ilustrar, la imagen-espectáculo provoca sentimientos que, en este caso, pretende convencer al indígena de cambiar sus ideas morales y religiosas.

Los misioneros conocían el valor plástico y emotivo que producían con sus obras teatrales. Jacobo de Testera, por ejemplo, recomendaba a otros frailes a emplear tanto las pinturas como las obras teatrales. Fray Juan Bautista, por su parte, explicó cómo el teatro le había ayudado a "disponer los ánimos de los naturales, con ejemplos de cosas sucedidas", indicando la conveniencia de mezclar las comedias con pequeñas pinturas alusivas al tema representado.[57]

Pero el drama representado no sólo es imagen, se une a él la palabra portadora de un mensaje. Como muy acertadamente lo señala Beatriz Aracil, al combinar las dos, el teatro de evangelización "se convirtió en un medio idóneo para transmitir un mensaje diverso, que abarcaba, tanto los persuasivos argumentos para la conversión de los naturales, como los principios básicos de la

[54] Rojas Garcidueñas, *op. cit.*, p. 46.

[55] Ángel María Garibay, *Historia de la literatura náhuatl*, t. II, p. 123.

[56] Serge Gruzinski, *La guerra de las imágenes. De Cristóbal Colón a "blade Runner" (1492-2019)*, p. 86.

[57] Beatriz Aracil, *op. cit.*, p. 124.

enseñanza doctrinal y moral o incluso determinados planteamientos ideológicos y políticos".[58]

Puesto que apenas han sobrevivido unas cuentas piezas teatrales, sólo podemos suponer que, el apóstol Santiago, por ser un personaje importante en la cultura de conquista, debió inspirar varias veces a los franciscanos para insistir en la necesaria lucha contra el infiel. Ya hemos visto cómo en *La conquista de Jerusalén* también manifestaron sus ideas utópicas, al imaginar que el indígena ayudaría a recuperar la ciudad santa, capital mundial de la cristiandad.

De las pocas noticias que tenemos sobre una representación similar a la que hemos analizado, se la debemos a fray Antonio de Ciudad Real, quien hizo una minuciosa descripción de la estadía del fraile Alonso Ponce, comisario general de los franciscanos en la Nueva España, al cual acompañó en sus numerosos viajes por el territorio novohispano.[59] En la larga lista de poblaciones que visita el comisario se encuentra Patamba, "pueblo muy alegre y sano" de Michoacán, donde, una legua antes de llegar, les salieron al paso "más de veinte indios a caballo, medianamente aderezados, vestidos como españoles".[60] Algunos llevaban "espada de palo y uno un arcabuz y otro una espada blanca de un español". Significativamente, el de la espada —el que posee el arma más poderosa— se acerca al comisario y le da la bienvenida, haciéndole ver que él y sus compañeros lo protegerían de los chichimecas. Este aviso es, en realidad, el inicio de la representación, ya que "luego comenzaron todos a correr a una parte y a otra por entre aquellos pinos, dando voces y diciendo y repitiendo muchas veces "¡Santiago, Santiago!".

Al poco tiempo, salieron los supuestos enemigos, "diez a doce indios de a pie, vestidos como chichimecas, con sus arcos y flechas y empezaron a hacer monerías y ademanes, dando gritos y alaridos con que los caballos se alborotaron". El de la espada presentó ante el comisario a un chichimeca, que "hacía visajes, fuerza y piernas, como se quería soltar, y al fin el de a caballo le hizo soltadizo".

Mientras el fugitivo salía corriendo y los de a caballo iban en su busca, repitiendo el nombre de Santiago, los chichimecas bailaban, "llevando en medio de todos a uno a caballo con una cabellera blanca".

En el pueblo, después de recibir la bendición del comisario, los tarascos (etnia a la que pertenecían los actores), continuaron la representación en la

[58] *Ibid.*, p. 125.

[59] Ambos frailes pertenecían a la orden seráfica. El comisario llegó a México en 1584 y durante cinco años visitó muchísimas sedes franciscanas, aun las más lejanas, como Nicaragua.

[60] La descripción de la representación se encuentra en Antonio de Ciudad Real, *op. cit.*, t. II, pp. 82 y 83.

plaza, donde habían construido "un peñol y castillo de madera muy alto". Mientras que los chichimecas bailaban en la fortaleza, alrededor de ella, los demás galopaban en sus caballos; "pero viendo que anochecía, se apearon los de a caballo, y bajaron los del castillo, y todos juntos hicieron un baile y bailaron a su modo un rato al son de un *teponastle*, hasta que la noche los hizo ir a sus casas".

El espectáculo que presenciaron los frailes Ponce y Ciudad Real debió maravillarlos, pero, curiosamente, este último, relator de lo sucedido, no hace ningún comentario, ni parece sorprendido de que los indios salieran a caballo gritando el nombre de Santiago. Acaso quedaba en la memoria ese Santiago que, en 1539, en *La conquista de Jerusalén*, galopaba entre las huestes cristianas para tomar la ciudad sagrada, el cual, como se ha dicho aquí, muy probablemente fue interpretado por un tlaxcalteca. En el largo recorrido que hicieron en el territorio novohispano, en más de una ocasión fueron recibidos con fingidos combates entre cristianos y paganos; comprendían que esas guerras de conquista eran una forma que tenían los indios de festejar y agradar a los visitantes. La semilla de tales representaciones había sido sembrada en los primeros años del siglo XVI, en especial, por la orden seráfica, a la cual ellos también pertenecían.

Fernando Horcasitas, gran especialista del teatro de evangelización, se pregunta hasta qué punto el mensaje cristiano transmitido en las piezas teatrales tuvo efecto en los miles de indígenas que las vieron. Seguramente, dice Horcasitas, este teatro fortaleció la obra evangelizadora "y sus enseñanzas morales han sido transmitidas de generación en generación hasta nuestros días, reforzadas por otros elementos religiosos después del siglo XVI".[61]

Supone, también, que los aborígenes que sobrevivieron a la hecatombe espiritual que significó la Conquista encontraron no sólo novedoso el teatro que los frailes les ofrecían; al participar en él, podían escapar de los encomenderos, de las autoridades civiles y del clero secular, al mismo tiempo que se refugiaban en una vida ritual intensísima. Baste recordar al respecto, el trabajo, el esmero y la entrega que significó para los tlaxcaltecas poner en escena cuatro piezas teatrales el día del *Corpus Christi*, a las cuales se sumaron una fastuosa procesión de santos y una larga liturgia.

A mediados del siglo XVI, las órdenes religiosas deben enfrentarse a la oposición de las autoridades virreinales, "que favorecían al clero seglar, advenedizo, menos unido, más fácil de dirigir, más adherido a la Corona y a los obispos". Además, señala Horcasitas, existía otra razón de peso, más sutil y más alarmante: "¿soñarían los franciscanos en volverse dirigentes de un reino de Dios sobre la tierra, dirigido, naturalmente, por ellos?". En este reino utópico quedarían excluidos los españoles, pues estaría conformado por los frailes y los

[61] Fernando Horcasitas, *op. cit.*, p. 193.

indios, recordemos que los frailes los consideraban más dóciles y "tiernos en la fe", "y real e imaginaria, la idea causó desazón en la mentalidad española".[62]

La labor de la orden franciscana también había decaído por la situación social que se vivía al final el siglo XVI. Los caciques que antes los habían apoyado iban perdiendo su poderío. La población indígena había disminuido drásticamente en 90%, principalmente por las epidemias causadas por las enfermedades europeas, para las cuales los aborígenes no tenían defensas.[63] Mientras tanto, la población novohispana de españoles, criollos, mestizos, negros y asiáticos había aumentado y habían surgido nuevas mezclas raciales.

La composición social y el espíritu de la época habían cambiado mucho respecto a los primeros años de la evangelización. "En resumen, el teatro primitivo en náhuatl, popular, religioso y de tipo medieval, moría a finales del siglo XVI como parte del derrumbe de una sociedad indohispana que no tuvo la oportunidad de madurar".[64] De aquellas representaciones teatrales ha quedado el gusto por escenificar la pasión de Cristo en semana santa y las pastorelas en la época navideña, lo mismo que las danzas dramatizadas de *santiagos, moros y cristianos* y *pilatos,* muy populares en las poblaciones indígenas. Algunas de ellas se recitan todavía en náhuatl.

[62] *Ibid.*, p. 182.

[63] La primera epidemia fue la viruela, que se dio antes de que cayera la ciudad de Tenochtitlan. Según fray Jerónimo de Mendieta, siete plagas más padecieron los indios: la segunda, hacia 1531, fue el sarampión; la tercera, hacia 1545, fue "pujamiento de sangre", que los indios llamaban *cocoliztle,* y que pudiera ser influenza, de la cual murieron 150 mil indios en Tlaxcala y 100 mil en Cholula; la cuarta no se especifica, se sabe que hubo una gran mortandad hacia 1564; la quinta, en 1576, la llamaron *matlazáhuatl,* que pudo hacer sido tifo; la sexta, en 1588, fue un nuevo tifo que afectó especialmente a los matlanzincas y la séptima, entre 1595 y 1596, fue "sarampión, paperas y tabardillo", de que "apenas ha quedado hombre en pie". José Luis Martínez, *Hernán Cortés,* p. 19.

[64] Horcasitas, *op. cit.*, p. 184.

Danzando a Santiago

El teatro y la danza cumplieron en el siglo XVI una importante función social. Dentro del contexto religioso ayudaron a propagar la fe cristiana más efectivamente que cualquier sermón.

Maya Ramos Smith,
La danza en México durante la época colonial

El encuentro de dos tradiciones

La tradición indígena

En las festividades religiosas de los estados de Guanajuato, Querétaro, México, Morelos, Puebla y Jalisco y en la misma ciudad de México participan danzantes que, formando un círculo, en el atrio de las iglesias bailan en homenaje a la imagen patronal. A estos grupos se les conoce con diferentes nombres, según las regiones, siendo los más comunes *los danzantes de la conquista* o *las corporaciones de la danza azteca* (en la ciudad de México y en sus alrededores) o *los de la danza chichimeca* (en el interior de la República Mexicana).

Lo cierto es que los miembros de esas organizaciones se consideran descendientes de los antiguos pobladores de México. Procuran expresar su ascendencia en sus trajes, en sus instrumentos musicales de origen prehispánico y a veces en su lengua —el náhuatl— cada vez menos empleado. Asumen una herencia, a la par que transponen en sus danzas los valores religiosos aportados por el cristianismo. A través de la danza se expresa una visión de la conquista, y de la actuación tanto de los vencedores como de los vencidos, que se ha forjado a través de los siglos. El apóstol Santiago, por el papel épico que desempeñó en aquellos años, tiene en ellas una presencia importantísima.

Danzar para los nativos es una manera de practicar la religión. Como se ha escrito en un artículo reciente: "las danzas de origen indígena y colonial en México tienen por lo general un carácter ritual que permite establecer contacto con lo divino."[1] El contacto se establece también con el pasado y con la identidad más profunda de los danzantes que en ellas se revela. Para profundizar estas ideas veamos primero en qué consiste la herencia recibida por los nativos.

La danza entre los mexicas[2]

Desde los principios de la Conquista, los españoles se sorprendían al ver la importancia que tenían para los indígenas el canto y los bailes. Los cronistas refieren esas numerosas manifestaciones culturales, a las que veían con preocupación pues las consideraban vehículos de la herejía.

El dominico fray Diego Durán apunta: "Es de saber que aquellos representan dioses, a éstos iban haciendo la fiesta y baile, interior y exteriormente".[3] Por su parte, el franciscano fray Bernardino de Sahagún subraya la relación entre los bailes practicados por los indígenas después de su conversión y sus creencias antiguas:

> si algunos cantares usan que ellos han hecho acá después de su convertimiento, en que se trata de las cosas de Dios y de sus santos, van envueltos con muchos errores y herejías, y aún en los bailes y areitos se hacen muchas cosas de sus supersticiones antiguas y ritos idolátricos, especialmente donde no reside quien los entiende.[4]

En este texto Sahagún nos muestra el interés de los indígenas por el canto y el baile que, junto con la música, en la época prehispánica formaban parte de la educación básica que se daba en las escuelas *cuicacalli*.

Esos bailes "que usan para regocijar a todo el pueblo" servían para propiciar las acciones benéficas de los dioses. La danza tenía funciones placenteras y esencialmente religiosas: se bailaba para dar la bienvenida a una imagen religiosa, a los guerreros que regresaban victoriosos, a los cautivos que serían ofrecidos a sus dioses, al rey victorioso. Se bailaba en las fiestas religiosas para propiciar la fertilidad o las buenas cosechas agrícolas, también en las bodas y en la bendición de las casas nuevas. Baile, canto y música, las tres artes participaban en una misma escenificación de la fiesta donde intervenían profesionales, gentes del pueblo y esclavos.

[1] Renée de la Torre, "Danzar: una manera de practicar la religión", en *Estudios jaliscienses*, núm. 60, p. 6.

[2] Utilizamos para este apartado el estudio de Martha Toriz Proenza, "La danza entre los mexicas", *La danza en México. Visiones de cinco siglos*, t. I, pp. 305-324.

[3] Diego Durán, *Historia de las Indias de Nueva España e islas de tierra firme*, 1967, t. I, p. 18.

[4] Fray Bernardino de Sahagún, *Historia general de las cosas de Nueva España*, t. II, pp. 632-633.

Ésta fue la herencia prehispánica de las comunidades indígenas convertidas al cristianismo. Con la supervisión, colaboración y a veces censura de los misioneros, se siguió practicando el arte de bailar en honor a Dios y a los santos. Alrededor de Santiago, se elaboró todo un conjunto de danzas en unas perspectivas que tenemos ahora que precisar.

Aportaciones españolas

Las danzas de moros y cristianos desde España a América

El origen de esta fiesta es español y se remonta al siglo XI. En Aragón, ya liberada de la dominación musulmana, se inicia con la representación de un combate fingido entre moros y cristianos. Conforme progresa la Reconquista hacia el sur se propaga, primero en las zonas costeras, donde se relaciona con el desembarco de los corsarios en las costas alicantinas y granadinas.

Luego se populariza en toda España, aunque los motivos, fechas, bailes y trajes varían en las diferentes provincias. Es notable que, ahora, se siga representando en regiones montañosas —Alto Aragón, Alpujarras, montañas de Cádiz y Ronda—, las cuales, más aisladas, son más conservadoras; pero las más famosas y concurridas son las de Alcoy y su región.[5]

El tema de la fiesta de moros y cristianos suele ser muy sencillo: los dos campos adversos se disputan la posesión de un castillo que se ha alzado en la plaza del pueblo. Los moros se apoderan de él, luego los cristianos lo conquistan y el triunfo definitivo de los partidarios de la cruz conlleva la conversión de los moros. Los combates, sobre todo en la región levantina, siempre se acompañan con mucho estruendo de mosquetes que se disparan, de pólvora que se quema y de cohetes que celebran la victoria.

En cuanto a Santiago, podía aparecer en alguna que otra representación, evocado en el parlamento entre unos y otros, o en el trance de la batalla, cabalgando al lado de los cristianos, pero su presencia no es más que ocasional, mientras que, como lo vamos a ver, su protagonismo vino a ser esencial en las versiones americanas.

En efecto, estas danzas pasaron a América con los conquistadores y fueron en un principio un espectáculo reservado a ellos, que se celebraba con motivo de alguna festividad. Las primeras conmemoraciones conocidas están

[5] En una publicación reciente se insiste sobre la vivencia actual de *las fiestas de moros y cristianos* no sólo en España sino también en el mundo mediterráneo: Marlène Albert-Llorca y José Antonio González Alcantud, eds., *Moros y cristianos. Representaciones del otro en las fiestas del Mediterráneo occidental*, 2003.

relatadas en las crónicas, como festejos en honor de Cortés en 1524 y 1525, y como celebración de las paces, en 1538, entre Carlos I y Francisco I, sin embargo hay que subrayar que desde el principio participaron algunos indios.[6] De México se expandieron por todo el continente americano. En la actualidad, se representan, sobre todo en Perú y Guatemala además de México.

Estas danzas conservan las dos características ya señaladas: son, por una parte, la dramatización de la lucha entre dos campos opuestos, los cristianos frente a los herejes, y, por otra parte, terminan con la necesaria conversión de los adversarios y con la victoria de la cruz contra sus perseguidores.

Pero, por el contexto cultural e histórico nuevo en el que se desarrollan, cobran unas particularidades que las van a diferenciar de las heredadas de España. En efecto, pronto se convierten en un espectáculo destinado a un auditorio nuevo, el de los indígenas que intervienen en su producción y representación.

El espectáculo va a dejar de ser únicamente la exaltación del mundo hispánico y de sus valores, con la presentación de los españoles como pueblo elegido, para integrar un nuevo mundo a esos valores. Esta idea ha sido expresada magníficamente por Eduardo Merlo Juárez:

> El éxito de estas ceremonias bailadas radica en que fueron el sustituto ideal de las "guerras floridas" precortesianas, especie de combates preestablecidos y semifingidos, cuyo objetivo era tomar prisioneros para ofrendar. Por supuesto que sus ritmos, cadencias, coreografías y música son lentas y monótonas, y nada tienen que ver con las aparatosas comparsas valencianas o del resto de la península ibérica, pues mientras éstas son carnavalescas, las otras constituyen auténticos rituales.[7]

Cualesquiera que sean las diferencias, dos tradiciones festivas se encuentran: la del grupo dominante y la del dominado. Y como en las otras manifestaciones culturales, el primero lleva la batuta en la elaboración de este nuevo tipo de danza de moros y cristianos. Se puede hablar de *cultura de conquista*, el tema fue desarrollado por varios historiadores, entre ellos J. Jesús Rodríguez Aceves y Arturo Warman.[8] Este último escribe: "La danza de moros y cristianos fue selec-

[6] El historiador Bernal Díaz del Castillo en su relato del viaje de Cortés a Las Hibueras evoca "el gran recibimiento que le hicimos con arcos triunfales y emboscadas de moros y cristianos". *Vid.* Robert Ricard. *La conquista espiritual de México*, p. 307 y Arturo Warman Gryj, "La introducción de la danza de moros y cristianos en México", en *La danza de moros y cristianos*, pp. 66-102.

[7] Eduardo Merlo Juárez, "Un conquistador conquistado. Las celebraciones populares de Santiago en México y Centroamérica", en *Santiago y América*, p. 234.

[8] *Vid.* J. Jesús Rodríguez Aceves, *Danza de moros y cristianos* y Luis Weckmann, *La herencia medieval de México*, especialmente los capítulos "Los ejercicios ecuestres, la caza y los juegos" y "El teatro y la danza".

cionada como parte de la cultura de conquista. No lo fue por ser anónima ni por ser típica, sino porque desempeñaba un papel en el proceso de conquista."

A través de ellas el conquistador informa a los indígenas de las victorias del cristianismo sobre los distintos enemigos que surgieron a lo largo de la historia, para inculcarles que siempre vence el bien sobre el mal, la verdad única sobre las mentiras de las herejías o de la idolatría. En una de esas fiestas, dentro de un diálogo entre Cortés y Moctezuma, se lee:

CORTÉS: –Es tan eterno este Dios
que si quieres ver su gloria
olvida tu ley que tienes
y ve a un Dios verdadero.
MOCTEZUMA: –¿Y para qué traes tu acero?
CORTÉS: –Porque si renuente estás
y no admites lo que quiero,
con él experimentarás
que éste es Dios verdadero.[9]

De modo que el evangelizador va a transmitir su fe y la va a presentar envuelta en su propia cultura. El conquistador aparece siempre vencedor sobre el infiel, gracias a la intervención divina y a su mensajero Santiago, aquí omnipresente. Por ejemplo, en la *danza de la morisma,* de San Pablo Tejalpa, en el estado de México, que es una versión local de la danza de moros y cristianos, aparece el tema legendario de la conquista de Jerusalén por las tropas al mando de Santiago. Esos bailes que muchas veces vienen a ser espectáculos teatrales con danzas, canciones y una letra en castellano o en náhuatl, pretenden encerrar una profunda lección de historia profana y sagrada: la cruz es siempre victoriosa sobre cualquier adversario; en España, sobre el musulmán; en las Indias, sobre el indígena idólatra.

Aparecen personajes directamente o indirectamente relacionados con el tema, como Pilatos, "el villano de los moros", Archareo —deformación de arquero—, Centurión, Tiberio. Aquí se advierten anacronismos y se admite cualquier fantasía de la imaginación: lo esencial es distinguir quién simboliza al mal y quién al bien. Santiago encabeza los buenos y Pilatos los malos. Robert Ricard estudió las relaciones entre las danzas de moros y cristianos con los cantares de gesta. En la *danza de la media luna* y en la *danza de los doce pares* de Francia, intervienen el conde Oliveros, el gigante Fierabrás y las princesas Floripes

[9] *Apud* Víctor José Moya Rubio, *Máscaras, la otra cara de México,* p. 59.

y Melisenda.[10] También están presentes, claro está, los héroes que se hicieron famosos contra los moros, entre ellos el rey Ramiro de Asturias y el Cid.

Numerosas son las variantes de estas fiestas. La danza de moros y cristianos existe en casi todas las regiones de México. Según el lugar el nombre cambia: *danza de los santiagueros, de los santiaguitos, de los santiagos, del señor Santiago y los arcareros, del marqués, de la morisma, de los Pilatos y Pilatitos, de los moros chinos, de los moros cabezones, de los doce pares de Francia...*, cada una tiene su localización y particularidades. Por ejemplo en la de los santiaguitos, que se danza en Teziutlán y otros puntos del estado de Puebla, el jefe de los danzantes lleva en la cintura un caballo de cartón que simula montar. Más adelante, pasaremos revista a las principales.

La danza, expresión de la cultura de conquista

Los grandes promotores de estas danzas de moros y cristianos fueron los misioneros; en este sentido se relacionan con el teatro edificante que estudia Robert Ricard.[11] Afirma este historiador que "los misioneros cristianizaron danzas y cantares de los indios. No tenemos pormenores del método, pero lo que sí palpamos es el buen resultado de él, pues hasta el día de hoy persisten vivos los cantos y bailes que ellos arreglaron".[12]

Los clérigos sabían de la semejanza que existía entre ciertos ritos y creencias de las religiones ancestrales y el culto católico. Para lograr la evangelización aceptaron combinar y fusionar, en cierto modo, diferentes aspectos del paganismo que se proponían vencer y del catolicismo que pretendían imponer. El sincretismo religioso aparecía como un paso obligado antes de llegar a la supresión total de la idolatría.[13] La danza de moros y cristianos es una de las más claras manifestaciones de este sincretismo.

Y siguiendo con su acercamiento al concepto de *cultura de conquista* y aplicándolo a las danzas, Arturo Warman precisa la otra cara de la realidad, es decir, el papel que les tocó a los indígenas. Escribe:

[10] *Cf.* Ricard, *op. cit.*, p. 343. El historiador estudia con muchos detalles la relación de la danza de moros y cristianos con los cantares de gesta. También dedicó varios artículos a la danza de moros y cristianos, entre ellos: "Contribution à l'étude des fêtes de moros y cristianos au Mexique" *Journal de la société des américanistes de Paris,* pp. 51-84. *Vid.*, también las páginas que dedica al tema Weckmann, *op. cit.*, pp. 517-523.

[11] Ricard, *op.cit.*, pp. 304-319.

[12] *Ibid.*, p. 491.

[13] Para más detalles, *vid.* Weckmann, *op. cit.*, especialmente el capítulo titulado "Precedentes medievales de la evangelización y sincretismo cristiano pagano".

> La danza de moros y cristianos fue también adoptada por los indígenas. También ellos, ante los nuevos amos, tuvieron que reelaborar su cultura. También los indígenas crearon una cultura de conquista para la que seleccionaron de entre su propia tradición y la que ofrecían los conquistadores aquello que era importante para sobrevivir. También en este caso la danza podría ser importante para conocer la otra cara del dominio.[14]

Así pasó. Las culturas se fueron acomodando para sobrevivir y los indígenas las enriquecieron con aportaciones propias.

Varios son los bailes indígenas que se han conservado en su esencia, interpretados con motivo de festividades populares y hasta pueden incluirse en algunas danzas de moros y cristianos. En Tecali, Puebla, los indios bailaban el *hahuixtle*, o *danza antes de la Conquista*, en el día de su fiesta, con algunos danzantes dispuestos alrededor de un *teponaztle* —el tambor hecho de un tronco hueco— y salían otros, vestidos de "chichimecas", en un simulacro de cacería.[15] Los bailes de más renombre son el de los sonajeros y el de los concheros.

El *de los sonajeros* ha conservado hasta nuestros días su carácter guerrero y religioso. Los danzantes marcan el ritmo con sus espadas, que llevan sonajas y que chocan con el suelo, marcando su territorio. Se multiplican los gritos de guerra y con ellos se acentúa la agresividad de la danza.

La otra, muy difundida, es la *de los concheros*, que es sagrada y el logro máximo del danzante es obtener el éxtasis que proporciona la manifestación de la divinidad. Esta danza ha sobrevivido gracias a la visión de los antepasados que la readaptaron al catolicismo, cambiando el nombre de las antiguas divinidades y la letra de los cantos, pero sigue siendo un ritual. Existen hermandades de concheros en Guanajuato, Tlaxcala, México y Querétaro, donde se cree que nació la danza.

En Querétaro, en la noche del 12 al 13 de septiembre empieza la fiesta grande de la Santa Cruz de los Milagros. Durante los días y noches del 13, 14 y 15 de septiembre resuenan por todo el barrio de san Francisquito, en la loma del Sangremal, allí mismo donde aparecieron una cruz en el cielo y Santiago en su caballo, el sonido guerrero y grave del *teponaztle*, el triste de la chirimía, el rasgueo de la guitarra de concha de armadillo y el lamento desgarrador de los caracoles, símbolos del viento.[16]

Los concheros una vez más entran en el espíritu de la danza que les permite penetrar en el mundo de su tradición, en el cual oyen hablar a sus

[14] Warman, *op. cit.*, pp. 13-14.

[15] William B. Taylor, *Ministros de lo sagrado. Sacerdotes y feligreses en el México del siglo XVIII*, t. II, p. 438.

[16] José Félix Zavala, "Los concheros", *Una civilización negada. Querétaro en septiembre*, 2000.

antepasados y sienten el peso de centenares de años de cultura propia. Uno declara:

> Cuando comienzo a bailar me desmaterializo, paso a otro plano mental. La danza hace fluir en mí una energía interna. Vivo y siento la danza. Me olvido del modernismo. Sólo veo el círculo donde bailo y me remonto a otra época, donde se funde el presente con el pasado. Trato de hacerlo como todos lo hacían. No es un simple espectáculo.

Y otro añade:

> Al salir ataviado de guerrero, salgo con la fuerza de los guerreros antiguos, ayuno tres días antes de comenzar a danzar, recuerdo los muchos secretos importantes que no se pueden sacar a la luz pública, me introduzco a otro mundo, yo no sé de dónde me sale tanta vitalidad, cómo logro ser ligero y pisar el fuego sin quemarme.[17]

Donde se ve también la impronta indígena es en la utilización de las máscaras. Las danzas de moros y cristianos de España conocieron el uso de las máscaras, pero allí no era más que un disfraz, mientras que en América Latina cobran un significado mágico-religioso que forma parte del ritual.

La máscara convierte en otro a quien la utiliza, liberando su personalidad más profunda. Contribuye al efecto de catarsis, propio de cualquier representación teatral. Pero, además, aquí participa del ambiente mágico, que contribuye a provocar e implica la creación de un estado de ánimo favorable al trance. A veces, cuando es espantosa, contribuye a difundir en su entorno miedo y terror: ahora, el vencido es quien espanta. Otras veces, la máscara expresa impasibilidad, como si quisiera el que la lleva apartarse del duro ambiente del enfrentamiento para encontrarse con su personalidad más íntima.[18]

La de Santiago suele ser una máscara de un hombre de pelo rubio o pelirrojo rizado y barbado, de tez clara, que expresa todo el simbolismo del hombre venido del otro mundo. Sólo algunos detalles distinguen a los moros de los cristianos: los primeros pueden llevar turbantes o coronas y a veces sus ojos expresan cierta ferocidad, reflejo de su malignidad. Los segundos tienen la tez rosada o rubicunda, y su mirada es apacible o penetrante. Además, como el in-

[7] Louis Cardaillac, *Santiago apóstol, el santo de los dos mundos*, p. 272.

[8] Más precisiones sobre el tema en el libro de Víctor José Moya Rubio, *Máscaras, la otra cara de México*, 1978. También encontramos información de primer orden en el libro de Luis Luján Muñoz, *Máscaras y morerías de Guatemala.*

dígena no tiene el sentimiento de horror al infierno, distinguiéndose en eso de los españoles, las máscaras del diablo tienen rasgos festivos y humanos.

Aquí también, en la medida de lo posible, expresaron su resistencia quienes habían sido doblegados por medio de la evangelización. Estamos en el mundo de la ambigüedad. El danzante se transforma, ayudado por la máscara, en lo que fue, e intenta recuperar su identidad profunda. Por un momento, frente a la presión evangelizadora, puede expresar a través de la danza sus prácticas ancestrales, asumiéndolas plenamente en sus adentros. El que encarna al señor Santiago "no tiene una vida religiosa muy diferente de la de sus antepasados que encarnaban, en ocasiones, a Quetzalcóatl u otra divinidad del antiguo panteón mexicano. El disfraz ha variado, pero el diálogo náhuatl en su ambigüedad y el conjuro (exento de toda ambigüedad) revelan una permanencia de la actitud espiritual, que es el aspecto más importante".[19]

Algunas danzas pueden aparecer más claramente que otras una reivindicación de esta identidad profunda. En las *danzas de las conquistas,* también llamadas *de la pluma,* los danzantes ya tienen un papel digno de ellos: Pizarro es castigado por el rey de España por sus excesos cometidos contra los indígenas y Moctezuma perdona con mucha nobleza a Cortés.[20]

Pero hay más: estas danzas permiten a los participantes soñar en su propia fuerza. Parece que por rito mágico se apropian de la fuerza de los vencedores. En Peyotán, Nayarit, los infieles o paganos a caballo persiguen al apóstol Santiago, desquitándose por las afrentas recibidas. Estamos ya en un proceso de identificación en el que aparecen manifestaciones de revancha simbólica.

Pierre-Luc Abramson, estudiando la danza de moros y cristianos de Zacatecas, insiste sobre la función social de la fiesta: "Es antes que todo un factor de cohesión social, ya que reúne en la alegría festiva a gente de toda clase y permite a veces a los más humildes desinhibirse y tomar revanchas simbólicas."[21] Lo interesante de esta frase es que reúne en una misma perspectiva a los espectadores y a los actores.

Todo aquello nos explica porque el episcopado era poco favorable a este género de diversiones. Al mismo tiempo que los misioneros en sus parroquias no hacían nada —o poco— para destruir las fiestas indígenas y hasta las utilizaban como medio pedagógico, la junta de obispos de 1539, luego el Concilio de 1555, frenaron esas iniciativas, tomando algunas medidas coercitivas que llegaron a prohibir las fiestas con que los indios celebraban a sus

[19] Jacques Lafaye, *Quetzalcóatl y Guadalupe,* p. 289.

[20] *Apud* Pierre-Luc Abramson. "Survie et adaptation d'un rituel populaire espagnol au Mexique: La danza de moros y cristianos de Zacatecas", en *Annales littéraires de l'Université de Franche-Comté,* pp. 249-260.

[21] *Ibid.,* p. 257.

santos patronos. En ningún caso se podía bailar en el interior de los templos. Las autoridades religiosas veían en estas manifestaciones expresiones del paganismo y temían que esos bailes sagrados hicieran demasiada competencia a la liturgia.

Pero, de hecho, el punto de vista de los sacerdotes en contacto con las comunidades indígenas, prevaleció. En efecto, esos bailes persistieron en la época colonial, si bien disminuidos por el celo religioso español. A cada advertencia venida del episcopado se escondían más todavía bajo vestimenta cristiana. Y en la represión, el poder civil no se quedaba atrás. En 1627 el oidor de una provincia de la Real Audiencia de Guatemala emite una ordenanza que dice:

> Y porque los bailes que los indios hacen en las fiestas causan muchos gastos en alquilar plumas, vestidos y máscaras y se pierde mucho tiempo en ensayos y borracheras, porque dejan de acudir al beneficio de sus haciendas, paga de sus tributos y sustento de sus casas, de lo cual traen a la memoria los sacrificios y ritos antiguos de su gentilidad y se hacen otras ofensas a Nuestro Señor, y para que todo cese, ordeno y mando que ningunos indios celebren más que la fiesta de su pueblo en la víspera y día, y en la del *Corpus Christi* y Pascua del año, y en ellas no alquilen ni traigan máscaras, plumas ni vestidos más que los ordinarios de indios, ni representen historias antiguas de su gentilidad con trompetas largas ni sin ellas, ni hagan el baile que llaman 'tum' ni 'eleutum', ni los justicias indios ni españoles lo consientan... Y pido y encargo encarecidamente a los padres doctrineros tengan particular cuidado de persuadir a los indios dejar los dichos bailes y gastos, pues ven cuan dañosos son a la conciencia de los indios y a la guarda de la ley cristiana que profesan.

En 1684 fue el obispo de Guatemala quien reiteró la prohibición, repetida otra vez en 1748. Tal insistencia prueba que las normativas poco se cumplían. En 1769, en México, el arzobispo Lorenzana publicó una carta pastoral que dispuso la suspensión definitiva de la danza de santiaguito. La representación debió de llegar a extremos particularmente heterodoxos, ya que esta vez se tomó en cuenta las quejas de curas que en vano intentaron acabar con ella, por ser un "espectáculo idolátrico y anárquico", es decir que iba en contra de los principios de la fe y de la organización social.

Pero, generalmente, fueron los párrocos quienes daban rienda suelta a las comprensiones alternativas y a las interferencias culturales. Dejaban que se expresara el conspicuo papel de Santiago, y no les importaba mucho algunas representaciones que parecían ridiculizarlo, venciéndolo en combates de simulacro. "Esas inversiones del sentido original de Santiago, según fue representado por los españoles, sugieren que el mensaje de humillación indígena estuvo sujeto a cambios, aunque no había sido olvidado por los vecinos indígenas de finales del dominio español".[22] Así fue. Comprobaremos luego hasta qué extremo pudo llegar esta influencia con la fiesta de los *tastoanes*.

Las principales danzas protagonizadas por Santiago

Las danzas de Conquista

Las danzas protagonizadas por Santiago son un género a menudo dialogado sobre el drama de la Conquista. En su origen, se recitaba un texto en lengua indígena, pero en la actualidad el diálogo suele ser en español, y hasta en muchos casos el texto se ha acortado, cuando no ha desaparecido. El tema central es de lo más sencillo: se evocaban las conquistas de México, de Jerusalén, o de Rodas, como símbolo de la lucha entre cristianos e infieles, quedando éstos derrotados y convertidos al cristianismo.

1. En *la danza de Santiago* el diálogo en náhuatl se ha conservado intacto en medio de la decadencia general del teatro indígena que ha sido subrayada en el capítulo anterior. Fernando Horcasitas señala que existen todavía una veintena de ellas que se siguen representando en el Distrito Federal, México, Hidalgo, Puebla, Veracruz, Morelos, Guerrero y Oaxaca. Pese a que los diálogos originales están en náhuatl, las nuevas generaciones de danzantes, desconociendo la lengua de sus antepasados, utilizan el español.

El tema de la obra, aunque con muchas variantes, tiene dos constantes: el primero versa sobre la venida del apóstol Santiago de Roma a Jerusalén para vengar la muerte de Jesucristo; el segundo se refiere al enfrentamiento del Santo con Pilatos, el jefe del bando enemigo.

Como ya se ha dicho, los orígenes se deben buscar en Europa, donde floreció en la Edad Media el género de danzas guerreras. La danza de Santiago fue traída al Nuevo Mundo por los españoles, que además de participar en justas y torneos, representaban batallas simuladas entre mahometanos y cristianos. Este enfrentamiento militar suponía un trasfondo religioso —también trasladado al Nuevo Mundo— con el enfrentamiento del cristianismo y de la idolatría. Santiago que supuestamente se aparecía tanto en los campos de batalla peninsulares como en México era el lazo ideal entre los dos mundos.

2. Una de las variantes de la danza de Santiago, traducida del náhuatl, publicada y comentada por Fernando Horcasitas, es *la danza de los alchariones*.[23] El

[22] Taylor, *op. cit.*, p. 438.

[23] Fernando Horcasitas, "El teatro popular en náhuatl y una danza de Santiago", en *Revista de la Universidad de México*, pp. 1-9.

nombre se refiere a los arquelaos, soldados del rey Hérodes Arquelao. El nombre tiene muchas variantes en México: archareos, echariones...

La danza se celebró hasta 1930 en Chimalpa, cerca de Chiconcuac, Tetzcoco, estado de México. El que representaba a Santiago iba "montado" en un caballito de madera, que traía atado a la cintura y muslos. En el otro extremo del tablado, sentados sobre una plataforma baja de madera, estuvieron Pilatos y su corte, compuesta de un secretario, dos oficiales militares, que son el Savario y el Centurión y diez soldados.

La representación inicia entre el estallido de cohetes y campaneo de la iglesia seguidos por el sonar de tambor y de la chirimía. Santiago, que está en Roma, llama a su embajador Cayín y le manda a Jerusalén a entregar una carta a Poncio Pilatos. Bailando se va el embajador y llega al otro lado del escenario, es decir, a Jerusalén. Pilatos lee la carta que recibe de Santiago; se trata de una amenaza y un desafío a la población que no ha querido convertirse: "Que mandes degollar a todos los habitantes de Jerusalén". Pilatos desobedece el desafío, citando a Santiago "en el llano". Centurión y Savario expresan el ánimo guerrero de las tropas adversas, en un lenguaje épico medieval:

> Pues ahora volarán cabezas en el llano, orejones, cazadores de perros, pecadores, rastreros, boquiabiertos. Serán aplastados sus sesos, se les hará polvo el pelo, babearán las lenguas, volarán los dientes, se harán pedazos las tripas y las cargarán hacia acá.

Los dos ejércitos se enfrentan y primero intercambian insultos. Luego se inicia una estruendosa batalla entre los alcharriones y los cristianos. De los moros sólo Pilatos salva la vida, pues huye para no caer preso. Santiago es el supremo vencedor. En su magnanimidad resucita a todos los cadáveres y los convierte:

> Ahora levántense y quedaremos como hermanos. Ya Dios quiso que todos fuéramos cristianos. Que nos conceda su gracia y démonos abrazo.

Termina el espectáculo de modo ejemplar con la victoria y exaltación del cristianismo y la derrota de los enemigos de la verdadera fe.

3. *La danza de los santiagueros.* Según los especialistas, esta danza tiene su origen en Pantepec, en la sierra de Puebla. En ella se representa la lucha entre moros y cristianos. Después de 1810, se propagó en la zona, donde surgieron grupos de santiagueros en otros lugares como San Pedro Petracotla, Pápalo, Tepetzintla, Osomatlán, La Cañada, Huitsiluz y Vistahermosa, y en el estado de Veracruz, en Apapantilla.

El grupo de danzantes es constituido por veinticinco elementos, divididos en dos grupos: diez santiagueros y quince moros. Los dos campos tienen un embajador. Entre el batallón de los moros hay un sabario, que es el capitán, todos los demás son soldados.

Primero bailan los dos grupos, después descansan los moros y los santiagueros empiezan sus relatos. Los moros se burlan de lo que los santiagueros dicen. Luego le toca el turno a los moros y los santiagueros se mofan de ellos. Una vez que los veinticinco elementos han presentado sus relatos, al final ganan los santiagueros.

Los dos bandos enfrentados se distinguen también por su vestuario: rojo para los moros y azul para los cristianos. Unos y otros llevan un saco y nagüilla con lentejuelas de colores y una capa. Los moros tienen dibujada una media luna blanca en la parte de atrás de la capa adornada de lentejuelas de colores. Además, el rey mayor de los moros lleva una corona de lámina con picos, asentada sobre un paliacate rojo. En la representación interviene también un ángel vestido de blanco y que lleva en la cabeza un rodete con penacho y dos espejos uno de cada lado. Los danzantes son acompañados por dos músicos: uno que toca el tambor y otro que toca la flauta de carrizo y son llamados los pifaneros.

4. Otra danza en la que Santiago aparece como adversario de Pilatos es *la danza de los santiagos* que se representa en el antiguo señorío de Tetzcoco, concretamente en san Pablo Ixáyotl.[24] No sólo se representa en este pueblo, sino también en 85 lugares del estado de México, siempre con algunas variantes. Se trata de una danza teatro que comprende varios códigos: un texto recitado, un código dancístico-musical, otro coreográfico-gestual, otro del vestuario, y otro de la parafernalia que acompaña la representación.[25]

Dos ensayadores llevan a cabo los ensayos desde varias semanas antes uno para el campo de los cristianos, otro para el de los moros.

En la danza juega un papel importante una máscara, la del Divino Rostro, elaborada en madera estucada y pintada con colores naturales; tiene una diadema de resplandores dorados, entre los que emergen largas plumas de colores. Es el elemento sagrado con el cual el actor que representa a Santiago se cubrirá el rostro en cierto momento de la ceremonia. Se deposita primero en el altar doméstico de la casa del actor, junto con agua, alfalfa y cebada para el caballo.

El día de la fiesta, la procesión sale de la casa rumbo a la iglesia. Santiago, con el Divino Rostro encabeza la procesión, empuñando su sable guerrero. El

[24] Ha sido estudiada por Jesús Jáuregui en un artículo titulado: "Santiago contra Pilatos: ¿la reconquista de España?", en *Las danzas de Conquista. México contemporáneo*, pp. 165-204.

[25] Marcelo Torreblanca, Irma Zárate de Lino y Alejo Quiroz Mira, "Los Santiagueros", en *Catálogo de cinco danzas del Estado de México*, pp. 38-46.

Divino Rostro es depositado en la iglesia. Los moros, reconocibles por sus calzones bombachos y sus gorros de tela terminados en pico, asisten a las ceremonias. Los cristianos visten traje de charro con botonadura plateada o dorada.

Después de la misa, los dos bandos ocupan el entablado, situado frente al atrio. Cada campo tiene veinticuatro danzantes, además intervienen unos vasallos, de modo que los participantes pueden llegar a ochenta.

Cada bando ocupa su territorio. A la mitad del tablero está la frontera donde se producen las primeras amenazas. Van unos y otros a disputar el territorio adverso: las invasiones serán seguidas de desafíos y ataques. En el campo cristiano el Cid campeador y Ramiro encabezan las tropas. Pilatos y Sabario desempeñan el mismo papel entre los moros e intentan romper el cerco. En la mitad del escenario chocan las espadas y el crucifijo y el cetro. Al final de esta primera fase, Santiago se arrodilla y el embajador le quita el Divino Rostro.

Durante esta fase se ha expresado una narración mítica colectiva. Las tropas, exhibiéndose frente al público, lo han mostrado a su manera. Los cristianos llevan capas adornadas con motivos religiosos, mientras los moros, que ostentan una bandera mexicana, enseñan en sus capas el águila mexicana, la media luna, alacranes, dragones, figuras prehispánicas, etcétera. Cuando enseguida inicia el coloquio se precisa todavía más la oposición, Pilatos se dirige a los caballeros de su reino de Granada, celebrando su posesión de España desde ocho siglos. Va a mandar un embajador al general Santiago que está en Galicia.

El musulmán se queja del rey Ramiro que no quiere seguir pagando tributo afrentoso a los musulmanes (50 doncellas cristianas). Los desafíos se multiplican de parte y otra y se organizan las tropas de los dos bandos. El musulmán busca alianzas y Santiago convoca a Ramiro y al Cid. Se mandan embajadores y se intercambian insultos y se multiplican las peripecias. Los musulmanes evocan el nombre de Mahoma y los cristianos cuentan con Santiago que interviene en la batalla, que supuestamente es la de Clavijo. Sabario lucha contra Santiago y Maricadel contra Ramiro. El Apóstol se apodera de la bandera mexicana y a su vez expone la de la cruz. La batalla se generaliza. Los moros vencidos quedan tendidos en la orilla del tablado. El desarrollo narrativo se basa en la gestualidad, la música, la danza, los desplazamientos coreográficos.

El capitán moro reconoce su derrota y frente al campo, cubierto con los cadáveres de los soldados muertos por la espada de Santiago, deja escapar sus quejas:

¿Adónde están mis baluartes
mis banderas derribadas
mi ejército es el que busco
para que me acompañe a pelear,

pero auxilio no he de encontrar
porque todos han fallecido?

La fuente de ese arranque lírico es fácilmente reconocible. Se trata de una adaptación del romance de don Rodrigo en el que el último rey visigodo, vencido por los musulmanes en la batalla de Guadalete, lamenta su derrota. Pero aquí la situación es inversa: el que se queja de su derrota es el musulmán vencido por el cristianismo. Decía el poeta medieval hablando de Rodrigo:

Subióse encima de un cerro
el más alto que veía;
desde allí mira su gente
cómo iba de vencida;
de allí mira sus banderas
y estandartes que tenía
como están todos pisados,
que la tierra los cubría.

Y el rey visigodo se quejaba así:

Ayer era el rey de España,
hoy no lo soy de una villa;
ayer villas y castillos
hoy ninguno poseía;
ayer tenía criados
y gente que me servía,
hoy no tengo ni una almena
que pueda decir que es mía.

Finalmente, después de la derrota de los moros y su conversión, Santiago concede "la venia". El mismo Pilatos grita: "África ¡viva Santiago, su valor y fortaleza!". Santiago enarbola la espada y la cruz y devuelve la bandera mexicana al campo de los moros. Todos se ponen detrás de Santiago.

Al fin y al cabo, el tema expresado aquí es el de la reconquista de Granada, metáfora de España, por Santiago y los cristianos de Galicia. El bando derrotado y convertido al cristianismo representa a los moros africanos encabezados por Pilatos, prototipo de la maldad.

Pero, al mismo tiempo, se trata de la conversión de los mexicanos, quienes son asociados con signos de la maldad (alacranes y dragones). Los moros, súbditos de Pilatos, son "los mexicanos de antes", representados por el águila azteca y la bandera. Los mexicanos de hoy han superado el mal de la idolatría, ya se reciben en el gremio de la iglesia católica. La intervención sobrenatural del Divino Rostro ha operado el milagro de la conversión, transformando el mal en bien.

Precisemos también que las danzas de conquista son mucho más numerosas que las reseñadas aquí. En la mayoría participa directamente Santiago, como en la danza de moros interpretada en Tecanatepec, estado de México, y otros lugares vecinos. En ella interviene el viejo de la danza, que lleva un animal disecado (ardilla o *cacomixtle*). Este mismo personaje sale en la danza de la morisma, en la que el jefe de los cristianos es Santiago y el de los moros es el rey Morisma. Se danza en Zacualpan.[26]

En pueblos y municipios, año tras año se presentan las mismas danzas con pocas variantes. Están interpretadas por agrupaciones del mismo pueblo o contratados fuera. En Chignahuapan, por ejemplo, en la Sierra de Puebla, se interpretan las danzas de *los segadores,* de *los negritos* y de *los santiagos.* Además, en muchos lugares se reinterpretan esas danzas el 8 de diciembre, en homenaje a la Inmaculada Concepción.

La fiesta de los tastoanes

Existe en Jalisco y en el sur de Zacatecas una fiesta, la *de los tastoanes,* que sigue perpetuando la memoria de santo Santiago a través de la evocación de los duros enfrentamientos que se dieron en Nueva Galicia, en tiempos de la Conquista.

La palabra tastoán, también escrita tastuán, es de origen náhuatl. Los *tlatoani* eran los señores o caciques de los pueblos indígenas. Además, el verbo *tlatoa* significa hablar, con el matiz de tomar la palabra, ser dueño de ella, lo que quiere decir que los nativos están directamente involucrados en estas festividades, en las cuales el elemento indigenista es más pronunciado que en las demás fiestas de moros y cristianos. Descubriremos el mismo fenómeno de sincretismo, pero como nos lo va a mostrar el estudio del origen de la fiesta y su evolución, los elementos locales son mucho más importantes que las aportaciones extranjeras.

Según los cronistas, a raíz misma de los acontecimientos, los indígenas escenificaron su lucha con los españoles. Dos testimonios nos lo confirman: primero, el de Tello, quien después de contarnos el ataque de Guadalajara por los caxcanes y la oportuna aparición de Santiago, concluye: "Este milagro lo repre-

[26] Para más detalles, *vid.* María del Socorro Caballero, *Danzas regionales del estado de México.*

sentan cada año los indios en los pueblos de Galicia".[27] Desgraciadamente no da más detalles. Mota Padilla, por su parte, después de narrar lo que pasó en Tonalá, en marzo de 1530, cuando los indígenas de Coyula y Tetlán se enfrentaron con las huestes de Nuño de Guzmán en el Cerro de la Reina, nos informa sobre la conmemoración que suelen hacer los indios de dichos acontecimientos:

> Son los indios los que desde entonces hasta hoy celebran sin interrupción la memoria, conservando la tradición de esta victoria que parece nuestra, y los indios tienen por suya: inhiérese un indio en un caballo blanco, formado de caña, que sujeta en la cintura, y armado con la encomienda de Santiago en una banderilla pendiente de una asta cuyo remate es una cruz, con una espada en la mano de madera dorada, al son de pífanos y atabales, finge batallar con otros indios, vestidos a usanza de gentiles antiguos, armados con sus *chimales* (que son al modo de rodelas), y macanas (que son como espadas), y al acometerles el figurado Santiago, caen en el suelo y vuelven a levantarse, repitiendo la escaramuza con donaire y celeridad, hasta que se le rinden.[28]

Se trataba pues de organizar un espectáculo, simulacro de combate, con auténticas convenciones teatrales: vestuario, accesorios, música y hasta representación figurada de algunos elementos, como el caballito de caña que el indio lleva atado a la cintura. Es una alegoría elaborada a partir de los elementos que marcaron la imaginación de los naturales. La iniciativa se atribuye a los indios, hasta el punto de que "tienen la victoria por suya". Sin embargo, es difícil pensar que, como en el caso de las fiestas de moros y cristianos de otros lugares, no esté presente la autoridad religiosa como supervisora o coautora de la representación.

Lo que sí conocemos, gracias a algunos estudios recientes, son las etapas por las que pasó la danza para llegar a ser la que conocemos hoy, con sus características inconfundibles.

En efecto, en el último tercio del siglo XVI y en el XVII, otros testimonios señalan que unos indios cristianos solían representar su lucha contra los chichimecas. El primer ejemplo es de 1586, año en el que los purépechas, disfrazados de chichimecas, hicieron simulacros de combate, enfrentándose con españoles. Éstos gritaban a voces "¡Santiago, Santiago!", entonces el Apóstol se les aparecía y les daba la victoria.[29] Las dos referencias siguientes son también de Michoacán, una es de 1590 y la otra de 1643.[30] En la primera, unos indios vestidos a la española, armados con espadas y picos de madera, salen de un bosque gritando "¡Santiago, Santiago!", al tiempo que acometen a una docena de

[27] Fray Antonio Tello, *Crónica miscelánea de la sancta provincia de Xalisco*, libro II, t. II, cap. XXXIV.

[28] Matías de la Mota Padilla, *Historia del reino de Nueva Galicia en la América septentrional*, p. 41.

[29] Weckmann, *op. cit.*, p. 123.

[30] Taylor, *op. cit.*, pp. 405-406.

chichimecas. En la segunda, los indios cristianos asaltan un castillo defendido por chichimecas. El espectáculo culminaba con la llegada de Santiago, que vence al enemigo y recupera la cruz que le habían quitado.

Es decir, que en los dos casos se adoptaba el esquema de las danzas de moros y cristianos, pero aplicándolo muy precisamente a la guerra contra los chichimecas, que implicó a muchas comunidades indígenas y que impresionó mucho a los nativos por su duración y la dureza de los enfrentamientos. Como lo veremos, las fiestas de los tastoanes se relacionan todas, cualquiera que sea su localización, con esa zona de combate.

Pero hay más: las dos representaciones citadas transmitían un mensaje más indigenista que las demás danzas. La evocación, en los distintos casos, se extendió a Jalisco, Querétaro y Zacatecas, donde expresaban la historia profunda, vivida por las comunidades indígenas de las zonas mencionadas; se escenificaban episodios a veces de modo muy realista, ocurridos en el centro y occidente de México. Progresivamente se afirmó la danza como parte del patrimonio cultural indígena. En Querétaro, en 1680, se representó una variante de la danza de los concheros que comprendía, entre otros elementos, "una desordenada confusión de montaraces indígenas, sin más ropa que lo que permite la decencia" y también una procesión de reyes prehispánicos de linaje chichimeco, como Xólotl, Quinatzin, Techotlalá, Tezozómoc, en compañía de otros de ascendencia azteca. Además apareció otro elemento que permanecerá en algunas danzas de tastoanes: el atronador ruido de tambores hechos de un tronco hueco, llamados *teponaztles*.[31]

De modo que, entrado el siglo XVIII, la fiesta aparece con sus principales características, y ya se la conoce por su nombre. En 1715, en el municipio de san Pedro Tlaquepaque, muy cerca de Tonalá, los oficiales indígenas de san Andrés solicitan a la Audiencia permiso para celebrar una danza tradicional, el 8 de septiembre. El delegado, que tramita la petición, explica a la autoridad superior en qué consiste: un hombre vestido de Santiago cabalga por la plaza, golpeando a los indígenas enmascarados con el anverso de su espada. Al terminar la danza, la gente se precipita a manosear al Santo y, además, "en castellano como en mexicano, son muchas las obscenidades que hablan y también las acciones indecentes que hacen, al tiempo que manifiestan estarle quitando la piel al que hace de Santiago". En aquella circunstancia, se negó la autorización. Las autoridades fueron sensibles al aspecto ambiguo de la representación: los aspectos propiamente indigenistas parecían ir en detrimento del mensaje cristiano, ya que el Santo quedaba muy mal parado.[32]

[31] Warman, *op. cit.*, pp. 103 y ss.

[32] Taylor, *op. cit.*, p. 407.

En esta misma perspectiva, unos decenios más tarde, los prelados reunidos en Concilio provincial en la ciudad de Puebla, en 1771, haciendo eco a las preocupaciones de las autoridades coloniales, intentaron establecer un control más riguroso de las danzas. Se inquietaban por las implicaciones "paganas" y anticoloniales que suponían. Señalaban los obispos que el canto que acompañaba los bailes era "un lamento de los indios por la Conquista a manos de los españoles"; además se escandalizaban al comprobar que trataban al Apóstol de arrogante y soberbio. En este caso, los padres conciliares de Puebla se referían a la danza de los santiaguitos, muy cercana a la de los tastoanes.

En 1815 las autoridades jaliscienses manifiestan las mismas reservas acerca de la danza de los tastoanes, tal como se celebra en san Andrés. En efecto, el 21 de agosto de aquel año los oficiales del pueblo informaban al delegado sobre el tema, en palabras muy críticas:

> [La fiesta] tiene el nombre de tastoanes y se contrahe a vestirse varios indios muy ridículamente con máscara y que montando uno de ellos a caballo y con espada en mano, que es el que llaman Santiago, comienza a darles a los demás de cintarazos que resisten con un palo que trae cada uno en la mano, pero ya después que se embriagan, los que eran antes cintarazos se vuelven cuchilladas de suerte que cada año resultan de su danza uno, dos o más heridos, aunque de ésta ni dimana queja alguna pues los pacientes sufren aquello por decir que viene de Santiago.

Ya muchos aspectos del ritual y del ambiente de la fiesta existen a principios del siglo XIX. En 1889 aparece ya a las claras una modificación importante: los enmascarados son ahora esbirros del demonio. El Santo, después de escaparse en repetidas circunstancias de sus adversarios, es no sólo mofado y escarnecido, siendo bajado de su caballo y humillado, sino también matado, en aplicación de un juicio de los reyes. Aunque ya los tastoanes no son moros, alguno que otro puede intervenir, en tanto que aparecen en escena personajes infernales que llevan nombres inequívocos, como Barrabás y Satanás, los cuales son esenciales en el desarrollo de las fiestas.

Sobre las representaciones de tastoanes a fines del siglo XIX en la región de Guadalajara, estamos muy bien informados gracias al estudio de un erudito local, Alberto Santoscoy, quien lo escribió en circunstancias que merecen exponerse.[33] Este trabajo no fue más que uno de los episodios de una dura po-

[33] Alberto Santoscoy, *Obras completas* (*Cf.* "La fiesta de los tastuanes", t. I, pp. 409-423; "Un sabio profesor universitario y la fiesta de los tastuanes", t. II, pp. 1017-1024, con fotos y "La fiesta de los tastuanes y los adversarios de ella", t. II, pp. 1025-1048). *Vid.* también Fernán Gabriel Santoscoy Faudón, "Controversia Alberto Santoscoy, Victoriano Salado Álvarez, Rafael de Alba", en *Et caetera.*

lémica que se desató en Jalisco, a partir de los años 1888-1889. En esas fechas, algunos periodistas de Guadalajara lanzaron una verdadera campaña de prensa para obtener de las autoridades la prohibición de la fiesta de los tastoanes. Los ataques venían de dos periódicos, *El correo de Jalisco* y *El Heraldo,* donde firmaban los artículos los propios directores, respectivamente, don Rafael de Alba y don Victoriano Salado Álvarez. En el periódico *El Mercurio* contestó Alberto Santoscoy, antiguo abogado, que tomó la defensa de la fiesta. Un desafortunado incidente hizo que las cosas se pusieran todavía más graves. En 1890, en Tetlán, a la hora de la representación, un tastoán, en el ambiente creado por las abundantes libaciones que a veces acompañan el espectáculo, mató de verdad a Santiago.[34] Se solicitó al gobernador Ramón Corona que suprimiera la fiesta, y así se hizo durante un tiempo.

Pero el debate no estaba clausurado: dos elementos exteriores vinieron a reavivarlo. En 1892 se organizaban en Guadalajara importantes festejos de aniversario que celebraban las raíces hispánicas de la ciudad. Además del cuarto centenario de la llegada de Colón a América, eran los 350 años de la fundación de la ciudad y los cien años de la muerte del obispo benefactor, fray Antonio Alcalde. En este ambiente de exaltación de la potencia colonial, la fiesta de los tastoanes, expresión de los barrios indígenas, era una nube en aquel cielo luminoso del criollismo.[35] Al fin y al cabo la discusión sobre la *fiesta de los tastoanes* se transformó en un debate sobre la mexicanidad: ¿consistía en una sencilla herencia de las aportaciones españolas o suponía también la aceptación de los distintos aspectos de la cultura indígena, aquí representada por esa danza?

El segundo elemento que hizo evolucionar la polémica fue la visita que Frederick Starr, profesor de antropología de la Universidad de Chicago, hizo a

[34] *Vid.* Ramón Mata Torres, *Santo Santiago en tierras de la Nueva Galicia.* En esta obra, todavía inédita, el autor hace un estudio exhaustivo de la fiesta de los tastoanes en todos los lugares donde existen o existieron. Debemos al mismo autor *Los tastuanes de Nextipac,* 1987. También un libro fundamental sobre el tema es el de Olga Nájera-Ramírez, *La fiesta de los tastoanes. Critical Encounters in Mexican Festival Performance,* 1998, que incluye una interesante bibliografía.

[35] Desarrollamos aquí un punto expuesto en el artículo de Guillermo de la Peña, "Cultura de Conquista y resistencia cultural: apuntes sobre el festival de los tastoanes en Guadalajara", *Alteridades,* pp. 83-89, que es de suma importancia para los estudiosos del tema por el enfoque antropológico que se le da; nos ha sido muy útil para la redacción de estas páginas. También utilizamos una serie de ensayos de estudiantes del diplomado en Cultura jalisciense presentados en El Colegio de Jalisco: Miguel Becerra Flores, *Tonalá, sus fiestas y tradiciones,* 2000; Sergio Cruz Velásquez, *La danza guerrera de los tastoanes de Santa Ana Tepetitlán,* 2000; Adolfo González Camacho, *La danza de los tastuanes,* 2000; Alejandra Ruiz Morales y Ofelia Morales Velarde, *Los tastuanes,* 1996; Javier Ruiz Rodríguez y José Luis Rodríguez Benítez, *La danza de moros y cristianos (tastuanes), parte del folklore de Jalisco,* 1998; Mayra Yolanda Ruiz Rodríguez y María Antonia Alvarado Espinosa, *La danza de los tastuanes en Zalatitán, municipio de Tonalá, Estado de Jalisco,* 1998; Moisés Villagrana Villagrana, *Las tradiciones de mi tierra. Los tastuanes de Nextipac,* 1998.

Guadalajara en 1895. Venía especialmente a presenciar las representaciones de los tastoanes. Otra vez se enconó la disputa. En un artículo del 3 de agosto de 1895 leemos:

> A nosotros nos revientan los tastoanes; es más, nos parece un espectáculo digno de salvajes, más todavía creemos que la autoridad hace mal en conceder licencia para la verificación de esa diversión que no sabemos si tiene más de sosa y de estúpida o de depresiva y de entristecedora.[36]

Se la veía como "una farsa que tiene tanto de histórica como el papa de hereje". Al revés, Santoscoy afirmaba que tenía en sí honda significación histórica y representaba "un monumento vivo de hechos heroicos pasados". A la invitación del mismo gobernador, Santoscoy se dispuso a escribir un nuevo tratado en el que tomaba la defensa de la fiesta, mostrando cómo otras naciones civilizadas también poseían tradiciones parecidas a éstas, y que aquello no era motivo para que se las tratara de salvajes.[37] Fueron tan convincentes sus argumentos que el gobernador la mantuvo vigente. Starr, por su parte, de vuelta en Estados Unidos publicó un estudio sobre la fiesta, al mismo tiempo que una colección de fotografías que representan documentos históricos de gran importancia.

Entrado ya el siglo XX, algunos textos manifiestan el recelo que sigue suscitando la fiesta de los tastoanes. En un discurso sobre la poesía, pronunciado en Morelia en 1916 leemos:

> Porque ésta, señores, no es la fiesta de salvajes, no es una fiesta de lides de toros ni de gallos, ni la fiesta con que los indios de nuestra República en su inmensa mayoría celebran a su santo Santiago, apóstol de calzón blanco, calzoneras y chaqueta de cuero, espuelas y sombrero jarano, montado en un brioso tordillo, blandiendo el machete, muy diverso del santo apóstol del evangelio, celebrándolo con borracheras, sendas malas palabras, riñas, heridos, y no pocas veces homicidios, ni las fiestas con que los indios celebran las Carnestolendas, untando con pinole, por vía de cariño, la cara al cura, dejándolo semejante a aquellos molineros que espantaron a don Quijote.[38]

[36] Artículo de Victoriano Salado Álvarez, en *El correo de Jalisco*, 1895 (reproducido por Santoscoy, *op. cit.*, t. II, p. 1034).

[37] Este argumento fue esgrimido ya con anterioridad por Santoscoy, a lo que le respondió Victoriano Salado Álvarez, en *El Correo de Jalisco*: "¿Qué en algún rincón de Noruega que todavía guarda recuerdos de los viejos adoradores de Odin, en algún sitio apartado de Italia o en un lugar de Francia que no salen a la fecha de la barbarie medieval, hay espectáculos sangrientos, o simplemente tontos? ¿Y tal cosa qué prueba?" (Artículo del 14 de agosto de 1895, reproducido por Santoscoy, *op. cit.*, p. 1038).

[38] Agustín Rivera y San Román, "Discurso sobre la poesía", en *Tres lecciones de historia del arte*, p. 8.

Los tastoanes, expresión del pueblo indígena

La fiesta de los tastoanes es la expresión de los barrios y de los pueblos indígenas que conservan en la memoria colectiva el recuerdo de lo que fue para ellos el choque de dos civilizaciones y la pérdida de sus raíces. Primero se produjo un fenómeno de aculturación, en el sentido en que emplean la palabra los antropólogos, o sea contacto entre dos pueblos distintos, y luego del dominio de una cultura sobre otras, de la occidental sobre las nativas, en situación de inferioridad.[39]

En efecto, se celebra en las zonas que fueron directamente lugares de enfrentamientos. Primero en Guadalajara, o más precisamente en pueblos aledaños que hoy son casi barrios de la ciudad; por eso, a causa de la urbanización y de las migraciones indígenas hacia el exterior, la danza desapareció en algunos de ellos. Estas zonas tienen en común el haber sido teatro de duros enfrentamientos. En 1530, Nuño de Guzmán se enfrentó con los tres mil indígenas súbditos disidentes de la reina del lugar, que venían de Tonalá y de los pueblos cercanos. En 1541, el 28 de septiembre, los caxcanes sublevados de la región, que incluían los pueblos cercanos a la actual Zapopan, invadieron Guadalajara. En estas dos circunstancias los españoles vencieron, según los cronistas, gracias a la oportuna aparición de Santiago. Por tercera vez aparece Santiago en la guerra contra los chichimecas sublevados en los "peñoles" más al norte. Después de algunas derrotas, los españoles vencen en el Mixtón, el 8 de diciembre de 1541. El cañón de Juchipila, con los pueblos de Apozol, Moyahua, la Mezquitera, son también lugares de combates, donde precisamente perduran hasta hoy las fiestas de los tastoanes.

Una pregunta complementaria que nos podemos plantear es ésta: ¿serán dichas danzas expresión de los indígenas vencidos o, más bien, de los que se aliaron a los españoles desde el principio, convirtiéndose al cristianismo? Es difícil contestar a esta pregunta, pero es posible que los indígenas aliados a los españoles desde el primer día contribuyeran mucho a su divulgación. Es un hecho que Cristóbal de Oñate acudió al Mixtón, al frente de una gran movilización de indios aliados; muchos de ellos se quedaron afincados en la zona. De la misma manera, en 1542, los indígenas vencidos fueron en gran número deportados hacia el sur, por lo cual Tonalá fue repoblada con los indios de Juchipila y Zapopan, con los de Jalostotitlán. Así los españoles se aseguraban un

[39] Gonzalo Aguirre Beltrán, *Obra antropológica. El proceso de aculturación y el cambio socio-cultural en México.* Con razón, el autor insiste en las primeras páginas de su libro sobre la etimología de la palabra "aculturación", formada de la preposición *ad* y de la forma nominal *culturatio*, y denuncia la etimología errónea (*ab* latino o *a* prefijo privativo griego). Aculturación es contacto cultural y no pérdida de cultura.

mejor control de la situación. ¿Hasta qué punto este intercambio de poblaciones afectó el desarrollo de las fiestas? Tampoco sabemos. Lo que sí se puede afirmar es que los del norte reflejan muy directamente algunas características del enfrentamiento local. De la misma manera, en Santa Cruz de las Huertas, cerca de Tonalá, interviene en la representación la reina Jocoyota, que es una clara alusión a la reina Cihualpilli.

Los tastoanes son herederos de una memoria histórica. Al mismo tiempo que la reproducen, la enriquecen con una tradición inventada, constituida de retazos de mitos que les han llegado de diversas partes y que ellos se encargan de encajar en la representación. Para entender la fiesta de los tastoanes hay que aclarar el fondo histórico en el cual se desarrolla.

En efecto, a diferencia de las demás danzas de moros y cristianos, la de los tastoanes está relacionada directamente con unos hechos históricos que la danza evoca. Los tastoanes representan a los rebeldes que se opusieron a la dominación española. La fiesta es una tradición ritual que aún permanece como recuerdo vivo de aquella lucha.

Por las circunstancias históricas, en Nueva Galicia la resistencia fue mucho más dura que en otros lugares, de modo que las huellas del pasado prehispánico de los participantes son aquí mucho más presentes; aparecen como una afirmación de la identidad de un grupo social sobreexplotado y presionado para abandonar su propia cultura por otra.

Al mismo tiempo, la *danza de los tastoanes* fue un instrumento de evangelización en manos de la Iglesia, que la utilizó para catequizar a los pueblos particularmente reacios que habitaban la Nueva Galicia. Aquí también los franciscanos aceptaron combinar en dichas representaciones elementos de la cultura indígena con las aportaciones propiamente hispánicas. Pensaban que aceptar cierto grado de sincretismo era el mejor camino para conseguir la evangelización. Se trata desde luego, de un hecho cultural muy complejo, que merece estudiarse en estas perspectivas, destacando los distintos elementos que se mezclaron a lo largo de los siglos, hasta llegar a ser en nuestros días un espectáculo muy concurrido.

La fiesta de los tastoanes es una representación teatral, en plena calle, que constituye esencialmente un simulacro de lucha entre Santiago y sus adversarios. La batalla se escenifica con varias *jugadas*, es decir escenas o fases. La música subraya las jugadas y los distintos desplazamientos. Puede ser triste y lastimera cuando muere Santiago y alegre cuando resucita; es marcial y rítmica cuando Santiago lucha con los tastoanes. Se compone esencialmente de una dulzaina y de un tambor, pero el grupo puede ser más numeroso. Nos remite a las músicas militares que acompañaban a los conquistadores en su empresa. Es pues un conjunto de tipo militar que ambienta con su participación el drama de la batalla.

Es un espectáculo impresionante: los tastoanes corren por las calles, golpean las piedras con sus espadas o las chocan con la de Santiago. Además sus gritos son propios de animales. Escribe J. Jesús Rodríguez Aceves acerca de la fiesta en Moyahua:

> Gritan desaforados, braman como toros en celo, rebuznan y aúllan como coyotes enamorados, gruñen como cerdos agonizantes o ladran como perros apaleados, haciendo entre todos mayor algarabía que las que hacía una horda de pieles rojas atacando una diligencia.[40]

Estruendo que se completa con el estallido de cohetes y las manifestaciones a veces ruidosas del público. La danza se interrumpe con la llegada del Santo a caballo, que hace la pelea ineludible. A partir de ese momento se intercambian golpes y se multiplican las escaramuzas con el Santo. Los tastoanes se apiñan alrededor de Santiago y lo hostigan. Varias veces logra escaparse. Estamos en una convención teatral. Los golpes intercambiados son un recurso de la farsa, aunque a veces se den de modo algo duro, que dejan alguna contusión. En estas embestidas tiene Santiago que salir vencedor, pero en el penúltimo episodio lo derriban de su caballo, lo que los tastoanes celebran con gran algazara.

Finalmente, en algunos lugares, lo atan con una cuerda, lo conducen después ante el tribunal de los reyes, que lo condenan a muerte, multiplicando las contorsiones grotescas después de un largo interrogatorio.

A Santiago, ya condenado a muerte, se le ejecuta enseguida. Para hacer más realista y tal vez más grotesca la ejecución, del pecho sacan sangre, en realidad un líquido guardado en una vejiga oculta bajo la camisa, todo lo cual se ambienta con las muchas libaciones de los tastoanes.

Pero la fiesta no podía terminar así, con la derrota de Santiago. En la fase última el Santo resucita y los tastoanes, ya buenos súbditos, le rinden pleitesía. Vamos a ver ahora cómo a través de ciertos personajes, de ciertos ritos y sobre todo del lenguaje, brota aquí un discurso subversivo indígena.

En efecto, para los danzantes, Santiago fue en vida un impostor que los diezmó y les quitó la tierra. Se equivocó al escoger su campo. No son raras frases como ésta, pronunciada en el coloquio de Zalatitán: "Aquí está el animal ponzoñoso de dos caras y tres cabezas". Y en Tonalá hablan del "criminal Santiago". Y cuando los reyes mandan a los danzantes en misión de búsqueda y captura del Santo dicen: "Chivarri, varri, tastoán de mis confianzas, a buscar animal ponzoñoso que tiene tres caras y tres cabezas, y que ha terminado con

[40] Rodríguez Aceves, *op. cit.*, trata de tastoanes en las pp. 25-80.

toda la burrada, chivada, puercada, borregada y caballada del sumo presidente rey gobernador".[41] Lo cierto es que lo buscan por todas partes y cuando lo encuentran lo atacan como a una fiera y fingen descuartizarlo como a un venado derribado. Es una visión subversiva del Santo la que se nos presenta en la fiesta. Representa "el símbolo aterrador de Santiago, jinete en un blanco caballo que se constituyó en la mediación por excelencia entre el aniquilamiento del mundo indígena y la consolidación de la cultura de conquista".[42]

Uno de los personajes que establece puntos de contacto con la historia de la Conquista es el "perro rastrero", que lleva máscara de ese animal y cola larga hecha de crines de caballo. Es el aliado del Santo y su guardián. Le abastece de varas, cuando ya derribado de su caballo pelea con los tastoanes. Y una vez muerto Santiago, cuando simulan cortarle trozos de carne, el perro tastoán lucha y se revuelca alrededor de Santiago y trata de defenderlo, mientras que se escucha música triste.

Es interesante notar cómo aquí estamos en un mundo al revés, con un castigo inverso. Quien sufre la penitencia es Santiago, que representa por antonomasia al cristiano, pero quien lo sigue protegiendo es un perro tastoán, en representación de los indígenas cristianizados. No podía faltar este personaje aquí, ya que los indígenas lo temían. Se sabe que, durante la Conquista de México, Hernán Cortés llevaba perros feroces adiestrados para el ataque. Eran dogos, mastines y perros de caza, entrenados para ensañarse con los nativos, como si fueran una presa que vencer. Los "aperramientos" de indios eran castigos muy crueles. Además de ser un acto de suprema crueldad, era una forma de percibir al otro, al conquistado, como un ser sin alma, de la categoría animal. Nos cuentan las crónicas que, no pocas veces, los conquistadores alimentaron a sus perros con pedazos de carne de algún indio vencido. Entre los culpables de haber practicado los aperramientos se encuentra al mismo virrey Mendoza; también se mencionaron en los procesos de residencia contra Pedro de Alvarado y Nuño de Guzmán.[43]

Los ritos de la fiesta en Moyahua ilustran perfectamente la relación entre la representación de los tastoanes y la historia. En esta perspectiva los estudió el cronista local Ezequiel Estrada Reynoso.[44] Allí los tastoanes llevan atado en la canilla un cuerno de venado, que simboliza los escasos recursos con los cuales disponían los indígenas para defenderse en su lucha contra los españoles.

[41] Mata Torres, *op. cit.* Agradecemos al autor sus valiosas aportaciones y habernos dado acceso a su manuscrito.

[42] Peña, *op. cit.*, p. 85.

[43] Sobre este punto y otros anejos, *vid.* Dante Medina, "De las 'distracciones' de la historia. Memoria de un diálogo lleno de monólogos" en *Ensayos en homenaje a José María Muriá*, pp. 453-469.

[44] Ezequiel Estrada Reynoso, *Allá abajo en Moyahua*, pp. 77-83.

El día de Santiago, en la tarde, sale una persona que representa un ángel. Parece ser un duplicado del Santo, ya que como él, lleva un chaleco rojo y un sombrerito. Después de un largo recorrido, dos tastoanes lo sujetan y lo llevan al lado de la iglesia. Uno de ellos lleva una cruz de carrizo, símbolo de su conversión. Con ella toca en la parte superior de la montera a los tastoanes que voluntariamente se acercan, simbolizando así la conversión de los indígenas. Pero muchos todavía manifiestan su rebeldía, hasta el punto de que intentan lazar al ángel y lo consiguen. Así expresan su resistencia en aceptar el mensaje del ángel y del Apóstol, de modo que "los tastoanes, en medio de una algarabía, festejan con gritos sin ton ni son" el éxito de su empresa. Esta victoria sobre el ángel representa lo que es la muerte del Apóstol en otros lugares.

Al día siguiente, allí mismo donde fue atado el ángel, sale una pareja de ancianos, llamados viejos de la Chivana. Representan a los hechiceros que predicaban a los indígenas que no abandonaran su fe y sus costumbres. En el recorrido que emprenden, algunos tastoanes intentan acercarse a los viejos, pero los capitanes lo impiden y los obligan a reunirse con Santiago y con el grupo de tastoanes que, ya convertidos, le rodean. Al fin y al cabo es Santiago quien, con su espada, los mete en orden y les impone definitivamente las costumbres y las creencias de la fe cristiana.

De hecho aparece aquí, a través de las mediaciones discursivas del lenguaje y, sobre todo, mediante las distintas fases de la representación, un discurso de tipo político cuyas premisas son la reivindicación por la tierra y la dignidad. Asistimos a una reescritura de la historia que se hace utilizando símbolos que tenemos que descifrar. El mensaje es claro: expresa la oposición a las castas dominantes, primero representadas por los colonizadores, luego por las clases hegemónicas criollo-mestizas. Traduce el deseo profundo de superar lo que se presentaba como un destino insustituible. El discurso se articula en el ritual de forma muy compleja, tanto que a veces se resiste al análisis.

Para los indígenas la Conquista se relaciona con el despojo. Por esta causa, los tastoanes toman al Santiago, lo juzgan, lo sentencian y lo matan. Ya desde los primeros momentos de la fiesta, cumpliendo ciertos ritos, toman posesión del espacio al delimitar el terreno del enfrentamiento, colocando mojoneras. Allí cada tastoán saldrá a enfrentarse con Santiago.

Un acto importante es la medición del terreno. Los tastoanes lo recorren de norte a sur, luego de oriente a poniente; lo hacen repetidas veces utilizando cordeles. En Mezquitán lo hacen obedeciendo una orden que les dieron los reyes que están sentados en un estrado llamado castillo. En Santa Ana Tepetitlán interviene el Cirinero y es él quien vende a los tastoanes un terreno, pero ellos, sospechando el engaño, discuten mucho y vuelven a medir el terreno una y otra vez. En una silla colocan un supuesto teodolito y lo apuntan hacia distintas direcciones.[45]

Cualesquiera que sean las variantes, lo importante es que tenemos aquí un primer rito esencial a la fiesta: la actuación de los agrimensores, que con su insistencia manifiestan el agravio sufrido por las comunidades indígenas, que, por engaño y abuso de poder, fueron desposeídas de su tierra. Gesticulando hacia los cuatro puntos cardinales, reivindican los terrenos expropiados. La medición del terreno y la colocación de mojoneras delimitan no sólo un espacio para luchar, sino también un espacio sagrado.

La lengua es otro elemento simbólico de la representación. Los tastoanes se expresan en un lenguaje adulterado, en el que mezclan varios idiomas, principalmente las lenguas náhuatl, purépecha y castellana, y también palabras inventadas. Es una auténtica jerigonza, propia del género teatral de la farsa, destinada a provocar la risa. ¿Cómo escuchar con seriedad proclamaciones como éstas?: "¡Aiscanquema! Chivarri, varri, tastoán verdugo de todas mis confianzas a reconocedos de tehua nehua, nosonehuate para que pudedas varri mis nacas, a cargo de chihulica nice sumo la presencia de mama gesta ¡aiscanquema!"[46]

Jugar con las palabras, deformarlas, dejarse llevar más por las sonoridades que por su sentido, da cierto esoterismo y misterio a la representación. Pero al mismo tiempo, los actores simbolizan así la pérdida de la cultura de un pueblo que está en el proceso de ver cómo desaparece su principal signo de identidad, representado por la lengua.

¿Cómo expresarse, pues? Los pueblos indígenas son pueblos que danzan; escriben su historia danzando. Con este medio, en la fiesta de los tastoanes expresan el choque que fue para ellos el contacto con una nueva civilización. No hay que entender danza en el sentido europeo, no se pueden buscar en ella ritmos normativos o figuras muy elaboradas. No es un baile, sino una fiesta en la que las actitudes del cuerpo, las voces y el cumplimento de ciertos ritos, ellos sí definidos, se dan en espectáculo a un público.

En efecto, los tastoanes más saltan que bailan, más gritan que hablan y la música, a veces desafinada, tiene algo de militar en su origen, con los instrumentos que marcaban el compás de las tropas de la Conquista. ¡Primera paradoja que subrayar y no será la única! Ya entrevemos el sincretismo, expresado en el transcurso de la fiesta: si es expresión de una identidad, y lo es, será de una identidad muy compleja, elaborada a lo largo de los siglos.

Los tastoanes terminan recuperando cierto orden. Se van a transformar en miembros y defensores de un nuevo mundo de justicia, del cual van a ser

[45] Mata Torres, *op. cit.*, p. 56.
[46] *Ibid.*, p. 16.

actores privilegiados. Y quien va a ser el garante de este nuevo orden será Santiago, que se dignará en resucitar a su favor —vamos a ver que tenemos aquí un calco de la vida de Cristo— y los va a redimir. Después de una época de tinieblas donde imperaba la idolatría, por ser reino de demonios, ya empieza una nueva era en la que los nativos se han conciliado los favores que el Santo prodigaba antes a los españoles. De la misma manera que la venida del Mesías introducía al Nuevo Testamento, es la persona de Santiago la que provoca aquí el cambio. El Dios cruel, vengativo, se ha convertido en un Dios protector.

El rito de la manda que finaliza la fiesta establece una relación muy personal entre el Santo y cada uno de sus devotos. Cerca del atrio de la iglesia, los fieles forman filas para pagar la manda que ofrecieron al Apóstol en momentos difíciles de su vida cotidiana. Santiago les protegió de modo muy particular y ellos, agradecidos, reciben en la espalda determinados cuerazos, cintarazos o sablazos que ellos mismos determinan. El bebé que salió sin más complicaciones de un sarampión recibirá diez de ellos suavecitos, mientras que "algún ranchero recibirá 200 cargaditos, porque solamente se quebró una pierna y no las dos cuando se cayó del tazolero". Santiago es la providencia de cada uno que les evita las desgracias mayores y les resuelve los problemas de la vida cotidiana.[47] Su espada ya no es para ellos instrumento de muerte, sino de vida. El *cuereo* final de la representación no es castigo, sino símbolo de protección y curación. La figura del Apóstol ha cobrado un nuevo significado de beneficencia, participación y fraternidad.

Los viejos ídolos se han derrumbado, entre ellos los de Tlalol y de todos los antepasados que iban a resucitar, según los brujos lo proclamaban entre las tribus caxcanas. El mesianismo que anunciaban no era más que mentira y engaño; esa nueva era fue anunciada, pero nunca llegó y nunca llegará. Profetizaban que Tlalol y los antepasados "les traerían abundantes riquezas, joyas, plumas, vestidos, arcos y flechas mágicas, las cosechas nacerán espontáneamente sin trabajo, ya los hombres no sufrirán y no morirán, y los ancianos se harán jóvenes". Frente a las mentiras de este falso mesianismo se impone otro que encarna Santiago: él sí aporta la verdad que ilumina, la de la fe cristiana. Los cuerazos representan también la gracia que se transmite, consecuencia de la conversión, y el paso de las tinieblas a la luz.

Las aportaciones cristianas a la fiesta

Los elementos cristianos que entran en la fiesta de los tastoanes son numerosos y esenciales, como ya lo acabamos de ver. Los personajes, los temas evocados

[47] Rodríguez Aceves, *op. cit.*, pp. 69-70.

nos recuerdan que la fiesta de los tastoanes son una variedad local de las danzas de moros y cristianos y, por tanto, desempeñó una función educativa entre las manos de los misioneros. Veamos en el detalle la significación de algunos de esos personajes dentro de la temática cristiana. Aquí también comprobaremos la ambigüedad de unos y otros.

Los reyes son tres graves personajes con los rostros teñidos, uno de negro, otro de blanco, otro de amarillo. En la cabeza llevan una corona dorada. Visten casaquilla de color, calzón corto y medias blancas. Con toda evidencia representan a los Reyes Magos, personajes que se hicieron famosos entre los indígenas jaliscienses por la representación de las pastorelas, el 6 de enero, en varios pueblos de la región de Guadalajara. Los coloquios de los Reyes Magos en Tlajomulco fueron muy populares. El culto a los Reyes lo desarrolló en su tiempo fray Antonio de Segovia. En 1587, por indicaciones del comisario general de los franciscanos se hicieron tres imágenes de los Reyes, tan bellas, que la gente pensaba que el carpintero que las talló en un tronco de mezquite fue el mismo San José, quien en vida tuvo este oficio.[48] Estas espléndidas estatuas se conservan todavía hoy en el templo dedicado a ellos en el vecino pueblo de Cajititlán.

Aquí los Reyes Magos tienen un papel ambiguo, ya que actúan también como reyes propios de los indígenas, asumiendo el papel de los tlatoani de esas tierras. Además, entre ellos hay una reina, que es un tastoán disfrazado de mujer, con una camisa bordada, enagua de franela y un rebozo de seda o de hilo. En Santa Cruz de las Huertas, cerca de Tonalá, interviene muy directamente la reina Jocoyota, clara alusión a la reina Cihualpilli, que en los alrededores desempeñó también un papel muy ambiguo: reina indígena, acogió con mucha simpatía a los españoles, separándose de sus súbditos sublevados.

Durante gran parte de la representación los Reyes toman asiento en una gradería de vigas, llamada castillo, lo que resulta ser otro punto de contacto con las danzas de moros y cristianos. De ahí, dan órdenes como la de medir el terreno, tendiendo cordones en una gran extensión.

El Cirinero es otro personaje importante, es el amigo inseparable de Santiago. Su nombre está inspirado del personaje del evangelio, Simón de Cirene, quien ayudó a Cristo a llevar la cruz en el vía crucis. Este personaje contribuye a hacer del enfrentamiento de Santiago con sus contrincantes un remedo de la pasión de Cristo. Como él, el Santo va a morir y resucitar, rodeado de amigos y adversarios. Una de las versiones, la de Nextipac, llega a precisar que Santiago resucita después de tres días.[49] La alusión no puede ser más clara. De seguro, no se trata de buscar referencias exactas al evangelio, pero sí una libre

[48] José Chávez García, *Tlajomulco en el tiempo*, pp. 115-118.
[49] Mata Torres, *op. cit.*, p. 40.

reelaboración de ellas, destinadas a catecúmenos. Es así como el Cirinero asume primero el papel de amigo y luego el de traidor, o sea de Judas.

Cirinero, en efecto, negocia la pérdida de su amo y termina entregándolo a las manos de sus enemigos. Cuando éstos le quitan el sombrero y la espada —también Cristo sufrió el expolio— lo tienden sobre el suelo y simulan descuartizarlo con sus espadas de madera, como si fuera animal muerto. Los tastoanes hacen como que tiran los pedazos hacia distintas partes. Entonces, el Cirinero, dándose cuenta de las consecuencias de su traición, llora, grita, se desespera como el Judas evangélico. De la misma manera que Judas arrojó en el templo los treinta denarios de plata que fueron el pago de su traición, el Cirinero, en la fiesta de san Juan de Ocotán arroja entre la gente su tesoro escondido, compuesto de frutas recolectadas en las tiendas. Al mismo tiempo, es un elemento de la farsa que divierte mucho a los espectadores.

Otros personajes subrayan todavía más la relación con la pasión de Cristo: Herodes, que lo interrogó, y Pilatos, que lo condenó a muerte. Están también Anás y Caifás. De la misma manera, los escarnios que sufre el Apóstol se equiparan a los de Cristo, en los momentos de su pasión. En Moyahua "le lanzan una lluvia de piedras, terrenos, huesos de mango, cáscaras de tuna y fruta podrida, que por cierto no le matan, pero alguna vez le dejan un chichón de recuerdo".[50] Otra vez farsa y evocación religiosa. Es la aplicación del viejo principio educativo de deleitar enseñando.

Tampoco podía faltar el demonio quien, según el evangelista, inspiró a Judas: "Y entró Satanás en Judas".[51] En la fiesta interviene Lucifer, el jefe de las legiones del mal. En el mismo campo está Chambelú, seguramente deformación de la palabra chambelán, dignidad de corte extranjera, equivalente a camarlengo, al que se le supone musulmán, árabe o turco; es una manera más de relacionar el texto con el de las danzas de moros y cristianos.

Todos esos personajes representan las caras del mal, evocadas por los misioneros en sus sermones y catequesis. De modo que hacemos nuestra la observación de Ramón Mata Torres: "Para mí, el coloquio está tomado del original que se hizo en Tonalá con la ayuda de algún fraile y ya tiene más de trescientos años de existencia".[52]

Para los misioneros, la conquista espiritual era un conflicto entre las fuerzas del bien y del mal, y la encarnación del mal era la idolatría. Tal concepto formaba parte de la estructura de su religiosidad: transportaban así a América su visión del diablo medieval.[53]

[50] Rodríguez Aceves, *op. cit.*, p. 73.

[51] San Lucas, 22, 3.

[52] Mata Torres, *op. cit.*, p. 41.

[53] Para más detalles, *vid.* Weckmann, *op. cit.*, especialmente las pp. 173-183.

Aquella lucha entre el bien y el mal tenía que terminar con el triunfo del evangelio sobre la idolatría. La cultura indígena y todos los esfuerzos desplegados para conservarla se consideraban como manifestaciones diabólicas. El mismo Nuño de Guzmán atribuía a los teules chichimecas "la antigua costumbre de servir al diablo".[54] Por eso era frecuente que los conquistadores hicieran decir una misa, a modo de expurgatorio, en el mismo sitio en que, según decían, el demonio había sido adorado.

De modo que nada puede extrañar que personajes diabólicos intervengan en la fiesta de los tastoanes, que se relaciona tan íntimamente con la guerra de los chichimecas. Según Baltazar de Obregón "los indios sublevados están inspirados por el demonio", y éste tiene un nombre, se trata de Tlalol. El visitador Tello de Sandoval vaticinó que si los rebeldes triunfaban en la Caxcana, el diablo se apoderaría enseguida de Jalisco, Michoacán y México, matando a todos los cristianos.[55] Lo cierto es que unos hechiceros o brujos recorrían la zona de los Peñoles, anunciando la próxima venida de Tlalol. Los brujos animaban a los indios a no admitir los principios cristianos y a seguir con sus costumbres, como también los exhortaban a repudiar la monogamia y a rechazar todos los aspectos de la cultura española. Anunciaban que si cumplían estas normas, Tlalol los ayudaría a hacer una matanza de españoles, y entonces iniciaría una nueva edad de oro que empezaría con la expulsión de todos los invasores.

Los clérigos sabían de la semejanza que existía entre ciertos ritos y creencias de las religiones ancestrales y el culto católico. Para lograr la evangelización aceptaron combinar, fusionar en cierto modo. El sincretismo religioso aparecía como un paso obligado antes de llegar a la supresión total de la idolatría.[56]

El concepto del sacrificio redentor y propiciatorio formaba parte de la ideología indígena. Esa ofrenda sangrienta fue reinterpretada como sacrificio espiritualizado. Por ejemplo, dentro de la zona que nos interesa, en el Teúl, que en náhuatl significa "morada o casa de los dioses", los caciques caxcanes, por ser tributarios de los aztecas, construyeron un santuario-fortaleza que fue consagrado al dios Huitzilopochtli. Allí se levantaba un enorme ídolo llamado Theotl, cuya fama llegó hasta el valle de México. Esta deidad, de facciones muy feas, con cara endemoniada, llevaba en su mano derecha una navaja de obsidiana. En el santuario se sacrificaban las víctimas, sacándoles el corazón.

Los misioneros españoles situaron desde un principio los hechos salvíficos de Jesucristo como punto central de su evangelización, aludiendo a los cultos de sacrificio de los pueblos antiguos mexicanos. Por ejemplo, el primer obispo

[54] *Ibid.*, p. 181.
[55] *Ibid.*, p. 182.
[56] *Ibid.*, pp. 184-203.

de México, Juan de Zumárraga, en su obra *Regla cristiana breve* (1547), expone con impresionantes detalles el martirio y la muerte de Cristo cuando apenas aborda el punto esencial del evangelio, la Resurrección. Una manera de orientar la enseñanza de sus pastores en dirección de los nativos.

En Ixcatán, la reina parece cumplir un auténtico rito sagrado en la fiesta de los tastoanes, el del sacrificio religioso. Arrodillada al lado del supuesto cadáver de Santiago, antes de destazarlo, simula que le saca el corazón.

Otro ceremonial que acercaba las antiguas creencias con las nuevas era el de la comunión. Comer la carne del sacrificado era entre los indígenas una especie de comunión, ya que las víctimas, en el acto mismo del sacrificio, se convertían en deidades propiciatorias. Consumían la sangre y la carne del nuevo dios, lo cual era una especie de banquete sacro, en cierto modo semejante a la eucaristía cristiana.

Los aztecas practicaban otra comida ritual que consistía en ingerir unas formas de pasta con la figura de Huitzilopochtli. Los indígenas muy pronto le encontraron parecido a Santiago con este dios guerrero. De la misma manera relacionaron a Cristo con Quetzalcóatl y a su madre con Coatlicue. Así, progresivamente, el panteón de su mitología se poblaba de ángeles y santos que ellos invocaban para obtener favores. San Isidro Labrador, "que quita la lluvia y pone el sol", sustituyó a Tlalol. Pero a veces, los religiosos regañaban a sus catecúmenos, que tardaban demasiado tiempo en operar la sustitución y no todos eran partidarios de admitir dicho sincretismo, aunque fuera temporal. Pero el caso es que, en la fiesta de los tastoanes, la superposición de creencias aparece aquí muy a las claras. Esta fiesta finalmente, es a la vez un testimonio histórico de las relaciones entre el poder y los indígenas, y un hecho revelador de las mentalidades en el transcurso de los siglos. No cabe duda que representa la oposición de dos fuerzas guerreras que chocaron violentamente; cada uno de los adversarios menospreciando al otro y remitiéndole la imagen que tenía de él. Si los tastoanes salen en un primer tiempo a perseguir a Santiago es para combatir al "ser dañino, perjudicial, que come las vacas gordas y flacas, destroza los campos y se apropia y adueña de los bienes de la comunidad". En abierto antagonismo, los cristianos los ven como seres salvajes, bárbaros y poseídos por el demonio.

Pero, al mismo tiempo, la fiesta nos habla de los mensajes que los frailes evangelizadores querían difundir entre los indios y del diálogo que indudablemente existió entre unos y otros, con el cual se buscaba hacer ambas culturas compatibles.[57] A través de la danza, los indígenas supieron expresarse y su voz llega hasta nosotros.

[57] Hablando de las pinturas murales, en estos términos se expresa Pablo Escalante Gonzalbo, "Pintar la historia tras la crisis de la Conquista", *Los pinceles de la historia. El origen del reino de la Nueva España (1680-1750)*, p. 35.

Conclusiones

La danza, expresión de sincretismo religioso

La danza es una de las más importantes expresiones de la religiosidad popular en México. Se la encuentra, aunque con diferente intensidad, en todos los estados de la República. En ella aparece la cultura mexicana tradicional, compuesta de elementos elaborados a partir de símbolos de carácter religioso procedentes tanto del mundo prehispánico como del cristianismo. Es el tiempo del sincretismo. Lo hemos señalado en todas las danzas presentadas y para ilustrarlo más podemos analizar otra, a la que hemos aludido ya, la de los concheros, que se ejecuta precisamente en el Distrito Federal y en los estados de México, Querétaro y Guanajuato.[58]

El origen de la danza, según la tradición, está en la legendaria batalla del Sangremal en Querétaro, que tuvo lugar el 25 de julio de 1531. Varios elementos de la batalla se integraron en la danza de los concheros. El apóstol Santiago desempeña en ella un papel sincrético relevante. Se comenta que apareció en el cielo de la batalla, al lado de una cruz refulgente. Alzando su espada exclamó: "Él es Dios, venga la paz a esta tierra". Esta fórmula "Él es Dios", es un estribillo entre los concheros. Marca los momentos importantes de las prácticas rituales, se profiere al comenzar y terminar el baile, es el saludo entre los miembros de la corporación.

Por otra parte, el mismo apóstol Santiago, con su tez blanca y su cara barbada, es reinterpretado como la transformación del dios Quetzalcóatl que se hubiera reaparecido al lado de la cruz. Los concheros ven en ella no sólo el símbolo de la cristiandad, sino también la insignia de los dioses del viento y las tormentas: Nahui Ehécal y Quetzalcóatl Ehécal.[59] Sus dos líneas que se cortan en ángulos rectos, representaban los cuatro vientos que traían las nubes, origen de la lluvia que fecundaba todas las cosas.

La cruz prehispánica, en la cosmogonía náhuatl era además el símbolo de los cuatro puntos cardinales, de las cuatro eras de la creación, de los cuatro numerales del calendario y de los cuatro elementos rituales —fuego, agua, aire y tierra— que nos remiten a la armonía entre el hombre y el cosmos. Los concheros celebran a Santiago como "el correo de los cuatro vientos".

A través de la danza y de otros ritos, como el de la peregrinación, los concheros pretenden entablar la armonía entre el hombre y el cosmos. Los grupos

[58] Nos fue de mucho aporte el estudio de Anáhuac González, "Los concheros: la (re)conquista de México", en *Las danzas de Conquista*, *op. cit.*, pp. 207-227.

[59] *Ibid.*, p. 218.

de danzantes del centro de México se representan místicamente una cruz imaginaria cuyo centro es el templo de Santiago Tlatelolco. A partir de allí, una ruta sagrada los conduce a determinados santuarios, llamados vientos, que se ubican en los cuatro puntos cardinales: al norte, la basílica de Guadalupe; al sur, el santuario de Cholula; al este, en Amecameca, el señor del Sacromonte, y al oeste, el santuario de la virgen de los Remedios. Una vez más notamos la relación íntima entre el culto de Santiago y el de la Virgen.

En las coreografías de los concheros la cruz-ollín es omnipresente. Son varios los saludos a los cuatro vientos, se practican sahumaciones hacia las cuatro direcciones, se solicita el permiso de los cuatro vientos, y como parte del culto a la divinidad, aparecen los cuatro elementos vitales en el ritual: el sahumador es portador del fuego, el caracol marino corresponde al viento, el agua es contenida en un vaso y en la tierra que pisan los danzantes trazan varias veces una cruz.

Las danzas, entre el mito y la historia

Las danzas a través de la conjunción de varios elementos: música, coreografía, drama, breves parlamentos, son la escenificación de un doble conflicto: el uno mitológico y religioso y el otro histórico y cultural. Este antagonismo entre dos pueblos distintos se resuelve por la vía de la confrontación bélica; en ella interviene la divinidad directamente o a través de sus santos (los más activos son Santiago y San Miguel). La intervención del cielo a favor de los cristianos fortalece ese grupo como pueblo elegido quien, a la fuerza, tiene que salir vencedor. Pero antes de llegar a la victoria final, todo un largo proceso permitirá al otro grupo tomar la palabra, expresar sus puntos de vista, y al fin y al cabo dar al debate de la confrontación un peso que va más allá de las intransigencias del dogma o del papel histórico reservado al vencido frente al vencedor que posee la verdad y terminará imponiéndola.

Este conflicto que se inscribe en el territorio mexicano, en el siglo XVI, tuvo ya precedentes en la historia. El catolicismo, en otras muchas circunstancias, se enfrentó con adversarios potentes. La Iglesia desde su nacimiento conoció conflictos con el judaísmo, y también con el poder civil y religioso de los romanos. Luego surgieron las herejías y en la Edad Media, el islam, también potencia política y religiosa, se enfrentó con el catolicismo. España fue ocupada ocho siglos y el largo período que va desde Covadonga (718) a la toma de Granada (1492), la Reconquista, ha marcado profundamente las mentalidades.

Al llegar a México los evangelizadores traen en la mente esta larga historia de la Iglesia, hecha de una sucesión de tempestades y bonanzas. Según ellos, la Iglesia es un institución eterna, *fluctuat nec mergitur*, y el enfrentamiento con el paganismo local les recuerda situaciones análogas, anteriores, de las que salió vencedora.

En esta perspectiva, la danza va a ser el punto de convergencia de la historia presente y de otras del pasado lejano. La danza, al fin y al cabo, es una variante del teatro edificante o de evangelización que pretende presentar al público de los nativos el papel de una Iglesia invencible. Viene a ser una paraliturgia, un púlpito, en el que no sólo se reafirman los dogmas del catolicismo, sino también se propone a la meditación y a la admiración de los nuevos conversos esa invencibilidad de la Iglesia.

Una misma danza, como la de *David y Goliat* representada en Tabasco, puede tener varios niveles interpretativos, pero todos están relacionados entre sí y expresan dentro de las distintas confrontaciones mítico-históricas, la victoria del bien sobre el mal, del cristianismo sobre sus oponentes. El pueblo de Israel sale vencedor de los filisteos. El pequeño David, que goza del favor de Jehová, vence al gigante Goliat y el demonio Luzbel, no puede nada frente a San Miguel. Finalmente, el hombre religioso siempre se lleva la palma frente a esos adversarios representados por los animales de la naturaleza: dragones y serpientes, símbolos de la maldad.

Los creadores de la obra se esmeran en introducir en ella símbolos que permitan una interrelación entre el mito bíblico y la realidad indígena americana. Así se actualiza el mensaje religioso; la máscara del gigante Goliat lo asimila, a los ojos de los espectadores indígenas, a la "falsa religión" y a la idolatría de sus antepasados. Este sentido adicional es esencial, ya que representa al indígena derrotado por el español victorioso. En el conflicto intercultural y religioso entre David y Goliat, un santo permitió la victoria del héroe.

La danza de David y Goliat, al mismo tiempo que transmite un mensaje catequístico, sirve de escenario para ilustrar el drama histórico del sometimiento indígena por los españoles. David es la figura del conquistador, depositario de la auténtica fuerza que tiene su origen en el favor divino y Goliat es el personaje del indígena americano, bruto en su origen, que sólo podrá transformarse si acepta el poder de David.

Aquí, el que interviene es San Miguel, en otras danzas el representante de la fe es Santiago, pero la estructura es la misma. Por ejemplo, en la danza del caballito blanco que se baila entre los indígenas chontales de Tabasco, aparece Santiago.[60] En Tecolutla, la tríada caballito-Santiago, niño David y gigante Goliat representa el basamento del antiguo antagonismo bíblico entre israelitas y filisteos. En Tamilté, la máscara indígena y el caballo-jinete español rememoran

[60] *Vid.* "El caballito blanco: una interpretación no verbal de la victoria española", en *Las danzas de Conquista*, pp. 229-253.

los hechos de la conquista de México, mediante conjunción de símbolos, atuendos, expresiones musicales, coreográficas y gestuales sumamente sencillas.

Miguel Ángel Rubio en su estudio sobre las danzas del caballito blanco introduce además una idea nueva muy interesante. Esas danzas son un caso de transformación de una danza prehispánica, *el baile del tigre*, que expresaba el inveterado conflicto entre el hombre-cazador-guerrero y el jaguar carnívoro. Se trataría de una transposición del conflicto entre el hombre y la naturaleza al antagonismo histórico entre españoles e indígenas. El baile del tigre lo celebraban los indígenas en honor a la divinidad llamada Kantepec. De modo que es muy probable que la Iglesia, en su afán por sustituir el culto de las antiguas deidades por nuevas, contribuyera a la evolución de la danza.

Hay que subrayar además que las comunidades reinterpretan a su manera esta relación de la danza con el mito y la historia, expresando una nueva lectura de los acontecimientos que representan, apartándose, en cierta manera, de las pretensiones de los misioneros.

En Yaucuitlalpan, Puebla, se celebra a Santiago el 25 de julio (y el día anterior y posterior) y también los días 14 y 15 de agosto, al mismo tiempo que a la Virgen María, con motivo de su Asunción.[61] En la tarde del 15 de agosto se evoca la aparición del Santo en un episodio bélico, llamado día del combate. Es cuando los grupos de danzantes, los santiagos, llevan a cabo el llamado remate. En efecto, el 25 de julio se ha celebrado el martirio del Santo, pero este día se evoca otro episodio del protagonismo de Santiago, en su persecución de Pilato rey, responsable de la muerte de Jesús. Los partidarios del Santo, entre ellos el Cajín, persiguen a Pilato. Después de una escaramuza lo atrapan cerca de la iglesia, lo agarran, lo condenan a muerte y finalmente lo matan ritualmente en el templo y después lo arrastran hasta la salida, donde vuelve a ponerse de pie.

Lo interesante aquí es que a través de las coreografías del grupo de danza de los santiagos, los indígenas manifiestan el sentido de su identidad cultural. El enfrentamiento violento entre los judíos culpables del martirio de Cristo y los cristianos mandados por Santiago recibe en la representación los significantes están trastocados y hasta invertidos: "Los naturales, los indios en virtud de la centralidad que la esfera religiosa ocupa en su cultura se convierten en 'cristianos', los verdaderos portadores de la fe, y, en cambio, los mestizos en 'moros', en infieles".

La pedagogía inicial de los franciscanos ha dado frutos inesperados. Esta danza-espectáculo que representa la muerte ritual del enemigo Pilato es la afir-

[61] Patricia Burdi, "Los tiempos de la fiesta. Estructura ritual y valencias simbólicas del culto a Santiago Matamoros (Sierra norte de Puebla, México)", en *Procesos de escenificación y contextos rituales*, pp. 179-200.

mación de identidad étnica, "un rescate colectivo con respecto a los sectores dominantes de la sociedad, reafirmando la importancia de los valores religiosos y comunitarios respecto a una visión laica y mercantil del mundo".[62] Quienes fueron considerados en siglos pasados como portadores de valores negativos como el paganismo y la idolatría, se reivindican ahora como los auténticos detentores del bien y de los valores cristianos. Son los portaestandartes de la fe en su lucha contra los que en la actualidad encarnan el mal. Y es Santiago, cuya presencia operó como catalizador, quien ha permitido la inversión de los papeles, haciendo de los indios los auténticos seguidores de Cristo.

Pero no cabe duda que la ambigüedad preside en sus manifestaciones. Como lo escribe Maya Ramos Smith en su libro *La danza en México durante la época colonial*:

> Factor importantísimo para la evangelización de los indios fue la danza porque ésta había sido, desde antes, "su principal oración". Su religiosidad se volcó apasionadamente en las nuevas enseñanzas. Pero ignoramos cuanto tiempo tomó realmente ese proceso, y jamás sabremos si bailaban fervorosamente para el nuevo Dios o si, entre paso y paso, guiñaban el ojo a las estatuas de sus antiguos dioses, que ellos mismos subrepticiamente, habían enterrado bajo muchos de los altares de la nueva religión.[63]

[62] *Ibid.*, p, 197.
[63] Maya Ramos Smith, *La danza en México durante la época colonial*, p. 28.

La iconografía de un santo polifacético

Los espacios del ídolo y del santo se cruzan y se imbrican constantemente.

Serge Gruzinski, *La guerra de las imágenes*

No se puede estudiar la iconografía jacobea mexicana sin tener presente en la mente, una vez más, la herencia medieval española. Los castellanos en el momento de la Conquista transmiten al Nuevo Mundo su religiosidad y su expresión más patente, el culto de los santos. De la misma manera que el mito de Santiago, protector de las tropas españolas, pasa a México y a los demás países americanos, las tradicionales representaciones del Santo se imponen en el Nuevo Mundo. Si conviene pasar revista a esas diferentes representaciones (el apóstol, el peregrino, el caballero), más importante todavía es tratar de percibir la dinámica propia que se establece en el interior de los grupos constitutivos de la población de la colonia. Españoles, criollos, mestizos por una parte, e indígenas por otra, van a transmitir o a recibir un mensaje en un entorno muy diferente, imponiendo su marca en esas representaciones iconográficas. Para comprender el arte colonial, más allá de las referencias cronológicas o del análisis estilístico, hay que ver en él la expresión de la identidad de cada uno de los grupos de la población.

Vamos a comprobar en seguida cómo las primeras generaciones de los españoles seleccionan las imágenes de los santos, y especialmente la de Santiago, en relación con sus intereses específicos. Por ejemplo, la imagen de Santiago Matamoros se sitúa en relación con los aspectos guerreros de la Conquista, siendo las representaciones del Santo uno de los símbolos de esta conquista territorial y espiritual. El grupo de los españoles, criollos y mestizos es el más reducido numéricamente pero de él emana todas las fórmulas del poder. La imagen artística de contenido religioso es seleccionada para simbolizar su protagonismo en América.

Los nativos son los receptores de este mensaje. Lo reciben integrándolo a su propia percepción del mundo y lo reinterpretan. Lo que significa que el

Santiago indígena cobra características que lo diferencian de sus orígenes hispánicos. En esta óptica, es de sumo interés ver el tratamiento que recibe en las comunidades cada uno de los tres elementos que constituyen el conjunto iconográfico del Santo: el mismo Santiago, el caballo y el moro pisoteado.

Las representaciones de Santiago

Santiago apóstol

La representación del apostolado en la Edad Media era frecuente. El ejemplo más famoso, en cuanto a Santiago se refiere, es el del Pórtico de la Gloria de la catedral de Compostela, donde la escultura románica alcanzó la perfección, gracias al genio del maestro Mateo. Los apóstoles tienen allí algunos parecidos: la vestidura de cada uno está constituida por una túnica larga, a modo de toga. Todos van descalzos. De los cuatro apóstoles que están agrupados en el mismo tramo del pilar, dos llevan un libro en la mano: Pablo, por sus epístolas, y Juan, por su evangelio. Pedro detiene las llaves de la Iglesia que le confió Cristo, y Santiago el Menor porta un báculo en forma de *tau* que evoca su misión evangelizadora. No se trata del bastón del peregrino, sino del báculo episcopal que nos recuerda que el santo fue obispo de Jerusalén. En efecto, el bastón está adornado del *pannisellus,* que es un paño entrelazado que guarnecía los báculos episcopales de la época.[1]

El pórtico nos brinda también una magnífica efigie de Santiago el Mayor en el parteluz. La imagen que está situada al pie de la representación de Cristo hace aparecer al Apóstol como mediador de los fieles que acoge a la entrada de la catedral. Está sentado en una sede curul flanqueada por dos leones. Desde su cátedra episcopal, representada *more romano,* está, según el precepto de Cristo, evangelizando el universo. En efecto, lleva una cartela que dice *Misit me Dominus* (el Señor me ha enviado). También aparece representado como apóstol en la portada de las Platerías de la misma catedral.

Otras veces las actitudes son algo diferentes: el Apóstol puede llevar en la mano el rollo de la Nueva Ley, símbolo de la enseñanza encargada a los apóstoles. Hasta, en algunos casos, lleva la espada, atributo de su martirio. No es raro que en la representación se mezcle algún otro símbolo adicional que lo acerca al segundo tipo, el peregrino por ejemplo, que puede llevar la concha, o un bastón que le ayuda en su marcha. Esas imágenes se inspiran de la hagiografía. El arte de las iglesias contribuía de seguro a la difusión del culto jacobeo.

[1] Paolo Caucci von Saucken, ed., *Santiago, la Europa del peregrinaje,* pp. 82-84.

Por influencia española, en tiempos de la colonización, la imagen de Santiago apóstol se difundió por toda América, tanto en la pintura como en la escultura. Se conocen varios apostolados, como el de san Francisco de Popayán, Colombia, el de la catedral de Santiago de Chile y, en México, los de la catedral metropolitana y el del santuario de Atotonilco en el estado de Guanajuato, que data de 1740-1748, entre otros.

En México, en el siglo XVIII, dos centros pictóricos ofrecen pinturas de Santiago apóstol. En el de Puebla de los Ángeles destaca Juan Tinoco, que fue un gran admirador de Zurbarán y de Ribalta. Sacando su inspiración de modelos españoles, pintó algunas series apostólicas.

Su monumental Santiago, conservado en el museo de la Universidad Autónoma de Puebla, tuvo gran éxito: desde los primeros decenios del siglo XVIII se sacaron varias copias anónimas que divulgaron el modelo. Aparece Santiago en actitud de caminar, apoyado en el bordón. La figura es de plástica vigorosa, como la de un apóstol dispuesto a todas las fatigas para ir a propagar la fe de Cristo a las tierras más áridas. Viste capa y lleva un libro en la mano derecha y la cabeza está cubierta con el sombrero de peregrino de alas anchas. Es decir, esta imagen sintetiza al mismo tiempo la visión del apóstol y del peregrino.

La ciudad de México fue el otro centro de gran producción pictórica. Destaca en él Juan Correa, que viste a sus santiagos de apóstol y peregrino. La catedral de Toluca conserva una de sus pinturas de este tipo.

En cuanto a la escultura, hay que mencionar el caso de Santiago de Querétaro: tres de sus parroquias conservan figuras del Apóstol del siglo XVIII. En la parroquia de Santiago una escultura del queretano Mariano Arce representa al Santo glorificado en el cielo.[2] Está arrodillado en una nube, en actitud de contemplación y éxtasis. Viste de peregrino con una esclavina de color azul adornada con dos conchas. Las otras dos figuras, la de la catedral y la de santa Clara, mezclan también las características del apóstol y del peregrino. Aunque el Santo está en actitud meditativa y embelesada, en ambos casos lleva en la mano un bastón de peregrino, del cual cuelga una calabaza.

Varias circunstancias hicieron que en México, en ese siglo, se multiplicaran las representaciones del Apóstol. La difusión del culto jacobeo además estaba conforme a la visión pastoral de la Iglesia decimonónica y del siglo pasado, que daba la preferencia a este tipo de imagen. En la anécdota siguiente, que refiere J. Jesús Rodríguez Aceves en su libro *Danzas de moros y cristianos*, se ilustra perfectamente este cambio de actitudes.[3]

[2] Manuel Malagón Castañón, *La titularidad del apóstol Santiago el Mayor en la primera parroquia de Querétaro...*

[3] J. Jesús Rodríguez Aceves, *Danzas de moros y cristianos*, p. 58.

En 1960, el señor cura de Moyahua, en el norte de Jalisco, aprovechó el tiempo de Semana Santa —en la que se cubren las imágenes con tela morada— para quitar del templo la estatua de Santiago a caballo y mandarla a Guadalajara con el fin de restaurarla. Dos años antes, el arzobispo Garibi Ribera estuvo en Moyahua en visita pastoral. Parece que se dispuso que un conocido escultor de Guadalajara se encargara de hacer una nueva imagen de Santiago apóstol a pie, con báculo y capa de peregrino. Cuando se inauguró esta nueva obra de arte, en ausencia de la otra estatua, estalló la rebelión de los feligreses en contra de la nueva escultura. El cura tuvo que dimitir de su cargo. El autor saca esta moraleja del episodio:

> No se cambian en poco tiempo las costumbres de un pueblo ignorante y fanático que venera y espera milagros de una imagen y no del Apóstol que representa, que la defiende a costa de su sangre y no puede imaginar a Santiago como peregrino o cómo apóstol. Para el pueblo siempre será Santiago luchador a caballo, Chaguito el valiente, Chaguito Matamoros.

El hecho es que la nueva imagen de Santiago fue colocada en una ventana en el crucero derecho, como un santo desconocido, abandonado de casi todos.

Entre las últimas iglesias construidas a fines del siglo XX, las hay todavía dedicadas a Santiago, pero casi todas lo representan como apóstol. Sirva de ejemplo la de un suburbio de Zapopan, donde el artista esculpió una grande y magnífica imagen de Santiago de pie.

Santiago peregrino

Este tipo iconográfico está relacionado con el fenómeno del peregrinaje que cobró tanto empuje en la Europa medieval. Fue la expresión de un nuevo modelo de piedad popular que alcanzó toda su importancia en el siglo XII. Aparece por primera vez en el portal meridional de la abadía románica de Santa Marta de Tera (Zamora), alrededor de 1125; posteriormente en la Cámara Santa de la catedral de San Salvador de Oviedo (hacia 1186); en la catedral de León; en el campanario de Mimizán en las Landas, Francia, y en Baviera, en Waserburg.[4]

La representación de Santiago peregrino tiene atributos característicos que la hacen inconfundible. Suele estar vestido con túnica y esclavina. El Apóstol

[4] Robert Plötz, "Antecedentes iconográficos. El apóstol Santiago y la Reconquista", en *Santiago y América*, p. 270.

sostiene un báculo o bordón del que cuelga una calabaza para transportar agua. Luego se añadió una concha o venera —la vieira gallega— que muchas veces se lleva en la capa o en el sombrero de alas anchas, y que apareció en la iconografía a partir del siglo XIV. Además suele llevar una bolsa de piel llamada esportilla o morral, para llevar algo de comida para el curso de la etapa.

La estatua sedente de Santiago del siglo XIII, con retoques posteriores que preside el altar mayor de la catedral compostelana, es el arquetipo de esta representación. Lleva esclavina de plata y bordón de oro.

Curiosamente, la iconografía de Santiago peregrino tardó en llegar a Compostela. Su difusión se debe al prelado francés don Berenguel de Sandoria, arzobispo de la ciudad, en el primer tercio del siglo XIV. El *Liber sancti Jacobi*, que asemeja al Apóstol con sus fieles andariegos, lo calificaba ya de *peregrinus notisissimus.* Así podía surgir este singular fenómeno hagiográfico del santo que peregrina a su propia sepultura y que adopta el hábito y las costumbres de sus devotos. ¡Qué mejor ayuda para los peregrinos, saber que pueden contar con el auxilio del Santo que los quiere tanto y que se asimila a ellos!

En México esta representación del Apóstol peregrino es la menos frecuente, ya que el Nuevo Mundo no conocía directamente el fenómeno del peregrinaje a Compostela y los símbolos perdían aquí su valor. Sin embargo, en fechas muy tempranas apareció en los retablos de las iglesias, como en Cuauhtinchan y en Huejotzingo (Puebla) en obra de Pedro de Requena (1585), en Xochimilco (D.F.) y en Coixtlahuaca (Oaxaca). También señalamos ya cómo las tres representaciones del apóstol Santiago de Querétaro tienen características del peregrino. En Cuautla, Jalisco, encima del altar mayor, está también un Santiago con sus conchas y su bastón.

Varios museos sudamericanos poseen también pinturas de Santiago peregrino que datan de los siglos XVII y XVIII.[5] Tal es el caso de los museos de san Francisco y de santo Domingo en Quito, y del de Charcas en Bolivia.

Dos contaminaciones mexicanas del Santo peregrino

Curiosamente, en México, la representación de Santiago peregrino ha conocido una evolución dentro de la religiosidad popular, que es digna de señalarse. Existe, en efecto, un extenso culto que se asemeja mucho al de Santiago: el del santo Niño de Atocha.[6]

[5] Santiago Sebastián, "La iconografía de Santiago en el arte hispanoamericano", *ibid.*, p. 282.

[6] Encontramos todos esos detalles sobre el Niño de Atocha y su culto en Jorge Durand y Douglas S. Massey, en *Milagros en la frontera. Retablos de migrantes mexicanos en Estados Unidos*, pp. 63-65.

Como se sabe, nuestra Señora de Atocha se veneró en Madrid, desde tiempos inmemoriales. Llevaba en sus brazos al niño Jesús. Según la tradición, la imagen fue realizada por san Lucas, luego traída a España. Sufrió la presencia musulmana, ya que la ermita donde se veneraba fue arrasada y se trasladó a la iglesia de santa Leocadia de Toledo. Se le atribuyeron varios milagros, entre ellos se contaba que los moros que ocupaban la zona sólo dejaban entrar en la cárcel del lugar a los niños, para dar de comer y beber a los cristianos encarcelados. Un día se presentó uno, vestido con traje de peregrino, con báculo en la mano, una calabaza llena de agua y con una canasta de comida. Como en el evangelio, se fueron multiplicando los panes conforme el niño los iba distribuyendo. Bajo el disfraz del peregrino, los prisioneros reconocieron los rasgos del niño que la Virgen de Atocha llevaba en sus brazos.

Progresivamente, la representación del santo Niño de Atocha se fue emancipando de su madre y pasó a México con la Conquista. A mediados del siglo XVI se levantó una iglesia en el pueblo de Plateros, Zacatecas, donde se le rendía culto y en el XIX se le consideró como el símbolo de la emancipación de los mexicanos de la madre patria. En la actualidad ha dejado muy atrás al culto a Santiago. Tanto en las casas particulares, como en los puestos donde se venden artículos religiosos, aparecen sus estampitas. Y lo interesante es que además de llevar bordón y calabaza, viste como los peregrinos santiagueros: capa parda con mantillete encima y se cubre con un sombrero negro adornado con una pluma; además, una concha suele adornar su capa. El uso de ese atavío es una manera de honrar al Santo de Compostela.

Aquí tenemos un ejemplo del mestizaje de la cultura. En las pocas estatuas que hay en México de procedencia, o por lo menos de inspiración hispánica, que representan a la Virgen de Atocha con el niño en brazos, el pequeño es rubio y de tipo europeo. Cuando se mexicaniza, aparece como un infante moreno, de pelo negro, aunque lleva un sombrero de tipo castellano-peregrino.

La Virgen peregrina es otro culto popular relacionado con el de Santiago, cuyo origen está en España. En varios lugares se viste a la Virgen con una capa que luce las veneras jacobeas. La más famosa de esas vírgenes se encuentra precisamente en el Camino francés, en Sahagún. Allí se rinde culto desde principios del siglo XVII a Nuestra Señora del Refugio, conocida popularmente como *La peregrina.* Es obra de La Roldana, o sea María Luisa Roldán. Primero se le rindió culto en el magnífico santuario mudéjar de la Divina Peregrina, del siglo XIII, famoso por sus yeserías moriscas. El templo, antiguo convento de franciscanos, está en las afueras de la ciudad. Ahora, la imagen se puede ver en el museo de las madres benedictinas, que ocupa algunas salas del monasterio. El edificio está también relacionado con el Camino, ya que en la capilla se encuentra el sarcófago del rey Alfonso VI, que obró tanto para su desarrollo. Al lado, otras cuatro sepulturas contienen los restos de las cuatro esposas del soberano: Inés, Constanza, Zayda (*sicut uxor*, según las crónicas) y Bertha.

El culto pasó a México. El Museo de Arte de Querétaro conserva una pintura de *La peregrina* que se debe a uno de los pinceles más famosos de la llamada escuela poblana: Luis Berrueco, pintor del primer tercio del siglo XVIII. En algunas ocasiones, la famosa Virgen de Zapopan, Jalisco, se suele vestir también de peregrina.

Santiago ecuestre

En el siglo XII, en España, se desarrolla la figura de Santiago como militar. Es el momento en que el papel de la caballería en los combates conoce un auge increíble. Fue también entonces cuando se emprendió la primera cruzada para la liberación de los santos lugares.

La presentación guerrera de Santiago es patente en los textos: la *Historia silense,* escrita en 1115, cuenta de modo anecdótico cómo, por primera vez, Santiago se transformó de apóstol en caballero. Un peregrino griego, que viajaba hacia Compostela, hace etapa en Coimbra. Llega en el momento en que las tropas del rey Fernando I ponen sitio a la ciudad, ocupada por los moros (1064). Se sorprende al oír que los soldados invocaban la ayuda del Apóstol, al que se dirigen como a un poderoso caballero. En la noche siguiente, el Santo se le apareció reprochándole sus dudas y asegurándole que, gracias a su intervención, el rey Fernando iba a conquistar la ciudad. Fue lo que sucedió al día siguiente.

Otro hecho milagroso que contribuyó a metamorfosear a Santiago en *miles Christi* o *bellator* fue el relato de la supuesta batalla de Clavijo y de la aparición del Santo. Otra torpe falsificación del siglo XII.

Los dos milagros fueron recogidos por la literatura, que los propagó abundantemente en el siglo XIII, como el *Chronicon mundi* de Lucas de Tuy (1236), el *De rebus hispaniae* de Rodrigo Jiménez de Rada (1243) y la *Primera crónica general* de Alfonso el Sabio (*ca.* 1280). Fue en este siglo cuando empezó la floración iconográfica de Santiago ecuestre que, desde luego, llegó a ser con el tiempo la más importante de las tres representaciones.

La imagen más antigua del Santiago ecuestre está en el crucero de la catedral de Compostela y es de los años 1230. Este Santiago *bellator* no es todavía el de la Reconquista: expresa heráldicamente el señorío de Santiago respecto a Galicia. Corresponde a un ritual de soberanía.

Pero el Santiago de la Puerta del Clavijo (*ca.* 1300) es ya el de las batallas. Lleva un *vexillum* y una cruz. Del segundo cuarto del siglo XVI es la figura del Santo en el tímpano de la iglesia de Santiago de Betanzos. También aparece en miniaturas y pinturas: en el *Codex calixtinus* y en el manuscrito de Marcuello, a fines del siglo XV.

Precisamente a partir del último tercio del siglo XV la iconografía de Santiago como matamoros prolifera en pintura y escultura; podemos citar el relieve del frontispicio principal del convento de san Marcos de León. Este hecho traduce el espíritu guerrero de aquella época, que vio el fin de la lucha secular contra el islam. Todas esas imágenes son efectivamente expresiones del culto que se tributaba al Santiago Matamoros, que sirvió de impulso ideológico a la Reconquista.

Este tema iconográfico del Santiago Matamoros es un asunto que Fernand Braudel calificaría de "fenómeno de larga duración". Desde luego, si lo estudiamos en el tiempo, encontramos en él aspectos cambiantes e inesperados que merecen estudiarse. Es interesante comprobar, por ejemplo, que el moro pisoteado por el caballo puede ser muy diferente según las circunstancias: los de la capilla real de Granada, donde están enterrados los Reyes Católicos, son "mahometanos", representantes de la religión vencida por los reyes en 1492; los de la fachada de la iglesia de Santiago de Almería son turcos y visten como tales, ¡qué cosa más normal en un puerto del Mediterráneo, que vive en los siglos XVI y XVII con la constante preocupación del corso turco! En el último tercio del siglo XVI, la representación más frecuente es la de un morisco, sobre todo después del levantamiento de las Alpujarras (1568-1570).[7]

En el Nuevo Mundo, Santiago como guerrero a caballo fue una de las devociones hispanas más representadas. Tiene como antecedente la tradición española del Santiago Matamoros. Por cierto, las dos representaciones más popularizadas en México, que en la actualidad se conservan en las casas privadas o se venden como estampitas, son primero una adaptación de la obra de Casado de Alisal, conservada en la iglesia de san Francisco el Grande de Madrid, y segundo, proviene de una pintura en que el Santo, de aspecto joven, lleva en la mano una espada y en la otra un escudo; está vestido de una larga túnica azul y en el cuello blanco lleva cuatro conchas de oro. En los dos casos, el caballo pisotea moros. Aunque todavía no pudimos encontrar el original hispánico de la segunda representación, no cabe duda que se trata de exportación de modelos venidos de España. Se sabe que, a partir del siglo XVI, se enviaron muchas obras de arte a la Nueva España, que servían como inspiración a los artistas, desde vírgenes renacentistas a santos.

En la comunidad de Santiago Cuendá, perteneciente al municipio de Juventino Rosas, en Guanajuato, existe un lienzo con la muy conocida imagen

[7] Más detalles sobre el tema en Nicolás Cabrillana Ciézar, en *Santiago Matamoros, historia e imagen*, 1999.

del Apóstol a caballo. El lienzo, única imagen del altar principal, tiene escrita la fecha y el nombre de quien la mandó pintar: "A devoción de Diego Martín, año 1687". Según la tradición local, Diego Martín fue el cacique indio que encargó la imagen a España, así como otra de la Piedad muy bella, que se conserva en la sacristía.

El autor del lienzo es un profesional conocedor de su oficio. El caballo es un animal muy bien proporcionado, con ojos profundos y severos, características que lo acercan a la pintura española, en la que se suele representar así el caballo del Santo. La composición del lienzo es abigarrada y, al mismo tiempo, muy bien distribuida. Varios moros se defienden de la embestida del caballo. El Santo se presenta como un guerrero español, con una brillante armadura, escudo, yelmo y espada. El pintor ha sabido colocar varios objetos en las manos del jinete: la espada, el escudo con la cruz de Santiago y una larga cruz.

En el último término del lienzo, se ve una tropa de musulmanes de espaldas que emprende la retirada, mientras el ejército de cristianos armados va tras ellos. Todos los musulmanes van vestidos como turcos con gorros puntiagudos y zaragüelles. Uno, que se encuentra muerto y ensangrentado en el suelo, lleva una bandera en la que están pintadas tres medias lunas, símbolo del islam.

Pero tal vez la más famosa representación pictórica del Santiago ecuestre sea el óleo sobre tela del siglo XVIII que posee el Museo de las Culturas de Oaxaca. Santiago a caballo encabeza las tropas cristianas. Mantiene en su mano derecha un pendón colorado con la imagen de Cristo crucificado. Lleva la gran capa blanca estampada con la cruz de Santiago, como si fuera el maestre de la orden del mismo nombre. Luce un hermoso sombrero adornado de multicolores plumas, como si fuera el general de las tropas. Un nimbo, alrededor de su cabeza, nos precisa bien que se trata del Santo.

Montado en un caballo lujosamente enjaezado, ejerce su poder de persuasión, tanto sobre Moctezuma y los suyos, como sobre Cortés y su ejército. Cortés, vestido con armadura, enseña en su mano derecha la espada desenvainada y en la izquierda una cruz. Parece que unos y otros están presenciando la aparición del Apóstol, quien finalmente se impone a los dos campos. Aquí actúa Santiago como pacificador, que reúne bajo la bandera de Cristo a los cristianos viejos y a los nuevos que reciben el mensaje de la fe. Santiago es el elemento aglutinador de todos los estratos sociales del nuevo país que se está edificando. Los criollos y mestizos por una parte, los indígenas por otra, se lo van a apropiar.

Los distintos estratos se apropian de Santiago caballero

La apropiación del Santo por criollos y mestizos: el Santiago charro

Cada uno, a su manera, va a apropiarse del santo, haciéndolo, en la medida de lo posible, parecido a sí mismo. Aquí en México, pasa lo mismo que en otros países latinoamericanos: se lo viste con los trajes típicos del lugar.

Si en Jujuy, Argentina, Santiago sale en las procesiones vestido de gaucho, en México criollos y mestizos van a vestir las imágenes con traje de charro. No podía haber mejor representación, ya que el charro es por excelencia el hombre de a caballo y el hombre del campo.[8]

Nacido en el oeste del país, en Los Altos de Jalisco, el charro terminó imponiéndose a todo el territorio nacional, llegando a ser uno de los símbolos de lo mexicano. Bonita revancha de una región que a lo largo de los siglos tuvo que defenderse contra el centro. Nueva Galicia frente a Nueva España. La figura del charro vinculado con la aristocracia local, con la tradición conservadora, pasó a ser en los años que siguieron a la Revolución de 1910 un estereotipo nacionalista.

Las representaciones de Santiago vestido de charro aparecen como el símbolo aglutinador de un país que se distingue por su pluralidad regional y étnica. Ya se olvida que el charro representó el rechazo de la modernidad. Está lejos el estereotipo del valentón, bebedor de tequila y macho cumplido, divulgado por la literatura y el cine. Cuando Santiago se viste de charro, nos ofrece una representación a lo divino de este tipo social. Es el santo caballero que, igual que san Martín o san Jorge, lucha por Cristo.

Las imágenes pueden lucir las distintas variaciones del vestido charro: el traje de trabajo, o de brega, que comprende un pantalón ajustado, una camisa blanca y una chaqueta corta adornada con botones de metal, o bien el vestido de lujo, con chaparreras, esas cubiertas de cuero que se usan sobre el pantalón y están abiertas a los lados, y con chaqueta bordada. Otra variante posible: el traje negro con botonaduras de plata en los costados de los pantalones y bordados en la chaqueta. También puede llevar diferentes tipos de sombrero: tejano, jarano o el amplio y ancho sombrero galoneado de ala grande, el que suelen llevar los actuales mariachis. A veces viene a completar la parafernalia del charro un poncho que cuelga del hombro.

El Santiago vestido de charro es el tipo más común de las iglesias de Jalisco (Nextipac, Ixtlahuacán de los Membrillos, Tlajomulco...). También lo encontra-

[8] Entre las obras más recientes sobre el charro: Octavio Chávez, *La charrería: tradición mexicana*, 1994; Tania Carreño King, *El charro. La construcción de un estereotipo nacional (1920-1940)*, 2000; *Artes de México. Charrería*, 2000.

mos frecuentemente en los templos de los estados vecinos como en Zacatecas, en Apozol, por ejemplo, y en Michoacán, en la iglesia de Janitzio, entre otras. Con menos frecuencia se lo ve en otras zonas, pero no es raro que así se lo vista en algunas iglesias del centro de la República.

Al fin y al cabo, cuando los fieles lo visten así lo hacen solidario de ellos mismos y de sus necesidades. En prueba de esa afirmación podemos añadir un ejemplo muy aclaratorio. Durante la peste del año de 1737, los vecinos del barrio de Santiago Tlatelolco sacaron a su Santo en procesión. Para la ocasión le quitaron todas sus características de combatiente y le vistieron de penitente, para que estuviera más al unísono con los sentimientos de la población: "En vez de morrión salió en la procesión con una corona de espinas, la coraza fue cubierta con un saco de penitente, y le cambiaron la espada por un zurriago: querían verlo solidarizado con la penitencia del pueblo".[9]

Apropiación de Santiago por los indígenas

Es cierto que la visión casi exclusiva que tuvieron los indígenas en los distintos países latinoamericanos fue la de Santiago a caballo, la de Santiago Matamoros —y Mataindios—, cuya montura pisaba los cuerpos del adversario vencido. La figura de Santiago no era para venerarla, sino para tenerle miedo. Se le atribuían a él y a su caballo las peores crueldades. El inca Garcilaso recuerda que "dondequiera el Santo acometía, huían los infieles como perdidos". Y sin embargo, el temible jinete que atropella al infiel, blandiendo su espada, fue finalmente preferido al humilde e inofensivo peregrino de sandalias, bordón y esclavina... Entre las más antiguas figuras podemos citar las de Santiago Tochimilco, Hidalgo; de Santa María Chiconautla, en el estado de México, y de san Francisco Acatepec, Puebla. Las tres corresponden a la tradición hispánica, pero reelaborada con técnicas locales.[10]

Los indígenas en México utilizaban técnicas y materiales que les eran propios para elaborar las imágenes que se les mandaba hacer. El componente principal consistía en un armazón de carrizo y sobre él modelaban la figura con la pasta obtenida de la médula de la caña de maíz. Se le daba consistencia mezclándola con goma vegetal. La ventaja es que tales estatuas eran muy ligeras y por lo tanto fáciles de transportar en las procesiones. Muchas de Santiago

[9] Santiago Cárdenas Guerrero, "Santiago en el alma religiosa de Indias", *Santiago y..., op. cit.*, p. 50.

[10] *Vid.* Armida Alonso Lutteroth y Roberto Alarcón, "Un Santiago de técnica mixta: el de la iglesia de Santa María Chiconautla, estado de México", en *Imaginería virreinal. Memorias de un seminario,* pp. 109-117.

a caballo, fabricadas desde el siglo XVI al XVIII, corresponden a este arte de elaboración (es también el caso de la famosa Virgen de Zapopan).

Los misioneros, además, introdujeron a los indígenas en las nuevas técnicas, aprovechando la sensibilidad y habilidad artísticas que poseían. Se suele citar el caso de la obra educativa de los franciscanos en Tlatelolco, o la de fray Pedro de Gante, quien rodeado de frailes fundó una escuela en san José de Belén. La iniciación de los naturales del Nuevo Mundo correspondía a un doble propósito de catequesis y de creación artística, de modo que la mano de obra indígena tuvo una gran aportación. Allí se formaban también los entalladores de piedra, para las esculturas ligadas a la arquitectura, y los de la madera, que creaban imágenes y los retablos. En Tlatelolco, el famoso Santiago Mataindios, de hechura local, engalanó el primitivo retablo.

Las técnicas enseñadas a los indígenas llegaron a ser muy complejas, por ejemplo, aprendieron el arte del estofado: primero cubrían con delgadísimas láminas de oro todo el cuerpo de la figura, excepto los pies y las manos. Luego pintaban en el dorado varios diseños, como flores, hojas y roleos. Por fin venía la labor del esgrafiado: grababan con punzones sobre la policromía para que resaltara el oro, así daban a las vestimentas de las esculturas la apariencia de ricos brocados. El museo Franz Mayer de la ciudad de México posee unas cuantas imágenes de Santiago a caballo que corresponden a este tipo.

Los indígenas adoptaron tan bien a Santiago que lo hicieron uno de ellos, dándole un toque autóctono que los especialistas llaman *tequitqui*. Es un término que ha sido elaborado por Moreno Villa en 1942,[11] a partir de la palabra náhuatl *tequio*, que es el trabajo colectivo obligatorio al servicio de la comunidad.

El arte tequitqui es el de los sometidos al poder colonial. Es análogo al arte mudéjar español, dado que traduce un hecho social y político de coexistencia de dos comunidades, siendo una de sus características la relación de inferioridad establecida frente al que detenta el poder. Por esencia, el mudéjar era un arte condicionado, de raíz dual: obra de moros para cristianos. Al mismo tiempo, perpetuaba formas heredadas del islam y representaba una creación nueva que daba cuenta de la complejidad histórica de la sociedad en que se desarrolló. A la par que adoptaba estructuras románicas, góticas o renacentistas, en las iglesias que se levantaban según esas normas, supo en sus motivos decorativos expresar símbolos relacionados con el islam. Con gran tendencia a la abstracción y a la desnaturalización de las formas vegetales, el artista mudéjar supo expresar su visión de Dios: en su labor de lacería, las líneas corrían

[11] *Apud* Eduardo Merlo Juárez, "Un conquistador conquistado. Las celebraciones populares de Santiago en México y Centroamérica", en *Santiago y América*, p. 231.

hacia el infinito. Traducía así la trascendencia del Dios islámico. También la figura del rosetón estrellado, multiplicado al infinito a partir de un centro radiante, evocaba la unicidad de Dios que se multiplicaba en la diversidad de la creación.

De la misma manera, los indígenas representaron a Santiago montado en su caballo; lo engalanaron con cuantos adornos les sugerían su imaginación y las más veces heredados de su civilización: "Espuelas de plata y punteras de lo mismo, para que pueda pinchar a gusto a sus enemigos; celadas o yelmos con morriones emplumados que no diferían mucho de los *cuapilolli* o penachos, sobre todo en el significado de valor; capa riquísima, escudo, lanza, estandarte y espada, a veces machete, o bien la macana, que era más conocida por los antiguos combatientes como "águila" y "jaguar". Petos, espaldares, puños guanteletes, ínfulas, esclavinas, junto a los atuendos aborígenes: morrión de plumas finas, que eran lo más cotizado en estas culturas. Su espada equivalía a la filosa macana de navajas de obsidiana; su *chimalli* a la adarga...".[12]

Estamos aquí en el modo operativo de la cultura de Conquista, según expresión de George M. Foster, donde se aúna el programa artístico español con la participación creativa de la mano de obra indígena (lo que quiere decir que sería absurdo seguir el debate que hace algunos decenios se abrió acerca del arte mudéjar, a propósito de la importancia relativa de la aportación islámica. Tanto el mudéjar, como el tequitqui no se pueden reducir a un arte de adorno de algo que sería esencial, la estructura hispánica). Es una creación nueva donde expresaron, tanto los mudéjares en su tiempo como los indígenas en el suyo, lo más recóndito de su ser. Arte de sincretismo, eso sí.

Comprobamos que lo que fue en un principio devoción de temor y miedo, va evolucionando. El Santiago Mataindios va borrándose y con mucha familiaridad sus fieles van a acercarse a él. ¿Cómo fue el cambio? El estudio de las representaciones de Santiago a caballo nos va a permitir primero adentrarnos más en las creencias que permitieron dicha evolución y luego precisar las etapas de la misma.

La verdad es que la Conquista dejó a los indios en situación de orfandad. Los dioses en que más confiaban acababan de ser vencidos por otros venidos del mar. Los nativos vieron desde el principio a Santiago como a un dios: para ellos era el gran factor de la victoria española. Sólo los pudo vencer una fuerza sobrenatural, superior a sus dioses y que por eso participaba de la naturaleza divina.

Fray Antonio de Remesal en su *Historia general de las Indias occidentales* explica esta deificación de Santiago por los indios. Comenta que los españoles so-

[12] *Idem.*

lían llevar consigo en sus campañas un retablo que, de ordinario, representaba al apóstol Santiago a caballo, peleando con los moros, montado en su caballo blanco. Estaba pintado tal como apareció al rey en la batalla de Clavijo. Antes de emprender el combate, los españoles "le hacían mil muestras de devoción, llegando a ella los rosarios, las espadas, los sombreros y besando las esquinas del lienzo".[13] Y al atacar, el capitán invocaba al Santo con gritos de tipo: "¡Santiago, y a ellos!"

Concluye el cronista: "De esta veneración, entendieron los indios que aquella imagen era el Dios de los españoles, y como lo veían armado a caballo, con espada ensangrentada en alto y hombres muertos en el campo, teníanle por Dios muy valiente". Tal era el punto de vista de los indios que combatían al lado de los españoles, pero los adversarios a su turno, ¡ya vencidos!, se enteraban del porqué de su derrota: "Corría la voz a los enemigos y todo se hacía bien y Santiago a caballo y armado era el Dios de los cristianos". Y unos y otros ya estaban dispuestos a rendirle culto y a introducirle en su propio panteón.

La adopción de la iconografía santiaguera por la comunidad indígena pasó por diferentes etapas, viniendo a ser un aspecto de su integración a la nueva fe.[14]

La primera fase podría ilustrarse con el ejemplo de Santiago Tlatelolco. De las seis parroquias en que se dividió la ciudad de México poco tiempo después de la Conquista, una, situada en la periferia y sólo para indígenas, fue colocada bajo la advocación de Santiago. Se la llamó parroquia de Santiago Tlatelolco. Allí se levantó el convento franciscano con su iglesia y un colegio dedicado a la educación de los indígenas. Entre otras cosas se les enseñaba la práctica de los oficios artísticos, bajo la supervisión de los frailes, entre ellos fray Juan de Torquemada.

De esos talleres salieron numerosos retablos destinados a los múltiples conventos de la orden. De la iglesia de Santiago Tlatelolco nos queda el relieve central dedicado al tema de Santiago Mataindios: el Santo, que no viste todavía con armadura, cabalga sobre los cuerpos caídos de los indígenas, mientras los soldados españoles lo siguen. Frente a él está un guerrero azteca con la indumentaria que le identifica como caballero tigre. La obra tiene referencias clásicas evidentes, por el tratamiento de los desnudos, los tonos fuertes y la composición general de la escena. Aquí la impronta indígena es mínima: sólo podemos decir que sale de talleres donde ellos trabajaban y aprendían y que la escena representada tiene para ellos un valor pedagógico, ya que se presenta a

[13] Antonio de Remesal, *Historia General de las Indias occidentales y particularmente de Chiapas y Guatemala*, t. I, p. 422.

[14] Nos fue muy provechoso el artículo de Santiago Sebastián, *op. cit.*, pp. 276-288.

Santiago como el gran vencedor en la guerra de Conquista. El autor del relieve, tal vez el indio Miguel Mauricio, ha querido representar el impacto de la aparición del Santo junto a los soldados españoles.

En la segunda fase, los indígenas siguen la ideología cristiana, aplicando las técnicas aprendidas y reproduciendo los modelos españoles. En los distintos museos que conservan obras del tiempo de la colonización como el Museo Nacional del Virreinato en Tepozotlán o el Museo Franz Mayer en la ciudad de México, se conservan ejemplares de Santiago a caballo donde aparece la marca de la mano de obra indígena. Muchas iglesias conservan este tipo de obras. Podemos señalar el relieve policromado de la iglesia de Santiago Tilantongo, en el estado de Oaxaca. Aquí, el responsable anónimo de la obra pone todo su empeño en ofrecernos un Santiago como participante activo en el fragor de la batalla. Para ello ha centrado su atención de forma especial en la figura del caballo que se retuerce y patea con fuerza a los enemigos vencidos: al suelo, unas cabezas de moros. Es la expresión de la ideología cristiana, pero ya en la composición de la escena, en la expresión de la figura de Santiago, aparecen ya evidentes algunos rasgos indígenas.

En la tercera fase damos un paso más, esta vez cualitativo, en la integración de la iconografía jacobea por parte de los indígenas en su religiosidad. El resultado final de esta evolución es tan importante que merece estudiarse aparte en las páginas que siguen. Los tres elementos que componen la iconografía del Santo caballero van a verse afectados desde la perspectiva indígena.

El Santiago indígena en un substrato prehispánico

La visión del Santo

Al aceptar el cristianismo, los nuevos conversos no podían olvidarse totalmente de sus creencias antiguas: aceptaron a Cristo y a sus santos estableciendo un paralelismo con sus dioses principales. Con Santiago, reactualizaron las hazañas de su dios de la guerra, Hutzilopochtli, recobrando así el tiempo ya olvidado de los aztecas.

Según la leyenda, lo primero que hace Hutzilopochtli cuando nace es cortarle la cabeza a su hermana y despedazar su cuerpo. Así siguió haciendo con sus enemigos. Los indígenas se inspiraron de la leyenda para representar a Santiago destrozando a sus adversarios, como muestran el relieve de piedra de la iglesia de san Francisco de Querétaro y otras esculturas conservada en el museo Franz Mayer de la ciudad de México. La parroquia de san Miguel de Mezquitán de Guadalajara posee una muy antigua imagen de Santiago. En ella la aportación indígena es evidente: la vemos no sólo en los rasgos físicos del Apóstol, sino también y sobre todo en la presentación de los moros vencidos, pisoteados por el caballo, cuyos cuerpos están descuartizados y dispersos: una cabeza por aquí, un brazo y una pierna por allá.

También en España, en la representación de los moros vencidos por Santiago podían aparecer algunos cuerpos destrozados, pero en este caso la perspectiva es diferente. Esas representaciones traducen la confrontación violenta entre islam y cristiandad, transmitiendo una visión estereotipada del moro como enemigo absoluto. "Este tratamiento simbólico del cuerpo al que se quiere excluir nos recuerda que se descuartizaba a los condenados, y aquello representaba un castigo particularmente infamante".[15]

Hay que subrayar que en este sincretismo religioso no sólo intervinieron los indios, sino también los misioneros y especialmente los franciscanos quienes, al mismo tiempo, pretendían la conversión de los indios a la par que se mostraban muy respetuosos de su cultura. Los indios debían seguir siendo indios. Por lo tanto, todo se hizo para que los ritos y las creencias católicas les sean accesibles. Con este propósito se elaboró una estrategia de la evangelización que admitía la indianización del culto, tomando toda una serie de iniciativas destinadas a facilitar esta asimilación.[16]

Una de ellas, que claramente emana de esos evangelizadores, apuntaba en aceptar este paralelismo entre los santos y los dioses prehispánicos y aquí, consecuentemente, entre Huitzilopochtli y Santiago.

Primero es notable que los franciscanos dedicaran sus primeras iglesias bajo la advocación de Santiago en los lugares donde existían antiguos templos del dios de la guerra: en Churubusco, en el Templo Mayor de Tenochtitlan, en Tlatelolco y en otros lugares más.

Segundo, los franciscanos quisieron aparecer como los nuevos sacerdotes de Huitzilopochtli. Siempre con esta idea de establecer correspondencias simbólicas entre la religión católica y el paganismo indio, cambiaron el color de sus hábitos: cuando estuvieron viejos y raídos, decidieron pintarlos de azul, abandonando el color marrón tradicional en la orden.[17]

El cambio de color no es gratuito: claramente aludía a Huitzilopochtli, dios guerrero del sol, del sur y del cielo, asociado al azul. Así se nos describe el dios: "Está sentado en su escaño de color azul con que denotaba que está en

[15] Pierre Civil, "De Saint Jacques matamore a Saint Ignace de Loyola: stratégies de l'image des saints face à l'altérité religieuse, Espagne, XVI-XVII siécles", en *Les représentations de l'autre dans l'espace ibérique et ibéro-américain*, pp. 75-95.

[16] Esta idea está desarrollada por Christian Duverger en su libro, *La conversión de los indios de la Nueva España*, pp. 163-165.

[17] Solange Alberro, *Del gachupín al criollo o cómo los españoles dejaron de serlo*, p. 34.

el cielo sentado. Tenía la frente azul y por encima de la nariz una venda azul que tomaba de una oreja a otra. Tenía en la mano derecha un báculo labrado a manera de culebra, todo azul y ondeado. En los pies llevaba sandalias azules".[18]

Todo parece indicar que muy temprano, cuando llegaron a la ciudad de México, supieron que el azul se identificaba a una deidad importantísima, como lo fue el dios de la guerra.

El color azul se generalizó rápidamente entre los franciscanos: nos quedan varios testimonios pictóricos. Así se vistieron los discípulos de san Francisco hasta bien entrado el siglo XIX. En Santiago Tetla, situado en el estado de Puebla, existe un lienzo que representa la introducción de un nuevo santo al pueblo: el Señor de Esquipulas, hecho que sucedió en 1860. En el lienzo, encabezando la procesión (en la que se lleva una imagen de Santiago en unas andas) aparecen unos franciscanos con hábito azul.

Nueva visión del caballo en la óptica indígena

Pero no olvidemos que el Santiago ecuestre se compone de dos los elementos: el santo y su montura. Como lo señaló y documentó William B. Taylor, "el atractivo de Santiago para los indios neófitos radicaba en parte en su caballo".[19] En la mentalidad de las sociedades prehispánicas del México central y occidental se apreciaban los grandes y feroces animales como los jaguares o las enormes serpientes dentadas que se veían como "agentes importantes del poder y la autoridad divina".

De modo que, descubrir el caballo, junto con su jinete, formando una pareja íntimamente unida, fue para el indígena cosa de maravilla y de espanto. El caballo alcanzaba a matar más con su boca y sus pies que el jinete con su espada. Éste era el gran enemigo que describían también como un supervenado armado con crines.

El caballo podía desvincularse del Santo, en este caso se le veía como un poderoso animal que combatía al lado de los cristianos y contribuía a darles el poder. Heliodoro Valle cita el caso de algunas poblaciones que todavía sacan en procesión al caballo sin su jinete, el día de la fiesta del Santo.[20] Es probable que la explicación que sugiere dicho autor sea exacta: cuando estuvieron vigentes las Leyes de Reforma se prohibió en México el culto externo, de modo

[18] Descripción hecha a partir del historiador del siglo XVIII Francisco Xavier Clavijero, en Paul Radin. *La civilisation indienne*, p. 55. Otra descripción en Agustín Yánez, *Mitos indígenas*, p. 37.

[19] William B. Taylor, "Santiago y su caballo", *Ministros de lo sagrado. Sacerdotes y feligreses en el México del siglo XVIII*, pp. 402-408.

[20] Rafael Heliodoro Valle, *Santiago en América*, p. 55.

que, para poder salir en procesión, los indios desmontaron al Apóstol y sacaron a la calle únicamente al caballo, y así lo paseaban y veneraban. Lo interesante es que este nuevo rito sigue en estos pueblos en la actualidad.

W. Taylor cita ejemplos análogos de siglos pasados, por ejemplo, el de una india embarazada, incapaz de dar a luz, que ponía una ofrenda de maíz al caballo de Santiago. También se cuenta que en 1769 "los indios de Texcala, en el distrito de Huixquilucan, cerca del valle de México, habían bailado la danza prohibida de los Santiaguitos en la que se adoraba un potrillo; se lo incensaba y veneraba".[21] Así que muy justamente podemos preguntarnos si los indígenas veían al Santo como un brujo cristiano que ejercía gran poder a través del caballo.

Lo cierto es que por otra parte, el indio aparece enteramente asimilado cuando ya posee un caballo y lo monta. El caso más ilustrativo —que ya referimos— es el de don Nicolás de San Luis Montañez, cacique otomí, a quien Cortés regaló un magnífico caballo blanco y que ganó junto con don Hernando de Tapia la batalla de Sangremal, que permitió la fundación de Santiago de Querétaro. Cabalgando su montura, aparece como el triunfo de un prototipo transcultural en el mundo indígena.[22] El caballo ha servido de catalizador, facilitando la operación de la integración perfecta; un indígena es ya caballero cristiano.

Una imagen del apóstol Santiago merece toda nuestra atención. Se encuentra en la villa de Tlajomulco, situada no lejos de la laguna de Cajititlán, que fue evangelizada por los franciscanos. El lugar se llamó primero Santiago de Tlajomulco, pero en 1939 le cambiaron el nombre por el de Tlajomulco de Zúñiga, en memoria del general revolucionario Eugenio Zúñiga Gálvez.[23] De la antigua devoción a Santiago no queda más que una imagen del siglo XVIII que se venera en la capilla del antiguo hospital, dedicada a la "limpia concepción de María". El edificio y su capilla están a cargo de una cofradía que goza de autonomía frente a la parroquia. Los cofrades de la Purísima Concepción administran con mucho cuidado el templo y sus dependencias. En los decenios pasados surgieron algunos conflictos entre el párroco y la hermandad, hasta el punto de que se suspendió el culto durante varios años.

La estatua de Santiago recibe allí un trato muy especial: cada mes se le cambia el vestido. En verano, por ejemplo, se le quitan las botas y el traje ranchero y para que vaya más ligero lleva un sencillo traje de algodón blanco. Pero

[21] Taylor, *op. cit.* p. 407.

[22] Jaime Cuadriello, "El origen del reino y la configuración de su empresa: episodios y alegorías del triunfo y fundación", *Los pinceles de la historia. El origen del reino de la Nueva España (1680-1750)*, p. 101.

[23] José Chávez García, *Tlajomulco en el tiempo*, p. 339.

en todas las estaciones va muy armado: en su mano izquierda levanta un machete y además lleva una espada al costado. Luce un cinturón pitiado, el cual sujeta un lazo. Tiene mucha prestancia cabalgando su caballo blanco.

Pero lo más interesante de todo son "las mandas" dedicadas al Santo, que aquí son de un tipo muy especial. La virgen, titular del templo, recibe de sus fieles muchos exvotos tradicionales que se exponen en el fondo de la iglesia, mientras que Santiago recibe caballitos de todos tamaños y colores. La imagen del Santo está rodeada de un centenar de estos exvotos originales que subrayan la importancia que se atribuye a la montura en el culto que se le rinde.

En Izúcar de Matamoros se venera una estatua de Santiago de alrededor de dos metros de altura. Acerca de ella, el presbítero Higieno Vázquez Santa Ana se expresa así:

> Es de admirar cómo los indígenas de ese lugar le rinden culto no solamente al santo, sino también a su caballo, y el caballo de Santo Santiago también hace milagros, y para pagarle las mercedes que les otorga a los nativos de ese lugar y de los contornos, está lleno de objetos de plata y oro.[24]

El caballo en la óptica indígena estuvo pues identificado con el poder de tipo místico, tanto como social y militar.[25] Conciliarse su protección y la del jinete fue uno de los propósitos de los recién convertidos. Encontrar el favor de esos dos emblemas de la guerra fue para ellos promesa de venideros éxitos.

Pero no nos podemos quedar a este nivel de construcciones y explicaciones. Todo lo que hemos comentado acerca del caballo sería muy incompleto si no hacemos otra vez referencia a las creencias prehispánicas que sirven de basamento a un culto tan especial al caballo.

El culto de Santiago y su relación con el nagualismo

Aquí es necesario hacer una observación que se aplica a muchos de los santos venerados por los indígenas. Todo parece indicar que prefieren los santos en cuya representación figura un animal. Esto nos hace suponer que los indígenas intervenían en la selección de los santos que veneraban, escogiendo aquellos con atributos que les evocaban sus creencias prehispánicas, o bien, con los que podían establecer paralelismos entre las nuevas y viejas creencias religiosas. En líneas anteriores, hemos visto la equiparación de Santiago con Huit-

[24] Higinio Vázquez Santa Ana, *La charrería mexicana*, p. 125.
[25] Taylor, *op. cit.* p. 404.

zilopochtli y la deificación del santo con su caballo, ahora nos referiremos al nagualismo.

Desde los primeros años de la Colonia, los evangelizadores se dieron cuenta de la importancia que los animales tenían para los nativos. Llegando al sur de Jalisco, en lo que sería desde mediados del siglo XVI hasta fines del XVIII la provincia de Ávalos, se enteran que los aborígenes llamaban Atlaquiáhuitl a su dios, el cual era adorado en toda la región. Era el dios de las aguas, representado en forma de gavilán. Fray Nicolás de Ornelas en *Crónica de la provincia de Santiago de Xalisco,* escrita entre 1719 y 1722, dice al respecto:

> El capitán don Alfonso de Ávalos, cuando conquistó a la provincia que hasta hoy tiene su nombre, sujetó al cacique de Amacueca y Tepec, que era [un] poderoso y gran guerrero; tenía éste y sus vasallos por dios de las aguas al gavilán; y cuando les bautizaban, el R. P. Fray Martín de Jesús y Fray Juan de Padilla, que fue poco después de su conquista, entre los años de 1531 y el de 32, les decían que el gavilán que adoraban era el demonio y el águila que los había de librar debajo de sus alas era Dios nuestro señor. Borraron y derribaron muchas imágenes de esa ave de rapiña, unas pintadas en las piedras y otras de bulto.[26]

Corrobora esta información el historiador Mota Padilla. Los dioses prehispánicos a menudo se asociaban a animales. Entre los mexicas, el águila se relacionaba con el sol y con las divinidades celestes, en tanto que la serpiente y el jaguar se vinculaban a los dioses de la tierra y del mundo nocturno. En el antiguo pensamiento mesoamericano existía una relación simbólica entre deidades y animales.

Los primeros indios catequizados manifestaron una marcada predilección por los santos que solían ser representados junto a algún animal. Numerosos son los testimonios al respecto. Por ejemplo, fray Francisco de Ximénez escribe, en su *Descripción histórica de la provincia de Chiapas y Guatemala,* publicada hacia 1720, lo siguiente:

> Son los indios muy inclinados a celebrar los santos que están a caballo como Santiago y San Martín, los que tienen animales como son los evangelistas y San Eustaquio y otros santos.

Tiempo después, el arzobispo Pedro Cortés Parraz de la diócesis de Guatemala señala el mismo fenómeno, afirmando que los indios "tienen grandísima

[26] Fray Nicolás Antonio de Ornelas Mendoza y Valdivia, *Crónica de la provincia de Santiago de Xalisco,* p. 67.

afición y aún veneración a los animales brutos, de manera que desean en las iglesias estatuas de santos que los tengan y en un mismo retablo y mesas de altar tienen cuatro o más estatuas, por ejemplo, Santiago a caballo. Llenan de flores el caballo y le ofrecen flores".[27]

Varios concilios provincianos mexicanos mandaron avisos al clero sobre los riesgos de estas prácticas indígenas y lanzaron prohibiciones. En el de 1585 se estipuló que:

> Ni en los retablos ni en las imágenes de bulto, [se pintaran ni se esculpieran] demonios ni caballos ni serpientes, ni culebras ni el sol ni la luna como se hace en las imágenes de San Bartolomé, Santa Martha, Santiago, Santa Margarita, porque, aunque estos animales denotan las proezas de los santos, las maravillas y milagros que obraron por mitad sobrenatural, estos nuevamente convertidos no lo piensan así, antes se vuelven a las ollas de Egipto, porque como sus antepasados adoraban estas criaturas y ven que adoramos las imágenes santas, deben de entender que hacemos adoración también a los dichos animales y el sol y la luna y realmente no se pueden desengañar.[28]

Más tarde, varios obispos de Guatemala promulgaron edictos con censuras para evitar las prácticas indígenas que juzgaron inapropiadas. Juan de Ortega Martínez, en 1679, y su sucesor, fray Andrés de la Nava y Quevedo, en 1684, exigieron que en las parroquias se quitaran "las efigies de san Miguel, san Jerónimo, san Juan Evangelista y otros santos [con] las figuras del demonio y [las de] animales que tienen a sus pies".[29]

El gran reproche que se hacía a los indígenas era rendir culto tanto a los animales como a los santos, pues en esta veneración era evidente la permanencia de antiguas creencias, de tal forma que deificaban igualmente al santo que al animal que lo acompañaba. Obviamente, estos censores no intentaban profundizar en qué consistían las creencias indígenas y no distinguían entre el culto de dulia (veneración a los santos) e hiperdulia (adoración a Dios). Escriben: "Ven que adoramos las imágenes santas". Este exceso de lenguaje se explica por el culto exorbitante que entonces se rendía a las estatuas. Un teólogo actual no escribiría frases como ésta, ya que sólo se adora a Dios.

Para entender el fenómeno religioso que motivara la desaprobación de los ministros de Iglesia, es necesario comprender la religiosidad que los indígenas habían heredado de sus antepasados. Como veremos en seguida, la predilección por los santos acompañados de animales se integra a su propia cosmogonía, di-

[27] *Apud* Félix Báez-Jorge, *Entre los naguales y los santos*, p. 166.

[28] Serge Gruzinski, *La guerra de las imágenes. De Cristóbal Colón a "Blade Runner" (1492-2019)*, p. 175.

[29] Báez-Jorge, *op.cit.*, p. 166.

ferente de la cristiana. El dominico inglés Tomás Gage escribió a principios del siglo XVII la interpretación siguiente:

> Como ven que se pintan diversos santos con un animal al lado, como san Jerónimo con un león, san Agustín con un cerdo y otros animales salvajes, santo Domingo con su perro, san Marcos con su león, y san Juan con su águila, imaginan que esos santos eran de la misma opinión que ellos y que esos animales eran sus espíritus familiares y que se transformaban en sus figuras cuando vivían y que habían muerto al mismo tiempo que ellos.[30]

Lo que desconocía el dominico es que, en la fuerte relación entre un individuo y un animal, intervenían dos conceptos prehispánicos: el tonal y el nagualismo. El primero tiene que ver con el destino de los hombres. Como lo explica López Austin:

> El enlace con animales, en el caso del tonal, se debe a la costumbre prehispánica de consultar el *tonalámatl*, en el que todos los días (y también, naturalmente, el día de nacimiento) estaban bajo los auspicios de particulares divinidades que poseían frecuentemente forma de animal.[31]

El calendario prehispánico estaba compuesto por signos, varios de ellos correspondían a animales. Según el signo en el que una persona naciera, así sería su destino. Por ejemplo, para que un individuo fuera hechicero, debía nacer bajo los auspicios de un signo fuerte, como el jaguar, y no de un signo débil, como el conejo.

En cuanto al nagualismo, existe la creencia de que los dioses y ciertos hombres tienen la capacidad de transformarse en animales. En toda Mesoamérica el nagualismo estaba muy extendido. Con frecuencia se les atribuía a los jefes y sacerdotes de una comunidad la facultad de practicar el nagualismo, facultad que les permitía vencer a sus enemigos, tener información de su entorno, proteger a su comunidad, etcétera.

Las crónicas indígenas registran algunas transformaciones memorables. Tal es el caso de un capitán quiché que se transformó en águila para enfrentar al conquistador español Pedro de Alvarado. La conquista de Guatemala fue iniciada por Alvarado en 1523, para someter las regiones del sur: el Soconusco, los señoríos de los cakchiqueles, quichés, tzutujiles y otros más. Alvarado, acompañado de 300 españoles y numerosos indígenas, casi todos tlaxcaltecas,

[30] *Cit.* por Gruzinski, *op.cit.*, p. 175.

[31] Alfredo López Austin, *Cuerpo humano e ideología*, t. I, p. 430.

después de conquistar el Soconusco, cruzó el río Suchiate. Al tener noticia de esto, los señores quichés decidieron oponerse a los invasores. Según lo dice el *Memorial de Sololá*, el 20 de febrero de 1524 fueron derrotados los quichés. La última batalla se lidió en las inmediaciones de Quetzaltenango, en Guatemala. El texto indígena *Los títulos de la Casa Ixquin-Nehaib* narra el momento en que se hallaron frente a frente el capitán quiché Tecum Umán y Alvarado. Los hechos adquieren carácter de poema épico:

> Tecum Umán, como transfigurado, alzó el vuelo ya que venía hecho águila, lleno de plumas que nacían de sí mismo. Intentó matar a Tonatiuh [Alvarado], que venía a caballo, y le dio al caballo por darle al Adelantado y le quitó la cabeza con una lanza. No era lanza de hierro, sino de espejuelos y por encanto hizo este capitán. Y como vio que no había muerto el Adelantado, sino el caballo, tornó a alzar el vuelo para arriba para, desde allí, matar al Adelantado. Entonces el Adelantado lo aguardó con su lanza y lo atravesó por en medio al capitán Tecum Umán.

Los sacerdotes españoles registraron muchos casos de nagualismo. En el siglo XVII el obispo Francisco Núñez de la Vega menciona que padres y padrinos indios llevaban a sus hijos a los nagualitas, que son "sabios de los pueblos, a quienes buscan para que les señalen y digan la fortuna de sus hijos y el nagual que les corresponde por los calendarios y repertorios que tienen del demonio".

En unas Constituciones diocesanas del obispado de Chiapas, redactadas a fines del siglo XVIII, a los feligreses se les exhorta "para que hagan una buena confesión de todos sus pecados y a los indios, en especial, para que detesten los errores supersticiosos de su primitivo nagualismo".

El nagualismo no fue extirpado de la imaginación indígena. Todavía en muchas zonas de México y Guatemala, incluso en comunidades mestizas, se cree que determinados individuos son naguales y, en consecuencia, seres poderosos por su contacto con lo sobrenatural. A diferencia de la opinión del clero católico, que relacionaba al nagual con el demonio, los naguales pueden ser benéficos para la población o, al menos, se convive con ellos sin mayores problemas. Actualmente, en la Sierra de Puebla los naguales son parte de la vida cotidiana y juegan un papel determinante en las comunidades indígenas. Un antropólogo dice al respecto:

> La existencia de hombres-tigres o naguales no es discutida por nadie. Se me dieron en muchos poblados los nombres de ciertos individuos sospechosos de ser naguales [...] Mejor que eso: cada poblado debe tener sus cuatro naguales

encargados de vigilar por la noche hacia los cuatro puntos cardinales e impedir las invasiones de los naguales de poblados vecinos.[32]

Confirma dicha opinión la visita a varias iglesias dedicadas a Santiago en la sierra de Puebla, en las cuales el Santo y el caballo reciben gran veneración. En Yaonáhuac, el templo presenta la particularidad de honrar a muchos santos. Cada uno está en su nicho: san Isidro Labrador con un par de bueyes, los evangelistas con su símbolo animal... y Santiago, el patrón de la iglesia, a caballo, está vestido de ranchero con la cabeza cubierta con un sombrero negro de ala ancha. Luce un collar de caracoles y el caballo, además de su aparejo de plata, lleva en su cuello cascabeles; a sus pies tiene dos caballitos de madera y también un plato con una ofrenda de maíz y un vaso de agua. El mayordomo de la iglesia nos confirmó que cada sábado cambian el agua y el maíz, a las cinco de la tarde. También se cuenta que algunas personas dicen han al caballo correr por el territorio de la parroquia, y que en una ocasión comprobaron que el caballo estaba sudoroso, como después de una larga carrera.

Por otra parte, la iglesia de Zautla, en Puebla, posee dos imágenes ecuestres; una de ellas, que se saca en procesión el 25 de julio, es particularmente notable por la expresión del caballo que aquí aparece simpático y dócil, casi sonriente. A su lado está la figura de Cristo montado en una mula, representado en su entrada a Jerusalén, el día de Ramos.

El templo de Santiago Xonacatlán —pueblo situado al pie de una montaña—, tiene también dos imágenes de Santiago apóstol: una muy reciente y la otra ecuestre que data del siglo XVIII. Pero lo más notable en el pueblo, es la figura de Santiago a caballo, pintado en una roca de la montaña con fondo azul; da la sensación de que sale de ella. Aquí también nos ubicamos en una perspectiva prehispánica: las montañas son lugares rituales. Adentro de ellas, supuestamente, existe el Tlalocan que es una especie de paraíso, un lugar de abundancia. El santo y su caballo relacionan al pueblo con él.

El nagualismo y el tonalismo son conceptos que a menudo se confunden, incluyendo los mismos indígenas. La confusión se debe a que la relación entre el nagual y el tonal de las personas es tan estrecha que inicia con el nacimiento y acaba sólo con la muerte. Como lo aclara el antropólogo Aguirre Beltrán, para diferenciar un concepto de otro se debe pensar en que todos tenían tonal fijado por el calendario, pero muy pocos podían ser naguales, pues sólo unos cuantos individuos podían tener ese poder.[33]

[32] *Apud* Báez-Jorge, *op. cit.*, p. 181.

[33] Gonzalo Aguirre Beltrán explica estas creencias en el capítulo titulado: "Nagualismo y complejos afines", *Medicina y magia. El proceso de aculturación en la estructura colonial*, 1992.

El tonalismo y el nagualismo se vincularon a los santos católicos que suelen representarse acompañados de algún animal. Los indígenas *nagualizaron* a los santos y, al hacerlo, lograron establecer nexos que aproximaban conceptos de dos mundos distintos. Aquel era el punto de encuentro.

Todo lo dicho anteriormente acerca del nagualismo, nos explica que en la iconografía indígena el caballo aparece con características totalmente diferentes de las representaciones españolas. El santo y su caballo se han cambiado de bando, ya son protectores de la comunidad. El caballo ya no es temible, no enseña sus dientes en postura de dar mordiscos, tampoco pisotea a los enemigos tumbados a sus pies. No es más que una figura apacible que inspira respeto y confianza. Se asemeja más bien a un juguete que a un brioso y espantoso corcel. A este respecto, particularmente notables son las figuras ecuestres de Angahuan, pueblecito tarasco situado en las proximidades del volcán Paricutín en Michoacán, y la de la iglesia de Santiago Zapotitlán, municipio de Tláhuac, en el Distrito Federal.

También son notables las dos figuras ecuestres del Santo situadas en la misma entrada de la iglesia de Santiago Tepalcatlalpan en el Distrito Federal, en la delegación Xochimilco. Una de ellas representa a Santiago Matamoros: el caballo pisotea una cabeza del enemigo vencido. Es el santo, según dicen los fieles, que está dispuesto a castigar a quien obra mal. La otra imagen representa al Santiago protector y defensor del pueblo. En los dos casos, el caballo de grandes proporciones es imponente y merece el respeto de los fieles quienes, según la costumbre local, se acercan a acariciarle las patas en señal de devoción.

El moro, en la perspectiva indígena

El moro, tercer elemento de la iconografía santiaguera, aparece muchas veces en las representaciones indígenas con características que lo hacen diferente de su representación tradicional. Veamos algunos ejemplos:

En Yaonáhuac, pueblo de la sierra norte de Puebla, se puede ver una imagen de Santiago ecuestre llamada *Santiago morito.* Se la nombra así porque aparece a los pies del caballo un moro vencido que tiene la particularidad siguiente: en una de sus manos levantadas se le han colocado unos billetes y además presenta en la frente una herida que le hace lastimoso. Su cara, por el dolor que expresa, inspira compasión y el nombre que se ha dado a la imagen nos muestra la importancia que reviste la figura del moro.

Otro caso interesante es el de la iglesia de Santiago en Cholula, donde los fieles veneran una hermosa imagen del Santo a caballo y rinden culto al moro, erguido, elegantemente ataviado. Hasta le han dado un nombre: le llaman Cipriano.

En Temoaya, estado de México, se venera otra imagen con las mismas características. Es muy antigua, y según la tradición local, fue regalada a los habitantes por Cortés como premio de su alianza. Tres moros ensangrentados se merecen por su expresión de dolor la compasión de los fieles.

Esta presencia de víctimas que aparecen con las mismas características merece retener nuestra atención. No cabe duda que aquí también influyó en la representación artística la óptica indígena.

El moro aparece, en efecto, bajo los rasgos del enemigo sacrificado. La presencia evidente de la sangre lo subraya. Entre los aztecas estaba vigente el mito de la necesidad de alimentar al sol en sangre y corazón de cautivos capturados en combate para la buena marcha del universo. El fundamento mítico estribaba en la creencia que el dios debía morir para que su fuerza renaciera con más intensidad. El cautivo destinado al sacrificio era el dios mismo: a través de él se abría la vía de comunicación entre lo humano y lo divino. Por eso al cautivo sacrificado cobraba una eminente dignidad.

Las danzas de moros y cristianos que se representan en el pueblo de Yaonáhuac y en otros lugares de la sierra de Puebla el 25 de julio, confirman esta interpretación. En ellas, la de los negritos, la de los santiaguitos y la de Pilatos, aparece el moro con estos rasgos de adversario respetable, el cual encuentra en Santiago un contrincante capaz de dominarlo. No es la perspectiva cristiana de la lucha del bien y del mal, sino la representación de la victoria de un santo todopoderoso (y de su nagual), sobre un rival digno de respeto.[34]

Conclusión

La iconografía de los indígenas reveladora de un concepto propio de la santidad

Los frailes en su empresa evangelizadora, desde el principio de la Conquista, se esforzaron por persuadir a los indígenas que dejaran sus ídolos y los substituyeran por iconos cristianos. Al mismo tiempo, les enseñaron que las imágenes cristianas no merecían devoción en sí mismas, ya que no eran más que representaciones.

En sus sermones, los predicadores recalcaban esta idea: esas figuras de madera o de piedra no son divinidades, sino sencillos vehículos para adorar a las personas divinas o venerar a los santos que viven en el cielo. Este mensaje no se recibía muy bien ya que se oponía a creencias ancestrales.

[34] Debemos estas noticias sobre danzas en la sierra norte de Puebla, así como las indicaciones sobre el itinerario santiaguero por la región, al historiador Eduardo Merlo Juárez.

A la base estaba la idea nahua de *ixiptla*: según ella, la imagen es la presencia o actualización de una fuerza sobrenatural, siendo la manifestación directa de la divinidad. Como lo escribe Gruzinski:

> El *ixiptla* era el receptáculo de un poder, la presencia reconocible, epifánica, la actualización de una fuerza imbuida en un objeto, un "ser-ahí" sin que el pensamiento indígena se apresurara a distinguir la esencia divina y el apoyo material: No era una apariencia o una ilusión visual que remitiera a otra parte, a un más allá.[35]

Esta frase nos muestra que el ixiptla se sitúa a las antípodas de la imagen cristina que supone un desplazamiento inverso, una ascensión hacia lo sobrenatural: "es un vuelo de la copia hacia el propósito, guiado por la semejanza que los unía".

De esas diferencias y de las dificultades en adoptar la visión cristiana de las imágenes se sacan varias consecuencias que aplicaremos, claro está, al culto de Santiago, tal como aparece a través de la iconografía.

La imagen del Santo apóstol en las comunidades indígenas muchas veces se venera como un ser vivo dotado de una vida propia. En múltiples lugares se cuenta que, de noche, el santo y su caballo salen de la iglesia a darse un paseo, para vigilar y custodiar a la comunidad. Por ejemplo, en Santiago Zapotitlán, en el Distrito Federal, se cuenta que una mañana el sacristán al abrir la puerta de la iglesia comprobó que Santiago y su caballo habían desaparecido. Enseguida tocó la campana para avisar a la población. Cuando los fieles llegaron, el Santo y su caballo otra vez ocupaban su lugar. Los parroquianos entonces pudieron observar que las botas estaban sucias y llenas de polvo y la cola y la crin del caballo llevaban rastros de tierra y algunas hierbas del campo. Desde aquel entonces, más devoción y más atenciones tienen al santo y su caballo.

Los indígenas siempre trataron de mantener vivos en la clandestinidad los antiguos ritos al lado de las nuevas prácticas. Así podía nacer el sincretismo. Motolinía ya había observado cómo en el altar doméstico se confundían ídolos y santos. Todavía hoy se cuelan en esos altares domésticos uno que otro idolillo. El viajero catalán Josep Cañas, cuya obra titulada *México, mis años con los indígenas* que acaba de ser publicada, nos habla de don Modesto, el guardián de la pirámide del Tajín, que conservaba "en un mismo tabernáculo unos embajadores de dos credos opuestos. Uno era Tláloc, el dios de las lluvias, personificado en una escultura de piedra, digna de un gran museo; el otro, una estampa de Santiago montado en un caballo blanco".[36]

[35] Gruzinski, *op.cit.*, pp. 60-61.

[36] Josep Cañas, *México, mis años con los indígenas,* p. 228.

Aquello que podría aparecer como sencilla yuxtaposición entraña, en verdad, consecuencias importantísimas en cuanto al culto al Santo y a sus representaciones. Para los indígenas, adoptar un culto suplementario a otro dios, o a un santo no representaba ningún problema teológico, era sencillamente ampliar el espectro de sus divinidades y añadir nuevas fuerzas y poderes a los que poseían ya en el ejercicio de sus rituales mágico-religiosos.

Esta visión conlleva otra consecuencia: los santos, siendo epifenómenos del poder del dios supremo, como los antiguos *ixiptla*, eran muchas veces venerados como divinidades de la naturaleza que había que conciliarse. Fueron esas divinidades sustituidas por los santos católicos.

De modo que, en conformidad con estas creencias, la vida de los santos está desprovista de interés y muchas veces desconocida de los fieles. Actualmente, muchas parroquias se intenta vencer este desinterés y suplirlo con informaciones. Pero todavía no es raro ver en las iglesias cómo los fieles, especialmente mujeres, pasan de una imagen a otra a hacer sahumerios con copal, o depositar un cirio o una ofrenda sin distinción de los santos, yendo de uno a otro.

Hay casos límites en que aparece una multiplicación de imágenes que sólo se distinguen entre sí por algún letrero que las identifican. Así lo vimos en la iglesia de san Juan Chamula, cerca de San Cristóbal de las Casas, en que dos imágenes llevan el nombre de Santo Santiago, sin tener ningún distintivo. También en varias iglesias de Oaxaca, en Apoala por ejemplo, entre los mixtecos, donde la imagen de Santiago no es más que una entre otras muchas, a pesar de estar la iglesia dedicada al Santo.

Otras veces se multiplicaban las imágenes del Santo: una de gran tamaño, y otra pequeña al lado, una procesional y otra peregrina. El caso de Yaonáhuac, en la sierra de Puebla, de la cual ya hemos hablado antes. En la iglesia hay cuatro imágenes ecuestres de Santiago. La que está situada en la nave lateral tiene sus pies se ve un plato con granos de maíz y un gran vaso de agua.

Las tres restantes se encuentran en el altar principal. Vistos de frente, el de la izquierda, llamado *Santiago jacobito*, es la representación clásica del Apóstol, con un libro del evangelio en la mano y un bastón de peregrino en la otra. La imagen de la derecha recibe el nombre de *Santiago morito*, porque tiene un moro a los pies. La imagen central, también tiene un moro, pero su nombre es distinto; se le denomina *Santiaguito*. Se sabe que es la principal, tanto por su colocación como por el hecho de que el santo y la montura están muy ataviados y tienen varias ofrendas.

Aquí tenemos unos casos límites; la gente se apropia del Santo, contando de él cosas fantásticas que forman una red de leyendas que lo ponen a nivel de los fieles. Ya no es, conforme a la visión cristiana, un ser propuesto como ejemplo para que se imiten sus virtudes, sino que es considerado como una persona capaz de ser buena y mala a la vez, protector, las más veces, y vindicativo, en otras, si no se le da la veneración que se merece. Puede enfrentarse con conflictos familiares, por ejemplo, estando en competencia con su "hermano" san Felipe, o puede enamorarse: en varios lugares se cuenta que sale de noche a visitar a María Magdalena que tiene su sede en la iglesia de un pueblo vecino.

Es decir que, en estos casos, estamos al nivel de la religiosidad popular que hace suyas las cosas de la fe. Es una actitud que supone una desconstrucción que puede ser marcada, según los lugares, con el sello de creencias prehispánicas, como lo vimos.

Este nivel popular supone gran confusionismo. Aquí un paralelo se impone con el culto que tributaban a Santiago los moriscos de España en el siglo XVI. También desconocían la vida del Santo tal como la presentaban los textos bíblicos y la tradición. Lo conocían a través de la iconografía que lo representa como matamoros, es decir como el gran enemigo. Lo interesante es que, a modo de revancha, también lo hicieron suyo, lo adoptaron como un santo nacido entre ellos que algún día, así lo esperaban, revelaría su verdadera identidad y los ayudaría.

La Inquisición nos dejó interesantísimos testimonios al respecto. Uno de esos moriscos declaró ante el tribunal de Toledo que los apóstoles fueron moros y que el apóstol Santiago se llamaba Alí y otro afirmaba "que no hay más de un Santiago, al que dio Dios una lança con tanta virtud que mataba con ella a quantas quería y que el nombre deste Santiago en arábigo era Muçeph, hermano de Moisés".[37]

En los casos de los indígenas y de los moriscos, presenciamos el fenómeno de la apropiación de un santo por poblaciones que han sido vencidas en la historia y sometidas por un poder que les impuso su fe. Viene a ser como un desquite de los humildes, una revancha al nivel imaginativo que lleva en sí una afirmación de una identidad escondida que aflora como una reivindicación.

Pero hay una diferencia fundamental entre las dos visiones. La primera quiere ser polémica frente a los cristianos en medio de los cuales viven los moriscos y en nada se refiere a representaciones concretas del Santo, prohibidas por el islam, mientras que la segunda visión es la expresión de las creencias prehispánicas.

En México, el culto al Santo se apoyará en unas imágenes o estatuas que se consideran como sagradas estando en la línea, como lo vimos, de los antiguos *ixiptla*. Es notable, en este aspecto, como cada imagen tiene su propia historia, lo que implica la creencia en su origen milagroso y en su exaltación, bajo la forma relacionada a la vida que se le atribuye. Siendo consideradas las imágenes

[37] Louis Cardaillac, *Moriscos y cristianos. Un enfrentamiento polémico (1492- 1640)*, pp. 42-43.

como lugares de residencia de espíritus lejanos son auténticas hierofanías y tienen un carácter sagrado.

Cada comunidad relata cómo llegó la imagen a su pueblo. En Xalitzintla, Puebla, se dice que apareció a las orillas del pueblo. En Izúcar de Matamoros, un artista italiano, que en realidad era el Apóstol, ofrece sus servicios para construir la imagen y al terminarla misteriosamente desaparece. En Amatlán, Oaxaca, se nos dijo que la actual imagen sustituyó a una que el tiempo había deteriorado. Los feligreses decidieron que la antigua no saliera del recinto sagrado, por lo que la enterraron en la iglesia, el lugar donde, durante muchos años, recibió las oraciones y los ruegos de sus devotos.

Aquí vemos hasta qué punto la iconografía es el gran revelador de la religiosidad de las comunidades, la expresión de su identidad más profunda. Como lo escribió Michel de Certeau: "La vida de un santo se inscribe dentro de la vida de un grupo, Iglesia o comunidad. Supone a un grupo ya existente, pero representa la conciencia que éste tiene de sí mismo".[38]

[38] Michel de Certeau, *La escritura de la historia*, p. 260.

Santiago en el mundo de las leyendas

Cuando está raso el cielo y hartos luceros, se ve a Santiago que viene de México, ahí, pasando.

Carlos Rodríguez,
sacristán de Santiago Tezontlale, Hidalgo

La leyenda es, sin duda, uno de los géneros narrativos tradicionales más gustados en México. En los pueblos y las ciudades, o lejos de los centros urbanos, con facilidad aflora en boca de campesinos, párrocos, estudiantes, amas de casa, profesionistas. Caracterizada por ser del dominio colectivo, es la historia por todos conocida, la que cuenta la familia o el vecino, la que recoge el cronista del pueblo, la que se lee cuando se publica en un libro sobre tradiciones populares, o bien, la que se escucha en la radio local. Instaurada en el imaginario de una comunidad, la leyenda que se transmite oralmente se refunde en diferentes versiones, se actualiza continuamente, pasa de una generación a otra, asegurando de esta manera su supervivencia. No es extraño que se fije por escrito y, ahora, con los medios masivos de comunicación y la informática, tiene mayores posibilidades de difusión.

A diferencia del cuento, en el cual el narrador y el receptor perciben los hechos narrados como ficticios e imaginarios, la leyenda tiene la particularidad de asociar lo real con lo ficticio. Los hechos extraordinarios que presenta son considerados posibles o reales por el narrador y el oyente; se sitúan en un pasado histórico y un lugar específicos, fácilmente reconocidos por el receptor. Las referencias temporales son más o menos cercanas y existe, o puede existir, el lugar donde se desarrolla la historia.

Asimismo, dan veracidad a la historia contada las fuentes de información de que se vale la leyenda: "dicen que", "cuentan que", "los más ancianos lo saben", "mi abuela lo vio", "en tiempos de", etcétera. Estos recursos expresivos suelen hallarse al principio o al final del relato.

La leyenda contada en primera persona contribuye a hacerla creíble, pues el "yo" narrativo se concibe como portador de una verdad. En el mismo caso están los miembros de la comunidad que el narrador señala como testigos de la historia. Los testigos se caracterizan por ser personas conocidas, son un referente cercano y su testimonio se considera verídico; más aún, si son los ancianos, pues, por tradición, se les considera guardianes de la memoria colectiva.

La leyenda, aunque alude al pasado, "frecuentemente lo hace en relación con el presente; es decir, establece dentro de la narración una asociación entre los dos tiempos".[1] La leyenda enlaza los elementos de una realidad actual con un referente en el pasado.

Sea oral o escrita, la leyenda es, relativamente, un género narrativo sencillo si lo comparamos con el cuento, por lo regular más extenso, complejo y articulado, en el cual interviene una gama amplia de motivos y peripecias narrativas.

Entre la leyenda y el mito existen semejanzas.[2] En ambos géneros la historia que se expone se considera real, creíble, se concibe como "la historia verdadera" y se sitúa en un espacio conocido. La diferencia estriba en que el mito no es exactamente histórico, sino protohistórico y se vincula fehacientemente a la magia o la religión. El tiempo del mito es primordial (que puede ser el origen del universo o de la humanidad), mientras que en la leyenda el pasado es un acontecimiento más o menos próximo.

En ocasiones, un mito puede desgranarse en una leyenda; este fenómeno, demostrado por muchos investigadores, sucede cuando una materia narrativa arcaica de carácter mítico pierde su base o vigencia mágico-religiosa.[3]

En la devoción jacobea ha jugado un papel importante la leyenda. De hecho, su devoción se origina con la leyenda de que el apóstol predicó en tierras españolas y que después de haber muerto en Palestina su cuerpo fue transportado milagrosamente hasta Galicia. Desde entonces hasta ahora, se han contado multitud de historias sobre su vida, que al difundirse y desdoblarse en diferentes versiones, han contribuido a promover el culto de Santiago.

Además de leyendas, en esta investigación se han recogido varios testimonios —casi todos son orales—, a los que hemos dado el nombre de relatos. Estos

[1] Mercedes Zavala, "Temas, motivos y fórmulas en las leyendas de la tradición oral del noreste de México", en *El folclor literario en México*, p. 200.

[2] A diferencia de la leyenda, el mito tradicional es una narración de extensión y complejidad variables. En el mito los protagonistas son dioses, semidioses, héroes fundadores o culturizadores, y elementos cósmicos, naturales, animales, monstruosos, animados o personificados.

[3] José Manuel Pedrosa est. y ed., *La ciudad oral. Literatura tradicional urbana del sur de Madrid. Teoría, métodos, textos*, p. 32. También puede suceder que los miembros de una comunidad dejan de creer en las leyendas. Entonces se inicia "un proceso de transformación genérica hacia el cuento (si la pérdida del valor de verdad se generaliza en la comunidad); que se convierte en una antileyenda —explicación racional de lo narrado—, o bien, que coexista en las dos formas". Mercedes Zavala, *op. cit.*, p. 191.

relatos se caracterizan por ser historias personales, en las cuales el informante señala qué milagro le ha hecho el Santo. Algunas veces, los relatos se encuentran en exvotos. El exvoto, además de ser una ofrenda, da fe de un milagro acontecido, y va acompañado de una imagen (sea dibujo, pintura o fotografía) que lo ilustra. En cualquier caso, como en la leyenda, estos relatos se consideran verídicos y precisamente se narran o se escriben pare reafirmar un testimonio determinado.

La mayoría de los materiales que aquí analizamos han sido tomados de la tradición oral y otros, de la escrita.[4] Éstos últimos se han publicado en ediciones locales y folletos, provienen de manuscritos o están en los exvotos antes mencionados. Existen diferencias estilísticas entre los materiales que hemos reunido, determinadas, precisamente, por la forma en que fueron transmitidos, oral o escrita, razón por la cual debemos distinguirlos. Los relatos y las leyendas orales son por lo general breves,[5] pues el narrador no tiene mucho tiempo para exponer su contenido relato, como sucedería si lo hiciera por escrito. En estos relatos hay incongruencias en los tiempos verbales y géneros. La condición efímera del relato, o bien, la poca escolaridad del informante originan tales errores gramaticales.

Asimismo, es común encontrar repeticiones de palabras o frases. El informante emplea estas repeticiones como descansos narrativos, o para recordar el pasaje que deberá hilar a continuación. Pero la repetición es, también, un recurso retórico que se emplea para enfatizar ideas y dar emotividad al relato. Como suele suceder en al literatura oral, las fórmulas recurrentes adquieren gran importancia. Por ejemplo, en los poemas sureslavos el uso de fórmulas se ha calculado "en torno al 65% del conjunto de versos, lo cual da una idea del importante papel que desempeñan en la literatura oral".[6]

Los relatos y las leyendas que aquí analizamos se han recopilado en pueblos, ciudades e iglesias dedicadas a Santiago; dicho material ha sido transmitido por sacerdotes, feligreses, miembros de cofradías y mayordomías, así como por gente común de las numerosas comunidades visitadas. Mediante este tipo de literatura religiosa se manifiesta la devoción popular que por el Santo existe en nuestro país; también evidencia cómo subsiste en el imaginario de las personas y el papel que desempeña en la literatura popular.

[4] La coautora de este libro, Araceli Campos, está preparando una edición con todos los relatos orales recopilados a lo largo de la investigación.

[5] José Manuel Pedrosa, *op. cit.*, p. 13.

[6] *Idem.*

El santo que protege a su pueblo en guerras y conflictos sociales

No es extraño que los santos con carácter fuerte se prefieran en la religiosidad popular. El motivo de esta preferencia se basa en una lógica muy simple: entre más poderoso sea el santo invocado, la petición tendrá mayores posibilidades de verse cumplida.

La vida del santo en cuestión contribuye a dar los elementos que el imaginario colectivo requiere para hacer la asociación entre fuerza sagrada y petición cumplida. La información sobre su vida puede provenir de la *Biblia* y de las numerosas hagiografías cristianas que se han publicado desde la Edad Media hasta la fecha. En un plano menos letrado, también son fuentes de información la prédica del sacerdote, las lecciones de catecismo, la enseñanza religiosa transmitida en la familia, así como los novenarios y las oraciones.

En el ámbito de las creencias religiosas populares, el apóstol Santiago es un santo muy estimado. La *Biblia* nos da las primeras referencias sobre su personalidad. Impulsivo y ardiente, aparece en el Evangelio de san Lucas, cuando le pide a Jesús que castigue a unos samaritanos que no habían querido alojar al maestro y a sus discípulos.[7] En el Evangelio de san Marcos, lo vemos como un hombre ambicioso que aspiraba a gozar, en compañía de su hermano Juan, el sitio más cercano a Jesús en el cielo.

Pero además de las referencias bíblicas, las circunstancias históricas intervendrán para determinar los rasgos de su personalidad. En España, a finales del siglo VIII, su imagen cambió profundamente: el pacífico apóstol que predicaba las enseñanzas de Cristo se transformó en el santo activo y violento, que participaba en las guerras contra los musulmanes. El beato de Liébana, en su *Comentario al Apocalipsis*, fue el primero en promover a Santiago como soldado de dios, "*miles Christi* o *bellator,* (combatiente de Cristo), como lo van a llamar las crónicas", y en atribuirle una blanca montura, caracterizada por su fiereza: "los ojos del caballo blanco que monta Santiago son llamas de fuego y de su boca sale una espada afilada para herir con ella a los enemigos".[8]

En las leyendas mexicanas ha quedado algo de la imagen guerrera de Santiago que tanto se promovió en la Edad Media española. Adaptándose a las circunstancias del país, no aparece a la manera de un caballero medieval, sino como un general, es decir, un militar de alto rango, cuyo referente histórico más próximo puede ser la Revolución Mexicana de 1910.

En una leyenda jalisciense del pueblo de Santa María de los Ángeles, Santiago se aparece a unos hacendados como "un general montado en un precio-

[7] San Lucas, cap. 9, vs. 51-56.

[8] Louis Cardaillac, *Santiago apóstol, el santo de los dos mundos,* p. 24.

so caballo blanco".[9] En otra leyenda de Jalisco, la vestimenta del santo es una mezcla paradójica entre un campesino argentino y un militar; el santo se describe como "un señor vestido de gaucho que traía en la gorra un águila como general".

Aunque en forma circunstancial, la Revolución de 1910 aún se encuentra en las mentes de los mexicanos. Dos leyendas recogidas por el fiscal de Santiago Tlautla, en Hidalgo, se sitúan en aquella época. En ninguna de ellas se menciona la facción política de los personajes implicados ni el nombre de algún héroe o antihéroe revolucionario que la historia oficial ha perpetuado. Poco importa esto, pues, para esta leyenda local, generada en un pueblo muy devoto del santo, es más importante la milagrosidad de Santiago que la definición de personajes históricos. Los dos relatos reflejan la impresión que provocaron los batallones de soldados que, a caballo, pasaron por aquella zona, cometiendo destrozos e injusticias.

En el primer relato se cuenta la historia de un soldado que comete el sacrilegio de robar la capa de Santiago y, peor aún, "como si fuera de él", se la coloca en la espalda. Muy pronto su conducta es castigada: en el Camino Real a Querétaro, en el Puente de San Juan del Río, "se encabritó el caballo, tirando al que portaba la capa, el cual cayó de cabeza muriendo instantáneamente".[10]

La segunda leyenda sitúa los acontecimientos en una loma, donde actuaba un batallón de infantería. El coronel manda a cinco hombres al campo contrario, para saber cuántos soldados tenía el ejército enemigo. "Los enviados vieron más de cinco mil soldados" —cuando en realidad eran unos cientos—, encabezados por "un jinete con caballo blanco y una capa muy larga, empuñando una espada fulgurante". Los espías regresaron temblando de miedo y contaron lo que habían visto. El coronel, influido por el pavor de sus hombres, ordena la retirada. La forma en que concluye la leyenda es muy atinada, pues deja a la imaginación la posibilidad de que el anónimo jinete fuera el Santo, al decir: "Nunca supieron quién fue el caballero de la capa. Los creyentes dicen que el santo patrón Santiago apóstol."[11]

La visión que multiplica en miles a una pequeña tropa, o bien la aparición de un poderoso ejército inexistente que obliga a los enemigos a huir son tópicos de los relatos jacobeos. Las visiones que el Santo provoca tienen el fin de proteger al pueblo que patrocina y, como acontecía en las leyendas españolas del medievo, las apariciones de Santiago inclinan la balanza a favor de sus devotos.

[9] Leyenda recogida por Leticia Cortés de León, *Tradiciones de la fiesta de Santo Santiago*, s/p.

[10] Cuaderno del mayordomo de Santiago Tlautla, Hidalgo.

[11] *Idem.*

En Oaxaca, Jovito Reyes, habitante de Santiago Dominguito, narró una historia que situó en tiempos de la Revolución, cuando "muchos aguerridos en sus caballos" quisieron quemar la iglesia de su pueblo. En ese momento de peligro, el Santo apareció en un puente, donde obligó a los agresores a desistir de sus intenciones con sus amenazas: "Y éste, el Señor Santiago, les habló, que mejor se fueran, que no se metieran con él."

Durante el movimiento armado, hubo más de un gobierno político; estos vaivenes en el poder a menudo causaban incertidumbre y temor entre la población. Uno de los mayordomos de Santiago Tetla, en Puebla, narró que, cuando los soldados de un nuevo gobierno quisieron entrar en su pueblo, se encontraron con un río muy grande que les impidió el paso. El enorme río no existía en realidad, pues cuando amaneció, "dicen, pues ni rastros de río había". Milagrosamente, Santiago lo había hecho, "para impedir que entrara el gobierno a deshoras de la noche, a asustar [a] la gente o a llevársela".

El mismo sentido tiene el testimonio del párroco de Santiago Anaya, en el estado de Hidalgo, quien, al preguntársele qué milagros se contaban del patrono del pueblo, refirió la llegada de los habitantes de una comunidad vecina, que fuertemente armados, decidieron atacar a los anayenses. Pronto tuvieron que abandonar sus pretensiones, pues, al llegar, vieron que "el atrio estaba lleno de caballos, soldados y soldados". En realidad, "tuvieron una visión" —aclara el párroco—, que Santiago había realizado para proteger al pueblo de sus armados enemigos.

Además de la Revolución Mexicana, la guerra de los cristeros ha marcado a las poblaciones que participaron en ella. En San Julián, en Los Altos de Jalisco, se cuenta que, cuando los federales ya habían entrado al pueblo, fueron distraídos por "un hermosísimo corcel" que corría por la azotea de la iglesia y que con gran destreza "se paraba al borde del edificio sin caerse al vacío". Los cristeros, aprovechando la distracción de sus enemigos, lanzaron un nuevo ataque, venciéndolos. El caballo desapareció misteriosamente; los cristeros quedaron convencidos de que había sido mandado por el Santo para otorgarles la victoria.[12]

En Santiago Bayacora, Durango, se cuenta que, después de un largo combate, los cristeros decidieron huir con sus mujeres e hijos ante la imposibilidad de vencer a los federales. Su huida no era fácil, pero fueron favorecidos por una nube de polvo, que milagrosamente descendió del cielo, tapándolos de la vista de sus enemigos. Un misterioso "charro", montado en un corcel blanco, los condujo por la ruta más segura.[13]

[12] Louis Cardaillac, *op. cit.*, p. 178.

[13] *Idem.*, informante: Juan Manuel Gómez, sacerdote de San Juan Ocotán, Jal.

Este relato tiene dos referentes literarios: bíblico e hispánico. La nube que se levanta para ocultar al pueblo predilecto de Dios aparece en varios episodios del Antiguo Testamento y el camino que surge milagrosamente rememora el pasaje en que se abre el Mar Rojo para que puedan huir Moisés y su pueblo. En las leyendas españolas y, después, en las novohispanas, varias veces se aparece Santiago a caballo para ayudar a los cristianos. En el año de 1212, en Las Navas de Tolosa, en España, el Santo contribuye a la derrota de miles de musulmanes. En México, entre los años 1541 y 1542, unos treinta mil indígenas sublevados en el norte se habían ocultado en el peñón del Mixtón, donde se desarrolló una crucial batalla. Un desconocido jinete ayudó al ejército novohispano; lo dirigió a través de la montaña, por una vereda hasta donde estaban los rebeldes que, tomados por sorpresa, fueron masacrados.

El Santo también puede intervenir en los conflictos comunales por la posesión de la tierra. Se cuenta que en Santiago Acayutlan, Hidalgo, fue llevada en andas la imagen patronal al ejido que en ese entonces se disputaba. Como si el Santo tuviera el don de evitar la violencia, uno de pobladores dijo: "no pasó nada", y aseguró: "nosotros sentimos que él nos ayuda, que él nos protege."

Algunas veces el Santo ha sido promotor de la justicia. La historia del joven que es sentenciado a muerte por un robo que no cometió es, sin duda, una de las leyendas jacobeas más conocidas. Aparece en el *Codex Calixtinus* y en *La leyenda dorada*, y en la tradición española se ha hecho muy popular en Santo Domingo de la Calzada, donde, cuenta la leyenda, se hospedaron un joven y sus padres cuando se dirigían a Compostela. Una de las sirvientas se enamora de él; al no encontrar eco a sus pretensiones amorosas, decide vengarse, colocando una copa de plata en el equipaje del joven, y lo denuncia por robo. El joven es sentenciado a morir en el patíbulo, sentencia que no pueden modificar sus padres, por lo cual, deciden continuar la peregrinación hasta la tumba del Apóstol. Su devoción y la conducta moral del joven serán recompensadas. Al regresar, encuentran que su hijo aún está vivo, pues "Santiago, garante de la justicia y siempre atento a las plegarias de sus devotos, lo había sostenido por los pies de manera que la soga no le apretase el cuello". Acuden al alcalde, que estaba comiendo, el cual no cree lo que le cuentan los afligidos padres del muchacho: "¿Vivo decís? —rió el alcalde—. Ese chico está tan vivo como estas gallinas que voy a comerme en cuanto me dejéis en paz." En ese momento, el gallo y la gallina que estaba comiendo se cubrieron de plumas y salieron cacareando hacia el corral. El inocente fue descolgado y la sirvienta fue castigada. Desde aquel entonces, corre el dicho popular: "Santo Domingo de la Calzada, donde cantó la gallina después de asada."

De la injusticia como tema hemos encontrado tan sólo una leyenda. En San Juan de Ocotán, en Jalisco, se cuenta la historia de unos campesinos, a quienes unos ladrones roban todas sus pertenencias, incluyendo la ropa. Desnudos, intentan llegar a sus casas, pero alguien los ve y los acusa de ser los bandidos que tiempo atrás asediaban el pueblo. "Y como antes no había juicios ni nada", son sentenciados a morir fusilados. "Los pobres hombres no tienen otra oportunidad de ayuda que la del cielo, e invocan a Santo Santiago". "Cuentan que el día de la ejecución, amanece llueve y llueve, tan fuerte, que no pueden fusilarlos". Para ese entonces, uno de sus patrones se ha enterado de lo que ha sucedido a los campesinos, "y va a buscarlos y los saca de la cárcel, liberándolos así de una sentencia injusta".[14]

El relato se ajusta al contexto mexicano. El Santo no aparece en un pueblo medieval ni sus protagonistas van a Compostela. Son sencillos campesinos mexicanos, que víctimas de unos ladrones, han sido despojados de todo, incluso, de tener una sentencia justa. Ésta será una constante en los relatos que hemos recopilado: cualquiera que sea el lugar donde transcurra la historia, Santiago recompensará a quienes con fe lo invocan.

LA FE EN SANTIAGO. TESTIMONIOS DE SUS MILAGROS

El *Codex Calixtinus*[15] y *La leyenda dorada*, escritas, respectivamente, en los siglos XII y XIII, son las principales colecciones de leyendas jacobeas que contribuyeron a crear el mito y la devoción al Apóstol durante la Edad Media. La experiencia religiosa se concibe como un acto individual, según se desprende de la lectura de estos libros, pues, salvo excepciones, las acciones benéficas del Santo se centran en un individuo, a cuyos ruegos acude Santiago. Baste recordar la historia del peregrino que, instigado por el demonio, se quita la vida. Con el auxilio de la madre de Cristo, el Apóstol lo resucita en recompensa por la devoción que le profesaba. Ilustrativa también es la leyenda de Bernardo, a quien Santiago rescata de la cárcel rompiendo sus cadenas y haciéndolo saltar desde lo alto de una torre. A veces, los poderes milagrosos del Santo se manifiestan a través de objetos que lo simbolizan y a los cuales se les adjudica cualidades maravillosas. Tal es el caso del caballero que se cura de un mal que padecía en la garganta, después de colocar en ella la concha de un peregrino que regresaba de Compostela.

[14] Recogida por Ma. Esther Contreras Bocanegra, *La fiesta de Santo Santiago en la comunidad de san Juan de Ocotán*, s/p.

[15] Existen dudas si fue el papa Calixto II escribió el *Codex Calixtinus* o *Liber Sancti Jacobi*, grueso volumen de contenido litúrgico y hagiográfico que se conserva en la catedral de Compostela. Al parecer, la compilación de esta obra se debe atribuir a Aimery Picaud, clérigo de Poitou. Carcaillac, *op. cit*, p. 27.

A diferencia de los textos anteriores, en varias leyendas mexicanas el Santo dirige sus poderes milagrosos a una determinada comunidad, sin distinción de individuos. Esta diferencia estriba en que existe un sentimiento colectivo en muchas comunidades del país, que se basa en la creencia que el Santo pertenece a todos y es el benefactor de la comunidad entera. Alrededor suyo se celebran las fiestas, los bailes y las ceremonias religiosas, también se organizan las mayordomías, que a menudo vigilan con gran celo el templo que guarda la imagen que veneran y, si es necesario, emigrarán con ella a cuestas. Tal es el caso de los indígenas oaxaqueños de la etnia zapoteca, que, en la ciudad de los Ángeles, se reúnen para festejar al Apóstol de la misma manera que lo hicieran en su pueblo.

Los habitantes del Valle de Santiago, en el estado de Guanajuato, creen que el Santo los salvó de una fuga de gas, cuando el 18 de septiembre de 1991 se fracturó uno de los conductos de combustible de una refinería situada en las inmediaciones de este poblado. En recuerdo de este acontecimiento, en la casa del mayordomo principal, se exhibe una pintura, en la cual Santiago parece volar en su caballo sobre una enorme fuente de color rojizo. Como todo exvoto, se informa sobre el acontecimiento, dando fecha y lugar, y se agradece al Apóstol por haber escuchado las peticiones de quienes clamaron su ayuda.

Las curaciones milagrosas son temas frecuentes en los relatos. Encontramos varios en un cuaderno manuscrito del fiscal de la mayordomía de Santiago Teutla. El mayordomo, interesado en la devoción que existe en su pueblo, reunió en el cuaderno algunos testimonios de personas que han sido beneficiadas por el Apóstol. Como suele suceder con este tipo de literatura religiosa, se insiste en las terribles enfermedades que Santiago ha curado. Tal es la historia de un vecino del lugar, al que ni "los mejores especialistas" ni los más afamados yerberos y brujos podían sanar. El pronóstico médico fue fatídico: sólo le quedaban dos meses de vida. El desesperado enfermo va hasta San Luis Potosí en busca de un curandero, pero antes de visitarlo, entra en una iglesia a rezar, donde, por azares del destino, encuentra una imagen del patrono de su pueblo, al que le pide salvar su vida. "Fue tanta su fe —dice el relato— que, al tercer día, estando ya en su casa, empezó a mejorar" y en dos meses —en oposición al pronóstico fatal— cicatrizaron sus heridas. Desde entonces, es un hombre saludable, y para demostrar su agradecimiento, "se ha comprometido con el señor Santiago a servir dos años como tesorero en el comité de festejos, haciendo trabajos en su templo para mejorarlo".

En el mismo cuaderno hay otros dos testimonios de curación, con largos títulos. En el primero, *Un joven originario de Santa Ana Azcapotzalco da gracias a nuestro patrón por el milagro realizado en su persona, quien contaba con 16 años en ese momento,* se relata el caso de un muchacho que reza a Santiago poco antes de entrar de emergencia al quirófano, donde será operado a causa de una repentina peritonitis. Sus ruegos son escuchados, restableciéndose rápidamente. Al final de la historia se indica que "desde entonces colabora para la fiesta de nuestro santo patrón Santiago apóstol", para demostrarle el agradecimiento que le tiene.

El segundo testimonio, *Un joven originario de Santiago Teutla agradece a nuestro patrón por el milagro realizado en su persona*, es la historia de un joven, que ha sido desahuciado por sufrir un cáncer para el cual no hay remedio. Al igual que en el primer testimonio, éste tendrá un final feliz; tiene la particularidad de que el joven no sólo se cura por las oraciones que dedica al santo, sino también, por la llegada a su casa de la pequeña imagen de Santiago que en el pueblo se utiliza para rezar el rosario, antes de la fiesta patronal. Era el mes de julio, dice el relato, y cuando entró Santiago a su casa, "se levantó, y con mucha fe se hincó y rezó con toda la gente, pidiendo por su salud, y desde aquel momento se recuperó del mal que padecía".

Después de la salud, la protección de los feligreses es un tema frecuente en la narrativa popular. En el estado de México, a los pies de la singular imagen que se venera en Santiago Tilapa, hay un exvoto, compuesto por la fotografía de un joven y una hoja escrita a mano, en la cual se agradece a "Santiaguito" por haber protegido a Rubén Romero y Caldero (el de la fotografía) en el difícil momento de pasar ilegalmente la frontera estadounidense. El agradecimiento va seguido de una petición: "Y como sé que me escuchas, te lo pongo en tus manos, él que es uno de los arrieros, y te pido proteger a su hijo."

En tiempo de crisis económica, los devotos del Santo piden trabajo. En el año 1999, fue invitado a la fiesta anual de Santiago Teutla un señor de un pueblo vecino que en ese entonces estaba desempleado. Al ver la imagen del Apóstol, pidió "con mucho fervor tener respuesta a las solicitudes [de trabajo], que había metido en diferentes lugares". Ese mismo día, mientras "degustaban ricos guisados en compañía de sus familiares", dos empresas lo llamaron ofreciéndole empleo, "y desde entonces, cada 25 de julio viene a dar gracias a Santiago apóstol".

El miedo a los peligros que asolan la vida cotidiana es común en los relatos que cuentan los feligreses de Santiago. Una rápida mirada al *Codex Calixtinus* y a *La leyenda dorada* nos revela la necesidad que siente el ser humano de verse protegido ante situaciones límites e incontrolables que, desde la perspectiva jacobea, únicamente el Apóstol logra dominar. Recordemos, por ejemplo, la leyenda del obispo que, cuando regresaba de Jerusalén, cantando en la borda del barco en que viajaba, fue arrojado al mar, junto con otros pasajeros, por una repentina ola. "Y cuando ya estaban casi a setenta codos de la nave, flotando sobre la ola", a viva voz invocaron al Santo, el cual se les apareció, diciéndoles

"No temáis, hijitos míos". Mas el Santo no sólo enuncia palabras reconfortantes y cariñosas, enseguida pone en juego sus poderes sobrenaturales:

> Y al momento, ordenó al mar que devolviese a la nave a quienes había arrebatado de ella injustamente, y [ordenó] a los marineros, llamando desde lejos, que detuviesen la nave .Y así ocurrió. Detuvieron la nave los marineros, y el agua del mar, gracias a los auxilios de Santiago, devolvió a aquélla a todos los que había asaltado malamente, nada mojados y abierto aún el códice donde el sacerdote leía, y el apóstol desapareció al instante.[16]

El venerable prelado, añade la leyenda, "arrancado de los peligros marinos por el auxilio de Santiago", fue a darle gracias hasta su tumba en Galicia y compuso en honor a su salvador un responsorio.

En los relatos actuales los peligros se actualizan; el miedo al mar ha dado paso a los asaltos y a los accidentes automovilísticos. Hemos agrupado estos relatos bajo el nombre de protección, pues, en cada caso, Santiago se perfila como el santo que guarda de estos peligros a los feligreses que lo invocan.

Un vecino de Santiago Dominguito, Oaxaca, contó la historia de un señor, habitante de otro pueblo, que en la carretera, acompañado de su esposa, se volcó su coche. En ese momento "se acordó del señor Santiago" y le pidió salir con vida de ese accidente. Sus ruegos fueron escuchados y, por eso, concluye el informante, desde entonces, contribuye con los gastos de la fiesta patronal, pagando la música de alguna banda oaxaqueña, que, por cierto, tanto gustan en esas tierras sureñas.

Las historias de ladrones también son muy populares. En Santiago Zapotitlán, a orillas de la ciudad de México, se cuenta que, en el camino antiguo a Iztapala, unos comerciantes fueron atacados por unos bandidos que querían robarlos. "Los comerciantes invocaron a Santiago y, de repente, de la nada apareció un jinete en su caballo blanco que ahuyentó a los salteadores".

Los comerciantes recorrieron varias iglesias dedicadas al Apóstol, pero no encontraron al jinete que aquella noche los había protegido. Hasta que llegaron a Zapotitlán, donde, al entrar a la iglesia, reconocieron a su benefactor: "¡Es él, es él!", exclamaron, y para manifestar su agradecimiento, pagaron una misa y dieron una fiesta en su honor.[17]

En Santiago Tepalcatlalpan, Xochimilco, existe la creencia de que el santo patrón de la comunidad sale por las noches a cuidar a sus pobladores. Se cuenta que el fabricante de los cohetes, castillos y luces pirotécnicas, cuando

[16] *Codex Calixtinus*, pp. 353 y 354.

[17] Varios, *Santiago Zapotitlán, Tláhuac*, s/p.

regresaba de entregar un trabajo en un pueblo cercano, caminando por una vereda, distinguió dos hombres que salían a su encuentro. No pudo dejar de sentir miedo, pues nada bueno podía esperar de esos hombres en aquellos solitarios parajes; traía, además, el dinero que acababa de cobrar por su trabajo, pero, como devoto del Santo, también llevaba una estampita del Apóstol en la bolsa de su camisa. Grande fue su sorpresa cuando, a unos metros delante de él, un hombre a caballo le salió al paso y le preguntó:

–¿A dónde vas? —que le preguntó—, ¿a dónde vas?
–Voy a Santiago, pero vienen aquí unas personas.
Y dice:
–No te preocupes, no te va a pasar nada. Camina, y yo voy tras de ti.

Los salteadores al ver al jinete desviaron su camino. El jinete acompañó al cohetero hasta su casa; éste se enterará que su misterioso protector había sido nada menos que Santiago, quien esa noche lo había salvado del peligro en que se hallaba, y, por eso, en prueba de gratitud, pintó la iglesia de Tepalcatlalpan.

Además de proteger a sus feligreses contra los ladrones, el Apóstol puede intervenir cuando el asalto ya ha sido efectuado. En Santiago Tetla, Puebla, se cuenta la historia de un hombre que imploró la devolución de una cartera robada, en la cual traía el salario de sus trabajadores. Muy pronto se produjo el milagro, pues "a la vuelta de la esquina", un extraño se la entregó, explicándole que él y sus cómplices habían sido atacados por un jinete en un caballo blanco. El hombre buscó a su benefactor; lo encontró en Tetla y por el favor recibido, cada año lleva un grupo de mariachis al Apóstol el día de su fiesta.

El dinero no es el único bien que protege Santiago. A Pedro Tochimani Vicens, de San Agustín, Puebla, le contaba su padre que el Santo cuidaba sus cosechas: "Los ahuyentaba a los rateros, Santiago en su caballo. Vigilando, cuidando. No era el cuidador, [ni] un hombre común, era Santiago."

Al Santo también se le pide fertilizar a las personas y a los campos; súplicas que debemos asociar al caballo, considerado un símbolo fálico. La carga sexual con la que se ha dotado a la cabalgadura del Apóstol forma parte de su bagaje cultural y vida cotidiana y, por ende, no se cuestiona. Esta simbología nos ayuda a entender por qué se le ha dado tanta importancia al caballo, sobre todo, en comunidades que han vivido de la agricultura. Sirvan de ejemplo la gran imagen ecuestre que existe en la iglesia de Temoaya, en el estado de México, y el enorme caballo que monta el santo en la capilla de Izúcar de Matamoros, en Puebla, cuyas dimensiones parecen desbordar las paredes del templo. En muchas comunidades del país existe la costumbre de colocar mazorcas de maíz al pie la montura de Santiago, ya sea para agradecer, o bien pedir buenas cosechas.

Algunas veces, la simbología sexual del caballo aflora en ritos cuyo significado es muy evidente. En Chalco, en el estado de México, las personas suelen tocar el sexo de la cabalgadura del santo al mismo tiempo rezan entre dientes. Por cierto, prefieren esta escultura a la representación apostólica que está en el altar principal.

Los relatos también prueban el papel fertilizador que se le ha dado al Apóstol. En Santiago Xalitzintla, Puebla, Mónica Castera aseguró conocer a varios matrimonios infértiles que el Santo benefició con hijos. Cuenta Pedro Tochimani Vicens, de quien hemos hablado antes, que su padre, muy devoto de Santiago, tenía el hábito de llevarle flores a Izúcar de Matamoros. Algunas las dejaba ahí, otras las "repartía en el campo, las dejaba en los terrenos, para que no se perdiera la mazorca". Es decir, los ramilletes que habían tenido contacto con la imagen ecuestre del Santo servían después para sacralizar la tierra y, con ello, preservar la cosecha.

Las andanzas de Santiago y su llegada a los pueblos que patrocina

Sin duda, una de las leyendas más contadas en torno a Santiago es la que se refiere a sus andanzas por sembradíos, veredas y calles de los pueblos que patrocina. Al amparo de la noche, baja de los altares y sale, ya a galope ya trotando, dejando como rastro las herraduras de su caballo marcadas en la tierra. Es posible que los feligreses piensen que la cabalgadura facilite sus salidas, pero, cualquiera que sea la causa, la imagen que se tiene de Santiago es la de un santo ambulante, activo, que sale a vigilar a sus devotos. Muy de mañana, los vecinos encuentran el sombrero que, al entrar de prisa, ha olvidado en las puertas de la iglesia, o bien escuchan las pisadas de la montura que hacen eco a deshoras de la noche, cuando va siguiendo a quienes desea ayudar. Otros, los más afortunados, lo han visto, ya sea porque el santo se les aparezca para protegerlos, o bien cuando a todo galope atraviesa las calles de la comunidad.

Hay lugares donde son más frecuentes las historias de este tipo. En Santiago Tepalcatlalpan, según el testimonio de Guadalupe Pérez, las señoras que en la noche salen de rezar el rosario han escuchado las pisadas del caballo que cabalga detrás de ellas. Mucha gente, lo ha visto atravesar las calles a todo galope, "no solamente yo se lo puedo decir —dice nuestra entrevistada— mucha gente del pueblo se lo podría decir; que lo han visto, lo han visto cómo entra a la iglesia."

Son también frecuentes los relatos de que el Santo y su montura amanecen con yerbas y tierra, pruebas fehacientes de sus salidas nocturnas. María Anselma López García, quien guarda el pequeño templo de Santiago Villa

Alta, en Tlaxcala, aseguró que a menudo encontraba la imagen patronal con rastros de lodo, historia que hemos escuchado en muchísimos lugares.

También se cuentan leyendas sobre el origen de la imagen que se venera en la iglesia local. Como suele suceder en estos relatos, es una constante que el Santo elija la población que habrá de patrocinar. En el barrio de Atemajac, en Jalisco, se narra la historia de unos guerrilleros que, en peligro de muerte, imploraron a Santiago para que los liberara de sus perseguidores, prometiéndole ir a darle gracias a Tingüindín, en Michoacán, donde pedirían una réplica de la imagen que se venera ahí, para llevarla a su barrio. Santiago los salvó del peligro en que se hallaban, y los guerrilleros cumplen su promesa, salvo que deciden no llevar la réplica que en Tingüindín les ofrecen, pues les parece muy pequeña. Al llegar a Atemajac fue grande su sorpresa cuando supieron que unos viejitos habían llevado la réplica que ellos no habían querido. Pero la leyenda no concluye aquí, para dar mayor énfasis al hecho de que el Santo quería estar en ese barrio, el relato dice:

> un día los viejitos se fueron y se llevaron la imagen del Santo Santiago, sin que se supiera a dónde se habían marchado. Y al parecer, sin una explicación lógica, volvió al mismo lugar donde se encontraba. Al darse cuenta los vecinos de lo sucedido y al creer que era el deseo del apóstol Santiago permanecer en nuestro pueblo y en el barrio —para muchos fue un verdadero milagro— los vecinos decidieron edificarle una capilla de adobe, cubierta con morrillos de madera de teja. Es por todo lo anterior y desde entonces que, hasta la fecha, que cada año en el 25 de julio se festeja y se venera a Santo Santiago, o Santo Santiaguito, como también lo llamamos en Atemajac de Brizuela, Jalisco.[18]

En Santiago Acayutlan, en el estado de Hidalgo, se cuenta que, en una hacienda, cerca de unas aguas termales, no sólo se apareció Santiago, sino san Juan Bautista. Puesto que las personas que los descubren pertenecían a dos pueblos distintos, para saber qué santo los patrocinaría, deciden, bajo una lógica muy práctica, fijarse hacia donde dirigían su mirada. "En este caso, Santiago apóstol, como veía para Acayutlan, lo trajeron hacia Acayutlan, y a san Juan Bautista lo llevaron a Tezontepec".

Las historias que involucran a dos santos no son tan extrañas como podría pensarse. En Puebla, en Santiago Xaliztintla se cuenta que dos apóstoles patrocinaban la comunidad: Santiago y Felipe. Es casi seguro que esto haya sido cierto, pues en al antiguo misal, se festejaban el mismo día.

[18] Recogida por Antonio León Dávila, *Crónica y folklore religioso de Atemajac de Brizuela*, pp. 52 y 53.

Todavía hoy, en el estado de México, hay poblaciones en las cuales ambos santos aparecen en el altar principal. La referencia de que en un mismo poblado se les rinda culto ha provocado la confusión de los feligreses, que no siempre distinguen uno del otro, y se les llega a representar con los mismos atavíos y rasgos físicos. Pero, en términos generales, es nuestro Apóstol el que ha ganado la supremacía.

Valdría preguntarse por qué ha sucedido este curioso fenómeno. La historia local de cada pueblo lo explicaría, así como las políticas evangelizadoras de la Iglesia que decide el rumbo que deberá tomar la evangelización de sus feligreses. Como veremos más adelante, también influyen las creencias indígenas que provienen del mundo prehispánico. La dualidad, un concepto importantísimo y ancestral de la mitología de los pueblos que habitaban Mesoamérica, concebía la convivencia de dos elementos distintos en uno solo. De cualquier forma, la confusión entre dos personajes bíblicos no parece provocar conflicto entre los devotos. Para ellos, Santiago y San Felipe, más que distintos, son santos muy parecidos.

El respeto a las tradiciones y a los lugares santos

Es frecuente que Santiago aparezca para reivindicar el culto que se le debe profesar. Su presencia en el mundo terrenal impacta profundamente a la comunidad, hasta el punto de que sus culpables habitantes reconocen y luego rectifican el rumbo equivocado que habían escogido. Sus apariciones conmueven, aleccionan y tienen propósitos bien definidos.

En Santiago Tlatelolco, población ubicada en el norte de Jalisco, un 25 de julio sus habitantes olvidaron hacer la carrera de gallos, que hasta entonces se realizaba en la festividad del Santo. Este olvido, aparentemente menor, no podría pasar desapercibido. Los motivos parecen claros: se deduce que, si la carrera no se hacía, significaba que la devoción al patrono del pueblo disminuía. Muy pronto, Santiago se manifestó ante los pobladores que, aquel día, repentinamente vieron aparecer a "un señor a caballo" que, a galope, recorrió el lugar donde se hacía la competencia. La leyenda precisa quién era el anónimo jinete y qué fin perseguía: "era Santo Santiago, que manifestaba así su desagrado por el abandono de la conmemoración".[19] El mensaje fue comprendido, por eso, desde entonces, año tras año no falta la tradicional carrera de gallos.

En los testimonios recogidos se suele caracterizar al Apóstol como un santo muy exigente. En Ixtlahuacán de los Membrillos, en Jalisco, se cuenta que

[19] Leyenda recogida por Leticia Cortés, *Tradiciones de la fiesta de Santo Santiago*, s/p.

el sacerdote de aquel lugar decidió prohibir la contratación de los indios que, como era la tradición, siempre tocaban la chapetilla (también llamada chirimía) en el novenario de la fiesta de Santiago. La prohibición atentaba contra una tradición, que el relato señala "como una de las viejas costumbres ancestrales de nuestros indios", referencia que nos remite al pasado prehispánico, época en la cual se solía ofrecer música a los dioses. La leyenda da valor a ese pasado y, en relación a él, a la manera en que los indígenas festejan al Santo. Asimismo, es interesante observar que la trasgresión es cometida por el sacerdote, quien no asume su papel de guardar las tradiciones religiosas, como se esperaría de él. Se añade que los encargados de la fiesta deciden no contrariarlo llamándole la atención.

Entonces, sucedió lo inesperado: por las calles de Ixtlahuacán se presentaron los músicos tocando las chirimías. Al preguntarles quién los había contratado, uno de ellos contestó que había sido un señor que montaba un caballo blanco.[20] Los azorados vecinos, después de miles de conjeturas, llegaron a la conclusión que el contratante había sido nada menos que Santiago, que ponía de manifiesto su gusto por la música con la cual lo festejaban los indios. La moraleja es muy evidente: se deben acatar las tradiciones y, en especial, las que prefiera el Santo.

La fiesta religiosa es un elemento de cohesión y participación colectiva. Las intervenciones del Santo para reivindicar su fiesta refuerzan la importancia que ésta tiene. En las leyendas, Santiago desempeña la función de preservar las tradiciones y despertar la conciencia del pueblo, recordándole cuáles son sus deberes religiosos.

El Santo también puede aparecer para defender los sitios donde se le rinde culto. En Santa María de los Ángeles, se narra que unos hacendados quisieron comprar la capilla dedicada al Apóstol para usarla como vil granero. Cuando buscaban al dueño, se encontraron con un general que, "montado en un precioso caballo blanco", les dijo:

> –Yo puedo hacer negocio con ustedes. Preséntense mañana al amanecer.
> –Y uno de ellos dijo:
> –¿Por quién pregunto?
> A lo cual el general contestó:
> –No te preocupes. En cuanto llegues, la primera persona que veas será a mí mismo.[21]

[20] Nazario Calzada, *Historia de Santo Santiago, patrono de Ixtlahuacán de los Membrillos, Jalisco*, pp. 59-62.

[21] Leticia Cortés, *op. cit.* s/p.

Al día siguiente, muy temprano, los hacendados acudieron a la cita. Entraron a la capilla, que tenía la puerta abierta, donde se encontraron que Santiago era el mismo hombre con quien se habían entrevistado el día anterior. Presos de miedo, salen huyendo de la capilla. En esta ocasión, Santiago logra proteger un lugar sagrado de unos individuos que se distinguen por ser extranjeros, o sea que no pertenecen a la comunidad, y por ser hacendados, personas que en el imaginario popular se tiene por ricos y faltos de corazón. Esta creencia muy posiblemente haya surgido a raíz del movimiento armado de 1910, entre cuyos propósitos estaba acabar con las haciendas, verdaderos latifundios que explotaban a los campesinos.

Las tradiciones religiosas son aún muy importantes en muchas comunidades del país. Bajo esta perspectiva, en los relatos se insiste en cumplir las promesas que se le hacen al Santo. En una leyenda recogida por Nazario Calzada, cronista de Ixtlahuacán de los Membrillos, en Jalisco, un músico de la chapetilla cuenta por qué se encontraba festejando el novenario del Apóstol en compañía del tamborilero, cuando no eran de ahí, sino de Tlajomulco. Narra que, poco tiempo antes, cuando terminaba sus labores en el campo, entre las milpas vio aparecer un caballo cuyo jinete lo saludó y le preguntó dónde estaba su compañero, el que tocaba el tambor. El chapetillero le contestó:

> –No sé señor, pero yo creo que ha de estar en su casa.
> Luego él me dijo:
> –Bueno, yo nomás te vengo a decir que allá los espero, en Ixtlahuacán, para que vayan a tocar el novenario de la fiesta que ya mero llega.
> Luego le dije:
> –Sí señor, pero allá ¿por quién preguntamos?
> Y él me respondió:
> –Yo soy Santiago, preguntas por mí, soy muy conocido.

Sin decir más, desapareció repentinamente, dejando el rastro de las pisadas del caballo, pero sin que la milpa quedara estropeada. El chapetillero va al novenario de Ixtlahuacán con el tamborilero, pensando que encontraría al hombre que lo había citado. Desesperado porque no llegaba, se le ocurrió entrar en la iglesia, donde preguntó quién era el santo patrono del lugar. Una mujer le indicó que era Santo Santiago, la figura que montaba un caballo blanco. En ese momento recordó, que años antes, al saber que el patrón de Ixtlahuacán era muy milagroso, le había prometido que si aprendía a tocar la chapetilla, participaría en su novenario, promesa que no había cumplido. La historia concluye con las palabras del chapetillero: "Esa noche, por ahí unos señores nos invitaron a cenar y nos dieron posada en su casa, y así es como andamos, yo muy contento de cumplir con este compromiso, que ya se me había olvidado".[22]

No todas las historias acaban felizmente cuando no se cumplen las promesas o los deberes que se tienen con Santiago. Pese al intenso cariño que le tiene, María Anselma López García considera que el patrono de su pueblo es un personaje propenso a la ira y vengativo, sobre todo, contra quienes impiden su veneración. Bajo la creencia popular de que los hacendados son seres de flacos corazón, mencionó que, en dos ocasiones, el antiguo hacendado de la comunidad de Villa Alta, Tlaxcala, había provocado el enojo del Santo. En la primera, mandó un terrible rayo porque, el entonces dueño de la imagen, se había negado a prestarla para la fiesta y, en la segunda, el hacendado estuvo a punto de morir en un accidente de coche, por haber amenazado a Santiago y profanar su capilla, llenándola de cebada. "Lo castigó él —dijo nuestra entrevistada—porque de que castiga, castiga; de que se enoja, se enoja".

Es indiscutible que Santiago es reconocido como un santo benefactor. Las leyendas, los testimonios y los exvotos hablan de la multitud de favores con las que ha beneficiado a sus fieles, quienes, a través de estos relatos, difunden sus virtudes y la gran veneración que se le tiene en muchos lugares de México. Pero existe un orden sagrado que se debe respetar; cuando esto no sucede, el Santo intervendrá para corregir las conductas equivocadas y, de ser necesario, será inclemente contra quienes rompan con las tradiciones de las comunidades que, lo dicen las leyendas, él ha elegido. Nada más lógico será para sus devotos que continuar con las ceremonias, los ritos y las fiestas dedicadas a Santiago, pues, de esta manera, aseguran sus beneficios.

La herencia prehispánica

Santiago, dios de la guerra

Además de la influencia española, en las leyendas mexicanas coexisten elementos indígenas de procedencia prehispánica, que han sobrevivido al pasar de los siglos. La instauración del catolicismo en el siglo XVI implicó un proceso difícil y complejo, en el cual, los indígenas tuvieron un papel activo al sumar a la nueva religión sus creencias ancestrales y al establecer paralelismos entre sus antiguos dioses tutelares y los santos que les daban a conocer los evangelizadores.

La preferencia que desde los primeros años de la evangelización mostraron los indígenas por ciertos santos no es un hecho gratuito; hemos señalado

[22] Nazario Calzada, *op. cit.*, pp. 60-62.

ya que reactualizaron en Santiago el mito de Huitzilopochtli. En un relieve frontal de la iglesia de san Francisco en Querétaro y en una escultura en madera del museo Franz Mayer de la ciudad de México, Santiago alza la espada que le ha servido para desmembrar los cuerpos de los moros que pisotea su caballo. Estas representaciones recuerdan el trozado cuerpo de la Coyolxauhqui (brillantemente representado en un relieve en piedra que se exhibe en el Museo del Templo Mayor) y que, como veremos, remite al mito mexica del dios de la guerra.

Existen otras asociaciones entre Santiago y Huitzilopochtli. Ambos, se caracterizaban por ser fuertes guerreros. La brillante espada del santo, que en algunas imágenes se le da una forma ondulada, semeja el báculo que, según el *Códice Ramírez,* llevaba el dios mexica en la mano derecha, "labrado a manera de culebra, todo azul y ondeado".[23] En el *Códice Florentino* se le da el nombre de *xiuhcóatl,* es decir, serpiente de fuego, arma mortal que emplea Huitzilopochtli para destrozar a su hermana la Coyolxauqui.

En la Sierra de Puebla, en un pueblo llamado San Miguel Acuxcomac, la antropóloga Antonella Fagetti recogió una leyenda en la cual es muy claro el sincretismo entre Huitzilopochtli y Santiago. La narración emparenta muy claramente con el mito prehispánico del nacimiento del dios mexica.

La leyenda fue contada por doña Lidia, una anciana tejedora de petates, a quien, a su vez, su bisabuela se la había transmitido, indicándole que la historia la contaban las ancianas a las niñas del pueblo, en las largas horas que dedicaban al tejido de petates. La leyenda es un buen ejemplo de cómo la literatura oral pasa de una generación a otra y que, ligada al trabajo cotidiano, ha sido difundida por mujeres que, junto con los ancianos, históricamente han desempeñado la función de conservar las tradiciones comunitarias. En este caso, la leyenda surgió cuando la antropóloga le preguntó a la tejedora por qué llaman Abuela al temascal. La anciana contestó:

> Abuela porque una muchacha era consentida y no quería que se casara, estaba encerrada..., sería rico su papá. Pero cuando fue al baño, le cayó el lucero, y de eso que cayó, ya vino Santiaguito. Después ya la vieron. Le decía la señora a su marido:
>
> –Como ves, la hija ya está enferma de criatura.
>
> –¿Cómo va a estar enferma si no sale?
>
> Ya se enojaba. Le preguntaban a la muchacha:
>
> –Bueno, y quién te hizo ese favor.
>
> –No ha venido ninguno, ¡sólo el lucero!

[23] Tomado de *Mitos indígenas,* p. 38.

Cuando se alivió la muchacha, no lo querían a ese niño, lo despreciaban. Lo fueron a tirar al hormiguero, nada le pasó, a lo contrario, ¡lo enfloraron! En el temascal lo echaron, igual, no se murió; a los marranos, igual, no le pasó anda. Lo echaron al río y no se lo llevó el agua. Allá andaba leñando un señor, y como no sabía criar su señora, ése lo alevantó. Ya se lo llevó para su casa, y llega y le dice a su mujer:

–Sabes, yo me encontré un niño en el río. Aquí lo traigo, acuéstate, voy a ver a mi mamá, que te venga a ver.

Se fue con su mamá. Vaya usted a ver a su nuera, ya se alivió.

–¡Mula! ¿qué va a partir?

–Vaya usted a ver.

Lo vino a ver: [a] la nuera hasta sus pechos se llenaron, luego le vino la leche. A los ocho años ya venía diciendo el niño:

–Papá, yo quiero mi caballo y quiero mi machete.

–¿Vas a portar machete? ¡estás chiquito!

–Sí, pero claro, les voy a decir: yo ya me voy pa'l cielo.

–¿Cómo te vas pa'l cielo?, si tú nos vas a ver.

–No se arrepientan porque ustedes van a quedar muy bien, con su misma riqueza, ha de ver quien los vea. Yo vine de lo alto, y ya me mandaron a traer, ya me apuran. Ya se quedó triste la señora y el señor. Ya se va a ir. Lo vieron ya hasta arriba, ya se fue pa' l cielo. Y dicen que habló al medio cielo con el clarín de Dios:

–Me despreciaron, quién sabe por qué, mis abuelitos. Uno sería tizonero y mi abuelita será el baño.

Y ya dejó dicho ese niño que su mamá quién sabe si se case o no se case, pero no lo tiene muy seguro. A los abuelos sí los castigó: el Abuelo se volvió tizonero y la Abuela, esa lo formó el baño. De por sí dicen que fue mundanito Santiaguito. Ese niño de por sí no fue de pecado, ¡fue de lucero!, de por sí fue mando de Dios.[24]

Según el mito mexica, Huitzilopochtli nace de la Coatlicue, la madre tierra, cuando ésta, mientras barría, haciendo penitencia en un templo, recoge una bola de plumas que cae del cielo. La coloca en su seno, quedando preñada. Los hijos de la Coatlicue, los Centzonhuitznahua, o Cuatrocientos sureños, y la Coyolxauhqui, la Luna, se enojan con su madre porque su extraño embarazo los infamaba. Los hermanos de Huitzilopochtli pretenden matarlo, pero el dios de la guerra nació armado y contaba con un arma poderosa: el xiuhcóatl, la serpiente de fuego, venciéndolos en una cruel batalla.[25] El *Códice Florentino* precisa que, con el arma, Huitzilopochtli:

[24] "El nacimiento de Huitzilopochtli-Santiago:un mito mexica en la tradición oral de San Miguel Acuexcomac", *Cuicuilco. Revista de la Escuela Nacional de Antropología e Historia*, t. 10, pp. 184 y 185.

[25] El mito se encuentra en varias versiones. Aquí se ha utilizado la que da Sahagún, en su *Historia general de las cosas de la Nueva España*, t. I, pp. 201-202.

hirió a Coyolxauhqui,
le cortó la cabeza,
la cual vino a quedar abandonada
en la ladera de Coatépetl,
fue rodando hacia abajo,
cayó hecha pedazos,
por diversas partes cayeron sus manos,
sus piernas, su cuerpo.[26]

En el combate, la Luna ha quedado destrozada: ha sido degollada y desmembrada. De semejante manera, aparecen los cuerpos de los moros que se representan en la iglesia de san Francisco de Querétaro y en el museo Franz Mayer, que antes hemos referido.

En la leyenda, Santiago ha sido concebido por una semilla celeste del cuerpo de una virgen. También Huitzilopochtli, cuya madre ha sido purificada por la penitencia que hacía en un templo. Los dos nacimientos son milagrosos y comparten la esencia divina. También observamos que, como en otros relatos aquí analizados, Santiago se relaciona con la fertilidad. Castiga a los abuelos que ocultaron a la muchacha para que no tuviera hijos, impidiendo el ciclo natural de la reproducción humana.

Otra característica que tienen en común es que los dos personajes han conducido a sus pueblos. Huitzilopochtli, "el colibrí izquierdo", guió a los aztecas en su largo peregrinar desde Aztlán hasta Tenochtitlan, la tierra prometida. Santiago encabezó a los españoles en su lucha para expulsar a los musulmanes de España y para vencer a los indígenas americanos.

Ambos son guerreros que poseen armas poderosas. Como lo señala Antonella Fagetti, si bien Santiago no ha nacido armado, a muy temprana edad pide a sus padres adoptivos un machete y un caballo, con los cuales subirá al cielo, donde, se infiere, iniciará una lucha cósmica.

Mientras Huitzilopochtli vence a sus hermanos, Santiago castiga a los abuelos que quisieron matarlo. También vencen a la muerte: el primero tuvo que combatir con sus hermanos y el segundo debe sobrevivir a un hormiguero, a un temascal, a unos marranos y al agua. En los relatos aparece el número cuatro, número recurrente en la cosmogonía prehispánica, pues son cuatro pruebas las que Santiago debe superar y Huitzilopochtli combate con sus cuatrocientos hermanos.

[26] Tomado de Miguel León-Portilla, *De Teotihuacán a los aztecas. Antología de fuentes e interpretaciones históricas*, p. 482.

La leyenda poblana muestra cómo el mito prehispánico se ha cristalizado entre los indígenas de la sierra, adaptándose a su contexto. Explica cómo nació el apóstol Santiago y cuál es el origen del temascal, que llaman Abuela, baño tradicional indígena que aún utilizan mucho. También tiene connotaciones morales: son castigados los que quisieron impedir la reproducción de una muchacha, y por ende, un orden natural, y trataron de matar a un niño que había nacido por intervención divina, contraviniendo, por tanto, con las decisiones de Dios. Los padres adoptivos de Santiago serán recompensados con un hijo que no podían tener y, se deduce que alcanzarán la gracia divina por haber albergado a un santo, que piadosamente el pescador recogió del río. Por su parte, Santiago los gratificará, asegurándoles que conservarán sus riquezas y prometiéndoles que los cuidará desde lo alto del cielo.

Santiago, dios de la lluvia

En las leyendas y testimonios jacobeos, la lluvia y el rayo son dos elementos recurrentes que también pueden asociarse a las creencias prehispánicas. Varias personas nos contaron que, en tiempos de secas, en andas, habían sacado de la iglesia a Santiago para que los bendijera con el agua. Sus rezos habían sido escuchados.

Se considera que el rayo es la forma en que el santo manifiesta su enojo. Según doña Anselma, a quien ya antes hemos mencionado, Santiago arrojó "un rayo fuertísimo [que] cayó en unos magueyes", haciendo temblar la iglesia, cuando un hacendado no quiso prestar a la comunidad la imagen que se empleaban para la fiesta. "El Señor Santiago es el Señor del Rayo", dijo enfáticamente, en recuerdo de aquella vivencia.

En Santiago Mapimí, en Durango, Santiago anuncia su arribo al pueblo cuando, al decir de doña Constantina Olivas de la Cruz, se distingue en el cielo "una culebra", es decir, un rayo, que anuncia el torrente de lluvias que cae en Mapimí en el mes de julio y que particularmente se desata el día de la fiesta patronal.

También con un rayo el Apóstol protagonizó una tragedia familiar, que fue contada por María Guadalupe Pérez, vecina de Tepalcaltlalpan, población que antiguamente formaba parte de la zona lacustre de Xochimilco. La historia comienza así: hace muchos años, cuando ella era niña, murió uno de sus hermanos, a escasos trece años de edad. El muchacho tenía especial afición por los caballos, por eso, su padre le había comprado una pareja de equinos, que su hermano llevaba a pastar. Cierto día, mientras los caballos comían, se quedó dormido. Un ruido lo despertó de su letargo: era el cabalgar de un caballo, del cual sólo logró distinguir la grupa, pues tan repentinamente como apareció, se internó en los pastizales. Lo describió —según palabras de nuestra informante— "blanco, blanco, blanco, que [era] precioso [el] caballo, precioso, blanco, en toda su blancura". Al regresar al hogar, el muchacho fue enterado por su madre que el patrón de la comunidad, Santiago apóstol, se le había aparecido:

> "¿Sabes quién fue, hijo?", el patrón Santiago, fue la respuesta de mi mamá, fue la respuesta de mi mamá. "¿Sabes quién fue, hijo?, el patrón Santiago." Y ya mi hermano se quedó con la idea.

En aquel entonces, unos amigos de su hermano lo invitaron a ir a caballo a la peregrinación de Chalma, que cada año salía de Tepalcatlalpan. Sus padres lo autorizaron, pero, ya de regreso, los peregrinos pararon en el Ajusco, donde "había llovido mucho y, además, estaban cayendo rayos". Paralelamente, un rayo cayó del cielo en Tepalcatlalpan, que según Guadalupe, quedó en la memoria de los pobladores por el terrible estruendo que lo acompañó, y cuando, inexplicablemente, no estaba lloviendo.

Los familiares acostumbraban encontrar a los peregrinos en un crucero del Ajusco, para darles de comer. Su madre preparaba la comida con la que recibiría a su hermano "cuando tocan la puerta, para decirnos que, pues, mi hermano había sufrido un accidente".

Al llegar al Ajusco, grande fue la tristeza que sufrieron cuando vieron el cuerpo sin vida del muchacho y junto a él, a la yegua que lo había acompañado en la peregrinación y que, agonizante, se esforzaba en erguirse, encajando las patas delanteras sobre la tierra. Sus esfuerzos fueron en vano, murió al lado del jinete.

¿Qué había pasado? El estruendoso rayo que se había escuchado en Tepalcatlalpan había fulminado al caballo y al muchacho. Santiago lo había enviado. Guadalupe concluyó su relato diciendo cómo, muchos años después, su madre seguía contando la tragedia familiar en la cual había intervenido el patrono del pueblo. Añade un dato más que, en términos narrativos, le da más fuerza al relato: hasta el último momento, la yegua agonizante giraba la cabeza hacia el jinete, tratando de encontrar a su dueño:

> y siempre lo comentaba mi mamá, nos decía, nos comentaba cómo había muerto mi hermano. [Yo] estaba muy chica, y a mí me impresionó mucho, me impactó que el caballo haya volteado todavía la cabeza para ver que había muerto pues, éste, el niño: mi hermano.

La muerte suele enfrentarnos con muy profundos sentimientos: la impotencia, el dolor, la angustia, la desazón, etcétera. Muchas han sido las explicaciones que las religiones han dado a ese difícil momento. La familia de Guadalupe Pérez encontró una manera de explicar la trágica muerte del joven: Santiago lo había escogido; simbólicamente había anunciado su decisión con la aparición de la cabalgadura y con el rayo que hizo caer en el pueblo.

Para los antiguos nahuas, Tláloc simbolizaba el mundo acuoso; las lagunas, la lluvia, las nubes y el viento, fuerzas naturales a las que gobernaba caprichosamente. A menudo se le sacrificaban niños, cuyos restos han sido encontrados en los templos que los antiguos mexicanos le dedicaron.

A Tláloc se le relacionaba con la serpiente. Por eso era representado con rasgos ofidios, fauces dilatadas y cuerpo zigzagueante. Todavía, en algunas comunidades oaxaqueñas se venera a las culebras de agua, pues se les tiene por cierto que cuidan los pozos. Los pobladores de Yaitépec decían que en el río vivía una culebra, y que tenía una rosa en la cola. Tal vez sea la misma que había en una hondura de Juquila, la cual "fue arrebatada por un ciclón hasta Santiago Yautepec, donde le siguen llevando ofrendas".[27]

Para muchas comunidades indígenas que dependen de la agricultura, la lluvia, el trueno, las nubes y el rayo no son únicamente fuerzas de la naturaleza sino deidades o espíritus. Se sabe que entre los mixes el rayo es una supervivencia de Cosijo; en forma de trueno, lo consideran "dueño del agua" y "dueño de las siembras", porque anuncia la temporada de lluvia. Mezclado con el cristianismo, otras veces, atribuyen la producción de la lluvia a los ángeles de Dios, clara reminiscencia de los tlaloques o enanos del viento que rompían las nubes, según las creencias prehispánicas, lo cual explicaría por qué en Caixtlahuaca se supone que unos angelitos de colmillos viperinos sostienen la iglesia de este pueblo.[28]

El hecho de que, en el relato de Guadalupe, la familia crea que Santiago haya decidido llevarse al joven, también nos remite a la cosmogonía nahua. La muerte, explica Alfredo López Austin, se concebía como "una terrible y postrera posesión: un dios invadía el cuerpo de un ser humano para llevarlo a sus dominios. Cada dios elegía a sus súbditos y los mataba con sus poderes específicos".[29] El Sol y la diosa Tonan Quilaztli escogían, respectivamente, a los guerreros que morían en el campo de batalla y a las mujeres que fallecían en el primer parto, para que les sirvieran en la Casa del Sol. Ometochtli, el principal de los dioses del pulque, llevaba a sus dominios a los que morían en estado de ebriedad. Lo mismo hacía Tlazoltéotl, diosa que inspiraba el adulterio, a cuyo reino iban los

[27] Enrique Marroquín, *La cruz mesiánica, Una aproximación al sincretismo católico indígena*, p. 58.
[28] *Ibid.*, p. 59.
[29] Alfredo López Austin, "Misterios de la vida y de la muerte", en *Arqueología mexicana*, núm. 40, p. 8.

que eran ajusticiados por este delito. Los individuos que morían por ahogamiento o por un rayo habían sido seleccionados por Tláloc y Chalchiuhtlicue, para que los auxiliaran en el Tlalocan.[30] En las exequias, los difuntos eran vestidos con insignias específicas que los relacionaban con el dios al que irían a servir.

La conducta que en vida practicaban los escogidos determinaba su forma de morir. Sin embargo, los conceptos de premio y castigo de la religiosidad nahua son muy distintos de las creencias de condena y salvación que propone el cristianismo. Un joven guerrero casto podía ser muy apetitoso para el dios Sol y, por el contrario, un individuo que atesoraba chalchihuites, las joyas de Tláloc, causaba la furia del dios de la lluvia que castigaba al ladrón con la muerte.

La muerte, por tanto, no era necesariamente un castigo, "llegaba más por contagio de los poderes específicos de las divinidades que por una distinción entre la buena o la mala conducta".[31] El difunto tendría el privilegio de participar en la actividad divina, ayudando a los dioses en tareas como conducir la lluvia, honrar al Sol en su camino, provocar o curar enfermedades, etcétera. Es decir, era partícipe en el funcionamiento del cosmos mismo y, por ello, su muerte podía interpretarse como una distinción.

En el relato de Tepalcatlalpan, el muchacho tiene una conducta irreprochable y era un hombre casto, por tanto, no merecía ser castigado. Pero sus cualidades lo asocian fatalmente a Santiago, un santo cuya benignidad se simboliza en la belleza y el color blanco de su cabalgadura, que la entrevistada enfatiza mediante la repetición de palabras ("era blanco, blanco, blanco, que [era] precioso [el] caballo, precioso, blanco, en toda su blancura").

Otro lazo importantísimo entre el muchacho y el apóstol Santiago es el caballo. Su vida gira alrededor de los caballos que su padre le había obsequiado. Lucero, dijo nuestra entrevistada, era el nombre de la yegua que se llevó a Chalma, santuario importantísimo en el centro de México. Es significativo que el chico muera después de un largo peregrinar a un lugar sagrado, del cual, se infiere, había sido contagiado de sacralidad.

Si la devoción religiosa protege, fortifica, sana heridas, la familia de Guadalupe Pérez encontró una manera de darle cauce a su sufrimiento. Santiago, el santo cuyos milagros lo han hecho popular en la comunidad que habitan, había decidido que el joven lo acompañara al cielo utilizando la devastadora fuerza del rayo.

Por su forma y como fuerza destructora, el rayo también puede simbolizar el báculo de Huitzilopochtli, y por ende, al dios guerrero, al igual que Santiago, al que se ha conocido con el sobrenombre de *El hijo del Trueno,* por el

[30] *Idem.*
[31] *Idem.*

carácter violento e irascible con el cual es personalizado desde que aparece en los textos bíblicos. Según el Evangelio de san Lucas, cuando unos samaritanos se negaron a hospedar a Jesús y a sus apóstoles, Santiago pidió al Nazareno que los castigara en los siguientes términos: "Señor, ¿quieres que mandemos que descienda el fuego del cielo, y los consuma, como hizo Elías?"[32]

El fuego del cielo fácilmente se puede asociar al rayo y, por ende, a Huitzilopochtli y a Tláloc. Los símbolos no son estáticos, migran de un lugar a otro, de tal manera que el rayo puede ser tanto el dios de la guerra como el de la lluvia. Media entre ellos el culto al apóstol Santiago, que los indígenas revistieron con sus creencias desde los primeros años de la Conquista. Aún está vigente el sincretismo que crearon, como lo prueban las páginas de este libro.

Pero el mundo prehispánico no siempre se idealiza en la narrativa popular. En el norte de Jalisco, zona de influencia nahua, se cuenta la leyenda que una enorme serpiente que moraba en una laguna amenazaba a la gente. Al caer la tarde, se presentó Santiago en "un caballo muy grande" y con una espada en la mano, dijo a los pobladores que era imposible que pudieran aniquilarla, "porque ella era muy astuta y de un soplido podía matarlos." Sólo Santiago sería capaz de acabar con esta "encarnación del mal", dice el relato. La leyenda no entra en detalles sobre la batalla que entabla el Santo contra el Mal; al final se cuenta que la culebra huye a refugiarse en "lo más profundo del monte", en el cerro de la Peña Blanca, "considerado como sagrado, pues es uno de los hogares de los antepasados."

Santiago, tantas veces invocado para proteger a sus devotos, vuelve a tomar su papel de protector en la leyenda jalisciense. Pero esta vez no logra acabar de forma definitiva con la culebra, que se niega a morir y que, "cuando llueve mucho o se produce un terremoto, sale a la superficie para mostrar su presencia".[33] La culebra que para ciertas comunidades indígenas es motivo de reverencia, en este caso, simboliza el Mal persistente y cuya existencia aún se percibe como desatando las fuerzas de la naturaleza. Si, como hemos dicho, se asocia al dios de la lluvia, aquí la simbología prehispánica toma rasgos distintos. Tláloc no será el ser que prodiga la buena lluvia, la que hace crecer los cultivos. En forma de culebra aparecerá cuando se produzcan las aguas torrenciales y los terremotos. Escondiéndose en una peña, simboliza el pasado que se niega a morir.

[32] San Lucas, cap. 9, vs. 56.

[33] Yesica Higareda Rangel y Louis Cardaillac, "Una leyenda nahua acerca de Santo Santiago", en *Revista de Literaturas Populares*, núm. 2, pp. 59-67.

Conclusiones

Así como en la Edad Media española las historias que contaban los peregrinos impulsaron la devoción al Apóstol, las leyendas, los testimonios y los exvotos mexicanos han contribuido a difundir la fe en Santiago hasta en los lugares más apartados del extenso territorio mexicano. Protagonista en todos los relatos, prodiga salud, fertilidad, trabajo y protección a sus feligreses que, en forma oral o escrita, difunden los milagros que ha realizado, en un largo rosario de historias maravillosas. Las historias no serán las mismas, cada pueblo tiene la suya y cada devoto hará un relato personal de sus encuentros con el Santo. Así son las tradiciones, ésta es la manera en que sobreviven y se vivifican al adaptarse a las circunstancias de las personas y de los lugares de donde proceden.

El mundo prehispánico aflora en varias de las historias recopiladas. Tláloc y Huitzilopochtli se sincretizan en Santiago, fenómeno que se produjo durante la evangelización del siglo XVI. Si bien los misioneros se enconaron contra las creencias indígenas, es sabido que también propiciaron, o al menos aceptaron, este fenómeno sincrético. La catequización fue desigual y no fue satisfactoria en todos los casos. En el proceso de síntesis, los aborígenes intervinieron, pues se negaron a olvidar a los dioses que, como Tláloc y Huitzilopochtli, habían dado razón a su existencia. No cabe duda que es asombroso este poder creador, en el cual los antiguos mitos se reproducen, adquiriendo sentimientos distintos y adaptándose al cristianismo. Santiago fue y es el gran mediador e integrador de dos mundos distintos y de la ruptura que significó la instauración del catolicismo.

En la imaginación popular, Santiago es un santo fuerte capaz de hacer huir hasta a un poderoso ejército. Las leyendas nos dicen que nada es imposible para él. Es capaz de amenazar a los invasores o de fabricar ríos y nubes para defender a sus devotos. Como antes lo hicieran los númenes tutelares del México prehispánico, destaca su desempeño como protector de las comunidades. Incansable, deambula por los caminos, los pueblos y las sementeras de quienes han fincado su devoción en él; sus feligreses duermen tranquilos sabiendo que su santo los vigila.

Las leyendas no se reducen a narrar las hazañas realizadas por Santiago. Hemos visto cómo es un santo severo, que castiga a quienes lo ofenden y que advierte a los pobladores la importancia de sus festejos y promesas. Es pues, un integrador comunitario que preserva el culto religioso de las comunidades.

Queremos concluir este capítulo hablando de algunas leyendas en las cuales Santiago no se percibe como un santo severo y unificador, sino en un personaje simpático, casi ridículo.

El mayordomo de Jiquipilco el Viejo, en el estado de México, narró una leyenda, en la cual al Apóstol le roban su caballo. La historia comienza cuando los apóstoles Santiago y Felipe, que eran hermanos, se dirigían a cierto lugar montados en sus caballos. Felipe envidiaba a su hermano porque, "según así se cuenta, que cuando le dieron su caballo no le gustó el otro, le gustó más el blanco, pero a Santiago le tocó el blanco".

En el camino, los sorprendió la noche, y Felipe sugirió a su hermano dormir en el bosque donde se hallaban:

> –Total aquí vamos a descansar, no podemos seguir más porque yo ya traigo sueño, ya vengo cansado.
>
> –Pero, pues, en dónde vamos a descansar; es un bosque a medio camino, podemos perder nuestro caballo.
>
> –No podemos seguir más lejos porque está retirado y todavía nos falta para llegar en la mañana; entonces ¿por qué no descansamos y mañana le seguimos?
>
> –Bueno, si es así, pues vamos a descansar, pero sí tengo miedo, quiero ver a mi caballo, porque si lo pierdo ya nunca voy a tener otro. Mejor duérmete, Felipe, yo cuido tu caballo.

El astuto Felipe le propuso que amarrara al caballo blanco a uno de sus pies, mientras tanto, él velaría durante la noche. Para tranquilizarlo le dijo: "Tú duérmete, yo no voy a dormir."

> Y así se durmió Santiago y empezó a roncar porque el sueño era pesado; se empezó a dormir, y como Felipe no estaba dormido dijo:
>
> –Ésta es la oportunidad, voy a soltar el caballo, lo voy a cambiar, le dejo el mío y el caballo blanco me lo llevo. Lo empezó a ensillar, y ¡áhi nos vemos, Santiago!
>
> Ya cuando se despertó, al amanecer, Santiago vio que no estaba su caballo, o sea sintió que sí estaba amarrado todavía, pero no se daba cuenta si era el mismo caballo. Resulta que su caballo de su hermano lo había dejado, y mientras, su caballo ya se había ido. Entonces, así pasó, Santiago se enfureció y dijo:
>
> –No, pues cómo es posible que mi hermano me andaba jugando chueco, ¿por qué no lo llevó su caballo? Si no quería esperarme, pues se hubiera llevado su caballo. ¿Por qué me cambiaron el caballo? Esto es un robo, es un robo y no me gusta eso.

Al poco tiempo se encuentra con Felipe, que finge desconocer el caballo rojo y le asegura que el blanco que ahora tenía lo había comprado recientemente. Fue así como los hermanos quedaron enemistados.

Por su parte, la gente empezó a notar que cada vez que se sacaba la imagen de Santiago en la festividad, granizaba, caían truenos y grandes aguaceros. Precisa el mayordomo: "era Santiago". Por el contrario, en las fiestas de San Felipe, había sol y el cielo estaba "todo clarito", sin una nube. La explicación que dio a este hecho es que Felipe era feliz con el caballo blanco que había obtenido de mala manera, y si la fiesta de Santiago "siempre sale con aguaceros", es porque el apóstol está enojado por haber perdido su caballo.

En la religiosidad popular es común que lo santos emparenten entre sí, como si el mundo terrenal fuera una réplica del celestial. En Tlautla, Hidalgo se dice que los hermanos san Juan Bautista y Santiago se aparecieron en un mismo lugar. Se supone que, por su filiación familiar, cada uno escogió patrocinar un pueblo muy próximo a otro, significando así los lazos de hermandad que los unen y que, en consecuencia, comparten los pueblos que patrocinan.

Asimismo, los santos se comportan como seres humanos y pueden vivir amores y desventuras. En Puebla, se cree que Santiago sale a visitar a su novia, María Magdalena, vecina de una comunidad cercana. En la leyenda de Jiquipilco, lo vemos enojarse con su envidioso y astuto hermano que lo ha robado. Al humanizarse, Santiago se identifica con sus feligreses, propiciando un acercamiento que facilita la comunicación con ellos.

El Apóstol también resulta engañado en una leyenda de Mapimí, Durango. La historia inicia cuando, ya próxima su fiesta, Santiago anuncia que para festejar ese día hará llover "a cántaros". Asustados, sus amigos le dijeron: "No, se acaba todo. Si quieres que llueva así como tú dices, se acabará todo."

El caprichoso Santiago insistió en sus ideas y sus amigos, al ver que no rectificaba, "lo emborracharon y lo subieron, ya borracho, que ya no se supo de él, lo subieron a su caballo acostado de lado a lado del caballo".

Santiago tenía un costal de harina que iba a llevarse para hacer pan. Los amigos, lo echan junto al Santo, "pero el costal a medio camino se le rompió, se le hizo un agujerito". Mientras su caballo cabalgaba, se fue formando una línea de harina, que, según nuestra informante, doña Constantina Olivas de la Cruz, es el camino estrellado que se observa en el cielo en la fiesta patronal y que días antes se va dibujando en el firmamento hasta que queda completamente formado el 25 de julio, el día de Santiago, allá en el cielo, entre las nubes.

I

Símbolos heráldicos de las tres órdenes mendicantes

FRANCISCANOS

La cruz de Jerusalén

Los dos brazos entrecruzados

DOMINICOS

Cuatro flores de lis en cruz

Perro con tea

AGUSTINOS

Corazón "alumbrado" y traspasado con flechas

Iglesias y conventos jacobeos

Detalle de la fachada de Angahuan, Michoacán

Arco y fachada franciscana de Tlacotepec, Estado de México

Santiago Apóstol

Santiago Tingambato, Michoacán

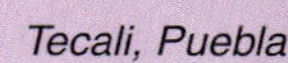

Tecali, Puebla

Pintura de Juan Correa,
catedral de la ciudad de México

IV

Santiago peregrino

Pintura de Juan Tinoco, Puebla

Escultura de Mariano Arce, Santiago de Querétaro

Santiaguito Cuaxustenco, Estado de México

V

Santiago ecuestre

Angahuan, Michoacán

Museo de las culturas, Oaxaca

Santiago vestido de charro

Zautla, Puebla

Capitiro, Michoacán

VII

Los caballitos de Santiago

"El apuesto" de Tepopula, Estado de México

"El jocoso" de Tingambato, Michoacán

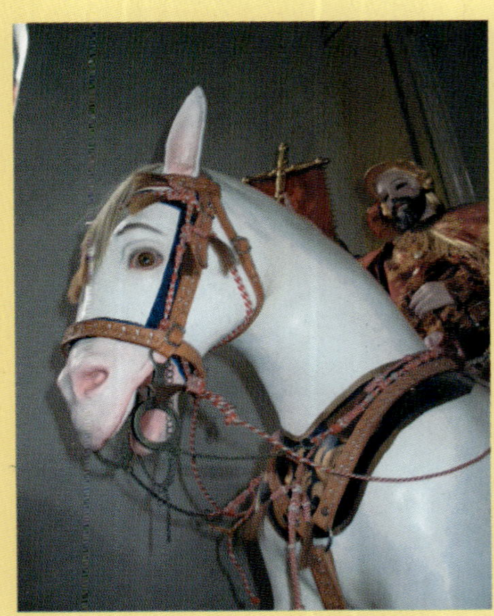

"El castaño" de Teyahualco, ciudad de México

"El narizón" de Alseseca, Puebla

"El azulito" de Michac, Tlaxcala

"El pequeñito" de Xalitzintla, Puebla

"El inocente" de Temoaya, Estado de México

"El grandote" de Izúcar de Matamoros, Puebla

"El risueño" de Acatepec, Oaxaca

Santiago Matamoros

Ex-hacienda de Tecomalucan, Tlaxcala

Hacienda de Tetlapayac, Hidalgo

Santiago y retablo con ejército de moros, Tezontlale, Hidalgo

Estampita tradicional de Santiago Matamoros

El moro sacrificado

Santiago Temoaya, Estado de México

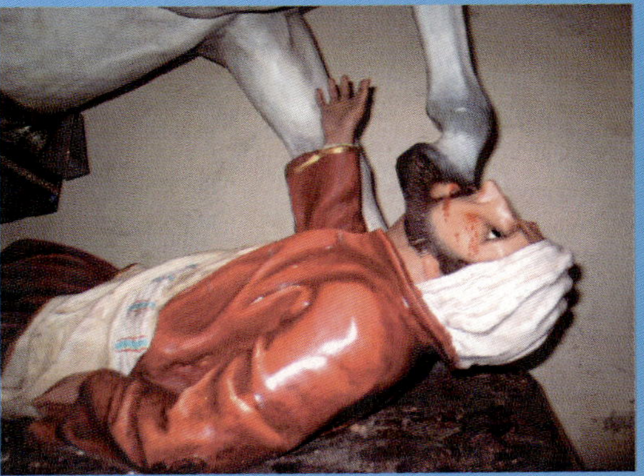

Cuautlalpan, Estado de México

Tepopula, Estado de México

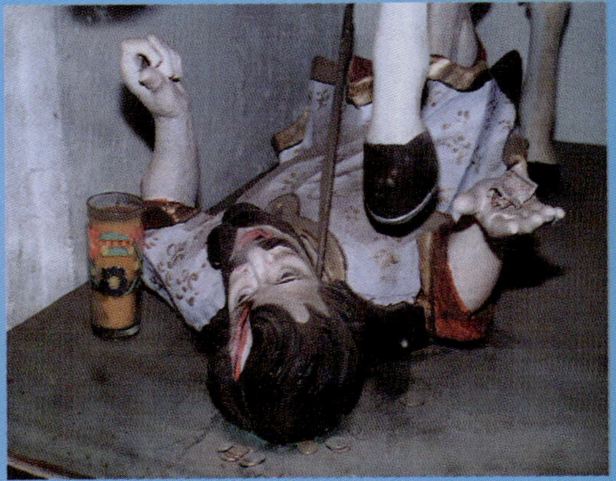

Yaounáhuac, Puebla

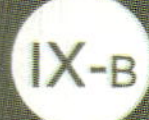

Fachada de San Francisco, Querétaro

Fachada de Ameca, Jalisco

Museo Franz Mayer, ciudad de México

X

Danza de los doce pares de Francia
Temoaya, Estado de México

Cristiano y moro

Los combatientes

La captura del enemigo

Danza de los tastuanes, El Carmen, Jalisco

Santiago luchando contra un tastuán

Tastuanes a caballo

Adultos y niños participan en la lucha

LAS GRANDES ZONAS SANTIAGUERAS

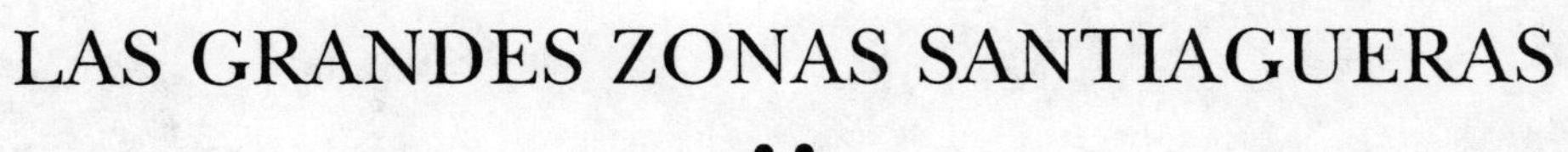

Santiago en la toponimia santiaguera

Sabemos que, para la Corona, la empresa indiana significó "una nueva manifestación del proceso de expansión de los reinos cristianos en la Península". En esta perspectiva aceptamos la relación establecida por diversos autores entre el topónimo Santiago en América y la acción de los miembros de la orden de Santiago o la actividad evangelizadora.

Gonzalo Méndez Martínez, *Santiago y América*

Como lo indica el autor de la cita que sirve de epígrafe a este capítulo, la difusión del topónimo Santiago se debe a dos causas principales: la actividad evangelizadora de los misioneros y la acción de los miembros de la orden de Santiago. Con mucha razón el mismo autor alude al fenómeno en relación a la América entera.

Por eso, aquí nuestra perspectiva abarcará todo el continente americano, después fijaremos más precisamente nuestra atención en el territorio mexicano.

Fundación e inauguración de ciudades americanas

La fundación de las ciudades es el punto de partida de la obra de los conquistadores. Se hace con una finalidad: adaptar los medios circundantes a la transmisión de la cultura española, a través de la evangelización de los aborígenes. La nueva ciudad servía de base de operaciones para controlar la región y de allí seguir con la Conquista. Así se echaban raíces en las tierras descubiertas.

En esta perspectiva cobraba suma importancia la ceremonia oficial de la *inauguración*, que se efectuaba cuando ya estaban echadas las bases de la nueva población. Meses o años antes, se hacía una primera ceremonia para celebrar la *fundación* de la villa. Ambos actos se inspiraban de los tiempos de la Reconquista, durante la cual se repoblaban los lugares tomados a los moros, y a veces se creaban nuevas poblaciones. Justamente se ha escrito: "Se puso en práctica ni más ni menos, lo que se había hecho durante siglos en la lucha contra los árabes de la Península".[1]

Para comprender el alcance de la fundación y de la inauguración de las ciudades, vamos a analizar un caso muy significativo, el de Santiago de los Caballeros en Guatemala. Gracias a los cronistas, estamos muy bien enterados de la fundación de esta ciudad por Pedro de Alvarado en 1523. Nos dice fray Antonio de Remesal que, en esta ocasión como en otras, los conquistadores aguardaron el día de la fiesta del Santo para celebrar la ceremonia oficial de la fundación de la villa, "cuyos cimientos comenzaban a echar".[2] Pensaban que aquel día era particularmente fausto, "como de planeta favorable que les había de influir todo buen suceso". Era también una buena ocasión para dar gracias al Santo por las muchas victorias que por su favor e intercesión habían alcanzado y para ponerse, por medio de su advocación, bajo su defensa y amparo.

Por fin llegó el día señalado, "se armaron todos y pusieron en forma de ejército que marcha a pelear con sus enemigos a son de tambores y de pífanos y al ruido de arcabuces y mosquetes. Resplandecían los arneses, tremolaban las plumas con el aire de la mañana, lozaneábanse los caballos enjaezados y encubertados con gireles de oro y seda; parecían bien las joyas y planchas de oro que sacaban los soldados que iban alegres y contentos, de este modo, a oír misa oficiada por ellos mismos y celebrada por el padre Juan Godínez, capellán del ejército".

Después de cumplir con la solemnidad religiosa de la fiesta, todos a gritos "apellidaron al Apóstol". Y después de vitorearlo se proclamó que la iglesia que se iba a construir en este lugar llevaría su nombre y que la nueva población que surgiría a su alrededor "se había de llamar la villa de Santiago y al tiempo había de estar dedicada al apóstol Santiago". Y para concluir prometieron, como cristianos y caballeros, que esta fecha se celebraría con boato cada año, "con toros, juegos de cañas y otros placeres". Efectivamente, conforme creció y se multiplicó el ganado, los regidores aumentaron el número de los toros lidiados: uno en 1530, seis en 1543...

Los tres días siguientes todo el ejército solemnizó con grandes fiestas y regocijos militares la fundación de la nueva villa. Y el viernes vinieron a inscribirse cuantas personas deseaban ser declaradas vecinos de la nueva población.

Pero la vida de la ciudad fue varias veces contrariada por erupciones volcánicas frecuentes en la zona. Fue destruida en 1541 y se volvió a fundar en un nuevo emplazamiento en 1543. En julio de 1773 sufrió otra vez las consecuen-

[1] Alfonso Gómez Hernández, "La fundación de la ciudad en Europa y América", en *Antropología en Castilla y León e Iberoamérica. Aspectos generales y religiosidades populares*, p. 70.

[2] Fray Antonio de Remesal, *Historia general de las Indias occidentales y particularmente de Chiapas y Guatemala*, t. I, p. 420.

cias de un fuerte terremoto y se decidió su traslado a una nueva ubicación, que es la actual ciudad de Guatemala.

La vieja ciudad Santiago de los Caballeros hoy es llamada Antigua Guatemala o La Antigua. Después de haber sido capital de la Capitanía general de Guatemala, en la actualidad no es una pequeña y hermosa ciudad colonial que mantiene vivo en su museo, edificios y costumbres el recuerdo del Apóstol.

Más allá, en el capítulo referente al occidente de México, comentaremos la fundación de Compostela, lo que nos permitirá comprobar que el mismo ritual se repetía en el momento de la fundación de las nuevas poblaciones.

Cronología de las fundaciones

Nos conformaremos aquí con un rápido viaje en pos de los conquistadores que en no más de tres generaciones desgranaron en el nuevo continente la relación de poblaciones denominadas Santiago. Presentamos la lista de las más importantes, según la fecha de fundación, tal como se publicó en un artículo del catálogo de la exposición *Santiago y América*.[3]

Relación de poblaciones denominadas Santiago, según la fecha de fundación

AÑO	NOMBRE DE FUNDACIÓN	PAÍS ACTUAL
1504	Azua de Compostela	República Dominicana
1504	Santiago de los Caballeros	República Dominicana
1511/16	Santiago de Cuba	Cuba
1520	Santiago de la Vega	Jamaica
1522/52	Santiago de Colima	México
1523/24	Santiago de los Caballeros de León	Nicaragua
1527/43	Santiago de los Caballeros de Guatemala	Guatemala
1531	Santiago de Querétaro	México
1531/40	Santiago de Compostela	México
1534	Santiago de Quito	Ecuador
1534	Santiago de Tolú	Colombia
1535	Santiago de Guayaquil	Ecuador
1536	Santiago de Almagro	Perú
1536	Santiago de Cali	Colombia
1537	Santiago de Chocontá	Colombia

[3] Gonzalo Méndez Martínez, "Santiago en la toponimia americana. Relación de topónimos vinculados a Santiago en América", en *Santiago y América*, pp. 91-92; Ramón Gutiérrez da Costa, "Las ciudades de Santiago en América", *ibid.*, pp. 133-146.

1541	Santiago del Nuevo Extremo	Chile
1541/88	Santiago de Atalayas	Colombia
1542	Santiago de Armas de los Caballeros	Colombia
1543	Santiago	Costa Rica
1546	Santiago de Miraflores de Saña	Perú
1550	Santiago del Estero	Argentina
1557/75/77	Villa de Santiago del Saltillo del Ojo de Agua	México
1558	Santiago de los Caballeros de Mérida	Venezuela
1559	Santiago de los Caballeros de Mérida	Colombia
1567	Santiago de León de Caracas	Venezuela
1567	Santiago de Castro	Chile
1576	Santiago de la Monclava	México
1580	Santiago de Xerez	Brasil
1591	Santiago de Alanje	Panamá
1592	Santiago	Argentina
1605	Santiago de Salamanca	Costa Rica
1626	Santiago de Guadalcazar	Argentina
1688/96	Santiago de Compostela de las Vegas	Cuba
1721	Santiago, Misión de	México

El propio Cristóbal Colón era devoto de Santiago.[4] Sabemos que cuando apadrinó a un indio le llamó Diego Colón. Con anterioridad había dado el mismo nombre a su primer hijo, el que más tarde le sucederá en el cargo de Almirante del mar océano. Cuando descubrió el 15 de marzo de 1494 la isla de Jamaica, la bautizó Isla Santiago en homenaje al Santo, ya que "le pareció la más hermosa y graciosa de cuantas hasta entonces había descubierto".

La imposición del nombre de Santiago a lugares de América se debe por lo esencial a las primeras generaciones que allí vivieron. Primero, la generación de los descubridores y conquistadores. En 1502, Cristóbal Colón descubre lo que es hoy la provincia de Santiago en Panamá, y funda una ciudad a la que dio el nombre de Santiago de Veraguas (o Veragua). En 1504 fue fundada en la isla de Santo Domingo, República Dominicana, la ciudad de Santiago de los Caballeros, precisamente por treinta caballeros, hecho que se refleja en su nombre. Santiago de Cuba, fundada entre 1511 y 1516, fue la primera capital de la isla. En cuanto a México, Santiago de Querétaro recibió su nombre el 25 de julio de 1531 y Santiago de Compostela, el mismo año.

La siguiente generación se puede llamar de los fundadores, ya que su punto de partida fue el año de 1534, cuando fue fundado el virreinato de la Nueva España. Entre las ciudades establecidas en este período se pueden citar:

[4] José María Díaz Fernández, "Sentido y alcance de una exposición", *ibid.*, pp. 20-31.

Santiago de Quito (1534), en Ecuador; Santiago de Guayaquil (1535), también en Ecuador; Santiago de Cali (1536), en Colombia; Santiago de Chile (1541); Santiago de los Caballeros, actualmente Antigua, en Guatemala (1543); Santiago del Estero, en Argentina (1550), y Santiago de los Caballeros de Mérida, en Venezuela (1558).

La tercera generación que fue pródiga en atribuir el nombre de Santiago fue la criolla, de 1564, que aparece cuando el conquistador pasa a ser encomendero. Fue en aquel espacio de tiempo cuando se estableció también el mestizaje cultural y étnico. Ilustrativo al respecto es el inca Garcilaso de la Vega, nacido en el Cuzco en 1539. Era hijo de un padre capitán de las tropas reales, oriundo de Extremadura, y de una indígena peruana.

La imposición del nombre de Santiago que sigue en fuerza entonces es testimonio del enraizamiento ya definitivo de la nueva religión en todos los espacios del continente. En 1567 se funda Santiago de León de Caracas, Venezuela; el mismo año Santiago de Castro, Chile; en 1576 Santiago de la Monclova, México; en 1580 Santiago de Xerez, Brasil; en 1591 Santiago de Alanjo, Panamá; en 1592 Santiago, Argentina...[5]

La propagación de la denominación de Santiago se debió mucho a la personalidad de hombres quienes, por ser caballeros de Santiago, se proponían difundir el nombre y la fama del Apóstol.

La orden de Santiago, en efecto, echó también raíces en América. Se ha calculado que los santiaguistas americanos en Indias alcanzaron un total de 569 en el período que va desde el siglo XVI al XIX, contando Lima con 230, Nueva España con 105, Santo Domingo y Cuba 82, Nueva Granada 38, Quito 24, Venezuela 23, Chile 21, etcétera.[6]

Ser caballero de Santiago, aunque ya habían decaído los ideales medievales, representaba un gran prestigio honorífico concedido por la Corona. La orden de Santiago es la que mayor número de miembros tuvo en América, en proporción al de los dignatarios de las demás corporaciones que allí también existieron (orden de Calatrava, de Alcántara, de Montesa...).

Fueron caballeros de Santiago altos funcionarios asentados en las Indias, como virreyes y mandos militares —lo fueron Cortés, Pedro de Alvarado, el virrey Antonio de Mendoza, Pizarro, el virrey Luis de Velasco—. Alvarado recibió el hábito como merced del emperador en 1527, en circunstancias que a fray Antonio de Remesal le parecieron dignas de mencionar en su *Historia general de las Indias occidentales*:

[5] Para más informes sobre las distintas ciudades que llevan el nombre de Santiago; Méndez Martínez, *op. cit.*, pp. 94-99.

[6] René D. Arze Aguirre, "La orden de Santiago en América", *op. cit.*, pp. 56-65.

> Diósele el hábito de Santiago y se hizo comendador de veras, que hasta entonces tenía este apellido por ironía, a causa de que cuando pasó mozo a las Indias, un tío suyo del hábito de Santiago, entre otras cosas, le dio un sayo de terciopelo de su persona, para usar de él; Pedro de Alvarado quitóle el hábito, aunque el terciopelo quedó tan aprensado que jamás perdió la señal de la cruz, y por esto los soldados cuando se ponía el sayo de su tío, en las Pascuas y fiestas solemnes, le llamaban el comendador. Si lo era de nombre hasta ahora, fuélo de veras este año, y autorizada su persona con el hábito y con título de gobernador y capitán general (inmediato al rey) de Guatemala y sus provincias, con quinientos y sesenta y dos mil quinientos maravedíes de salario.

También a miembros de la nobleza nativa, procedentes de los reinos prehispánicos, el rey les concedía la merced del hábito desde la Península. Entre ellos, Melchor Carlos Inga, retratado por Guamán Poma de Ayala en su *Nueva crónica y buen gobierno*; también Martín Cortés y Juan Alonso de Vera y Zárate. Para ellos, recibir el hábito conllevaba, además del reconocimiento de su dignidad, la percepción de una renta en ducados de oro que les permitía vivir en conformidad con su rango.

A partir del principio del siglo XVII se seguirá dando todavía el nombre de Santiago a ciudades, villas y pueblos, pero con menos frecuencia. Santiago ha perdido entonces su protagonismo. Otros santos se pondrán de moda y a veces estarán en competencia con el Apóstol. *Grosso modo,* se puede decir que en 1600 la red santiaguera ya está establecida por el continente americano y las añadiduras o las supresiones afectarán poco su presencia onomástica en el nuevo continente.

El nombre de Santiago en México

Hace más de 50 años, en 1946, Heliodoro Valle escribía que brillaba el nombre de Santiago en México "en ciudades magníficas y pueblos humildes, sierras, provincias religiosas, iglesias, bahías, ríos, barcos, valles, haciendas, minas de oro, minas de plata, danzas, y de modo extraordinario en le famoso Colegio de Santiago Tlatelolco, que fue uno de los primeros para estudios superiores en la Nueva España".

Heliodoro Valle fue el primero en intentar establecer una "geografía santiaguina". Apuntaba para México un total de 81 poblaciones con el nombre de Santiago. En 1998, dos autores publican una nueva lista que abarca 359 localidades de más de mil habitantes con este apelativo.

Efectivamente, el nombre de Santiago lo encontramos en la gran mayoría de los estados de la República Mexicana. Pensamos que con motivo de este libro, ya era tiempo de precisar con la máxima exactitud la difusión del nombre del Apóstol en el territorio. Para establecer esta lista, que quisiéramos definitiva, nos remitimos a las fuentes más dignas de fe. Por una parte, utilizamos las listas de las poblaciones, municipios y comunidades publicadas por el INEGI. Y por otra parte revisamos todos los tomos de la colección *Enciclopedia de los municipios de México.*[7]

La primera lista que publicamos a continuación incluye, estado por estado, todas esas localidades santiaguinas. Llegamos a la cifra de 526. La segunda fuente nos permitió localizar las poblaciones que tienen a Santiago apóstol por santo patrón, lo festejan en la iglesia principal que lleva su nombre sin que el mismo pueblo se llame Santiago. Llegamos a la cifra de 109. Todo lo cual quiere decir que el 25 de julio en por lo menos 635 lugares de México se celebra con mucha devoción la festividad del Santo. Decimos "por lo menos", ya que además de las 635 referencias que publicamos, existen en las ciudades de cierta importancia parroquias que llevan la titularidad del Apóstol y lo festejan: dos en Guadalajara, una en Uruapan, otra en la ciudad de México, etcétera. Esta última lista es difícil de establecer.

Pero si ya consideramos que unos 635 lugares en México consideran a Santiago como a su santo patrono, y lo celebran el día de su fiesta, se puede afirmar que México es el primer país jacobeo del mundo.

Un doble nombre para los pueblos

Al principio de la dominación española muchos pueblos indígenas conservaron su apellido originario al cual se añadió un nombre español cristiano. Aquello ocurrió a partir de mediados del siglo XVI a raíz de las congregaciones.

Los nombres indígenas, muchas veces, son nombres náhuatls, aun en las regiones donde no se habla esta lengua. Por ejemplo, Tlazallan (que viene de *tlalli*, tierra y tzala, entre las tierras) es un toponímico en náhuatl que florece en la zona otomí del estado de México.

No hay que olvidar que al inicio del siglo XV, cuando floreció la Triple Alianza que consolida el imperio azteca, la región fue dominada por dicho imperio, que impuso nombres a los poblados en náhuatl. Las comunidades indígenas que contaban con un tlatoani al momento de la Conquista mantuvieron su rango de cabeceras, desde donde se administraban los pueblos sujetos.

[7] La Enciclopedia de los municipios de México fue elaborada por los Centros Estatales de Estudios Municipales y coordinada por el Centro Nacional de Estudios Municipales de la Secretaría de Gobernación, en los años noventa.

El virrey Antonio de Mendoza trató de organizar los asentamientos indígenas dispersos a la manera de las villas o municipios españoles bien delimitados, con el fin de evangelizar a la población con mayor facilidad y enseñarla a vivir "en policía". Los españoles deseaban que los indígenas permanecieran congregados para poder contabilizarlos y recaudar el tributo, obligarlos a prestar el servicio personal y forzarlos a adoptar nuevas formas de vida.

Las autoridades reales eligieron "las cabeceras naturales" para fundar en ellas iglesias y casas consistoriales y congregar a su alrededor a los indígenas. A partir de 1549 la Corona buscó apartar a esta población de los españoles, mediante la creación de las llamadas "repúblicas de españoles" y "repúblicas de indios".

Los pueblos de indios empezaron a contar con su propio cabildo. Los cargos del cabildo fueron ocupados por los miembros de la nobleza indígena, reconocidos como "caciques", los cuales recibían el tratamiento de "don".

La corona española llevó a cabo un segundo programa de congregación de pueblos a fines del siglo XVI y principios del XVII, debido a que las epidemias del siglo de la Conquista diezmaron la población y exigieron un reacomodo de pueblos.

Un caso interesante es el de los pueblos de la Mixteca Alta y del valle de Oaxaca. Cuando los mexicas sometieron militarmente la región en 1486 cambiaron los topónimos de los pueblos, los nombres nativos fueron substituidos por otros náhuatl. En el momento de la dominación española tres décadas después, también se produjo una mudanza en los nombres, pero que no fue tan radical como la de los aztecas: se permitió combinar el nuevo nombre cristiano con el antiguo prehispánico. Aquello era un mero reflejo de las preocupaciones de los españoles, gobernantes y misioneros, que dejaron cierta autonomía a los pueblos, respetando los linajes nativos.[8] De inmediato lo que les interesaba era recibir tributos y servicios.

De ahí nació cierta ambigüedad: muchos nativos pensaron que el cristianismo podía ser aceptado como una adición y no necesariamente como una sustitución. Los individuos, como los pueblos, cambiaron su nombre en el momento del bautismo, pero al mismo tiempo conservaron el antiguo. Así fue aceptado y practicado el cristianismo durante algunas generaciones. Además, "se podía entender la sumisión a una divinidad como un punto más de obediencia política".[9] La puerta quedaba abierta al sincretismo, una manera de fundir esa doble identidad expresada en los nombres de los pueblos y de las personas.

[8] Bernardo García Martínez, "La conversión de 7 Mono a don Domingo de Guzmán", en *Arqueología mexicana*, núm. 26, pp. 54-59.

[9] *Ibid.*, p. 56.

Hay que señalar además que algunos topónimos a lo largo de los siglos tuvieron una vida muy compleja, sencillo reflejo de circunstancias políticas diversas, de modo que algunos pueblos que antes eran de Santiago, ahora pueden aparecer desapercibidos. Es el caso de Tlazala o Tlazallan, comunidad en el estado de México y así nombrada en la época prehispánica. Se desconoce su nombre otomí, sólo se sabe que al inicio del siglo XVI recibió este apelativo.

En el inicio de la época colonial recibió el nombre de Santiago Tlazala. A partir de 1820, formó con el municipio de Jilotzingo la municipalidad de Monte Alto y en 1862, el gobernador y comandante del estado de México le dio el rango de cabecera de la municipalidad. El 3 de septiembre de 1874, se le cambió otra vez el nombre; se llamará Iturbide, en memoria de un participante en la guerra de Reforma, hasta que en 1979, la legislatura local dio al municipio el nombre de Isidro Fabela, un ilustre legislador, y a la cabecera municipal, Tlazala de Fabela. Y en la actualidad son muchos los que se dicen insatisfechos y que quisieran recuperar el apelativo de Santiago; algunos sugirieron hacer una consulta sobre el tema.

En otros casos es notable la sencillez en el nombre de los pueblos, de modo que se ha recortado el que se le dio en sus orígenes. Podemos citar dos ejemplos, primero el de la antigua villa de Santiago del Saltillo del Ojo de Agua que fue fundada en 1577 por el capitán Alberto del Campo. Fue una de las poblaciones más septentrionales de la Nueva España, situada en pleno corazón de los chichimecas. Con la independencia su nombre quedó reducido a Saltillo, que es la actual capital del estado de Coahuila.

En 1598, unas ochenta familias fueron enviadas más al norte, precisamente desde Santiago de Saltillo, a un lugar donde se acababan de descubrir ricas minas de plata. Se establecieron en un lugar denominado Mapimí del cual se posesionaron el 25 de julio de aquel año. La población que crearon se puso bajo la advocación del Santo apóstol, designándola con el nombre de Santiago de Mapimí. Actualmente sólo se denomina con su apelativo indígena.

Hay algunos otros casos particulares que no dejan de sorprender y que plantean un problema en el momento de establecer la lista de los pueblos dedicados a Santiago. Por ejemplo, a Santiago Ixcuintla, en el estado de Nayarit, se le dio el nombre del Apóstol por situarse en la misma desembocadura del río Santiago. Pero aquello no fue suficiente para que allí se desarrollara el culto al Santo. En la actualidad se celebran sólo las fiestas del Señor de la Asunción. El único recuerdo de Santiago en la iglesia es una imagen del Apóstol, pero, según precisa un letrero que la identifica, se trata de... Santiago el Menor.

Santiago en la toponimia de los estados mexicanos

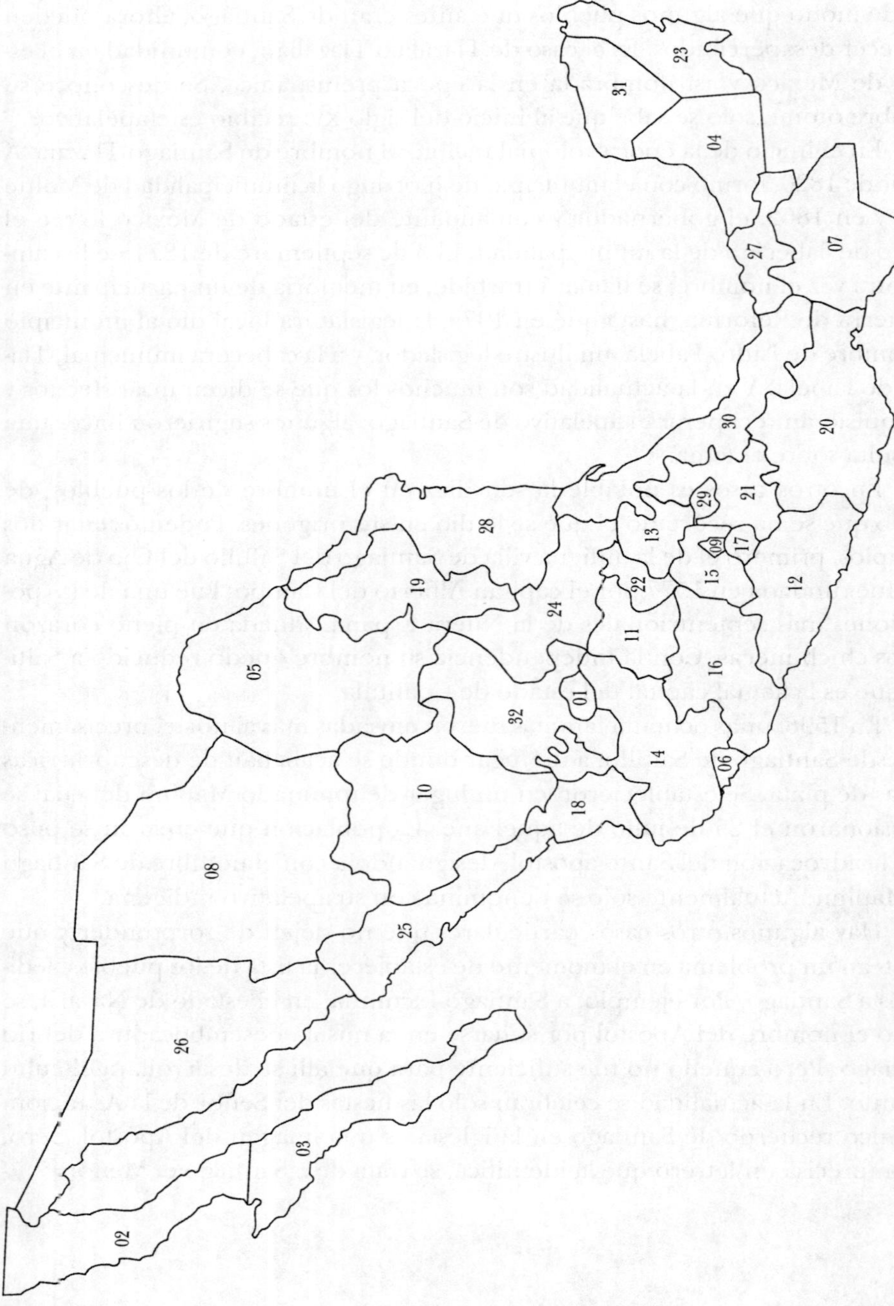

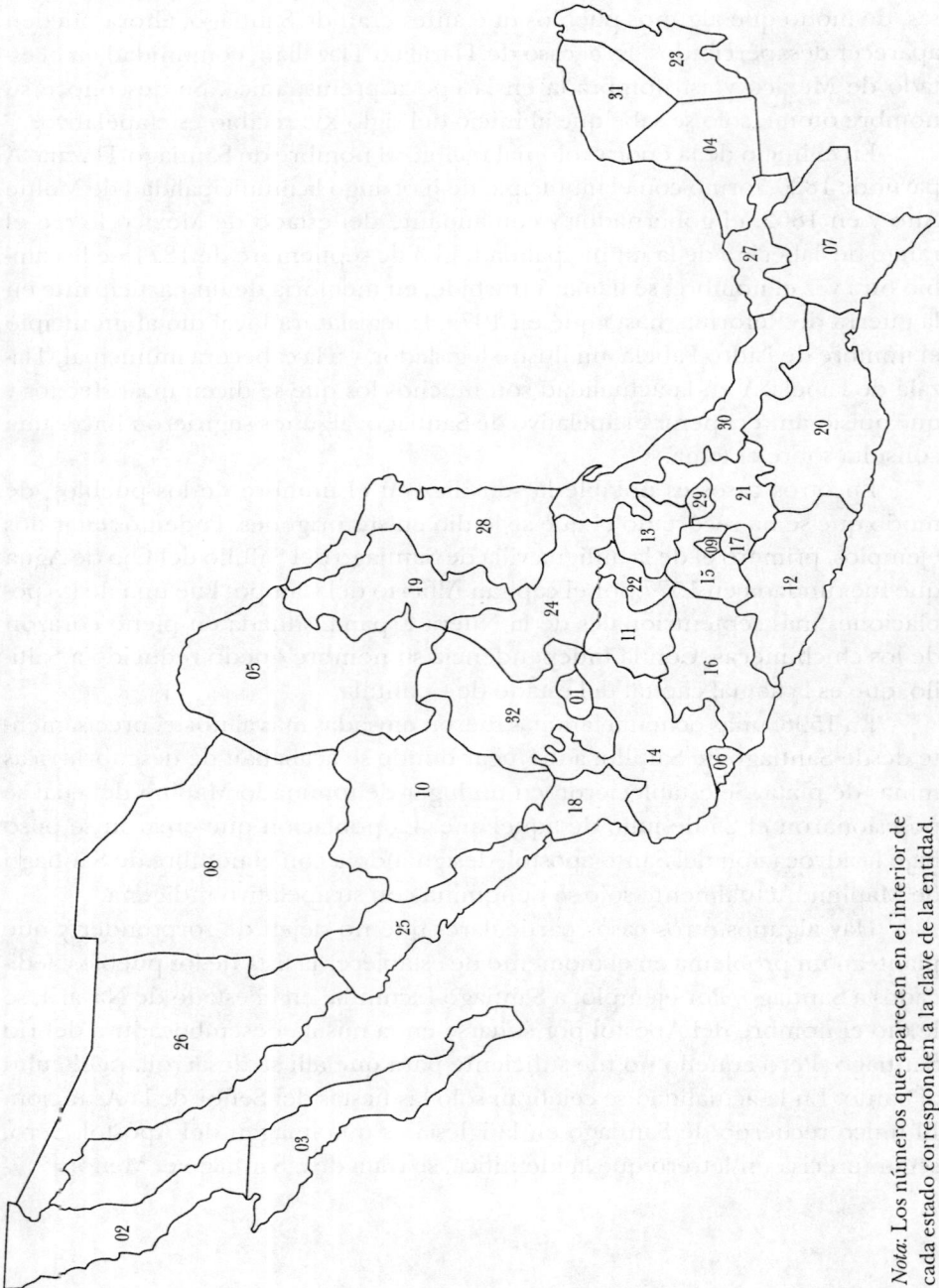

Nota: Los números que aparecen en el interior de cada estado corresponden a la clave de la entidad.

Número de localidades con el nombre de Santiago
(incluyendo las que han cambiado de nombre y las que ya no existen oficialmente)

CLAVE	NOMBRE	POBLACIONES CON EL NOMBRE DE SANTIAGO
01	Aguascalientes	2
02	Baja California	7
03	Baja California Sur	3
04	Campeche	2
05	Coahuila	5
06	Colima	7
07	Chiapas	36
08	Chihuahua	19
09	Distrito Federal	11
10	Durango	18
11	Guanajuato	33
12	Guerrero	20
13	Hidalgo	36
14	Jalisco	20
15	México	98
16	Michoacán	31
17	Morelos	3
18	Nayarit	15
19	Nuevo León	6
20	Oaxaca	144
21	Puebla	47
22	Querétaro	20
23	Quintara Roo	7
24	San Luis Potosí	21
25	Sinaloa	10
26	Sonora	9
27	Tabasco	4
28	Tamaulipas	12
29	Tlaxcala	19
30	Veracruz	29
31	Yucatán	17
32	Zacatecas	16
		Total = 715

Número de localidades que en la actualidad (2006) llevan el nombre de Santiago[10]

CLAVE	NOMBRE	POBLACIONES CON EL NOMBRE DE SANTIAGO
01	Aguascalientes	2
02	Baja California	2
03	Baja California Sur	2
04	Campeche	No encontrados
05	Coahuila	2
06	Colima	4
07	Chiapas	24
08	Chihuahua	10
09	Distrito Federal	2
10	Durango	12
11	Guanajuato	24
12	Guerrero	18
13	Hidalgo	28
14	Jalisco	13
15	México	77
16	Michoacán	18
17	Morelos	3
18	Nayarit	6
19	Nuevo León	4
20	Oaxaca	132
21	Puebla	35
22	Querétaro	19
23	Quintara Roo	2
24	San Luis Potosí	18
25	Sinaloa	5
26	Sonora	5
27	Tabasco	3
28	Tamaulipas	9
29	Tlaxcala	8
30	Veracruz	21
31	Yucatán	8
32	Zacatecas	10
		Total = 526

[10] Estas cifras corresponden a los datos facilitados por el INEGI, a partir del XII censo de población y vivienda 2000, integración territorial (ITER). Agradecemos al INEGI su eficaz colaboración.

Listado de localidades santiagueras[11]

Aguascalientes
Ampliación ejido Santiago (Pabellón de Arteaga)
Santiago (Pabellón de Arteaga)

Baja California
Familia Santiago (Ensenada)
Familia Santiago (Ensenada)* 2000
Familia Santiago (Mexicali)
Familia Santiago Enríquez (Ensenada)* 2000
Pilar Santiago o Ejido Jiquilpan (Mexicali)* 2000
Santiago (Ensenada)* 1990
Santiago (Ensenada)* 2000

Baja California Sur
Santiago (La Paz)* 1980
Santiago (Los Cabos)
Santiago La Torre o El Crucero de Santiago (Los Cabos)

Campeche
Santiago (Carmen)* 1980
Santiago Aguada (Campeche)* 1995

Coahuila
Santiago (Matamoros)* 2000
Santiago (San Buen Ventura)
Santiago (San Pedro)
Santiago Valladores (Candela)+ 1921
Santiago y paso de la Morita (Nadadores)

Colima
Ejido Santiago Dos (Tecoman)
Ejido Santiago Tecoman II (Tecoman)+ 1995
Jardines de Santiago (Manzanillo)
Pozo de Santiago (Manzanillo)
Santiago Barajas (Manzanillo)* 2000
Santiago Cervantes (Manzanillo)
Santiago Lázaro (Manzanillo)* 2000

Chiapas
Barra de Santiago (Pijijiapan)
Campo Santiago (Teopisca)
Chauqui hucum Santiago (Larrainzar)* 1990
El Santiago (Mapastepec)* 2000
Hacienda de Santiago (Pueblo Nuevo Solistahuacan)+ 1980
Nuevo Santiago (Las Margaritas)
Rosario Santiago (Las Margaritas)* 1980
Samaria o Santiago Salinas (Tapachula)
Santiago (Ángel Albino Corzo)
Santiago (Cintalapa)
Santiago (Ixtapa)
Santiago (Larrainzar)* 2000
Santiago (Ocosingo)* 1995
Santiago (Pueblo Nuevo Solistahuacan)* 2000
Santiago (Tecpatán)* 2000
Santiago (Villa Corzo)
Santiago Alcachofas o Santiago Pichintel (Pantelho)
Santiago apóstol o Corralejo (Villa Corzo)
Santiago Buenavista (Amatenango del Valle)* 2000
Santiago Buenavista (Chiapa de Corzo)
Santiago Buenavista (Tonalá)

[11] Entre paréntesis se proporciona el municipio o la delegación política de la comunidad. Las localidades que tienen * han sido dadas de baja o no aparecen en las listas del INEGI hasta el censo del año 2000 y las que terminan en + han cambiado de nombre. Los dos tipos de localidades se incluyeron en la suma final de 758.

Santiago Corzo o sin nombre (Chiapa de Corzo)* 2000
Santiago de Galicia (Tecpatán)
Santiago el Pinar (Santiago el Pinar)
Santiago el Porvenir (Pueblo Nuevo Solistahuacan)* 1980
Santiago el Relicario (Santiago el Pinar)
Santiago el Vértice (la Trinitaria)
Santiago Guelatao (Las Margaritas)
Santiago la Mesilla (Tzimol)
Santiago la Reforma (Villa Corzo)
Santiago los Sabinos (Pantelho)
Santiago Miranda (Tonalá)* 1995
Santiago Nepomuceno (Salto de agua)
Santiago o Toledo (Ocosingo)* 2000
Santiago Pojcol (Chilón)
Santiago Zavala (Tonalá)

Chihuahua
Arroyo de Santiago (Batopilas)
Boca de arroyo de Santiago (Batopilas)
Rancho de Santiago (Buenaventura)* 2000
Rancho de Santiago (Guazapares)
Rancho de Santiago (Guerrero)
Rancho de Santiago (Rosales)* 1995
Rancho Santiago (Ahumada)* 1995
Rancho Santiago (Urique)* 1995
Santiago (Batopilas)* 1990
Santiago (Buenaventura)* 1990
Santiago (Ignacio Zaragoza)* 2000
Santiago (Jiménez)* 1990
Santiago (Santa Bárbara)
Santiago (Satevo)
Santiago de Arriba (Satevo)
Santiago de Coyame (Coyame de Sotol)
Santiago Moreno (Meoqui)* 2000
Santiaguillo (Meoqui)
Santiaguito (Santa Bárbara)

Distrito Federal
Santiago (Iztacalco)* 1980
Santiago Acahualtepec (Iztapalapa)* 1980
Santiago Acahualtepec ampliación (Iztapalapa)* 1980
Santiago Ahuixotla (Azcapotzalco)* 1970
Santiago Atepetlac (Gustavo A. Madero)* 1970
Santiago Atzacoalco (Gustavo A. Madero)* 1970
Santiago Tepalcatlalpan (Xochimilco)* 1970
Santiago Tepexomulco (Xochimilco)
Santiago Yacuitlalpan (Cuajimalpa de Morelos)
Santiago Zapotitlán (Tláhuac)* 1970
Santiaguito (Xochimilco)*+ 2000 y 1995

Durango
Cerro de Santiago o Cerro Santiago (Cuéncame)
Estancia de Santiago (Cuéncame)
Gutiérrez de Santiago (Gómez Palacio)
Llanitos de Santiago (Canelas)* 1995
Los Santiagos (Peñón Blanco)* 1980
Pueblo de Santiago (Cuéncame)* 1995
Puerta de Santiago Bayacora (Durango)
Río de Santiago (Durango)+ 1930
Santiago (Cuéncame)* 1995
Santiago Bayacora (Durango)
Santiago de Bozos o Santiago de Bozas (Otáez)
Santiago Papasquiaro (Santiago Papasquiaro)
Santiago Teneraca (Mezquital)
Santiaguillo (Canatlán)* 1990
Santiaguillo (Mezquital)
Santiaguillo (Rodeo)* 2000
Santiaguillo (Topia)
Santiaguillo o Fuente del Llano (Nuevo ideal)

Estado de México
Barrio de Santiago (Atautla)* 2000
Barrio de Santiago o Ejido de Santiago (Villa de Allende)

Barrio de Santiago o San Cayetano (Villa de Allende)
Barrio Santiaguito (Metepec)
Cerro de Santiago (Amatepec)
Ejido de Santiago Tlaxomulco o Zimbrones (Toluca)
Ejido del Estado del Barrio de Santiago o Ejido el Nido (Zumpango)
Ejido el Calvario Santiago Acutzilapan (Atlacomulco)
Ejido Santiago (Amecameca)* 2000
Ejido Santiago (Tepotzotlán)
Ejido Santiago Casandejé (Jocotitlán)
Ejido Santiago Oxtempan (El Oro)
Ejido Santiago Temoaya o Colonia Emiliano Zapata (Temoaya)
El Cinco o Ejido barrio de Santiago el Cinco (Villa de Allende)
El Cristo Santiaguito (Tultitlán)* + 1990 y 1980
El Potrero de Santiago Oxtotitlán (Villa Guerrero)
Exhacienda Santiaguito (Rayón)
La Alta de Santiago Oxtotitlán (Villa Guerrero)
La Loma de Santiago Oxtotitlán (Villa Guerrero)
La puerta de Santiago (Tonatico)
Loma de San Felipe Santiago (Jiquipilco)
Mesa de Santiago o La Mesa (Temascalcingo)
Pueblo Nuevo o Ejido de Santiago (Amecameca)
San Cayetano o Barrio de Santiago (Villa de Allende)
San Felipe de Santiago (Jiquipilco)
San Felipe Santiago (Villa Allende)
Santa Juanita de Santiago Tlacotepec (Toluca)
Santiago (Amatepec)
Santiago (Amatepec)* 1990
Santiago (Coyotepec)* 1990
Santiago (Teoloyucan)* 2000
Santiago (Zacualpan)
Santiago Acuitzilapan (Atlacomulco)
Santiago Analco (Lerma)
Santiago Arizmendi o Arizmendi (Tejupilco)
Santiago Atocan (Nextlalpan)
Santiago Chimalpa o Chimalpa (Chiautla)
Santiago Coachochitlán (Temascalcingo)
Santiago Coachochitlán Barrio del rincón (Temascalcingo)
Santiago Cuauhtenco o la Rinconada (Amecameca)
Santiago Cuautlalpan (Cuautitlán Izcalli)* 1980
Santiago Cuautlalpan (Tepozotlán)
Santiago Cuautlalpan (Texcoco)
Santiago Cuaxustenco (Tenango del Valle)
Santiago del Monte (Villa Victoria)
Santiago el Alto (Tepotzotlán)
Santiago el Viejo (Lerma)
Santiago Huitlapaltepec (Donato Guerra)
Santiago Jalcotepec (San José del Rincón)
Santiago Jaltepec (San Felipe del Progreso)
Santiago Mamalhuazuca (Ozumba)
Santiago Maxdá (Timilpan)
Santiago Mixtepec (Toluca)* 1990
Santiago o kilómetro 58 $^{1}/_{2}$ (Tlalmanalco)
Santiago Ocipaco (Naucalpan de Juárez)* 1990
Santiago Oxtempan (El Oro)
Santiago Oxtoc (Jilotepec)* 1980
Santiago Oxtoc (Jilotepec)
Santiago Oxtoc-Toxie (Aculco)
Santiago Oxtotitlán (Villa Guerrero)
Santiago Papalotla o Santa Cruz la Constancia (Tepetlaxtoc)
Santiago Tlazala (Isidro Fabela)* 1990
Santiago Tlaltepaxco (Huehuetoca)* 1990
Santiago Tegal (Hueypoxtla)
Santiago Tejocotillos (Xonacatlán)
Santiago Temoaya (Temoaya)+ 1957
Santiago Tepalcapa (Cuautitlán Izcalli)* 1990

Santiago Tepalcapa (Tultitlán)*+ 1980 y 1973
Santiago Tepatlaxco (Naucalpan de Juárez)
Santiago Tepetitlán (San Martín de las Pirámides)
Santiago Tepetzingo o Tepetzingo (Tenancingo)
Santiago Tepopula (Tenango del Aire)
Santiago Tequixquiac (Tequixquiac)+ 1995
Santiago Texcaltitlán (Texcaltitlán)+ 1957
Santiago Teyahualco (Tultepec)
Santiago Tianguistenco de Galeana (Tianguistenco)
Santiago Tilapa (Tianguistenco)
Santiago Tlacotepec (Toluca)
Santiago Tlaxomulco (Toluca)* 1990
Santiago Tlaxomulco o Tumbaburros (Toluca)
Santiago Tlazala (Isidro Fabela)+ 1970
Santiago Tolman (Otumba)
Santiago Viejo (Nextlalpan)* 1980
Santiago Viejo (Nextlalpan)* 1995
Santiago Yancuitlalpan (Huixquilucan)
Santiago Yeché (Jocotitlán)
Santiago Zacualuca (Teotihuacán)
Santiago Zula (Temamatla)
Santiaguito (Almoloya de Juárez)
Santiaguito (Tenango del Valle)* 1995
Santiaguito (Texcoco)* 1990
Santiaguito (Zumpahuacan)
Santiaguito Tlalcilalcalli (Almoloya de Juárez)
Segunda sección del Barrio de Santiago (Coyotepec)
Segundo Barrio o Puente de Santiago (Joquicingo)
Xixda y Santiago Oxtoc (Jilotepec)* 1990
Zona Ejidal de Santiago de Occipaco (Naucalpan de Juárez)* 1990
Zona urbana de Santiago Occipaco (Naucalpan de Juárez)* 2000

Guanajuato
Bordo Santiaguillo (San Luis de la Paz)* 1990
Canterita al sur de Santiaguillo (San Felipe)
Cerrito de Santiago (Manuel Doblado)
Corral de Santiago (Pénjamo)
Don Santiago (Celaya)* 2000
El muerto Santiaguillo (San Luis de la Paz)* 1990
El Rodeo Santiguillo (San Luis de la Paz)* 1990
Granja Santiago (Apaseo el Grande)* 2000
Hacienda de Santiago o Predio Lucio Muñoz (San Francisco del Rincón)
Hacienda Santiago o La Hacienda (San Fco. del Rincón)
La Madera o Rivera de Santiago (Xichú)
Milpillas de Santiago (Victoria)
Nuevo Santiaguito (Gto.)
Santiago (Cuerámaro)
Santiago (Dolores Hidalgo)* 1980
Santiago (Tarandacuao)* 1990
Santiago apóstol (Valle de Santiago)
Santiago Capitiro (Jaral Progreso)
Santiago de Cuendá (Santa Cruz de Juventino Rosas)
Santiago de la Cruz (Celaya)
Santiago del Paraíso (Dolores Hidalgo)* 1995
Santiago Maravatío (Santiago Maravatío)
Santiago o Hacienda Vieja (Tarandacuao)* 1990
Santiaguillo (Acámbaro)
Santiaguillo (Dolores Hidalgo)
Santiaguillo (Gto.)
Santiaguillo (San Felipe)
Santiaguillo (San Luis de la Paz)
Santiaguillo (Yuriria)
Santiaguillo de Flores (Salamanca)
Santiaguillo de García (Salamanca)
Valle de Santiago (Valle de Santiago)
Villa de Santiago o San Lucas (Allende)

Guerrero
Barrio de Santiago Dos (Taxco de Alarcón)
Barrio de Santiago o Carretera a Taxco (Taxco de Alarcón)
Barrio de Santiago Tres (Taxco de Alarcón)
Barrio de Santiago Uno (Taxco de Alarcón)
El Santiago (Xochistlahuaca)
El Santiaguillo (Igualpa)* 2000
Los Llanos de Santiago (Atoyac de Álvarez)
Poza de Santiago o Rancho el Mirador (La Unión de Isidoro Montes de Oca)* 2000
Rancho de Santiago o Rancho Santiago (Cuajinicuilapa)
Rincón de Santiago (Iguala de la Independencia)* 2000
Río de Santiago (Atoyac de Álvarez)
Santiago (Tetipac)
Santiago Arroyo Prieto (Metlatonoc)
Santiago de la Unión (Atoyac de Álvarez)
Santiago Salinas (Pedro Ascencio Alquisiras)
Santiago Temixco (Taxco de Alarcón)
Santiago Tlamacazapa (Taxco de Alarcón)
Santiago Zacango (Atenango del Río)
Tlacamacapa o Lomas de Santiago (Tixtla de Guerrero)
Yoloxóchitl o Santiago Yoloxóchitl (Tlacoachistlahuacan)

Hidalgo
Acapa o Santiago Acapa (Tlahuiltepa)
Ejido Santiago Caltengo (Tulancingo de Bravo)
Flor de Santiago o La Flor (San Bartolo Tutotepec)
Los Planes de Santiago (Tenango de Doria)
Plutarco Elías Calles o Santiago (Zimapan)
Santiago (Lolotla)
Santiago (San Bartolo Tutotepec)
Santiago (San Bartolo Tutotepec)* 1995
Santiago (Tlahuilpepa)
Santiago Acayutlan (Tezontepec de Aldama)
Santiago calabazas (Pachuca de Soto)* 1990
Santiago Caltengo o Buenos Aires (Tulancingo de Bravo)
Santiago de Anaya (Santiago de Anaya)
Santiago el Viejo (San Bartolo Tutotepec)
Santiago I (Xochiatipan)
Santiago II (Xochiatipan)
Santiago Ixtlahuaca (Tasquillo)
Santiago Jaltepec (Minería de la Reforma)* 1990
Santiago Jaltepec (Pachuca de Soto)* 1990
Santiago Loma (Chapantongo)+ 1986
Santiago Tepepa (Acaxochitlán)
Santiago Tepeyahualco (Zempoala)
Santiago Tetlapayac (Almoloya)
Santiago Tezontlale (Ajacuba)
Santiago Tezontlale (Tulancingo de Bravo)* 1990
Santiago Tlajomulco (Tolcayuca)
Santiago Tlaltepoxco (Tepeji del Río)
Santiago Tlapacoya (Pachuca de Soto)
Santiago Tlapanaloya (Tepeji del Río)
Santiago Tlautla (Tepeji del Río de Ocampo)
Santiago Tulantepec (Santiago Tulantepec de Lugo Guerrero)
Santiago Tultepec (Mineral de la Reforma)* 1990
Santiaguito (Atotonilco el Grande)
Santiaguito (San Bartolo Tutotepec)
Tolapa o Santiago Tolapa (Metztitlán)
Xindhó Santiago (Zaimapan)+ 2000

Jalisco
Crucero de Santiago (Colotlán)* 2000
Fracción Santiago (Lagos de Moreno)* 2000
Hacienda Santiago (Lagos de Moreno)
Ixtlahuacán de Santiago (Unión de Tula)
Lomas de Santiago (Ameca)
Los Santiagos (Teocaltiche)
Nuevo Santiago (Tomatlán)

Puerta de Santiago (Encarnación de Díaz)
Puerta de Santiago (Encarnación de Díaz)* 1980
Saltillo de Santiaguito (Arandas)* 1980
Santiago (Tecalitlán)
Santiago (Tomatlán)* 1980
Santiago de Pinos (San Sebastián del Oeste)
Santiago Tlatelolco (Colotlán)
Santiago Totolimixpan (Zapotlán del Rey)
Santiaguito (Amatitán)
Santiaguito (San Cristóbal de la Barranca)* 1980
Santiaguito (San Juanito de Escobedo)
Santiaguito (Tequila)* 2000
Santiaguito de Velázquez (Arandas)

Michoacán

Copándaro o Santiago (Susupuato)
Curucutas de Santiago (Huetamo)+ 1970
El Gusano o El Gusano de Santiago (Huetamo)
Mesa de Santiago (Tiquicheo de Nicolás Romero)
Plátano de Santiago (Huetamo)+ 1980
San Felipe Santiago (Zitácuaro)+ 1921
San Miguel de Santiago (Huetamo)+ 1980
Santa Bárbara de Santiago (Huetamo)+ 1980
Santa Cruz de Santiago (Huetamo)*+1980
Santiago Acahuato (Apatzingán)
Santiago Azajo (Coeneo)
Santiago Azajo Cuatro (Coeneo)
Santiago Azajo Dos (Coeneo)* 2000
Santiago Azajo Tres (Coeneo)* 2000
Santiago Azajo Uno (Coeneo)
Santiago Congregación (Huaniqueo)
Santiago Conguripo (Angamacutiro)
Santiago Conguripo (Huetamo)
Santiago Copándaro (Tacámbaro)* 1990
Santiago Loma Bonita (Contepec)
Santiago Navarrete (Tumbiscatio)* 2000
Santiago Pariatzícuaro (Maravatío)
Santiago Tangamandapio (Tangamandapio)
Santiago Tupátaro (Huiramba)+ 1960
Santiago Tzipijo (Tzintuzuntzán)
Santiago Undameo (Morelia)
Santiaguillo (Aquila)
Santiaguillo o Aquiles Serdán (Zamora)
Santiaguito (Huetamo)* 1990
Santiaguito (Morelia)* 1980
Tamarindo de Santiago (Huetamo)+ 1980

Morelos

Farallones de Santiago o Los Chahuapa (Tepoztlán)
Santiago Tepetlapa (Tepoztlán)
Villa Santiago (Cuernavaca)

Nayarit

Arroyo de Santiago (El Nayar)
Arroyo de Santiago (El Nayar)* 1980
Arroyo de Santiago 1 (El Nayar)* 1980
Arroyo Santiago (El Nayar)* 2000
Boca del Arroyo de Santiago o Juan López (El Nayar)
Campo experimental Santiago Ixcuintla (Santiago Ixcuintla)* 2000
Crucero de Santiago o El Guapinol (Santiago Ixcuintla)
Empresa Agrícola de Santiago Agromod (Santiago Ixcuintla)* 2000
Plantero Santiago Colonias (Santiago Ixcuintla)* 2000
Pronase Santiago Ixcuintla (Santiago Ixcuintla)
Santiago de la Cruz o El Comején (El Nayar)* 2000
Santiago de Pochotitán (Tepic)
Santiago Ixcuintla (Santiago Ixcuintla)
Santiaguito (Compostela)
Santiaguito (Compostela)*1980

Nuevo León
Don Santiago (Anáhuac)
Los Santiago (Anáhuac)
Ojo de Agua o Santiago (Santiago)
Paso de Santiago (General Terán)* 2000
Santiago (Santiago)
Santiago Reyna Reyna (Los Herreras)* 2000

Oaxaca
Barrio Santiago (Santa María Nativitas)
Los Santiago (Juchitán de Zaragoza)* 2000
Rancho Santiago (San Mateo Piñas)
Rancho Santiago (Santa María Chilchota)
Santiago Tetixtán (Santiago Tetixtán)+ 2000
Santiago (Santa María Chilchotla)* 1980
Santiago Amate Colorado (Putla Villa de Guerrero)
Santiago Amatepec (Totontepec Villa Morelos)
Santiago Amatlán (Asunción Nochixtlán)
Santiago Amoltepec (Santiago Amoltepec)
Santiago Apoala (Santiago Apoala)
Santiago Apóstol (San Juan Cotzocón)
Santiago Apóstol (San Pedro Amuzgos)* 2000
Santiago apóstol (Santiago apóstol)
Santiago Astata (Santiago Astata)
Santiago Asunción (Silacayoapan)
Santiago Atitlán (Santiago Atitlán)
Santiago Ayuquililla (Santiago Ayuquililla)
Santiago Buenavista (Magdalena de Jaltepec)
Santiago Buenavista o Ticua (Asunción Nochixtlán)
Santiago Cacaloxtepec (Santiago Cacaloxtepec)
Santiago Cacaloxtepec (Santiago Cacaloxtepec)*+ 2000
Santiago Camotlán (Asunción Nochixtlán)
Santiago Camotlán (Santiago Camotlán)
Santiago Chazumba (Santiago Chazumba)
Santiago Chilixtlahuaca (Ciudad de Huajuapan de León)
Santiago Choapan (Santiago Choapan)
Santiago Clavellinas (Zimatlán de Álvarez)
Santiago Comaltepec (Santiago Comaltepec)
Santiago Comatlán (Santiago Huauclilla)* 1984
Santiago Coycoyan (Coycoyan de las Flores)+ 1950
Santiago Cuasimulco (San Juan Quiotepec)* 1995
Santiago Cuazimulco (San Pedro Yólox)
Santiago Cuazimulco el Chico (San Pedro Yólox)* 2000
Santiago Cuilapan (Cuilapan de Guerrero)
Santiago Cuixtla (Santos Reyes Nopala)
Santiago del Río (San Andrés Dinicuiti)
Santiago del Río (Santiago del Río)
Santiago Dominguillo o Alpichagua (San Juan Bautista Cuicatlán)
Santiago el Jazmín (Santos Reyes Yucuná)
Santiago El Limón (Santa María Ipalapa)
Santiago el Mesón (San Andrés Cabecera Nueva)
Santiago el Viejo (Santa María Tecomavaca)
Santiago Etla (San Lorenzo de Cacaotepec)
Santiago Guadalupe o Santiaguito (San Juan Bautista Tlachichilco)
Santiago Guevea (Guevea de Humboldt)
Santiago Huajolotitlán (Santiago Huajolotitlán)
Santiago Huauclilla (Santiago Huauclilla)
Santiago Huaxolotipac (San Antonio Huitepec)
Santiago Ihuitlán Plumas (Santiago Ihuitlán Plumas)
Santiago Ixcaltepec (Santa María Apazco)* 2000
Santiago Ixcuintepec (Santiago Ixcuintepec)

Santiago Ixtaltepec (Asunción Ixtaltepec)
Santiago Ixtaltepec (Teotitlán del Valle)
Santiago Ixtayutla (Santiago Ixtlayutla)
Santiago Ixtlahuaca (Santiago Huauclilla)
Santiago Ixtlaltepec (Asunción de Nochistlán)
Santiago Jalahui (San Juan Lalana)
Santiago Jamiltepec (Santiago Jamiltepec)
Santiago Jareta (Totontepec Villa de Morelos)
Santiago Jicayán (San Pedro Jicayán)
Santiago Jocoltepec (Santiago Jocoltepec)
Santiago Jocotepec (Villa de Tututepec de Melchor de Ocampo)
Santiago Juxtlahuaca (Santiago Juxtlahuaca)
Santiago la Galera (Candelaria Loxicha)
Santiago La Libertad (San Juan Lachigalla)
Santiago Lachiguirí (Santiago Lachigurí)
Santiago Lachivia (San Carlos Yautepec)
Santiago Lalopa (Santiago Lalopa)
Santiago Laollaga (Santiago Laollaga)
Santiago Lapaguía (San Juan Ozolotepec)
Santiago Laxopa (Santiago Laxopa)
Santiago Llano Grande (Santiago Llano Grande)
Santiago Llano Grande (Santiago Llano Grande)+ 2000
Santiago Llano Grande o Llano Grande (Santa María Zacatepec)
Santiago Malacatepec (San Juan Mazatlán)
Santiago Matatlán (Santiago Matatlán)
Santiago Matatlán (Santiago Matatlán)+ 2000
Santiago Mayoltianguis (San Andrés Teotilalpan)
Santiago Milantongo (Asunción Nochixtlán)
Santiago Miltepec (Santiago Miltepec)
Santiago Minas (Santiago Minas)
Santiago Mirador (Mazatlán Villa de Flores)
Santiago Miramar (Santa Catarina Juquila)
Santiago Nacaltepec (Santiago Nacaltepec)
Santiago Naranjos (Santiago Juxtlahuaca)
Santiago Nejapilla (Santiago Nejapilla)
Santiago Niltepec (Santiago Niltepec)
Santiago Nundiche (Santiago Nundiche)
Santiago Nuxaño (San Miguel Tlacotepec)
Santiago Nuyoo (Santiago Nuyoo)
Santiago Petlacala (San Martín Peras)
Santiago Pinotepa Nacional (Santiago Pinotepa Nacional)
Santiago Pinotepa Nacional (Santiago Pinotepa Nacional)*+ 2000
Santiago Platanalá (Silacayoapan)
Santiago Progreso (San Juan Bautista Valle Nacional)
Santiago Quetzalapa (San Pedro Sochiapan)
Santiago Quiavicusas (San Carlos Yautepec)
Santiago Quiavijolo o Santiago Quiavigolo (Santa María Quiegolani)
Santiago Quiotepec (San Juan Bautista Cuicatlán)
Santiago Sibrián (Acatlán de Pérez Figueroa)
Santiago Sochiltepec (Santiago Textitlán)
Santiago Suchilquitongo (Santiago Suchilquitongo)
Santiago Tamazola (Santiago Tamazola)
Santiago Tapextla (Santiago Tepextla)
Santiago Tenango (Santiago Tenango)
Santiago Teotlasco (Ixtlán de Juárez)
Santiago Teotongo (Teotongo)
Santiago Tepetlapa (San Antonio Tepetlapa)
Santiago Tepetlapa (Santiago Tepetlapa)
Santiago Tepetlapa (Santiago Tepetlapa)+ 2000
Santiago Tepitongo (Totontepec Villa Morelos)
Santiago Tetepec (Santiago Tetepec)
Santiago Texcalcingo (Santiago Texcalcingo)

Santiago Textitlán (Santiago Textitlán)
Santiago Tilantongo (Santiago Tilantongo)
Santiago Tilapa (Coicoyán las Flores)
Santiago Tillo (Santiago Tillo)
Santiago Tiño (San Juan Mixtepec)
Santiago Tlatepusco (San Felipe Usila)
Santiago Tlazoyaltepec (Santiago Tlazoyaltepec)
Santiago Tutla (San Juan Mazatlán)
Santiago Vargas (San Bartolo Yautepec)* 1990
Santiago Vargas o Llano Santiago (San Carlos Yautepec)
Santiago Viejo (Mazatlán Villa de Flores)+ 1994
Santiago Xanica (Santiago Xanica)
Santiago Xiacuí (Santiago Xiacuí)
Santiago Yagallo (San Juan Yaee)
Santiago Yaitepec (Santiago Yaitepec)
Santiago Yaitepec (Santiago Yaitepec)* 2000
Santiago Yaveo (Santiago Yaveo)
Santiago Yolomécatl (Santiago Yolomécatl)
Santiago Yolomécatl (Santiago Yolomecatl)*+ 2000
Santiago Yosondúa (Santiago Yosondúa)
Santiago Yosotiche (Putla de Villa Guerrero)
Santiago Yucuyachi (Santiago Yucuyachi)
Santiago Zacatepec (Santiago Zacatepec)
Santiago Zoochila (Santiago Zoochila)
Santiago Zoquiapan (Nuevo Zoquiapan)
Santiago Zoquiapan (Nuevo Zoquiapan)+ 2000
Santiaguito (Pluma Hidalgo)
Santiaguito (San Pedro Quiatoni)
Sitio de Santiago (Ocotlán de Morelos)* 1980
Tierra y Libertad o Río Santiago (Santiago Textitlán)

Puebla

Barrio Santiago (Izúcar de Matamoros)* 2000
Barrio Santiago Ilamacingo (Acatlán)
Ecatlán o Santiago Ecatlán (Jonotla)
Huejotal o Santiago Huejotal (Huaquechula)
Jardines de Santiago (Puebla)* 1980
Paso Santiago (San Sebastián Tlacotepec)
Primera Sección Santiago Acatlán (Tepeaca)
Rancho Santiago Guadalupe (Nopalucan)* 2000
Santiago (Chiautzingo)
Santiago (Chichiquila)
Santiago (Huachinango)
Santiago (Xiutetelco)
Santiago Acatlán (Tepeaca)
Santiago Acozac (Los Reyes de Juárez)* 1990
Santiago Alseseca (Tecamachalco)
Santiago Alseseca (Tecamachalco)* 2000
Santiago Alseseca o Puente el Ingenio (Tecamachalco)
Santiago Atzitzihuacán (Atzizihuacán)
Santiago Buenavista (Huanchinango)
Santiago Coltingo (Ocoyucan)
Santiago Coltzingo (Tlahuapan)
Santiago de los Leones (Puebla)* 2000
Santiago de los Leones o Xitenco Canoa (Puebla)+ 2000
Santiago La Pedrera (Chila)
Santiago Mextla (Huejotzingo)
Santiago Miahuatlán (Santiago Miahuatlán)+ 2000
Santiago Miahuatlán (Santiago Mihuatlán)
Santiago Mitepec (Jolalpan)
Santiago Momoxpan (San Pedro Cholula)
Santiago Nopala (Atexcal)
Santiago Ocotepec (San Juan Atenco)+ 1940
Santiago Ovando (Nopalucan)
Santiago Quetzoltepec (Libres)

Santiago Tenango (General Felipe Ángeles)
Santiago Tepetlacolco (Tlautepec de Benito Juárez)+ 2000
Santiago Tetla (Huaquechula)
Santiago Tochimizolco (Tochimilco)
Santiago Tula (Tehuacán)* 1990
Santiago Tzingo (Tecali de Herrera)
Santiago Xalitzintla (San Nicolás de los Ranchos)
Santiago Xicotenco (San Andrés Cholula)
Santiago Xochimiltzingo (Atlixco)* 1980
Santiago Xonacatlán (Cuyoaco)
Santiago Yancuitlalpan (Cuetzalan del Progreso)
Santiago Zautla (Zautla)
Texmelucan (Oriental)* 1990
Tlaxco o Santiago Tlaxco (Chiconcuautla)

Querétaro

Barrio de Santiago o Charco frío (Cadereyta de Montes)
Ejido Santiago Atepetlac (Pedro Escobedo)
El Cacahuate o Santiago Mexquiquitlán Barrio 6to (Amealco de Bonfil)
El Carmen o Santiago Mexquiquitlán Barrio 6to (Amealco de Bonfil)
El Jaral o Santiago Mexquiquitlán Barrio 6to (Amealco de Bonfil)
El Rio o Santiago Mexquiquitlán Barrio 6to (Amealco de Bonfil)
La Isla o Santiago Mexquiquitlán Barrio 6to (Amealco de Bonfil)
La Puerta de Santiaguillo (Querétaro)
La Venta o Santiago Mexquiquitlán Barrio 6to (Amealco de Bonfil)
Loma de la víbora o Santiago Mexquiquitlán Barrio 6to (Amealco de Bonfil)
San Felipe o Santiago Mexquiquitlán Barrio 6to (Amealco de Bonfil)
Santa Teresa o Santiago Mexquiquitlán Barrio 6to (Amealco de Bonfil)
Santiago Azogues (San Joaquín)+ 2000
Santiago de Querétaro (Querétaro)
Santiago Mexquiquitlán Barrio 1ro (Amealco de Bonfil)
Santiago Mexquiquitlán Barrio 2do (Amealco de Bonfil)
Santiago Mexquiquitlán Barrio 4to (Amealco de Bonfil)
Santiago Mexquiquitlán Barrio 5to o El Pastoreo (Amealco de Bonfil)
Santiago Mexquiquitlán o Barrio 3 (Amealco de Bonfil)
Tierras Negras o Santiago Mexquiquitlán Barrio 6to (Amealco de Bonfil)

Quintana Roo

Santiago Palacios Carillo (Otón P. Blanco)
Santiago Torres (Otón P. Blanco)
Santiago Vera (Otón P. Blanco)* 1995
Santiago Hernández (Otón P. Blanco)* 1995
Santiago Alvarado (Otón P. Blanco)+ 2000
Santiago Ek Pech (Benito Juárez)* 2000
Santiago May (Lázaro Cárdenas)* 2000

San Luis Potosí

Amatitla de Santiago (Tamazunchale)
Barrio de Santiago (Tierra Nueva)
Boca de Santiago (Villa de Reyes)
Cerro Grande Santiago (Tamazunchale)
Cuajapa Santiago (Tamazunchale)
El Noillo o Santiago Flores (Venado)
Erasmo Santiago (Aquismon)
Estancia de Santiago (Santa María del Río)
Exhacienda de Santiago o Santiago (Villa de Arriaga)
Ixtla o Ixtla Santiago (Tamazunchale)
Papatlaco Santiago (Tamazunchale)
Pezmayo Santiago (Tamazunchale)
Rancho Santiago (Santa María del Río)* 2000
Rancho Valle de Santiago (Ciudad Valles)
Sacrificio o Nuevo Santiaguillo (Ciudad Valles)

Santiago (Tampolón Corona)*+ 2000
Santiago Centro (Tamazunchale)
Santiago Olvera (Ébano)+ 2000
Santiaguillo (Ciudad Valles)
Tanque de Don Santiago (Charcas)
Tlamaya Santiago (Tamazunchale)

Sinaloa
Arroyo de Santiago (San Ignacio)* 1980
Santiago (San Ignacio)* 2000
Santiago de Comanito (Mocorito)
Santiago de los Caballeros (Badiraguato)
Santiago de Ocoroni (Sinaloa)
Santiago o Poblado de Ttuitis (Choix)* 1995
Santiaguillo (Cosalá)* 2000
Santiaguillo (Escuinapa)* 2000
Santiaguillo (San Ignacio)
Taller módulo dos o Casa de Santiago (El Fuerte)

Sonora
Arnulfo Santiago (Caborca)
Campo de Santiago Cossío (Guaymas)* 2000
Campo de Santiago Cossío (San Ignacio de Río Muerto)
Milpa de Santiago (San Pedro de la Cueva)* 2000
Rancho Santiago Y. (San Miguel de Horcasitas)* 2000
Santiago (Magdalena)* 1980
Santiago Cruz o Cochorit (Etchojoa)
Santiago o Santiago de Ures (Ures)
Santiago Orejel (San Luis Río Colorado)

Tabasco
El Santiago o Gregorio Méndez Yta Sección (Comacalco)
Francisco Santiago (Balancán)
Santaguito o Río Seco 2da Sección (Santiago Tuxtla)
Santiago Catarroso (Macuspana)+ 1936

Tamaulipas
El Mogote de Santiago (Matamoros)
Santiago (San Fernando)* 1980
Santiago Arredondo (Matamoros)
Santiago Fajardo o Francisco Nicodelmo (González)
Santiago Mendiola o Capote (Matamoros)
Santiago o Santo Santiago (Reynosa)
Santiago Reyna (Hidalgo)+ 2000
Santiaguillo o Magdaleno Aguilar (Jaumave)
Santo Santiago (Reynosa)* 1990
Santos Santiago o Las Chapitas (Matamoros)

Tlaxcala
Barrio de Santiago (Ixtenco)+ 2000
Coronel Felipe Santiago Xicoténcatl (Tlaxco)+ 1959
NSPA Santiago Tetla (Tlaxco)+ 2000
Santiago Ameca (Españita)* 1990
Santiago Brito (Huamantla)
Santiago Brito (Huamantla)+ 1980
Santiago Cuaula (Calpulalpan)
Santiago de los Leones (San Pablo del Monte)* 2000
Santiago Michac (Nativitas)
Santiago Michac (Nativitas)+ 1980
Santiago Tepeticpac (Totolac)
Santiago Tetla (Tetla de Solidaridad)+ 1964
Santiago Tlacochcalco (Tepeyanco)
Santiago Tlalpan (Hueyotipan)
Santiago Tochac (Xaloztoc)+ 1930
Santiago Villalta (Atlangatepec)
Santiago Villalta (Tlaxco)* 2000
Santiago Xochimilco (Ixtacuixtla de Matamoros)
Santiago Zotoluca (Tlaxco)+ 2000

Veracruz
Barrio de Santiago o El Charco (Tonayan)

Chichoncillo o Santiago Chichoncillo (Tamalín)
Ejido Santiago (Santiago Tuxtla)
Ejido Santiago de la Peña (Tonayan)* 1995
Ejido Santiago de la Peña (Tonayan)* 2000
Lázaro Santiago (Ozuluama de Mascareñas)
Mesa de Santiago (Tempoal)
Paso Santiago (Soledad de Doblado)
Rancho Rincón de Santiago (Juan Rodríguez Clara)* 1995
Rancho Santiago (Playa Vicente)
Rancho un Rincón de Santiago (Juan Rodríguez Clara)
Santiago (Atzalan)
Santiago (Huayacocotla)
Santiago Ateno (Zontecomatlán)
Santiago de la Peña (Tuxpan)
Santiago Huatusco (Carrillo Puerto)
Santiago Jomate (Sayula de Alemán)* 1980
Santiago Lío (Pánuco)*+2000
Santiago Mextla (Tatatila)
Santiago Sánchez o Sancudo (El Higo)* 2000
Santiago Serrano (Pánuco)* 2000
Santiago Tuxtla (Santiago Tuxtla)
Santiago Xihuitlán (Juchique de Ferrer)
Santiago Zarate (Sayula de Alemán)
Tomasa Santiago (Tihuatlán)* 2000

Yucatán
San Santiago (Tzimin)
Santiago (Dzilam González)
Santiago (Tahdziu)*+ 1995 y 2000
Santiago (Tinum)
Santiago (Tixcacalcupul)
Santiago Apóstol (Río de Lagartos)* 1980
Santiago Apóstol (Río Lagartos)* 2000
Santiaguito (Panaba)
Santiaguito (Panaba)* 1990
Santiaguito (Panaba)* 1980
Santiaguito (Panaba)* 1995
Santiaguito (San Felipe)
Santiaguito (San Felipe)* 1995
Santiaguito (San Felipe)* 2000
Santiaguito o X Cristal II (Panaba)

Zacatecas
Arroyo de Santiago (Valparaíso)* 2000
Barrio de Santiago (Nochistán de Mejía)* 1990
Fraccionamiento Santo Santiago (Tlatenango de Sánchez Román)
Los Santiagos (Jalpa)
Mesa de Santiago (Trinidad García de la Cadena)
Noria del Cerro de Santiago o Cerro (General Pánfilo Natera)
Mesa de los Santiagos o Rancho el Rico (Jalpa)
Santiago (Pinos)
Santiago (Sombrerete)+ 1940
Santiago (Tabasco)* 1980
Santiago de la Herradura (Sombrerete)
Santiago el Chique o El Chique (Tabasco)
Santiago Nexcaltitán (Tepechitlán)
Santiago R. Macías (Ojo Caliente)* 1990
Santiaguillo (Fresnillo)
Santiaguito (Trinidad García de la Cadena)* 1990

Número de municipios con el patronazgo de Santiago que no tienen oficialmente el nombre del Santo

CLAVE	NOMBRE	POBLACIONES CON EL PATRONAZGO DE SANTIAGO
01	Aguascalientes	1
02	Baja California	No encontrados
03	Baja California Sur	1
04	Campeche	1
05	Coahuila	3
06	Colima	No encontrados
07	Chiapas	6
08	Chihuahua	1
09	Distrito Federal	No encontrados
10	Durango	1
11	Guanajuato	3
12	Guerrero	7
13	Hidalgo	7
14	Jalisco	9
15	México	12
16	Michoacán	7
17	Morelos	4
18	Nayarit	3
19	Nuevo León	1
20	Oaxaca	2
21	Puebla	12
22	Querétaro	1
23	Quintara Roo	No encontrados
24	San Luis Potosí	3
25	Sinaloa	1
26	Sonora	No encontrados
27	Tabasco	No encontrados
28	Tamaulipas	1
29	Tlaxcala	2
30	Veracruz	11
31	Yucatán	7
32	Zacatecas	1
		Total = 108

Municipios con el patronazgo de Santiago que no tienen oficialmente el nombre del Santo

ESTADO	MUNICIPIO
Aguascalientes	Jesús María
Baja California	No encontrados
Baja California Sur	Ignacio María Napoli
Campeche	Baluarte Santiago
Coahuila	Monclova
	Saltillo (antes Santiago del Saltillo del Ojo de Agua)
	Viseca
Colima	No encontrados
Chiapas	Amatenago de la Frontera
	Amatenango del Valle
	Cacahoatán
	Pyijiapan
	Tenejapa
	Yajalón
Chihuahua	Babonoaya (Satevo)
Distrito Federal	No encontrados
Durango	Mapimí
Estado de México	Ayapango
	Chalco
	Hueypoxtla
	Isidro Fabela
	Ixtapan de la Sal
	Jiquipilco el Viejo
	Poxtla
	San Felipe del Progreso
	Temoaya
	Tequixquiac
	Texcaltitlán
	Tultepec
Guanajuato	Coroneo
	Silao
	Tarandacua
Guerrero	Ayutla de los Libres
	Cuajinicuilapa
	Chilacachapa
	Heliodoro Castillo
	Ometepec

Guerrero (continuación)	Quechultenango
	Xochihuehuetlan
Hidalgo	Atotonilco de Tula
	Cahapantongo
	Cochotla
	Huazalingo
	Tecozautla
	Tepehuacán de Guerrero
	Zimapan
Jalisco	Ameca
	Cuautla
	Ixtlahuacán de los Membrillos
	Manalisco
	Pihuamo
	Tenamaxtlan
	Tequila
	Tlaquepaque
	Tomatlán
	Tonalá
	Zapopan
Michoacán	Coalcomán de Vázquez Pallares
	Charo
	Nahuatzen
	Azuayo
	Tanhuato
	Tuxpan
Morelos	Jiutepec
	Ocuituco
	Xochitepec
	Zacatepec
Nayarit	Acaponeta
	Compostela
	Ixtlán del Río
Nuevo León	Sabinas Hidalgo
Oaxaca	San Miguel Coatlán
	Yogaza
Puebla	Albino Zertuche
	Atzala
	Chignahuapan
	Chila
	Hueytamalco
	Pehuatlán
	Petlalcingo

Puebla (continuación)	Tecali de Herrera
	Teopantlán
	Yaonáhuac
	Zautla
Querétaro	No encontrados, pero en Jalpan de Serra se encuentra la Misión de Santiago
Quintana Roo	No encontrados
San Luis Potosí	Aquismon
	Ciudad Valles
	San Luis Potosí
Sinaloa	Sinaloa (antes San Felipe y Santiago Sinaloa)
Sonora	No encontrados
Tabasco	No encontrados
Tamaulipas	Altamira
Tlaxcala	Altzayanca
	Tetla
	Tlaxco
Veracruz	Ayahualulco
	Carrillo Puerto
	Coacoatzintla
	Coatzintla
	Mecayapan
	Moloacán
	Tantoyuca
	Tehuipango
	Temapache
	Tlapacoyan
	Tlilapan
Yucatán	Chicxulub-Pueblo
	Dzán
	Halachó
	Hunucmá
	Muxupic
	Río Lagartos
	Sucila
Zacatecas	Moyahua de Estrada

Santiago en el estado de México y el Distrito Federal

Luego [los indios] comenzaron todos a correr a una parte y a otra por entre aquellos pinos, dando voces y diciendo y repitiendo muchas veces ¡Santiago!, ¡Santiago!

Fray Antonio de Ciudad Real, *Tratado curioso y docto de las grandezas de la Nueva España*

El estado de México y sus cinco zonas santiagueras

Lo que hoy es conocido como el estado de México se divide en varios valles, entre los cuales se encuentra el valle de México y el de Toluca. Los pueblos de Santiago los encontramos en estas zonas privilegiadas por la evangelización, por haber sido el primitivo espacio de la colonización: allí los recursos humanos y naturales abundaban y la proximidad con los grandes núcleos urbanos facilitaba los intercambios. En un segundo tiempo también fueron evangelizados los lugares más apartados; de modo que encontramos tres zonas más donde se multiplicaron los pueblos santiagueros: en la sierra de Jiquipilco, situada en el norte de Toluca; en la de San Andrés, que se sitúa en los alrededores de Jocotitlán, y en las de Tepotzotlán y Tezontalpan, que ocupan el norte de la ciudad de México. Nos pareció que en el estado de México se podían considerar cinco zonas santiagueras, las cuales vamos a presentar a continuación.

El valle de México

Las principales ciudades actuales son Chalco y Amecameca. Las dos son de origen prehispánico. Chalco, antes de la llegada de los españoles, estaba ocupado por varias etnias indígenas, entre ellas los chalcas, que en guerras sucesivas se opusieron a los mexicas. La larga lucha que sostuvieron por la supervivencia y la defensa del territorio explica por qué la región de Chalco y Amecameca no logró nunca el esplendor de Texcoco y Tenochtitlán. En 1465, Chalco se convierte en una provincia tributaria que proporciona a los mexicas productos de la agricultura, especialmente el maíz local que gozaba de gran fama.

Cuando llega Cortés a la región, los chalcas le piden protección e integran una coalición de tribus en contra de los mexicas. Aliados de los españoles, dominan otra vez el territorio y de buen grado se ponen a la disposición de los recién llegados. Años después, Cortés se asigna a sí mismo la provincia de Chalco en encomienda, hasta que en 1520 Nuño de Guzmán se apodera de ella.

Al llegar los misioneros el terreno ya se había preparado para la evangelización. Los franciscanos fueron los primeros en impartir la doctrina en esta región y no tardaron en seguir sus huellas los agustinos y los dominicos.

Fray Martín de Valencia, que encabezaba el grupo de los doce franciscanos, se instaló en el convento de Amecameca, que se empezó a construir en 1527. Dos años antes el insigne fraile ya había iniciado la labor de catequizar a los pueblos circunvecinos. Se cuenta que en 1525 prendió fuego a las casas de los sacerdotes del cerrito Amaqueme, las cuales estuvieron ardiendo hasta el amanecer y que los indios, espantados, subieron al cerro a bautizarse arrepentidos de sus antiguas creencias. El fraile consagró su vida evangelizando a los aborígenes de aquella zona. Fue él quien inició en 1533 el culto al Santo Entierro o Señor del Sacromonte, lugar donde le gustaba ir a descansar y meditar. Murió en 1534, en el embarcadero de Ayotzingo.

En Chalco posteriormente se levantó una humilde capilla que con el tiempo se convirtió en convento franciscano, del cual quedan el claustro y algunos restos de los muros. Estuvo sujeto al convento de Tlamanalco. La iglesia, dedicada a Santiago, se levantó a partir de 1560. Es una construcción de tipo basilical que, por ser obra importante, se concluyó hasta 1780. Tiene una elegante fachada de tres cuerpos: el inferior es de orden dórico, el intermedio jónico y el superior, que es corintio, está rematado con almenas estilizadas. Tiene en su centro un alto relieve esculpido que representa al santo patrón Santiago a caballo. Un cordón franciscano rodea el espacio de la escultura. En la parte más elevada, un medallón ovoidal enseña una cruz.

En el interior de la iglesia, cerca de la puerta de la entrada, del lado del evangelio, se encuentra una imagen de Santiago a caballo que es muy venerada. Las fiestas patronales duran quince, días del 16 al 31 de julio, siendo los cofrades los responsables de organizarlas y de cuidar la imagen.

El fervor que se tiene a Santiago se debe a los muchos milagros que supuestamente ha realizado, como lo prueba un escaparate donde se exhiben "milagritos" y exvotos, que agradecen los favores recibidos. La alfalfa que a menudo tiene el caballo en el hocico también se relaciona con la milagrosidad del Santo. Se cuenta que un vendedor de ovejas, desesperado porque durante casi todo el día no había vendido ninguna en el mercado que semanalmente hay en Chalco, entró en la iglesia y le prometió a Santiago que si vendía sus ovejas no le faltaría alfalfa a su caballo. Al regresar a su puesto, vendió todos los animales y, el agradecido hombre llevó la alfalfa. En la actualidad los cofrades del Santo perpetúan la costumbre.

La implantación de los dominicos en este lugar fue también temprana. A fines de 1530 unos tributos de Chalco fueron asignados a la orden de predicadores para la construcción de un monasterio.

En las cercanías de Amecameca hay tres pueblos notables dedicados al Apóstol: Ayapango, Santiago Cuauhtenco (o Cuautenco) y Tepopula; los tres tienen en común varias características: eran pueblos de indios y fueron evangelizados por los franciscanos que los pusieron bajo la advocación de Santiago. Los frailes de Tlalmanalco los administraban; ahora pertenecen a la diócesis del Valle de Chalco.

De Ayapango se sabe que en 1673 se benefició de la congregación de pequeñas localidades de los alrededores, operación que se realizó para reforzar el poblado y facilitar la obra evangelizadora. La iglesia parroquial de Santiago, de buenas proporciones, se caracteriza por una hermosa fachada que presenta, en la parte más alta, un medallón con una escultura de Santiago a caballo. La fachada y la torre constituyen un tipo arquitectónico de transición entre los estilos barroco y clásico. La planta es de cruz latina "y está asociada a lo que parecen ser los restos de un convento de visita, del cual sólo queda la portería".[1]

En el interior de la iglesia, los retablos barrocos hechos con figuras de bulto pueden considerarse obras escultóricas en sí mismas. Hay un retablo barroco, donde se expone una talla de Santiago en su advocación de peregrino. Su bastón semeja una rama de árbol y en su capa se pueden apreciar unas conchas doradas. Su cuerpo es esbelto y su rostro fino; a sus atributos de peregrino se añaden los de apóstol, pues lleva en una mano la *Biblia* y encima de su vestido, una toga roja con la que se suele representar a los apóstoles.

La iglesia de Ayapango cuenta con una imagen procesional. Santiago empuña una brillante espada y lleva en la cabeza un casco plateado, que enmarca su rostro inmutable con barbas y bigote negros. Monta un hermoso caballo blanco de grandes ojos marrón, con largas pestañas de pelo natural. En la escultura no se representa a ningún moro.

En Santiago Cuauhtenco, también conocido como la Rinconada por estar al final de un cerro, cada año los mayordomos cambian las vestiduras del Apóstol. En la víspera del 25 de julio, Santiago sale en procesión durante toda la noche, visitando las casas de los feligreses, que cantan y llevan velas encendidas mientras lo transportan.

[1] Julián Rivera López y Federico García García, *Ayapango. Monografía municipal*, p. 64.

Recientemente pintado y limpio, el pequeño templo de Cuauhtenco muestra los cuidados que los parroquianos le prodigan. El 25 de julio, suelen llevar milpas de maíz para que el Santo bendiga las cosechas y lo adornan de una manera muy singular: le cuelgan collares de bombones y dulces, y al caballo, manzanas. Este año, para su fiesta, vistieron al Apóstol con traje y botas de impecable color blanco, mientras que el bonachón del caballo estrenó unas cinchas nuevas y un listón blanco en el pecho.

Las salidas furtivas de Santiago se conocen en Cuauhtenco. Algunos mayordomos han dicho que a veces amanece con las ropas sucias de lodo. También se le han adjudicado amores, nos dijo Micaela Aguilar Hernández, cuidadora de la iglesia, quien recordó que cuando el Santo era llevado a Amecameca, no quería regresar al pueblo, contento de la compañía de Santa Isabel, a quien llevaban los de otra comunidad.

Como en muchas poblaciones mexicanas, se cuenta la leyenda que Santiago protegió a sus feligreses cuando un poderoso ejército iba a atacarlos. "Los atajó en un río", cuenta la cuidadora de la iglesia; los enemigos vieron "muchísimos caballos, pero solamente era él". Es decir, el Santo había producido el espejismo de una fuerte caballería, que provocó la retirada de los enemigos.

No muy lejos de Ayapango se encuentra Santiago Tepopula, que desde hace ochenta años dejó de ser una capilla para convertirse en parroquia. La iglesia se terminó de construir en 1945. La blanca fachada ha sido decorada con dorados motivos vegetales y columnas salomónicas, y tiene un alto relieve en el cual se representa a Santiago a la manera de las estampas populares: el Santo monta un caballo blanco que parecer volar por los aires y viste un traje azul; lleva en una mano una espada dorada y una aureola blanca circunda su cabeza.

Es verdaderamente notable la imagen ecuestre que guarda la iglesia de este lugar. Cuando se aproxima la fiesta, se coloca muy cerca de la puerta principal, cual si el Santo estuviera listo para recibir a sus visitantes. Varias plumas blancas adornan su casco y del mismo color es la larga capa que se le coloca. Las proporciones de su cuerpo se pierden a causa de lo cerrado y desproporcionado del traje de terciopelo café con el cual se le ha vestido. El caballo parece sonreír a los feligreses, con su hocico abierto de labios rosados. Tiene enormes ojos y largos crines de cabello natural. Su simpatía contrasta con el moro que, teatralmente, se defiende de la embestida del animal; hay, además, una cabeza de un moro que destaca por su realismo, ya que salen de ella jirones de músculos y algunos huesos. Para tomar la fotografía, debimos quitar un gran moño que estaba colocado frente a la cabeza, como si hubiera cierto pudor en exhibirla.

Tepopula conmemora a su santo patrón del 24 al 26 de julio. Durante la fiesta, se baila la *danza de los doce pares de Francia.* No faltan los juegos pirotécnicos ni los castillos de luces que se encienden por las noches. En andas, el Santo sale en procesión por las calles del pueblo. Sobre los mayordomos cae la responsabilidad de organizar los festejos, que anuncian en carteles pegados en los comercios y en las puertas de la iglesia.

El valle de Toluca

La evangelización de los naturales del valle de Toluca primero estuvo a cargo del convento franciscano de México. En fecha temprana fue fundado un convento en Toluca. A partir de allí los frailes evangelizaron y administraron los sacramentos a la población local. Las dificultades de la empresa eran múltiples, debido especialmente a la diversidad de las lenguas que se hablaban en la región.[2] Eran en orden de importancia: náhuatl, otomí, matlatzinca, mazahua, ocuilteca y tarasco, ésta última en las fronteras con Michoacán. Varios frailes se especializaron en la práctica de una o varias de ellas para atender las necesidades propias de la labor evangélica. Tal es el caso de fray Andrés de Castro, quien recorrió toda la zona mazahua y fue el primer religioso que aprendiera la lengua matlatzinca. Mendieta escribe que "ningún otro la supo ni antes ni después de él por espacio de veinte años".[3] El fraile había llegado a México en 1542, y vivió poco más o menos cuarenta años en estas tierras, convirtiéndose en gran protector de los indios, por quienes dio su vida.

Otros frailes se destacaron en esa obra, como fray Antonio Rangel, que escribió una gramática de la lengua otomí. También hay que destacar algunos frailes ilustres que habitaron el convento de Toluca y reconocieron las tierras de ese valle: el mismo fray Jerónimo de Mendieta y el muy erudito fray Juan de Torquemada, quien escribió allí parte de su *Monarquía indiana.*

Los agustinos que también intervinieron en la empresa se especializaron en determinadas lenguas indígenas: fray Miguel de Guevara, quien escribió el *Arte doctrinal y modo de aprender la lengua matlatzinca* (1638) y fray Diego Basalenque, autor de *Arte de la lengua matlatzinca y sermonario* (1642).

El clero secular administró varios pueblos del valle de Toluca desde fecha temprana. Los seculares muchas veces combinaban sus actividades con los frailes para, a turno, confesar o predicar a fieles cuyas lenguas conocían.

Los pueblos que eran cabecera tenían iglesia, levantada con dinero del encomendero o por donaciones que los mismos indígenas hacían. Entre los templos que se erigieron entonces varios fueron dedicados a Santiago en pueblos que además le tomaron el nombre: Santiago Metepec y Santiago Tlaxomulco,

[2] Rosaura Hernández Rodríguez, *El valle de Toluca. Época prehispánica y siglo XVI,* pp. 74- 82.
[3] *Ibid.*, p. 76.

los dos de lengua matlatzinca, y Santiago Tlacotepec, de lengua náhuatl, todos ellos eran visitas o doctrinas de Toluca. Al igual que las poblaciones anteriores, Santiago Tilapa fue evangelizado por franciscanos, mientras que Santiago Tianguistenco lo fue por agustinos. Echemos ahora una mirada a las iglesias más interesantes de estos contornos.

Pueblos al sur de Toluca

Santiago Tlacotepec

Santiago Tlacotepec fue fundado en 1558. Los frailes se trasladaban desde el convento franciscano de Toluca hasta este lugar para evangelizar a los indígenas. La catequesis era durante el día, pues en la noche regresaban al convento. La pequeña iglesia perteneció a Metepec y en el siglo XVIII pasó a la jurisdicción de Toluca.

La fachada de la parroquia es un buen ejemplo del sincretismo arquitectónico que se creó en el siglo XVI. En el primer cuerpo de la fachada, la clave del arco es una piedra prehispánica que posiblemente aluda a Quetzalcóatl. Como es sabido, no es el único caso en que las antiguas piedras de los templos paganos sirvieron para construir las iglesias cristianas. Los indígenas seguramente veían con agrado estas incorporaciones arquitectónicas y quien sabe si los mismos evangelizadores las promovieron, para acercar a los indios a los templos donde les enseñarían una nueva religión.

En cada jamba del arco corren paralelamente el cordón franciscano y el tallo de una planta de maíz que, enraizada, sube hasta rematar en un fruto. El fruto simboliza la fe cristiana que ha hecho raíces y fructificó en estas tierras gracias a la catequesis franciscana. Haber incluido esta planta en la fachada es sin duda un gran acierto, pues desde tiempos inmemorables y hasta la fecha, el maíz ha sido el principal alimento de los mexicanos y, por tanto, es un elemento cultural muy importante.

En el tercer cuerpo de la fachada hay un alto relieve de factura reciente en colores azul y blanco, que representa a Santiago a caballo enfrentándose a los moros. La composición de la escena recuerda las populares estampas de Santiago que se venden en los mercados y en los pórticos de las iglesias.

En lo alto de la torre están esculpidos dos escudos: el primero es heráldico, cardenalicio, según los pisos de la borla que lo rodean. Se trataría del escudo de un cardenal sevillano, protector de la orden franciscana en la época en que se construyó la iglesia. En el fondo del escudo se representan las cinco llagas franciscanas.

El segundo escudo contiene el monograma de la virgen María, representado por las letras *MR* entrelazadas, rematadas por una corona de reina. La presencia de la Virgen en las iglesias de Santiago no es un hecho esporádico, sino constante, según hemos podido constatar.

Al parecer, el templo no conserva ninguna imagen antigua del Apóstol. Según el párroco, la parroquia fue quemada por los zapatistas, cuando en la Revolución Mexicana ocuparon el pueblo. Actualmente se veneran dos imágenes: una de peregrino en el altar mayor y otra ecuestre, procesional, dentro de una capilla, en el fondo de la iglesia. Ésta es la imagen más venerada. Santiago figura como un hombre esbelto; viste una armadura verde adornada con hermosos querubines dorados que están en cada coyuntura de las rodillas y los codos; en las piernas corre un tallo dorado. Este elegante caballero, lleva un casco con un plumón colorido. Su montura es apacible e inocente, sin belicosidad alguna.

Santiago Tianguistenco

Santiago Tianguistenco es una de las poblaciones más grandes del estado de México, con una importante actividad económica. La iglesia se construyó entre 1755 y 1797, según se lee en la placa conmemorativa incrustada en la fachada. Para reunir fondos para la fiesta del 25 de julio, los mayordomos van de casa en casa pidiendo dinero. Llevan una charola de plata con la imagen del apóstol peregrino, que pertenece a la mayordomía desde 1945.

El templo tiene solamente una imagen de Santiago en el altar principal, que data del siglo XIX. Lleva un báculo y la *Biblia*. Debajo de él, hay un capelo que guarda una imagen de la Virgen de Buen Suceso.

En muchas iglesias mexicanas, la Virgen, en cualquiera de sus advocaciones, aparece junto a Santiago, como ya lo señalamos y tendremos otras ocasiones más de comprobarlo. Esta asociación tiene una larga historia. Cuenta la leyenda que María se le apareció al Apóstol encima de un pilar, cuando éste, evangelizando en España, se desmoralizaba ante los escasos logros de su prédica. La aparición dio origen al culto de la Virgen del Pilar en Zaragoza.

Santiago Tilapa

A diez minutos de Tianguistenco, se encuentra Santiago Tilapa. Es muy probable que la iglesia fuera construida en el lugar de un antiguo templo prehispánico, pues cuando se ha excavado el suelo, se han encontrado algunas muestras de asentamientos humanos de aquella época. A ello se añade que, a escasos metros del atrio, hay un ojo de agua que brota de una arena negra y fina, donde probablemente los antiguos otomíes rendían culto a alguna deidad del agua.

Cualquiera que sea su origen, no cabe duda que la iglesia es una joya del arte colonial, donde han confluido varias manifestaciones culturales. El techo es un artesonado de madera oscura de clara raigambre mudéjar y la abigarrada decoración del altar mayor se inscribe en el barroco novohispano, así como los retablos al óleo que existen en el recinto.

En el altar se expone una imagen ecuestre de Santiago, que viste un casco de plumas multicolores y una capa roja. La imagen se encuentra en un nicho, donde, con motivo de la fiesta, se colocan una milpa de maíz y un gran pan en forma de corazón, y a lo largo de la repisa del altar, una hilera de tunas. Cada lado de la imagen es flanqueada por un óleo: en el de la derecha, el Santo, vestido como peregrino, bendice a un moro que está hincado frente a él; en el de la izquierda, se representa a la Virgen de Pilar que el Apóstol venera.

Desde hace muchos años, en el nicho se guarda una pequeña talla en madera de Santiago como apóstol, que, según dicen los mayordomos, es la escultura más antigua de la iglesia. Asimismo, hay dos exvotos pintados en madera, de principios del siglo XX. En uno de ellos, un hombre da gracias a Santiago porque, habiendo sido atacado de unas dolencias muy graves, encomendándose al Santo recuperó la salud. En el otro, se dibuja un campesino agarrado de un árbol, a cuya altura aparece el Apóstol a caballo. Según se lee en el exvoto, el campesino había caído en una barranca, de la cual pudo salir con vida, pues al momento de caer, se había encomendado a Santiago.

De estilo barroco es también el óleo que cuelga en una pared próxima a la entrada. Está dividido en cuadros delineados en color negro, y en cada uno de ellos se expone un tema religioso. Hay dos cuadros protagonizados por Santiago. En uno se le ve matando moros y dispersando al ejército enemigo. El Santo lleva una larga capa de tono rojo intenso, que parece mover el viento, y las esbeltas patas de su caballo, como si de una bailarina se tratara, cabalgan de puntas al pasar encima de los moros que yacen en el suelo. Al fondo, en uno de los extremos, hay una ciudad almenada, seguramente Jerusalén, de la cual sale una bandera roja con el signo de la cruz.

El mensaje de este cuadro no es difícil de interpretar: la ciudad cristiana, por el hecho de estar bajo el signo de la cruz, ha sido salvada de los herejes —es decir, los moros—, gracias a la intervención de Santiago. Es el mismo tema que hasta ahora se expone en las danzas de la Conquista. El propósito didáctico de la pintura y la afirmación de lo simbólico, rasgos esenciales en el barroco, se cumplen satisfactoriamente en esta pintura.

En el segundo cuadro, Santiago, ataviado como peregrino, aparece rodeado de un paisaje de nubes azuladas, con pajaritos rosados que vuelan por el cielo. Para enfatizar su misión evangélica, en una mano lleva la *Biblia.* Frente a él hay un personaje que también tiene las Sagradas Escrituras, pero, a diferencia de

Santiago, las tapas del libro están abiertas. Esta original representación barroca contiene un juego: el Santo, en lugar de mirar a su interlocutor, dirige sus ojos hacia nosotros, ingenuos espectadores de la escena, que de esta manera quedamos sorprendidos.

Sin saber en qué tratado de pintura o pasaje bíblico se inspiró el autor de este cuadro, no es inaccesible desentrañar cuál fue su propósito: Santiago es el peregrino que lleva las palabras del evangelio. Es evidente que el pintor comulgaba con el Concilio de Trento, el cual promovía que el mensaje de la obra pictórica fuera sencillo, para que lo comprendieran los feligreses, ya fueran letrados o no.

En la única capilla que existe en la iglesia, el visitante se encuentra con un relieve en madera de Santiago muy original. El Santo, montado sobre su caballo, tiene girado el torax hacia el espectador, mientras que sus piernas están colocadas en la dirección contraria. El tronco del cuerpo es pequeño y por las vestiduras que lleva no se ve la cintura. El escultor no supo darle la colocación y las proporciones adecuadas.

Como suele suceder en este tipo de representaciones hechas por manos indígenas, la factura más afortunada corresponde al caballo del Santo. Se trata de un animal gracioso, por sus dulces ojos azules, cejas arqueadas, labios rojizos y pequeñas y afiladas orejas. Tiene el cuello corto y es un tanto panzón; los muslos de las patas podrían ser de una persona. Este caballo se ha humanizado.

Es curiosa la forma en que se ha vestido al Apóstol. En la cabeza lleva un sombrero de fieltro marrón, que contrasta con las enaguas de tela lustrosa que lo cubren. Si la vestimenta es un rasgo de significación cultural, estos dos accesorios son una mezcla de culturas y tiempos distintos: el sombrero es usado por los campesinos de hoy en día y las enaguas remiten a los trajes prehispánicos.

El rostro del Santo es severo. Desde lo alto de su montura, parece mirarnos justo en el momento previo en el que descargará su espada. Pero su inclemencia no va dirigida a nosotros, sino a sus enemigos. A los pies del caballo, se asoman dos bustos de musulmanes de largos y rizados bigotes. Uno de ellos lleva un casco y se aprecia parte de su armadura. Las dos figuras tienen pintada en la frente una herida, de la cual escurre un hilo de sangre.

A los pies del caballo se han colocado dos exvotos de agradecimiento: la fotografía de un muchacho y una carta, escrita por la madre, que agradece a Santiago que el joven haya logrado pasar ilegalmente la frontera de los Estados Unidos. En tono coloquial, le encomienda a su hijo, al cual identifica como unos de los arrieros del Santo.

A unas calles de la iglesia, en una casa que ostenta un colorido arco, se encuentra otra imagen de Santiago. Pertenece a la mayordomía, la cual la utiliza en las procesiones; para albergarla en su casa, el mayordomo ha habilitado una de sus habitaciones como capilla. Esta imagen procesional es una réplica pequeña del Santiago que está en el altar.

El mayordomo, orgulloso de mostrar el Santo y la honrosa capilla que él le ha dedicado, explicó que en Tilapa cada dos años se renueva la mayordomía. Son doscientos los mayordomos que existen en el pueblo, los cuales se encargan de organizar la fiesta del 25 de julio y de cambiar tres veces al año los vestidos de las imágenes: el día del Santo, en Navidad y cuando se cambia la mayordomía. Más de uno se ha quedado sin trabajo, pues es mucho el tiempo que dedican a realizar sus funciones.

En la devoción de un santo, la imagen cuenta mucho. A través de ella, los devotos comunican sus deseos, angustias y alegrías. Cuando un santo es querido tiene más de una, como sucede en Tilapa, donde las imágenes de Santiago y el templo que las guarda han sido preservadas gracias al continuo esfuerzo de los mayordomos, que realizan con orgullo su trabajo.

En los días de fiesta, la casa del mayordomo principal se convierte en un centro de convivencia comunitaria. Sin distinción alguna, ahí se da de comer arroz, frijoles y habas, que se calientan en grandes cazuelas de barro y se sirven acompañados de tortillas. Aunque el pueblo se considera otomí, ya muy pocos, sólo los mayores, hablan el idioma original.

Afortunadamente, no se han perdido las leyendas que los ancianos aún cuentan. Doña Amalia, casi centenaria, recordó que antes, cada vez que pasaban "los caballeros" frente a la iglesia, se hincaban los caballos para dar gracias al Santo. Por su parte, don Jesús, de noventa años, contó la historia de un hacendado al que Santiago molestaba por las noches, al recorrer a galope la hacienda, haciendo escuchar el tintineo de una campanita. Los ruidos nocturnos se terminaron cuando el hacendado descubrió que el misterioso jinete era nada menos que el santo que se venera en Tilapa, a cuya iglesia entró a rezar.

Texcatitlán

Texcatitlán, cabecera del municipio del mismo nombre, se encuentra al sur de las montañas australes del Nevado de Toluca. A los franciscanos se les debe la construcción de la primera iglesia, que erigieron en lo alto de un cerro y a la que rodearon de una muralla almenada. En el mismo lugar, fue ampliada la antigua construcción, entre los años 1903 y 1906.

La fiesta más importante es la que se dedica al Apóstol. Días antes del 25 de julio, las comunidades que rodean a Texcatitlán salen rumbo a esta población llevando a cuestas una pequeña escultura de Santiago. Curiosamente, ninguna de ellas lo tiene como su santo patrón; pero le profesan una gran devoción y, por esta causa, en sus iglesias tienen una imagen del Santo. Las procesiones se realizan a pie, acompañadas de la música de una banda o por lo menos de un tamborín y una flauta. Al llegar a la iglesia de Texcatitlán, dejan la imagen ahí por unos días, hasta que se terminan los actos con los que se conmemora al Apóstol.

La fiesta es organizada por los caballerangos del lugar, también conocidos con el nombre de corredores, ayudados por las autoridades municipales y el párroco. Un mes antes ensayan las carreras de caballos, al son de una flauta y un tambor. Entre sus deberes está el de llevar las ceras, los cohetes y las flores que se han comprado para la fiesta a las casas de los mayordomos, donde se invita a comer a los vecinos. Entre los invitados están los diputados, esto es, las personas que, desde un año antes, se han inscrito en una lista, comprometiéndose a contribuir con los gastos que deberá hacer el mayordomo. En la comida, al mayordomo se le entrega el dinero en presencia de la autoridad municipal. Cada diputado pasa a depositar una limosna en la charola dispuesta en una mesa. Después de esta sencilla ceremonia, se reparten las ceras, las flores y los cohetes que se llevarán en procesión a la iglesia.

El día 25, por los verdosos montes y los caminos que van a Texcatitlán, se ve a los jinetes que participarán en la fiesta. Llevan coloridas capas satinadas y han adornado a sus caballos con moños de colores. No son pocos los que prenden en su camisa una estampita de Santiago. Algunos llevan machetes para fingir un enfrentamiento que se escenificará la fiesta. Nadie que tenga caballo deja de participar en la conmemoración al Apóstol, entre otras razones, porque se cree que el Santo puede enojarse y enviar algún mal o alguna enfermedad sobre su montura, cuya pérdida será muy sentida a causa de su importancia en el trabajo del campo.

Mientras tanto, en la plaza, todo está listo para la fiesta. En la parte oriente, se colocan ramas de ocote, simulando un monte, y en la otra, sobre tierra se colocan milpas y trigos para una representación que los habitantes del lugar llaman la *danza de los segadores.* Al centro de los costados este y oeste de la plaza, se construyen unos tablados en lo alto, sostenidos por cuatro morillos, y en cada uno se coloca una imagen de Santiago.

La fiesta comienza con la danza de los segadores, en la que un grupo de niños bailan y simulan cortar el trigo al compás de un violín, alentados por el capataz, un vecino que desde años atrás organiza esta representación y quien constantemente les dice "¡Ave María purísima, vamos a trabajar!".

Poco después llega *la Vieja de la milpa* (en realidad, son dos o tres personas disfrazadas con ropa vieja y máscara de tela) en una carreta tirada por una yunta de bueyes, que llega a la plaza acompañada por los corredores. Mientras los segadores trabajan, ella se esconde en la milpa y hace bromas a los espectadores, a los que puede sorpresivamente arrojar tinta que lleva en una botella.

Los segadores interpretan una jornada de trabajo. Después de cortar el trigo, el capataz da un momento de descanso a los niños, que beben un poco de pulque y fuman cigarros como si fueran adultos. También saldrán a escena niñas vestidas como campesinas, a las que se les denomina las *Comideras* o las *Marías justas,* que les darán de comer a los segadores.

Después de la danza, aproximadamente trescientos caballerangos corren alrededor de la plaza varias veces, durante tres o cuatro horas. En parejas, los que llevan los machetes se enfrentan entre sí. No falta quien presuma su montura y salude a los amigos y familiares que observan desde los balcones y las puertas de las casas.

Hasta entonces hace su aparición otro personaje: *el Aguacero,* que tratará de robarse el alma de Santiago, representada por las estampas que se han colocado en los tablados. El *Aguacero* es una persona disfrazada con ropa vieja, un morral, máscara de tela, una vejiga de toro y una botella de tinta. Los corredores lo agarran, lo montan al revés en un caballo y lo hacen correr con ellos alrededor del jardín. Varias veces se escapa y corretea a la gente que encuentra, pegándoles con la vejiga y aventándoles tinta.

Muy por el contrario de lo que podría pensarse, la imagen que se venera en la iglesia es de pequeño tamaño. Se exhibe en un nicho de vidrio, rodeado de milpas y de gran cantidad de flores. Se trata de un Santiago ecuestre, al que se ha mexicanizado, pues, acorde a su talla, lleva un sombrero y un sarape diminutos. A su caballo no le faltan arneses, mandados hacer para su pequeña talla. Los habitantes son muy propensos a dar informes; llaman a su patrono *Chaguito,* derivación de Santiaguito.

Según la profesora Blanca Oralia Arce Valdés,[4] las carreras de caballos fueron introducidas por un militar español, que llevó la imagen y que, en honor al Santo, ordenaba a su caballería dar varias vueltas a la plaza del pueblo. Entre las leyendas que existen en Texcatitlán se cuenta que, para hacer la fiesta, los caballerangos debían pedir permiso al jefe político, que entonces radicaba en Sultepec. En cierta ocasión, los caballerangos volvieron con la triste noticia de que no habían recibido la autorización. Al que había negado el permiso, en una brecha llamada Boca de Viento, "se le apareció un jinete en un caballo blanco, que no lo dejaba pasar". Comprendió que era el Apóstol, quien

[4] Agradecemos a la profesora la información que nos dio sobre las tradiciones de su pueblo. Parte de la descripción de la fiesta fue tomada de su libro *Texcatitlán. Monografía municipal,* pp. 42 y 43.

estaba disgustado por no tener su fiesta. Fue a Texcatitlán a decirle a la gente que podía festejar a su Santo.

Además de las famosas carreras de caballos, únicas en todo el territorio mexicano, los festejos también incluyen peleas de gallos y competencias entre parejas de caballos. En la noche del 24, se enciende un enorme castillo que se dispone en la plaza.

Pero no todo es diversión. En la iglesia, los feligreses rezan y acuden a misa. Muchos se quedan ahí, para recibir las peregrinaciones que llegan constantemente a Texcatitlán. No faltan los testimonios de que Santiago pasea por las calles y de los milagros que ha realizado. La fantasía no se excluye en las devociones populares, por el contrario, contribuye para que los texcaltitlanenses sigan festejando a su patrono.

Santiaguito Cuaxustenco

Muy cerca de Tenango del Valle, cabecera del municipio con el mismo nombre, se encuentra Santiaguito Cuaxustenco. La iglesia data del siglo XVI y su techo es un artesonado en madera. La planta original era de forma basilical, pero el presbisterio fue ampliado para albergar a la población, que ha aumentado en los últimos años. La blanca fachada ostenta columnas de color dorado, situadas en la única torre y en el arco de la puerta principal. El atrio es muy pequeño, pese a lo cual se instala un enorme castillo y en él se danzan varios bailes tradicionales.

Muchos feligreses y algunas comunidades vecinas llevan desde pequeñas esculturas en madera hasta estampas del Apóstol para que el sacerdote las bendiga. Durante los días de fiesta, ninguna de las imágenes se mueve del altar, se quedan ahí, rodeando a las dos esculturas de Santiago que se veneran en la iglesia. El abigarrado conjunto que forma la gran cantidad de imágenes reunidas da la impresión de que el Santo tiene la capacidad de multiplicarse casi al infinito.

Una de las esculturas que pertenece a la iglesia combina los símbolos de Santiago en su calidad de apóstol (lleva una *Biblia* en la mano y viste una toga) con los de peregrino (sostiene un bastón con una calabaza). Esta combinación no es rara en las imágenes que recientemente han adquirido las iglesias mexicanas, cual si hubiera la intención de desplazar la tradicional y belicosa imagen del Santiago Matamoros. La que aquí se venera es muy afortunada. Por su color dorado, resaltan el bastón y la calabacita que de él cuelga, así como los adornos de la vestimenta. Pese a que una capa forma parte de la escultura, se le ha colocado otra, confeccionada en tela de un rojo brillante. La mirada dulce del Santo, enmarcada por largas pestañas, le dan aire de nobleza y serenidad. Los mayordomos explicaron que antes existió otra imagen de Santiago en su advocación de apóstol, que desafortunadamente fue consumida por un incendio.

De las dos esculturas que guarda la iglesia, la del Santiago ecuestre es, sin duda, la más venerada. Más antigua que la anterior, destaca por ser una verdadera joya del arte iconográfico. El santo lleva un hermoso casco plateado, del cual penden dos orejeras y del que se sostiene una aureola dividida en varios rayos. Destacan sus ojos de enroscadas pestañas y sus largas y arqueadas cejas. Este año, los fieles le han regalado un largo vestido blanco y una capa roja, sobre la cual se han bordado varias flores y la silueta del Santo a caballo. En una mano sostiene una afilada espada y en la otra, al mismo tiempo que mantiene las riendas del caballo, sujeta un fuete, de cuya empuñadura cuelga una multitud de rosarios y collares. No cabe duda de que es un santo muy estimado, pues además se le han pegado a su vestido varias medallas de oro macizo y un anillo de plata.

El caballo que monta Santiago es alegre. Su hocico medio abierto y rosado le da la apariencia de estar sonriendo, mientras que sus ojos brillan por el vidrio, el material con que se han fabricado. De cabello natural es fleco, sus crines y su ondulada cola. Sus patas, un tanto delgadas para el grueso del cuerpo, rematan en cascos dorados. Para la fiesta, ha recibido un arnés de lana rojiza, regalo de la feligresía que tanto estima al caballito del Santo. Una de sus patas está apoyada sobre el pecho de un moro, al cual, para darle mayor dramaticidad a la escena representada, se le han pintado manchas rojas en las manos, cara y pecho, simulando sangre.

Con gran alboroto, durante quince días lo habitantes de Santiaguito Cuaxustenco festejan a su patrono. La mayordomía es una agrupación muy bien organizada, que se renueva cada año y que recibe la ayuda de varios fiscales, los cuales se encargan de limpiar, cuidar y adornar la iglesia. Por su parte, los mayordomos expiden alrededor de 50 invitaciones a los diferentes sectores que conforman la comunidad: comerciantes, señoritas, viudas, artesanos y boyeros, entre otros. Cada sector debe donar algo para la fiesta. Las señoritas, por ejemplo, se esmeran en realizar bellísimos arreglos florales que disponen alrededor del Santo y a lo largo del altar. Las viudas se encargan de mandar fabricar el castillo que se enciende en la víspera del 25 de julio y los boyeros regalan los cirios de distintos grosores, que se van apilando en una mesa cercana al Santiago ecuestre.

Nadie deja de cumplir con los deberes que le corresponden en la fiesta. Mientras estábamos en el templo, presenciamos la llegada de un grupo de hombres que llevaban grandes paquetes de cohetes. Fueron recibidos con palabras ceremoniosas por los mayordomos, a los cuales, en el mismo tono, los donantes les entregaron los cohetes.

Dos meses antes de la fiesta se organizan veladas en las casas de los feligreses para rezar el rosario. Durante los festejos, la imagen ecuestre se saca en procesión y, como suele llover en julio, se lleva un paraguas para protegerla.

Además de los actos que componen la fiesta, los habitantes de este pueblo cuentan que su santo, ocasionalmente, sale del templo. A veces lo hace para castigar a algún mal cristiano, como al padre de uno de los mayordomos al que mucho le gustaba tomar. Para acabar con su adicción, Santiago se le apareció una noche cuando regresaba de una parranda, aporrándolo de tal manera, que nunca volvió a tomar un trago de alcohol. También dicen que lo han visto en otros pueblos, especialmente en Jajalpa, donde va a visitar a la *Güera*, la Virgen que con ese nombre se le conoce en ese lugar, donde las muchachas, como la Virgen, son rubias.

Algunos habitantes de Santiaguito han visto cómo en el cielo las nubes forman la figura de su santo patrón en el mes de julio, antes de la fiesta. Aunque las miradas se fijen en el cielo, lo cierto es que, en su cotidianidad, los habitantes de este pueblo tienen a su santo patrono muy presente.

La Sierra de Jiquipilco y sus alrededores

En el norte de Toluca, en una región montañosa, encontramos unos seis pueblos donde se venera a Santiago desde los principios de la evangelización. Dos de ellos tienen una relación muy íntima: Jiquipilco el Viejo y Temoaya. Como hemos podido comprobar, actualmente estos pueblos tienen en común una gran preocupación: hacer la fiesta de Santiago con su novenario. En pocos lugares celebran con tanta solemnidad los días dedicados al Santo en el mes de julio. Por eso los hemos escogido para hablar de las fiestas en honor, no limitándonos esta vez a una sencilla presentación de los pueblos y de su iglesia.

Jiquipilco y Temoaya, una relación estrecha

Jiquipilco, durante la época prehispánica, tuvo gran importancia en esta zona montañosa. Con la Conquista mantuvo su categoría tradicional de cabecera comunitaria, pues en 1548 contaba con 23 estancias o barrios sujetos.

El primer contacto con los españoles ocurrió en 1521, cuando Gonzalo de Sandoval emprendió la conquista de Matlatzinco. La evangelización fue iniciada por los franciscanos, entre ellos, el ya mencionado fray Alonso Antonio Rangel, quedando Jiquipilco bajo la advocación del apóstol Santiago.

En consideración con su rango de "pueblo de indios" empezó a contar con un propio cabildo. Los cargos del cabildo fueron ocupados por los miembros de la nobleza indígena. En Jiquipilco, la familia de don Nicolás de la Cruz y de doña Antonia del Castillo mantuvo sus privilegios por mucho tiempo, hasta bien entrado el siglo XVIII.[5]

De Temoaya sólo se hace mención a partir de fines del siglo XV, a raíz de la conquista emprendida por los aztecas. En la zona predominaban los otomíes, pueblo de remoto pasado, considerados como los primitivos habitantes del centro de México.

Temoaya, que pertenecía a la jurisdicción de Jiquipilco, empezó a cobrar importancia a raíz de la congregación de 1593, en la que el virrey ordenó juntar a los otomíes, que hasta entonces vivían en asentamientos dispersos, en centros bien delimitados con el fin de evangelizarlos y enseñarlos a vivir en policía. Así en estas fechas, la sede del cabildo fue trasladada al nuevo pueblo de San Juan Jiquipilco, de acceso más fácil. Según una tradición no documentada, un grupo de disidentes huyó y fundó una cabecera rival llamada al principio Santiago del Nuevo Jiquipilco y, después, Santiago Temoaya. Algunos años después, el lugar vino a ser pueblo de españoles, los cuales utilizaron la mano de obra allí existente, y a lo largo de los siglos se transformó en un pueblo mestizo y próspero, tanto que llegó a ser la cabecera de zona.

En cuanto a Jiquipilco, la antigua cabecera, perdió su importancia pasada y hoy es sólo Jiquipilco el Viejo. Las relaciones entre Jiquipilco y Temoaya merecen desarrollarse ahora con más detalles, ya que atañen directamente nuestro tema.

El lazo santiaguero entre Jiquipilco el Viejo y Temoaya

En Temoaya, un municipio situado a 18 km al noroeste de Toluca, reside la mayor población otomí que existe en el estado de México. Sin embargo, la cabecera municipal es sitio donde viven casi exclusivamente los mestizos.

Los indígenas otomíes no han perdido, en sus respectivos pueblos, su identidad; se han empeñado en conservar su personalidad colectiva y sus rasgos culturales esenciales, como la lengua y los vestidos. Las mujeres ancianas y jóvenes portan su chincuete negro con hilos azules, rebozo para el frío, y sus vistosas fajas bordadas.[6] Si bien son muchos los que trabajan en las ciudades (la capital no está muy lejos) han mantenido su identidad, conservando vivo el vínculo con la comunidad de origen, de manera que se enorgullecen de ser indios prósperos.

[5] Sacamos estas noticias de la *Enciclopedia de los pueblos del estado de México.*

[6] Las páginas que siguen deben mucho al excelente artículo de Laura Collin, "Temoaya: territorio otomí", en *Fiestas de los pueblos indígenas. Ritual y conflicto,* pp. 7-59.

Temoaya comprende 23 barrios y la cabecera municipal del mismo nombre es más conocida como el centro. La cabecera está instalada al pie de la sierra: en ella están las tiendas y casa de los blancos, que de hecho son mestizos.

Hacia arriba, se alzan los barrios indios. Administrativamente se trata de pueblos, rancherías, barrios, colonias agrícolas, ejidos y colonias nuevas. La persistencia de la denominación "cabeza" y "barrios" indica su origen colonial. Se supone que la cabecera municipal se fundó como asentamiento de españoles. Es sabido que las ordenanzas de congregación de 1567 prohibían los asentamientos de éstos cerca de los indígenas, sólo podían instalarse a un mínimo de 600 varas del pueblo indio. En el transcurso de los siglos se produjo el mestizaje. Las iglesias marcan el centro de un barrio, algunas veces mayor en número de habitantes que la cabecera municipal. El hábitat está muy disperso.

Entre todos estos barrios uno se destaca particularmente: Jiquipilco el Viejo que fue, como ya lo indicamos, en la época prehispánica capital de un señorío. Sin poder precisar el año de fundación, se sabe que los franciscanos erigieron allí un convento que fue el centro de evangelización de la zona. No quedan ahora más que algunas ruinas de lo que fue importante centro religioso. En la memoria del pueblo se mantienen vivos algunos relatos que hasta la actualidad estructuran las relaciones sociales —y especialmente intercomunitarias de la zona. En el centro de los relatos está una imagen de Santiago, el santo patrono de Jiquipilco el Viejo y de la cabecera municipal cuyo nombre completo es Santiago Temoaya. Además otros tres barrios llevan el nombre de Santiago con sus respectivas iglesias dedicadas al Santo.

Se cuenta que la imagen que se venera ahora en Temoaya fue traída por Hernán Cortés, quien la obsequió a la comunidad otomí de Jiquipilco en prueba de amistad. Este regalo se incluye en un contexto histórico que hay que precisar, de donde se elaboraron varias leyendas que mitifican el acto fundacional de Temoaya. Se sabe que los antepasados de los actuales otomíes se aliaron a Cortés. Recibieron con entusiasmo al conquistador, ya que mantenían una profunda enemistad con los mexicas. Así que no vacilaron en aliarse con los españoles, a quienes pidieron atacar a sus vecinos enemigos. Todas las condiciones estaban reunidas para adoptar de buena gana al santo propuesto por los españoles; de esta forma prolongaban la mímesis con sus poderosos aliados.

Fueron unos frailes franciscanos los encargados de llevar el regalo de Cortés a Jiquipilco. Allí instalaron al Santo en una capilla que se le construyó e hicieron del pueblo su centro de evangelización.

En un segundo tiempo, otros relatos piadosamente conservados vinieron a sustituir la falta de documentación precisa. Se cuenta que pocos años después, hacia 1555, un incendió arrasó el templo, pero la imagen del santo patrono quedó milagrosamente a salvo. Fue tan grande la fama del hecho que llegó hasta la capital del virreinato y las autoridades mandaron recoger la imagen milagrosa para que se venerara en la catedral.

Pero llegando a un lugar preciso, que se sitúa en el límite del territorio otomí, la imagen se hizo muy pesada, hasta el punto de que los cargadores no pudieron levantarla del suelo. El Santo manifestaba así su rechazo de ir a México, es decir al territorio de los mexicas. Claramente mostraba que no quería abandonar a sus aliados. Se decidió pues levantar en el lugar una nueva capilla dedicada al Santo y muchos habitantes de Jiquipilco el Viejo decidieron bajar al nuevo pueblo para establecerse allí. Tales fueron los inicios de Temoaya, según los relatos legendarios.

Con el tiempo, Jiquipilco el Viejo perdió su importancia a la par que Temoaya crecía y se imponía como cabeza del área territorial. Pero también evolucionó la textura de la población de Temoaya, que terminó por hacerse mayoritariamente mestiza. De modo que esos relatos míticos cubren la función de presentar a los habitantes de Jiquipilco el Viejo como los fundadores de Temoaya y los legítimos propietarios de la zona por su filiación indígena y otomí, mientras que la cabecera no sería más que un territorio usurpado por los mestizos. El conflicto que existió en los siglos pasados, ahora se ha trasladado al discurso mítico, y se hace evidente año tras año, cuando con motivo de la fiesta del Apóstol, los otomíes de los barrios invaden el centro del municipio y permanecen allí catorce días, el tiempo que duran las festividades. Año con año reactualizan así su preeminencia sobre el territorio.

Los 23 barrios del municipio vienen encabezados por el santo patrón del barrio. Cada una de esas imágenes, con sus acompañantes, mayordomos, fiscales y portadores, es acogida en la iglesia de Temoaya, para saludar a Santiago, situado en el lado izquierdo de la nave central. Los santos visitantes van a permanecer los catorce días y noches alineados en el lado derecho de la nave. Sus fiscales y cargueros los acompañan y renuevan las flores y las comidas con que adornan sus arcos.

Las imágenes a la una de la tarde salen todas en procesión. Jiquipilco el Viejo invariablemente encabeza la procesión con su santo, así reafirma su preeminencia histórica. Le siguen los santos de los restantes barrios en orden de importancia, ya que no todos son iguales. La posición depende del tamaño de la imagen; las imágenes más grandes provienen de los barrios de mayor población e importancia.

Finalmente hace su aparición el Señor Santiago local, montado en su caballo blanco, blandiendo la espada de Toledo que le obsequiara uno de sus fieles. Está acompañado por todos los grupos musicales y danzantes reunidos ese día. Al final de la procesión vienen los santos visitantes provenientes de otras localidades.

En la noche, la iglesia se cierra. Se supone que los santos visitantes que acompañan al Santiago organizan entre ellos un conciliábulo nocturno a puerta cerrada del que se excluye a todas las autoridades. Si se les celebra una fiesta es porque así ellos lo decidieron, los hombres no deben alterar el orden de la fiesta, si no los santos pueden vengarse. Numerosos relatos lo atestiguan. Además es en la noche cuando se supone que consumen los panes, tamales y elotes depositados en las peanas y en la base de los arcos de flores

La fiesta de Santiago permite reafirmar el carácter indio de la región. La ocupación del centro por los barrios otomíes es la afirmación identitaria indígena y de su preeminencia histórica. Los mestizos están prácticamente excluidos de las manifestaciones. Sólo se les permite, después de la intervención de un párroco en 1942, sacar al Santo en hombros un solo día, el lunes siguiente de la "octava". Los otros días, su papel se limita a ser vendedores. Cada comunidad cumple con lo que le corresponde. Los mestizos tendrán sus días de fiesta en la Semana Santa, y en las fiestas patrióticas de septiembre.

En resumen, la imagen de Santiago que preside las fiestas ha permitido la recuperación del centro por las poblaciones de la periferia. Se han ocupado las calles y la iglesia, se ha afirmado a través de la procesión la jerarquía de los santos embajadores de los barrios y de una sociedad que afirma así su permanencia a través de los siglos. El significado del discurso es evidente y en las mismas fechas todos esos ritos se repetirán pacíficamente año tras año.

La fiesta jacobea ha sido la ocasión de afirmarse como comunidad indígena, es el "nosotros" frente a los demás. Proporcionó los referentes identitarios para establecer la alteridad.

San Felipe Santiago

Como otras poblaciones del estado de México, la de San Felipe Santiago se encuentra dedicada a los dos apóstoles, que son festejados, respectivamente, el 11 de mayo y el 25 de julio. Las fiestas jacobeas inician en las vísperas, con las luces multicolores de un castillo que ilumina la noche, anunciando un año más de conmemoración al Santo. Por la mañana, un mayordomo repica las campanas para reunir a la gente y cantar las mañanitas, canción interpretada por una banda musical.

Durante el día, los pobladores acuden a ver las danzas *de las pastoras, los arrieros, los moros y cristianos* y *los arcos*. En las calles se dispone una verdadera romería, donde se vende pulque, antojitos mexicanos, ropa, calzado, etcétera, y se instalan diversos juegos mecánicos, que son muy concurridos por los niños y los jóvenes.

En el año de 1987, la fracturada torre de la iglesia se cayó, causando severos daños a la construcción. Se construyó un nuevo edificio, poco interesante desde la perspectiva arquitectónica si lo comparamos con el anterior, que data del siglo XVII. Recientemente la iglesia fue consagrada como parroquia. Por este motivo, la misa del 25 de julio del 2005 fue oficiada por el obispo. Como todos los años, el oficio incluyó confirmaciones y comuniones colectivas. La parroquia es gobernada por cuatro fiscales, que, ayudados por los mayordomos, recolectan dinero, ceras, cohetes y flores para hacer la fiestas religiosas.

En la iglesia no existe ninguna escultura de Santiago. Del antiguo templo se trasladaron varios óleos de estilo barroco, pintados por los hermanos Palacios Fesít a mediados del siglo XIX, en los cuales se representan a Santiago y Felipe como apóstoles.

Tlazala de Fabela

Por sus bosques, manantiales y fértiles tierras, Tlazala de Fabela fue muy codiciada desde el siglo XVI por los españoles, que despojaron a los indígenas de sus tierras, apenas unos años después de que tomaron la ciudad de Tenochtitlan. Tal fue la voracidad de sus actos que hubo disputas entre ellos mismos, las cuales debieron dirimirse ante los tribunales civiles. Por su parte, la corona española tomó una actitud contraria al ordenar que los indígenas conservaran sus tierras, al mismo tiempo propició que se repartieran entre ellos a título personal.

El pueblo antes se llamaba Santiago Tlazala. Tiene un templo dedicado al Apóstol, que los franciscanos construyeron en el siglo XVII. Poco se sabe de su historial colonial, pues desafortunadamente se han perdido muchos registros. Los datos más antiguos son de 1856, cuando se convirtió en vicaría. Las torres fueron reconstruidas por los estragos de un temblor ocurrido en el año 1911 y posteriormente el atrio original fue modificado. Actualmente es una parroquia, que pertenece al obispado de Tlalnepantla.

Dentro, existen dos imágenes ecuestres de Santiago de factura muy reciente. Al parecer, la que está en el altar mayor es de madera, siendo muy estimada por los feligreses. Para la fiesta, la adornan con tal cantidad de flores que parece estar en un jardín. Otra más pequeña se saca en procesión por las calles del pueblo.

Para recordar a su santo, los feligreses celebran un novenario, tres días de fiesta y la octava. El 25 de julio el arzobispo de Tlanepantla oficia una misa, en la cual muchos niños reciben la confirmación. Tlazala de Fabela es de los pocos lugares que no cuentan con mayordomía alguna. Un grupo de feligreses dirigidos por el sacerdote se encarga de organizar los actos en honor a Santiago.

La Sierra de San Andrés (zona de Jocotitlán)

Acutzilapan

Acutzilapan, situado a unos 10 kilómetros de Atlacomulco, cabecera del municipio, es un pueblo próspero de comerciantes de origen mazahua. Hay dos templos uno cerca del otro; el más antiguo, con un altorrelieve de Santiago a caballo, data de 1612. El más reciente, de arquitectura moderna, se construyó hace unos años, gracias al empeño de los pobladores que reunieron en muy poco tiempo el dinero para edificarlo.

El más interesante de los dos es el de la época colonial. En el interior, Felipe y Santiago se encuentran, cada uno, en los extremos del altar principal. Aunque los parroquianos dicen que Santiago es el de rostro maduro, realmente es difícil diferenciarlos, ya que sus facciones son muy parecidas y van vestidos de la misma manera: chaquetas y pantalones blancos, sombreros cafés de ala redonda y anchas capas de tela brillante. A ello se añade que los dos van montados en caballos blancos, también muy similares, los cuales llevan en los tobillos listones de color rojo. Los santos tienen largas pelucas de cabello natural, donadas por las indígenas.

En una pared lateral hay otra imagen ecuestre de Santiago, procesional, pequeña, que tiene un arco de flores y a cuyos pies se encienden muchas veladoras. Respetuosamente los mazahuas, cuando pasan frente a ella, se persignan y cuando le rezan, lo hacen arrodillados.

El párroco nos precisó que antes acostumbraban sacar la imagen de Santiago que se encuentra en el altar principal; ya no lo hacen porque se maltrataba a causa de las lluvias frecuentes que se presentan en el mes de julio. Los parroquianos —nos comentó— creen que, de cuando en cuando, el santo se enoja, enojo que aparece en sus mejillas, también llamadas chapitas, que se tornan muy coloradas.

En este poblado, los mazahuas colocan a Santiago panes y flores a modo de ofrenda. La fiesta patronal es muy concurrida. Llegan a visitar el pueblo treinta imágenes de santos de las comunidades circunvecinas. Se toca el violín y la tambora, y participan danzantes que ejecutan en el atrio danzas tradicionales para festejar al Santo.

Santiago Yeché

Durante la época colonial, Santiago Yeché se llamaba Santiago Boqui. Los dos vocablos indígenas provienen del mazahua, lengua que todavía se habla en el pueblo. Sus habitantes eran la mano de obra que abastecía los ranchos y haciendas cercanas. La población estuvo sujeta a la república de indios de Jocotitlán y ahora forma parte del municipio de Jilotepec. La pequeña iglesia del siglo XVII fue fundada por franciscanos.

Al igual que en Acutzilapan, el altar está flanqueado por dos imágenes ecuestres de Santiago y San Felipe. Estas esculturas evidentemente han sido fabricadas por el mismo artista que ha hecho las de Acutzilapan, pues son muy parecidas. Según el sacerdote, el pueblo las llama *los santiaguitos*, es decir, no parecen distinguir a los apóstoles, a pesar de que aquí se celebran dos fiestas: la de San Felipe el 5 de febrero y la de Santiago el 25 de julio.

Las imágenes parecen muy antiguas; son de madera policromada y se ven un tanto maltratadas. Cada santo cabalga en un caballo blanco, tiene sombrero ranchero de fieltro y capa roja. La imagen de Santiago se caracteriza por tener ojos azules, al igual que los de su caballo; mientras que los ojos de san Felipe son de color marrón, como su montura. Los rasgos de las caras son finos, un tanto alargados; llevan largas cabelleras de cabello natural. La montura de Santiago está bien proporcionada, mientras que la de san Felipe es maciza y un poco achaparrada. Ambas monturas tienen arnés, y la crin y la cola son también de pelo natural.

En una capilla lateral hay una pintura, al parecer del siglo XVIII, de procedencia española. El Santo, en su postura tradicional de matamoros y con la espada levantada, monta un caballo muy hispánico, de gran movimiento, notable por lo hirsuto de sus crines y de su cola. El caballo pisotea unos moros que yacen en el suelo y en cuyos cuerpos se aprecian las heridas de la espada del Apóstol.

Santiaguito Maxdá

Santiaguito Maxdá, de origen otomí, se encuentra a escaso un kilómetro de Acutzilapan. Es un pueblecito pequeño, cuya iglesia tiene en la fachada un altorrelieve de Santiago a caballo y guarda dos representaciones ecuestres, una de las cuales se saca en las procesiones. El edificio es reciente, y según recuerda uno de sus antiguos habitantes, se empezó a construir en el año 1942, sobre lo que era entonces un peñascal.

Durante la octava, la imagen procesional trasnocha en las casas del pueblo, donde la gente acostumbra reunirse para rezar el rosario y donde se ofrece comida a los vecinos. A Santiago se le colocan collares de palomitas, que aquí se llaman *mosquees*, palabra otomí. El pueblo tiene tres fiestas, dos de las cuales son en honor a Santiago: el 25 de julio, la tradicional, y el 23 de mayo, cuando se celebra la aparición del Apóstol. Pero la fiesta principal es la del 15 de agosto, día de la Asunción de la Virgen, fecha que coincide con la fundación del pueblo.

Santiago Casandejé

"Aquí lo que nosotros tenemos es fe", nos dijo Guillermo Antonio Sánchez Conrado, mayordomo principal de Santiago Casandejé, cuando habló de la devoción que en su pueblo se le tiene al Santo. El mismísimo Santiago insistió en quedarse entre nosotros, aseguró, pues "según contaban nuestros antepasados, nuestros abuelos de antes", cuando unos señores quisieron robarlo, no pudieron pasar los límites del pueblo, pues, repentinamente, la imagen se tornó tan pesada, que les fue imposible cargarla; por el contrario, cuando decidieron regresarla a la iglesia, "el peso del patrón con su caballito" era muy ligero. De esta manera, Santiago manifestaba su deseo de quedarse en Casandejé.

Casandejé está situado en el municipio de Jocotitlán, en un verde valle de casitas dispersas. Tiene una hermosa iglesia del siglo XVII, en cuyos muros interiores se han pintado escenas bíblicas y santos que datan del año 1876 y que, lamentablemente, a causa de la humedad, se han ido diluyendo con el tiempo. Conscientes del valor que estos murales tienen, los mayordomos han pedido tanto a las autoridades civiles como a las religiosas que los ayuden a restaurarlas. Sus peticiones apenas si han sido escuchadas; absurdamente, les han sugerido que construyan otra iglesia, la cual han empezado a levantar. Desilusionados, se quejan del poco interés que han mostrado sus sacerdotes por el antiguo templo que desde hace siglos ha sido el centro de la vida religiosa de la comunidad patrocinada por el apóstol Santiago.

Muy de mañana, el 23 de julio se sacan de la iglesia las dos imágenes ecuestres que se tienen de Santiago. Según lo explicó el mayordomo, una de ellas fue regalada por un devoto; es por eso que tienen dos, las cuales gozan de la misma veneración. De hecho, para no hacer una distinción entre ellas, la tornafiesta se dedica a la imagen más pequeña, para que, supuestamente, no se sienta disminuida respecto de la otra. Las imágenes no son, por tanto, meras representaciones del Santo; se supone que tienen sentimientos al igual que las personas.

La de mayor tamaño se particulariza por llevar un moro muy simpático. Con rizados bigotes e inflados pantalones amarillos, la pequeñita figura no parece sufrir el peso de las patas del caballo que tiene sobre su cabeza. Descansa sobre su costado con una pierna flexionada, cual si diera el paso de una danza. Mucho menos expresivos son los santiagos, que, serenos, empuñan su espada y montan rígidos caballos con crines de cabello natural. Para la procesión, son adornados con collares de flores olorosas y listones de colores.

Las dos imágenes de Santiago son conducidas en las rediladas de camionetas hacia la capilla de la virgen de Guadalupe, que se está ampliando para construir la nueva iglesia. La visita a la Virgen reivindica la importancia que en

México tiene el culto guadalupano, al mismo tiempo que provoca cierta familiaridad entre los santos, que en este caso se acompañan con motivo de la fiesta del Apóstol.

Con el estruendo de cohetes que frecuentemente se lanzan al cielo, la procesión se compone de 20 a 30 jinetes a caballo, de danzantes con sus trajes tradicionales y de feligreses que van cantando al compás de una banda de música. Por si esto fuera poco, en camionetas llevan jaulas con gallos y gallinas, así como algún despistado guajolote.

El camino es adornado con banderitas y globos de colores que se cuelgan en los árboles y los postes de luz. Casi cualquier cosa puede servir para manifestar la devoción al patrono de Casandejé. Este año, una familia ha colocado sobre un maguey una cartulina adornada con flores de papel, en la cual pide a Santiago su bendición.

Es muy emotivo el momento en que se recibe a la procesión en la capilla. En una sociedad en que los hombres normalmente no expresan sus sentimientos, es esta la ocasión para expresarlos. Al punto de las lágrimas, los mayordomos, arrodillados, dan la bienvenida a las imágenes de Santiago. Hablan con ellas y, para significar el cariño que se les tiene, colocan a cada imagen un pan en forma de corazón, que se ata con listones azules y en el cual está escrito *Gracias señor Santiago.* A continuación, los mayordomos se colocan similares corazones. Símbolo de comunión religiosa, el pan también representa la unión con el santo y la importancia que este alimento tiene.

Después del recibimiento de las imágenes, se suele celebrar una misa. Esta vez, el sacerdote no pudo ir al pueblo. A fin de compensar esta falta, la rezandera de Casandejé dirigió un rosario, que los asistentes rezaron de rodillas. Mientras rezaban, llegaron los del pueblo de San Felipe del Progreso a caballo, después de dos horas de caminata. Consternados, pidieron disculpas por interrumpir el rosario, al cual se unieron.

Las danzas siguen a los rezos. Las más ancianas del pueblo, con sombreros adornados con flores y listones de colores, llevando un bastón con cascabeles, bailan *las pastoras.* Siguen los niños, que, con satinadas capas, al son de un tamborcito y una flauta bailan *los santiagueros,* danza en que se representa una lucha entre moros y cristianos armados con machetes, que diestramente manejan los niños. No será el único día en que pastoras y santiagueros actúen. En los dos siguientes bailarán en el pueblo.

Se conoce como "cortaderas" las carreras de caballos en las cuales los jinetes sacaban pollos, enterrados en la tierra. Los competidores solían cortar las cabezas de los pollos, cuando los desenterraban o bien cuando se los disputaban, de donde deriva el nombre de cortaderas. Ahora, en las cortaderas los jinetes compiten en parejas, sin silla de montar, haciendo alarde de sus habilidades ecuestres. La pareja de competidores está formada por jinetes de Casandejé y de San Felipe del Progreso. Los mayordomos dan tanto a los ganadores como a los perdedores una de las aves. No es un premio; los jinetes deben comprarla para ayudar a financiar la fiesta, con la ventaja de que será a un bajo precio. La competencia es una muestra del espíritu colectivo que existe entre los miembros de dos pueblos distintos, que se solidarizan entre sí.

A la mañana siguiente, Casandejé amanece con la música del tamborín y del violín. Los mayordomos invitan a los vecinos a ir a la casa del mayordomo principal. Después de convivir con él, todos van a la iglesia con una banda de viento. Se celebra una misa, y ya entrada la noche, se queman los fuegos artificiales que se han mandado hacer para esta ocasión.

El día 25, muy temprano, los parroquianos "despiertan" al Santo cantándole las mañanitas. Se hace una procesión a lo largo del pueblo, con las dos imágenes de Santiago. Para agradecer a quienes han colaborado en los festejos, se hace una comida. Ocho días después, se celebra la tornafiesta, que dura dos días, esta vez dedicada, como ya dijimos, a la imagen pequeña de la iglesia.

La mayordomía se encarga de organizar la fiesta a Santiago. Para ello, piden 150 pesos, que, en su totalidad o en parte, dan los feligreses de acuerdo a sus posibilidades económicas. Pocos días antes de que empiecen los festejos, de casa en casa van los mayordomos pidiendo aves de corral, destinadas a las cortaderas.

Santiago Coachochitlán

Los pobladores de Coachochitlán se han dedicado a la confección de ollas de barro que se utilizan para hacer las piñatas de las posadas navideñas. El acierto con que las han comerciado los ha llevado a traspasar las fronteras de países como los Estados Unidos. La fuerte producción de ollas es evidente apenas se llega al pueblo, pues se ven pirámides de ollas apiladas a las orillas de la carretera.

Además del comercio al que están dedicados, estos prósperos comerciantes no olvidan festejar a su santo patrono, al que celebran durante tres días. El 23 de julio, los mayordomos, disfrazados, salen a los barrios a colectar pollos y gallinas, aproximadamente quinientos, que se regalarán en la fiesta. Contentos con la recolección, en un ambiente de algarabía, reúnen las aves en el atrio de la iglesia y después ofrecen una comida colectiva, que vuelven a dar el día 25.

La tarde del 24 de julio es amenizada por un grupo musical y se interpretan los bailes de *las pastoras* y *los moros*. Ya entrada la noche se queman juegos pirotécnicos. Desde muy temprano, el día 25 la comunidad se congrega en la iglesia para cantarle las mañanitas al Santo. Además de los bailes tradicionales, esa tarde se celebra la "cortadera de pollos", que es, por cierto, muy distinta a la de Casandejé. Aquí, cuelgan los pollos en unas cuerdas, de las cuales son descolgados por dos o tres personas que los regalan a la concurrencia.

En los días de fiesta una imagen pequeña de Santiago se saca en procesión por las calles del pueblo. En el templo, existe una pintura barroca, al parecer del siglo XVII, en la cual aparece Santiago vestido con una ondulante capa roja, adornada con motivos dorados. El caballo, de enojada mirada, pasa encima de siete moros que lo miran espantados. Pese al tiempo, la pintura se ha logrado conservar con sus colores originales y muy orgullosos los mayordomos del Santo aseguran que nunca ha sido restaurada.

Los mayordomos, encargados de proteger las imágenes, también cuidan de una escultura ecuestre del Santo, al parecer de madera, que lleva un sombrero de peregrino. De finas acciones y rosadas mejillas, Santiago ha sido vestido con un sarape mexicano, sobre el cual se ha puesto una capa dorada. Su caballo, de alargado rostro, tiene los ojos azules y una de sus patas posa en la cabeza de un moro.

Es muy probable que la iglesia date del siglo XVI. Hace 15 años fue restaurada por encontrarse en mal estado. La restauración contrasta con el vetusto edificio, pues el piso es de mármol y no hay ni imágenes ni retablos en las paredes laterales.

Los pobladores de Coachochitlán todavía hablan el mazahua, la lengua vernácula de este lugar antes de la conquista española. Como está sucediendo en varias poblaciones del país, desafortunadamente el mazahua cada vez se habla menos a causa de la modernidad; lo que aún lo practican se sienten orgullosos de no perder una raíz tan importante de su cultura.

Los mayordomos no sólo se encargan de guardar las imágenes, también son portadores de leyendas que les han transmitido sus abuelos. Una de ellas es muy reciente, se sitúa hace una docena de años, cuando se construía la carretera que pasa muy cerca del pueblo. En el monte donde se empezó a construir, "cuentan las leyendas que ahí se aparecía el mal", pues cada vez que los obreros dinamitaban, se volvía a cerrar el monte. Los temerosos feligreses de Coachochitlán pidieron protección a Santiago, quien se apareció al ingeniero, para que el trazo de la carretera no afectara al pueblo.

Santiago Oxtempan

Muy cerca de El Oro se encuentra Santiago Oxtempan. La pequeña iglesia de techo de dos aguas tiene una puerta de arco de medio punto labrado en cantera rosa. Dentro, se exhiben varios santos en pequeños nichos, que dada su colocación, parecen estar amontonados. Aunque la iglesia está dedicada al

Apóstol, éste no se encuentra en el centro del altar, sino en una esquina. Se trata de una imagen ecuestre de madera estofada, a la cual se le ha puesto una elegante capa verde. El caballito se caracteriza por sus pequeños ojos negros y sonrisa de labios rosados. Para la fiesta, Santiago ha recibido muchos ramilletes de flores que impiden ver la imagen.

Existen dos mayordomos para la fiesta patronal, cada uno ayudado por quince personas. La fiesta ha decaído en los últimos años, según recuerda uno de ellos, pues antes se hacía la cortadera de pollos y carreras de cintas, que se sujetaban a unas argollas. El 25 de julio unos 10 o 15 jinetes peregrinan hasta el lugar desde poblaciones vecinas. No faltan los bailes tradicionales para festejar al Santo, como *los santiagueros* y *las pastoras.*

Las Sierras de Tepotzotlán y Tezontlalpan (zona del norte de la ciudad de México)

Santiago Tequixquiac

Santiago Tequixquiac es cabecera municipal. Su iglesia, dedicada al Apóstol, nos indica que se le honraba con mucha devoción. Ahora, las fiestas principales están dedicadas a un santo Cristo. Sin embargo, Santiago sigue teniendo sus devotos: en el altar principal de la iglesia una imagen del Apóstol de pie preside el culto.

El templo se levantó hacia 1550 y alcanzó la categoría de parroquia en 1590. Particularmente notable es la fachada del siglo XVII de elegante factura. La puerta principal tiene un arco de medio punto circundado con arquivolta y alfiz mudéjar. En el arco descansa sobre dos jambas trabajadas en cantera rosa, donde están esculpidos jarrones con hojas de acanto, florones, mazorcas y espigas. Aquí, como en otros lugares, se aprecian al mismo tiempo la mano de obra indígena y la cultura clásica de los sacerdotes españoles: los cuernos de la abundancia alternan con peces fantásticos y en la base de los motivos vegetales aparece un trípode con garras de águila.[7]

La parte oriental del campanario está adornada con tres discos formados por círculos concéntricos —reminiscencia de la cultura indígena—, en forma de *chimalis* que representan la fortaleza. Simbólicamente, en la torre aparecen dos heráldicas distintas: la una es la representación del escudo de armas de España y la otra es el glifo indígena de Tequixquiac.

El arco triunfal del ábside también en su decoración ostenta una fuerte carga de arte indígena, unido con simbólica cristiana. En la base del arco

[7] Para más detalles, ver María Elena Rodríguez Peláez, *Tequixquiac. Monografía... op. cit.*, pp. 96 y 97.

triunfal un listón se enreda al fuste de una columna salomónica con conchas marinas esculpidas. Las conchas peregrinas son el símbolo de Santiago, mientras las 52 conchas marinas utilizadas aquí representan en la óptica indígena la inmensidad.

Teoloyucan

Teoloyucan se localiza a unos 50 km al norte del Distrito Federal. Sus primeros evangelizadores fueron los frailes franciscanos que llegaron en 1566 y colocaron al pueblo bajo la advocación de san Antonio de Padua. El municipio consta de 14 barrios, uno de ellos es de Santiago. En la iglesia dedicada al Santo se celebran las fiestas patronales con mucho boato y, según el programa establecido, las manifestaciones culturales y religiosas duran todo el mes de julio.

El taller de la familia Sosa se ha especializado en esculturas religiosas, entre ellas de Santiago. Muy cerca de la iglesia se esculpió, precisamente, en un árbol la figura de Santiago a caballo.

Santiago Teyahualco

Santiago Teyahualco es una localidad del municipio de Tultepec. Durante el siglo XVII se construyó ahí una hermosa iglesia dedicada a Santiago que dio el nombre al lugar. El primitivo edificio está ahora abandonado y se ha construido otro al lado. Del primero quedan la torre del campanario, algunos muros, restos de la fachada y parte del presbiterio. La fachada es lo más notable con sus columnas salomónicas, capiteles corintios, nichos y entablamentos.

La iglesia actual, aunque muy bien mantenida, no tiene carácter especial. Los carteles que se han pegado en la iglesia evidencian que Santiago sigue recibiendo devoto culto de sus fieles. Existen dos imágenes ecuestres del Santo, casi del mismo tamaño, muy probablemente realizadas por el mismo artista, dado su parecido. La más alta se encuentra muy próxima al altar principal. El Santo se representa con un casco dorado, barbas negras y en una mano lleva una bandera en forma de cruz. De los pies a la cabeza se le ha vestido con un traje color rojo; su larga capa y pantalones llevan flecos dorados. El caballo destaca más que el jinete. Pocas veces se puede observar un caballo con una cara tan dulce. Este efecto se produce por el color rosado de sus labios, orejas y orificios nasales; por sus ojos café claro y sus arqueadas cejas y por el abultado fleco que pende de su frente. Sus tensas patas reposan sobre una caja, en cuya cara frontal se ha pintado la imagen de un moro que yace en el suelo, junto con su escudo y su cimitarra.

Al final de una de las naves laterales de la iglesia se encuentra la segunda imagen ecuestre de Santiago. Un poco menos alta que la anterior, se utiliza para las procesiones. El Santo va vestido de la misma manera que el jinete del altar. En la mano donde debería llevar la espada, se le ha colocado una flor de papel blanco de grandes pétalos. El caballo no pisa moro alguno; nada en él hay de agresividad, al contrario, es un animal muy simpático, de mirada pícara.

Distrito Federal

Santiago de los españoles

La ciudad de Tenochtitlan, capital del imperio mexica, sucumbió frente a las tropas de Hernán Cortés el 13 de agosto de 1521. Muy pronto, tres años después, se fundó sobre las ruinas de la ciudad la parroquia secular de Santiago Tenochtitlan, para uso exclusivo de los españoles. En la construcción de esta nueva iglesia se utilizaron las mismas piedras de los adoratorios indígenas que Cortés destruyó durante el sitio de la ciudad y se empleó la mano de obra de los vencidos.

El 12 de diciembre de 1527, se creó la diócesis de México-Tenochtitlan y en 1528 llegó fray Juan de Zumárraga como primer obispo electo de la diócesis. La primera iglesia mayor fue elevada a la dignidad de catedral en 1530 y en metropolitana en 1547, después de que Zumárraga fue nombrado arzobispo. Pero, ahora, la catedral recibe la advocación de Nuestra Señora de los Remedios.

Al paso del tiempo, la primera catedral resultó pequeña y al lado se construyó una nueva, que se empezó a levantar en 1573. En 1526 se demolió la primera catedral y treinta años más tarde se dedicó oficialmente la nueva a la Virgen María, en su Asunción a los cielos.[8]

Pero la presencia de Santiago se mantuvo en el nuevo edificio, de manera ya accesoria, eso sí. En la portada mayor de la fachada sur, una imagen suya ocupa un sitio de honor, ya que se sitúa a la derecha de la Virgen María, que está el centro de la torre. Además, en el primer cuerpo, en la parte baja, Santiago está representado al lado de san Pedro, san Pablo y san Miguel Arcángel.

En el interior de la catedral, algunas obras de arte atestiguan la persistencia del Apóstol. En el retablo de El Divino Salvador, obra anónima del siglo XVIII, de estilo barroco, Santiago aparece en compañía de los apóstoles. En la

[8] Más informaciones en María del Socorro Santiés Corona y Carlos Vega Sánchez, *Cómo vemos la catedral metropolitana de México y su sagrario en el siglo XXI.*

sacristía se conserva la magnífica obra de Juan Correa, dedicada a la patrona de la catedral, pintura realizada en 1689. En esta obra podemos ver la admiración de los apóstoles ante el sepulcro vacío de la Virgen. Uno de ellos se destaca del grupo, se encuentra en el primer plano, arrodillado con su vestido de peregrino: es Santiago el Mayor que contempla el espectáculo de la Virgen subiendo al cielo. Es interesante notar cómo una vez más se lo asocia con la virgen María.

Muy cerca de la catedral, en la iglesia de Santo Domingo, el Apóstol aparece en un alto relieve; está sentado en una nube de plata y con el codo se apoya sobre su sombrero de peregrino; lleva un bastón del cual cuelga una calabaza.

También como peregrino Santiago forma parte de la composición pictórica que se encuentra en la cúpula del ábside del templo de La Enseñanza, a unos pasos de la catedral.

En el centro histórico, en la calle del antiguo arzobispado, se encuentra la iglesia de Santa Inés, que fue fundada en 1600. Santiago comparte con Santa Inés el patronazgo del templo. Los santos coronan cada arco y en una de las hojas de la puerta se ilustra la vida y martirio del Apóstol. A Santiago apóstol se le representa en el momento de su martirio al ser decapitado.

Otra iglesia del centro de la ciudad merece detener nuestra atención, a pesar de no tener en la actualidad ninguna imagen del Santo por causa de los estragos de las guerras y revoluciones. Pero acerca de este templo podemos evocar algunos episodios importantes, relacionados con su culto. Se trata de la iglesia de san Francisco.

Las "naciones" españolas que participaron en la Conquista y la colonización de América crearon asociaciones que servían de enlace entre las personas oriundas de una misma región. En los centros urbanos americanos fundaron cofradías que, a veces, según el estatuto, se llamaron hermandades o congregaciones, que resultaron un medio efectivo de agrupación y ayuda mutua.[9] Sus miembros festejaban al santo de su predilección, bajo cuya titularidad se creaban, revelando su origen. En la ciudad de México, los vascos se adherían a la de Nuestra Señora de Aranzazu; los santanderinos a la del Cristo de Burgos; los riojanos a la de Nuestra Señora de Balvanera y, desde luego, los gallegos a la de Santiago el Mayor.

Esta última cofradía, que respondía al nombre de Real congregación de los naturales originarios del reino de Galicia, organizaba cada año una solemne función en la iglesia grande de san Francisco de México el 25 de julio, con motivo de la festividad del Santo. La misa era cantada por la mañana y en la

[9] Sobre las cofradías, ver Cano Martínez López *et al.*, *Cofradías, capellanías y obras pías en la América colonial.*

tarde se hacía una procesión. Uno de los momentos cumbres del día era el sermón. Siempre se le encargaba a una persona docta y de prestigio que supiera presentar un hermoso panegírico de Santiago, para promover aún más su devoción.[10]

En la ciudad de México se fundó en 1768 la congregación del apóstol Santiago sobre el modelo de la que se había fundado en Madrid en 1748, bajo el patronazgo del rey Felipe V, "con el piadoso pensamiento de celebrar los cultos del santo Apóstol, con el lustre y autoridad debidos".[11] Las constituciones que debían seguir dicha congregación se publicaron en la ciudad de México el 1º de junio de 1768, por mandato de una real cédula del rey, firmada en el Pardo, el 6 de febrero del mismo año. Como la de Madrid, la congregación mexicana se beneficiaba del "real patronato y de la soberana protección." La sede quedaba establecida en la capilla de los terceros de san Francisco de la ciudad de México.

Santiago en los pueblos indígenas

Tlatelolco

Santiago no sólo se quedó como un santo para los españoles. En las proximidades de la antigua Tenochtitlan su devoción se propuso a los indios. Los de Santiago Tlatelolco tuvieron doctrina franciscana después de 1527.

En Tlatelolco, como ya lo señalamos, los franciscanos crearon el Colegio de santa Cruz, donde eran educados niños de la nobleza india, el cual funcionó de 1536 a 1568. Este lugar fue el último reducto contra el que pelearon los españoles para poner fin a la ciudad de Tenochtitlan. Donde desapareció una época podía nacer una nueva era; el Colegio daba cierta continuidad histórica. Fray Bernardino de Sahagún, que fue uno de los grandes maestros que allí enseñaron, subraya esa continuidad educativa: "como hemos observado que en su antigua república se educaba a los niños y a las niñas en sus templos, y que allí los disciplinan y los enseñan la cultura de sus dioses, y la sumisión a su república, damos prelación a este estilo para educar a los niños en nuestro establecimiento".[12]

[10] *Vid. Dos sermones panegíricos sobre Santiago el Mayor pronunciados en la ciudad de México, años 1802 y 1809.*

[11] Recientemente se han publicado estas constituciones: *Constituciones de la nacional congregación del Apóstol Santiago en México y muestra documental complementaria (1768-1842).*

[12] *Ibid.*, p. 34.

Y esta continuidad se operaría bajo la mirada de Santiago, que presidía en un retablo del altar mayor en la iglesia a él dedicada. Allí se daba la sucesión de Huitzilopochtli, antes señor del lugar, pues las piedras del antiguo adoratorio ahora servirían para levantar el templo de la nueva fe.

Por otra parte, hacia 1560, en la zona de Tacuba se habían implantado cuatro conventos-doctrinas; tres de ellos franciscanos y uno de dominicos, este último, situado en Azcapotzcalco, fue edificado en honor a los apóstoles Santiago y san Felipe.

Santiago Zapotitlán

En el suroeste de la ciudad, Zapotitlán,[13] que hasta el siglo XVIII fuera uno de los asentamientos indígenas que dependían de Cuitláhuac, también fue dedicado al Santo. Se sabe que a finales del siglo XVI era una visita de los frailes dominicos, donde sólo vivían los indios.[14] Actualmente forma parte de Tláhuac (nombre que derivó de Cuitláhuac), una de las delegaciones en las que se divide el Distrito Federal.

Pese a que ha sido abrazado por la ciudad, Santiago Zapotitlán se ha esforzado por conservar sus tradiciones. Durante el año sus habitantes celebran tres fiestas populares que enlazan el catolicismo con el pasado prehispánico. La del 4 de febrero, en la cual se celebra al Señor de las Misericordias, se enciende el Fuego Nuevo, como antes lo hicieran los aztecas cada 52 años, para dar continuidad al universo y ayudar al sol en su viaje al inframundo. El 25 y 26 de julio se festejan, respectivamente, a Santiago y santa Ana. En rigor, las fechas corresponden al calendario cristiano, pero también remiten al concepto de dualidad, importantísimo en la religiosidad de los antiguos indígenas. Para acentuar este carácter dual, cada santo se localiza en paralelo, hacia el final de las naves laterales de la iglesia. En cualquiera de las dos fiestas, danzantes, engalanados a la usanza azteca, con penachos, pectorales, taparrabos y cascabeles, bailan en la plaza del pueblo.

El apóstol Santiago, de tez clara, ojos café oscuro, bigote y barba, va montado en un caballo blanco. Se cuenta que la imagen fue donada por un hacendado español, que trajo la figura desde España para su hacienda en san Nicolás Tolentino, cuyos vestigios se encuentran hoy dentro del Panteón san Lorenzo.

Las incursiones del Santo fuera del templo son frecuentes. Don Ramón de los Santos de la Cumbre, de 87 años de edad, que fuera semanero, cuenta que

[13] Zapotitlán se forma de *tzapotl* (abreviación de *cuautzapotl*), que significa árbol de zapote, y de *titlán*, que quiere decir lugar.

[14] Antonio de Ciudad Real, *Tratado curioso y docto de las grandezas de la Nueva España*, t. II, p. 220.

un día que se levantó más temprano de lo habitual para realizar sus labores como encargado de la iglesia, encontró vacía la mesa donde estaba el Apóstol:

> ¡Ya se robaron la imagen!, pensó. De inmediato fue al campanario y tocó las campanas para llamar a los demás semaneros y a la gente del pueblo. Todavía no terminaban de repicar las campanas, cuando oyó un gran estruendo y las puertas de la iglesia se abrieron. De inmediato bajó y observó que la figura de Santiago apóstol ya estaba sobre la mesa.[15]

Las personas que acudieron a su llamado no creyeron lo que había pasado, hasta que vieron que las botas del Santo estaban sucias y llenas de polvo, en tanto que las patas del caballo tenían tierra y pasto y había "sacamoles" y otras yerbas del campo en su crin y cola.

Santiago Zapotitlán guarda una amplia tradición oral. Elías Chavarría contó la leyenda de un hombre que desafió al remolino de viento que antaño se formaba en los canales del pueblo:

> Y se acercó demasiado, y a pesar de que le gritaban que no se acercara porque se lo iba a tragar el remolino, él insistió; entonces cuando se empezó a dar cuenta, su canoa empezó a dar vueltas y ya no la pudo controlar y el señor fue tragado por el agua...

El remolino mencionado alude a Tláloc, dios de la lluvia y de los vientos. Es decir, en realidad, el hombre había desafiado a la antigua deidad, razón por la cual es conducido por el agua a un mundo subterráneo, acuático, que alude al Tlalocan:

> Y él contaba que, cuando fue tragado por el agua, cayó como en una caverna, como en un río subterráneo de una caverna grande, y que, al intentar buscar la salida, de repente se encontró con un viejito que estaba trabajando como de minero, como que estaba picando piedra. Y se acercó y le preguntó que dónde estaba la salida, porque había caído en un remolino, y el señor le dijo que caminara en una dirección hasta que encontrara la luz. Y así, él dice que caminó mucho tiempo, llegó a un lugar muy desconocido, que llegó a un pueblo (ni recordaba su nombre que era muy extraño que la gente era muy extraña), pero que después él anduvo vagando, anduvo mendigando por muchas partes hasta que después de un tiempo volvió a encontrar a Zapotitlán.[16]

[15] Varios, *Santiago Zapotitlán*.

[16] Leyenda recogida por Linda Rosario Cuellar, para el Seminario de narrativa oral, impartido por Araceli Campos, en el Posgrado de la Facultad de Filosofía y Letras de la UNAM.

Su travesía por el Tlalocan fue muy larga. Por eso, al regresar, ya era un ancianito, al que no podían identificar los habitantes del pueblo. Finalmente, logró convencer a su familia que era él, el que muchos años atrás había desaparecido por un remolino de viento. Aunque la leyenda no está relacionada directamente con el tema jacobeo, no deja de ser interesante, pues aquí, como en otras poblaciones dedicadas al Santo, subsisten creencias e historias relacionadas con el agua.

Santiago Tepalcatlalpan

El barrio de Santiago Tepalcatlalpan situado en el sureste de la capital mexicana, en la delegación de Xochimilco, era antiguamente uno de los pueblos que rodeaban la ciudad de los mexicas. Por el recorrido que hiciera fray Ponce de León, padre comisario de los franciscanos a finales del siglo XVI por la Nueva España,[17] sabemos que era visita de los misioneros que habitaban en Xochimilco. Para llegar a este pueblo de indios, desde Tláhuac el comisario fue conducido por una canoa y después por tierra, "por una calzada de un cuarto de legua, y en ella cuatro puentes de madera, por debajo de los cuales pasaban las canoas que van y vienen a México".[18]

La iglesia de Tepalcatlalpan tiene la particularidad de albergar dos imágenes ecuestres, casi idénticas, que flanquean la entrada principal. Dada su colocación, el visitante no tiene otra opción que pasar entre las dos figuras, muy imponentes por los caballos y porque cada santo lleva en la mano una espada. El caballo del lado izquierdo es de color blanco y pisa la cabeza de un moro; el de la derecha es un caballo color mostaza, sin moro alguno. Tienen esbeltas orejas y ojos grandes y parece que están hablando, por la forma en que están abiertas sus quijadas. Los jinetes van vestidos con las mismas telas y sus rostros de facciones finas no manifiestan algún sentimiento.

Según María Guadalupe Pérez Romero (de quien ya hemos hablado antes en el capítulo dedicado a las leyendas), las figuras representan al mismo Santo: el izquierdo "es el patrón Santiago que reprime, que castiga, que da sentencia. Y el otro, que está al lado derecho, da premios, es el protector". También existe la versión que uno de ellos es san Martín. Pero si tenemos en mente las figuras ecuestres de Yeché, Maxdá y Acutzilapan, todas en el estado de México, es muy probable que sean Santiago y san Felipe, que antiguamente eran celebrados en el mismo día y que se representan a caballo.

[17] La visita del fraile comisario fue descrita por Antonio de Ciudad Real.

[18] Antonio de Ciudad Real, *op. cit.*, p. 220.

Cualquiera que sea la identificación de las figuras, nuevamente encontramos aquí el concepto de dualidad. Un mismo santo se desdobla en dos, con personalidades distintas: una severa y otra protectora, y sus imágenes se sitúan, respectivamente, en el lado izquierdo y en el lado derecho del templo.

Al igual que en Zapotitlán, en Tepalcatlalpan corre la leyenda de que Santiago sale por las noches. Nuestra entrevistada dijo que varias veces se le ha escuchado cabalgar por las calles, a veces a galope, e incluso hay quien lo ha visto entrar apresuradamente en la iglesia. También contó la historia de un vecino que, a punto estuvo de ser asaltado por unos ladrones, fue salvado por Santiago, cuya presencia hizo huir a los malhechores y luego lo acompañó hasta su casa.

Pero no solamente Santiago se aparece para proteger a los feligreses. María Guadalupe confesó que fue reprendida por el Santo cuando dudó que el patrón protegía a su pueblo. Su testimonio fue el siguiente: "Y yo ese día —que le dije a mi mamá, le conté a mi mamá—, cerré los ojos y veo al patrón Santiago [...] cómo venía de Cuauhtémoc sobre Emiliano Zapata, pero así, corriendo, a galope, a galope venía" y, en el momento de entrar a la casa, "voltea a verme, así, muy enojado." Según se lo explicó su madre, el Santo la había mirado de esa manera, porque estaba muy molesto con ella por su falta de fe.

La devoción a Santiago no ha disminuido en Tepalcatlalpan, donde se siguen escuchando historias protagonizadas por el Santo y donde se le festeja con mucha algarabía y colorido. Antes del 25 de julio, el mayordomo le cambia la vestimenta, adornada con pañoletas de colores. Para que cuide las cosechas, alrededor se le colocan cañas de maíz y se le llevan muchas flores. El día 25, el Santo es despertado por un mariachi que le canta las mañanitas y a lo largo de la jornada se van turnando diferentes grupos musicales.

Es una creencia generalizada que ese día llueva torrencialmente en Tepalcatlalpan y que caigan gran cantidad de relámpagos. Estos fenómenos naturales supuestamente manifiestan la presencia del Santo, que se siente contento por los festejos que se organizan en su honor. Pero como no desea que la lluvia arruine su fiesta, prodigiosamente, el enorme castillo de luces que ese día se enciende no se apaga con el torrencial aguacero. Por su parte, sus fieles devotos permanecen en el atrio hasta que escampa la tormenta, para continuar celebrando a su patrono.

Al igual que en Zapotitlán, en este barrio también han sobrevivido referencias simbólicas a Tláloc en el culto a Santiago. Además de la presencia de la lluvia y los relámpagos en la fiesta patronal, durante la jornada el agua corre por las calles del barrio y un río cercano llena su cauce; es tan fuerte la presencia del agua que parece acompañar al Santo.

Las referencias simbólicas de un antiguo mundo pluvial alcanzan también a las familias. Según lo narró nuestra entrevistada, su joven hermano, montado en un caballo, fue muerto por un rayo, después de que Santiago se le apareciera en un pastizal. No cabe duda que el antiguo dios de la lluvia se niega a morir por estas regiones, que antes estuvieran fincadas entre acequias y chinampas, a orillas del lago de Texcoco.

Santiago Cuautlalpan

Santiago Cuautlalpan pertenece hoy al estado de México y al obispado de Texcoco. Los primeros mapas nos indican que era un pueblo de indios, situado a las orillas de la gran laguna de Tenochtitlan. Su nombre significa lugar de arboledas. Fue evangelizado muy temprano por los franciscanos, que construyeron allí una capilla dedicada al Santo y dieron el nombre cristiano al pueblo. En 1741 fue edificada la iglesia actual, y una de las dos imágenes ecuestres del Apóstol es del siglo XVII, seguramente contemporánea de la inauguración del templo. Otra imagen, más grande, fue regalada por un tal general Mariano Ruiz, cuando en el último tercio del siglo XIX pasó por allí herido en batalla. La gente del pueblo lo atendió y, agradecido, regresó a vivir allí los últimos años de su vida.

Esta segunda imagen es la que peregrina todo el mes de julio, de barrio en barrio y de casa en casa. Las fiestas duran quince días y son organizados por un patronato compuesto por veinte personas. Con motivo de las celebraciones se efectúan varios actos culturales y danzas, desfiles de carros alegóricos, manifestaciones deportivas. El mismo día del 25 de julio, una corrida de toros reúne al pueblo y a sus invitados. Ocho días después, se realiza una novillada.

Los fieles tienen una gran dedicación a Santiago. Una niña del lugar, de unos diez años, nos recitó de memoria una larga e ingenua poesía en honor al Apóstol, que compuso con la ayuda de su padre. Citamos los versos de conclusión:

> Mas todos preguntan por Santiago, el anfitrión.
> Ahoritita viene, pásele a tomar un pulquito de maguey
> y que su familia coma el arrocito servido,
> y las carnitas, el mole y la barbacoa.
> No tarda Santiago, espérele tantito,
> es que fue a la plaza y a la misa,
> fue a recibir a sus hermanos y amigos
> y adornar el quiosco con castillos y toritos.
> Está contento armando los juegos pa' los niños,
> la feria y la procesión pa' cantarle a Dios.
> También revisa que no falte amor de fiesta
> ni hospitalidad ni comida en los jacalitos,
> pues ha mucho que se hizo mexicano,

se hizo de Cuautlalpan
y aprendió a hacer comales,
aprendió a ser humilde y noble,
noble como mi raza de bronce y azteca.
Pero, pasen y vengan a mi pueblo,
visiten la fiesta y la casa de Dios
y a través de los brazos de Santiago,
él los espera todos los años de julio.

Como dice la poesía, casi en ninguna fiesta patronal faltan los juegos pirotécnicos, las ferias, la comida colectiva, en la cual se sirve carne, arroz y pulque. Estas tradiciones populares hacen de Santiago un mexicano, así como la tez morena del mexicano y la famosa raza azteca, que se relaciona con lo indígena. Indudablemente, son estereotipos. Los versos recitados por la niña reflejan un fenómeno constante en las poblaciones patrocinadas por el Apóstol, en las cuales se insiste en dotarlo de elementos de mexicanidad. El Santo se identifica con sus feligreses, que lo ven como uno de los suyos. La comunicación con él será más accesible, debido precisamente a esa identificación en la cual el Apóstol se acerca a sus devotos.

Santiago en el Altiplano Central

Las estrellitas del cielo
brillan con su luz de plata;
Santiago las fue sembrando
con sus espuelas de plata.

Cancionero Folklórico de México

Santiago en el estado de Hidalgo

La región en donde se asienta hoy el estado de Hidalgo por su localización geográfica fue paso obligado de las numerosas migraciones que, procedentes del norte del país, cruzaron por ahí para establecerse especialmente en el Valle de México. Los toltecas llegaron a principios del siglo VII antes de dispersarse por diferentes lugares y de fundar la que había de ser su capital Tollán (Tula) y dominar a todos los pueblos de la zona. Con el tiempo, los pueblos de cultura tolteca fueron invadidos por los chichimecas. Su señorío principal dentro de Hidalgo fue Metztitlán. Los aztecas llegaron a su turno en el siglo XII. Fundaron Tepehuacán y conquistaron Patlachihuacan (Pachuca) y en corto tiempo la región pasó a formar parte del imperio azteca.

Los otomíes, que fueron los originarios habitantes de Hidalgo, ya despojados de sus tierras fértiles por los toltecas, se refugiaron en zonas agrestes y desérticas. Allí se quedaron cuando posteriormente los aztecas ocuparon el territorio. El norte del territorio hidalguense está poblado desde tiempos remotos por los huastecos.

En Hidalgo los españoles se adueñaron del valle de Tulancingo en 1527 y enseguida el capitán español Francisco Téllez se apoderó de la comarca de Patlachihuacan (Pachuca). Los hispanos, al darse cuenta de la riqueza minera de esta región, se afanaron en rematar la Conquista, estableciendo redes de comunicación y adelantando la avanzada evangelizadora, de lo cual queda un patrimonio arquitectónico singular.

El estado no representa más que un poco más de 1% del territorio nacional y, como se sabe, debe su nombre al héroe de la Independencia, don Miguel

Hidalgo y Costilla. Todo el territorio hidalguense perteneció de 1824 a 1869 al estado de México.[1]

Los grandes evangelizadores fueron los agustinos que dejaron varios conventos que son magníficas muestras del arte colonial español. El de Actopan, edificado en zona otomí, se empezó a construir en 1550, es decir, poco tiempo después de la llegada de los españoles a la región. A partir de ahí se hicieron propagandistas del culto de Santiago, además del de la Virgen.

Los principales lugares donde los agustinos difundieron el culto de Santiago son los siguientes: Atotonilco el Grande, donde levantaron un templo dedicado a Santiago, cuya construcción se comenzó en 1536. De la misma época es el de Atotonilco de Tula. Dos iglesias más se deben desde los principios de la colonización a los frailes agustinos: la parroquia de Chapatongo, actualmente pueblo del obispado de Tula, y también la de Tecozontla. El siglo XVIII fue para ellos otro momento de construcción de iglesias dedicadas al Santo, como en Santiago de Anaya y en la ciudad minera de Zimapan.

Ixmiquilpan es otro convento agustino. Se edificó en el lugar que fue capital de los pueblos otomíes. Los habitantes de la zona se unieron con los nahuas y se extendieron por todo lo que hoy conocemos como el Valle del Mezquital. Los agustinos a partir de allí se hicieron los protagonistas de otro santo muy simbólico, san Miguel Arcángel, el ser celestial que lucha contra el Mal. Para ellos la conversión de los indígenas significaba sustraer a los indígenas de las garras del demonio y hacerles sustituir su idolatría por el cristianismo. Tal es el sentido de los frescos de la iglesia y de los claustros que muestran indígenas luchando contra la personificación el Mal. En la bóveda del templo alternan los guerreros ataviados de caballeros tigres con centauros de extraña anatomía.

Aquello nos explica por qué en Hidalgo los pueblos de Santiago y san Miguel son numerosos. Hay que señalar que los franciscanos intervinieron también en la evangelización desde 1527 y que dejaron en el estado algunos conventos notables, como el de Tepeapulco (1528). Ahí vivió de 1558 a 1560 fray Bernardino de Sahagún, dedicado a recoger las memorias de los indios. Es también famoso el convento de Apan, construido en los siglos XVII y XVIII.

Estos conventos contribuyeron a difundir el culto de Santiago en su zona de influencia; actualmente de las comunidades que dependen de Tepealco una lleva el nombre de Santiago. También se establecieron los franciscanos en 1552 en Tepeji, donde fundaron un convento dedicado a san Francisco a partir del cual se lanzaron a la evangelización de la zona. De las doce comunidades que progresivamente se crearon en su jurisdicción, tres llevan el nombre de Santiago: Tlautla, Tlaltepoxco y Tlapanaloya.

[1] *Vid. Los municipios de Hidalgo.*

A continuación vamos a presentar los lugares dedicados al Santo que nos parecieron de mayor interés:

Santiago Tlapacoya, donde la espada del santo mata

Aproximadamente a once kilómetros de Pachuca, capital de Hidalgo, se encuentra Santiago Tlapacoya. Durante 17 años, doña Conchita se ha encargado de abrir y cerrar las puertas de la iglesia. El juez de Tlapacoya había seleccionado a su esposo como guardián del templo, pero a causa de una enfermedad que padece desde hace varios años, ella lo ha sustituido; al principio pensó que sería provisionalmente, pero, con el paso del tiempo, ha sido de forma definitiva. El oficio no le es nuevo, pues su padre lo ejerció durante muchos años. Nuestra informante es una persona que ha estado ligada a la iglesia de Santiago durante casi toda su vida.

La devoción que le profesa a Santiago es una mezcla de religiosidad y superstición. Aseguró que el Santo abre las puertas de la iglesia para anunciar que cumplirá una determinada petición. Para ello, es necesario "venir a medianoche, y si usted encuentra la puerta abierta, se le va hacer su milagro, si no, no".

También contó que nunca se debe limpiar la espada de Santiago, pues de hacerlo "segurito que hay difunto". Una incrédula mujer de la ciudad de México que ignoró el maleficio, causó la muerte de una persona que perdió la vida frente a la iglesia. El pueblo entero conoce las fatídicas consecuencias de limpiar la espada, y doña Conchita, para bien de la comunidad, no ha permitido que se toque durante el tiempo en que ha guardado la iglesia.

En Tlapacoya existe una mayordomía que se encarga de realizar las fiestas. El Santo es festejado no sólo el 25 de julio, sino también el 23 de mayo, fecha en la que se conmemora su supuesta aparición en esta localidad. Nuestra entrevistada dio tres versiones sobre el origen de la imagen que se venera en el altar: la primera dice que el Santo fue encontrado en un cerro cercano, de donde lo trasladaron a la iglesia; la segunda señala que se apareció en el pueblo y la tercera, nada fantasiosa, asegura que fue comprada.

Todo parece indicar que la imagen del altar es de madera policromada. Tiene dibujada una armadura (decorada con líneas doradas que corren en las piernas) y lleva un yelmo; en una mano sostiene una espada y en la otra una bandera roja con la cruz. La larga capa de intenso color rojo es la única pieza de tela que lleva puesta. Al simpático caballo le han atado listones de color rojo, uno de los cuales termina en un moño enorme sobre su pecho. Dramática es la figura del moro que se ha rendido al Santo. Se supone muerto, pues una pata del caballo pisa su pecho y sobre la cabeza se puede apreciar una larga y honda rajadura que el Santiago le ha hecho con la espada. Hay una imagen procesional en la sacristía, que tiene similares características de la que se encuentra en el altar.

Como en otras localidades de México, los habitantes de Tlapacoya, en medio de cantos y rezos, sacan a Santiago para pedirle que llueva. Suponemos que esas ocasiones deben ser extremas, pues la tierra calcárea de esta zona hidalguense es de por sí poco fértil.

Cada año se le cambia la capa al Santo y la anterior se utiliza para curar enfermos. Según doña Conchita, Santiago ha sido muy milagroso y ha sanado todo tipo de enfermedades. Como prueba de sus poderes maravillosos, nos mostró una bandera, de la cual cuelgan varios *milagritos*.

Si bien concibe a Santiago como benefactor de sus feligreses, doña Conchita también lo asumió como un santo severo y castigador. Hizo hincapié en la importancia que tienen las promesas que se le hacen y relató el incidente que tuvo su papá con el Santo, cuando un día decidió no acudir a la iglesia para repicar las campanas. Ante la insistencia de su mamá, se encaminó al templo, pero poco antes de llegar, quedó paralizado, sin que las piernas le respondieran. Para curarlo, la madre de Conchita utilizó un medio poco convencional: "lo limpió" con una veladora para quitarle el mal que en su cuerpo había y le pidió "al santito" que tuviera compasión de su marido.

Santiago Anaya, centro que fue de los agustinos

El templo agustino que se yergue en Santiago Anaya fue construido después del conjunto conventual de Acolman, en el siglo XVI. La feligresía parece tener un gusto exacerbado por las imágenes, pues la iglesia guarda cuatro representaciones del Santo. En todas figura como Matamoros, salvo una en la cual se representa a Santiago en calidad de peregrino y de apóstol, dos concepciones que se suman en la misma escultura, pues en una mano sostiene una *Biblia* y en la otra empuña un bastón de peregrino y de la cintura cuelga una calabaza de agua.

La imagen principal es reciente; se particulariza porque el caballo es de color marrón. Hay otra más antigua en la capilla lateral que fue restaurada por INAH. Al parecer, el caballo blanco es nuevo y según contó el sacerdote, a la comunidad no le gustó el trabajo de restauración. Ésta y la del coro son muy parecidas: llevan la misma ropa, los jinetes y los caballos tienen las mismas posturas y ambas yacen sobre un pedestal de madera, en el cual está pintada la cabeza de un turco, de la cual sale un gran chorro de sangre. Otra más, muy pequeña, con las mismas características que las anteriores, se encuentran en andas, en una vitrina. Vistas en conjunto, parecería que en esta iglesia ha habido la necesidad de multiplicar lo sagrado, haciendo réplicas de la escultura principal. El sacerdote mencionó la existencia de una imagen muy antigua que fue llevada por los agustinos y que desafortunadamente fue robada.

Es lamentable que sean frecuentes los robos en las iglesias. Las imágenes religiosas son importantes no sólo por su valor religioso, artístico e histórico, sino porque los santos son elementos de identidad e integración comunitaria. Los robos han desencadenado una profunda desconfianza. El párroco comentó que, en un principio, la mayordomía se negaba a darle las llaves de la iglesia cuando llegó al pueblo.

Cuatro días están dedicados a festejar a Santiago. Es una tradición en esta localidad invitar a otras comunidades, en total doce, que llevan a sus respectivos patrones a los festejos. A su llegada, son recibidos por el pueblo, señalando de esta manera el inicio de la fiesta patronal. El día del Santo, muy temprano, se le cantan las mañanitas. Dos imágenes del templo se sacan al atrio de la iglesia; la procesión recorre cuatro veces el atrio, haciendo paradas en cada una de las esquinas. Este rito es una clara reminiscencia de las viejas creencias indígenas, que daban a los cuatro puntos cardinales un sentido mitológico. Como si la procesión no fuera suficiente, en las tardes, el pueblo realiza otras dos, la última señala la clausura la fiesta.

La introducción de elementos profanos e indígenas es reconocido y respetado por los sacerdotes de Santiago Anaya. En los festejos, la población acostumbra ir a la iglesia para hacerse "limpias" y compra estampitas de Santiago que se lleva a sus casas como amuletos. Sin reparo alguno, las estampas y yerbas son bendecidas por los religiosos.

A diferencia de otras regiones, el caballo no parece tener culto especial. Esto no quiere decir que no se le cuide y se le estime. Al preguntarle al párroco qué representación de Santiago preferiría el pueblo, si como apóstol o a caballo, el sacerdote no dudó en decir que la ecuestre. Comentó que la representación apostólica, por llevar un bastón, ha sido confundida con san José.

A Santiago se le considera benefactor de la comunidad. Se cuenta que, por un asunto de tierras, los habitantes del pueblo cercano una noche decidieron atacar a los de Anaya. Al llegar, vieron gran cantidad de soldados apostados en el atrio de la iglesia y desistieron de sus planes. Los soldados no existían; había sido un espejismo provocado por Santiago para defender a sus feligreses.

Comentó el párroco que si bien la gente tiene mucha fe en el Santo, la devoción no está exenta de temor y se cree que castiga a quien no participa en sus festejos.

> Una vez comentaron conmigo: "padre, hay que hacer y hay que hacerlo con gusto, si no hay un castigo". Un jefe de familia no quiso participar y fue castigado, por eso, vino para pedir perdón. Otra ocasión un señor dijo: "no tengo tiempo para tomar el cargo y organizar la fiesta" y en el camino tuvo un accidente.

La mayoría de los pobladores profesa la religión católica y aún habla el otomí. Además de festejar al patrono del pueblo, da mucha importancia a las ceremonias familiares, como los matrimonios y los bautizos. Al párroco le gustaría que la práctica del catolicismo fuera más allá que marcar los momentos significativos de la vida colectiva y considera que la evangelización aún es necesaria.

Santiago Tezontlale, donde el Santo cruza por el cielo

Desde hace diez y ocho años, Carlos Rodríguez, sacristán en Tezontlale, participa en las fiestas que conmemoran al patrono de su pueblo. La mayordomía —elegida anualmente e integrada por un presidente, un secretario, un tesorero y varios vocales—, se encarga de organizar los actos del 25 de julio. Además de cantarle las mañanitas a Santiago y un himno que compuso un sacerdote que hubo en el pueblo, se celebra una misa con la asistencia de tres sacerdotes. La fiesta no sólo incluye actos religiosos, también se queman castillos y fuegos artificiales y se hace una corrida de toros.

Antes del 25 de julio, se realiza un novenario, tiempo en el cual se pasea la imagen de Santiago por todo el pueblo. Se tiene la costumbre de cambiarle la vestimenta cada año. Los devotos son quienes la donan, y el que le ofrece la capa tiene el privilegio de llevarse la anterior. La posesión de la capa no es un asunto menor; se considera que es un objeto sagrado que, por haber estado en contacto con la imagen, se ha contagiado de la sacralidad del Santo, razón por la cual es considerada una reliquia. El caballo también estrena para la fiesta el cabestro y el cincho de la silla. El cambio de la vestimenta y del arnés no es sólo una manera de señalar que se está de fiesta; al mismo tiempo, simboliza la renovación de la vida, reanima a una comunidad pobre y sin muchas oportunidades para el futuro, que sale de su penosa cotidianidad para dar paso a la alegría.

La imagen del altar es notable porque en un cuadro que sostienen las patas del caballo está pintado un ejército turco: unos a caballo y otros a pie, empuñan sus cimitarras. El caballo tiene una carita, un querubín sobre el pecho, de rasgos indígenas. Hay también una pequeña imagen procesional en una caja de vidrio.

Al final de la agradable conversación con don Carlos, mirando el cielo, señaló el momento en que el Santo anuncia su llegada al pueblo: "cuando está raso el cielo y hartos luceros, se ve a Santiago que viene de México, ahí, pasando".

Santiago Acayutlan, donde el Santo estuvo con su hermano Juan

Cerca de Tezontepec, en Acayutlan, la fiesta santiaguera se prolonga durante tres días. Cuatro mayordomos, que se reparten su trabajo durante el año, se encargan de llevarle cada quince días flores a Santiago. No son los únicos, existen otros cuatro mayordomos para la Virgen de Guadalupe, que también se venera en la iglesia. La repartición dosificada de los mayordomos refleja la solidaridad y buena organización del pueblo, que de esta manera cuida sus imágenes y conserva sus tradiciones religiosas.

A la medianoche del día 25 los fieles bajan la imagen del altar dirigidos por el sacerdote para depositarla en la capilla. Éste es el momento en que se inicia la fiesta, a la que acuden otros pueblos, que han llevan en hombros a sus respectivos santos patrones, o bien, estandartes que identifican el lugar de donde proceden.

Para la fiesta contratan bandas de viento; asimismo se celebra una misa y se reza el rosario en la tarde del 25. La celebración incluye diversiones paganas, como torneos de fútbol, una pelea de gallos y una carrera de caballos.

Según la vendedora de una tienda de abarrotes, Santiago fue encontrado en un organero, al lado de una peña. Cierta vez, en un saqueo, el pueblo vecino quiso apropiarse de la imagen de Tezontlale, pero el Santo decidió quedarse ahí, pues cada vez que "se lo llevaban, él se volvía a regresar".

La determinación de Santiago de quedarse en un determinado lugar es un tema frecuente en este tipo de relatos. La misma persona entrevistada dijo que, años antes, se tenía la costumbre de sacar la imagen patronal para acompañar a comunidades vecinas en sus fiestas. A Santiago no le gustaban esas salidas, pues, según su estado de humor, cuando "estaba de buenas" los cargadores transportaban la imagen con facilidad, por el contrario, cuando estaba enojado, se hacía tan pesada que se necesitaban ocho cargadores para transportarla.

Algunos entrevistados afirmaron que en el lugar donde apareció Santiago existe una piedra, que tiene marcada la pezuña de su caballo. El testimonio de la piedra grabada con la huella de la montura es también un tema recurrente en otros relatos que hemos recogido en distintas comunidades del país. Por un lado, señala la presencia del Santo y, por otro, la piedra eterniza y recuerda el lugar que ha escogido Santiago para quedarse.

De la aparición del Apóstol en Acayutlan, dijo un miembro del consejo del pueblo:

> Se llama Santiago Acayutlan en honor al santo patrono. Cuentan los que vivieron hace muchos años que el Santo aparece en una hacienda acá, cerca de las aguas termales. Aparecen dos santos: Santiago apóstol y Juan Bautista, que son los dos hermanos. Entonces cuando aparece un grupo de personas lo descubren, y decían: "¿para dónde los llevamos?, ¿para Tezontepec?, ¿para dónde?, ¿para Acayutlan?". Lo que hicieron es llevarse el santo hacia dónde miraba. En este caso Santiago apóstol veía para Acayutlan, lo trajeron hacia Acayutlan y a Juan Bautista lo llevaron a Tezontepec.

Pero la separación de los santos no fue fácil. A menudo aparecía san Juan Bautista en Acayutlan, porque "el santo no quería separarse de su hermano". Este supuesto parentesco entre el Apóstol y san Juan Bautista, u otro santo, se encuentra también en varias leyendas mexicanas. En la religiosidad popular existe la tendencia a establecer lazos familiares entre santos como sucede entre las familias. El mundo terrenal se reproduce en el celestial.

En Acayutlan se guarda la tradición de cambiar la ropa al patrono el día de su fiesta. La gente cuenta que la espada indica si en los festejos habrá conflictos, pues si "su espadita no se le acomoda, si tardan mucho para acomodársela, decían que es peligrosísimo, que si se le llega a caer la espada hay muerto".

Como en otros lugares, las creencias mágicas están presentes en este pueblo. Hay una muy particular: se cree que los crines y la cola de caballo tienen poderes sobrenaturales. Los apostadores de las carreras de caballos cortan un poco del cabello para que les dé buena suerte.

Al principio, para recabar esta información, hubo resistencia de los pobladores. Apenas unos cuatro días antes de nuestra llegada, los hijos de la mujer que guarda la iglesia mataron a traición a cinco personas por la posesión de unos terrenos. Los culpables escaparon y, en venganza, el pueblo expulsó a la madre de los asesinos. El gobierno mandó a la policía para aplacar los ánimos de los habitantes, envilecidos por este acto sangriento, que no ha sido el único, pues de tiempo atrás se han enfrascado en problemas similares. Pero los pobladores de Santiago Acayutlan sienten que su patrono, pese a lo adverso de las situaciones que han vivido, los protege. En este lugar, el Apóstol se percibe como un elemento de equilibro ante la violencia, el descontrol y la frustración que han sufrido por dilucidar sus derechos en la posesión de tierras.

Santiago Tlautla y sus leyendas

El nombre de esta comunidad es de origen náhuatl y significa lugar donde arde la tierra (para hacer la cal). También tiene relación con la palabra *tlaute*, que significa lugar donde se cultiva cierto tipo de maíz. El nombre le viene del siglo XVI, cuando Tlautla era un lugar donde se producía mucho maíz y formaba parte de la hacienda de Tlahuelilpan.

La capilla de Santiago apóstol es muy antigua. Las columnitas de la fachada y del púlpito son del siglo XVI. La imagen a caballo del Santo es muy venerada. Del 23 al 27 de julio se le festeja con juegos pirotécnicos, bailes populares, excelentes bandas de música, charreadas, partidos de futbol, un festival artístico y un grupo de concheros que baila en el atrio.

El mayordomo del pueblo ha recogido en un cuaderno manuscrito varios de los milagros realizados por el Santo. Se cuenta la historia de un muchacho que se curó de una enfermedad desconocida tan sólo por rezarle al Apóstol. También se narra el caso de un joven que fue desahuciado de un cáncer incurable y que, al recibir la imagen procesional de la iglesia en su casa, quedó sano. Estos relatos resaltan la verosimilitud de los hechos narrados, ya que proporcionan la fecha del milagro y los detalles de la vida de cada uno de los beneficiados.

El Santo ha intervenido para bien de la comunidad. Cierta vez impidió que se construyera una prensa, que inundaría el pueblo. Los ingenieros, cada mañana, encontraban que la obra del día anterior había sido aniquilada. Con el propósito de saber quién era el causante, decidieron vigilar la obra durante la noche. Grande fue su sorpresa cuando "vieron un hombre montado en un caballo blanco empuñando enérgicamente una espada". A la mañana siguiente, encontraron las huellas del caballo. No había duda quién había sido, pues en la iglesia se pudo constatar que "el caballo del santo patrón Santiago apóstol tenía lodo en sus pezuñas".

En otro relato del cuaderno del mayordomo se cuenta que para las fiestas patrias se sacaron sillas y alfombras de la iglesia. Aquel préstamo no le gustó a Santiago; por eso en la noche, en plena fiesta, se produjo un grave incendio, que alcanzó a varias personas, causándoles graves quemaduras.

También se puede provocar la ira de Santiago cuando no se le tiene respeto. En cierta ocasión un comisionado de la fiesta pidió dinero para organizar los festejos del 25 de julio. Como no se lo prestaron, renegó y vociferó en contra del Santo. Unos días después, mientras trabajaba, sufrió un accidente que le causó heridas graves. "Arrepentido de sus actos, fue a darle mañanitas muy temprano al santo patrón y a pedirle perdón".

La imagen que se venera en Santiago Tlautla es vigilada con gran celo por los miembros de la mayordomía, que no nos permitieron entrar a la iglesia para verla. Este tipo de organizaciones civiles creadas en la época colonial han adquirido gran poder en determinados lugares.

La fe en Santiago es ferviente en este pueblo, como lo prueban las historias del cuaderno del mayordomo. Puesto que existe la creencia de que ha resuelto muchos problemas que han aquejado a los miembros de esta comunidad, es celebrado con gran entusiasmo para agradecer los beneficios que se han recibido.

Es interesante observar que Santiago Tlautla es una de los tres comunidades (entre doce) de la jurisdicción de Tepeji que llevan la advocación del Santo. La segunda es Santiago Tlapanaloya (del náhuatl, lugar donde se labra la tierra), cuya capilla fue construida en 1768, edificándose un nuevo edificio en el año 2000 y consagrada como parroquia en el 2002.

La tercera es Santiago Tlaltepoxco (en náhuatl, tras la tierra de labranza); perteneció a la hacienda Santa Teresa de El Salto y su capilla fue construida en 1896. Esta población se encuentra en los límites entre los estados de Hidalgo y de México, donde existe una confusión territorial. Un niño es registrado en Huehuetoca, cuando los padres se consideran del estado de México, y en Tepeji, cuando son hidalguenses. El único lugar que pertenece ajeno al conflicto es la capilla de Santiago y el panteón que se encuentra en el atrio. Allí descansan reunidos todos los difuntos de las familias sean hidalguenses o mexiquenses.

Santiago en el estado de Tlaxcala

Los tlaxcaltecas y los caballos

Los tlaxcaltecas formaban una de las siete tribus que habían emigrado del mítico Chicomoztoc; hacia el año 1324 fundaron Poyauhtlán, a orillas del Lago de Texcoco. Al ser expulsados de ahí, se dirigieron a lo que después se llamaría Tlaxcala, o Tlaxcallan, que en náhuatl significa lugar de pan de maíz o tortilla de maíz.[2] La sierra de Tepectipac fue la primera en caer en sus manos, y luego, hacia el año 1348, comandados por su dios Camaxtla (o Camaxtli), y por su caudillo Culhuatecuhtli, se apoderaron de toda la región.

A principios del siglo XV, Tlaxcala estaba dividida en cuatro señoríos: Ocotelulco, Tizatlán, Quiahuiztlán y Tepectipac, que formaban una federación, la cual se reunía para combatir a sus enemigos. En el último tercio de ese siglo, Tlaxcala, que señoreaba el valle poblano-tlaxcalteca, exhortaba a los pueblos a rebelarse contra el imperio mexica. Al llegar los españoles, se calcula que la

[2] Según Muñoz Camargo, había razones para denominarla así, "porque sin duda ninguna es la más fértil provincia y abundosa de maíz y otros mantenimientos y legumbres que hay en toda esta Nueva España", *Descripción de la ciudad y provincia de Tlaxcala*, p. 36. Fray Antonio de Ciudad Real coincide con esta definición, pero añade más: "Unos llaman aquella ciudad Tlaxcallan, porque en toda su comarca se coge mucho maíz, que es tierra fertilísima; otros la llaman Tlexcallan, por estar entre peñas y piedras; ambos nombres le cuadran, pero más común y usado es Tlaxcallan", *Tratado curioso...*, vol. I, p. 75.

región era habitada por 250,000 personas, cantidad considerable para aquel entonces y en la cual se incluye a los indios de otras regiones que habían huido del dominio mexica.

Los tlaxcaltecas no eran un pueblo bárbaro. Herederos de la cultura náhuatl, habían alcanzado un desarrollo cultural equiparable a los pueblos vecinos que vivían en el lago de Texcoco. En lo jurídico, se regían por las leyes que había creado el rey Nezahualcóyotl. Tuvieron excelentes poetas como Tecuninitzi (autor del *Canto xochipitezahua*); Xicoténcatl, padre e hijo; y Motenehuatzin, hermano de Xicoténcatl el Joven. También se distinguieron en la arquitectura, en la cerámica policroma, la escultura, la plumería y la elaboración de códices, algunos de los cuales han sobrevivido el paso de los siglos, como el *Tonalamatl de Aubin,* anterior a la conquista, *El lienzo de Tlaxcala* y el *Códice de Huamantla,* que se hicieron durante la Colonia. Hoy en día, estos códices se consideran una fuente de información valiosísima para el conocimiento de las culturas indígenas. Algunos de sus dioses fueron Toci, Tláloc, Huehueteo, Tezcatlipoca, Xochiquetzal y Matlalcueyetl, siendo el más importante Camaxtli, dios de la guerra y de la caza.

Con la esperanza de que serían liberados de la tiranía que los oprimía, los tlaxcaltecas ayudaron a los españoles a derrocar a los mexicas. Los mexicas los habían cercado en sus mismas tierras y que constantemente incursionaban en ellas. Según Diego Muñoz Camargo, el cerco duró sesenta años, tiempo en que soportaron carencias tan indispensables como la falta de sal. El rencor acumulado durante este tiempo explica por qué se aliaron a los invasores. Pero la ayuda que les ofrecieron no fue inmediata.

En su *Historia verdadera de la conquista de la Nueva España,* cuenta Bernal Díaz de Castillo que cuando llegaron "toda Tlascala estaba puesta en armas contra nosotros". Tan sólo en la primera batalla fueron atacados por cuatro o cinco mil guerreros, cantidad que se multiplicaría el siguiente día, cuando vieron aparecer en el horizonte un enorme ejército capitaneado por Xicoténcatl el Joven, que el cronista español estima en 50 mil soldados.

Si bien las cifras que da Bernal deben tomarse con cautela, es un hecho verídico que los tlaxcaltecas se esforzaron por defenderse, ante la posibilidad de que los españoles hubieran sido enviados por los mexicas, sus acérrimos enemigos. A través de unos indios, amenazan a los recién llegados con palabras que el cronista incluye en su libro, con bastante dosis de imaginación, pues, como veremos a continuación, pues afirma que los tlaxcaltecas querían "comer sus carnes":

> Ahora hemos de matar a esos que llamáis teules y comer sus carnes, y veremos si son tan esforzados como publicáis, y también comeremos sus carnes, pues venís con traiciones y con embustes de aquel traidor Montezuma.[3]

[3] Bernal Díaz del Castillo, *Historia verdadera de la conquista de la Nueva España,* p. 118.

Los señoríos tlaxcaltecas acordaron pelear y, al mismo tiempo, enviar mensajeros de paz. Este proceder, más que contradictorio, era una táctica de guerra para descontrolar y conocer contra quienes luchaban. Por su parte, el joven Xicoténcatl, cabeza de las huestes indias, quería demostrar que los españoles no eran dioses como algunos pensaban, sino hombres de carne y hueso. Arrogante, el impetuoso príncipe desafió a Cortés enviándole este mensaje: "Si eres dios de los que comen carne y sangre, cómete estos indios, y traerte hemos más; si eres dios bueno, ves aquí incienso e plumas; si eres hombre, ves aquí gallina, pan e cerezas".[4]

En las batallas, los caballos impresionaron mucho a los tlaxcaltecas y, como bien lo señala José Luis Martínez en su libro *Hernán Cortés,* ponían especial empeño en tomarlos o matarlos. Bernal narra cómo "acordaron de juntarse muchos dellos y de mayores fuerzas para tomar a manos algún caballo". Una yegua montada por un tal Pedro de Morón, "muy buen jinete", que "entró rompiendo con otros tres de a caballo entre los escuadrones contrarios", fue la víctima. Con asombrosa rapidez, a la yegua "le cortaron el pescuezo en redondo, y allí quedó muerta". Luego se la llevaron y "la hicieron pedazos para mostrar a todos los pueblos de Tlaxcala; y después supimos que habrían ofrecido a sus ídolos las herraduras".[5]

En la *Historia de Tlaxcala,* Muñoz Camargo asegura que los habitantes de Tecohuactzinco, en un principio, creyeron "que el caballo y el hombre que iba encima era toda una cosa", razón por la cual "daban ración a los caballos, como si fueran hombres, de gallinas y cosas de carne y pan". Impresionados por la fuerza de estos animales, imaginaron que tales fieras se comían a las personas:

> y que por esta causa decían que los hombres blancos les echaban frenos en las bocas y los traían atrillados con traillas de hierro. Y cuando algún caballo traía la boca ensangrentada, decían que se habían comido algún hombre [...] y cuando relinchaba un caballo decían que pedía de comer y que se lo diesen luego que no se enojase: y de esta manera procuraban de tener contentos a los caballos, en darles de comer y de beber cumplidamente.[6]

Los guerreros tlaxcaltecas enfrentaron a los españoles con valentía, pero, pese a sus esfuerzos y a que eran muy numerosos, no lograron derrotarlos. El mismo cronista, en la *Descripción de Tlaxcala,* incluye el testimonio de los otomíes, aliados de los tlaxcaltecas, que se enfrentaron a los españoles. El testimonio es interesante, pues además de señalar que los extranjeros vestían "hierro resplan-

[4] Andrés de Tapia, *Crónicas de la conquista de México,* p. 66.
[5] Bernal Díaz del Castillo, *op. cit.,* p. 121.
[6] Diego Muñoz Camargo, *Historia de Tlaxcala,* p. 189.

deciente" y que traían "rayos y truenos y relámpagos como los que caen del cielo", se habla del temor que les causaron los caballos:

> dondequiera que pisan y huellan, tiembla la tierra y se va hundiendo. Tráenlos con hierros atraillados en las bocas, y tan domésticos que los gobiernan como quieren, y andan encilla dellos, y los corren y hacen cosas espantosas; tráenlos calzados de hierro...[7]

La fuerza de las armas españolas fue insuperable, pero su valor no se limitó al efecto práctico. El sonido que producían la ballesta, la escopeta y los cañones semejaban al rayo que, de acuerdo a la mitología náhuatl, había arrojado Huitzilopochtli para matar a su hermana Coyolxauhqui, en una lucha cósmica en la cual defiende su vida y reafirma su poderío como dios de la guerra.

Al igual que las armas, el caballo también causaba muchas bajas entre los indios. La pérdida de uno de estos animales era muy sentida en las huestes hispanas,[8] y dado el protagonismo que tuvieron en las guerras de la Conquista, a menudo las crónicas del siglo XVI los mencionan. Mientras para los españoles el caballo significaba movilidad y fortaleza,[9] para los indígenas tenía otro sentido. La muerte de la yegua que narra Bernal bien podría ser una muerte ritual, mediante la cual los indígenas pensaban adueñarse de la fiereza del caballo, el cual ofrecen a sus dioses, lo mismo que las herraduras. El sacrificio fue una práctica religiosa muy antigua en las culturas prehispánicas y sus implicaciones podían ser cósmicas. Se suponía que los hombres eran responsables de alimentar a los dioses, incluyendo al Sol, sin el cual se perdería la vida y el equilibrio del universo.

El impacto que produjo el caballo fue muy profundo; maravilló e impregnó la imaginación de los indígenas hasta en el ámbito católico. Prueba de ello es, como ya lo señalamos, el exacerbado gusto que en muchas comunidades indias se tiene por la imagen a caballo de Santiago; es la representación iconográfica más gustada y exitosa del Santo, al grado que se ha venerado más al caballo que a su jinete.

Una mirada al *Lienzo de Tlaxcala* evidencia el protagonismo que el caballo ha tenido desde que fuera conocido. Aparece en la mayoría de las láminas, siempre cabalgado por los españoles. Muñoz Camargo, en la *Historia de Tlax-*

[7] Diego Muñoz Camargo, *Descripción de la ciudad y provincia de Tlaxcala*, pp. 105 y 106.

[8] Si alguno moría, servía para alimentar a los soldados y su unto se empleaba para curar heridas. Según Martínez, durante el siglo XVI, un caballo costaba entre cien o doscientos pesos, precio elevado, aunque no tanto como en la Conquista. Cortés tuvo varios caballos, que dejó en herencia a su hija Catalina Pizarro; también tuvo un criadero en Tlaltizapan. José Luis Martínez, *Hernán Cortés*, p. 402.

[9] Incluso, si alguno moría, servía para alimentar a los soldados y su unto se empleaba para curar heridas.

cala, dice que los indígenas, al desconocer la función que desempeñaban el freno y las espuelas, sospechaban que los caballos tenían entendimiento "y que los mandaban los dioses". Desde esta perspectiva, quien sabe si muchos indígenas pensaran que luchar contra ellos tenía poco sentido.

Los conquistadores pensaban que contaban con la protección divina. Como es sabido, la conquista del Nuevo Mundo se justificó arguyendo que era necesario instaurar el reino de Cristo en las tierras americanas. En los enfrentamientos más crudos contra los tlaxcaltecas, a Hernán Cortés se le oye gritar "¡Santiago, y a ellos!; y —continúa Bernal— de hecho arremetíamos de manera, que les matábamos y heríamos muchas gentes".[10]

Las batallas se prolongaron alrededor de diez días. Los tlaxcaltecas deciden pactar la paz y aliarse a los conquistadores. Antes y después de la caída de Tenochtitlan,[11] los veremos participar activamente en las matanzas de Cholula y del Templo Mayor,[12] ayudaron a los españoles heridos después de la Noche Triste, construyeron los bergantines para el asedio de la capital tenochtla, acompañaron a Hernán Cortés en su expedición a Honduras, etcétera.

Cientos de familias tlaxcaltecas participaron en la colonización de lugares tan dispersos y distantes como San Esteban de Nueva Tlaxcala, junto a Saltillo; San Miguel de Mexquític, en San Luis Potosí; San Cristóbal de las Casas, en Chiapas, así como en el norte de Jalisco, donde, por cierto, fundaron Colotlán.[13]

En agradecimiento por su lealtad, la Corona española otorgó a los tlaxcaltecas distinciones muy especiales, como permitir que conservaran su antiguo gobierno y sus tierras. Muy pronto, en 1525, el papa Clemente VII ordenó la fundación de la ciudad de Tlaxcala (que fue sede del primer obispado de la Nueva España) y a sus habitantes se les permitió portar armas y montar a caballo. Los caciques iban periódicamente a España, a rendir pleitesía al monarca español y a lo largo de la vida colonial los tlaxcaltecas no dejaron de reivindicar los derechos que la corona española les había otorgado.

[10] Bernal Díaz del Castillo, *op cit.*, p. 120.

[11] Los tlaxcaltecas no fueron los únicos en participar en la conquista española. Hernán Cortés supo aprovechar el rencor que se le tenía a los mexicas. Antes de sitiar la ciudad de Tenochtitlan, convocó a los señoríos de Huejotzingo, Cholula y Chalco, que acudieron a su llamado. Lo mismo hicieron los pueblos que vivían en los alrededores de la ciudad, que al ver su inminente caída, se aliaron a los conquistadores.

[12] Según Alva Ixtlilxóchitl, ciertos tlaxcaltecas instigan a Pedro de Alvarado, asegurándole que los mexicas se estaban preparando para una rebelión. En realidad, querían vengarse de sus enemigos que, en la ceremonia del Templo Mayor, habían sacrificado a muchos de la nación tlaxcalteca. No fue difícil convencer al capitán español, "porque tan buenos filos y pensamientos tenía como ellos". Alva Ixtlilxóchitl, *Historia de la nación chichimeca*, p. 265.

[13] Motenehuatzin Xicoténcatl, hermano del Xicoténcatl el Joven, acompañó a Nuño de Guzmán a conquistar Jalisco, que recibió el nombre de Nueva Galicia de Compostela. Muñoz Camargo, *Historia de Tlaxcala*, p. 117.

La adhesión de los tlaxcaltecas a los españoles no se limitó a las armas y la política. También adoptaron el catolicismo, y al igual que los conquistadores, se convirtieron en devotos de Santiago apóstol. Pero, como sucederá en otros lugares de México, la apropiación del culto jacobeo tendrá sus particularidades.

Santiago sale a escena

"Y llamaros héis cristianos, como yo me llamo",[14] les dijo Hernán Cortés a los tlaxcaltecas, al explicarles cuál era el dogma que profesaba, en un discurso que llevaba el propósito de que se afiliaran al catolicismo. Pero esta frase no es un conjunto de palabras huecas. Precisamente los tlaxcaltecas fueron los primeros indígenas en adoptar la religión que el conquistador les proponía. Juan Díaz, clérigo presbítero que venía con el ejército español, bautizó a los cuatro caciques que conformaban la nación tlaxcalteca, quienes tuvieron como padrinos a Hernán Cortés, Pedro de Alvarado, Andrés Tapia y Cristóbal de Olid. Para festejar la conversión de los antiguos paganos, ese día "se hicieron muchas fiestas a modo castellano, con muchas luminarias de noche y carreras de caballos, aunque pocos con cascabeles".[15] La fiesta, por cierto, debió maravillar a los indígenas, que nunca antes habían visto una como ésta y en la cual participaban los caballos.

Los franciscanos fueron los encargados de catequizar a los tlaxcaltecas. En el territorio novohispano, rondaban los caminos y los mercados con el fin de adoctrinar a los indios mediante señas y, a voces, los exhortaban a convertirse. Al enterarse que rezaban y lloraban, los indios creyeron que padecían una grave enfermedad y los consideraban "hombres sin sentido, pues no buscan placer ni contento, sino tristeza y soledad". Causaron lástima a los caciques que, intrigados, preguntaron:

> ¿qué han estos pobres miserables?, mirad si tienen hambre y si han de menester algo, dadles de comer. Otros decían, estos hombres deben estar enfermos o están locos [...] no les hagáis mal, que al cabo éstos y los demás han de morir de esta enfermedad de locura.[16]

Los esfuerzos iniciales de los franciscanos para instaurar una nueva religión fracasaron. Deberán pasar unos años para que encuentren medios más

[14] *Ibid.*, p. 195.
[15] *Ibid.*, p. 205.
[16] *Ibid.*, p. 173.

adecuados para catequizar a los naturales. Como ya hemos comentado en páginas anteriores, inventaron poner en escena piezas teatrales, en las cuales se desarrollaba un tema religioso de manera atractiva, incluso, espectacular. Este teatro, llamado de evangelización, se caracteriza por no haber sido un calco de la dramaturgia que había enraizado en Europa desde la Edad Media. Echó mano de una serie de recursos teatrales, tanto occidentales como indígenas, que le dan rasgos totalmente originales y que, al decir de Fernando Horcasitas, fue "uno de los experimentos más ambiciosos (y de los más fugaces), en la historia de las conquistas espirituales",[17] al pretender, mediante la puesta en escena, cambiar las ideas religiosas de los aborígenes.

El 5 de junio de 1539, la ciudad de Tlaxcala se convirtió en un gigantesco escenario para la representación de *La conquista de Jerusalén,* que formaba parte de los festejos del *Corpus Christi.* La obra ha pasado a la historia como uno de los espectáculos más brillantes y ceremoniosos de que se tenga noticia. Resalta la multitud de actores que intervinieron en ella, la mayoría indígenas, ataviados con sus trajes de guerra.

El escenario fue magnífico, cual si hubiera sido extraído de una bella estampa medieval. En la plaza, los tlaxcaltecas construyeron la supuesta ciudad de Jerusalén, aprovechando los edificios del Cabildo; levantaron cinco torres, la mayor en medio de las demás, y una muralla y torres "muy almenadas y galanas" con "muchas ventanas y galanes arcos, todo lleno de rosas y flores".[18]

En la primera escena, el papa, los cardenales y los obispos, llevando al Santísimo Sacramento, se colocaron en medio de la plaza. Acto seguido, avanzaron los ejércitos de España y de la Nueva España repartidos en tres escuadrones. Dice el cronista que tardaron mucho tiempo en entrar a la plaza, por la gran cantidad de gentes que los componían. En el ejército español, figuraban las tropas de Castilla, Toledo, Aragón, Galicia, Granada, Vizcaya y Navarra y en la retaguardia desfilaron soldados alemanes e italianos. El ejército novohispano estaba compuesto por las numerosas naciones indígenas (mexica, tlaxcalteca, zempoalteca, huasteca, mixteca, tarasca, etcétera), a las que se sumaban las huestes de Perú, Santo Domingo y Cuba.

Después del desfile militar, fueron escenificadas varias contiendas armadas. Los moros defienden Jerusalén al mando del gran sultán, interpretado nada menos que "por el marqués del Valle don Hernán Cortés, [quien] mandó salir su gente al campaña para dar la batalla". En la refriega, reciben refuerzos de judíos y musulmanes procedentes de Galilea, Judea, Samaria, Damasco y Siria,

[17] Fernando Horcaditas, *Teatro náhuatl. Épocas novohispana y moderna,* t. I, p. 56.

[18] Las citas textuales sobre la obra han sido tomadas de fray Toribio de Benavente, Motolinía, *Memoriales e Historia de los indios de la Nueva España,* pp. 240-247.

que llevaban "mucha provisión y munición, con lo cual los de Jerusalén se alegraron y regocijaron mucho". Valientemente, las huestes hispanas salieron a su encuentro, "y después de haber combatido un rato, comenzaron los españoles a retraerse y los moros a cargar sobre ellos, prendiendo algunos de los que se desmandaron y quedando también algunos caídos".

Durante el sitio a la ciudad, en un supuesto envío de cartas, el capitán general del ejército novohispano dialoga con el emperador Carlos V, informándole de los pormenores de la guerra. Presenta la lucha como escabrosa, puesto que los cristianos han sido rechazos por los enemigos. El emperador alienta a todos a seguir luchando, asegurando "que de arriba del cielo vendrá nuestro favor y ayuda", y promete ir hasta la ciudad de Jerusalén para consolarlos y animarlos.

La promesa es cumplida. Mas no sólo aparece en el campo de batalla el rey español, también lo hacen los monarcas de Francia y Hungría "con sus coronas en las cabezas". Cuando entran en la plaza, salen a su encuentro los capitanes de las tropas españolas y novohispanas con trompetas, atabales y gran cantidad de cohetes que estallan constantemente. Evidentemente, el ruidoso recibimiento enfatiza la importancia de los personajes que han entrado a escena. Mas no serán los únicos personajes encumbrados, entre ellos sale el papa que dialoga con Carlos V mediante una carta y lo conforta, asegurándole que "Dios es tu guarda y ayuda y de todos tus ejércitos". Se podría decir que, en *La conquista de Jerusalén*, el mundo cristiano se da cita en aquel lugar: reyes, caciques, capitanes, sacerdotes, indios americanos, europeos..., su propósito es recuperar la ciudad sagrada, la capital de la cristiandad.

En dos ocasiones los españoles son rechazados por los moros. En ese momento de crisis, son consolados por un ángel que les anuncia que recibirán la ayuda del patrón de España. Dice el relato que,

> en esto, entró Santiago en un caballo blanco como la nieve y él mismo como lo suelen pintar; y como entró en el real de los españoles, todos le siguieron y fueron contra los moros que estaban delante de Jerusalén, los cuales fingiendo gran medio dieron a huir, y cayendo algunos en el camino, se encerraron en la ciudad; y luego los españoles la comenzaron a combatir, andando siempre Santiago en su caballo dando vueltas por todas partes y los moros no osaban asomar a las almenas...

Las tropas novohispanas embisten infructuosamente a los moros y deben regresar a su campamento. Disilusionados, "viéndose vencidos, recurrieron a la oración, llamando a Dios que les diese socorro." Y, nuevamente, aparece un ángel, que esta vez se dirige a los indígenas: "Aunque sois tiernos en la fe, os ha querido Dios probar, y quiso que fuésedes vencidos para que conozcáis que sin su ayuda valéis poco"; puesto que ha escuchado sus oraciones, manda ahora otro santo en su ayuda, Hipólito. Oyendo esto, el ejército indígena clama su nombre, momento en el cual entró san Hipólito "encima de un caballo morcillo". El fin de la agonizante ciudad estaba próximo. Mientras el santo animaba a los naturales a continuar luchando, desde otro bando

> salió Santiago con los españoles, y el emperador con su gente tomó la frontera, y todos juntos comenzaron la batería, de manera que los que en ella estaban aún en las torres, no se podían valer de las pelotas y varas que tiraban...

Para dar mayor dramaticidad a la escena, fue incendiada una choza de paja detrás de la ciudad, hecho que anuncia el fin del sitio. Asegura el cronista que, en los últimos instantes, la contienda arreció de tal manera que no se sabía qué facción saldría vencedora, pues dentro y fuera de Jerusalén se tiraban

> unas pelotas grandes hechas de espadañas, y alcancías de barro secas al sol llenas de almagre mojado, que al que acertaban parecían que quedaba mal herido y lleno de sangre, y lo mismo hacían con unas tunas coloradas.

Intempestivamente, la batalla es interrumpida con la aparición del arcángel san Miguel, otro santo guerrero,

> de cuya voz y visión, así los moros como los cristianos, espantados, dejaron el combate y hicieron silencio; entonces el arcángel dijo a los moros: "Si Dios mirase a vuestras maldades y pecados y no a su misericordia, ya os habría puesto en lo profundo del infierno, y la tierra se hubiera abierto y tragádoos vivos."

Y anuncia que Dios ha decidido perdonar a los herejes, siempre y cuando abandonen sus creencias. El sultán reconoce la misericordia divina y le agradece el que haya querido alumbrarlos "estando en tan grande ceguedad de pecados". Ya es tiempo, dice, de reconocer el error en el que habían vivido, "hasta aquí pensábamos que peleábamos con hombres, y ahora vemos que peleamos con Dios y con sus santos y ángeles: ¿quién podría resistir?". A consecuencia de sus reflexiones, los moros piden ser bautizados a la vista de todos.

Habría que decir que el bautismo colectivo no fue fingido, sino real. El sultán llevó ante la presencia del papa y del Santísimo Sacramento a "muchos turcos o indios adultos, de industria, que tenían para bautizar".[19] El disfraz turco evidencia que, para el cristianismo, indígenas y musulmanes tienen la misma calidad de herejes. El mensaje final de la obra es muy claro y antes ya la habían

[19] Rojas Garcidueñas, *op. cit.*, p. 29.

anunciado el papa y el emperador: el bien vencerá al mal, porque los cristianos siempre gozarán de la ayuda divina para vencer a los infieles.

Según hemos analizado en el capítulo sobre el teatro de evangelización, en *La conquista de Jerusalén* los franciscanos manifestaron sus ideales utópicos, al imaginar que los aborígenes mexicanos, especialmente tlaxcaltecas, podrían rescatar la ciudad sagrada. Ahora, aún cuando sea un mero ejercicio de hipótesis, cabría preguntarse qué significaría para los indios participar en esta pieza teatral, en la cual, por cierto Santiago apóstol es uno de los personajes principales.

No es difícil imaginar que, independientemente de haber comprendido el mensaje evangélico que los franciscanos les pretendía inculcar, el fastuoso desfile guerrero y la guerra que escenificaron debieron recordarles sus antiguas ceremonias rituales y las batallas prehispánicas, a las cuales "solían llevar a las guerras mucha riqueza de joyas de oro y pedrería muy preciosa, y muy ricos atavíos según su modo".[20]

Al mismo tiempo, *La destrucción de Jerusalén* significaba la instauración de un nuevo orden religioso: la victoria del cristianismo sobre las antiguas creencias religiosas que tenían los naturales. Paradójicamente, los indígenas actúan en la obra luchando contra los moros; encarnan un papel que, en la realidad, tuvieron los españoles, quienes se enfrentaron a los musulmanes y a los aborígenes americanos en distintos momentos históricos.

Es significativo que aparezca san Hipólito hacia el final de representación teatral. La fiesta del santo coincide con el día en que fue derrotada la capital mexica (un 13 de agosto de 1521). Como lo apunta Guy Rozat, "Tenochtitlán es asimilada enteramente a [la] figura de Jerusalén".[21] La antigua ciudad del vastísimo imperio mexica había sido conquistada para reivindicar el reino de Dios. No en balde Motolinía exclama:

> ¡Oh, México, que tales montes te cercan y coronan! ¡Ahora con razón volará tu fama, porque en ti resplandece la fe y el evangelio de Jesucristo [...] Eras entonces una Babilonia, llena de confusiones y maldades; ahora eres otra Jerusalén, madre de provincias y reinos.[22]

La conquista de Jerusalén también puede interpretarse como un acto político y social, en el que se recuerda la caída de la ciudad de Tenochtitlan, a la manera de los fastos medievales, que celebraban un hecho trascendental para la vida de un pueblo o príncipe y en el cual la comunidad entera participaba y

[20] Diego Muñoz Camargo, *Descripción de la ciudad...*, p. 138.

[21] *Apud* María Rosa Lida de Malkiel, *Jerusalén: el tema literario de su cerco y destrucción por los romanos*; y Alfonso Reyes, *Letras de la Nueva España.*

[22] Motolinía, *op.cit.*, p. 120.

se identificaba con el motivo de la celebración. Pero el fasto no terminaba con la fiesta; sus objetivos tenían mayores horizontes, pues pretendía "perpetuarse en la memoria, instalarse en la fama, de ahí la importancia de la desmesura, las exigencias de la invención, el despilfarro de recursos, la extensión a lo largo de los días".[23] La pieza franciscana cumple en buena medida con estas características: recordemos la enorme cantidad de personas que actuaron (mil quinientas), la profusión de vestuarios, el realismo de las batallas, los encumbrados personajes civiles y eclesiásticos que salen a escena, la magnífica escenografía (en la que se incluye la misma ciudad de Tlaxcala), etcétera.

Según la crónica de Motolinía, los tlaxcaltecas se entregaron con pasión a la dramatización. Hijos predilectos de los franciscanos y siendo de los primeros en asumir la nueva religión, no es difícil creer que participaron con gusto en la obra, asumiendo su flamante papel de evangelizados.

En cuanto a la intervención del apóstol Santiago en la representación, es muy probable que fascinara y conmoviera a los indios. El Santo aparece en el escenario tal "como lo suelen pintar", según indica Motolinía. Se sabe que los frailes utilizaron pinturas para enseñar la doctrina cristiana. Ahora, los recién convertidos tenían ante ellos la imagen viva del Santo, tal como lo habían visto en las imágenes que los misioneros les mostraban. Hay, además otro aspecto sobresaliente: el gallardo Apóstol cabalga en su blanca montura mezclándose con los indígenas y asistiéndolos en los combates. El significado de este hecho podría enunciarse así: "el poderoso Santo está de nuestro lado".

Fantasía creada por los misioneros, *La conquista de Jerusalén* cierra con un final feliz: los paganos, arrepentidos, se convencen de cambiar de religión. Nada más alejado del hecho histórico, pues, como es sabido, no todos los indígenas aceptaron cambiar de religión y aceptaron el nuevo orden ideológico que se les imponía.[24] La utopía franciscana fracasó y "lo que deseaban abiertamente los frailes: la evolución de un mundo indocristiano, separado de toda práctica pagana, bien instruido en el catolicismo, convencido y obediente, esto no se logró".[25]

[23] María Beatriz Aracil Varón, *El teatro evangelizador. Sociedad, cultura e ideología en la Nueva España del siglo XVI*, p. 251.

[24] Tal es el caso de los señores tlaxcaltecas que murieron ahorcados por orden de Cortés, porque, después de haber recibido el bautismo, "tornaron a reiterar en sus idolatrías y gentilidad y antiguo uso", Diego Muñoz Camargo, *Historia de Tlaxcala...*, p. 235.

[25] Fernando Horcasitas, *op. cit.*, v. I, p. 193.

Los pueblos santiagueros de los tlaxcaltecas

Diego Muñoz Camargo cuenta que, después de la Noche Triste, rumbo a Tlaxcala, los españoles fueron atacados por los habitantes de Otompan (también llamado Tenexcalco). El ejército hispano, herido y fatigado por los últimos acontecimientos en la ciudad de Tenochtitlan, resistió el ataque gracias a la intervención de Santiago. Como sabemos, la actuación guerrera del Santo en momentos de crisis es parte de una antigua leyendística, que se remonta a la Edad Media. El acontecimiento narrado por el cronista se inscribe, por tanto, en esta vena literaria y, en consecuencia, no debe causarnos mucha extrañeza. Lo interesante aquí es que, esta vez, los españoles no son los únicos testigos de la aparición; también la ven los indígenas recién convertidos:

> En este lugar vieron los naturales visiblemente pelear [a] uno de un caballo blanco, no le habiendo en la compañía, el cual le hacía tanto ofensa, que no podrían en ninguna manera defenderse dél ni aguardalle; y ansí en memoria de este milagro, pusieron en la parte que esto pasó, una ermita del apóstol Santiago.[26]

La ermita de Tenexcalco fue el primer lugar dedicado al Santo. Todo parece indicar que la devoción que los tlaxcaltecas profesaban a Santiago se había manifestado antes, en la matanza de Cholula, cuando "viéndose en el mayor aprieto de la guerra y matanza, llamaban y apellidaban al apóstol Santiago, diciendo a grandes voces ¡Santiago! Y de allí que les quedó que hoy en día en hallándose en algún trabajo los de Tlaxcala llaman al Señor Santiago".[27] Al igual que los hispanos, los naturales invocan al Apóstol, pues ya lo han hecho suyo.

Entre las más antiguas poblaciones dedicadas a Santiago se encuentra Cuaula. Sabemos que la población tenía una imagen a caballo del Santo gracias al franciscano Alonso Ponce que visita el lugar, según lo indica fray Antonio de Ciudad Real. El incansable padre comisario había salido de Otumba un 2 de agosto de 1585, antes de que sol apareciera. Un día después de que el indio que lo guiara perdiera el camino, llegó a Santiago Cuaula, "un razonable pueblo de indios mexicanos llamado Santiago, visita del convento de Calpulalpa, de donde le salieron a recibir los vecinos con gran fiesta y solemnidad". Para encontrarse con el padre, habían sacado un Cristo grande, de bulto, al cual iban incensando "con una devoción y sinceridad extraña". Junto a la iglesia, en medio de la calle, "tenían la imagen de Santiago, asimesmo de bulto, puesta en un caballo blanco, enjaezado y el santo armado".[28]

[26] *Ibid.*, p. 224.
[27] *Ibid.*, p. 212.
[28] Fray Antonio de Ciudad Real, *op. cit.*, t. I, p. 71.

Por su parte, los españoles no se olvidaron del Santo. El autor de la *Historia de Tlaxcala* cuenta que su padre, uno de los conquistadores que integraba el ejército hispano, fundó en Nopaluca "una iglesia de la invoca[ción] del señor Santiago que hasta hoy dura", la cual era visitada por "muchos españoles ganaderos que allí concurren y vienen a misa".[29]

Peter Gerhard, en su *Historia geográfica de la Nueva España*, confirma que Nopaluca estuvo dedicada a Santiago. Situada en la parte central de Puebla, la zona fue sometida por los españoles en 1520. Cortés estableció su cuartel general en Tepeaca, o Tepeyaca, que era estado indígena dominante en ese entonces. "Nopaluca fue separada de Tepeaca y encomendada primero a Gonzalo Carrasco. El virrey Mendoza asignó tributos a una empresa de la Corona, la producción de tintura ("servicio del pastel"), después de lo cual se la dio a Diego Muñoz Camargo. Para 1552 era posesión de la Corona".[30]

Nopaluca fue adoctrina por los franciscanos, que hacia 1570 pasó a manos seculares. Aparentemente, "tenía un territorio reducido, en su mayor parte en las ciénegas de San Juan. Esta área, que al principio estuvo en disputa entre Tepeaca y Tlaxcala, se pobló después de la conquista con inmigrantes otomíes".[31]

Actualmente, en Tlaxcala existen ocho localidades que llevan el nombre de Apóstol, según datos del INEGI, aunque existen otras más que han perdido el apelativo de Santiago. Las poblaciones y los municipios a los que pertenecen son:

Santiago Cuaula, en Calpulalpan.
Hacienda de Santiago Brito, en Huamantla.
Santiago Michac, en Nativitas.
Santiago Tlalpan, en Hueyotlipan.
Santiago Villalta, en Atlangatepec.
Santiago Xochimilco, en Ixtacuixtla de Mariano Matamoros.
Santiago Tlacochalco, en Tepeyanco.
Santiago Tepeticpac, en Totolac.

Entre las localidades con mayor antigüedad se cuenta a Santiago Tepectipac, que fuera cabecera de uno de los señoríos tlaxcaltecas y cuyo nombre derivó en "Texcalticpac, y de Texcalticpac Texcalla, y de Texcalla, Tlaxcala"[32], con que se bautizaría a la región y después a la capital de esta provincia mexicana.

Desde la sierra de Tepectipac, los antiguos tlaxcaltecas iniciaron sus conquistas. En lo más alto de la cumbre, "entraron a hacer oración en el templo

[29] Diego Muñoz Camargo, *Descripción de la ciudad...*, p. 89.
[30] Peter Gerhard, *Historia geográfica de la Nueva España, 1519-1821*, p. 288.
[31] *Ibid.*, p. 289.
[32] Muñoz Camargo, *Historia de Tlaxcala...*, p. 94.

de su ídolo Camaxtle", quien les reveló que la victoria estaba de su parte.[33] Para los tlaxcaltecas prehispánicos Tepectipac era, por tanto, un lugar de gran importancia histórica y religiosa.

La historia de este poblado no ha sido olvidada por sus actuales habitantes. El portero mayor y un antiguo miembro de la mayordomía de Santiago recordaron que su pueblo antes estaba emplazado en el cerro, donde era venerada la imagen que hoy está en la iglesia. Con orgullo, mostraron un salón que se construyó en el atrio del templo, para albergar las piezas prehispánicas que se han encontrado en el antiguo asentamiento del pueblo.

El que la imagen ecuestre venerada en Tepeticpac se asociara a un cerro, lugar de culto prehispánico, es significativo. Se podría hablar de una sustitución de imágenes: antes, se le rendía culto a Camaxtle, deidad guerrera que inspirara las conquistas de los antiguos tlaxcaltecas; después de la evangelización, fue instaurada la veneración a Santiago, un santo también asociado a la guerra.

Los mayordomos del Apóstol se encargan de cuidar la iglesia y de organizar la fiesta patronal, a la cual acuden ocho imágenes de poblaciones vecinas. Al concluir la misa del 25 de julio, despiden a sus invitados con el sonido del *teponaztle* y el estallido de cohetes. A los visitantes se les regalan ceras, para que iluminen el camino que deberán emprender de regreso.

La imagen de Santiago se saca en procesión y la fiesta dura escasamente un día. El culto al patrono de Tepeticpac ha disminuido, pues san Isidro Labrador ha ganado más feligreses. Sin distinción, a los dos se les ofrece maíz, con la esperanza de que fructifiquen los cultivos.

La iglesia de Santiago Michac, en el municipio de Nativitas, tiene una fachada austera, donde el único nicho es ocupado por una escultura pequeña de Santiago a caballo, representación casi infantil: la montura es regordeta y tiene cortas las patas.

El templo atesora lienzos y esculturas jacobeas notables. La imagen principal es apostólica y no ecuestre, como en la mayoría de las iglesias tlaxcaltecas. El Apóstol es esbelto, viste una larga capa azul, es muy barbudo y su negra y larga cabellera contrasta con la blancura de su piel. En una mano lleva un pendón con el signo de la cruz y en la otra, una espada.

La imagen procesional es muy simpática. El jinete podría pasar por un ranchero mexicano, por sus largos bigotes negruscos, sombrero y botas tejanas. Vestido de gala, porta un deslumbrante traje plateado y tanto el sombrero como el calzado son blancos. Una espada lleva en una mano y en la otra, sostiene las bridas del caballo.

[33] *Ibid.*, p. 98.

Si el jinete es simpático, el caballo lo es aún más. Un fleco dividido en varios mechones cuelgan de su cándida cara y sus ojos, pese a ser pequeños, llaman la atención por su color azul intenso. La imaginación popular cree que los españoles tienen los ojos de ese color; es posible que, en consonancia con este prototipo, a la montura se le haya dotado de esta celeste mirada.

A los feligreses de Michac parece gustarles el azul, pues del mismo tono son unas pulseras de tela que el caballo lleva en las patas, lo mismo que una franja a manera de pectoral, a la cual se le han pegado unos cascabeles.[34] Estos accesorios evidencian que el caballo está vestido de gala y, puesto que en la zona hay afición por la charrería, tiene un lujoso arnés.

Al barroco pertenecen los lienzos que existen en la iglesia. En uno de ellos, Santiago se representa junto a San Francisco, en un tema muy frecuente en la religiosidad colonial: las ánimas del Purgatorio. Sobre los penitentes envueltos en llamas, se encuentra el arcángel san Gabriel, flanqueado por san Francisco y el Apóstol, vestido con traje de peregrino. Coronan la composición, la Trinidad.

En un segundo lienzo Santiago es el personaje principal. Muy hispánico, el Apóstol se representa con armadura y una espada que empuña contra los moros que están alrededor de las patas de su montura. El caballo, musculoso, de patas finísimas, parece volar en medio de los enemigos mientras los mira con furia. Alrededor de esta imagen hay un recuadro de óvalos con escenas de la vida del Apóstol.

Santiago Tlalpan, en el municipio de Hueyotlipan, festeja al patrono durante tres días, tiempo en que por las calles se respira un olor intenso de santidad, pues a la conmemoración acuden 29 santos de comunidades vecinas.

Se cuenta que la imagen original de Tlalpan está en un pueblo cercano, san Simeón, a donde fue llevada para resguardarla de las revueltas de la Revolución de 1910, pero que, al terminar, no fue devuelta. El robo de imágenes es un tópico de la hagiografía popular y a veces puede enfrentar a las comunidades. En Tlalpan, afortunadamente, reviste mayor importancia la multiplicación de lo sagrado, pues pese al rencor que ha originado el supuesto robo, los mayordomos no olvidan invitar a los de san Simeón, que llevan la imagen ecuestre de Santiago que tienen en la iglesia.

El templo de Tlalpan tiene dos imágenes del Apóstol a caballo: una en el altar principal y otra procesional. Ambas, parecen de factura reciente y los jinetes van vestidos con traje azul y sombrero de peregrino. La procesional destaca porque el caballo tiene orejas afiladas y grande ojos, todo esto delineado de color negro, lo que le da un aire de irrealidad.

[34] Este color se asocia al dios Huitzilopochtli, como lo hemos señalado.

Para acentuar la importancia del Apóstol, en uno de los muros se encuentra una pintura de gran tamaño, muy realista y moderna, donde el Santo aparece vestido de la misma forma que las esculturas antes mencionadas.

La insistencia en reproducir casi de manera idéntica las imágenes del Apóstol, también se observa en Santiago Cuaula, localidad que pertenece al municipio de Calculalpan. La iglesia guarda dos esculturas ecuestres del Santo, casi iguales, una más pequeña que la principal, ubicada en el altar mayor. Los dos caballos tienen una mirada amigable y abierto el hocico, cual si estuvieran riendo. Las crines son de un rubio peluche y las bridas y los pectorales están pintados de color rosa.

Los jinetes son magníficos. De madera policromada y estofada, llevan capas de color dorado y largos rayos ostentan como aureola. Según el sacristán, las dos imágenes fueron restauradas recientemente, y el especialista recomendó a los feligreses que dejaran de arroparlas. El consejo no fue visto con agrado, pues a los feligreses les gustaba vestirlas; ahora, les ha quedado como consuelo, colocarles elegantes capas.

La iglesia de Santiago Altzayanca data del siglo XVII y cumple un año de haber sido designada parroquia, a cuya jurisdicción se encuentran 20 comunidades, en un territorio dedicado principalmente al cultivo del maíz. En sus alrededores quedan vestigios de 43 zonas arqueológicas.

Del pueblo se tienen noticias desde el año 1648 y se adjudicó a los franciscanos la evangelización de los indígenas que habitaban ese lugar. Su nombre náhuatl deriva de Altzayanca, uno de los cuatro caciques que conformaban la nación tlaxcalteca a la llegada de los españoles. Hoy en día, se encuentra dividido en cuatro barrios, número que remite a mitología prehispánica, y son Santiago, Guadalupe, la Inmaculada Concepción y san Antonio, cada uno de los cuales tiene una capilla.

A diferencia de otros lugares, en Santiago Altzayanca la organización de los festejos patronales recae en los sacerdotes y no en los mayordomos. Opinó el párroco que esto se debe a que en el norte de Tlaxcala los feligreses son más abiertos; lo contrario sucede en el sur, donde las mayordomías constituyen grupos muy cerrados, imponiéndose a los mismos sacerdotes.

Precedida por un novenario, en la víspera de la fiesta se realiza una procesión, en la cual el Santo visita los cuatro barrios, deteniéndose en cada una de las capillas. En la madrugada del 25 de julio, se le cantan las mañanitas. En el transcurso de la mañana, se realiza una misa solemne, a la cual acuden el obispo y ocho diáconos.

La parroquia tiene dos imágenes de Santiago. Representado como apóstol, una se encuentra en el altar principal. La escultura procesional, más antigua que la anterior, tiene la particularidad de que el caballo es de un tono grisáceo y no blanco, como es la tradición. Sus esponjosos crines son de pelo natural y tiene un abultado fleco. Los profundos ojos con los cuales el artista lo ha dotado acentúan la mansedumbre del animal. Se ofrecen mazorcas de maíz y flores que se depositan entre las patas del caballo. Asociada a la agricultura, en épocas de sequía la imagen se saca al campo, cantando la letanía de los santos.

Por su parte, el jinete es de facciones finas. Sereno, porta un yelmo y empuña un pendón con la cruz de Santiago y una espada. Su traje, que cada año se renueva, está decorado con filos y botones dorados, lo mismo que su capa.

La fructificación de la tierra es una de las peticiones que se le hacen al Apóstol. El párroco recordó que, hace cincuenta años, "Santiaguito" curó una epidemia. Por aquel tiempo, "se empezó a dar esa leyenda de que todos lo días el santo patrón amanecía con polvito, con tierrita en su ropa".

Otra de las leyendas que se conserva en Altzayanca se sitúa en tiempos de la Revolución Mexicana. En ese entonces, era común que los pueblos fueran saqueados por quienes se decían revolucionarios. En esos tiempos difíciles, "también se invocó mucho al patrón Santiaguito apóstol. Y todos ellos se encomendaban a él, a su intercesión, y él hacía que los saqueadores no podían entrar a las casas".

En lo alto de un cerro se encuentra la pequeña población de Santiago Villalta, cuyos humildes moradores se dedican al campo. Pocos son los que aún extraen el aguamiel de los magueyes, oficio heredado de una época de bonanza, cuando, en una hacienda cercana, se comerciaba exitosamente el pulque.

María Anselma López García, responsable de las llaves del templo y catequista, ha llevado la batuta en la organización de las fiestas dedicadas a Santiago apóstol durante algunos años. Sonriente, emprendedora e inteligente, esta mujer conmueve por su actitud positiva ante la vida, pese a la pobreza en la que vive.

El pequeño templo de Villalta, aún sin concluir, tiene tres imágenes: dos son de yeso y están mal proporcionadas; la tercera, de factura fina, fue donada por el propietario de la antigua hacienda pulquera, imagen a quien doña Anselma llama "mi españolito".

La historia de cómo los habitantes de Villalta adquirieron el españolito fue recordada por doña Anselma. El hacendado prestaba la imagen para los festejos. Pero en cierta ocasión, no quiso hacerlo, por lo cual, llovió durante tres días hasta que, arrepentido, pidió que la imagen fuera llevada a la comunidad. En este relato, el hacendado, por ser rico, es visto como un ser inmisericorde.

En otra leyenda, el hacendado, en su papel de malvado, amenaza al Santo, diciéndole: "Sabes qué, Santiago, hoy te voy a inundar tu casa." Profanó su capilla, guardando dentro una gran cantidad de cebada. Pero pronto, el Santo lo castigó, pues a punto estuvo de perder la vida en un accidente automovilístico. Enfatiza doña Anselma: "Lo castigó él, porque de que castiga, castiga; de que se enoja, se enoja".

En varias de las leyendas de Santiago se le percibe como un santo punitivo. Esta percepción bien puede deberse a la manera en que se hizo la evangelización, que utilizó el recurso del castigo para convencer a los indígenas de cambiar de religión, y al hecho de que en la religiosidad popular se prefiere a los santos con personalidad fuerte, bajo la creencia de que un santo con este carácter tendrá mayores poderes para favorecer a sus feligreses.

En otro de sus relatos, doña Anselma nombró al Santo como el Señor del Rayo. La fuente de esta asociación proviene de la experiencia personal de la entrevistada y a un referente que permeó todas sus relatos: la lluvia, como manifestación del enojo del Santo. Nuevamente, en la historia relatada, el hacendado es quien provoca el mal y se insiste en que la imagen que él poseía quería estar entre los devotos de Villalta:

> El Señor Santiago es el Señor del Rayo, porque en una ocasión fuimos a traerlo, quedamos de irlo a traer el 16, como todos los años, y el señor que estaba a cargo, de allá, dijo que no. Nos venimos mis hermanos y todos nosotros, llevábamos cuetes y llevábamos todo para traerlo. Llegamos acá se puso unas nubes muy fuertes y celebraba el padre. Estábamos reunidos acá cuando cayó un rayo, un rayo fuertísimo cayó en unos magueyes, la iglesia se hizo así. No, dice el padre, "arrímense todos para acá, porque si algo nos pasa que muéramos todos juntos".

Las fiestas jacobeas en Villalta provocan un gran gasto para sus pobladores, que tienen que dar entre 200 y 100 pesos por familia. El dinero y las donaciones de las personas deben alcanzar para dar de comer a 1,500 personas, pues además de los habitantes, se invitan a diez pueblos vecinos que llevan sus imágenes patronales a la fiesta. El fiscal de la mayordomía es el encargado de cocinar, casi siempre, barbacoa, plato típico de Tlaxcala.

Asimismo, se le paga al mariachi que le canta al Santo las mañanitas, al sacerdote que oficia la misa y a los dueños de los juegos mecánicos, que esos días instalan una feria. Cuenta doña Anselma que, hace tres años, se mandó hacer una imagen de Santiago con cohetes. "La quema" de esa imagen fue un espectáculo muy vistoso y celebrado por el pueblo.

En un principio pensamos que sería infructuosa nuestra visita a la comunidad de Santiago Villalta. Doña Anselma se encargó de revelarlos cuán equivocadas eran nuestras opiniones. Nos dio con entusiasmo valiosos informes sobre las tradición religiosa que existe en su pueblo. Vale la pena terminar diciendo que, como en muchos otros sitios jacobeos, en Villa Alta existe la creencia de que Santiago sale de su iglesia. Doña Anselma contó que, en la temporada en que le tocó limpiar la iglesia, a menudo encontraba que los zapatos de "su españolito" estaban "llenos de lodo", prueba irrefutable de que había salido furtivamente del templo por las noches.

En las haciendas de Tlaxcala e Hidalgo. Santiago entre españoles

Si es verdad que se encuentran haciendas en todo el territorio mexicano, también es evidente que desde los tiempos de la Colonia, los españoles manifestaron su predilección por establecerse en ciertas zonas y ejercer sus actividades predilectas en la agricultura o en la ganadería. Así nacían latifundios que perduraron, algunos de ellos, hasta nuestros días.

El sistema de las haciendas conoció sus momentos de crisis y de bonanzas. Algunas de esas propiedades surgieron en territorios despoblados y áridos que había que adaptar a ciertas formas de agricultura, por ejemplo construyendo acueductos. Otras se formaron en regiones inseguras: por eso se protegían con elevadas murallas, torreones almenados y troneras que guardaban los cascos a manera de fortaleza.

Los religiosos fueron también grandes propietarios de haciendas. En 1767, en el momento de la expulsión de los jesuitas, se quitó a la orden las tierras que poseían y se subastaron 120 haciendas. También la orden de los agustinos tuvo bastantes haciendas que compró o recibió en donativo. Casi siempre, al frente estaba un fraile administrador, generalmente sacerdote. Los religiosos llevaban la doble preocupación de ser organizadores y desempeñar sus labores espirituales. El prior, como "buen padre", agrupaba allí a la gente de los alrededores para que cuidaran el ganado o los sembradíos. Así los indios congregados en pueblos estaban protegidos y agradecían la protección, según lo presenta fray Diego Basalenque en su *Historia de la provincia de san Nicolás de Tolentino de Michoacán del orden de N.P.S. Agustín.*[35]

El año 1856 fue otro momento de crisis para el sistema de las haciendas. Entonces, las leyes de Reforma ordenaron la desamortización o disolución de los bienes inmuebles de las corporaciones religiosas y los comunales de los pueblos, privando a ambas entidades de la capacidad jurídica para poseerlos y administrarlos. Esas leyes tuvieron algunos efectos en cuanto a la disminución del poder de la Iglesia y al bienestar de las comunidades indígenas, sin embar-

[35] *Vid.* libro de Heriberto Moreno García, *Los agustinos, aquellos misioneros hacendados. Historia de la provincia de san Nicolás de Tolentino de Michoacán, escrita por fray Diego de Basalenque (selección).*

go, algunas artimañas evitaron la disolución o el desmembramiento de los latifundios y los hacendados civiles en su conjunto salieron fortalecidos de esta reforma agraria. Algunos se convirtieron en prestanombres de las firmas religiosas. Además, comerciantes y algunos extranjeros ingresaron en el círculo de los grandes propietarios rurales. Así la oligarquía agraria quedaba bien asentada para emprender su era de "modernización".[36]

De hecho, en el Porfiriato (1876-1911) las haciendas conocieron su último apogeo, motivado por una serie de factores económicos, políticos y sociales. Por una parte, fue una época en que creció considerablemente la población y por ende la demanda de productos y la oferta de mano de obra. Por otra parte, la aparición de la electricidad y el tendido de líneas telegráficas y telefónicas favorecieron las comunicaciones y los intercambios comerciales. También los productos del campo pudieron transportarse más fácilmente, gracias al desarrollo del ferrocarril. Algunas líneas de vías estrechas llegaban a la puerta misma de las haciendas desde donde se cargaban las producciones.

Después de 300 años de existir, el sistema de las haciendas conoció su crisis final con la revolución armada que estalló en 1910. El objetivo de sus importantes caudillos era el de un nuevo reparto de las tierras. Zapata exigió la devolución de las propiedades que habían sido tomadas ilegalmente a los pueblos. Pretendía abolir los latifundios para dotar de ejidos a los campesinos sin tierra —especialmente en la zona centro-sur—, dominadas por los ejércitos zapatistas. Las haciendas fueron expropiadas y repartidas. Pero a pesar de las disposiciones legales, en las demás zonas del país se mantuvieron bastante enteras.

Con base en la Constitución de 1917, se repartieron millones de hectáreas de tierras para ejidos. Pero hubo que esperar la década de los años treinta cuando la reforma agraria se llevó a fondo y dio el golpe de gracia, *de jure* y *de facto*, al sistema de las grandes propiedades rurales. El sistema de haciendas ya se había muerto y el grupo de los hacendados había sido desarticulado como grupo de poder.

Hoy día sobreviven haciendas, pero ya no son los latifundios de antaño. Algunas están en ruinas y abandonadas; otras, retenidas por sus antiguos propietarios o descendientes, o vendidas a amantes de la vida rural, siguen en sus dimensiones reducidas, como testimonios de esa larga historia de todo un sistema económico que perduró tres siglos.

Las haciendas-viviendas eran como pueblos autónomos dirigidos por sus propietarios, una élite terrateniente poderosa, que se encargaba de administrar la vida de sus peones. Como "pueblo" tenían sus nombres y su santo protector,

[36] Sacamos muchas de estas informaciones del libro *Haciendas de México* de Ricardo Rendón Garcini, valioso tanto por el texto como por las fotografías que lo acompañan.

que en muchas ocasiones le daban su apelativo. Vamos a analizar una media docena de casos que nos permiten comprobar hasta qué punto Santiago fue uno de los santos favoritos de esos amos y cómo lo propusieron a la veneración de la peonada.

La primera de esas haciendas que queremos presentar se sitúa en el estado de Hidalgo, muy cerca de la frontera con Tlaxcala. Forma parte de esa red que crearon los españoles en la primera mitad del siglo XVIII, cuando empezaron a dedicarse al cultivo extensivo del maguey y en la elaboración del pulque. Fueron las últimas en agregarse al sistema, cuando el pulque dejó de ser una bebida destinada exclusivamente a los indígenas (que lo bebían en la época prehispánica) y fue adoptado por los mestizos como una de sus bebidas preferidas.

Ese tipo de explotación agrícola se extendió en una región que iba desde la parte oriental de Puebla, cruzaba por el norte de Tlaxcala, continuaba por la zona sur del actual estado de Hidalgo y norte del estado de México y terminaba en el sur de Querétaro.

Dentro de este territorio se destacaron los llanos de Apan, donde la producción siempre fue muy intensa. Precisamente la hacienda Santiago Tetlapayac es una de las más características y más famosas; en ella filmó en 1931 el cineasta ruso Serguei Eisenstein la película *¡Que viva México!* y recientemente ha sido el marco de películas como *El Zorro* y de algunas telenovelas.

Una muralla rodea el casco de la hacienda; sólo dos arcos guardados por grandes portones de madera dan acceso al amplio zaguán, uno de ellos situado a la llegada del antiguo camino que hoy es carretera. En el interior es particularmente notable la casa señorial de los hacendados. A un lado se ven la calpanería, o sea el conjunto de las casitas de los obreros, al otro lado, están varias dependencias, tales como el tinacal y la capilla.

El tinacal es aquí particularmente interesante. Era la instalación que distinguía las haciendas pulqueras de las demás: en él se procesaba el aguamiel para convertirlo en pulque. Todavía se conservan algunos barriles y tinas.

Las paredes de este tinacal están adornadas con pinturas costumbristas que retratan la vida campirana: paisajes coronados con magueyes, jaripeos, tinacales rebosantes de agua miel. En una escena se representan vagones cargados de pulque tirados por caballos, que son conducidos por una vía de tren. Se sabe que el ferrocarril llegó a los campos de Apan, permitiendo la comercialización del pulque a zonas lejanas. Con facilidad se abasteció a la ciudad de México, además de los centros urbanos y mineros ubicados en torno a la región donde se localizaba esta finca y otras iguales. De modo que esas pinturas, atribuidas a Ernesto Icaza, se convierten en espejo de la historia. Evocan el momento de apogeo de la bebida. Este momento de esplendor durará varias décadas, hasta que cambien los gustos de los clientes que en el siglo XX descubrieron la cerveza y la coca-cola. Los actuales dueños siembran cebada que venden a la industria cervecera.

En el momento de su esplendor, la hacienda de Tetlapayac hasta tuvo un teatro que desafortunadamente fue deteriorándose hasta desaparecer. Pero lo que nos interesa sobre todo es su notable capilla dedicada al apóstol Santiago. Ahí asistían los amos, los trabajadores y sus familias para oír la misa los domingos y días festivos. En cierta forma era el alma de la hacienda ya que le daba su nombre. Contribuía a crear un nuevo sentimiento de comunidad entre los peones que habían abandonado sus respectivos pueblos de origen. Funcionaba como iglesia parroquial para esa nueva comunidad campesina y para los villanos de los alrededores.[37]

La fachada de la capilla es de estilo barroco, adornada con columnas salomónicas. Dos arcángeles, de factura indígena, muy graciosos en altos relieves flanquean el arco de la puerta. Justo encima de la clave del arco se ve el anagrama de María.

El interior es producto de una armoniosa alianza entre elementos indígenas e hispánicos. La imagen de Santiago probablemente fue importada de España en el siglo XIX. Los ojos del caballo y del jinete son de vidrio. El personaje que yace a los pies del caballo es muy teatral: el artista quiso representar el momento en que escapaba de la acción vengativa de Santiago. Se trata de un turco, por sus zaragüelles o pantalones anchos, gorro en pico y sable encurvado o cimitarra. Así se lo solía representar en España, en las zonas costeras del levante, donde se temía, en los siglos XVI y XVII, las incursiones turcas del norte de África. De los tres personajes, el turco es el más expresivo. El caballo tiene una expresión dulce y Santiago, pese a que está empuñando la espada, refleja serenidad.

En las paredes, algunas pinturas y representaciones de ángeles tienen todas las características de la mano de obra indígena. Desgraciadamente la capilla, por la humedad, está muy deteriorada y necesitaría restauración. Ha sido víctima de los mercaderes de arte sacro que han despojado el retablo del altar mayor de las imágenes y pinturas que lo adornaban.

Raras veces la capilla recibe feligreses. Sólo el 25 de julio los hacendados permiten que la población saque la imagen de Santiago en procesión y en tiempos de sequía, para pedir la lluvia.

La hacienda perteneció primero al clero, y al ser privatizada tuvo un primer dueño, José Mará Saldívar, que murió en 1899. Sus restos fueron sepulta-

[37] En la actualidad, el pueblo vecino que se ha desarrollado fuera del casco tiene su propia capilla, también dedicada a Santiago y con su propia imagen.

dos en la capilla. Sus actuales propietarios emprendieron obras de restauración que permiten recibir huéspedes.

No lejos de allí, en el norte de Apan, otra hacienda pulquera, también bajo la advocación de Santiago, se mantiene de pie. La cerca de piedra de cantera ha sido magníficamente restaurada y el uso de la capilla es privado. En la actualidad la hacienda, de escasas dimensiones, está rodeada por el pueblo que ha surgido a su alrededor. La imagen del Apóstol ya no está en la capilla; ha sido cedida a la parroquia del pueblo.

Si ahora nos dirigimos al estado de Tlaxcala, varias haciendas detienen nuestra atención. Dos pertenecieron a una rica familia de Puebla, de apellido Flores, que se dedicaba al pulque. Una de ellas, hoy abandonada, suscitó el nacimiento del pueblo de Santiago Villalta. Al cerrarse la finca los amos dejaron la imagen de Santiago a la modesta iglesia de los campesinos. Allí el Apóstol sigue recibiendo gran veneración, como antes hemos comentado.

El pueblo de Tecomalucan, a unos cincuenta kilómetros de allí, también nació alrededor de una hacienda pulquera. La actual parroquia del pueblo fue la antigua capilla de la hacienda; buena parte de la muralla ha sido destruida y la carretera pasa a un lado de ella. Las casas que bordean la carretera fueron parte de la casa señorial. La iglesia está dedicada a Santiago apóstol, que tiene una imagen de Santiago ecuestre de grandes proporciones.

La hacienda de Brito, situada en el sur de Tlaxcala, cerca de Huamantla, tiene como tela de fondo el volcán La Malinche, que da al paisaje majestuosidad. Cinco mil hectáreas estaban plantada de agaves. Cuando este cultivo entró en crisis, los dueños decidieron dedicarse al maíz y a la crianza de toros de lidia y de caballos. La hacienda ya no tiene más que 99 hectáreas. En la entrada del edificio principal está grabado el año de 1869. Perteneció a los Haro, una familia de alcurnia española. El anterior dueño, Jorge Haro, presidía la Asociación de toros de lidia.

Sorprende al visitante el carácter marcadamente español de la hacienda. Visitándola, piensa uno estar en una de esos grandes cortijos andaluces o salmantinos donde también se crían toros. Los comentarios del actual dueño que gentilmente nos recibió, acentúan esta primera impresión. Comentó que los sementales son de procedencia española y, de toda evidencia, la manada de caballos que pastan en su clausura son hermosos caballos árabes. Hasta la decena de perros mastines que vigilan el casco nos recuerdan otros parecidos que desempeñan el mismo papel en las alquerías de los alrededores de Salamanca.

El capataz de la hacienda nos lleva a la capilla, que es sencilla y tiene pocas imágenes. La más antigua está en andas y corresponde, como se debe, a Santiago. Es de madera policromada y estofada. Es probable que sea muy antigua. Santiago, de finas facciones, es notablemente español: tiene estampada la cruz de la orden en su traje de color brillante, restaurado hace poco. El caballo es bonachón y un poco cabezón; tiene ojos grandes y expresivos y de la frente le cuelga un mechón de cabello.

El encargado con gusto nos presentó la capilla y nos dijo algunas leyendas que los peones cuentan del Santo. En una de ellas se confirma la creencia de que Santiago salía furtivamente de la capilla y que por la mañana los cascos del caballo estaban húmedos.

En otro relato, el Santo asume un papel distinto al que frecuentemente se le adjudica: en lugar de proteger al pueblo, protege los bienes del hacendado. Le dejamos la palabra:

> En aquel entonces, pus estamos hablando de mucho tiempo, no sé ni tengo idea de cuántos años, pero sí muchos, de que eran esclavos, que no les pagaban nada que sólo era trabajar por trabajar, y nada, santo remedio. Había una persona que se estaba robando las semillas: los elotes, las habitas, lo que hubiera, a veces lo hacían por que no tenían para comer o el patrón no les daba o no les pagaba, tenían que buscarle de todas maneras.
>
> Llegó un día, un momento, en que encontraron a una persona amarrada a un árbol, así, con unas hojitas de milpa. Y le preguntaron:
>
> —¿Quién te amarró? ¿o qué?
>
> Tenía una bolsa de elotitos y dice:
>
> —Me amarró el patrón, venía en su caballito, me encontró, pos me dijo que aquí me dejaba, que me iba hasta que llegara el mayordomo o capitán [o lo que fuera en aquel entonces].
>
> Y ahí lo encontraron, entonces. Se lo trajeron al rancho, al camino. La sorpresa es que el jefe no estaba, simplemente no había venido. [Se preguntaron] no más quién fue quien lo amarró con las puras hojas de la milpa, que no se podía desatar.

Cerca de esta hacienda hay un pueblo dedicado a san Martín Caballero, otro santo guerrero. La convivencia entre Santiago y san Martín pasó por tiempos difíciles, pues continuamente “se hacían maldades”, según lo contó nuestro informante. Por las noches, san Martín se llevaba la mulada de la hacienda a su pueblo. Para vengarse, Santiago robaba las mulas de san Martín. Uno de los Haro llevó un sacerdote “para que el santito ya no saliera”. Desde entonces, gracias a la intervención del padre, los dos santos dejaron de salir para hacer travesuras.

La hacienda de Santiago Brito en la actualidad se ha distanciado mucho del pueblo al que dio origen. Aquello resultó fácil ya que se sitúa a algo más de un kilómetro de la población. Actualmente las casas del pueblo se apiñan alrededor de una iglesia reciente dedicada al Sagrado Corazón.

Santiago en valles y sierras de Oaxaca

Santiago se les apareció por donde está un puente y los hizo regresar. Y éste, el Señor Santiago, les habló: que mejor se fueran, que no se metieran con él.

Jovito Reyes, vecino de Santiago Dominguito

El estado y sus habitantes

El estado de Oaxaca, con una superficie de unos 95 000 km², ocupa el quinto lugar en extensión entre los estados de la República Mexicana, cifra que representa 4.85% del territorio nacional. Caracterizado por su rigoso relieve de imponentes montañas, está situado en la vertiente de la Sierra Madre del Sur y la Sierra Madre de Oaxaca, continuación de la Sierra Madre Oriental. Profundos valles, montes que alcanzan más de 4 000 metros, crean paisajes sorprendentes y cuadros salvajes que dejan admirados al visitante. Oaxaca, la capital, está edificada en la convergencia de tres valles, que se pueden contemplar desde el sitio de Monte Albán.

El estado está formado por un mosaico de 571 municipios y 3 831 localidades, y es lecho de poblados de fuerte ascendencia indígena con lenguas, costumbres y características diversas. Los límites, tanto de la diócesis como del estado, ya no se extienden como en la época colonial, de costa a costa. Las poblaciones que se identificaban como correspondientes al Golfo pertenecen ahora a Veracruz y las anotadas como Ayacastla se incluyen actualmente en Guerrero.

De los tres millones de individuos que pueblan el territorio oaxaqueño, un millón y medio pertenece a uno de los 15 grupos etnolingüísticos que existen en esas tierras desde tiempos prehispánicos. En los albores del siglo XXI, los pueblos indios aún continúan reproduciendo sus culturas y, según afirman los autores del atlas etnográfico del estado, "cada grupo etnolingüístico de Oaxaca posee las características que definen a un pueblo: tienen una historia de siglos, identidad común, cultura compartida y diferenciada y gobierno de los territorios habitados. Sólo falta que consoliden un proyecto común. Esa es la tarea en la que están empeñados".[1] Los principales grupos indígenas son los siguientes:

Los zapotecos	452 893 habitantes
Los mixtecos	446 236 habitantes
Los mazatecos	214 477 habitantes
Los chinantecos	133 374 habitantes
Los mixes	118 924 habitantes

Los zapotecos se localizan principalmente en la Sierra zapoteca, al noroeste del Valle de Oaxaca entre los ríos Grande y Trinidad; los mixtecos ocupan el oeste del país, con la Mixteca baja al norte, la Mixteca de la Costa al sur y la Mixteca alta en el centro. La zona mazateca se sitúa al extremo norte del país y la Chinantla se enclava entre la mazateca al norte y la Sierra zapoteca al sur. La región mixe ocupa el este de la Sierra zapoteca.

La población de Oaxaca y la evangelización

A partir de los años 1528-1529 la llegada de los españoles a la región va a perturbar gravemente el curso milenario de la historia indígena. Nuevos amos, sacando provecho de sus adelantos técnicos, como las armas de fuego y los caballos, conquistan la zona. Tres decenios antes, en 1486, los mexicas habían sometido la Mixteca Alta y el valle de Oaxaca; respetaron el linaje dominante y dejaron amplia autonomía al pequeño reino mixteca, a cambio de recibir tributos. También modificaron los nombres originales de los pueblos, dándoles apelativos en náhuatl.

La conquista española vino a precipitar los cambios. Los españoles otorgaron independencia a los pueblos y caciques mixtecos, con tal que aceptaran la nueva dominación y el pago de tributos. Pero con otros grupos prefirieron el enfrentamiento armado, como en el caso de los señoríos zapotecos serranos, con los cuales el nuevo poder se mostraba riguroso: los derrotados eran desplazados y en el lugar se nombraban nuevos príncipes de ramas colaterales.

En el terreno religioso, la situación era diferente, ya que se exigía una ruptura explícita con el pasado. A partir de 1528-1529, fray Domingo de Betanzos, introductor de la orden dominica en Nueva España, apoyado por Hernán Cortés, se trasladó a Oaxaca en compañía de fray Gonzalo Lucero y fray Bernardino de Minaya para evangelizar el territorio mixteco-zapoteco. El convento de Santo

[1] Alicia Mabel Berabas, *et al*, *Los pueblos indígenas de Oaxaca. Atlas etnográfico*, pp. 12-13.

Domingo, fundado en la capital oaxaqueña, que se llamaba entonces Antequera, sirvió de base operadora. Los frailes están preocupados por llevar a cabo la evangelización atendiendo a los usos, costumbres y lenguas de pueblos de la región. Ya desde 1534 existían dos cartillas para aprendizaje de las lenguas mixteca y zapoteca. En 1538, comienza la incursión de los frailes evangelizadores en la Mixteca Alta por los valles de Teposcolula y Yanhuitlan.[2]

En los lugares más importantes los religiosos fundaban conventos que eran centro de irradiación en la zona. Después de Antequera-Oaxaca, fundaron Teposcolula y Yanhuitlan en la zona mixteca, y en la zona zapoteca, Cuilapan, Ocotlán y Juquila, entre otros.

Los conventos eran la pieza clave de la administración religiosa. Fueron diseñados para reunir diversos espacios útiles para los fines que se buscaban. Eran, al mismo tiempo, centros de culto y escuelas de religión y cultura cristiana, y un modelo de desarrollo de un nuevo paisaje urbano, ordenado en torno a una plaza central. Los misioneros iniciaron un proceso de conquista espiritual que se extendía a los ámbitos de la política y economía. Sirvieron de respaldo, en unión con el poder civil, para instaurar en los pueblos instituciones como los cabildos o "cuerpos de república" y las tesorerías o "cajas de comunidad".

En dependencia de los conventos, también establecieron las denominadas *doctrinas*; en términos generales, a cada pueblo correspondía una doctrina, instituida con el fin de instruir a los indígenas y administrarles los sacramentos. Eran lugares llamados a ser algún día parroquias en cuanto se levantara una iglesia y se nombrara algún párroco. Las iglesias se construían primero en las cabeceras, o sea poblaciones más importantes, según lo disponía una cédula de Carlos V, expedida el 2 de agosto de 1533. En la misma cédula se ordenaba que la cuarta parte de la tributación aportada por los indígenas debería emplearse en la construcción de los templos hasta su terminación, lo que representaba la tercera parte del costo total. Los dos tercios restantes debían serían otorgados por la Corona y el encomendero. Esta cédula fue confirmada el 11 de junio de 1594.[3] En un lapso de 61 años, entre 1538 y 1599, se establecieron 110 parroquias en diez naciones: los zapotecos y mixtecos obtuvieron la mayor parte de ellos. El celo evangelizador, tanto en el clero secular como en el regular (especialmente los dominicos), fue el elemento decisivo de este esfuerzo. Durante el período colonial se fundaron 270 parroquias en Oaxaca.

[2] Antes, habían evangelizado y fundado conventos en los estados de México, Morelos y Puebla, como estrategia que los conduciría hasta Oaxaca. A la Mixteca entraron por Tehuacán (Puebla), y en 1538, por Acatlán, desde donde tuvieron acceso a otros pueblos oaxaqueños.

[3] Sacamos estas informaciones sobre las parroquias del libro de Robert J. Mullen, *La arquitectura y la escultura de Oaxaca 1530-1980*, t. II, pp. 6-7.

LA OMNIPRESENCIA DE LA IDOLATRÍA

La orden de Santo Domingo disfrutó, desde el principio de la evangelización, de una completa independencia frente a la jurisdicción episcopal en lo relativo a la administración de los pueblos de indios. Las parroquias, en consecuencia, eran anexas con pleno derecho a los conventos. Aquello correspondía a un privilegio concedido por Roma y confirmado a instancias de Felipe II por el papa Pío V, luego por Gregorio XVI.

Pero los obispos de Oaxaca nunca vieron con buenos ojos esta situación de autonomía frente a la autoridad episcopal. Frecuentemente se produjeron tensiones entre el obispo de Oaxaca y los dominicos y eso desde los primeros años de su trabajo misional. A mediados del siglo XVII se agudizó el problema, después de un largo pleito los dominicos tuvieron que someterse a la visita y corrección de los obispos en los curatos que ellos regentaban.

Los obispos reprocharon a la orden la evidencia de prácticas idolátricas en las parroquias que administraban. En su opinión, la causa de que esos sacrificios y ritos se siguieran practicando era la falta de ministros que predicasen con la frecuencia necesaria. Se trataba de una competencia entre el ordinario y el clero regular en la supresión de las creencias y costumbres indígenas. Así en 1704, el obispo de Oaxaca constataba que en la provincia de Villa Alta los naturales continuaban con las idolatrías de la gentilidad y afirmaba que la culpa era "de los que pudiendo y debiendo no han evitado tan horrorosas ofensas de Dios". Para el obispo los dominicos eran individuos incapaces de erradicar las idolatrías.

Los obispos tomaron medidas para su extirpación, entre ellas la reducción de los pueblos para mejor enseñar y controlar a los indígenas y la facultad de nombrar en nuevos curatos miembros del clero seglar. Protestó el padre provincial y el pleito llegó a Felipe V a través del virrey de la Nueva España. En juicio de 1712 el obispo y el provincial llegaban a un acuerdo. Pero aumentaron las pesquisas en los pueblos de la región donde se encontraron 99 calendarios o librillos rituales de origen prehispánicos que actualmente se encuentran en el Archivo General de Indias de Sevilla. Se inició un largo proceso de represión de las muestras de idolatría que duró hasta finales del siglo.

En distintos episodios, los indígenas presentaron resistencia frente a la evangelización y se esforzaron por mantener vivas sus antiguas creencias. Sobre la religión de los nativos estamos ahora bastante bien enterados gracias a reediciones de libros antiguos y estudios recientes referentes al tema.[4] Sabemos que las comunidades de zapotecos y mixes de la región de Villa Alta tenían

[4] Para el tema *vid.*, José Alcina Franch, *Calendario y religión entre los zapotecos.* También son valiosas las informaciones del libro de Gerardo Münich Galindo, *Historia y cultura de los mixes.*

todo un sistema de creencias y prácticas religiosas muy elaboradas. Un sistema que es común en gran parte a las distintas etnias y zonas del territorio pero con matices diferenciales según los lugares. Como lo afirma Alcina Franch:

> Nos hallamos ante un único sistema mágico-religioso bien coordinado, en el que el mundo sobrenatural está poblado de seres que tanto pueden representar las fuerzas puras, localizadas o no, como verdaderos dioses, frente a los cuales se trata de hallar un vínculo comunicativo mediante las actividades de los maestros o letrados, y para cuyo manejo se utilizan tanto plegarias y ofrendas como procedimientos mágicos.[5]

El letrado o maestro de idolatrías, según el apelativo de los españoles, representa en la comunidad el papel de intermediario entre lo real y lo sobrenatural. Tenía a su alcance tres medios de comunicación con el más allá: los alucinógenos, las suertes mediante las cuales elabora predicciones y los calendarios que le permitían indicar los días faustos e infaustos. Estaba en sus manos aconsejar a sus consultantes cuáles eran los sacrificios, ofrendas o penitencias que debía hacer, en qué momento debían realizarlas, y en qué lugar y a qué divinidad debían ofrecerlas. El maestro era el personaje clave del sistema. Sus actividades son las de hechicero, brujo o chamán y curandero dentro del sistema mágico de creencias.

Una manifestación de su poder era la de transformarse en animales diversos o en fuerzas de la naturaleza. Esos casos de nagualismo no son raros y hoy en día alimentan la temática de los cuentos populares. En el pueblo de Santiago Xocotepeque, de la Chinantla, un indio llamado Sebastián del Río confesó que una vez al año, en tiempo de aguas, "se vuelve Rayo y vuela transformado en gavilán unas veces y en zopilote otras y que esto lo hace quedándose dormido como en sueños".[6]

Los dioses del panteón zapoteco son múltiples y los que lo configuran son sustancialmente diferentes entre las comunidades del sur y del norte, aunque algunos datos relacionados en ambos sistemas son parecidos, especialmente con referencia al dios de las aguas. Además de la serie de dioses generales, existían divinidades de carácter local en cerros, cuevas o ídolos que poblaban el contorno inmediato de las comunidades. Así en Santiago Camotlán, los documentos mencionan la creencia en un dios llamado Zaa y que un cerro vecino llamado Lachana o Lachatia lo representaba.[7]

La identificación de los cerros, o las cimas de los montes como divinidades, era un fenómeno general en toda la región norte de Oaxaca. Esos lugares

[5] Alcina Franch, *op.cit.*, p. 68.
[6] *Ibid.*, p. 86.
[7] *Ibid.*, p. 111.

sagrados se sacralizaban con ídolos a los que sacrificaban y dejaban ofrendas para obtener beneficios.

Éste era, grosso modo, el panorama religioso que encontraron los evangelizadores, que persiguieron los lugares de culto y "sacrificaderos" en montes, cerros, cuevas, lagunas y fuentes. Cada vez, intentaban sustituirlos por una ermita cristiana.

Los ministros del culto siempre tuvieron gran desconfianza del cristianismo indígena. Bien se daban cuenta de la permanencia en la mente de los neoconversos de sus antiguas creencias. El 30 de junio de 1546, la Real Audiencia de la Nueva España expidió unas ordenanzas de gobierno para tratar de impedir la continuidad de las prácticas y creencias de la religión indígena.[8]

La represión fue particularmente dura en Oaxaca. A partir de 1558, el obispo de Oaxaca autorizó a fray Jordán de santa Catalina y a otros compañeros de la orden a castigar a los idólatras, actuar y concluir sus causas y fulminar sentencias en la zona de Villa Alta.[9] De hecho, tenían poderes inquisitoriales y al mismo tiempo, los misioneros fundaron allí una doctrina con más de cuatrocientos niños y erigieron 160 iglesias. Fue el principio del establecimiento de las casas de doctrina en la región mixe y entre los zapotecos y chinantecos.[10]

En el tercer concilio de 1585 se decidió que en cada pueblo se eligiera un anciano de conducta irreprochable que fuera, al lado del párroco, el censor de las costumbres públicas. Pasaron a ser fiscales, con la responsabilidad de tener enterado al cura de todas las desviaciones.[11] Era una especie de contraposición de los "maestros de idolatría", ya que debían denunciar la presencia de ídolos y de idólatras.

A pesar de todas estas precauciones, los indígenas manifestaban de mil maneras su resistencia a la evangelización. El 30 de marzo de 1691, se sublevaron los vecinos de Santiago Zoochila y de doce pueblos circundantes. El motivo del alboroto fue un acto colectivo de defensa del culto indígena. Uno de los frailes fue derribado de una pedrada. Esta rebelión bien puede considerar como uno de los casos en que la religiosidad indígena hizo frente a la religiosidad oficial.[12]

Tres siglos después del inicio de la evangelización, la Inquisición se da cuenta que los indios seguían siendo los defensores de sus tradiciones ancestrales. En 1768, emite un edicto que constata que, a pesar de las repetidas prohibiciones, la idolatría estaba vigente en Oaxaca:

[8] *Ibid.*, p. 112.
[9] Munich Galindo, *op. cit.*, p. 30.
[10] *Ibid.*, p. 34.
[11] *Ibid.*, p. 36.
[12] *Ibid.*, p. 49.

> Destruid los ídolos, echadlos por tierra, quemad, confundid y acabad todos los sitios, montes y peñascos en que los pusieron, cubrid y cerrad a piedra y lodo las cuevas donde los ocultaron, para que no os ocurra al pensamiento su memoria.

Entre otras prohibiciones, el edicto condena "las danzas de Santiaguito y otros bailes supersticiosos",[13] consciente de que no eran simples danzas sino actos rituales de raíz prehispánica.

SANTIAGO FRENTE A LA IDOLATRÍA

El 19 de junio de 1526, una delegación de dominicos, encabezados por fray Tomás Ortiz, pisó tierras veracruzanas después de una larga travesía por mar y de una estancia en la Española, donde otros frailes se habían sumado a la misión evangélica que había salido de España meses atrás. Fueron doce los dominicos que desembarcaron ese día en el territorio recién conquistado por Cortés, número que, simbólicamente, los asocia con la labor apostólica que habrían de emprender. Igualmente significativa es la fecha en que entraron a la ciudad de México, pues, al parecer, fue un 25 de julio, día del apóstol Santiago, santo que en Oaxaca se convertiría en una fuerza avasalladora que les servirían para evangelizar.

Una mirada detenida al mapa geográfico de Oaxaca nos revela que, hasta en los lugares más recónditos, existe un pueblecito que lleva el nombre del Apóstol. Hay santiagos en los valles, en las imponentes montañas, en las costas del Pacífico, en las cercanías de los ríos..., cual si el santo se multiplicara por todas partes. En total, son 132 los pueblos que llevan este nombre, convirtiendo a Oaxaca en el estado de la República Mexicana que tiene el mayor número de comunidades dedicadas al Santo.

La toponimia santiaguera en gran medida se debe a los dominicos, que desde el año 1528 iniciaron la evangelización en la Mixteca, para luego extenderse a la zona zapoteca y a los valles centrales.[14] Indudablemente, al bautizar a las poblaciones con el nombre de Santiago tuvieron en mente a ese santo guerrero que durante siglos inspiró las luchas contra los musulmanes en España y

[13] *Ibid.*, p. 45.

[14] A finales del siglo XVI, sumada a la evangelización, estuvo la construcción de conventos en las cabeceras de los pueblos y doctrinas en las comunidades sufragáneas. De las 18 doctrinas que fundaron los dominicos en la Mixteca, cuatro estuvieron dedicadas a Santiago (Tejupan, Juxtlahuaca, Achiiotla, Tilaltongo); en la nación zapoteca fundaron dos (Cuilapan y Nejapam), y una en la zona mixe (Choapa). Construyeron mucho; se dice que en Villa Alta tuvieron 170 iglesias. *Vid.*, Fray Esteban Arroyo, *Los dominicos, forjadores de la civilización oaxaqueña*, t. II, pp. LV-LVII.

que ahora colaboraba para vencer las idolatrías indígenas e instaurar un nuevo orden religioso.

El bautismo de estas poblaciones no es, por tanto, un hecho que pueda pasar desapercibido. El nombre de Santiago tiene, en sí mismo, un gran peso histórico y desde la visión religiosa puede interpretarse como la victoria del Bien —el catolicismo— sobre el Mal, es decir, las creencias paganas de los indígenas.

La ubicación de los poblados también es significativa, pues varios son los que están al principio o al final de un valle, como si existiera la pretensión de marcar los sitios donde inició, o bien llegó, la evangelización que se hizo con la ayuda del Santo.

Santiago Apoala, por ejemplo (lugar del cual, según la mitología indígena, surgieron los clanes que formarían la nación mixteca), está enclavado en un hondo valle rodeado de montañas. Al llegar, el viajero tiene la sensación de encontrar un paraíso, después de una larga jornada por parajes calcáreos, en caminos poco transitados. El pueblecito es verdoso, tiene un riachuelo alegre y transparente, y una hermosa y bien cuidada iglesia colonial con cuatro capillas posas que rememoran los primeros años de la evangelización.[15] A cada capilla le corresponde un santo y uno de los barrios en los que se divide el pueblo. Santiago tiene la suya, además de ocupar el lugar principal en el altar mayor del templo.

Pero este pequeño paraíso termina ahí, en sus propios límites. Después de Apoala no existe población alguna y el paisaje se llena de un mar de montañas.

Lo mismo sucede en la Sierra mixe; la carretera termina en Santiago Zacatepec, donde el Santo, al parecer, ha sido un tanto olvidado por los mixes, que embelesados con sus bandas de música, pasan horas enteras ensayando.

Rumbo a Tehuacán, también en un valle rodeado de montañas semidesérticas, aparece otro oasis. Se trata de Santiago Dominguito, fundado por el cacique indio Domingo Fonseca en el siglo XVI. El templo actual es del año 1879, muy posterior a la fecha de la creación de este caluroso pueblo de habitantes amigables.

Jovito Reyes, habitante de esta comunidad, recordó viejas historias, como aquella de los tiempos de la Revolución Mexicana, cuando Santiago amenazó a las tropas enemigas, apareciéndoseles en un puente para impedir que llegaran al pueblo.

La protección otorgada por Santiago a la colectividad es un tema común

[15] Según Robert J. Mullen, la iglesia es una muestra típica de parroquia secular del siglo XVI, es decir, la construcción no debe atribuirse a la orden dominica. Señala que el año de 1571 ya existía ahí un párroco y la población se conocía con el nombre de Apuala. Robert J. Mullen, *op. cit.*, p. 210.

en este tipo de relatos. Finalmente, los santos patrones tienen el papel de intervenir a favor de sus devotos en momentos de crisis, como guerras, epidemias, sequías, etcétera. Según el padre Enrique Marroquín, en los problemas de tierras que han aquejado a Oaxaca, es común que, en los relatos orales, santos guerreros con espada, tal vez continuadores del mítico Santiago, protagonicen combates para favorecer a las comunidades que patrocinan.

Las intervenciones de los santos se perciben como milagros. Nuestro entrevistado fue testigo de uno, crucial para la vida de Dominguito. En una sequía que aquejaba al pueblo, se decidió sacar de la iglesia la imagen de Santiago para llevarla al río. "Ya cuando veníamos de regreso, se empezó a soltar el agua", que a partir de ese momento cayó regularmente, salvando los cultivos.

No todos los pueblos están en los valles o al final de los caminos. De Tehuacán a Huajuapan de León existe "un pequeño rosario" de pueblos llamados Santiago. Son cuatro en total, situados a lo largo de una carretera y uno más que se aleja de esta ruta y al cual se llega por una vereda (Santiago Cuautepec). Este camino de santiagos evidencia la importancia que ha tenido el Apóstol, en cuyo nombre los evangelizadores santificaron la zona.

Los nombres de estas poblaciones son Santiago Huajolotitlán, Santiago Miltepec, Santiago Chazumba y Santiago Acatepec. Salvo Chazumba, que parece más reciente, las demás iglesias tienen las mismas características arquitectónicas. Los edificios se conservan en excelente estado y las fachadas son realmente notables por su belleza, algunas de ellas de factura indígena; es una constante que tengan un pequeño atrio con árboles y flores y, en el interior, dos representaciones escultóricas de Santiago: como apóstol, en el retablo principal, y a caballo, en la única capilla lateral que existe en cada templo, siempre situada a la entrada.

En las fachadas de las iglesias de Huajotitlán y Acatepec se evidencia la mano indígena. En la primera, en las basas de las columnas, los artistas han esculpido varias caras regordetas con grande ojos, acaso reminiscencias de alguna deidad, y en la clave del arco, el cuerpo de un indígena. En la segunda, el arco principal parece haber sido realizado por un escultor que está aprendiendo el oficio: los bajorrelieves y el arco son un tanto burdos, y por lo que respecta a la decoración, ciertos elementos florales remiten a la decoración prehispánica. Estamos, pues, ante un sincretismo arquitectónico, que integra aspectos del pasado indígena a edificios de la cultura occidental y culto católico.

Como en muchos lugares de México, las representaciones ecuestres de Santiago son muy interesantes, tanto por su estética como por su carácter religioso. En Acatepec, el Santo y su caballo parecen estar en un mullido jardín, por la gran cantidad de flores que los rodean. Santiago viste como la imaginación popular ha creído que se vestían los antiguos castellanos: con boina y traje de terciopelo, en este caso, rojizo con adornos dorados. El caballo, de rubios y largos crines, sonríe enseñando su blanca dentadura. Bajo sus patas aparece un moro, que teatralmente se protege del animal.

En Miltepec, a los pies de la escultura ecuestre se han colocado dos mazorcas de maíz. No es la única, todas las imágenes del templo las tienen. Las mazorcas pueden ser regalos de los feligreses a los santos, pero también, es posible que crean que los santos, como las personas, necesiten alimentarse. No sería la primera vez que la montura de Santiago recibiera este tipo de ofrendas. En la sierra de Puebla, en Yaonáhuac, se le colocan agua y granos de maíz, y en Chalco, en el estado de México, diariamente el caballo recibe alfalfa en el hocico.

En otro capítulo, hemos analizado cómo se ha incorporado al culto de los santos el nagualismo, razón por la cual no trataremos aquí el tema.[16] Baste mencionar que en Miltepec, Santiago y su caballo comparten el mismo sitio con Jesús montado en un asno. Las dos imágenes son procesionales y acompañadas por sus respectivos animales, ocupan la única capilla que existe, privilegio que no gozan las demás imágenes del templo.

De los cuatro pueblos que hay en la misma ruta, la iglesia de Chazumba es la de mayor tamaño. De sus altas paredes cuelgan varios candelabros. Posee un altar barroco, encabezado por la representación de Santiago peregrino.

La suntuosidad de la iglesia contrasta con la baja economía de los pobladores, que vive del pequeño comercio, de las tabiqueras, del pastoreo y de tejer sombreros de palma que les pagan a un ínfimo precio. Algunos son agricultores, oficio difícil en aquellas tierras semidesérticas, de montañas plagadas de cactus esbeltos y sol abrasador. Este año la sequía fue inclemente; por esta causa, se celebraron muchas misas, implorando la refrescante lluvia.

El párroco y especialmente los mayordomos de Santiago han sido determinantes en el engrandecimiento de las fiestas dedicadas al Santo, de las cuales hablaremos más adelante, en este capítulo.

Una locuaz vendedora de dulces, doña Fidelfa, recuerda que en su pueblo se hablaba mixteco, lengua que ya se considera perdida y que, tal vez, los más ancianos aún la hablen. Doña Fidelfa es uno de esos personajes que pueden considerarse la memoria viva del pueblo. Gracias a ella supimos que existe una escultura pequeña del Apóstol que antes del 25 de julio es hospedada en las casas de las familias que la piden. A las estadías del Santo se les llama velaciones, duran un día y una noche y tienen el fin de recabar el dinero que después se utilizará para la festividad del Apóstol.

[16] El tema también fue estudiado por Louis Cardaillac en su libro *Santiago acá, allá y acullá. Miscelánea de estudios jacobeos.*

Fiel a su papel de informante, doña Fidelfa contó que los ladrones últimamente han robado las iglesias de la región. A Chazumba también llegaron, pero no pudieron hacer nada porque "Santiaguito debió atrancar la puerta".

A unos 12 kilómetros de la capital oaxaqueña, Cuilapan es otro lugar dedicado a Santiago. Cuando llegaron loes españoles era cabecera de los señoríos zapotecos y mixtecos y abarcaba una vasta extensión con 17 pueblos sujetos a su dominio. A causa de su importancia política, los dominicos creyeron conveniente fundar ahí un centro conventual,[17] iniciando su construcción en la década de 1550.

Cuilapan fue la segunda casa de la provincia dominica en Oaxaca y representa la primera y la más antigua de las construcciones de los dominicos. Su construcción de cantera verde, hoy color ocre por el paso del tiempo, es una mezcla de los diversos estilos arquitectónicos que dominaban en Europa en el siglo XVI.

Los edificios que integran el conjunto conventual incluyen un portal de peregrinos (en el cual se recibían a los visitantes de comunidades lejanas) y una capilla abierta de indios. La capilla de tres naves, se considera única en su género en tierras oaxaqueñas y sus grandes dimensiones ponen en evidencia los ambiciosos propósitos que tenían los dominicos en la evangelización de los indios.

El templo inconcluso iba a ser una de las obras de más aliento de la arquitectura dominica, pero fue suspendida por la Real Audiencia, debido a que estaba dentro de los terrenos del marqués de Oaxaca, Hernán Cortés.[18] Significativamente, en este lugar ofició una misa el papa Juan Pablo II, el 29 de enero de 1979.[19]

[17] Dice el dominico fray Esteban Arroyo que Cuilapan era una villa donde vivia "lo más granado del ejército mixteco y que sus caciques, al igual que los patriarcas de las doce tribus de Israel, no podían traspasar sus bienes a otras familias; les era forzoso dejarlos a sus descendientes directos; y como algunos no tuvieron hijos hicieron heredera a la iglesia. Es por esto que nuestros mayores pudieron construir este grandioso convento e iglesia catedralicia", fray Esteban Arroyo, *op. cit*, p. 129.

[18] El 6 de julio de 1529 el rey otorgó a Hernán Cortés la merced de disponer de 23 mil indios, 23 pueblos y el título de marqués del Valle de Oaxaca. Las tierras oaxaqueñas le trajeron problemas; después de varios litigios quedó claro que Cuilapan era parte de su marquesado. Al parecer, el juicio inició con la protesta de Cortés que se quejaba de la proximidad del convento con su casa. "El conquistador jamás fue aliado de la orden dominica, en contraste con la estrecha relación que mantuvo con la franciscana. La visión de los franciscanos de crear una nueva iglesia y una nueva sociedad mexicana, les hacía ver en Cortés el hombre elegido por Dios en un momento clave del ordenamiento del universo" (Jaime Ortiz Lajous, *Oaxaca, tesoros del centro histórico*, p. 40).

[19] Los dominicos ocuparon el convento desde la segunda mitad del siglo XVI hasta mediados del siglo XVIII; lo tuvieron que abandonar en el año 1753, dejándolo en manos del clero secular que, a su vez, tuvo que dejarlo pues entraron en vigor las Leyes de la Reforma a mediados del siglo XIX, teniendo desde entonces diversos usos.

Al igual que en los casos anteriores, la iglesia de Cuilapan tiene las dos clásicas imágenes de Santiago. La del caballo está dentro de un nicho, en una pared lateral. Es casi seguro que no sea procesional, pues no está en andas y normalmente se prefieren imágenes de menor tamaño. El caballo es bastante simpático: tiene una alargada cabeza, adornada por un fleco en la frente, y por su aspecto curioso y bobalicón, desde su nicho parece observar a los feligreses.

Alrededor de Cuilapan no existen otras comunidades dedicadas al Santo. En la capital, en la iglesia de Santo Domingo sólo existe una imagen de Santiago en una bóveda y no destaca respecto a las demás imágenes. No hay, evidentemente, devoción al Santo. Tal ausencia en una iglesia dominica de tanta envergadura se debe, en primer lugar, a que la ciudad de Oaxaca fue pensada para los españoles, donde el culto jacobeo fue disminuyendo. Todo lo contrario sucedió en las comunidades indígenas, que encontraron en Santiago paralelos con sus antiguos dioses y lo adoptaron a su cultura.

Por otra parte, los dominicos de la capital se enfrascaron en luchas con el clero secular que había aumentado y adquirido fuerza al transcurrir de los años. Las disputas se centraban en la posesión de las parroquias y en críticas a los dominicos que no lograban erradicar las creencias paganas de los indios.

La apropiación de un santo

Matatlán, cerca de Mitla, es uno de los pueblos especialmente interesantes respecto al culto de Santiago. Un gran letrero recibe al visitante: *Bienvenido a Santiago Matatlán, Oaxaca, capital mundial del mezcal,* y encima del letrero se ha colocado, quién sabe con qué artes, un aljibe. Queda claro a qué se dedican los pobladores y, por si fuera poco, también se evidencia quién es el patrono del pueblo, pues a unos cuantos metros hay una escultura de piedra de Santiago. El santo, montado a caballo, tiene un sombrero tan redondo, que parece un bombín inglés.

En "la capital mundial del mezcal" se ha comercializado con éxito esta bebida, que se ha diversificado en variadas presentaciones. El comprador tiene muchas opciones, además del tradicional mezcal, que se vende con un gusanito dentro de la botella. Uno de los fabricantes, aprovechando la figura ecuestre de Santiago, promociona su mezcal con el nombre de *El caballito blanco.*

La fachada de la iglesia de Matatlán, de color blanco, está decorada con frisos azules. Dentro, en el altar principal, un capelo protege la representación de Santiago en majestad, representación que rara vez se ve en la iconografía mexicana. A este hecho se agrega un rasgo singular: la garbosa imagen del Apóstol calza unos populares huaraches mexicanos.

También existe una imagen procesional de Santiago a caballo. Al ver al Santo el espectador tiene la impresión que se ha mimetizado con la feligresía, a causa de su piel morena, cabello negro intenso, grandes bigotes y sombrero campesino.

El caso de Matatlán no es excepcional. En otros rumbos del país, a Santiago se le viste con ropa y accesorios regionales. En Zautla, Puebla, luce un elegante traje de charro; en Angahuan, Michoacán, porta un sarape; en Chalco, estado de México, viste como ranchero y lleva una cuerda para lazar ganado; en Tlajomulco, Jalisco, empuña un machete en lugar de la espada y en Yucatán se le viste con guayabera o filipina.

La transferencia de rasgos culturales de un pueblo a su santo es frecuente. Los feligreses necesitan identificarse con él y hacerlo suyo mediante indumentarias y objetos que les sean significativos; de hecho, en la medida en que esto suceda, el culto al santo tendrá más posibilidades de sobrevivir.

Los santos patrones personifican a la comunidad que los ha adoptado. La transferencia de rasgos culturales es indispensable para que la adopción se cumpla e incluso, los devotos pueden exigirla. Los tacuates, grupo oaxaqueño casi en extinción, presionan al cura para que vista a las imágenes de la iglesia con el traje autóctono; por su parte, los mestizos, se empeñan para que los vista de manera convencional.[20]

El Santiago a caballo de Matatlán es un claro ejemplo de cómo un santo patrón representa a la comunidad a la cual pertenece, al compartir los mismos elementos raciales y culturales. La identificación con el Santo es, pues, profunda para los habitantes de este lugar y, por esta causa, probablemente, sea más fácil la comunicación con él.

En cuanto al caballo que cabalga Santiago, encontramos en él las mismas características de otros caballos indígenas: no despierta en el espectador temor, sino simpatía: es de grandes ojos azabaches, orejas cortas y gran sonrisa. Tiene una particularidad: la escultura descansa en la figura de un pequeño indio; este descanso o pie ayuda a mantener la imagen, dado que las patas delanteras del animal están en el aire. Este apoyo es muy significativo: hasta donde hemos visto, el culto a Santiago "descansa" en los indios, personajes cruciales en la continuidad del culto jacobeo en México.

En Matatlán todavía se escuchan los ecos del pasado indígena. El zapoteco es una lengua viva; asunto encomiable si pensamos en los siglos que han pasado desde que la lengua española se instauró en estas tierras. Matatlán ha tenido el acierto de abrirse al exterior comercializando el mezcal sin perder su identidad lingüística y cultural.

[20] Enrique Marroquín, *La cruz mesiánica. Una aproximación al sincretismo católico indígena*, p. 69.

Como en los antiguos rituales, en los festejos del 25 de julio, los indígenas bailan frente a Santiago para agradarlo, ofreciéndole música y danzas. También organizan una guelaguetza, festividad en que participan las etnias oaxaqueñas.

Al parecer, el culto religioso corre con cierta ligereza entre los feligreses. Mientras estuvimos en la iglesia, observamos cómo tres mujeres sahumaban, encendían velas y rezaban a cada santo del templo. Ninguna de las imágenes fue excluida de este ritual. La mujer de más edad "limpiaba" a la más joven de arriba abajo con el humo del copal.

La naturaleza que han tomado los santos entre las comunidades indígenas es compleja y puede ser desconcertante. Sonriente, un cofrade zapoteca, con la cara redonda como la luna, mientras barría la iglesia, señaló la existencia de dos santos distintos: Santiago, el del altar, al que se celebra el 25 de julio, y Santiago caballero, la imagen procesional, cuya fiesta situó el 1º de mayo. El Santo, aseguró, cura las enfermedades y es muy milagroso. Algunos dicen que sale con su caballo por las noches y como prueba irrefutable de este hecho es que, a veces, ha dejado olvidado en el atrio su sombrero.

Las fiestas del patrón Santiago

Las fiestas de Santiago en Oaxaca no son muy distintas de un lugar a otro. Precedido por un novenario, el festejo inicia en la madrugada del 25 de julio cantándole las tradicionales mañanitas al Santo. Durante el día se celebra una misa y salen a las calles las populares calendas, recorrido que realizan las muchachas de la comunidad que llevan en la cabeza canastas adornadas de flores. Por el camino vitorean a Santiago y reparten dulces y flores. En ocasiones, se suman al paseo las marmotas, muñecos enormes de cartón que son manejados desde el interior.

En Apoala, el festejo callejero es dirigido por unos enmascarados que visten ropa en mal estado para llamar la atención y con sus bromas animan a los parroquianos a sumarse a la fiesta. En ninguno de los pueblos faltan las bandas de música tan características del estado de Oaxaca y en Matatlán, como ya se ha dicho, se incluye una guelaguetza. Las noches son iluminadas por cohetes y juegos artificiales. Los festejos pueden durar una semana y se han añadido nuevas diversiones, como competencias de basquet ball, voleibol y jaripeos.

En la mayoría de las comunidades pasean la imagen del Apóstol en el atrio de la iglesia. Este recorrido, especialmente delimitado, se debe a las leyes de Reforma que, como es sabido, prohíben los actos religiosos en las calles y fueron instauradas en el siglo XIX por el presidente Benito Juárez, de origen oaxaqueño. Todo parece indicar que en Oaxaca la Iglesia se ciñe a esta restricción, lo cual no sucede en todo el país.

En Chazumba, desde hace 20 años, la fiesta dedicada al apóstol Santiago ha cobrado nuevos bríos, gracias al trabajo que han desempeñado los tres mayordomos que integran la cofradía. Para hacer más atractivos los festejos, en las clásicas calendas desfila una reina que se elige anualmente y durante el recorrido se recogen velas que se destinan al templo.

Los ministros de la iglesia también participan. La misa principal es presidida por el obispo y doce curas, que realizan confirmaciones y bautismos colectivos. Todo parece indicar que el sacerdote de Chazumba ha logrado integrarse a la comunidad.

Chazumba debe competir con otros poblados vecinos que también tienen como patrón a Santiago. Para ello, los cofrades han logrado involucrar a otras comunidades en los festejos, estableciendo lazos no sólo comunales, sino también religiosos, pues las hermandades amigas (o cofradías) llevan a Chazumba sus respectivos santos. En su día, Santiago no está solo; al afortunado apóstol lo acompañan feligreses y santos de otras regiones.

Las relaciones de Chazumba con otros pueblos evidencian la importancia colectiva de la fiesta religiosa. Es un punto de unión, encuentro y colaboración comunitaria. Las hermandades contribuyen económicamente con la fiesta mediante ofrendas que denominan alcancías. Chila, por ejemplo, da los cohetes y los juegos pirotécnicos; Chapulco lleva gran cantidad de flores; San Jerónimo regala dos enormes cirios, llamados hachones, que se fabrican con cera amarilla.

Otro pueblo de Santiago que comparte la fiesta del Apóstol es Amatlán, situado en la Mixteca. A diferencia de Chazumba, las personas que lo visitan no pertenecen al pueblo, del cual han tenido que salir en busca de un mejor porvenir. Casi todos viven en la ciudad de México y realizan una peregrinación bastante singular. En bicicleta se trasladan hasta Amatlán, recorrido que realizan en tres días. Antes de que inicien los festejos, aparecen por las calles de Amatlán. Su arribo es muy esperado y los vecinos salen a recibirlos. El largo recorrido que realizan estos peregrinos no sólo manifiesta su devoción al Santo, también renuevan sus lazos con el lugar donde han nacido y al que tal vez no regresarán a vivir. El 25 de julio es, para ellos, motivo de reencuentro.

La fiesta no termina en Oaxaca. Como es sabido, muchos oaxaqueños han tenido que emigrar a los Estados Unidos en busca de trabajo. A menudo, se agrupan en familias o etnias para ayudarse entre sí. En los Ángeles existe una comunidad de zapotecos que sigue celebrando a sus santos como si estuvieran en su pueblo. Santiago ha sido uno de esos santos que ha emigrado acompañando a sus feligreses. Lejos de su tierra, Santiago continúa con su labor de congregar a los devotos y es un motivo de unión entre las personas. En las fiestas le ofrecen danzas rituales a fin de demostrar la fe que le tienen, o bien, agradecerle los favores que han recibido. En un país con una cultura tan distinta, tan lejos de Oaxaca y de sus costumbres, los festejos en honor al Apóstol duplican su valor.

Conclusiones

En el convento de Santo Domingo, en la ciudad de Oaxaca, se exhibe una pintura, en la cual se simboliza el papel que ha desempeñado Santiago en México. Montado en un caballo lujosamente enjaezado, el Santo encabeza las tropas cristianas, mientras que en la mano derecha sostiene un pendón con la imagen de Cristo crucificado. Aparece entre Hernán Cortés y Moctezuma, es decir, como mediador de estos dos protagonistas de la Conquista y, simbólicamente, en medio de dos culturas totalmente distintas: la indígena y la española. El conquistador y el emperador azteca, acompañados de sus respectivos ejércitos, están "viendo visiblemente" la aparición del Apóstol que, al final, se impone entre los dos campos. Santiago se asume como un pacificador que reúne bajo la bandera de Cristo a los indígenas recién convertidos.

Junto a este óleo, se exhibe otro cuadro del mismo autor, que retrata a Santiago atropellando con su caballo a los moros, considerados herejes al igual que los indígenas. La pintura nos recuerda que la evangelización en México no siempre fue pacífica ni estuvo exenta de problemas. A lo largo del siglo XVI varias etnias oaxaqueñas se sublevaron contra el poder político y religioso que se les pretendía imponer. La resistencia de los naturales fue enconada en ciertas comunidades. Se dice que los zapotecas serranos enfrentaron a los invasores con furia, lanzándoles infinidad de flechas y piedras y que sus gritos provocaban el pánico de los soldados españoles.

En 1546, cuando ya había terminado la conquista militar de Oaxaca, se inició una rebelión en Tetequipa que tuvo dimensiones apocalípticas. Los líderes indígenas anunciaban una catástrofe que revertiría el orden al cual habían sido sometidos. Decían:

> Nosotros sabemos que si los españoles nos vienen a matar, nosotros no hemos de pelear con ellos, sino que ha de haber ocho días de temblor de tierra y grande de oscuridad, y allí se han de morir todos los españoles y sus mandamientos, y allí han de fenecer todos porque ya no hemos de servir a Dios, sino estar en nuestra tierra como antes.

Por su parte (como lo hicieron otras órdenes religiosas), los dominicos entablaron una fuerte batalla contra la idolatría que practicaban los naturales. Sistemáticamente, destruyeron los ídolos, a menudo, utilizando el fuego para demostrarles cuán frágiles eran sus dioses.

Fray Francisco Burgoa, en su *Geográfica descripción*, hace una apología memorable de actos realizados por los misioneros que participaron en la instauración de la nueva fe en el territorio oaxaqueño. Difícil olvidar el episodio protagonizado por fray Pedro Guerrero, quien convenció a unos sacerdotes indios para que le entregaran los ídolos que escondían. Obviamente los indios incumplen su promesa y uno de ellos decide colgarse de un árbol, para ir a gozar de supuestas delicias paganas y huir de "la persecución de estos padres que nos quitan todos nuestros dioses".

El corregidor mandó traer el cuerpo del ahorcado (que había muerto en pecado por haber estado bautizado), y ante el temor de que "los sectarios" le rindieran culto en una cueva, decide quemarlo. Los indios pensaron que resucitaría, pero como no sucedió así: "empezaron a dar voces y aullidos desengañados de ver que ninguno de sus dioses vino a defenderlo".[21] Escarmentados, llevan al fraile "inmensidad de ídolos de barro cocido y algunas piedras muy ricas de horrendas y abominables figuras de hombres, animales y demonios" y un plato de piedra, cuya factura causó la admiración del evangelizador, que decidió moler todo, reduciéndolo a fino polvo, salvo unas joyas de oro que fundió para ornamentos de la Virgen.[22]

Al mismo tiempo, sería injusto dejar de señalar la defensa que los dominicos hicieron de los indios. Fray Bernardo Minaya, uno de los primeros misioneros de Oaxaca, fue enviado a Roma para informar al papa de los atropellos que padecían los indios. El fraile logró que Paulo III, en una bula de 1537, declarara oficialmente a los indígenas no sólo capaces de recibir los sacramentos, sino también, el derecho de tener propiedades. En la defensa indígena es imposible olvidar a fray Bartolomé de las Casas, dominico apasionado, que denunció las atrocidades cometidas con los naturales y que fue fuente de inspiración de las Leyes de Indias.

Pese a los esfuerzos de los misioneros, la llamada idolatría no fue totalmente erradicada. Dos siglos después, al tribunal de la Inquisición novohispana llegaron sonados casos de idólatras oaxaqueños que prueban que la evangeli-

[21] Fray Francisco de Burgoa, *Geográfica descripción de la parte septentrional del Polo Ártico de la América y nueva Iglesia de las Indias occidentales, y sitio astronómico de esta provincia de predicadores de Antequera valle de Oaxaca*, t. II, p. 154.

[22] *Ibid*, p. 155.

[23] Algunos de estos casos se pueden consultar en el libro *El ex-obispado de Oaxaca*, de Víctor Jiménez M. y Rogelio González M.

zación no había cuajado como se hubiera querido.[23] Ilustrativo al respecto fue el proceso de 1786 que se siguió contra nueve hombres y dos mujeres mixes de Santa María Alotepec, doctrina de Santiago Atitlán, acusados de idolatría, superstición, vana observancia, culto, veneración y obsequio del demonio. Además de haber sido expuestos a la vergüenza pública, fueron castigados con doscientos azotes, que dieron a cada uno por las calles del pueblo, y penas espirituales, como comulgar y confesarse cada dos meses durante dos años y rezar el rosario. Los maestros "seductores" de este grupo de idólatras fueron recluidos en conventos durante diez años.[24]

El apóstol Santiago arraigó en los indígenas, quienes han preservado su culto a lo largo del tiempo, pese a las censuras religiosas que criticaban los elementos profanos que les inferían. Como en otras regiones del país, lo yuxtapusieron a Tláloc, dios de la lluvia, el rayo, el viento, las lagunas y las cuevas. Según Enrique Marroquín, Cocijoquil, "el viejo rayo de fuego", fue la deidad más sustituida.

No es una casualidad que en muchos relatos actuales recogidos en las comunidades patrocinadas por Santiago se le adjudique al Apóstol el poder de producir la lluvia. Hoy en día, la culebra, identificada con Tláloc, es venerada en Santiago Yautepec. La historia cuenta que la culebra vivía en una hondura de Juquila —el más importante santuario oaxaqueño—, de donde fue arrebatada por un ciclón y transportada nada menos que hasta este pueblo.

En tiempos prehispánicos los indios divinizaron los astros y los fenómenos atmosféricos. Su arraigo fue tal, que en muchos grupos étnicos aún se le sigue rindiendo culto. Casi en cualquier etnia oaxaqueña se conoce el cuento de los Dos Gemelos, protagonizados por un niño y una niña, que simbolizan al Sol y a la Luna. Los mazatecos continúan mirando el sol cuando sube al cenit con el mismo detenimiento que antes y "los huaves adoran el rayo, el mar, el ciclón, la tierra y el viento, y en determinado día del año llevan a la playa a Los Cinco Santos", para honrar al mar.[25]

En este contexto, no es difícil que Santiago, por su brillante espada, fácilmente fuera identificado con el rayo. Este fenómeno natural ha fascinado a los mixes y representa a su dios Cosijo. Como rayo-nagual, lo han visto en la figura de "un elegante charro norteño que dispara cierto artefacto", o bien, como un hombre rubio vestido de blanco.[26] En la iconografía religiosa, al Santo se le representa como un español de piel y cabellos claros y en lugares como Matatlán es vestido a la manera de un charro mexicano.

[24] Guido Munich Galindo, op. *cit.*, p. 44. La información se toma del libro de Gonzalo Aguirre Beltrán, *Medicina y magia: el proceso de aculturación en la estructura colonial.*

[25] Marroquín, *op. cit.*, p. 57.

[26] *Ibid.*, p. 58.

El concepto católico de santo no se asimiló fácilmente en el mundo indígena. Las deidades antiguas nunca fueron modelos a imitar, a diferencia de los santos católicos. María Sabina, la célebre curandera mazateca, dijo:

> Durante mis veladas les hablo a los santos: al señor Santiago, a san José y a María. Digo el nombre de cada uno conforme van apareciendo. Sé que Dios está formado de todos los santos. Así como nosotros, que juntos formamos la humanidad, así Dios está formado por todos los santos. Por eso no tengo ningún santo de preferencia. Todos los santos son iguales, uno tiene la misma fuerza que el otro, ninguno tiene más poder que el otro.[27]

Es posible que los santos no sean más que epifenómenos del poder del Dios supremo. En el culto a los santos se instala la ambigüedad. Aún hoy, después de siglos de la Conquista, los dioses y los santos coexisten. Los zapotecas invocan a Xóchiquetzal contra las picaduras de alacrán y a Citlalcueye y Quetzalcóatl antes de cortar la madera. A san Jorge y a la Inmaculada Concepción le ruegan que los preserve de las picaduras de serpientes y a Santiago apóstol que fecunde los campos y a la esposa.

Independientemente de que conozcamos las creencias antiguas que encierra el culto a Santiago, es necesario comprender qué sentido tiene la devoción jacobea hoy en día.

Vestido para la guerra, Santiago cuenta con dos armas poderosas: la espada y caballo; la comunidad que esté bajo su protección se sentirá confiada. Son importantes las armas para el combate y cuando algún santo no las tiene, la imaginación popular se las adjudica. En 1931, en los valles centrales, se hablaba de la lucha que tuvo que emprender San Pablo Huitzo contra Xuchiquiltogo, Santiago Tenango y San Juan del Estado. En una de estas comunidades se vio a un anciano armado con espada y montado en un caballo blanco, acompañado de un ejército; los pobladores dijeron que era "san Pablito y sus huestes celestiales" que hicieron huir a los invasores.

Ya se ha señalado que los conflictos por la posesión de tierras son, desafortunadamente, frecuentes en Oaxaca. En las disputas el santo patrón actúa para proteger sus intereses. La defensa de linderos se puede convertir en un problema religioso y su solución se antoja casi imposible, debido a que los territorios patrocinados por los santos se consideran sagrados. La violencia no se excluye en estas problemáticas, como la que se desató en Yahitepec, donde los terrenos invadidos fueron considerados patrimonio de Santiago.[28]

[27] *Apud* por Marroquín, *op. cit.*, p. 64.

[28] *Ibid.*, p. 70.

En ocasiones, gracias a la intervención de los santos, las crisis no llegan a mayores. En las pugnas que se desataron entre San Felipe y Santa Rosa, en la Chinantla, el santo (por cierto, muy ligado a Santiago), mandó su caballo blanco para apagar el fuego que los rivales habían producido. La intervención de los santos puede ser decisiva en situaciones de gravedad y en el porvenir de los pobladores.

El culto a Santiago ayuda a que sociabilicen los pueblos a través de las fiestas que organizan las mayordomías. Las fiestas unen a las personas, el pueblo reivindica su identidad y las fronteras se extienden cuando los vecinos y los santos se reúnen en los festejos. Los pueblos quedan ligados afectivamente a través de las imágenes que llevan a las fiestas. Hay algunos santos que emparentan entre sí. Por ejemplo, el célebre Tata Chu (Padre Jesús) de Huaxpaltepec supuestamente es primo hermano del Cristo moreno de Petatlán, Guerrero, y el de Igualapan, en la costa, y el Santiaguito de Ixcatlán es compadre del Señor de las Batallas de Tlacolula.[29]

Santiago, como muchos otros santos, es tratado con familiaridad, como si se tratara de un ilustre vecino. La música y las danzas se interpretan frente a él como si pudiera escuchar y oír. Se entiende que si Santiago está contento, favorecerá a su pueblo.

La devoción al Apóstol no es sólo el resultado de la fe de los feligreses. También está determinado por las circunstancias y los momentos históricos. En algunas de las poblaciones que hemos visitado su culto parece disminuir. Los mixes de Zacatepec prestan más atención a la música que a Santiago; en Amatlán hay dos fiestas titulares: una al Apóstol y otra al el Señor de las Tres Caídas; en Apoala, si bien es el santo patrón, la fiesta más grande no se le dedica a él, sino al Padre Jesús en la temporada de carnaval. Una monja que habita en este lugar dijo que en los alrededores existen más de cinco iglesias dedicadas a san Isidro Labrador; imaginamos que por ser un santo campesino (con su carreta jalada por una yunta bueyes) tiene muchos devotos.[30]

La identificación con el Santo y su apropiación serán cruciales para que su culto perdure. Recordemos, al respecto, Matatlán, donde Santiago se ha convertido en un santo moreno montado a caballo, que usa huaraches. La imagen refleja a los devotos que la honran.

[29] *Ibid*, p. 71.

[30] La introducción de nuevos santos se debe a la propia Iglesia católica. En el siglo XIX el obispo de Oaxaca, monseñor Gillow, realizó una minuciosa visita pastoral a los pueblos de la diócesis, encontrando que el medio rural había sido desatendido y habían recobrado vigencia las antiguas prácticas idolátricas. Para fortalecer la evangelización invitó a otras congregaciones religiosas que antes habían expulsado a los dominicos y demás órdenes tradicionales. Éstas trajeron nuevos santos de poca profundidad teológica (el Sagrado Corazón, la Virgen de Lourdes, María Auxiliadora, etcétera), *Cf.* Marroquín, *op. cit.*, p. 26.

Pero los santos no son meras imágenes que dan identidad a una comunidad; también son hierofanías, es decir, lugares de residencia de espíritus lejanos y medios para ponerse en contacto con ellos. Por eso, las imágenes son valiosísimas para los feligreses y las cuidan muchísimo. En las iglesias es difícil encontrar solitario al santo; casi siempre ronda por el templo algún miembro de la comunidad que lo vigila y le coloca ofrendas.

En la infinidad de iglesias visitadas, no hemos encontrado ninguna imagen en mal estado. ¿Qué sucede cuando se deterioran? Si hay dinero, se llamará a un experto restaurador. De lo contrario, se comprará otra imagen de Santiago. ¿Qué se hace con la anterior?

En Amatlán, uno de nuestros entrevistados contó que su abuela fue testigo de la sustitución de la antigua imagen del Apóstol por la actual. El destino de la vieja imagen es bastante simbólico: fue enterrada a un lado de los cimientos de la iglesia. Con este acto, los pobladores de Amatlán dieron un digno fin a la imagen que veneraron por largo tiempo. Asimismo, preservan un orden sagrado: la escultura, que se considera sagrada y que fue santificada antes de colocarla en el altar, no sale del recinto, se queda ahí, bendiciendo con su presencia la iglesia donde años antes escuchara las ruegos de sus feligreses.

Santiago en el occidente de México

Santiaguito membrillero,
te venimos a felicitar
y a pedirte que el año venidero
nos vuelvas a visitar.

"Mañanitas de Santiago",
Ixtlán de los Membrillos

El norte de Jalisco, zona de frontera

El norte de Jalisco es una región que podemos llamar fronteriza, aún antes de la llegada de los españoles pertenecía a un conjunto que era tierra de guerra. Se la consideraba "lindero de los pueblos civilizados con los bárbaros del norte".[1] Desde mucho tiempo atrás era la línea de demarcación entre los pueblos sedentarios del sur y los pueblos nómadas de norte, aquellos a quienes los mexicas denominaban chichimecas. Estaba constituida por los ríos Lerma y Santiago. Esa región norteña fue sometida al dominio español por Nuño de Guzmán. Las primeras fundaciones españolas estuvieron a punto de ser destruidas por la gran sublevación chichimeca de 1541-1542, llamada guerra del Mixtón. La conflagración fue tan intensa que el propio virrey Mendoza juzgó necesario salir a combatirla, llevando de México a muchos indios tlaxcaltecas sometidos y otros más.

Pero la victoria española del Mixtón no supuso el fin del conflicto, ya que si algunas comunidades indígenas quedaron sometidas a los españoles, otras se subieron a la sierra, a los "peñoles", difícilmente accesibles. Estos indios bravos que no querían dar paz formaron precisamente las fronteras de los vecinos pacíficos de la Nueva Galicia. Y esta guerra continuó hasta 1590, bajo el nombre de guerra chichimeca.

En el tiempo de don Luis de Velasco se fundaron "las fronteras de San Luis Colotlán", que era una organización administrativa (una jurisdicción en

[1] Ver Pierre-Luc Abramson, "Survie et adaptation d' un rituel populaire espagnol au Mexique: la Danza de moros y cristianos de Zacatecas", en *Hommage a Jaime Díaz Rozzoto. Annales littéraires de l'Université de Franche-Comté*, p. 255.

sí) y reunía 24 pueblos agrupados en siete curatos con un total de 10 000 habitantes. Dicho territorio representaba una especie de baluarte contra todos los enemigos del gobierno colonial: indios bárbaros, rebeldes y malhechores.[2]

La toponimia todavía hoy nos recuerda aquel pasado fronterizo: la pequeña ciudad de Jerez, fundada en 1570, a 57 km al suroeste de Zacatecas, ha conservado el nombre de Jerez de la Frontera, a pesar de sus apelaciones oficiales: antiguamente Jerez de Santiago de Galicia y hoy Jerez de García Salinas.[3] También es evocador de ese contexto fronterizo, otro pueblo a 20 km al sur de Aguascalientes, llamado La Frontera.

El cartógrafo que dibujó en 1554 el mapa del obispado de Compostela bien tenía en mente esta noción de frontera, ya que representó en una misma línea todos los peñoles, lugares por excelencia de resistencia a la penetración española, y por si fuera poco ilustró esta mítica línea fronteriza dibujando en sombra a decenas de indios con sus arcos y flechas, que simbolizaban la presencia enemiga en la zona todavía por conquistar.

La frontera no era una línea de separación en su significado moderno, sino un lugar movedizo e impreciso de dos frentes militares opuestos y desligados por una tierra de nadie. Suponía la confrontación de dos sociedades profundamente antagónicas. Era una desunión entre dos civilizaciones. Esa línea de separación de dos mundos se transportará del sur hacia el norte, con los avances de la Conquista. Cada vez se afianzará la nueva zona fronteriza. Las iglesias almenadas con camino de ronda y sus baluartes, las casas torreadas, las palizadas de las cercas, como las que rodeaban las primeras ciudades de Guadalajara, daban a esas hechuras urbanas un aire castrense, en gran parte similar a las ciudades fronterizas españolas. Quedan todavía hoy algunas de esas iglesias fortificadas.

Frente a aquellos a quienes se consideraban con desprecio y terror como "naciones salvajes de indios gentiles sanguinarios", los españoles construyeron puestos militares a lo largo de los caminos. En un periodo un poco más tardío, a partir de 1570 se les llamaron *presidios*, los cuales tuvieron una doble finalidad: rebatir las embestidas de los chichimecas, especialmente a lo largo del Camino de la plata, y proteger la extracción y el transporte del metal. México tuvo sus presidios como España sus castillos. Una vez más se podría hablar de la herencia medieval de España, ya que Reconquista y Conquista recorren un análogo camino. De la misma manera que en Castilla y Andalucía se repoblaron las tierras, fundando nuevos pueblos, en la zona que nos interesa, ocupada esencialmente por el norte de Jalisco y sur de Zacatecas, se fundaron algunos pueblos para asegurar la zona frente al adversario indígena.

[2] María de Carmen Velásquez, *Colotlán, doble frontera contra los bárbaros*, p. 7.
[3] *Ibid.*, p. 10.

La imagen belicosa del Santiago fronterizo

La frontera se relaciona con periodos de expansión en la historia de España. Son momentos eminentemente conflictivos en los cuales se trata de recuperar territorios ocupados por los musulmanes en la Península, o de conquistar para la Corona y la fe de Cristo nuevos territorios recién descubiertos. En aquellas dos situaciones existió la tendencia de unificar indiscutiblemente los fines del Estado y de la Iglesia.

Existe cierto mesianismo en el concepto de nación hispánica: se trata de un pueblo elegido por Dios para llevar al mundo la salvación y la civilización cristiana. Este marco ideológico resultó muy propicio para que se desarrollara el mito de Santiago. Sus apariciones dieron a la empresa guerrera, tanto en España como en América, un sello de rectitud religiosa y de autenticidad. Los españoles se consideraban como unos seres privilegiados y superiores que contaban con el auxilio incondicional del Altísimo y de su Santo.

Santiago era particularmente adecuado para esas guerras de frontera, pues su imagen más difundida en España fue la de un santo belicoso. En tiempos de la Reconquista, se le veneraba como el gran "ayudador de los cristianos". Es la figura de Santiago Matamoros que vence por las armas a quien no se ha dejado convertir. El moro tocado con un turbante yace en el suelo, pisoteado por el caballo que monta el santo. Es el símbolo de la destrucción moral del pueblo enemigo, a la par que de su destrucción física.

En el Nuevo Mundo, y especialmente en México, Santiago como guerrero a caballo fue una de las devociones hispánicas más representadas. En este aspecto la Nueva Galicia se caracterizó por la abundancia de sus representaciones, particularmente numerosas en los que fueron pueblos de fronteras desde Tonalá a Santiago Tlatelolco, cerca de Colotlán, por una parte, y Moyahua, al sur de Zacatecas —que también formaba parte de Nueva Galicia— por otra.

De la misma manera que Santiago ayudó a los españoles a vencer a los infieles, ahora en la empresa de la conquista americana, supuestamente, vino al auxilio de quienes pretenden vencer el paganismo de los indígenas. Se atribuyó a Santiago múltiples apariciones en los lugares de los combates.[4] En el inicio de la Conquista, el primer beneficiario de esa ayuda sobrenatural fue Hernán Cortés. Varios cronistas refieren que en el curso de la primera batalla

[4] Quevedo, gran proselista de Santiago, no vaciló en escribir: "En las historias y anales antiguos hallareís que se han dado en España cuatro mil y setecientas batallas campales a los moros, contando las de Castilla, Aragón, Portugal y Navarra, hallaréis que el santo apóstol, peleando personal y visiblemente, ha dado las victorias y la muerte a tan innumerables enemigos". Más 'prosaicamente' se suele atribuir a Santiago 38 apariciones en batallas contra los moros en España, y 13 en México, y algunas más en Guatemala, Perú, Colombia y Chile.

que las tropas españolas mantuvieron contra los tabasqueños, en Centla (marzo de 1519), apareció un misterioso caballero que comunicaba a los soldados su ardor combativo y que causaba graves daños a las filas del adversario, proporcionando la victoria a los españoles. Así pasó en muchas ocasiones.

En cuanto a la Nueva Galicia, se atribuyen al Apóstol las victorias de Tetlán (1530), cerca de Tonalá; de Guadalajara (29 de septiembre de 1541) donde Santiago y san Miguel unidos vencieron a 15 000 indios; y finalmente la del Mixtón, en un episodio de la guerra chichimeca (diciembre de 1541), en la frontera del norte.

La victoria de Tetlán

Si existen personajes que parecen atraer las apariciones del Apóstol, lo mismo podemos decir de algunas regiones. Pensamos especialmente en la zona occidental de México, cuyo centro vendría a ser ocupado por la ciudad de Guadalajara La resistencia indígena fue allí muy dura. A aquella zona se le dio el nombre de Nueva Galicia y a su primera capital el de Compostela. Todavía hoy, el río que sale de la laguna de Chapala, en las proximidades de Guadalajara, es denominado Santiago.

El primer beneficiario fue Nuño de Guzmán quien después de haber sido gobernador en Santo Domingo, ocupó en 1528 el puesto de presidente de la audiencia de México.[5]

Desempeñó sus distintos cargos dejando negros recuerdos por su crueldad. Cuando supo que su rival Hernán Cortés regresaba de España con el título de capitán general, salió de México para conquistar nuevas tierras a iniciativa suya, a pesar de la prohibición de emprender expediciones sin el permiso real. Cruzó Michoacán, dejando a su paso regueros de sangre y desolación.

Con una tropa constituida de 150 jinetes, 150 peones y 8 000 indios aliados se presenta en Tonalá, tierra que ocupa el 25 de marzo de 1530. La cacique del lugar lo recibe con palabras de paz, pero los súbditos manifiestan su hostilidad. Según Tello, que refiere la escena, pretendían "matar [a los españoles] y comerlos, haciendo tamales de su carne".[6]

En el curso de la batalla, reñida y sangrienta que se desarrolló muy cerca de allí en Tetlán, los "desbarató Santiago". Muchos indios murieron, algunos huyeron por una quebrada y así salvaron la vida. Tal fue la primera aparición de Santiago en Nueva Galicia.

[5] Sacamos los datos biográficos referentes a Nuño Beltrán de Guzmán y Cristóbal de Oñate del artículo "Los gobernantes de Nueva Galicia" de Juan B. Iguíniz, publicado en *Et caetera*, pp. 77-182.

[6] Fray Antonio Tello, *Crónica miscelánea de Xalisco*, pp. 395-397.

El padre Antonio de Segovia, quien va a desempeñar tan importante papel en la evangelización de los indios, levantó una capilla en el cerro donde fue visto el Santo. En cuanto a los sobrevivientes indios, también testigos de la aparición, según Tello, todos publicaron el prodigio. Los heridos y lisiados, víctimas de la espada del Santo, el cual intervino directamente en el combate, pidieron limosnas por las calles del pueblo. A partir de aquel momento, se le puso al pueblo el nombre de Santiago de Tonalá.

Es interesante ver la utilización de la historia que hace otro cronista, Matías de la Mota Padilla.[7] Según él, la aparición del Apóstol no sólo dio la victoria a los españoles, sino también a los indios. Esta afirmación que tiene la apariencia de una paradoja se desarrolla así: "en esta vez Santiago quiso proteger a sus nuevos gallegos, los indios, librándolos del estrago de nuestras armas y dándoles luz para que conocieran el verdadero Dios". Santiago es a la vez el protector de los españoles y el evangelizador de los indios. En una guerra justa, Dios y su Apóstol escogen su campo, pero la finalidad no puede ser más que aportar la luz de la fe. La paradoja se desarrolla hasta el final:

> Y siendo así que los españoles fueron los favorecidos, son los indios los que desde entonces hasta hoy celebran sin interrupción la memoria, conservando la tradición de esta victoria que parece nuestra, y los indios tienen por suya.

Santiago en Guadalajara

Diez años más tarde, la situación se hace, otra vez, particularmente tensa: unos grupos indígenas provocan en la frontera norte de la Nueva Galicia una violenta rebelión que se extiende desde el sur de Sinaloa, Compostela y Acaponeta en Nayarit, hasta muchos lugares de Zacatecas y Jalisco.

En aquella época, el gobernador de Nueva Galicia era Cristóbal de Oñate. De origen vasco, nacido en Vitoria (Álava), los primeros años del siglo pasó a Nueva España en 1524. El 21 de diciembre de 1529, Nuño Beltrán de Guzmán salió de México para su expedición a Jalisco, Oñate se alistó en sus tropas, en calidad de capitán de jinetes. Su papel fue fundamental al lado del conquistador que le daba su confianza; solía decir de él que "toda cosa se le puede fiar". Cuando Nuño partió para México, a fines de 1536, le entregó a Cristóbal de Oñate el gobierno de Nueva Galicia, éste lo ejerció con algunas interrupciones hasta 1544. Fueron unos años muy revueltos por la rebelión generalizada y concertada de los indios de esta zona.

[7] Matías de la Mota Padilla, *Historia del reino de la Nueva Galicia*, pp. 40-41.

Precisamente, ante la progresiva gravedad del conflicto, Oñate pidió la ayuda del capitán Pedro de Alvarado, quien casualmente se encontraba en la costa del Pacífico, en el puerto de Navidad, donde se preparaba para zarpar con su flota. Gozaba del título de adelantado y bien lo mereció en esta ocasión, ya que este nombramiento se concedía desde la Edad Media a quienes ejercían el mando en las zonas fronterizas.

En mayo de 1541, llegó a Guadalajara, y un mes después, hechos los preparativos, salía con los suyos a la sierra en persecución de los caxcanes sublevados. Éstos se habían hecho fuertes en la montaña del Peñol de Nochistlán. Su cacique, de nombre Tenamaxtli, los acaudilló con tal acierto que las fuerzas hispanas fueron vencidas. En la derrota, Pedro de Alvarado quedó muy mal herido: al caer en una barranca le vino encima un caballo, finalmente murió en Guadalajara, el 4 de julio de 1541. Los tres meses siguientes pasaron aparentemente en calma. Pero no era más que una bonanza anunciadora de tempestad. Los caxcanes se venían preparando para sacar ventaja de su anterior victoria y proyectaban venir a Guadalajara para atacar a los españoles.

Oñate, enterado de los planes adversos, avisó al virrey del peligro que se corría. En consecuencia, Mendoza decidió publicar en México un pregón para invitar tanto a los españoles como a los naturales fieles a la Corona a alistarse para ir a combatir contra los insumisos. El ejército, así constituido, salió de México el lunes 29 de septiembre de 1541, día de san Miguel Arcángel.

En Guadalajara, mientras tanto, los caxcanes no dejaron que los cristianos celebraran con tranquilidad la fiesta del arcángel. Algunos días antes se notó en la población indígena nerviosismo y se señaló a las autoridades que varios grupos se estaban acercando a la ciudad.

Guadalajara había sido establecida unos seis años antes, en febrero de 1535. Dos veces se produjeron intentos de fundación, pero siempre fallaron. Primero se fundó en el área de Nochistlán en 1532, luego, al año siguiente, los habitantes prefirieron instalarse en parajes de Tonalá, en un lugar más seguro y que tenía aguas suficientes, tierras fértiles y abundante mano de obra autóctona, las tres condiciones ideales para emprender la colonización.[8] Pero cuando Nuño regresó de las tierras recién conquistadas del Pánuco no le gustó nada el sitio y obligó a los fundadores a cruzar otra vez la barranca, dirigiéndose hacia el noroeste. Allí se afincaron en las inmediaciones del pueblo de Tlacotán. El lugar no era del todo seguro, ya que estaba en plena zona caxcana. Así que fue necesario tomar una serie de medidas de seguridad para precaverse

[8] Sobre todos estos puntos véase José María Muriá, dir., *Historia de Jalisco*, "Desde los tiempos prehistóricos hasta fines del siglo XVII", en particular el cap. 13, "El inestable nacimiento de la Nueva Galicia", pp. 327-344, t. I. En la p. 328, un mapa permite situar los sucesivos sitios ocupados por la ciudad de Guadalajara antes de su definitivo asentamiento.

contra un ataque posible. Se lo fortificó, como a los pueblos fronterizos en tiempos de la Reconquista. Construyeron alrededor una cerca de estacas y piedras, protegiendo especialmente los accesos de esta tercera Guadalajara. Así quedaba completamente aislada del núcleo indígena: sólo podían entrar en el recinto aquellos que allí prestaban servicios.

El 28 de septiembre de 1541, en la víspera de la fiesta del Arcángel, comenzó el ataque a la ciudad. Con facilidad, los indios forzaron la cerca de piedra y estacas y se metieron dentro. Primero, incendiaron la iglesia y profanaron las estatuas. La situación se hizo rápidamente muy preocupante, ya que, según las cifras que nos proporciona Tello, Oñate sólo disponía de 85 hombres para resistir a los 50 000 indios adversos. Los trabajos más recientes de historiadores, basándose en fuentes más dignas de fe, rebajan el número de los atacantes a 10 000 o 15 000 indios. Una vez más, el padre Tello adorna su relato con "ribetes de epopeya caballeresca": puede así enaltecer más el valor de los asaltados, y por el gran peligro que corren, introducir la necesidad del socorro celeste.

Frente a los atacantes, Oñate resolvió atrincherarse en la casa más espaciosa de la ciudad e instala en las ventanas cuatro piezas de artillería, orientadas hacia los puntos estratégicos por donde podía venir el peligro.

Mientras los indios seguían con el pillaje de la ciudad, un sacerdote, el bachiller Bartolomé de Estrada, dirige una plática a los españoles: les promete la ayuda de Santiago y de san Miguel. Tello presenta así la conclusión del ataque: "La batalla duró tres horas y murieron más de quince mil indios; de los nuestros no faltó más que uno y fue Orozco."

Así que cada uno regresó a su casa, y con gran asombro se encontró en cada una de ellas a numerosos indios escondidos. Al ser interrogados, éstos afirmaron que por miedo se habían refugiado allí. Contaban que, en el momento en que incendiaron la iglesia, vieron aparecer de repente un hombre sobre su caballo blanco, vestido de una capa colorada, blandiendo en su mano derecha una espada incandescente que los quemaba y los cegaba. De las casas donde se les encontró escondidos no podían salir: allí se quedaron como paralizados. Los indios según el mismo escritor cada año representan este milagro en los pueblos de la Nueva Galicia.[9]

Mota Padilla, en su estilo florido, saca la conclusión del episodio en una frase bien sentida en la que rinde homenaje a los dos protectores de la ciudad: "Planeta mejor que Marte es el glorioso san Miguel, patrón de la ciudad; y el más famoso Hércules es el glorioso Santiago que, en tantas veces, como patrón de las Españas, se dejó ver favoreciéndonos en los conflictos."[10]

[9] Tello, *op. cit.*, p. 228.

[10] Mota Padilla, *op. cit.*, p. 499.

El asalto de los indios dejó a Guadalajara medio destruida. Además, se demostró que el sitio era muy inseguro y muy difícil de defender. Por eso, a raíz de los sucesos, se decidió por cuarta y última vez buscar un nuevo lugar para el asiento de la ciudad. Lo encontraron en las márgenes del río San Juan de Dios, en pleno valle de Atemajac.

De modo que, a mediados de febrero de 1542, los 64 vecinos, o sea unos 240 habitantes, se desplazaron al nuevo lugar. El 10 de agosto de 1542, se hizo pública la noticia de que el rey le había concedido el título de ciudad desde el 8 de noviembre de 1539.

La nueva Guadalajara, reconocida ya como capital y obispado (1549), supo mostrarse agradecida a sus santos protectores. Como este modesto lugar donde se pensaba desarrollar una auténtica ciudad no tenía más que una modesta capilla dedicada a san Miguel Arcángel, era necesario construir una catedral. Se decidió pues edificarla al lado del pequeño oratorio y se flanqueó el edificio de una capilla, al lado opuesto a la primera, y se la dedicó a Santiago.

Y para mayor honra de los santos, en el siglo XVIII se construyeron dos torres rematadas por medias naranjas sobre las que se colocaron unas imágenes de piedra emplomada de san Miguel y santo Santiago, patronos de la ciudad. Se erigían allá arriba en el cielo para atestiguar el eterno reconocimiento de la ciudad a sus dos benefactores. Pero los hombres proponen y Dios dispone: las primeras torres se cayeron con el temblor de mayo de 1818, y levantadas otra vez, se derrumbaron de nuevo en el sismo de 1849. A partir de esta fecha no se volvieron a poner las estatuas y hasta se ha perdido su paradero.[11]

Santiago en el Mixtón

Después de su derrota, los indios sublevados se retiraron a la sierra y se agruparon donde había empezado la sublevación, en el septentrión del virreinato; se la llamará guerra de los chichimecas, según el nombre genérico que reunía a pueblos distintos, así como zacatecas y caxcanes. La palabra chichimeca lleva en sí un sentido despectivo, tomando un significado equivalente al de "bárbaros". Es verdad que muchos de estos grupos eran guerreros y errantes, pero como lo precisa Miguel León Portilla, "el empleo de esta palabra no debe llevar a pensar que los rebeldes eran gente primitiva".[12]

[11] *Ibid.*, p. 199 y Héctor Antonio Martínez, *La catedral de Guadalajara.*

[12] Miguel León-Portilla, *La flecha en el blanco. Francisco Tenamaztle y Bartolomé de las Casas en lucha por los derechos de los indígenas 1541-1556*, p. 10.

La rebelión que había empezado el año anterior en las tierras de Nayarit, con la participación de coras, huicholes y algunos grupos más de lengua náhuatl, se organizaba y propagaba hacia el este, es decir a tierras de Zacatecas.

Unos brujos visitaban las tribus y predicaban en ellas la próxima venida de Tlalol, acompañado de todos los antepasados resucitados.[13] Animaban a los indios a que fueran fieles a sus costumbres ancestrales, a que no admitiesen, por ejemplo, la monogamia que querían imponer los misioneros. Se anunciaba la llegada de una nueva era, de una verdadera edad de oro: "arcos y flechas se harían mágicos, las cosechas nacerán espontáneamente sin trabajo, los hombres ya no sufrirán y nunca morirán y los ancianos se volverán jóvenes".

Los brujos anunciaban que Tlalol ayudaría a los indios a hacer una masacre de los cristianos donde estuviesen. De modo que se produjeron muchas abjuraciones del cristianismo y ataques muy seleccionados: en Tlatenango, los indios quemaron la iglesia y la cruz, en Tequila y en Azatlán mataron a los misioneros.

Llegó a ser la sublevación un movimiento milenarista, en el que profetismo y mesianismo alentaban los ánimos. Creencia religiosa y recurso de la violencia y acción militar corrían parejas. Así la guerra acabó revistiendo un carácter de suprema gravedad, ya que cuestionaba la presencia de los españoles en México, y la ponía en peligro.

Mientras tanto, el virrey Mendoza ha llegado a Guadalajara con sus tropas listas para apagar la rebelión. Bien sabe que el enfrentamiento que se prepara va a ser decisivo. Según sus propias palabras: "El término de los combates puede representar la pérdida o la conquista definitiva de toda la Nueva Galicia". El ejército que trae está constituido de tropas españolas y de contingentes indios a los que había movilizado. Entre ellos, purépechas de Michoacán que proporcionaron no sólo hombres, sino también material y bastimentos, aumentando la fuerza operacional del ejército. También se unieron a los españoles un nutrido grupo de tlaxcaltecas que tenían fama de ser excelentes arqueros y que se hicieron hábiles jinetes, con gran aptitud al combate.[14] El ejército de Mendoza comprendía pues ciento ochenta jinetes y auxiliares indios que, según las estimaciones, sumaban entre 10 000 y 60 000.

La guerra, como ya lo hemos comentado, comenzó muy mal para los españoles, ya que los indios refugiados en la montaña conservaban el beneficio del terreno.

[13] Aprovechamos aquí la versión de la guerra que nos da Nathan Wachtel en su libro, *La vision des vaincus*, pp. 278-281.

[14] T. Martínez Saldaña, *La diáspora tlaxcalteca. Colonización agrícola del norte mexicano.* El capítulo III (pp. 37-40), titulado "La colonización tlaxcalteca al norte de la Nueva España: la guerra chichimeca (1540-1590)", aporta datos interesantes.

Pero la batalla decisiva quedaba por librarse todavía. Unos treinta mil indios se habían refugiado en una zona dominada, por la mole imponente de la montaña que allí se yergue, el peñol del Mixtón. El episodio de la conquista de este baluarte fue tan importante y difícil que los historiadores a veces hablan de "guerra del Mixtón", en vez de guerra de chichimecas. De hecho, el episodio que aquí nos interesa va a ocupar los años 1541-1542, mientras que la guerra chichimeca se extiende en el largo período de 1540-1590.

Escribe el historiador José María Muriá, que "fue la más terrible de las sublevaciones indígenas de toda la época colonial, cuya sofocación requirió, como se sabe, de la participación de todo el aparato represivo del virreinato".[15]

Cuando viene ya el momento del asalto, el virrey Mendoza mandó realizar en calidad de gran señor el pregón de requerimiento de la paz, por el que se solicitaba, a la vieja usanza medieval, el voluntario sometimiento de los sublevados, "con lo cual los españoles se suponían legalizados para cometer cualquiera barbaridad".[16]

El requerimiento era una proclama que se hacía al adversario, para invitarlo a rendirse sin combate y ahorrarle las funestas consecuencias de la derrota, presentándole argumentos de tipo teocrático. Esta usanza nos proyecta en pleno medievo. En los siglos de la Reconquista se trataba de modo muy diferente a los enemigos "requeridos", según el grado de aceptación del bando. Rendirse sin combate suponía la concesión de un fuero ventajoso. Oponerse con las armas era correr el riesgo, en caso de derrota, de la esclavitud o de la muerte.

Con el uso del requerimiento, estamos en plena ficción histórica: se sigue actuando como en la Edad Media, aún cuando las circunstancias son totalmente diferentes. A los insurrectos se les informó que Dios puso a san Pedro en la silla de Roma y que de allí procedía toda autoridad. Se le explicó que su sucesor, el papa, delegó la responsabilidad del poder a los reyes de España. De ellos recibirán los indígenas mercedes y protección con tal que, después de escuchar el bando que se les proclama, aceptaran reconocerse vasallos del rey de España. En caso de no someterse, recibirían el castigo merecido.

Este discurso era un formalismo jurídico, ya que los indios eran incapaces de interpretar lo que se les decía. Pero las reglas de este dramático juego tenían que aplicarse.[17]

[15] José María Muriá, "Paleografía y comentario introductorio" a "Francisco de Sandoval Acacitli. Conquista y pacificación de los indios chichimecas", en *Et caetera*, p. 140.

[16] José María Muriá, *Historia de Jalisco...*, p. 343. Los españoles combatieron "a fuego y a sangre" a los rebeldes. El grito de guerra atribuido a los insurrectos era: "Tu muerte o la mía". Se produjeron suicidios colectivos: los asediados se lanzaban al vacío por los precipicios.

[17] Hablando del Perú, Pedro Tomé Martín en su artículo "Ávila entre la Vieja Castilla y la Nueva Castilla", alude al requerimiento y escribe: "La lectura del Requerimiento cayó en desuso

En el requerimiento estuvo presente el deán del obispado de Oaxaca, Maraver. Acompañaba al virrey en calidad de consultor sobre el carácter justo de la guerra: sólo en este caso se podía echar el bando del requerimiento. Antes de emprender la batalla, reunió a los demás consultores en consejo: el obispo de Guatemala, don Francisco Marroquín (se cree que fue él quien escribió el texto), el arcediano de la catedral de México y los sacerdotes consultores representantes de las tres órdenes religiosas: agustinos, dominicos y franciscanos. Ya dado el veredicto y leído el texto de la proclama, se podía en toda legalidad empezar el combate.

Cristóbal de Oñate, a las órdenes del virrey, preparó sus tropas para un largo sitio. La empresa parecía muy difícil, ya que se trataba de desalojar a los numerosos indios que ocupaban los puntos estratégicos de la sierra, de donde lanzaban a los españoles piedras y flechas. La artillería no podía alcanzar las alturas de la montaña, encima de la cual se extendía una extensa meseta donde los indios tenían su campamento instalado.

Finalmente, un misterioso jinete, el mismo que se apareció en Guadalajara, vino a ayudar a los españoles. Montado en su caballo, encabezó la tropa y se dirigió hacia la montaña que parecía inasequible. Entre las piedras, encontró un sendero que señaló a sus seguidores. Es la vía de penetración providencial por la que los asaltantes van a poder trepar hacia arriba, en toda seguridad. Así, con la ayuda de Santiago, pudieron "acometer a tantos enemigos, derribar y matar tanta infinidad de ellos". La batalla concluyó el 16 de diciembre de 1541, después de un sitio que sólo duró siete días. Toda la tropa reconoció la acción de la divina providencia y dio gracias a Dios. La victoria aparecía total y el virrey pudo regresar a México a gozar de su triunfo.

Este episodio merece estudiarse a fondo, pues el relato a que dio lugar es muy representativo. Sobre todo, si notamos que corresponde a un esquema de batalla que se dio en España, y que se reproduce en las narraciones de varios episodios de la Reconquista. Bajo este aspecto también, Reconquista y Conquista corren parejas.

En este respecto, el relato de Tello[18] y de los que se inspiran de él, como Matías de la Mota Padilla,[19] adopta la estructura interna del que nos propone el padre Mariana cuando cuenta la victoria de las tropas españolas sobre los musul-

porque ningún grupo se negaba aparentemente a ser conquistado y, sin embargo, se rebelaban demasiados y con excesiva frecuencia. Es decir, lo que en realidad ocurría, es que los indios eran incapaces de interpretar lo que se les decía". Estas líneas se pueden aplicar también a los indios de la Nueva España. *Vid.*, Ángel Espina Barrio, dir., *Antropología en Castilla y León e Iberoamérica. Aspectos generales y religiosidades populares*, p. 47.

[18] Tello, *op. cit.*, pp. 225-229. El relato ocupa todo el capítulo LXIX.

[19] Mota Padilla, *op. cit.*, pp. 148-152.

manes en Las Navas de Tolosa (1212).[20] Fue ésta una victoria decisiva que abrió a las tropas castellanas la posibilidad de victorias futuras, concretamente la toma de las grandes ciudades del Guadalquivir. Se esperaban las mismas importantes de la toma del Mixtón. Pero en los dos casos, a pesar de la victoria inmediata, habrá que esperar muchos años para la victoria definitiva.

En las dos guerras notamos que las circunstancias del enfrentamiento son idénticas. El enemigo, el moro en el caso de Las Navas y el indio en el Mixtón, está en una situación estratégica ventajosa: ocupa las alturas de la montaña y es muy superior en número. La situación es tan peligrosa que la salvación sólo puede venir del cielo. El padre Mariana escribe: "La ayuda de Dios y de los santos valió para que sustentasen en pie las cosas, casi perdidas de todo punto". Estamos pues, en la espera de un desenlace milagroso, la única solución posible estriba en la intervención divina.

La ayuda de Dios va a manifestarse bajo la forma de la aparición de un ser sobrenatural. En el Mixtón será el mismo Santiago y en Las Navas, un ángel bajo la apariencia de un pastor (en otra tradición será el mismo Santiago). En los dos casos, Dios instrumentaliza su ayuda, utilizando a sus servidores más fieles: el Santo de las victorias y el ángel. Los dos terminarán revelando su identidad a aquellos hombres de fe, los combatientes. En los dos relatos, varias fórmulas son idénticas, hasta el punto de que nos es posible pensar que el cronista mexicano, hombre de cultura, sacó directamente su fuente literaria de la historiografía española (a pesar de que el padre jesuita no fue un gran devoto del Santo de las cruzadas).

Otro punto de contacto entre los dos relatos son las señales que Dios concede y multiplica como prueba del favor que prodiga a los suyos, señales que contribuyen a crear un ambiente maravilloso y épico. El padre Mariana escribe:

> La matanza no fue menor que tan grande victoria pedía. Perecieron en aquella batalla doscientos mil moros. La mayor maravilla es que de los fieles no perecieron más de veinte y cinco, como lo certifica el arzobispo don Rodrigo.[21]

El padre Tello precisa por su parte: "en el acometer a tanto enemigo y matar tanta infinidad de ellos, se conoció ser obra de Dios" y añade, ya que es muy sensible al aspecto épico del relato: "Duró muchos años la osamenta

[20] Juan de Mariana, *Historia general de España*, pp.451-455. El padre jesuita la escribió entre 1592 y 1600. La publicó primero en latín y poco después en castellano, en 1601. La obra fue muy bien acogida, hasta el punto de que rápidamente salieron diversas reediciones en 1608, 1616, 1623, etcétera.

[21] Mariana, *op. cit.*, p. 452.

que parecía a la de Roncesvalles, hasta que el tiempo los consumió". En los dos casos, Dios reconoció a los suyos, los protegió y diezmó las tropas del adversario.

Victoria total, determinante pero no definitiva. De hecho, tanto en España, como en Nueva Galicia, el enfrentamiento que conoció en cada una de las dos batallas un momento fuerte, no fue el punto final, ni mucho menos. La lucha iba a prolongarse durante siglos. En España, habría que esperar a 1492. En Nueva Galicia, pueblos como los coras, huicholes y tepehuanes siguieron en su actitud de resistencia en la sierra de Nayarit, sur de Durango y regiones vecinas. "Sólo se sometieron, en parte, cuando ya entrado el siglo XVIII, comienzan a ser evangelizados por los jesuitas".[22]

Lo cierto es que tenemos aquí dos episodios muy importantes de una guerra de frontera. En Castilla, este tipo de enfrentamiento encontró su transposición literaria en el romancero fronterizo. En los dos casos, se dio una guerra con las mismas características. Un enfrentamiento cruel, a sangre y a fuego, que suscitó al mismo tiempo las hazañas más extremas y las deserciones y cobardías más viles. En efecto, los combatientes durante un largo tiempo estuvieron muy cerca el uno del otro y no fue raro que algunos se pasaran de un campo a otro o que se produjeran alianzas.

La frontera es, como se ha escrito:

> una de las representaciones más genuinas y que simboliza mejor el siglo XIII, por cuanto supone de movilidad y de avance, de diferenciación y distinción, de separación de individualidad y de estabilidad. La frontera puede ser detención, pero no paralización, ya que la frontera invita a seguir adelante. Al mismo tiempo, guarda y asegura cuanto se conviene conservar y es permeable para la recepción y asimilación de cuanto a través de ella llega.[23]

Papel ambiguo de la frontera que separa y que es, al mismo tiempo, un lugar de contactos que detiene los acontecimientos e invita a progresar. En pleno siglo XVI, en este aspecto también, la guerra del Mixtón nos remonta al siglo XIII.

[22] Miguel León-Portilla, *op. cit.*, pp. 13-14. Como lo señala este autor, "la lucha y el clamor no fueron del todo inútiles". En efecto, las disposiciones del emperador Carlos V y de su hijo, el príncipe Felipe, respectivamente de 1543 y 1548, se inspiraron seguramente en los acontecimientos que pasaban entre los zacatecas, caxcanes y otros. Esas órdenes pasaron a la Recopilación de Leyes de Indias, bajo el título siguiente: "Que los indios alzados se procuren atraer de paz por buenos remedios", *ibid.*, p. 12.

[23] J. Torres Fuentes, prólogo al tomo XIII; Ramón Menéndez Pidal, dir., *Historia de España*, pp. XIV y XV.

También podemos encontrar en los relatos respectivos un punto más de contacto. Los dos autores, utilizando algunos pormenores, intentan suavizar un poco la rudeza del relato, dramático por los numerosos muertos.

Empecemos por el relato del Mixtón. Tello nos cuenta que el padre franciscano Antonio de Segovia, evangelizador de los indios, a raíz de la batalla, construyó en las alturas del Mixtón "una capilla de la advocación del glorioso Apóstol". Además se encargó de la evangelización de los que habían podido librar su vida en la batalla. La conquista espiritual corría pareja con la militar. Como contrapeso a la ruda intervención del Apóstol que representaba para los nativos la obligación de recibir el mensaje evangélico, el buen padre les regaló una pequeña estatua de la Inmaculada Concepción; él la solía llevar colgada del cuello. Así no sólo pensaba quitar a los indios la afición a sus ídolos por un procedimiento de substitución, sino que —y sobre todo— les quería manifestar la afectuosa benevolencia que podría prodigarles la Iglesia. A través de la ternura femenina de María, que representaba la compasión por los sufrimientos pasados, el padre les enseñaba el camino de la conversión. La pequeña estatua quedó algún tiempo en la capilla del Mixtón, luego fue trasladada a Zapopan, localidad situada a una legua y media de Guadalajara, lugar donde sigue estando. Una iglesia ha sido construida y al lado, un convento de franciscanos perpetúa el recuerdo del padre Antonio de Segovia. Sigue acogiendo a comunidades indias y a las peregrinaciones de los fieles que vienen a rezar ante la Virgen.

En la batalla de las Navas, la crueldad de la masacre es algo atenuada, dentro de la simbólica del relato, por la presencia de aquel ángel que, bajo las apariencias de un joven, condujo las tropas por el camino de la victoria.

Pero hay más, la batalla del Mixtón fue por su importancia el punto de partida de posturas ideológicas contrarias respecto a la visión del indio. Frente a él aparecieron dos actitudes. Una pretendía imponerle la fe por la fuerza y la otra suponía la comprensión, la acogida y la humanidad. Una de desprecio, otra de simpatía. Y veremos cómo, en la segunda, la referencia al islam y a la Reconquista no dejó de aparecer. Las dos posturas se expusieron en varios escritos cuyos autores fueron testigos de los acontecimientos que acabamos de relatar.

Así, Pedro Gómez de Maraver, al cual vimos actuar como consejero del virrey y que será algunos años más tarde primer obispo de Guadalajara, escribió una larga relación para defender la política represiva, llevada a cabo con el fin de conseguir la pacificación de la Nueva Galicia. En su texto, expresa este juicio sobre los indígenas:

> gente bestial, ingrata, de mala inclinación, mentirosa, amiga de novedades, y, al presente, muy desvergonzada y atrevida y tonta en tan excesivo modo que si el tema de las leyes y justicia no les oprimiese y la poderosa mano de Dios no les detuviese, no hay un solo soplo en todos nosotros.[24]

Según él, la guerra que se les hace es justa y necesaria. En el mismo escrito, ataca al padre dominico fray Bartolomé de las Casas. Hay que saber, en efecto, que el jefe de la rebelión, Francisco Tenamaztle, vencido ya, primero fue encarcelado, luego deportado a España. Allá, en Valladolid, encontró varias veces al gran defensor de los indios. Le informó de todas las atrocidades de la guerra. Sin duda conversaban en esa "lingua franca" de Mesoamérica, hecha de castellano y de náhuatl. De esta manera, fray Bartolomé que vivió algún tiempo no sólo en Chiapas, sino también en la región central de México daba un paso hacia su interlocutor, el cual, a su turno, tratando ya con castellanos, podía introducir en su lengua algunas palabras recién aprendidas.

El indígena y el dominico llevaron el mismo combate humanitario. Como lo escribe Miguel León-Portilla:

> El clamor de justicia se transformó en escritos de demanda y en testimonios obtenidos a solicitud del señor caxcán. Así iba a hacerse oír en la corte del emperador. En tanto que muchos de los alzados continuaban en pie de guerra, allí en tierras de Zacatecas y Jalisco, Tenamaztle y el padre Las Casas reforzaban el sentido de su lucha con argumentos de derecho natural y divino. La guerra se convirtió en alegato, pero de más subido tono. Los razonamientos jurídicos eran unas flechas que, lanzadas con certera puntería, penetraban el corazón y la mente del adversario.[25]

Ya citamos en un capítulo de la primera parte la obra de fray Francisco Frejes, *Memoria histórica de los sucesos más notables de la conquista particular de Jalisco por los españoles,* en la que rechaza el concepto de guerra justa y toma la defensa de los indios. ¿Qué tenía que hacer santo Santiago con los infelices e inocentes indígenas que sólo se defendían de una agresión injusta? ¿Y cuándo fueron nunca los indios a dominarlos como los moros a ellos?[26]

En conclusión, podemos decir que el mito de Santiago se elaboró en los siglos de la Reconquista, luego pasó a América con los conquistadores, y allí se desarrolló en los tres siglos de la Nueva España. Nació del enfrentamiento de

[24] José Francisco Román Gutiérrez, *Sociedad y evangelización en Nueva Galicia durante el siglo XVI,* p. 169.

[25] León-Portilla, *op. cit.*, p. 13.

[26] Fray Francisco Frejes, *Memoria histórica de los sucesos más notables de la conquista particular de Jalisco por los españoles,* p. 88-89.

dos religiones monoteístas, militantes, que competían por la elección divina. Estamos en presencia de una creencia que pronto se convirtió en símbolo y en estandarte de guerra. Primero contra el islam, luego contra la idolatría indígena.

CÓMO EN MUCHOS PUEBLOS DE ESPAÑOLES, SANTIAGO NO PROSPERÓ

Desde los principios de la Conquista, Santiago fue instituido el santo de los españoles, prueba de ello fue la creación de la ciudad de Compostela y la erección en ella de la sede del primer obispado de Jalisco, por bula del papa Paulo III del 13 de julio de 1548.

Casi todo lo que fue la Nueva Galicia era, en el momento de la Conquista, una gran federación compuesta con cuatro reinos: Colliman, Tonallan, Xalisco y Aztlán. Allí existían también pequeños reinos y cacicazgos sojuzgados o independientes. Después de la Conquista se unifican todas las culturas indígenas, las de los caxcanes, coras, tepehuanos, huicholes, zacatecos, etcétera, para oponerse a la presencia española. Capitanea dicha rebelión Tenamaxtli para hacer la famosa guerra del Mixtón, pero el conflicto endémico duró muchos años más.

Esas circunstancias históricas van a traer consecuencias importantes: la presencia española va a acentuarse más que en otras regiones y la separación con los indígenas allí será más profunda. Muchas fundaciones conservaron un carácter propiamente hispánico y el mestizaje fue más tardío y menos pronunciado que en otros lugares. El mismo Santiago tomó aquí distintivos propios. En una zona que fue fronteriza durante mucho tiempo, el santo protector hispánico estuvo muy presente. Cuando ya la zona estuvo apaciguada, pervivió su recuerdo a través de los siglos en la toponimia. Pero su culto no se desarrolló como en otras zonas hasta que en algunos lugares desapareció. Las generaciones sucesivas de los españoles, luego las de los criollos y mestizos, después de dar preferencia en un primer tiempo al Santo aliado de los conquistadores, terminaron añadiendo a su religiosidad otras devociones que pronto vinieron a competir con la de Santiago. Vamos a tomar algunos ejemplos.

Colima, de la exaltación de Santiago a su eliminación progresiva

La región fue conquistada por el capitán Gonzalo de Sandoval. Enterado del triunfo, Cortés le ordenó que fundara una villa con el nombre de Colima. Se estableció a un kilómetro del pueblo indígena de Cajitlán, el 25 de julio de 1523, en la festividad de Santiago. Su lugar se cambió cuatro años después y el nuevo poblado se llamó Villa de San Sebastián de Colima, nombre que no le quitó a Santiago la titularidad de la parroquia, y así desde 1536. El traslado sólo afectó el nombre de la villa que, según el padre Tello, se llamó primero Santiago de los caballeros.

Colima fue desde los principios una ciudad netamente española y su parroquia estuvo atendida por clérigos. Los franciscanos por su parte fundaron un convento en San Francisco Almoloyan.[27]

El culto a Santiago se siguió desarrollando a lo largo de los años en la iglesia que se fundó en su honor. Pero progresivamente el clero y los españoles del lugar veneraron también a otros santos. Primero a san Sebastián, que presidió la fundación de la segunda ciudad. En 1560, san Sebastián fue proclamado patrón de la primitiva parroquia, junto con San Cristóbal. Otro santo muy venerado en Colima fue san Felipe de Jesús, al cual se le invocaba contra los temblores muy frecuentes en la zona. El reconocimiento a este santo llegó hasta tal punto que fue proclamado patrón de la diócesis en 1668 y la ciudad terminó por llamarse Colima de san Felipe de Jesús.

De modo que Santiago, al correr de los años, vio su espacio en el santoral cada vez más reducido. Pero el golpe de gracia le llegó en el momento de la erección de la diócesis: la parroquia, que hasta entonces seguía siendo de Santiago apóstol, ya ascendida a catedral, cambió de titularidad. Fue dedicada en 1894 a la virgen de Guadalupe. A Santiago, se le atribuyó una parroquia vecina.[28]

Ameca

En 1522, el español Juan Añesta vino a conquistar la zona ocupada por tribus caxcanes. Poco tiempo después, en 1526, procedentes del convento de Etzalán, Jalisco, los misioneros franciscanos Francisco Lorenzo, Juan Calero y Antonio Cuéllar llegaron al valle de Ameca. En 1529 se funda la actual ciudad de Ameca y se erige el primer templo que fue dedicado a Santiago. Se levantó en el centro del poblado, ocupado por un núcleo de españoles. No era más que un humilde templo de paredes de adobe y techo de zacate. La evangelización en los contornos no fue nada fácil, ya que los indígenas de las comunidades vecinas estaban en continua rebelión; once años después de la fundación esos fieles sublevados dieron muerte al fraile Francisco Lorenzo y el año siguiente, fray Juan Calero y fray Antonio Cuéllar conocieron la misma suerte.[29]

[27] Más detalles en la obra del presbítero C. Brambila, *El obispado de Colima. Apuntes históricos, geográficos y estadísticos*, pp. 39-40.

[28] Debemos muchas de esas informaciones a la próxima publicación del libro *Colima. El fruto de sus fieles. Patrimonio y devoción en el Occidente de México*, bajo la dirección de Estrellita García.

[29] Más informaciones en *Perspectiva de templos de Jalisco* de Modesto Alejandro Aceves Ascencio, pp. 300-301.

A partir de 1570, los sacerdotes Santiago Gómez y Pedro Bejarano recibieron el encargo de dirigir la comunidad parroquial. Trajeron de Pátzcuaro una escultura grande del Santo Cristo, que a partir de entonces se veneró en la iglesia bajo la advocación del Señor Grande.

Después del humilde templo se edificó una iglesia de tres naves, que por ser insuficiente se demolió a principios del siglo XVIII para dejar el lugar al templo actual, que fue construido entre los años 1723 y 1770.

En el nuevo edificio siguieron los dos cultos: el de Santiago y el del Señor Grande. El Apóstol está representado a caballo en las dos fachadas del edificio; en la lateral una fecha precisa que la escultura es de 1749. En el interior del templo, en una capilla lateral, se conserva una hermosísima talla de Santiago a caballo de pequeño tamaño, que probablemente fue heredada de uno de los templos anteriores. Es de factura hispánica, pero probablemente tallada en México. El Señor Grande, por su parte, preside en el altar mayor de la parroquia y, según testimonios recogidos en el lugar, es el que se venera casi en exclusividad entre los fieles. A Santiago, sólo se le recuerda el día de su fiesta que, eso sí, se celebra con mucho boato.

Ixtlán del Río

El nombre de Ixtlán, de origen náhuatl, significa lugar donde abunda la obsidiana. Una zona arqueológica cercana, conocida como *Los Toriles*, nos muestra que allí se dio un gran desarrollo urbanístico con templos, palacios y plazas. Se trata de una ciudad sagrada situada a dos kilómetros del pueblo actual, donde habitaban los sacerdotes, los guerreros y los jefes.

A partir de 1524 el lugar tuvo su encomendero español y en 1530, Nuño Beltrán de Guzmán terminó la conquista de la zona. Llegó el conquistador con una tropa de 300 españoles, acompañados por indios tlaxcaltecos, mexicas y tarascos. A su paso dejaron un recuerdo de sangre y de fuego. Ixtlán fue arrasado y sus habitantes esclavizados.

Desde aquella época el Ixtlán prehispánico desapareció y los indígenas que no quisieron ser esclavos o vivir en el pueblo se remontaron a las sierras vecinas. Los que se quedaron a vivir entre los españoles fueron relegados a un barrio apartado, el famoso Barrio de los indios.

Después de la destrucción de Ixtlán, se realizó un primer asentamiento hispano en el lugar que ahora se conoce como *la Haciendita.* Los franciscanos, que fundaron un convento de san Francisco en Ahuacatlán, evangelizaron a partir de allí la zona. Los predicadores en Ixtlán fueron el lego Francisco de Pastrana y fray Francisco Lorenzo. Una tradición conservada localmente habla de una primitiva capilla dedicada a Santiago, en la cual se veneraba una imagen del Santo, supuestamente regalada al poblado por el mismo Oñate en 1530, "una gratitud de Oñate" dice un texto grabado recientemente en una placa de mármol en el atrio de la iglesia. Ningún otro documento corrobora o infirma esta tradición. Sólo se sabe de la capilla de *la Haciendita* a partir de 1650. En el siglo XVIII, la iglesia de Ixtlán dedicada a Santiago fue capilla de visita de Jala, antes de ser declarada vicaría en 1723. Y finalmente la iglesia fue elevada a parroquia en 1800.[30] De esa época data una imagen de Santiago apóstol que preside en el altar mayor.

En el siglo XX, el culto a Santiago recibió un nuevo impulso. En honor al Apóstol, se levantó en 2001 una escultura ecuestre que lo representa en el atrio de la iglesia. Pero a pesar de todos esos esfuerzos, los parroquianos no tienen allí un particular culto al Santo. Prefieren venerar al Cristo Rey, que celebran con mucha solemnidad en noviembre, el último domingo del año litúrgico, antes de entrar en el periodo de Adviento.

Compostela

La ciudad de Santiago de Compostela, hoy Compostela, fue la primera capital de la Nueva Galicia hasta 1560. En aquel año, por orden de Felipe II, la Audiencia y el Obispado se trasladaron a Guadalajara, declarada la nueva capital de la provincia.

Ninguna ciudad en México tiene tanta resonancia hispánica. El recuerdo de la ciudad española que le dio el nombre se manifiesta todavía en su escudo que lleva una estrella (*Campus stellae*: Compostela).

Su iglesia parroquial dedicada al Apóstol es un hermoso monumento histórico de la época colonial. Fue construida de piedra de cantera en el siglo XVII. En el interior un bajorrelieve que representa al apóstol Santiago a caballo lleva la fecha de 1694. En la parte superior del altar mayor se ve una imagen de Santiago peregrino, que luce en su mantellín dos conchas y lleva en su mano izquierda el bastón de peregrino con su calabaza. Pero notamos que en el nicho principal del altar mayor, en lugar preferente, se encuentra la escultura del Señor de la Misericordia que representa a Cristo crucificado. Es un Cristo español del siglo XVII que, según la tradición, fue traído por Nuño de Guzmán.[31]

[30] Pablo Torres Sánchez, *Retazos de la historia de Ixtlán del Río*, pp. 25-27.

[31] Sobre el tema, fueron valiosas las informaciones del libro del cronista de la ciudad de Compostela, Salvador Gutiérrez Contreras, *La Iglesia de Compostela, Nayarit a través de los años.*

A través de los siglos, los compostelanos han venerado con mucho fervor al Señor de la Misericordia. A principios del siglo XVIII se constituyó una *Cofradía y hermandad de la milagrosa imagen del santo Cristo de la santa cruz de Compostela*, o sea del Señor de la Misericordia. También desde 1850 se celebra cada año la fiesta llamada *del Señor*, el primer viernes de diciembre. Vienen los devotos en peregrinación de todos los barrios de la ciudad y numerosos visitantes acuden de los lugares vecinos, principalmente de Puerto Vallarta donde vive un grupo nutrido de compostelanos.

La veneración del Señor de la Misericordia ha desplazado definitivamente a Santiago apóstol, a quien no le queda más que la celebración de su fiesta el 25 de julio. Pero allí no tiene cofradía ni peregrinación ni culto especial: sólo permanece el recuerdo histórico de quien estuvo presente en el momento de la fundación de la ciudad.

Tequila

Es otro de esos lugares que en el momento de la Conquista fue dedicado a Santiago. Sus primeros pobladores fueron los nahualtecas, toltecas y otomíes. Los franciscanos encabezados por fray Juan Calero poblaron el sitio actual de Tequila con grupos indígenas traídos de un cerro vecino donde estaba asentada la primitiva población. Se le dio el nombre de Santiago de Tequila el 15 de abril de 1530, y fue dada en encomienda a Juan de Escárcena.

Pero en 1541, los nuevos convertidos huyeron del poblado, cuando Pedro de Alvarado quiso dominar militarmente la zona. Quemaron la improvisada capilla que los franciscanos habían levantado y huyeron a su antiguo asentamiento del cerro. Fray Juan Calero fue por ellos, con la intención de pacificarlos. Fue recibido con flechas y piedras. Lo capturaron y después de despojarlo de sus hábitos, lo colgaron en un ídolo que adoraban.

La parroquia fue erigida en el año de 1649. Ese mismo año los franciscanos levantaron el templo dedicado a Santiago, que sólo fue concluido en 1752. En la actualidad, en Tequila, el Santo está prácticamente olvidado. El único recuerdo del Apóstol es la imagen ecuestre que luce su fachada, de factura indígena y en el de la iglesia se encuentra una modesta imagen del Santo.[32]

[32] Más detalles en *Perspectivas de templos de Jalisco... op. cit.*, pp. 318-319.

SANTIAGO, EL SANTO DE LOS INDÍGENAS

Santiago y san Miguel

Si Santiago fue el santo de los españoles, muy pronto llegó a ser el de los indígenas. Con fecha muy temprana los frailes les transmitieron el culto con sus características españolas. Una de ellas, es de raíces hispánicas: en una misma devoción reunían a Santiago y a san Miguel. En efecto, en la Reconquista no pocas veces el apóstol y el arcángel actuaron juntos a favor de los españoles. Es el caso de la ciudad de Úbeda en Andalucía, que fue reconquistada el día de san Miguel (29 de septiembre de 1212), por lo cual tomó por patrón al Arcángel. Al mismo tiempo los ubetenses también adoptaron el culto a Santiago. Allí se conservan todavía un hospital medieval y una antigua iglesia que están dedicados al Santo.

Hemos visto como Guadalajara conoció un episodio idéntico, milagrosamente librada de los caxcanes un 29 de septiembre, rinde culto al Arcángel (cuya imagen durante la batalla "se llenó de resplandores") y a Santiago, que se apareció aquel día al lado de los españoles.

Es interesante notar que este culto a los dos santos reunidos se pasó a los pueblos indígenas, y eso gracias a la influencia de los evangelizadores. El ejemplo más evidente es el de Mezquitán, antiguo pueblo de indios que, en el momento de la fundación de Guadalajara, se encontraba en la parte norte de la misma y que hoy está incorporada a la ciudad. Allí muy temprano se edificó una capilla dedicada a san Miguel, y en ella se veneró desde los principios tanto al arcángel como a Santiago. Actualmente, la iglesia de Mezquitán, edificio del siglo XVII, conserva una imagen de Santiago, que es la más antigua de la ciudad. Es muy interesante por sus rasgos indígenas.

Se puede afirmar además que en Jalisco, bajo el doble patronato del Arcángel y del Santo, se emprendió y desarrolló la guerra chichimeca. La ruta que va desde Guadalajara hacia el norte y Zacatecas, en los nuevos territorios que eran tomados por los cristianos, se crearon pueblos de Santiago y otros tantos de san Miguel. Las nuevas fundaciones eran una manera de marcar y sacralizar esa zona ya en manos cristianas.

Santiago autónomo e indígena

Pero aunque siguiera por algún tiempo la pareja Santiago-san Miguel, la cual predominó en Jalisco, fue el santo apóstol, seguramente por las predicaciones franciscanas y por las figuraciones de Santiago, más del gusto de los indígenas.

Dos imágenes de Santiago merecen estudiarse para comprender la aceptación del Santo entre los indígenas. La primera es la de la villa de Tlajomulco, situada no lejos de la laguna de Cajititlán, que fue evangelizada por los franciscanos. El lugar se llamó primero Santiago de Tlajomulco, pero en 1939 le cambiaron el nombre por el de Tlajomulco de Zúñiga, en memoria del general revolucionario Eugenio Zúñiga Gálvez.[33] De la antigua devoción a Santiago no queda más que una imagen del siglo XVIII que se venera en la capilla del antiguo hospital, dedicada a la "limpia concepción de María". El edificio y su capilla están a cargo de una cofradía que goza de autonomía frente a la parroquia. Los cofrades de la Purísima Concepción administran con mucho cuidado el templo y sus dependencias. En los decenios pasados surgieron algunos conflictos entre el párroco y la hermandad, hasta el punto de que se suspendió el culto durante varios años.

El caso es que la estatua de Santiago recibe allí un trato muy especial: cada mes se le cambia el vestido. En verano, por ejemplo, se le quitan las botas y el traje ranchero y para que vaya más ligero lleva un sencillo traje de algodón blanco. Pero en todas las estaciones va muy armado: en su mano izquierda levanta un machete y además lleva una espada al costado. Luce un cinturón pitiado, el cual sujeta un lazo. Tiene mucha prestancia cabalgando su caballo blanco.

Pero lo más interesante de todo son "las mandas" dedicadas al Santo, que aquí son de un tipo muy especial. La Virgen, titular del templo, recibe de sus fieles muchos exvotos tradicionales que se exponen en el fondo de la iglesia, mientras que Santiago recibe caballitos de todos tamaños y colores. La imagen del Santo está rodeada de un centenar de estos exvotos originales, que subrayan la importancia que se atribuye a la montura en el culto que se le rinde.

El mismo culto al caballo lo pudo comprobar el cardenal José Garibi Rivera, durante una visita pastoral a San Juan de Ocotán, Jalisco. Constató que la imagen de Santiago, patrono del lugar, recibía el homenaje de los fieles de dos maneras: unas veladoras estaban encendidas a la altura del Santo y otras delante del caballo. El prelado preguntó el porqué. Se le respondió que algunas personas estaban agradecidas al Santo por su especial protección y otras al caballo. De ahí que el cardenal mandara bajar el caballo del altar y el Santo se quedó un tiempo allí arriba con las piernas abiertas, sin su montura. El nuevo párroco, nombrado a raíz de los hechos, recibió especial cometido de explicar a sus fieles lo que era el pecado de idolatría. Se supone que logró ilustrarlos rápidamente, ya que pocos meses después el Apóstol fue autorizado otra vez a cabalgar su montura.

La segunda es la que mencionamos ya como la más antigua de Guadalajara, la imagen ecuestre de Santiago de la parroquia de San Miguel de Mezqui-

[33] José Chávez García, *Tlajomulco en el tiempo*, p. 339.

tán. Aquí parece que estamos en presencia de un arte de sincretismo, donde el indígena enmarca sus propias creencias a través de unos motivos cristianos. Los nativos adoptaron tan bien a Santiago que lo incluyeron en su propia cosmogonía, dándole un toque autóctono.

El santo es moreno y los moros, vencidos y pisoteados por el caballo, están descuartizados, una cabeza por aquí, un brazo y una pierna por allá. Ya antes comentamos en el capítulo de la iconografía cómo esta representación se basa en el concepto sagrado que tenían los indígenas del sacrificio humano.

Otros lugares de presencia santiaguera en Jalisco y sur de Zacatecas

En el norte

El que debe de ser el último pueblo jacobeo creado en la zona chichimeca, a fines del siglo XVI, es el de Santiago Tlatelolco, cerca de Colotlán. Merece estudiarse este caso para precisar una diferencia esencial entre la zona fronteriza en tiempos de la Reconquista y la de la Conquista. En España, la repoblación de las tierras nuevamente ganadas sobre los musulmanes se hacía gracias a cristianos que allí se establecían y fincaban en las tierras, ayudados por antiguos moradores llamados ahora mudéjares, que conservaban su religión.

En México las cosas toman otro rumbo: son indígenas recién convertidos los que se solían traer a las zonas fronterizas. Se pensaba que facilitaban la asimilación de los rebeldes, como pasó en el caso que estamos comentando.

Se fundó Santiago Tlatelolco en 1589, a raíz de la llegada de los indios tlaxcaltecas a Colotlán. Habían sido enviados por el virrey de México, don Luis de Velasco, para ayudar a pacificar la zona. No era, propiamente dicho, una fundación, sino una refundación de un lugar ocupado por alguna comunidad indígena levantisca. Ahora se iban a avecindar allí familias de los indios recién traídos, que serían confiados a los religiosos franciscanos del convento de San Luis Obispo de Colotlán. La fundación oficial de dicho pueblo tuvo lugar el 25 de julio, día del Apóstol, que quedó constituido como patrón y al que año tras año siguieron celebrando tradicionalmente con sus fiestas folklóricas.[34]

[34] *Vid.* Luis Enrique Orozco Contreras, *Iconografía mariana de la provincia eclesiástica de Guadalajara,* t. VII. Este concepto de frontera permaneció mucho tiempo en la región de Colotlán. En efecto, se creó allí una zona fronteriza autónoma y los pueblos que la componían constituyeron una especie de baluarte contra los enemigos del gobierno colonial: indios insumisos, rebeldes y malhechores formaban "las fronteras de San Luis Colotlán". Se fundó en tiempo de don Luis Velasco. Su gobierno estaba sujeto al virrey de la Nueva España, quien confiaba su mando militar y político a un capitán protector, que desempañaba el papel de los "adelantados" medievales.

Hay que precisar que los tlaxcaltecas fueron los primeros indígenas que adoptaron al apóstol Santiago, seguramente muy a pesar suyo en un principio. Cortés, en las batallas contra Xicoténcatl *el Joven*, los atacó gritando: "¡Santiago, y a ellos!". Según el cronista Muñoz Camargo, en su *Historia de Tlaxcala*, el grito los desmoralizó tanto, que los tlaxcaltecas se dieron cuenta que en su religión todo era "falsedad y mentira".[35] Después de escuchar esa invocación al Santo, y de algunas derrotas más, terminaron por adoptar la devoción a Santiago: "Hoy día, hallándose en algún trabajo, los de Tlaxcala llaman al señor Santiago".

En este contexto no nos puede extrañar que se haya creado en el norte de Jalisco el pueblo de Santiago Tlatelolco para recibir a los tlaxcaltecas. Recordemos que la primera iglesia dedicada al Santo se creó, precisamente, con esta denominación, en las inmediaciones de Tenochtitlan-México. Y el cronista Díez de la Calle llega a afirmar que allá en el primitivo Tlatelolco —nombre que en náhuatl significa "lugar de montículo"— el Santo se apareció a Cortés.

En varios pueblos del sur de Zacatecas, se venera también a Santiago. Cuando hablamos de las danzas, indicamos ya como en Moyahua la danza de los tastoanes tiene características propias. Podemos concluir afirmando que en el siglo XVI dos elementos favorecieron en Jalisco el culto de Santiago: la situación de ciertas regiones como zonas fronterizas, al mismo tiempo que la participación indígena en dicho culto. Cuando dejaron de ser zonas de inseguridad y de enfrentamientos, Santiago ya no fue más que un santo entre los demás. Los tiempos de paz no son muy favorables para que se desarrolle su veneración.

Alrededor de Chapala

Alrededor de la laguna, las fiestas del 25 de julio son muy celebradas. Varios pueblos llevan el nombre de Santiago, o por lo menos lo tienen como patrón. Es el caso de Ixtlahuacán de los Membrillos. En la iglesia de la población comprobamos que el culto de Santiago sigue vivo en la actualidad.

Tenía el título de capitán general, con autoridad sobre las milicias que debía formar. Esta protección de la frontera norte, junto con la fundación de presidios, permitió la expansión colonial, facilitando la conquista de la Nueva Vizcaya y del Nuevo México.

Para más detalles *vid.* María del Carmen Velásquez, *Colotlán, doble frontera contra los bárbaros*; de la misma autora *La frontera norte y la experiencia colonial*; José María Muriá, dir., *Historia de Jalisco*, t. II, "De finales del siglo XVII a la caída del federalismo", pp. 202-205.

[35] *Apud* Luis Weckmann, *La herencia medieval de México*, pp. 122-123.

Hace unos cuarenta años, en 1973, el párroco mandó pintar doce murales que cubren de par en par la nave de la iglesia, seis de cada lado. Las pinturas ilustran la vida de Santiago y su obra evangelizadora. Además allí se venera una hermosa imagen de Santiago vestido de charro. En julio la festividad se celebra con mucha pompa.

Esos doce murales del pintor Javier Zaragoza son el testimonio de la gran veneración del pueblo al Santo. Los frailes que evangelizaron la comarca fueron los franciscanos, entre ellos, Antonio de Segovia y Miguel de Bolonia, el cual murió en Chapala y sus restos reposan en la parroquia. Se puede suponer que en la zona el culto al Santo empezó con ellos.

Santiago en la memoria de los hombres

En la cerámica de Tonalá

En México el pueblo de Tonalá, Jalisco, es famoso por sus cerámicas. Su alfarería a partir del siglo XVII obtuvo reconocimiento internacional. Los artesanos han logrado adaptarse a los nuevos gustos de épocas distintas y al mismo tiempo han conservado las técnicas ancestrales que le han dado fama a la cerámica de este lugar, caracterizada por su gran luminosidad que se obtiene mediante el pulido o bruñido de las piezas.[36]

La cerámica tonalteca tiene raíces prehispánicas en el Occidente del país, donde se encontraron precisamente piezas bruñidas que datan de los años 400 a 600 después de Cristo. Con la llegada de los españoles, la alfarería no muere, sino que se transforma en un arte mestizo por excelencia que va a generar una nueva tradición artesanal.[37]

Se cuenta que un lego vino a la región tonalteca con los primeros misioneros. Era muy hábil para la pintura y dedicó su vida a perfeccionar las disposiciones natas para el dibujo que descubría entre los indígenas. Historia documentada o sencillo apólogo, no sabemos. Lo cierto es que expresa la realidad de las múltiples aportaciones de las que se valió el arte de la cerámica en Tonalá.

Estos intercambios culturales se produjeron a lo largo de los siglos de la Conquista y después. La última y la más importante aportación documentada se produjo cuando, en 1914, el doctor Atl estableció en Tonalá una escuela de

[36] Sobre la cerámica de Tonalá existen dos publicaciones recientes: *Artes de México. Cerámica de Tonalá*; Sandra López y Gutierre Aceves Piña, *Tonalá, raíces que perduran.*

[37] Otto Schöndube B, "Alfarería prehispánica", en *Artes de México. Cerámica de Tonalá*, pp. 27-33.

ornato de las piezas de cerámica. Allí llevó las copias de los códices que existen en el Museo Nacional de la ciudad de México. A partir de la fecha, los alfareros adornaron sus vasijas con un sinnúmero de grecas mayas, renovando así sus fuentes de inspiración.

Se ha pretendido dar títulos de nobleza a la cerámica de Tonalá, emitiendo la hipótesis según la cual procedía de Tonalá el búcaro de barro rojo que una de las meninas del famoso cuadro de Velázquez (titulado precisamente *Las meninas*) ofrece en una salvilla de plata a la princesa Margarita. Esta pieza lleva una decoración con motivo estampado que la hace igual a otras conservadas en el Museo de América en Madrid. Pero los especialistas ven también parecidos con otras cerámicas procedentes de Portugal y hasta de Indias Orientales. De cualquier forma, la alfarería de Tonalá no necesita aducir tales referencias para ser tenida por artística y muy bella.

El caso es que, por ser Tonalá un lugar famoso por sus fiestas de tastoanes y por incluir en su historia una supuesta aparición del Apóstol, la figura de Santiago es en la cerámica local un tema recurrente. Está representada en cántaros, tibores, ollas, floreros y platones, todos ellos realizados en las diferentes técnicas del barro.

En una exposición reciente en el Museo Regional de la Cerámica, del municipio de Tlaquepaque, se exhibió un mural en cerámica intitulado *La gran batalla*. El autor, Andrés Gabriel Preciado, pintó la figura de Santiago en su caballo blanco, frente a unos tastoanes enmascarados que se defienden blandiendo un arma. En la parte alta, a la derecha, está representado el monumento del Cerro de la Reina, que recuerda los heroicos combates de los indígenas de hace casi cinco siglos y la supuesta aparición de Santiago en este mismo lugar. Andrés Gabriel Preciado es autor también de máscaras de tastuanes en acrílico, sorprendentes por sus formas geométricas.

En la misma exposición Salvador Vázquez Carmona presentó un jarrón representando a Santiago a caballo, figura heredada de los santos de la Colonia, que va vestido con una sotana negra, con espada levantada, y tocado con uno de esos sombreros que llevaban los alguaciles de los siglos pasados. Pero el conjunto no es nada amenazador: ya es la figura que los indígenas se han apropiado, envuelta en un ambiente muy ingenuo. Dicho carácter de *naïveté* da a esta pieza y otras más una gracia natural muy marcada, hecha de simplicidad, frescura y sinceridad. Es una característica muy tonalteca.

Salvador Vázquez afirma que se rige por las técnicas originales de trabajar el barro. Utiliza mucho la técnica del bruñido tradicional y matiza con los colores extraídos de la tierra. Dice: "Nuestros indígenas tenían desde hace más de 400 años vasijas como las que pinto ahora. Recuerdo que, cuando era niño, los que me enseñaron tenían alrededor de ochenta años. Yo iba con ellos al barro a ver cómo mezclaban colores y cómo se fogaban los tarros." Y añade: "Todas las cosas que pinto las he visto sobre la historia."

José Ángel Santos Juárez presentó en la misma exposición un "jarrón corazón" con la figura de Santiago a caballo, esta vez más relacionada con las clásicas representaciones del Santo en la pintura religiosa. Aquello no impide que aquí también se refleje el mismo ambiente *naïf*.

El Museo Nacional de la Cerámica de Tonalá posee además algunas piezas de siglos anteriores con el tema jacobeo, como una tinaja del siglo XVIII, que es una cerámica policromada sobre engobe de Sayula y bruñida.[38] Los atuendos de Santiago y del adversario que se le enfrenta a pie evocan más un simulacro de combate en alguna festividad o baile dieciochesco que un verdadero enfrentamiento.

En los exvotos

Otros testimonios de la relación personal de los devotos con el Santo son los exvotos depositados en los santuarios por algún favor recibido.[39] La costumbre de dejar exvotos existía en los distintos caminos que conducían a Santiago. Por un favor obtenido, a modo de compensación, el beneficiario entregaba un donativo al santo benefactor. A la ofrenda se solía añadir algún testimonio que perpetuara el motivo de esa relación de intercambio. Es el primer papel de los exvotos.[40]

Durante mucho tiempo se conservaron cerca del altar del Santo o de su sepultura. Eran muy numerosos y podían consistir en una sencilla ofrenda de cera que presentaba la ventaja de poder ser utilizada para la luminaria de la iglesia, además podía ser trabajada fácilmente para representar, en los casos adecuados, la parte del cuerpo que el Santo había curado.

Todavía hoy, en México, Ecuador y otros países de América Latina sigue vigente la costumbre de dejar como ofrendas votivas, pequeñas piezas en forma de brazos, piernas, corazones, úteros... que son testimonios de la devoción de los feligreses. Esos antiguos iconos de fe han sido, desde la Grecia antigua, el vehículo para solicitar y agradecer el cumplimento de una súplica dirigida a la divinidad o a algún santo. En la actualidad se les suele llamar "milagritos".[41]

[38] En un artículo-entrevista a Gregoria Mera y Simeón Galván se comentan las distintas técnicas de fabricación de la cerámica. Rubén Páez, "Las manos y la memoria", en *Artes de México. Cerámica de Tonalá*, pp. 71-80.

[39] *Vid. Artes de México. Exvotos*, donde el lector podrá encontrar toda la bibliografía deseada y tener a la vista magníficas ilustraciones. Sólo en el último decenio, unos diez libros han salido sobre exvotos, también llamados retablos en México.

[40] Pierre André Sigal, *Les marcheurs de Dieu, pélerinages et pèlerins au Moyen Âge*, pp. 78-79.

[41] Martha J. Egon, "Milagros, antiguos iconos de fe", en *Artes de México. Exvotos*, p. 24.

Una función de los exvotos es hacer público el testimonio de agradecimiento y, por lo tanto, exaltar el gran poder del santo como intercesor y protector. Antes, el paralítico dejaba sus muletas ya inútiles, el prisionero, sus cadenas y el caballero medieval que había perdido en la caza su halcón, después de encontrarlo "milagrosamente", ofrecía al templo una obra de orfebrería de plata que representaba al ave de presa extraviada. Así, el marinero, salvado de un naufragio, ofrecía una reproducción del barco hundido.

Los numerosos exvotos que aún se conservan en México cumplen la misma función: atestiguan en un dibujo el favor recibido. Es un gesto público de acatamiento al santo, a la Virgen, o a Dios en sus distintas invocaciones, como la del Señor de los Rayos en Temastián, Jalisco.[42]

Son testimonios magníficos de la vida cotidiana de la gente y de sus necesidades. Miles son los motivos para dar gracias al santo: haber salido bien de una operación, o de algún accidente, haber sido preservado de una epidemia que diezmaba a la población o al ganado, haber conseguido un favor notable para sí o para su familia. A través de dibujos sencillos o de pinturas más elaboradas, los exvotos traducen las angustias y las necesidades del pueblo.

La pintura integra las circunstancias que rodearon la merced recibida y muchas veces un texto complementario da más detalles. A título de ejemplo, citemos las líneas que se pueden leer al pie de un exvoto conservado en la capilla dedicada a Santiago en el pueblo de Acaspulco, Jalisco:

> El día 7 de agosto del año de 1906, yo, Cipriano Regis, vecino del rancho de Sta. María de Gracia, vecino de esta composición para honor de Dios y del apóstol Santiago, declaro que en dicho día se extravió un toro josco que tenía bajo mi vigilancia y cuidado y habiéndose perdido, pues lleno de apuro y cuidado, empecé a buscarlo con todo mi empeño el mismo día y no lo encontré. Y luego con mi corazón se lo encomendé al santo Santiago del pueblo de Acaspulco, quien me dejó piadoso y por su intercesión del mismo mes de agosto, lo encontré dentro de un potrero que está cerca de la misma casa. Lo publico y lo declaro a Dios y a su santo apóstol santo Santiago.

Este mismo ejemplo nos muestra cómo los exvotos son la verdadera crónica del pueblo y la expresión de una fe popular ingenua, que admite la irrupción del ámbito de lo sagrado al nivel de la vida cotidiana. El sacristán de Nextipac, pueblo cercano a Guadalajara, haciendo unas reparaciones en la bóveda de la

[42] Un libro recogió muchos de ellos: Francisco Baños Urquijo, coord., *Gerónimo de León, pintor de milagros.* Otro pintor especializado en exvotos fue Hermenegildo Bustos (1832-1907), que dejó un legado muy importante.

iglesia, se cae del andamio, y "sólo se rompió una pierna". Agradece al Santo el haberle salvado la vida y añade un exvoto a la magnífica colección que posee la iglesia, seguramente la mejor de todo el territorio nacional en cuanto a Santiago se refiere.

Pero muchas de esas pinturas populares, anónimas en su mayoría, se han perdido. Los párrocos y sacristanes las retiraban de las capillas donde se acumulaban para dejar espacio a otras nuevas y en la actualidad muchas láminas pintadas se oxidan con la humedad o se han regalado o vendido. Felizmente, ahora, muchas de las que se conservan están depositadas en museos. Por ejemplo, Diego Rivera, el muralista, dejó una colección de exvotos que hoy se exhibe en la Casa Museo Frida Kahlo, en Coyoacán, Distrito Federal.

Los exvotos son el producto de la piedad de un pueblo creyente. Son una prueba más, para el tema que nos interesa, del tipo de relación privilegiada que el pueblo establece con uno de sus santos más queridos: Santiago.

Santiago en el mundo maya

Y él me respondió:
–Yo soy Santiago, preguntas por mí, soy muy conocido.
De una leyenda jalisciense

Los españoles en tierra maya

Los españoles en el mundo maya se encontraron con una población indígena muy diferente de la que descubrieron en el México central. Mientras que en el valle de México y regiones contiguas, se desarrolló con el tiempo una cultura mestiza, en Chiapas y Yucatán, así como en altiplanicies de Guatemala, el indio fue más renuente a la aculturación. Hasta hoy los indios han conservado características muy particulares de su cultura y se han mantenido más o menos apartados de la población ladina. Su tipo de hábitat facilitó este aislamiento: sus casas estaban diseminadas en el campo, cada uno vivía en su milpa y sementera y las ciudades escaseaban. Por eso, la política de los colonizadores fue intentar juntarlos en poblaciones a la manera europea y crear pueblos satélites indígenas alrededor de la ciudad. Una cédula del 10 de junio de 1541 ordenaba que los nativos debían agruparse en pueblos para ser adoctrinados en el cristianismo. Pero la población opuso la mayor resistencia, lo que le permitió en muchos lugares conservar hasta hoy su identidad.[1]

Chiapas de los inicios

La provincia chiapaneca era una región áspera, poblada de gente brava. En Chamula (entonces ciudad fortificada que dominaba el valle llamado hoy de san Cristóbal), la primera expedición española mandada por Pedro de Alvarado recibió en 1523-1524 tan violento escarmiento que tuvo que replegarse a sus

[1] *Vid.* Sydney David Markman, *San Cristóbal de las Casas*, pp. 23-25.

bases mexicanas. Sólo cuatro años más tarde, en 1528, un puñado de españoles lograron establecerse en un lugar al cual dieron el nombre de Villareal. Estos 70 conquistadores se avecindaron allí, construyeron sus solares y trazaron las calles de la nueva población que en el transcurso de los años cambió varias veces de apelativo: se la conoció como Villaviciosa, Villa de san Cristóbal de los Llanos, Ciudad Real o Chiapa de los españoles, hasta que por fin, a mediados del siglo XIX, recibió su nombre definitivo de San Cristóbal y, entrado ya el siglo XX, se le añadió el calificativo de "de las Casas", en homenaje al gran misionero que residió allí como obispo de 1540 a 1546.

La ciudad de San Cristóbal de las Casas ha guardado todavía hoy el aspecto de ciudad colonial en sus calles, casas e iglesias. En los siglos pasados cobró mucha importancia, ya que era una etapa importante en el Camino Real que conectaba al virreinato de Nueva España con la capitanía general de Guatemala y con otros virreinatos. En el gran terremoto de 1773, tenía 9 000 habitantes. En la zona era el único centro urbano con rango de ciudad, reservado exclusivamente para los españoles. Para los indígenas se crearon en la periferia cuatro barrios. En San Cristóbal establecieron su residencia oficial los frailes y los encomenderos. La ciudad se convirtió en un núcleo de actividades religiosas y económicas.

Chiapas llegó a tener su propio gobierno y capitán general de 1539 a 1544, pero aparte de este corto periodo de un poco más de cuatro años, se conformó con el título de Alcaldía mayor subordinada a la Audiencia de los confines con sede en Guatemala. Hasta el siglo XIX, Chiapas y Guatemala formaron un mismo territorio, sin embargo debe ser estudiado dentro del contexto del virreinato de la Nueva España, con el que estaba estrechamente ligado, política y religiosamente. Por eso San Cristóbal de las Casas se caracterizó siempre como un cruce de caminos por donde se intercambiaban influencias políticas, comerciales y culturales el sur y el norte del país.

En lo eclesiástico Chiapas dependió primero de la diócesis de Tlaxcala, luego del obispado de Guatemala. El 19 de marzo de 1539, por orden del papa Paulo III, se erigió la novísima Ciudad Real (hoy San Cristóbal) en sede diocesana. El territorio jurisdiccional abarcaba Chiapas, Tabasco, Campeche, Yucatán y Quintana Roo del Rey y además parte de Belice y Guatemala. A fray Bartolomé pretendieron alejarlo de España, mandarlo a la periferia para callar críticas. Pero el obispo hizo de su sede episcopal una tribuna preeminente. Los que contribuyeron a nombrarlo no se dieron cuenta que, de golpe, le regalaban el universo maya, la provincia más extensa y tal vez la más poblada del Nuevo Mundo, pero también la más pobre.[2]

[2] Muchas informaciones que utilizamos en estas páginas están sacadas de Andrés Aubry, *Los obispos de Chiapas*, 1990.

En tal situación bien podía pretender el obispo ser el procurador reconocido de los indios. En Chiapas, no estuvo confinado, sino que allí logró una tribuna mundial de donde pudo dar a conocer los problemas de los indígenas.

Santiago en San Cristóbal de las Casas

Una catedral que pudo ser de Santiago

Lo primero que llama la atención de la catedral de San Cristóbal de las Casas es la hermosa fachada. Se debe a la obra reconstructora del duocédimo obispo fray Francisco Núñez de la Vega, colombiano y dominico. Reconstruyó la catedral entre los años 1693 y 1698, y remató la obra con una nueva fachada en 1699.[3] Es interesante detenerse en su concepción.

Construirla significó para el obispo rematar la urbanización de la ciudad. Pidió a las autoridades un trato de deferencia para ella y, a los pobladores, abandonar los modales del campo. Su propósito íntimo era equiparar San Cristóbal con la ciudad de la Antigua, Guatemala.

Su catedral fue el símbolo de tres realidades presentes en su mente: la Conquista, la fundación urbana y la evangelización.[4] Desde los principios de la presencia española y la construcción de la primera iglesia había surgido una polémica para saber a qué santo se iba a dedicar el templo. Se vaciló entre Santiago y san Cristóbal. Había quienes querían que fuera Santiago por ser el santo favorito de los conquistadores, pero otros pelearon por san Cristóbal, que gozaba de gran popularidad y era un símbolo atractivo "por ser un gigante que cruza de una sola zancada el gran charco del Atlántico, con el evangelio y la civilización al hombro, y siembra su bastón cual un árbol en la otra orilla". Pero el santo que galvanizaba a los combatientes era Santiago en su caballo.

De modo que hubo una negociación entre los conquistadores. Mazariegos, fundador del lugar, con su gente de México se entrevistó con Portocarrero, quien en Guatemala había fundado San Cristóbal de los Llanos, hoy Comitán. Finalmente, se resolvió que el santo local sería Cristóbal, advocación confirmada por el papa Paulo III, el 19 de marzo de 1539.[5] Se concedió el copatronazgo a la Virgen, en su advocación de María de la Anunciación.

Núñez de la Vega en el siglo XVII abrió otra vez el debate. Influido por el jesuita Acosta (quien hablando de las apariciones de Santiago en el Perú y

[3] *Ibid.*, pp. 23-25.

[4] Andrés Aubry, *San Cristóbal de las Casas, su historia urbana, demográfica y monumental, 1528-1990*, p. 148.

[5] *Ibid.*, p. 149.

otros lugares), quiso resaltar el papel del Santo en la Nueva España. Por eso mandó poner un alto relieve en el centro de la fachada que representa ni más ni menos que a Santiago en su caballo, olvidándose de la figura de san Cristóbal. Pero no pudo cambiar la titulatura de la iglesia, ya que Santiago era ya el santo patrono de la Antigua. El relieve es de estuco, pero ha sufrido mucho de las intemperies y ahora sólo se distingue parte de su figura; quedan en el Santo algunas manchas rojas, que era el color original de su ropa, que contrastaba con la blancura calcárea del caballo. No es más que un recuerdo borroso y lejano de lo que fue en su tiempo tema de candente actualidad.

Otras imágenes en la ciudad

Varias imágenes piadosamente conservadas en la ciudad son unos testimonios suplementarios del culto que se rindió —y se sigue rindiendo modernamente— al Apóstol en la ciudad y sus alrededores. El museo de la iglesia de los dominicos conserva una antigua imagen del Santiago Matamoros, de tipo hispánico, al parecer del siglo XVI. En la iglesia de la Merced hay otra, una de las más bellas que conocemos. El Santo expresa una gran dulzura a pesar de representar al Santo en acción de arremeter al enemigo. Su casco más que aparejo militar se asemeja a elegante tocado y el estofado de su armadura resalta su elegancia. Los pliegues ondulantes de su capa roja que, en un ademán gracioso ofrece a la vista del espectador, subraya lo airoso de la visión.

Tampoco el caballo es amenazante; él también se ofrece a la mirada del devoto: los arreos están reducidos a lo mínimo, ni brida para guiarlo, ni freno en la boca para sujetarlo, el único jaez que enseña es una manta de piel para que el jinete se siente con comodidad: es más cubierta de montura de paseo que caparazón guerrero y, además, unos estribos largos permiten descansar los pies. El hocico del caballo es de lo más apacible. Es una de esas esculturas fabricada en los talleres que producían imágenes piadosas, retablos, púlpitos y lienzos. Bajo la dirección de un maestro, la mano de obra indígena, experta en las técnicas de la talla, pintura y estofado, ejecutaba los encargos. Aquí tenemos una auténtica obra del arte barroco que llegó a la par a expresar el movimiento y crear el contacto emotivo entre la obra de arte y su destinatario. Se ha dicho acerca de ella que es "de un arte efectivista que provoca sensaciones internas y francas con sus receptores y se volvió más común a partir de la segunda mitad del siglo XVIII".[6]

[6] Es legítimo preguntarse si esta imagen no sería primitivamente la representación de san Martín por la importancia que tiene la capa; si es así, se puede suponer que, posteriormente, se añadió a la imagen una espada para transformarla en Santiago. Roberto Sepúlveda, coord., *Arte virreinal y del siglo XIX de Chiapas*, p. 28.

EN OTROS LUGARES DE CHIAPAS

Es notable que fray Bartolomé de las Casas, primer obispo residente de Chiapas, estableció alrededor de su sede episcopal algunas parroquias o sencillas capillas llamadas *doctrinas* con el patronazgo de Santiago. Los principales lugares del culto santiaguero fueron: Güistan o Huistan; Santiago Huitupán, Yajalón, Escuintenango y, en el Soconusco y litoral, Santiago Pijijicapan y Santiago Cacaguatlán.[7] Algunas de esas apelaciones han caído hoy en desuso.

Sobre la formación del pueblo de Yajalón y su evangelización estamos bastante bien informados. Entre los años 1560 y 1580, el dominico fray Pedro Lorenzo, originario de Salamanca (España), recorrió en su labor misional la selva chiapaneca. Trabajó durante veinte años entre las comunidades reducidas por él, en la provincia de los tzetzales, choles y chontales y en la selva lacandona. Su labor misionera fue excepcional. Aprendió todas las lenguas indígenas de esos lugares aprovechando la gran facilidad que tenía para ello. Emigró varias veces con la comunidad que había formado de indios tzetzales. Pidió permiso a su superior, el obispo fray Tomás de la Torre, para asentarla en un lugar de clima benigno. Así llegaron a Yajalón. Los indios fueron divididos en dos parcialidades o barrios: Tianguistepeque e Ixcatepeque. Después se consolidaron como un solo grupo poblacional llamado Yash-Lum (tierra verde, en tzeltal) que se españolizó en Yajalón, siendo su nombre completo Santiago de Yajalón.[8]

En la actualidad, en Yajalón (que en 1916 ascendió a villa y en 1963 a ciudad) se mantiene vivo el culto de Santiago. La iglesia tiene dos imágenes del Santo, una de ellas sale en procesión en las fiestas del 25 de julio. Las dos imágenes son de factura reciente y se encuentran en el altar principal. Una de ellas representa a Santiago como apóstol. La vestimenta es de color café y da la impresión de ser un hábito franciscano. La segunda es muy pequeña, mide alrededor de 40 cm, es ecuestre y el Santo lleva una gran pluma sobre la cabeza.

SANTIAGO EN YUCATÁN

Según fray Antonio de Ciudad Real, cuando Alonso Ponce de León, visitador general de los franciscanos, recorrió Yucatán en el año 1588, esta provincia tenía 22

[7] Sacamos estas informaciones del *Boletín del Archivo Histórico Diocesano de San Cristóbal de las Casas*, t. II, núm. 2-3, documentos establecidos por Monseñor Eduardo Flores Ruiz, con el título de *Secuela parroquial de Chiapas*.

[8] Nos proporciona esos datos el investigador Augusto Sellschopp Guirao en un folleto dactilografiado sobre la historia de Yajalón (ejemplar depositado en la biblioteca local).

conventos y 66 frailes de la orden franciscana. Los indios de los distintos poblados que visitó siempre lo recibieron con danzas, música y procesiones; era una manera de honrar a un hombre de tan alta jerarquía. Yucatán entonces comprendía los actuales estados de Campeche, Yucatán y Quintana Roo.[9]

La crónica escrita por Ciudad Real no se reduce a enumerar los pueblos, conventos e iglesias que conoció el visitador. Las tierras yucatecas, tan distintas a las del centro de México, maravillaron de tal manera al cronista, que dedicó un capítulo a describir la fauna y la flora. Leer estas páginas nos lleva a conocer un mundo casi virgen, caracterizado por una naturaleza deslumbrante.

El panorama que nos presenta es de una región donde abundaban los animales salvajes, como el manatí (al que describe como un tipo de pescado tan grande como un becerro), la tortuga, la iguana ("comida muy sana y sabrosa"), etcétera, así como animales domésticos, entre ellos el puerco que había sido llevado por los españoles.

El fraile enumera las muchísimas frutas tropicales que se daban en Yucatán y, curioso, no sólo describe aquellas que le eran nuevas, sino también las prueba. Sorprendido por sus hallazgos, y al igual que muchos europeos que descubren la naturaleza americana, creyó que algunas de esas yerbas eran medicinales y cual bálsamos mágicos tenían la cualidad de curar enfermedades que en ese entonces eran incurables.

A través de los indios más viejos supo que aquella esplendorosa naturaleza no estaba exenta de fuerzas implacables, que en tiempos pasados habían asolado esas tierras con fuertísimos huracanes, "tan recios, que arrancaron de raíz todos los árboles". De la destrucción poco había quedado, pues los árboles, enormes y robustos, habían vuelto a nacer "tan iguales, que parece que los cortaron todos con tijeras a un tiempo y en un tamaño."[10]

Advierte que si bien no había ni ríos ni fuentes, "obró la naturaleza en la mesma peña viva una manera de balsas y estanques muy grandes, anchos y hondos, de agua muy clara y delicada, buena para beber, llamados en aquella lengua *zenotes*, que admira ver su anchura y grandeza".[11] No sabía que los cenotes eran considerados sagrados y que en ellos los indios hacían ritos y ceremonias para a sus dioses.

La evangelización de la península yucateca corrió a manos de los franciscanos. A diferencia de lo que sucedió en otros estados del país, aquí la orden seráfica no impulsó el culto a Santiago apóstol. En su crónica fray Antonio de Ciudad Real no menciona iglesia alguna que lleve el nombre del Apóstol, sien-

[9] Antonio de Ciudad Real, *Tratado curioso y docto de las grandezas de la Nueva España*, t. II.
[10] *Ibid.*, p. 314.
[11] *Idem.*

do que fray Ponce de León iba con la misión de conocer la situación de los franciscanos y los lugares donde se encontraban. La mayoría de las iglesias que visitó estaban bajo el auspicio de san Francisco y el resto estaban patrocinadas por san Bernardino, san Juan, san Antonio y la Virgen.

En el *Catálogo de construcciones religiosas del estado de Yucatán,* editado en 1945, aparecen los templos dedicados a Santiago que actualmente siguen funcionando. En términos generales el *Catálogo* sitúa su construcción en el siglo XVIII. Desafortunadamente, no precisa si antes de los templos había doctrinas dedicadas al Santo y desconocemos la antigüedad del culto jacobeo en esos lugares.

Actualmente, en el estado de Yucatán sólo seis poblados son patrocinados por Santiago, además de una parroquia que existe en Mérida, la capital, y de una pequeña capilla que se encuentra en Hunucmá.

En algunos de estos lugares, el culto a Santiago tiene poca relevancia. Tal situación se presenta en la parroquia de Mérida, donde, en lo alto del altar principal, hay una imagen de bulto del Apóstol como peregrino. Por su colocación, parecería muy importante, pero según lo dijeron nuestros informantes (entre los cuales estaba el párroco), el 25 de julio únicamente se oficia una misa para recordarlo. El Cristo de la Transfiguración que se venera en esta iglesia es quien ha desplazado al Santo.

Otro caso similar lo encontramos en Sucila, poblado ubicado al noreste de Yucatán, a 18 kilómetros de Tzimín. A pesar de que esta comunidad está dedicada a Santiago, la Virgen de la Natividad se reconoce como la patrona del pueblo y es a ella a la que se le hacen grandes fiestas. Con el fin de impulsar su culto, recientemente, hace 20 años, se mandó comprar una imagen ecuestre del Santo, al parecer la única del Santo que hasta ahora ha existido en la iglesia. También se ideó realizar una procesión el 25 de julio; con el fin de hacerla más atractiva, se invitó al gremio de los vaqueros de Sucila para que se integrara a la comitiva con sus caballos. La procesión tiene poco tiempo de haberse instaurado y al decir del párroco, no sabe si enraizará en la comunidad; el pueblo de Sucila será, finalmente, el que determinará su permanencia.

En Chixculup, pueblo, se presenta una situación similar a la de Sucila. El Cristo de las Ampollas ha venido a desplazar a Santiago, del cual sólo hay una imagen que ni siquiera está en el altar, sino en una esquina del templo, envuelta en un plástico. Su imagen es reciente y se le representa como apóstol.

Según lo informara la mujer que guarda la iglesia, al Santo se le dedica un novenario y durante tres días se hace una fiesta que culmina con una corrida de toros. Los festejos no se cumplen con regularidad, pues en el 2005 las intensas lluvias que cayeron en julio impidieron realizarlos.

En Hunucmá, como ya dijimos, el Apóstol tiene una capilla. Se ignora la fecha en que fue construida, pero al parecer, fue a finales del siglo XVIII. El techo, antes de palma, estaba muy deteriorado. El gobierno construyó el techo de cemento que ahora tiene, como parte de las obras públicas que se hicieron recientemente en esta comunidad.

La capilla sólo cuenta con una imagen de yeso de Santiago a caballo, que mide aproximadamente 20 cm. El pueblo se ha dividido en centros pastorales, cada uno integrado por 302 familias. A la capilla de Santiago le corresponde uno de esos centros pastorales, que se encarga de enviar cartas para que las familias estén enteradas de las actividades mensuales que habrá en el recinto.

Para festejar al Santo, se celebra un novenario y el día 25 una misa. Al final de la liturgia, se organiza un convivio para los feligreses, que en ocasiones se ameniza con bailes tradiciones. En Hunucmá, Santiago no tiene mucha capacidad de convocatoria. San Francisco, en cambio, señorea este lugar; su templo se empezó a construir desde los primeros años de la evangelización.

De lo anterior se deduce que Santiago no tiene muchos devotos en Yucatán. Pero, paradójicamente, sin llamarse Santiago, existen cuatro poblados donde es muy venerado, en especial, en Halachó, como veremos a continuación.

Halachó

Halachó se encuentra en al sureste de Mérida, a poca distancia de Campeche. Su nombre significa "el carrizo de los ratones", pues deriva de *halal*, carrizo, y *ch'o*, ratón.[12] Sin lugar a dudas, de todo el estado de Yucatán es el sitio donde más se venera al Apóstol. La fe que se le tiene ha rebasado las fronteras de esta comunidad, extendiéndose a Campeche, donde, cuenta la gente, a Santiago se le ha visto rondar las calles de Calkiní. Sus frecuentes apariciones por esos rumbos provocaron muchas conjeturas, acumulándose los deseos de conocerlo. Para satisfacer a los feligreses, el sacerdote de Calkiní pidió al de Halachó la imagen del Santo. Fue entonces cuando una procesión salió con Santiago en andas para llevarlo al territorio campechano, poniéndose en práctica la cualidad tanta veces mencionada en España durante la Edad Media de que al Santo le gusta peregrinar por los caminos y acompañar a sus devotos.

La imagen patronal que se venera en Halachó es ecuestre. El caballo no es risueño ni tiene un aire de bondad, rasgos que presentan muchos de los caballos analizados en este libro. Su negro hocico y las negras y anchas líneas que rodean sus ojos le dan cierto toque de severidad, pero, de ninguna manera, hacen de él un animal violento. El moro que está a punto de ser pisado por el

[12] Con el nombre de *halal* también se denominaba a las flechas que antiguamente eran de carrizo. *Vid. Catálogo de construcciones religiosas del Estado de Yucatán*, v. I, p. 181.

caballo es bastante original, ya que sostiene un hacha como arma de guerra en lugar de la clásica espada.

A los habitantes de Halachó les gusta que su patrón lleve una larguísima capa que cuelga de la grupa del caballo. Si bien casi siempre calza botas vaqueras y lleva un sombrero tejano, durante su fiesta el Santo, plenamente identificado con la comunidad a la que pertenece, viste de blanco, al modo de los mestizos (nombre que se da a los mayas yucatecos), es decir, con sombrero de mimbre, filipina, pantalón, sandalias de tacón y una pañoleta amarrada al cuello, único atuendo de color rojo.

Para las fiestas, la imagen se baja del altar el 15 de julio y se coloca nuevamente en su lugar el 5 de agosto. Durante 21 días, Halachó festeja a su Santo, periodo en el cual los 19 gremios que existen en el pueblo juegan un papel muy importante. Durante este tiempo, continuamente entran y salen de la iglesia con sus respectivas banderas y pabellones al compás de la charanga, bajo el estruendo de los cohetes y el repicar de las campanas. También, se canta un himno religioso que se ha compuesto expresamente al Santo. Varias misas y rosarios se realizan cuando los gremios llegan al templo. Los agremiados van vestidos con sus trajes tradicionales y los bordados pabellones y banderas de vivos colores que sostienen indican a qué gremios pertenecen. Los hay muy antiguos, como el de los *Coheteros, labradores, señoras y señoritas*, que fue fundado en 1927.

Dos procesiones solemnes son las más importantes en Halachó. Se llevan a cabo el 25 de julio, día del Santo, y el 4 de agosto, cuando acaban los novenarios y se da fin a los festejos. Son encabezadas por el padre y la "Señorita parroquia de Santiago" (una chica vestida con el tradicional terno y una corona), que días antes ha sido elegida por el pueblo. Los gremios escoltan la imagen de Santiago que cargan los feligreses. La presencia de los estandartes puede ser realmente apabullante, pues llegan a desfilar alrededor de cien. Algunos de los gremios que participan en la fiesta son el de *Ganaderos, ejidatarios, sombrereros y paleteros*, *Bordadoras y trabajadoras*, así como el de *Pobres, labradores y coheteros.*

No son las únicas ocasiones en las cuales el Santo sale de su recinto. Ocho noches, los gremios acompañan la imagen para que visite las capillas de los barrios en los que se divide Halachó. La procesión se hace en un ambiente festivo con un grupo de tambores y se detiene en la casa de algún vecino donde se come, se bebe y se baila hasta que sea el momento de devolver la imagen a la parroquia, donde se celebrará una misa.

Como si no fueran suficientes los festejos de julio y agosto, en el mes de noviembre se vuelve a celebrar al Apóstol. Se le llama a esta fiesta *la feria* y se extiende durante ocho días. Los gremios vuelven a participar llevando ofrendas a la iglesia. El primer día, cuando se baja al santo patrono del altar, se celebra una misa de aurora, después de los cual se realiza una "tamalada". Cada día se da una misa y se reza el rosario.

Cada año se renueva la vestimenta del Santo. En la fiesta, puede llegar a usar seis trajes diferentes. La ropa es regalada por los feligreses, regalos que expresan la fe que le tienen al "Santiaguito de Halachó", también llamado "el santo adalid" y "papá san" (es decir, padre santo). Con el tiempo, el ajuar de Santiago ha aumentado. Dos grandes armarios guardan más de 900 trajes e igual número de zapatos. Recientemente, al párroco se le ocurrió una idea muy original con el fin de reunir fondos para la iglesia: hacer un bazar con la ropa de Santiago. A él acudieron los habitantes de Halachó, que pudieron comprar los vestidos y zapatos de su querido Apóstol. Pero quedan más, nos dijo la secretaria que atiende la oficina de la parroquia, pues fue imposible subastar tal cantidad de ropa.

Según lo indica el *Catálogo de construcciones religiosas del estado de Yucatán*, la parroquia de Halachó fue visita del convento franciscano de Maxcanú. Puesto que el pueblo no era uno de los más importantes al iniciar la conquista española, los misioneros sólo tenían ahí un asilo que dependía de su convento y una capilla. En el siglo XVII construyeron un hospedaje que abarcaba parte de la actual casa cural. Se desconoce con exactitud la fecha en que se edificó el templo, pero es posible que fuera a finales del siglo XVII o principios del XVIII.[13]

La iglesia ha estado ligada al trasiego histórico de México. En una de las habitaciones de la casa parroquial se albergó la emperatriz Carlota, cuando visitó Campeche y Yucatán en 1865. En el movimiento armado de 1915, la iglesia sirvió como fortaleza y fue quemada la antigua imagen de Santiago. También fue destruido el altar que había en el presbiterio, al que se le conocía como "el ciprés" pues estaba fabricado de la madera de este árbol. Fue hasta 1919 cuando el ejército desocupó la iglesia y la entregó a la comunidad.

El Santiago de Halachó se considera un santo muy milagroso. El milagro más conocido fue llevado a la imprenta con el título de *La historia de un fusilado* por Wenceslao Moguel, autor del libro y protagonista de los hechos. La historia se sitúa en 1915, cuando Abel Ortiz Argumedo, jefe de las fuerzas militares de Yucatán, se sublevó contra el gobierno central de Venustiano Carranza. Una tropa entró en Halachó. El coronel que la comandaba fue hasta el Instituto Literario del Estado y ordenó que los alumnos fueran enlistados para servir a su causa. Puesto que el director de la escuela se negó a cumplir sus órdenes, varios jóvenes fueron fusilados. Entre ellos estaba Wenceslao, quien recibió ocho balazos y el tiro de gracia, pese a lo cual logró salvarse. Ensangrentado, se

[13] *Ibid.*, p. 182.

arrastró hasta donde estaba Santiago y se ocultó en la iglesia, donde un hombre caritativo lo cuidó y lo curó, desapareciendo misteriosamente. Su caso se hizo famoso no sólo por su libro, sino también porque Wenceslao apareció en el programa *Aunque usted no lo crea* de Robert L. Ripley, donde fue exhibido como el único hombre en el mundo que ha sobrevivido a un fusilamiento.[14]

La historia ha trascendido en el pueblo. Como suele suceder con las tradiciones orales, cada narrador la ha hecho suya y la cuenta a su manera. La versión que nos contó Laidy Guadalupe Chan May, quien trabaja en la oficina parroquial, fue muy efusiva. El protagonista —ahora soldado—después de ser fusilado se ocultó bajo la capa de Santiago. Entonces, "cuando vio que estaba lleno de sangre, vio al patrono y le dijo: '¡Haz que yo viva! ¡Sálvame!, porque yo no quiero morir'. Y se empezó a untar todo con el puro manto de Santiago". El manto del Apóstol lo sanó y poco tiempo después logró escapar de sus enemigos ocultándose en el monte. En Mérida, cuando lo vieron los doctores, no podían creer que aquel hombre siguiera con vida, a pesar de que tenía una bala incrustada en el rostro.

Laidy Guadalupe también nos contó de un milagro con el cual el Santo benefició a su familia. Sus padres, oriundos de Halachó, vivían en Campeche en donde habían conseguido trabajo. Devotos del Apóstol, siempre acudían a su fiesta. Pero, cierta vez, sus hijos enfermaron de viruela y los doctores recomendaron que se quedaran en la casa. "Mi mamá se puso a llorar, pero ella había prometido venir a ver a Santiago" y por eso decidieron emprender el camino hacia Halachó. Al llegar, los niños estaban gravemente enfermos. La desesperada madre los ofreció al patrono y los untó con la capa del Santo. Unos minutos después, quedaron completamente curados.

También en estas tierras yucatecas se cree que Santiago sale de la iglesia. Hay quien dice que, al cambiarlo de ropa, se ha constatado lo sucio del cuello y las mangas de su camisa, pruebas de sus andanzas fuera del templo.

La imaginación popular le ha adjudicado lazos familiares y amistosos con otros santos que patrocinan a los pueblos vecinos. Se cuenta que ha ido a visitar a su primo Diego de Alcalá, en Calkiní. Un parroquiano lo encontró a las puertas de la iglesia con un caballo muy bonito. El Apóstol le preguntó: "¿Está el santo?" y el vecino —que hasta ese momento no sabía quién era— le contestó que sí. El jinete lo enteró que había ido hasta ese lugar a visitar a su primo. Luego, después de amarrar su caballo en el atrio, entró a la iglesia sin que después se supiera de su paradero.

[14] Esta información nos fue proporcionado por Esteban Brito Canul, profesor y periodista, quien se ha dado a la tarea de recoger las tradiciones de su pueblo. Su ayuda fue importantísima para recoger la información del santo de Halachó.

En Maxcanú, se dice que ha ido a visitar a su amigo san Miguel. A la entrada del templo, un grupo de ancianos de esta comunidad nos platicaron que existe una roca, en las orillas del pueblo, donde están grabadas las herraduras del caballo de Santiago, que evidencian que ha estado por esos rumbos. Tres cruces de madera se han colocado en ese sitio, que continuamente caminan; "no se caen" —dijo uno de nuestros entrevistados—, "y yo lo he visto desde hace veinte años".

Pero las apariciones de Santiago no son sólo de carácter social. Una mujer que vendía estampitas de san Miguel a las puertas de la iglesia de Maxcanú, narró el siguiente milagro: "Hubo un tiempo, cuando Halachó se estaba muriendo de hambre, dicen los viejitos, los viejitos lo dicen, porque esa época no nos tocó vivir, que Santiago trajo la comida a la comunidad, les trajo el maiz para comer." La intervención del Apóstol fue oportuna y eficaz; gracias a él los halachenses lograron sobrevivir.

No todo lo que se refiere al Apóstol tiene carácter sagrado. Un poeta popular conocido con el nombre de *El pichorra*, burlándose de la devoción que el Santo recibe, escribió los siguientes versos:

Una vieja fue a besar
a Santiago en Halachó,
y como no lo alcanzó
se puso a refunfuñar.
Después que acabó de hablar
y de echar tanto mal rayo,
por no sufrir nuevo fallo
subió por segunda vez
y le besó entre los pies
los dos huevos al caballo.[15]

Dzán

Vecino de Tikul, al sur de la ciudad de Mérida, se encuentra el pueblo de Dzán, nombre que significa derruido o sumido, según lo indica el *Catálogo de las construcciones religiosas*. En el siglo XVI, Tikul sufrió la persecución del obispo Diego de Landa, quien se internó en los bosques a fin de buscar a los indios que habían huido de los españoles y obligarlos a regresar. Posteriormente, los misioneros establecieron doctrinas en chozas y capillas en Tikul y pueblos vecinos. Es probable que Dzán fuera una de ellas o bien que dependiera de Maní. El actual

[15] Salazar, Felipe A, "El pichorra", *Música erótica*, p. 9.

templo data de 1616; se terminó de construir en 1754. Según se lee en una placa en piedra que existe en la fachada, la última etapa de construcción corrió a cargo de del padre F. Joseph Ceballos, quien además donó varios enseres litúrgicos de plata.

En los últimos años, el culto a Santiago ha disminuido, mientras que se ha ido aumentando la importancia de El Cristo de san Román, que comparte con el Apóstol el altar principal. Aún así, no se le olvida y para celebrarlo se hace un novenario, que concluye el 25 julio con una misa y a la que asiste el único gremio que tiene el Santo. Los legionarios, personas que se encargan de cuidar la iglesia, bajan la imagen del altar y colocan frente a ella velas y flores. La imagen no es antigua y representa a Santiago como peregrino.

En nuestra visita a Dzán, tuvimos la suerte de conversar con Ausencia Serralta Peralta, quien se encarga de abrir y cerrar la iglesia, y con su amiga Ada Milenia Baeza Manrique, dos mujeres que utilizan el maya cotidianamente y que conservan en la memoria las historias que antaño se contaban en la comunidad.

Según doña Ausencia, hace tiempo, cuando en Dzán no había luz eléctrica, los pobladores (a los que les gustaba pasar la tarde sentados sobre los muros del atrio) cierta vez vieron abrirse las puertas de la iglesia, de donde salió un señor al que esperaba un hombre. Asombrados por el extraño acontecimiento, guardaron silencio, teniendo la oportunidad de escuchar la conservación entre esos dos personajes. Uno de ellos era el Santiago de Dzán, quien había salido del templo para recibir al Santiago de Halachó, el cual había ido a pedirle que detuviera la epidemia de la viruela que estaba por caer en su pueblo y que podría acabar con toda la población. Con un simple "está bien, ya me voy", el Santiago de Dzán regresó nuevamente a su templo, en el entendido de que haría caso de la petición.

En la historia, Santiago tiene dos personalidades distintas. Ni doña Ausencia ni doña Ada han ido a Halachó y desconocen que en ese lugar el Apóstol se representa montado a caballo. Lo interesante del relato y de las opiniones que nos dieron es el hondo sentido de apropiación que tienen del Santo que patrocina a su pueblo: único e incomparable, no puede ser el mismo que el de Halachó, aunque lleven los mismos nombres. Protector de enfermedades y epidemias, a él acude el de Halachó para que intervenga a favor de una comunidad que está en peligro de ser atacada por la viruela. De la historia contada se deduce que el santo de Halachó es menos poderoso que el de Dzán.

La vida de nuestras informantes gira alrededor de la iglesia. Nuestra plática se llevó a cabo en la cocina, mientras preparaban la comida que unas horas después sería parte del banquete con el cual se celebraría el aniversario de plata del sacerdote que oficia en Dzán. Doña Ausencia se animó a cantar dos estrofas de un himno que se suele interpretar el 25 de julio y que doña Ana suele mecanografiar para repartirlo entre los feligreses. Las estrofas sitúan a Santiago como un precursor del cristianismo y se le pide que proteja al devoto de las pasiones que inducen a pecar:

Tú que a miles de paganos
a nuestro dios convertiste,
el martirio padeciste
por consolidar el bien.

En los embates terribles
que siempre dan las pasiones,
mira, tú, nuestras acciones
padre eterno de la fe.

Tixcacalcupul

De acuerdo con el *Catálogo de construcciones religiosas del estado de Yucatán*, la palabra Tixcacalcupul significa "en las dos gargantas o bocas de los cupules", entendiendo por cupul una de las antiguas tribus que residió en el oriente de Yucatán y por garganta o boca, el pozo o cenote del pueblo.

Las primeras noticias que tenemos del pueblo se las debemos a fray Antonio de Ciudad Real. Narra el fraile que el 28 de julio de 1588 el infatigable fray Ponce de León muy de mañana entró a Tixcacalcupul, "donde fue muy bien recebido de toda la gente que estaba junta, con ramas y danzas y mucha solemnidad".[16] A Ponce de León debió agradarle la comunidad, pues según nos dice el cronista, el día entero estuvo ahí.

Por lo que respecta a la iglesia actual, se sabe que se empezó a construir en 1704 y se terminó en 1733. En el altar principal se encuentra Santiago montado sobre un caballo grisáceo, bajo el cual está un moro de cuerpo completo, rígido y que, curiosamente, lleva un traje de soldado de color azul. Ninguno de los personajes que componen esta escultura expresa emotividad. La imagen ha perdido mucho de sus colores originales y está un poco deteriorada.

En mejor estado se encuentran dos imágenes de Santiago que, junto con otros santos, están en una de las paredes laterales de la iglesia. Una es pequeñita y la otra mide alrededor de 50 cm. En las dos se representa al Santo como peregrino; llevan un verde vestido y un sombrerito yucateco de mimbre. Las caras de los santos son idénticas a la del altar principal.

[16] Antonio de Ciudad Real, *op. cit.*, p. 327.

La imagen de mayor tamaño tiene un listón atravesado en el pecho, en el cual, con grandes letras doradas, está escrito "*San Santiago*" y el sacristán dijo que se llamaba Jacobo. La pequeñita no tiene su nombre escrito y a pesar de ser igual que la anterior, el sacristán dijo que se trataba de san Felipe. No cabe duda de que en la religiosidad popular el concepto que se tiene de los santos puede ser muy arbitrario; a menudo parece formarse de las opiniones y los sentimientos de las personas más que de los cánones religiosos.

De hecho, para Heladio Chai Sánchez (el sacristán de la iglesia), en el mundo sólo existen tres Santiagos: el de Halachó, el de España y el que patrocina a Tixcacalcupul. No conoce al de Halachó, pero sabe que es importante, y tampoco al español, al que por obvias razones muy difícilmente conocerá. Desde su perspectiva, son referencias obligadas, que en nada disminuyen la importancia del de Tixcacalcupul, al que sitúa en la misma jerarquía que los dos anteriores.

Don Heladio ha pasado casi toda su vida al servicio de la iglesia. Desde hace más de 30 años la cuida, alternando este cargo con el oficio de albañil. Puesto que la comunidad es muy pobre y no puede dar dinero para su mantenimiento, ha arreglado una de las paredes interiores del templo que la humedad había estragado y de su propio bolsillo paga las hostias, el vino y los productos de la limpieza que se requieren para el aseo de la iglesia.

Desde muy pequeño don Heladio fue "regalado" a sus abuelos; al casarse e irse a vivir a Valladolid, su padre prometió que les daría el primer hijo que tuviera, a fin de reparar su ausencia. Fue la abuela quien educó al niño y le enseñó el trabajo de la iglesia. Su abuelito, quien por haber nacido el 25 de julio tenía el mismo nombre que el Santo, le platicó maravillosas historias del patrón del pueblo.

Una de esas historias versa de la manera siguiente: hace mucho tiempo, en el tiempo de los *dzules,* que eran los "que esclavizaban a la gente pobre", vivió en Tixcacalcupul un hombre llamado don Pancho Alcocer, que se fue a vivir a Carrillo Puerto cuando fue abolida la esclavitud. El español regresó al pueblo, "porque él tenía mucha fe a Santiago y no lo quería dejar". En tres ocasiones intentó llevárselo, cada vez contrató un número mayor de gente para cargarlo. Finalmente desistió de su propósito, pues el Santo, al salir de la iglesia, era tan pesado que resultó imposible soportar su peso. Al darse cuenta que Santiago quería quedarse ahí, el *dzul* no sólo lo incorporó a su altar, sino también "organizó la primera feria, la corrida de toros en honor de Santiago, como para despedirse de él".

Como en muchas otras leyendas mexicanas, en la historia contada por el sacristán la pesadez del Santo indica su deseo de quedarse en la comunidad que patrocina. Llama la atención el recuerdo de la etapa colonial, a la que don

Heladio asocia con la esclavitud, y el uso de la palabra *dzules*, con la cual identificaron los mayas a los españoles. Asimismo, que fuera un español y no un sacerdote el que iniciara los festejos en Tixcacalcupul.

Actualmente, en la fiesta intervienen sólo dos gremios: el de los agricultores y el de las señoras. Uno entra en la iglesia el 23 de julio y el otro lo hace el 24. En cada uno de los tres días de fiesta se celebra una misa, siendo la principal la del 25 de julio. En esta fecha, para acompañar al Santo, a las seis de la mañana arriban varias procesiones de los pueblos vecinos con sus respectivos santos, como San Pedro de Tekom, San Juan Bautista de Kukunul y San Andrés de Zipnup. Estas visitas hermanan a los pueblos y son recíprocas, razón por la cual Santiago también va a las fiestas patronales de estas comunidades.

Para que Tixcacalcupul no se quede sin su santo, es enviada alguna de las imágenes pequeñas a las que antes nos hemos referido. En Yucatán, a las imágenes que salen de las iglesias se les llama *representantes* y como su nombre lo indica, representan al santo en cuestión. Según nos los dijera el sacristán, en Tixcacalcupul Santiago manda a "Jacobo, el del sombrerito".

Puesto que el 25 es aniversario del santo patrono, ese día, además de la misa, se bailan jaranas, se organiza una vaquería y se da de comer a toda la comunidad. Los feligreses tienen la costumbre de regalar capas a las imágenes que se encuentran en la iglesia: una para Santiago (la del altar), otra para Jacobo (la que tiene su nombre escrito) y otra para Felipe (la imagen pequeñita), ésta última, en su calidad de representante, acude a la jarana durante toda la noche.

Don Heladio nos platicó una leyenda bastante peculiar, que se centra en el color del caballo, que antes no era blanco sino morcillo. Por las noches el caballo salía a maltratar a los caballos que pastaban en la plaza del pueblo. Todos los días los animales amanecían mordidos. Para poner remedio a esta situación los caciques se pusieron de acuerdo y llevaron a Santiaguito a Valladolid "para retocar a su caballo". El cambio de color surtió efecto, pues desde entonces no sale a agredir al ganado.

Entre las viejas historias que recordó el sacristán se encuentra una que, como hemos visto a lo largo de esta investigación, forma uno de los tópicos de las leyendas jacobeas: las salidas furtivas del Santo. Se cuenta que un panadero que salía todos los días del pueblo para comprar el pan a Valladolid, a menudo encontraba el sombrerito de Santiago olvidado en el camino.

Según don Heladio, cuando los feligreses están enfermos, van a la iglesia a pedirle perdón al patrono del pueblo, en el entendido de que él los ha castigo, enviándoles la enfermedad. Para aplacar el enojo del Santo, encienden nueve veladoras en la iglesia. Como en otros lugares de México, también aquí Santiago se percibe como un santo capaz de castigar a sus feligreses.

Río Lagartos

Al noreste del estado, colindando con el Golfo de México, existe una reserva ecológica llamada Río Lagartos, en cuyos manglares habita una gran variedad de aves, entre ellas los flamingos, que han dado fama al manglar. Antes de llegar a este lugar paradisíaco, se encuentra una pequeña comunidad de pescadores que ha sido bautizada con el mismo nombre de la reserva. El pueblo tiene una sencilla y pequeña iglesia, con una imagen reciente de Santiago apóstol a caballo que mide alrededor de 20 centímetros.

A este poblado llegó un 9 de julio de 1588 fray Alonso Ponce con una comitiva de frailes. Era el primer poblado yucateco al que llegaban, después de un viaje por mar desde Cuba. Desembarcaron en el puerto de Holcobén, "que por otro nombre se llama Río Lagartos", dado que había ahí muchos de estos animales y de gran tamaño. También había dantas, o tapires, que los mayas llamaban *tzimines*, "y de la mesma manera llaman a los caballos porque dicen que les parecen mucho".[17]

Río Lagartos era apenas un rancho, en cuya costa los españoles habían construido una torre de madera para vigilar la llegada de los piratas. Como hasta ahora, había unas minas de sal que en ese entonces llegaban hasta Campeche y que abastecían a la Nueva España, la Habana, Honduras y el Pánuco.

Al parecer, la primitiva iglesia, construida con madera y palmas, fue iniciativa de un hombre llamado don Santiago Benavides, quien tenía gran devoción al Apóstol. Cuenta la leyenda que había nacido en la ciudad yucateca de Valladolid y que sus padres, originarios de Compostela, le habían transmitido la fe en el Santo. Cierta vez, siguiendo la pista a un venado, se extravió en la selva durante varios días. Logró sobrevivir comiendo frutas y cazando codornices y por haberse encomendado a Santiago para que lo protegiera de los depredadores de la selva.

Después de mucho caminar, llegó a Río Lagartos, donde fue hospedado por los pescadores hasta que pudo volver a su hogar. Al enterarse de que el pueblo no tenía santo y en agradecimiento por el buen trato que había recibido de los lugareños, ofreció darles una imagen de Santiago, herencia familiar, para que patrocinara el puerto, a cambio de que se construyera una iglesia. La propuesta fue aceptada por los pescadores. Meses después, Santiago Benavides regresó con la imagen prometida; los pescadores, por su parte, ya habían construido el recinto para albergarla.[18]

[17] Ciudad Real, *op. cit.*, p. 316.

[18] La leyenda ha sido tomada del libro *Río Lagartos*, escrito por el profesor Pedro Loria Trejo. Fue consultado en unas fotocopias, sin los datos de edición.

Según lo dice Pedro Loria Trejo, en su libro *Río Lagartos*, en 1917, bajo el gobierno anticlerical del general Salvador Alvarado, se intentó quemar la imagen de Santiago. Dos vecinos lograron rescatarla de la casa municipal, escondiéndola en unos sacos de carbón. Cuando las autoridades se enteraron de la desaparición de la imagen, ordenaron revisar casa por casa, sin hallarla. Mientras tanto, entre los habitantes corrió la versión de que el caballito de Santiago había cobrado vida y que para salvarse se había ido a Valladolid.

Cuando la situación política cambió, se extendió otro rumor: Santiago había vuelto y que se encontraba en casa de don Concepción Ramos, quien había guardado la imagen. Durante algunos años, el Santo fue venerado en ese lugar hasta que en 1939 fue trasladado a la iglesia.

La fiesta patronal de Río Lagartos inicia el 17 de julio, a las seis de la mañana, cuando el sonido de las campanas anuncia el momento en que los feligreses bajan la imagen del altar. En esos minutos toda la comunidad se paraliza. Mientras los ancianos, las mujeres y los niños están en la iglesia, los pescadores esperan a que inicie la procesión que lleva la imagen de Santiago por las orillas del pueblo.

También se celebran novenas y misas en días anteriores al 25 de julio. Los gremios, como suele suceder en Yucatán, tienen un papel destacado en la fiesta. Un gremio distinto entra cada día en la iglesia con sus respectivas banderas y pabellones. En orden de aparición, a partir del 17 de julio entran los gremios de *los centros bíblicos*, el de *los agricultores*, el de *las guadalupanas*, el de *los buzos de la langosta, La cooperativa de Río Lagartos, La cooperativa Manuel Cepeda Peraza, Las carmelitas, el gremio del pueblo* y el de *los ganaderos.*

Cada gremio tiene su propia música y en los días de fiesta aprovechan la ocasión para bailar por las calles con los músicos que contratan para acompañarlos. Hay gremios que suelen ser más alegres que otros, como el de las guadalupanas, que bailan los ramilletes[19] y la danza de la cabeza de cochino. En Yucatán el sentido religioso de la fiesta no sólo adquiere tintes jocosos, sino plenamente carnavalescos. Es frecuente que se represente *la danza del cochino.* En andas se lleva un marrano (o solamente la cabeza), previamente cocido y sin vísceras, adornado con todo tipo de objetos, desde refrescos hasta globos de colores, y varios listones, cada uno sostenido por una mujer. El cortejo, seguido de un grupo de músicos que entona una melodía chusca, lleva al marrano por las calles

[19] El ramillete es una pértiga a la cual se sujetan tres o cuatro canastillas de bejuco. Cada canastilla se adorna con papel de china y se decora con cintas de colores. "Adentro de las canastitas los socios, esto es, quienes han contribuido con los materiales para "vestir" el ramillete, colocan figuras de trigo en forma de "águilas" (en maya *chi'ich'waj*), ángeles y medias lunas. Antes estos ramilletes llevaban botellas de aguardiente, cigarros, tablillas de chocolate y muñecas de trapo". Ella Fanny Quintal Avilés, *Fiestas y gremios en el oriente de Yucatán*, p. 19.

del pueblo, deteniéndose de cuando en cuando, momento en el cual las mujeres bailan con los listones, mientras que una persona arroja aguardiente sorpresivamente a los asistentes.

Las cooperativas, que son las agrupaciones de pescadores, suelen ser muy generosas. En sus instalaciones ofrecen mucha comida y cerveza a todo aquel que quiera pasar un buen rato con ellos.

Otro gremio peculiar es el de los ganaderos. Al pueblo llegan en sus caballos, vestidos de charros. Aparentemente, su vestimenta nada tiene que ver con la región, que es muy calurosa y habitada por pescadores. Pero existe una razón para que vistan de tal manera. Los feligreses de Río Lagartos han asociado al Santo con el típico charro mexicano. Es por eso que siempre lleva un sombrero de ala ancha (sobre su montura le cuelgan varios sombreritos más), y calza botas vaqueras. La figura es de yeso y tiene incorporado su propio vestido, por lo cual no se le pude colocar un traje de luces. A los devotos no les queda más remedio que darle sombreritos al Santo, difíciles de encontrar por su pequeño tamaño. Durante la procesión del 17 de julio, lo esperan en algún lugar estratégico para colocarle uno mientras pasa la comitiva.

Conclusiones

En Yucatán el culto a Santiago apóstol es desigual. Mientras que en unos poblados casi se le tiene olvidado, en otros se ha mantenido y fortificado con el paso de los años. Esta situación merece un estudio profundo. Con el fin de abrir caminos a la reflexión, es posible exponer algunas hipótesis que, como tales, no son concluyentes.

Como hemos visto, en algunos casos el Apóstol ha sido desplazado por otros santos. Al parecer, la Iglesia yucateca ha hecho hincapié en el culto a la Virgen y a Cristo, ambos en diferentes advocaciones, que han sido bien aceptados por la población.

A las acciones propias de los sacerdotes y los feligreses se suma la historia de Yucatán. Recordemos al respecto *La guerra de castas* que conmovió a toda la península durante el siglo XIX, de 1847 a 1901. Los especialistas ven en ella el movimiento maya independentista más importante que ha habido hasta la fecha. La fuerza que adquirieron los mayas rebeldes fue de tal envergadura que a punto estuvieron de apropiarse de las ciudades de Campeche y Yucatán.

La guerra de Castas tuvo fuertes connotaciones raciales. De hecho comenzó bajo el signo de odio entre "blancos" e indígenas. Según la historia oficial, el detonante fue la matanza que los mayas rebeldes de la región oriental de la península yucateca protagonizaron al masacrar a la totalidad de población blanca de Tepich. De acuerdo con la versión indígena, fue el gobierno de Valladolid el culpable de tal violencia. Primero, mandó fusilar al cacique indio Manuel Antonio Ay y poco después, al no encontrar al resto de los cabecillas rebeldes, decidió descargar su furia contra los mayas de Culumpich y Tepich. Fue entonces cuando, en respuesta a estas muertes, el líder indio Cecilio Chi encabezó la masacre de las familias blancas de Tepich.[20]

En estas circunstancias, difícilmente un santo tan español como Santiago podría ganar muchos adeptos. Todavía hoy se asocia al español con el antiguo nombre de *dzules*, aquellos hombres armados que los mayas vieron llegar para someterlos y esclavizarlos.

En La Guerra de Castas fue muy importante la Cruz Parlante, también llamada la Santísima, símbolo de poder y de unión de los rebeldes, que daba las órdenes militares y funcionaba como un oráculo. La cruz fue adorada como una deidad y se le construyó un templo. En una de las versiones míticas sobre su origen, que ilustra la forma en que este símbolo cristiano fue reinterpretado por los mayas, se cuenta que todo comenzó cuando tres ah-kines (sacerdotes) castigaron al santo de un pueblo llamado Xocen, colocándolo en el hueco de una piedra. El santo emergió en forma de cruz en un cenote, "porque el cenote es la casa del Señor" y bendijo el árbol kukné (cedro) de donde salían sus mensajes. Era la primera vez que una cruz se aparecía a los macehuales, es decir, a la gente del pueblo, a los desprotegidos. Se dedujo entonces que la Cruz era amiga de Jesús y que éste la había dado a los macehuales para que se comunicaran con él.[21]

A partir de que apareció la Cruz Parlante, ésta se convirtió en la guía militar y espiritual de los mayas rebeldes. Su trascendencia aún puede percibirse. Actualmente, en el centro del estado de Quintana Roo, donde por cierto no hay ninguna iglesia dedicada a Santiago, los descendientes de La guerra de castas custodian la Cruz Parlante en una comunidad que consideran sagrada y que se llama Xcacal Guardia.[22]

En las comunidades yucatecas donde ha prosperado el culto a Santiago apóstol los gremios han sido determinantes. Estas organizaciones son muy populares en todo el estado y se encargan de las actividades religiosas que conmemoran a los santos que patrocinan los pueblos. En los gremios se agrupan los diferentes miembros de una sociedad, ya sea por oficio (ganaderos, panaderos, músicos, etcétera), por estrato social (señoras, pobres, señoritas, etcétera), por pertenencia a algún grupo religioso (Unión de Católicos, Santa Cruz, Trabaja-

[20] Lorena Careaga Viliesid, *Hierofanta combatiente. Lucha, simbolismo y religiosidad en la Guerra de Castas*, p. 115.

[21] *Apud* Lorena Careaga Viliesid, *op. cit.*, p. 117.

[22] Careaga, *op. cit.*, p. 138.

dores Guadalupanos) e incluso empresarial. Es decir, a través de los gremios se ve representada una comunidad determinada, que realiza un trabajo colectivo y organizado para festejar a su santo.

El gremio apareció en España en los siglos XIV y XV, donde adquirió personalidad jurídica. En México los gremios se multiplicaron, apoyados por las autoridades civiles y eclesiásticas. En un principio, estaban excluidos los mestizos y los indígenas, pero éstos empezaron a figurar en el siglo XVIII hasta que finalmente las cortes de Cádiz abolieron los reglamentos que negaban su ingreso.[23]

En Yucatán el gremio fue introducido por los franciscanos, los cuales, al darse cuenta que era un medio excelente para organizar a los indígenas en torno a los santos, ignoraron los reglamentos desde muy temprano para que los naturales participaran. El gremio fue muy bien aceptado por los mayas, razón por la cual algunos estudiosos consideran que ya estaba habituados a este tipo de organizaciones sociales y religiosas antes de que llegaran los españoles.

En la actualidad, las fiestas patronales no pueden concebirse sin la participación de los gremios. Sus integrantes se preparan meses antes de que empiece la fiesta. El grupo se reúne en la casa del presidente o encargado y a la hora convenida, sale en procesión llevando estandartes (conocidos como pabellones) y banderas que están bordados en vistosos colores y que especifican el nombre del gremio en cuestión. El gremio se hace acompañar por un conjunto musical y de cohetes; al llegar a la iglesia se repican las campanas y sale el sacerdote a recibirlo y bendecirlo. En el altar los agremiados depositan ofrendas e insignias, y a continuación, se celebra una misa o un rosario. Al día siguiente, el gremio sale de la iglesia, nuevamente con el sonido de las campanas y de los cohetes. Recorre las calles hasta que llega a la casa de donde ha partido. Ahí se hace una fiesta con comida tradicional (tacos de cochinita pibil, relleno negro, pavo en escabeche), se toman refrescos, cervezas y otras bebidas alcohólicas. También se hace la elección del encargado que presidirá la siguiente fiesta patronal, que desde ese momento empezará a prepararse.

Cada día entra un gremio distinto a la iglesia. El día del santo los gremios participan en una procesión donde se lleva al patrono en andas. La procesión se llena de colores con los bordados trajes que visten las mujeres y con las banderas y los pabellones, varios de ellos verdaderos obras del arte del bordado que orgullosamente portan los agremiados, pues dan fe de su presencia y participación para honrar a su santo.

La fiesta patronal incluye diversiones profanas. Ya antes hemos mencionado el baile de la cabeza de cochino y los ramilletes. También se realiza una vaquería, esto es una fiesta donde se baila la jarana, baile regional de Yucatán, y

[24] *Gremios de Maxcanú, recopilación comunitaria*, p. 34.

corridas de toros. La orquesta jaranera, llamada también charanga, se compone de "dos trompetas, dos clarinetes, dos trombones, un contrabajo y un bombardino (barítono de aliento que fue sustituido más tarde por un saxofón tenor) un "huiro" o rascador y dos timbales". A la jarana acuden las mujeres vestidas con su terno (el huipil tradicional) y con un sombrero adornado con flores y cintas.

La fiesta profana no se mezcla con la religiosa. Cada una tiene su espacio, de tal manera que el baile del cochino nunca se mezclará con la procesión que lleva al santo patronal, y así sucederá con todos los actos relativos a la fiesta. Incluso la música cambiará de acuerdo al momento en que se toque. Por ejemplo, cuando la procesión de los gremios se acerca a la iglesia, los músicos cambian el tono de marcha por un himno religioso.

Como hemos visto, en Yucatán el culto a Santiago apóstol tiene diferentes gradaciones. Mientras que en Halachó se le tiene mucha devoción y sus gremios se cuentan como los más sobresalientes en todo el estado, en Chixculup pueblo apenas se le recuerda. Habría que estudiar la historia de cada comunidad para saber cómo se ha desarrollado el culto al apóstol Santiago. Tal vez al final lleguemos a la reflexión que hizo el párroco de Sucila: los feligreses finalmente serán quienes determinen su importancia o decadencia.

Santiago en la tierra purépecha

En esto entró Santiago en un caballo blanco como la nieve y él mismo como lo suelen pintar; y como entró en el real de los españoles, todos le siguieron.

Motolinía, *Memoriales e historia de los indios de la Nueva España*

La zona que estudiamos ahora presentaba en los tiempos prehispánicos cierta unidad constituida por el estado purépecha, establecido entre 1350 y 1500 d.C. En estas fechas, la población quedó sometida a las jerarquías políticas y religiosas del señorío tarasco.

En 1525, cuando se inició la evangelización, los misioneros se enfrentaron con la cultura purépecha o tarasca. En aquella fecha, fray Martín de Valencia, uno de los doce primeros frailes que llegaron a México, inició la evangelización de Michoacán y en 1526 los franciscanos se instalaron en Tzintzuntzan. El primer convento fue fundado por fray Martín de Jesús, otro de los doce primeros apóstoles americanos. Pronto el obispado de Michoacán, a partir de 1538, contribuirá a unificar más la zona.

Los agustinos, que llegaron en mayo de 1533 a la Nueva España, vinieron a prestar ayuda a los franciscanos, primero, estableciéndose en el sur de Michoacán y luego multiplicando sus fundaciones en otros lugares, donde a veces substituían a los franciscanos, como sucedió en la meseta tarasca.

Santiago en Guanajuato

Valle de Santiago

En Guanajuato, 33 poblaciones nombran a Santiago, pero de todas ellas, no cabe duda que la más devota es el Valle de Santiago. Antes de que llegaran los españoles, la cultura dominante en este lugar era la purépecha. Con el tiempo el antiguo poblado fue creciendo hasta convertirse en una ciudad de más de

50 000 personas. La lengua y las costumbres purépechas se perdieron, pero han sobrevivido muchas tradiciones y creencias de antaño que la modernidad no ha podido desplazar.

Los habitantes del Valle de Santiago han mitificado su ciudad. Creen que es el centro geográfico de la República Mexicana, y puesto que está en medio de una zona de volcanes, la llaman "el país de las Siete Luminarias". También afirman que la topografía de los volcanes refleja las estrellas —concretamente las estrellas de la Osa Mayor—, las cuales cada 1040 años se sitúan exactamente arriba de las Luminarias, como reflejándolas. Es tal la importancia que los pobladores dan a estas creencias, que en el escudo de armas de la ciudad aparecen los volcanes y las estrellas.

Con tales premisas, ¡bien merecía Santiago dar el nombre al lugar! Aquí tenemos algo parecido a lo que pasa con el camino de Santiago español, en el cual, supuestamente, la Vía Láctea sigue la ruta de los peregrinos de este a oeste. Todo lo de abajo es igual a lo de arriba. El paralelismo entre el lejano cielo y el planeta tierra da a los dos espacios, el camino de Santiago y el Valle de Santiago, una dimensión mítica y cósmica.[1]

El Valle de Santiago está situado en una gran llanura fértil que pertenece a la región de El Bajío, el cual es paso obligado para quien se dirige de Morelia a Salamanca. Según cuenta la tradición, hasta allí llegó el "tata" Vasco de Quiroga, en una de sus visitas pastorales en 1562, cuando el pueblo se llamaba Camémbaro. Como aquel día era la festividad de Santiago, el ilustre fraile decidió bautizarlo con el nombre del Apóstol. Poco tiempo después el obispo mandó sacerdotes diocesanos al Valle de Santiago para que evangelizaran a los indígenas.

Desde aquella fecha, la población ha sido —y es— muy devota de Santiago. Aunque hubo que esperar a 1607 para que se fundara legalmente la ciudad y a 1686 para que el obispo de Michoacán estableciera allí una vicaría fija dependiente del curato de Salamanca, Santiago tuvo allí desde tiempos inmemoriales su capilla. El templo de la parroquia, de estilo barroco, encargado en un primer tiempo a los frailes agustinos, se tardó en concluir. Las obras se iniciaron en el siglo XVIII y no se terminaron completamente hasta 1886. Entre tanto, la villa se había separado del partido de Salamanca en 1820, adquiriendo así su autonomía.

[1] Las informaciones de la ciudad fueron tomadas de los libros *Valle de Santiago,* de Oscar Jesús Cortés Toledo, y *No hay otro lugar como Valle de Santiago,* de María de los Ángeles Sandoval.

Fiestas y ceremonias

Obviamente, la fiesta más importante es la del Santo. Durante cuatro días los parroquianos festejan a su patrono. Se contratan bandas de música y desfilan carros alegóricos. La misa solemne se celebra el 25 de julio.

El siguiente día, se realiza el cambio de mayordomía en una ceremonia bastante peculiar llamada los *rosazos*, protagonizada por quienes van a dejar el cargo de mayordomos y los nuevos que lo asumirán. Se trata de una escenificación, en la cual sus integrantes se enfrentan entre sí arrojándose confetis y flores silvestres al compás de la música. Es posible que este fingido combate sea una reminiscencia de las antiguas guerras prehispánicas que, como sabemos, no sólo se hacían para dominar a otros pueblos, sino también tenían carácter ritual y religioso.

La parroquia de Santiago, la más importante de la ciudad, tiene dos imágenes del Santo. La primera está en el altar, al parecer es de factura reciente y el Santo aparece como peregrino. Puede decirse que ésta es la imagen oficial de la parroquia. La segunda, más antigua, es procesional; se exhibe dentro de una vitrina que tiene un letrero luminoso con la leyenda *Original*. El letrero reivindica a la imagen como la verdadera, pero también la presenta como el modelo de otras imágenes parecidas, pues ésta no es la única que existe en la ciudad como veremos a continuación.

El Valle de Santiago tiene cuatro imágenes más, propiedad de las mayordomías, cada una en los cuatro barrios que componen la ciudad. La profusión de imágenes es un fenómeno frecuente en México, especialmente cuando se trata de las patronales, y el Valle de Santiago no es la excepción. Se supone que entre más numerosas sean las representaciones del Santo, mayores posibilidades tendrán sus feligreses de ser protegidos por él; visto de otra manera, lo sagrado se multiplica a través de las imágenes. Asimismo, los cuatro barrios de la ciudad se perciben no sólo como unidades poblacionales, sino también religiosas; de ahí que cada una deba tener su propia imagen.[2]

El número y disposición de las imágenes son significativos. Nos remiten a la cultura náhuatl en la cual, el número cinco (uno + cuatro) estaba cargado de gran simbolismo. Recordemos al respecto, a la pareja creadora del universo,

[2] Para el párroco de Valle de Santiago, las numerosas representaciones del Apóstol se deben a la antigua costumbre de los purépechas de adorar ídolos. Piensa que será difícil cambiar sus creencias, lo mismo que la preferencia que muestran por una de ellas: la imagen que llaman Santiago Mayor. A los feligreses les cuesta trabajo admitir que sólo es una imagen y que todas las demás tienen el mismo valor. También nos comentó que en algunas poblaciones las imágenes corresponden a los cargos dentro de las mayordomías. En muchos lugares de Michoacán, *madre mayor* alude al cargo de más alta jerarquía que tienen las mayordomías.

Ometecuhtli y Omecíhuatl, quienes tuvieron cuatro hijos, a los cuales encomendaron la creación del mundo y de los hombres. Los hijos se situaron en cada uno de los rumbos del universo: Tezcatlipoca rojo en el poniente, el lugar del sol; Tezcatlipoca negro en el norte, donde estaban sepultados los muertos; Quetzalcóatl en el oriente, lugar de la luz y la fertilidad; Huitzilopochtli o Tezcatlipoca azul en el sur, sitio de las sementeras. El centro de las cuatro regiones representaba el ombligo del mundo.

El número cinco se tomó en cuenta hasta para planear las ciudades. La antigua Tenochtitlan estaba dividida en cuatro barrios y el centro de la ciudad era ocupado por el Templo Mayor, así como por edificios de gobierno y de culto más importantes.

En las poblaciones que fundaron los españoles hubo una yuxtaposición de conceptos cristianos e indígenas, los primeros fortaleciendo a los segundos. Como lo señala Jacques Lafaye "se trata de una cuadriculación religiosa del espacio urbano, como se había hecho con el espacio rural por obra de las órdenes mendicantes". De la plaza mayor salían cuatro calles principales con sus portales. Los ejemplos analizados por Lafaye expresan perfectamente esta "geometría sacra" representada por la cruz urbana:

> El ejemplo mejor estudiado en este aspecto es el de Guadalajara, donde aparece con toda claridad "la cruz urbana" esto es la protección de la ciudad por cuatro conventos extramuros situados en los cuatro puntos cardinales, ordenados en dos ejes perpendiculares que se cruzan en medio de la ciudad: en el vértice está la plaza mayor, con la catedral. Ahora bien, la cruz urbana no es otra que la cruz griega, de palos iguales, símbolo tradicional del poder y la protección de la iglesia. Nadie puede pretender seriamente que haya sido fruto del azar, antes fue protección contra el Demonio y/o los múltiples "demonios" (sus dioses) de los indios. La cuadrícula de la primitiva fundación de la ciudad tapatía era casi perfecta; los cuatro conventos eran el de san Juan de Dios al oriente, el del Carmen (hoy centro cultural) al poniente, el de santo Domingo al norte, y el de san Francisco al sur.[3]

Tampoco la disposición de las cuatro imágenes del Valle de Santiago se debe al azar. Protegen al poblado, en referencia a una doble tradición: la indígena y la cristiana.[4]

[3] Jacques Lafaye, *Plazas mayores de México. Arte y Luz*, pp. 81-155.

[4] Jacques Lafaye analiza además el dibujo semejante de otras ciudades como la cruz urbana de la ciudad de México: "Al oriente el convento de Santo Domingo, al poniente el de San Agustín, al sur el Hospital del Amor de Dios, y al norte la Concepción, enmarcan la ciudad o sea lo que es ahora el centro histórico. Esto coincide providencialmente con los cuatro baluartes que protegen la ciudad, al norte la Virgen de Guadalupe, al sur la Piedad, al oriente Nuestra Señora de la Bala y al oeste la de Los Remedios".

En el Valle de Santiago la imagen más importante, la llamada *Original,* se encuentra en el centro de las cuatro imágenes repartidas en los cuatro barrios. Más que un centro geográfico es un centro sagrado, alrededor del cual giran las restantes imágenes de Santiago que se veneran en los barrios. En términos de religiosidad prehispánica, es el "ombligo" de los cuatro puntos cardinales.

Las imágenes de los barrios, salvo una, son de bulto. Todas representan al apóstol a caballo. Sus nombres también corresponden a las mayordomías que se responsabilizan de cuidarlas, las cuales, de acuerdo a su jerarquía, en orden descendente son: *Santiago el Mayor, el Diputado, Madre Mayor* y *el Mayordomito.* Cada mayordomo adapta una de las habitaciones de su casa como capilla para albergar la imagen que le ha tocado cuidar. Estas capillas improvisadas están abiertas durante el día para que los devotos vayan a rezarle a Santiago.

La *Original* sale de la iglesia solamente el día del Santo. Las cuatro imágenes de los barrios van a reunirse con ella en la parroquia en contadas ocasiones: el 25 de julio, el Viernes Santo, el día del *Corpus,* el 15 de agosto (cuando las imágenes se cambian a las capillas de los nuevos mayordomos) y el 2 de noviembre.

En aquellas fechas hay una velación general, que consiste en llevar las imágenes a misa y exponerlas en el atrio de la iglesia. Ni el mayordomo ni su esposa pueden tocar al Santo. Son los cargadores quienes deben cambiarle las vestimentas y cargarlo en hombros hasta la iglesia. Pero, como todo acto religioso, sacar la imagen de la capilla implica un conjunto de ritos. La noche anterior, los cargadores enraman la imagen, es decir, depositan flores ante la imagen; los mayordomos los reciben con el aroma del copal y los invitan a pasar a la casa donde se les ofrece de comer (tamales y pozole), de beber (café y atole) y se les dan cigarros. La noche transcurre entre cantos y música. Los cargadores entonan alabanzas que son extraídas de un libro, donde aparecen cantos dedicados a otros santos pero que adaptan para cantarlas a Santiago. A la mañana siguiente, sacan al Santo de la capilla, lo llevan a misa y después de exponerlo a la vista y a la veneración de todos lo regresan al lugar de donde partió.

Además de las velaciones generales, existen las particulares, que son protagonizadas por las familias que, por gusto o porque sienten que es su obligación, piden que una de las imágenes de Santiago que existen en los barrios pase la noche en su casa. Mientras la llevan, arrojan cohetes, rezan y cantan. Invitan a los vecinos a participar de su alegría ofreciendo comida, casi siempre el tradicional mole. Cuando termina la comida, trasladan la imagen a la iglesia, donde se celebra una misa y después la devuelven a la casa del mayordomo responsable.

Sólo los sábados y los lunes, en determinados meses del año, se pueden hacer las velaciones particulares. Como es de esperar, muchas personas quieren tener a Santiago en sus hogares. Para resolver la demanda, y con típico espíritu mexicano, se hace una rifa entre los pretendientes. Así, de esta manera, es elegida la feliz familia que lo albergará por una noche. El azar determinará su suerte, pero se supone que el Santo elige el lugar de la velación.

Los milagros

En la capilla de la mayordomía de Santiago el Mayor destaca un exvoto. Se trata de un cuadro en el que se pinta un chorro de fuego que sale de la tierra. Arriba, apagando lo que fuera una explosión de gas, vuela el Apóstol en su caballo blanco. Alrededor están pintadas las montañas que rodean el Valle de Santiago. Por su color rojizo y al estar rodeado de montañas, el chorro de fuego parece la lava de un volcán. El exvoto dice:

> Gracias le damos a Jesucristo y al apóstol Santiago, patrón e intercesor de nuestros problemas difíciles; dedicamos este retablo en acción de gracias por haber escuchado las peticiones que aclamamos a la hora de la terrible explosión que causó terror y asombro a los habitantes de este lugar, la madrugada del miércoles 18 de septiembre. Todos los que cooperamos y aclamamos a ti, te damos infinitamente gracias.
>
> Valle de Santiago, septiembre de 1991.

Además del exvoto, los feligreses han colocado cartas y dibujos junto al Apóstol. Estos objetos expresan su fe en el Santo, confiándole sus problemas personales, en espera de que sus ruegos sean escuchados.

En el Valle de Santiago, como en otros muchos lugares, el Santo luce los atuendos locales. Muy a la manera de los vallences, las imágenes de los barrios son vestidas con sombrero tejano, botas y vestuario rancheros. En las casas donde se tienen las imágenes son muy notables los armarios que contienen los ajuares del Santo, que durante años se han ido acumulando. La vestimenta se renueva cada año y la gente, casi siempre con el fin de cumplir alguna promesa, la manda elaborar con una modista de la localidad.

Los vallences bien pueden mostrarse así agradecidos con su santo: es él quien teje los lazos comunitarios. Las celebraciones, el culto que se le rinde, el sistema de cargos de las mayordomías asumidas a turno, contribuyen a estructurar la sociedad, manteniendo su cohesión. Así se reafirma la identidad y la capacidad colectiva de movilización de los fieles. En la fiesta patronal cada uno se esmera y participa a su manera, en los ritos sociales y festivos en los que se expresa esa pertenencia.

Otros lugares santiagueros

También en Guanajuato, no lejos de Valle de Santiago, dos poblaciones más están dedicadas al Apóstol: Santiago Capitiro y Santiago Maravatío, cuyos nombres evidencian su origen purépecha.

Santiago Maravatío, al sur de Salvatierra, fue fundado a mediados del siglo XVI. La imagen de la parroquia pasa largas temporadas en una capilla situada en un pequeño monte a tres kilómetros del pueblo. Maravatío está situado en una zona de mucha agricultura donde el agua es indispensable para los cultivos. Para que Santiago los beneficie con la lluvia, sus feligreses suben la imagen al cerro, turnándose para cuidar la capilla, cuyas puertas están abiertas ya muy entrada la noche.

Santiago es vestido con un elegante traje de terciopelo azul y un sombrero con una gran pluma blanca encima. Su caballo es un animalito tímido de dulces ojos brillosos, de cuya frente cuelga un jirón de pelo; mira de reojo a los espectadores, pues tiene el cuello girado hacia un lado. Se le ha colocado una costosa silla de montar, que tiene una cuerda que los rancheros emplean para lazar a los animales del campo.

La imagen de Maravatío se considera muy milagrosa. Por el empinado camino del cerro, la gente constantemente sube para pedirle o agradecer algo al Apóstol. La imagen ocupa el centro de la capilla y está rodeada de infinidad de flores. Los devotos acostumbran pegar a la vestidura del jinete cartas escritas a mano, contándole sus penas, o bien las fotografías de sus seres queridos. Una pareja de humildes ancianos, cuyas vidas están dedicadas a las actividades religiosas del pueblo, suele subir hasta la capilla cantando con una guitarra. El hombre ha compuesto canciones a Santiago; las tiene escritas en un cuaderno, cuyas hojas están muy maltratadas por el uso frecuente que le da. También llegan a la capilla peregrinaciones de otros rumbos de México para rendirle culto al Santo.

Al parecer, a principios del siglo XIX, la devoción al patrono de Maravatío fue desarrollada por el cura de la parroquia, Nicolás Fuentes Gaytán, quien mandó edificar la capilla, participando directamente en las obras. Entre sus fieles el sacerdote tiene fama de santo y se le atribuyen milagros; fue sepultado ahí, en el mismo lugar que mandara construir.

El ambiente que se respira en la capilla refleja la devoción que se le tiene a Santiago. Los milagros que se cuentan de él son numerosos. Todavía se recuerda el sermón que, hace algunos años, pronunció fray Nicolás Navarrete, el párroco de la iglesia, pidiéndole al Apóstol convencer a los incrédulos. Santiago oyó la petición e hizo caer de la bóveda del templo una bola de fuego. Y todavía hoy, se dice que el Apóstol a veces sale de noche a caballo; al amanecer se puede constatar que las patas del animal están sucias de tierra a causa de su paseo nocturno.

En cuanto a Santiago Capitiro, a unos 20 kilómetros del Valle de Santiago, no tiene más que una humilde iglesia. En el altar principal hay varias imágenes, la más pequeñita corresponde al Santo a caballo. Vestido completamente de azul, con una larga capa, lleva en una mano una espada que empuña hacia abajo y en la otra mano sostiene una cruz, de la cual pende una pequeña calabaza, o guaje, para el agua. Varios collares de color azul adornan el cuello del caballito, que tiene hirsutos crines negros.

La iglesia tiene una capilla lateral, donde se encuentra la imagen utilizada en las procesiones. Es de mayor tamaño que la imagen del altar principal. Las alargadas facciones del caballo le dan un aspecto curioso. Un sombrero de charro adorna la cabeza de Santiago y en su mano derecha, donde debería estar la espada, tiene una larga trenza de cabello, ofrenda de alguna de sus feligresas. No es la única ofrenda de gratitud que tiene la imagen: tanto en las ropas del Santo como en el cuerpo del caballo hay algunas fotografías, flores de papel y calabacitas que han sido colocadas por sus devotos.

Santiago en la Meseta Tarasca

Santiago Angahuan

La iglesia de Santiago Angahuan es una de las más interesantes edificaciones religiosas realizadas en México en el siglo XVI. Es interesante no tanto por la dimensión o la calidad de su arquitectura, sino por ser uno de los ejemplos más evidentes de la participación creativa de la mano de obra indígena.

En este tipo de obras se puede constatar lo que George Foster llamó "la cultura de conquista", es decir, que en ella se opera la transferencia de aportaciones arquitectónicas hispánicas a la par que interviene la actitud creativa indígena.

Interesantísima es la fachada de la iglesia. Se trata de una portada de arco de medio punto con jambas y dovelas totalmente decoradas. Tiene de abajo arriba tres cuerpos sobrepuestos, de mayor a menor. Esos cuerpos están definidos y delimitados, cada uno, por un alfiz, que es un rectángulo, y cada encuadre tiene una guarda de perlas. Alfiz y adornos de perlas nos permiten situar la obra en la historia del arte. El alfiz es una característica del arte mudéjar en España, de este arte propio de los musulmanes medievales que construían edificios para cristianos. El panel de arriba es también de procedencia mudéjar: está decorado de figuras geométricas, de los famosos rombos del arte islámico (podemos ver este tipo de adornos en la Giralda de Sevilla). Y la guarda de perlas rescata la tradición del último gótico isabelino español, también llamado gótico flamígero.

Pero notemos al mismo tiempo que todos los espacios están decorados, y que la apretada decoración tiene motivos vegetales: evocación del Renacimiento español y del estilo plateresco que llena todos los intersticios con decoración (recordemos la fachada de la Universidad de Salamanca).

Sin embargo, en el manejo de la decoración ornamental se nota aquí la sensibilidad indígena; la densidad de la decoración, sus motivos decorativos hacen que la fachada sea un ejemplo de lo que Toussaint llamó "el estilo textil", prueba de la aportación indígena que reproduce en la decoración artística los motivos de su tejidos.

En lugar preferencial, en el segundo cuerpo de la fachada, en el eje de la clave del arco, se ve esculpida la figura de Santiago en su representación iconográfica de peregrino. Es uno de los muy pocos ejemplos de ese tipo de representación del Santo en pueblos indígenas.

Probablemente esta obra fue realizada en la década que va desde 1560 a 1570, y por ciertas similitudes formales se cree que fue la misma cuadrilla de canteros la que levantó la portada del Hospital de Uruapan, en la misma región de Michoacán. Las ventanas que están a la izquierda de la fachada, dos superiores y dos inferiores, son típicamente mudéjares. En Uruapan, en la guatapera de dicho hospital, encontramos otras muy parecidas con el mismo tipo de decoración.

En Angahuan, el culto de Santiago fue introducido por los franciscanos; el cordón que delimita la parte baja de la fachada es la firma que solían dejar en las iglesias que construían en los pueblos indígenas.

En el interior de la iglesia hay dos representaciones ecuestres del Santo, que son muy veneradas en este pueblo habitado por purépechas. Una está en lo alto del altar principal y la otra se encuentra sobre unas andas, muy cerca del altar. Estas imágenes ponen de manifiesto la mano indígena que las ha fabricado: los caballitos, de facciones un poco toscas, tienen un aire de inocencia y alegría, mientras que los respectivos jinetes, inexpresivos en relación a las monturas, tienen negras barbas y en sus ropas se pueden observar motivos vegetales que han sido bordados por los indígenas. La representación procesional destaca por su intenso colorido, como sucede muchas veces en la iconografía de los santos que existe en Michoacán.

Santiago Nurio

Santiago Nurio, en la meseta tarasca, es un pueblo de alrededor de 3 500 habitantes, situado al norte de Uruapan y del volcán Paricutín, al pie de una montaña llamada el cerro del Águila.[5]

Por su belleza, la iglesia parroquial atrae a los turistas interesados en arte colonial. Su arquitectura es sencilla: el edificio está construido en piedra y adobe y fue también obra promovida por la orden franciscana, a fines del siglo XVI.

Lo que sorprende al visitante es el interior de la iglesia, donde predomina —como en otros templos de la zona— la madera, material fácil de conseguir en una región montañosa de tupidos bosques. El sencillo revestimiento del techo no alcanza aquí la categoría de artesanado mudéjar, caracterizado por su juego de vigas inclinadas y planas. Éste, es un sencillo alfarje, es decir un tableramen plano que oculta la estructura del techo.

Pero lo que maravilla es el amplio coro que se observa desde la entrada, al que se puede acceder por una escalera adosada al costado derecho de la nave. Tanto el coro como su parte baja están decorados con pinturas al temple, preciosos testimonios del arte popular, obra de artistas nativos. Allí está representado todo un santoral y figuras religiosas, como ángeles y escenas de la vida de Cristo. Figuras todas que vienen a ser un catecismo ilustrado para los nuevos conversos del siglo XVI.

En la parte baja del coro, un apostolado está representado con mucha espontaneidad. El coro policromado es de gran belleza ornamental: hace la síntesis de algunas características heredadas a través de la cultura de los frailes (como el uso de las lacerías) y de representaciones propias de esos pueblos indígenas, como los ángeles mofletudos reducidos a sólo una cabeza envuelta en alas.

Santiago está presente en el apostolado de la entrada, y también, muy cerca del altar, dentro de una vitrina, en una figura de bulto que lo representa como Matamoros. La figura apenas puede verse por la gran cantidad de ropa que lleva encima: sarapes y toallas de baño; éstas últimas son objetos de lujo para los indígenas, razón por la cual se las ofrecen al Santo. Hay otra imagen de Santiago de madera policromada, al parecer procesional, que espera su próxima restauración.

Detrás de la iglesia, un conjunto de edificios bien conservados es una muestra de lo que fueron en varios pueblos de la sierra y en ciudades como Uruapan, esos hospitales que se construían para los indígenas tarascos según los cánones de sus fundadores: el padre "tata" Vasco de Quiroga y fray Juan de

[5] Un reportaje ilustrado de la revista *México desconocido*, titulado "Santiago Nurio, corazón de la sierra tarasca", firmado por Martine Chomel, núm. 292, pp. 36-44, es una muy buena introducción a la visita.

San Miguel. Cumplían la función de hospedería para los indios forasteros y pobres que transitaban por estas tierras. También facilitaban la instalación, en estos nuevos poblamientos de traza castellana, de todos aquellos que se agrupaban en torno a una plaza y a la iglesia parroquial. La guatapera —así se llamaba a este tipo de construcciones— está dedicada en Santiago Nurio a la Purísima. La capilla de la guatapera tiene una muy delicada decoración y techumbre de madera. El tableramen del coro es completamente policromado, en tonos de azul cielo, blanco y rojo, con guías de flores y cintas. Evoca el paraíso poblado de santos y ángeles. Allí Santiago tampoco podía faltar, un medallón le representa lindamente en su caballo.

En un retablo barroco, fechado en 1803, aparece junto con otros santos. En los costados de la nave, unos nichos cerrados con cristales contienen figuras estofadas de algunos santos. El conjunto, magníficamente restaurado recientemente, luce otra vez sus colores intensos.

Otros pueblos de la meseta

En Charapan, frente a una de las cruces atriales más interesantes de la meseta, existe otra iglesia del señor Santiago que luce un pequeño artesonado con imágenes de los apóstoles, en cuya base aparecen las frases que componen el Credo. Otros templos de la zona merecen también la visita, como la capilla de Santa Rosa en Zacán. Su artesón es particularmente notable por sus pinturas dedicadas a la Virgen representada en sus distintas invocaciones de la letanía lauretana: rosa mística, torre de David, torre de marfil...

En Cocucho, el templo de san Bartolomé nos reserva una sorpresa: el artesonado es de enorme riqueza en su ejecución. Iconográficamente está dedicado a Santiago el Mayor, a cuyos pies asoman los moros vencidos y despedazados. A su alrededor, y en medio de delicados motivos vegetales, se encuentran varios ángeles de suntuoso atavío que tocan instrumentos como la viola de gamba, el dulcián, el oboe antiguo, el schalmei, el arpa y la guitarra.

SANTIAGO EN VALLES Y LLANURAS MICHOACANAS

Santiago Tingambato

Santiago Tingambato, entre Pátzcuaro y Uruapan, tiene una iglesia reciente de fines del siglo XVIII y principios del XIX. Hay dos imágenes de Santiago, una en el altar principal y otra procesional. En la primera, el Apóstol lleva un vestido azul, capa roja y tiene un pergamino en la mano. La segunda, como suele suceder con este tipo de imágenes, es más interesante que la primera. El Santo cabalga sobre su montura, un caballo muy sonriente, avispado, de grandes ojos, cuya cabeza está adornada con pequeños moños de colores. Su personalidad es muy distinta a la de los caballos violentos de las imágenes españolas.

El pueblo festeja durante tres días al Santo, del 24 al 26 de julio. La famosa danza de moros y cristianos tiene en este pueblo una peculiaridad que vale la pena señalar: sólo bailan los moros y los cristianos brillan por su ausencia. El capitán de la danza se encarga de vestir al Santo, se lo lleva a su casa, de donde sale la víspera de la fiesta. Hay una procesión durante esta noche. El 25 de julio, la imagen ecuestre recorre los cuatro barrios, en los cuales está dividido Tingambato.

Como en la época prehispánica, y como en tiempos de la evangelización, la danza es parte indispensable de la festividad. Todos los días se baila. La primera pieza se dedica al santo y se baila frente a su imagen. A los jóvenes y niños les gusta participar en la danza. Con anticipación, sus padres preparan los disfraces de moros, todos iguales y, por cierto, costosos. Ensayan la danza de los moros en el patio de la parroquia, ya desde meses antes.

Santiago Azajo

Bien conservada y limpia, la parroquia de Santiago Azajo refleja el cuidado que el cura y los devotos dedican al templo y a las imágenes que éste guarda. La población, predominantemente indígena, ha preferido la representación iconográfica de Santiago a caballo. Como en otras iglesias, el templo tiene santos acompañados de animales. Además del caballo de Santiago, se exhiben las imágenes de San Isidro y su yunta de bueyes y de Jesús montado en un burro en alusión al domingo de Ramos.

El templo tiene dos imágenes ecuestres: la más importante está en el altar mayor, guardada en una vitrina, ataviada con listones de muchos colores, así como de exvotos. Aquí los exvotos son unos muñecos que representan a los bailarines de la danza de moros y cristianos, y dólares que han donado los que se han ido a trabajar a los Estados Unidos. Los famosos billetes verdes no sólo evidencian el fruto del trabajo de los migrantes, sino es una manera de expresar su gratitud al Santo. Unas escaleras que salen de la sacristía y alcanzan la parte superior del altar mayor, permiten a los fieles tocar la imagen cuando se le solicita al sacristán que abra la puerta de la vitrina.

La otra imagen, procesional, muestra un Santiago que blande un machete en su mano derecha y tiene la cabeza cubierta con un sombrero de alas anchas. El caballo es poco expresivo, tiene una mirada serena y va bien provisto de los típicos arneses de un caballo que acompaña a su amo en las faenas del campo (estribos y una cuerda para atar animales).

Santiago Tangamandapio

El pueblo se sitúa en la carretera de Zamora a Azuayo, en los confines de Michoacán. La iglesia actual es muy reciente. El altar mayor de tipo neoclásico tiene una figura de Santiago como peregrino. Aparece entre nubes, lleva un bastón y unas conchas en su vestidura. Dos ángeles lo flanquean, uno muestra un báculo y el otro un hacha. Sin duda esta representación es muy moderna.

Como lo indican dos placas puestas en la fachada de la iglesia, desde 1967-1968 se ha instaurado una peregrinación al Santo: vienen a reunirse aquí el 25 de julio los expatriados de Guadalajara, el Distrito Federal y los Estados Unidos. Santiago aparece así como el gran reunificador de la comunidad dispersa.

EN GUANAJUATO, FUERA DE TIERRAS PURÉPECHAS

En la zona de la capital del estado, el primer contacto con los españoles se produjo hacia 1530, cuando algunos miembros de la expedición de Guzmán marcharon hacia el norte en dirección a Irapuato. En la década de 1540 el área fue visitada por franciscanos. A partir de 1552 empezaron a explotarse depósitos de plata y en 1552 se fundó un real de minas. Gradualmente la región fue ocupada por asentamientos españoles y haciendas de ganado, en las cuales trabajaban inmigrantes otomíes y tarascos que tenían que enfrentarse a las bandas chichimecas y eso hasta 1590.[6]

Los franciscanos tuvieron un convento en Guanajuato hasta después de la Independencia. Pero la parroquia de la Mina (Santa Ana o Santa Fe), y de los alrededores, como Santiago Silao y Santiago Marfil, tenían cada una un clérigo residente desde fines del siglo XVI; estos dos lugares eran asentamientos agrícolas y ganaderos para el suministro de las minas. La región se encuentra en la diócesis de Michoacán.

La fundación de Guanajuato en el año de 1554 coincide con el establecimiento de cuatro Reales de Minas en los que se edificaron un fortín que servía para la protección del Real, uno de éstos fue el Real de Minas de Santiago, poco después conocido como el de Marfil por el apellido del primer propieta-

[6] Más informaciones véase Peter Gerhard, *Geografía histórica de la Nueva España, 1519-1829.*

rio de la hacienda de beneficio que existió en la cañada.[7] Dos factores trascendentes explican el desarrollo excepcional de Marfil: la proximidad de las minas y el agua del río Guanajuato. Allí se procesaba el mineral. Marfil llegó a ser en el siglo XVIII más importante que Guanajuato.

Pronto se sacralizó el lugar con la construcción de un templo. En principio no fue más que una sencilla capilla de indios. Hacia 1615, fue proclamada parroquia. A partir de 1640 se empezó a construir una nueva iglesia, ya que la precedente estaba muy deteriorada. La iglesia es actualmente conocida como "parroquia antigua de Marfil", o como "templo de abajo", y está dedicada a san José y al señor Santiago. Pero Marfil progresivamente perdió su importancia, mientras Guanajuato cobraba vida más intensa. La extensión y llegada del ferrocarril a Guanajuato le restó relevancia. Además, los cambios dados en el tratamiento de los minerales provocaron un impacto negativo en la economía, a lo cual se añadió un par de inundaciones devastadoras, de modo que la parroquia de Marfil fue trasladada al templo de arriba, consagrado a san José y a la Purísima Concepción.

El mismo edificio de la parroquia antigua sufrió alteraciones: las imágenes de las fachadas que se encontraban en sus nichos fueron desplazadas a la nueva parroquia de arriba. Y peor todavía, toda la hermosa fachada esculpida fue trasladada a un patio interior del edificio central de la Universidad de Guanajuato. Consta de tres niveles de imágenes santas: en lo alto, san Miguel Arcángel, en el centro la Virgen, y más abajo Santiago. Unas bonitas caras de ángeles, de factura indígena, son particularmente notables. A pesar de las pérdidas que ha sufrido, en el antiguo templo de Marfil todavía se venera a Santiago, celebrándolo en su día y rezándole al pie de una imagen del Apóstol.

Por su parte, Silao, desde su fundación en 1557, fue el centro de una región encargada del sustento agrícola de las minas. Fue poblado por indios otomíes a los que se les construyó una capilla dedicada a Santiago. El nuevo edificio de la iglesia empezó a levantarse en 1712. La fachada, que data del año 1739, tiene en su centro un relieve de piedra que representa a Santiago a caballo y encima del altar mayor se propone a la veneración de los fieles una imagen de Santiago Apóstol.

Además de la población indígena, compuesta de otomíes y chichimecas, numerosas familias españolas se establecieron allí. Silao fue un centro importante de compra-venta de esclavos. El archivo de la parroquia de Santiago es particularmente interesante, pues posee registros de bautismos a partir de 1594.

[7] *Vid.* Héctor Bravo Galván y Horacio Gnemani Bohogué, *Rescate de la Antigua parroquia de Marfil.*

MICHOACÁN, FRONTERO CON JALISCO

Sahuayo

Sahuayo se menciona en los textos coloniales a partir de 1528, cuando, en aquel entonces se escribía Zanguayo. En un censo de 1630 ordenado por el obispo de Michoacán aparece con el nombre de Santiago Sahuayo. La región había sido una avanzada tarasca en la frontera chichimeca.[8]

Los franciscanos se encargaron de catequizar a los indígenas que vivían en la zona y fueron ellos los que probablemente llevaron a Sahuayo la primera imagen de Santiago. La historia ha conservado los nombres de los frailes Juan de Padilla y Juan de Badiero, así como de fray Pedro Daviano, que fue el primer catequizador de la provincia de Ávalos, cuyo centro se encontraba en Ixtlán de los Hervores, parroquia a la que pertenecía Sahuayo. Santiago Sahuayo se separó de Ixtlán y se erigió en parroquia secular en 1743.[9]

Cuenta la tradición local que, en el momento de la conquista, los indígenas decidieron resistir las tropas de Nuño Beltrán de Guzmán, fortificándose en unos cerros que hoy se llaman Santiaguito y la Puntita.[10] La rendición de los nativos se dio el 25 de julio, en el preciso momento en que se celebraba la misa en honor al Santo, cuya imagen estaba depositada en el altar. "Cuando los nativos se dieron cuenta de la presencia de aquella imagen se llenaron de temor, sabían que no podían pelear en contra de uno de sus dioses, por lo que decidieron deponer las armas y bajando lentamente de las colinas se integraron con humildad al sagrado ritual ante el asombro de los frailes y militares allí presentes. Desde entonces recibieron el nombre de *tlahualil*, que quiere decir guerrero vencido."[11]

Este relato tiene el mérito de relacionar el pasado con la actualidad como lo vamos a comentar. En efecto, a partir de este momento, los frailes españoles propusieron a los indígenas la devoción a ese Santiago que los había vencido y al mismo tiempo, en las fiestas que año con año se celebraban en honor al Apóstol, dejaban que expresaran en sus bailes su amarga condición de vencidos y expurgar la tristeza heredada de su situación de tlahualiles; así emprendían una reescritura de su historia que ya podían asumir.

Enseñados por los frailes, los nativos aprendieron a bailar *las morismas*, similares a las que se representaban en otras regiones. Pero aquí hubo unas

[8] Más detalles en Peter Gerhard, *op. cit.*, p. 408.

[9] *Ibid.*, p. 409.

[10] Para la presentación de Sahuayo y se sus fiestas santiagueras nos fue muy útil la obra de José Trinidad Román Garza, *De Jacobo a Santiago. De Cafarnaúm a Sahuayo.*

[11] *Ibid.*, p. 100.

añadiduras que para esos danzantes eran esenciales: en los bailes representaban su muerte ficticia en los combates con los cristianos, la que hubieran deseado sus antepasados que fueron reducidos a la esclavitud. Esas seudobatallas, que se conocen con el nombre de *la matanza*, se seguían escenificando en plena calle hasta bien entrado el siglo XX. Dos grupos armados se enfrentaban muy diferenciados por sus máscaras y vestidos: el uno, el de la "morisma", pintaba sus caras con los mismos tintos y tatuajes que utilizaban los indios de la conquista en las guerras y en las ceremonias religiosas. Los frailes los denominaron moros, pero, en realidad, eran indígenas que mediante la danza y sus atuendos reactivaban el recuerdo de las batallas floridas y la veneración de sus dioses.[12]

El otro grupo, el de "las mulitas", representaba a Santiago y a sus seguidores cristianos. Algunos de ellos se colocaban una representación ecuestre en la cintura, parecida a la que lleva la imagen de Santiago.

Los dos grupos se enfrentaban con sus armas: "las mulitas" chocaban sus filosos machetes con los mazos de madera o garrotes de los tlahualiles. En la matanza, supuestamente muchos de los nativos morían y, finalmente, en la perspectiva de los frailes organizadores, vencía la cruz a la idolatría, los cristianos a los moros, el bien sobre el mal.

Pero la perspectiva indígena era muy diferente. Para ellos no se trataba de la danza de moros y cristianos, sino de los tlahualiles, que en ella vienen a superar su destino de vencidos. Las máscaras puestas o los tatuajes dibujados en la cara les permitía revivir sus creencias ancestrales sepultadas en lo más profundo de su ser.

En efecto, en el momento de *la matanza*, se simulaba el sacrificio de los tlahualiles, que se transformaban en guerreros muertos en el combate. Su corazón podía ser ofrendado a Hutzilopochtli y acompañar al Sol en su recorrido celeste.

En la actualidad, las fiestas de Santiago siguen siendo muy celebradas y muy concurridas; en ellas participan la misma población, la de municipios vecinos, la de los estados limítrofes y los hijos de la tierra que viven más allá de las fronteras. Las festividades duran del 16 al 31 de julio. Las ceremonias religiosas se celebran en dos edificios distintos: en la parroquia dedicada al Santo y en una nueva capilla que se levantó en el barrio del Pedregal a partir de 1976 y que se denomina Nuevo Santuario de Santiago. El 25 de julio sale la imagen de Santiago del templo parroquial para ser llevada en procesión a la capilla. Se llama a este acto "la subida". El 31 de julio, se realiza "la bajada", otra procesión que hace el recorrido hasta la parroquia, para dejar la imagen en su sitio.

[12] *Ibid.*, p. 119.

Las festividades suscitan la participación de la población que honra al Santo mediante misas, procesiones, cohetes, danzas y fogatas que iluminan las calles por la noche.[13] Los vecinos de una misma barriada hacen "una hachonada", es decir, a media calle encienden una hoguera con ocote y leña de encino. Son iluminaciones en honor a Santiago y también pretexto para bailar y beber alrededor del fuego.

Parte importante de la fiesta es *la danza de los tlahualiles*, que nadie tiene que ver con "la matanza". En grupos de 20 y hasta 60 personas, desfilan por las calles los pobladores que desean agradecer o pedir un favor al Santo. Lo hacen de una forma original y espectacular: llevan unas enormes máscaras, que pesan alrededor de 25 kilos, y trajes de los cuales cuelgan pequeños carrizos. Zigzagueando, desfilan por las calles de Sahuayo al ritmo de distintas músicas. Al grito "¡vuelta!" de los espectadores, con su pesada indumentaria giran sobre sí mismos. Los más hábiles se inclinan de tal manera que rozan su máscara con el suelo.

El responsable de cada grupo diseña las máscaras, en las que pone a volar su imaginación. La máscara y el traje suponen un costo muy alto, alrededor de 5 000 pesos, por lo cual quien desea participar en la danza debe ahorrar durante casi todo el año. Asimismo, desde el mes de marzo, los participantes deben prepararse físicamente para hacer el recorrido de 10 a 15 kilómetros con su pesado atuendo.

En un principio, en la danza de los tlahualiles sólo podían participar los hombres, pero en los últimos años también participan mujeres y niños. Hay grupos que tienen alrededor de 50 años de haberse constituido y otros que son muy recientes. Es tal el entusiasmo que tienen los habitantes de Sahuayo en participar y honrar a su santo patrono, que desde las tres de la tarde hasta ya muy entrada la media noche, siguen bailando por las calles del pueblo.

[13] *Vid. supra.*

Santiago en Puebla

La cosa es que el mero patrón es el que se quedó: el del caballito.

Teodoro Álvarez,
fiscal de la mayordomía de Xalitzintla

PUEBLA EN LOS ALBORES DE LA CONQUISTA ESPAÑOLA

Gentes de varias etnias habitaban el actual estado de Puebla antes de que llegaran los españoles. Los mixtecos ocupaban la región de Tepexi de Acatlán y parte de Chiautla, mientras que en la parte central del territorio prosperaban grupos olmeca-xicalancas, que habían asimilado la cultura tolteca que floreció en Cholula. En el norte, se asentaban los totonacos, los mazatecos y los otomíes que desarrollaron la cultura del Tajín. Hacia el siglo XIV, Xelhua, un guerrero nonoalca, se apoderó de casi todo el territorio. El panorama político cambió radicalmente en la centuria siguiente, cuando la parte central y sur fue dominada por el imperio mexica y el norte por el señorío de Texcoco.[1]

Huejotzingo ofreció su ayuda a Hernán Cortés, a pesar de que los mexicas pedían que se atacara a los invasores. Componían este señorío comunidades olmecas-xicalancas y toltecas-chichimecas, que estaban establecidas en las faldas del volcán Iztaccíhuatl.

En su camino rumbo a Tenochtitlan, Cortés dejó un rastro de sangre en Cholula. Invitado por los mensajeros de Moctezuma, fue hospedado y bien recibido por los cholulecas. Al poco tiempo de haber llegado, se enteró que una emboscada se prepara en su contra. El 18 de octubre de 1519, fecha en que fija su salida, solicitó a los cholulecas dos mil hombres, que reunió en unos patios con pretexto de despedirse. Después de recriminarles la celada que preparaban, da la orden de atacarlos; mientras los españoles cerraban las salidas, los aliados cempoaltecas y tlaxcaltecas que esperaban en las afueras de la ciudad

[1] *Los municipios de Puebla*, p. 7.

entraron a los patios para matarlos. La supuesta traición nunca fue dilucidada satisfactoriamente y la matanza fue usada en contra de Cortés en el juicio de residencia que se le hizo en 1529.[2]

La conquista espiritual del territorio poblano fue inaugurada por los frailes franciscanos. En 1524 fundaron el convento de Huejotzingo y durante los años 1540 a 1560 siguieron fundando otros más, entre ellos los de Tecamachalco, Quecholac, Tecali, Calpan, Cuautinchán, Zacatlán, Cholula, Huaquechula, Tepeaca, Tehuacán, Xalpa y Coatepec. Las otras órdenes religiosas también realizaron obras conventuales. Los dominicos fundaron conventos en Izúcar, Tepapayeca, Huehuetlán, Tepexi, Huajuapan y Tezoatlán, y los agustinos, en Chiautla, Cítela, Huatlatlauca, Tlapa, Chilapa, Xicotepec, Ilamatlán, Papaloticpac y Tututepec.

Desde 1531 hubo una parroquia secular en la ciudad de Puebla de los Ángeles. La actual capital del estado fue fundada por Motolinía el 16 de abril de aquel año, fundación que se formalizó el 29 de septiembre. Ocho años después, el obispo de Tlaxcala, cuya jurisdicción llegaba hasta allí, fue a residir en la ciudad con parte de su cabildo, pero fue hasta el año 1543 cuando el rey autorizó el traslado de la sede diocesana de Tlaxcala a Puebla.[3] El 20 de marzo de 1532, por cédula real, adquirió el título de ciudad.

Actualmente, en la capital de Puebla subsisten lugares donde se le rinde culto a Santiago. En un anexo de la catedral, se exhibe un lienzo en el que aparece el Apóstol con la Virgen del Pilar. Muy cerca del centro de la ciudad, hay un barrio que está dedicado al Santo, con una pequeña iglesia, donde se venera una imagen ecuestre.

En las llanuras poblanas

San Andrés Cholula

Asentada en un llano, la antigua Cholulla fue descrita por Hernán Cortés como "la ciudad más hermosa de fuera que hay en España", con una basta población y un gran mercado, y tan fértil e irrigada "que no hay un palmo de tierra

[2] Al parecer, los cholulecas sí conspiraron contra los españoles, comenta al respecto José Luis Martínez. Se sabe que los muertos eran guerreros que se habían presentado desarmados para recibir sus armas. De cualquier forma la matanza no puede ser justificada, "se hizo contra hombres imposibilitados para defenderse o aun —lo señores presos y los sacerdotes que se refugiaron en el teocalli— inermes". José Luis Martínez, *Hernán Cortés,* p. 235.

[3] Peter Gerhard, *Geografía histórica de la Nueva España. 1519-1821,* p. 228.

[4] Hernán Cortés, *Cartas y documentos,* p. 51.

que no esté labrada".[4] Tenía más de cuatrocientas torres, multitud de templos y la pirámide más alta del México prehispánico; se consideraba el centro religioso más importante de los pueblos del altiplano central. Estaba dedicada a Quetzálcoatl. Dice Bernal Díaz del Castillo que los indios "venían de muchas partes a sacrificar, en tener como a manera de novenas, y le presentaban de las haciendas que tenían".[5]

La belleza de la ciudad muy pronto sufrió cambios. Después de la matanza ordenada por Cortés en 1519, fue reducida a escombros; sus templos destruidos, al igual que la pirámide que le diera fama. La población disminuyó drásticamente tan sólo un año después. En diciembre de 1520, Cortés volvió a Cholula a petición de los habitantes, que se habían quedado sin gobernadores a causa de una viruela devastadora, por lo que pedían al conquistador que nombrara a otros en su lugar.

Los franciscanos se dieron a la tarea de evangelizar a los cholulecas. Muy pronto, establecieron el culto a Santiago apóstol en uno de los barrios que todavía lleva su nombre y donde edificaron una pequeña iglesia. En la *Suma de visitas* de 1540, se mencionan las estancias de Santiago Yzquitlan y Santiago México Tequepa, que muy probablemente eran barrios de la ciudad.[6]

El actual templo es gobernado arbitrariamente por los mayordomos. Renuentes a dar información, velan dos imágenes ecuestres, vestidas con lujosas capas, sombreros y botas vaqueras, y largas pelucas de pelo rizado.

En consonancia con las representaciones españolas, el caballo de la imagen principal —la cual se distingue por ser de mayor tamaño que la procesional— es un animal grande, brioso, bien formado, con una penetrante y severa mirada. El Santo es un hombre de finas facciones y barbas tupidas. Notable es el turco que, en lugar de estar sometido al Santo, se encuentra de pie, frente a la montura y es conocido con el nombre de Cipriano. Su rango puede equipararse al Santo, su atuendo es elegante: la capa y el traje son de materiales brillantes y del hermoso bonete turco cuelgan varios listones. Calza largas botas y lleva una peluca muy rizada que termina a la altura de su cintura. Los feligreses no lo consideran un enemigo; por el contrario, le rinden culto al igual que al Santo.

Tecali de Herrera

Situado en el centro del estado de Puebla, Tecali se caracteriza por ser un territorio calizo, con yacimientos de mármol y onix, que hasta la fecha siguen sien-

[5] Bernal Díaz del Castillo, *Historia verdadera de la conquista de la Nueva España*, p. 165.

[6] Peter Gerhard, *op. cit.*, p. 118.

do una de las fuentes económicas más importantes de los tecalcas. Con estas piedras, los antiguos pobladores de Tecali pagaban tributo a la guarnición mexica de Tepeyacac. Según Antonio de Ciudad Real, durante la Colonia los indios esculpían "aras, cruces y otras piedras muy vistosas y de mucha estima, que se reparten en la Nueva España y se llevan a la Vieja".[7]

Si bien Tecali fue conquistado en 1520 por los españoles, durante siglos la población fue predominantemente indígena. Los españoles vivían confinados en las haciendas. Según la relación de 1643, no había ningún español y en 1743 tan sólo 40 familias no indias residían allí.[8] Como en tiempos prehispánicos, la lengua dominante era el náhuatl, mientras que una minoría hablaba popoloca y otomí.

La población fue bautizada con el nombre de Santiago de Tecali por los franciscanos, que fundaron ahí un magnífico convento en 1540. Por conflictos con el clero secular, la parroquia se secularizó y los frailes tuvieron que abandonarlo, hoy yace en ruinas.

Al lado del antiguo convento, fue edificada una iglesia de blanca fachada, que tiene una escultura en piedra del Santo como apóstol. Dentro, en un retablo lateral de estilo barroco, se conserva una talla en madera del siglo XVII, en la cual se representa a Santiago en calidad de discípulo de Cristo. Está en lo alto del retablo lateral y fácilmente la imagen pasa inadvertida.

Muy cerca del altar, encerrada en una caja de vidrio, se encuentra otra imagen apostólica del Santo. Evidentemente, es menos antigua que la del retablo barroco. El Santo, de rosadas mejillas, tiene una gran aureola plateada y en una de sus manos lleva un báculo dorado de peregrino.

Santiago Alseseca

Todo parece indicar que la iglesia fue fundada por la orden franciscana. La fachada tiene varios nichos con esculturas de santos de facciones regordetas. En un nicho se encuentra Santiago, con una cruz y las sagradas escrituras. Una de las esculturas difiere de las demás: se trata de María Magdalena, la única santa representada, que femeninamente yace recostada de lado, encerrada en un nicho ovoidal.

El interior del templo se caracteriza por su decoración barroca. En un retablo lateral, se exhibe un Santiago ecuestre, cuyas patas delanteras se recargan en un cuadro de madera, donde se ha esculpido la silueta de un moro. Las patas,

[7] Antonio de Ciudad Real, *Tratado curioso de las grandezas de la Nueva España*, t. I, p. 66.
[8] Gerhard, *op. cit.*, p. 263.

casi humanas, dejan ver el sexo del animal. El Santo presenta rasgos mestizos. Su cara tiene barbas pobladas, bigote y cejas de color negro, y su tez es morena.

Además de la figura ecuestre, existe otra representación del Santo en su advocación de apóstol en el retablo del altar principal. Lleva en una mano el evangelio y su cabeza es coronada por una aureola de color dorado. Su vestimenta roja y verde ha sido decorada con motivos dorados que forman flores y delimitan su toga, puños y capa. Al igual que la escultura anterior, el Santo se ha mimetizado con la población, por su piel morena y por el color negro de sus cabellos y barba.

La iglesia de Alseseca tiene la fortuna de poseer otras dos imágenes de Santiago, que están destinadas a salir en las procesiones. Resguardadas en la sacristía, de ellas puede decirse que son un claro ejemplo de la factura popular mexicana, caracterizada por negar la belicosidad y la gallardía del santo español. Los cuerpos de ambos jinetes dan la apariencia de no estar muy bien proporcionados, debido a sus holgadas vestimentas y a lo rígido de sus posturas. Con poca naturalidad, los santos montan sus respectivos caballos y tienen sendas pelucas de cabello natural, muy posiblemente donadas por las feligresas.

Una de las esculturas procesionales es muy pequeña, mide alrededor de 40 cm, lo cual le da la apariencia de ser un juguete. Muy arropado, el Santo tiene una mirada preocupada y su pequeño cuerpo tiende a perderse entre los pliegues de su colorada capa, tela que también adorna el pecho de su pequeño caballo. Sus pies calzan unos botines rancheros de piel aterciopelada, que evidentemente le quedan muy grandes. De la cara del caballito cuelga coquetamente un mechón de pelo, de impreciso color. Por su hocico recortado, ojos pequeños y anchas orejas semeja más un burrito que un equino.

A la segunda escultura procesional no podían faltarle unos botines, muy parecidos a los que lleva la imagen antes descrita. Las largas cejas de su cara le dan la apariencia de pasar por un momento de aflicción. En una mano empuña la espada y en la otra, la cruz. El hocico de su caballo, demasiado alargado, ostenta grandes dientes y orificios nasales. Tanto sus ojos como sus orejas son pequeños, rasgos que acentúan su apariencia bobalicona.

Los habitantes de Alseseca festejan a su Santo durante tres días. Al decir del sacerdote de este lugar, la fiesta se divide en espiritual y profana. La primera se compone de retiros espirituales, comuniones, bautizos, matrimonios, de la misa principal que el día 25 de julio es oficiada por varios sacerdotes y de peregrinaciones. La segunda la integran bandas de música, cohetes y una verbena popular. Aunque no muy convencido, el padre reconoció que estas diversiones públicas también pueden considerarse parte de la devoción que se le profesa a Santiago.

Izúcar de Matamoros

Izúcar de Matamoros era la capital de un amplio reino prehispánico, cuya dinastía estaba emparentada con la de Tenochtitlan y Cuauhquechollan.[9] Itzocan, o Itzyocan, como era su nombre original, estaba protegida por un río y por un cerro fortificado, que cayó en manos de los españoles en 1520. Las primeras noticias que tenemos de ella las da el propio Hernán Cortés, que se dirige hasta allí al saber que había gente armada, aliada de Moctezuma. La llegada del conquistador debió ser muy intimidante, pues asegura que iba con él "tanta gente de los naturales de esta tierra, vasallos de nuestra majestad, que casi cubrían los campos y sierras que podíamos alcanzar a ver".[10]

Al llegar, encontraron la ciudad vacía, salvo algunos pobladores que trataron de defenderla y que huyeron pronto al no poder enfrentar al numeroso ejército comandado por Cortés. El conquistador mandó mensajeros a los principales de la ciudad, para que ordenaran repoblarla y se convirtieran en vasallos del rey español. A los tres días, sus órdenes fueron acatadas.

Hernán Cortés señala que la ciudad estaba habitada por tres o cuatro mil personas; "es muy concertada en sus calles y tratos; tenía cien casas de mezquitas y oratorios muy fuertes con sus torres, las cuales todas se quemaron". Estaba situada en un valle,

> muy fértil de frutas y algodón, que en ninguna parte de los puertos arriba se hace, por la gran frialdad, y allí es tierra caliente, y cáusalo que está muy abrigada de sierras. Todo este valle se riega por muy buenas acequias, que tiene muy bien sacadas y concertadas.[11]

Posteriormente, Izúcar fue dada como encomienda a Pedro de Alvarado; su esposa y él murieron en 1541, por lo cual fue reclamada por la Corona, fraccionándose en diferentes encomiendas y estancias.[12]

A la población aborigen y a una minoría española, pronto se sumaron los esclavos negros, que fueron llevados a trabajar en las haciendas de azúcar y ganado. En ciertas épocas la población negroide predominó respecto a la local; en 1754 el censo registra que la mayoría de los pobladores eran negros y mulatos.[13]

Los dominicos fundaron un convento en Izúcar hacia 1530, que una década después se convirtió en vicaría. Hasta 1640 los dominicos se dedicaban a

[9] Peter Gerhard, *op. cit.*, p. 164.
[10] Hernán Cortés, *op. cit.*, p. 110.
[11] *Ibid.*, p. 111.
[12] Gerhard, *op, cit.*, pp. 164 y 165.
[13] *Ibid.*, p. 167.

la instrucción religiosa de los indios. Ese mismo año, se inicia la construcción de la iglesia actual, que estaba reservada a los españoles.

La pequeña iglesia de Izúcar guarda una enorme escultura de Santiago a caballo, la más grande que existe en el país, acaso comparable con la de Temoaya, en el estado de México. La escultura parece desbordar las paredes del templo, pues además de sus dimensiones (dos veces del tamaño normal), se exhibe sobre una base de cemento, siempre iluminada por la luz que entra del cimborrio de la cúpula, bajo la cual está colocada la imagen. Detrás de ella hay un retablo barroco de color blanco y brillantes lacerías doradas.

Al parecer, la imagen es antigua y, según el cronista local, Manuel Cruz, es de madera de naranjo y de mamey, dos árboles propios del clima cálido que prevalece en la zona. Existe la creencia de que fue fabricada por un escultor italiano, quien, presentándose a los padres dominicos, se propuso hacerla con la condición de que nadie podría mirarlo mientras trabajaba. Los frailes aceptaron su propuesta; tapiaron la zona, donde le dejaban al artista una ración diaria de comida. Repentinamente, el escultor desapareció sin dejar rastro, quedando la enorme imagen del Apóstol al descubierto. La gente cree que el misterioso personaje era nada menos que Santiago.

La fama de la imagen ha rebasado las fronteras de Izúcar de Matamoros. De muchos lugares del país, llegan turistas y devotos a conocerla y últimamente se ha hecho una costumbre que un grupo de españoles vaya a visitarla cada año. Antes, en la fiesta patronal, los feligreses sacaban en procesión la enorme imagen; después, la trasladaban en una mula y, ahora emplean una escultura de Santiago más pequeña que se ha mandado hacer para las procesiones. Esta imagen pretende ser una réplica del Santiago principal, pero se distinguen sus diferencias: la tez del Santo es más clara y su mirada es menos adusta. Los respectivos caballos son elegantes, serenos y bien proporcionados.

En el retablo barroco que está detrás de la escultura principal, se aprecia una pequeña talla de la Virgen del Pilar y, debajo de ella, una pintura en la que se representa a Fernando II, el Casto, arrodillado; sobre su cabeza caen los rayos de una estrella. El paisaje lo forma una ciudad medieval, enclavada en una verde llanura.

Santiago Tetla

A unos dos kilómetros de Huequechula, se encuentra Santiago Tetla, un pequeño poblado con una historia muy interesante. La iglesia fue dedicada a Santiago desde su fundación, pero en el siglo XIX, se introdujo el culto al Señor de Esquipulas (muy venerado actualmente por los poblanos), convirtiéndose en uno de sus santuarios. La llegada del Señor de Esquipulas a Tetla se representa en un lienzo fechado en 1860, que se caracteriza por su gran calidad narrativa, tanto por las imágenes representadas como por el largo texto que contiene la pintura.

En el lienzo aparecen dos comitivas: una que, cargando una figura de Santiago ecuestre, sale del pueblo para recibir al Señor de Esquipulas y otra que llega con la nueva imagen. La escultura de Santiago es pequeña; la procesión que lo rodea está formada sólo por hombres (varios de ellos vestidos de manta), un grupo de músicos y unos ángeles, todos encabezados por cuatro religiosos, entre los cuales dos son franciscanos. Los frailes están vestidos de azul, color que desde el siglo XVI escogieran para teñir sus hábitos en una clara alusión a Huitzilopochtli que se relaciona con este color. Según Solange Alberro, los franciscanos usaron el hábito azul hasta el siglo XVIII, pero como lo prueba esta pintura, la costumbre se postergó tiempo después.

En el altar de la iglesia de Tetla dos imágenes ecuestres de Santiago flanquean al Señor de Esquipulas. Según lo explicaran los mayordomos, la colocación de las imágenes es provisional. A partir del mes de junio, uno de los Santiagos se pondrá en el centro de altar hasta que acabe el año. Este hecho es interesante, pues al turnar las imágenes semestralmente los mayordomos resuelven la veneración tanto al Apóstol como al Señor de Esquipulas, o como lo expresó uno de ellos, de esta manera "los dos comparten el trono", es decir, el altar central.

Dado que las imágenes de los santos son sagradas, se podría suponer que no se mueven de lugar. Cambiarlas o incluso sacarlas del recinto sagrado es una práctica generalizada en las iglesias mexicanas. Su sitio se determina según sean las circunstancias y las necesidades del culto que se les prodiga.

De las dos imágenes de Santiago que hemos mencionado, la de mayor estatura se saca en andas el 25 de julio, curiosamente no la menor, como sería lo más práctico; es posible que esta decisión se base en que sea la imagen preferida y la más antigua. Los gustos de los devotos no se desestiman, pues son ellos quienes deciden qué imagen les gusta más, cómo hay que vestirla, cómo se debe trasladar, etcétera.

El día 25 el presidente de la mayordomía recoge la imagen de menor tamaño de la iglesia para llevarla a su casa, donde ofrece una comida a los vecinos. La celebración a Santiago sólo dura un día, mientras que la fiesta del Señor de Esquipulas se prolonga durante cuatro días, después del viernes de Cuaresma.

Atzala

La población de Atzala, situada en el suroeste del estado y próxima a Chietla, pertenecía al señorío de Cholula cuando llegaron los españoles a la zona. A su nombre náhuatl, que significa "en medio del agua", se le sumó el de Santiago en el siglo XVI.

Don Silvino Cruz, el actual mayordomo, se encarga de cambiar los vestidos del Santo cada seis meses. La mayordomía no parece una organización fuerte, pues de su propio bolsillo don Silvino debe sufragar tanto la ropa del Santo como los arneses del caballo (bozal, rienda, ronzal y cabestro). Desde hace varios años ejerce el oficio de mayordomo, como antes lo hiciera su padre durante cuatro décadas.

La imagen de Santiago se encuentra en el altar principal. De finas facciones, el Santo es un jinete gallardo, barbado, de mirada dulce. Lleva una toca de blanco encaje en la cabeza y una mascada a los hombros de la misma tela. Una brillante armadura viste todo su cuerpo. El hermoso caballo que monta lleva un lujoso arnés con borlas de colores.

Los festejos dedicados al Santo inician con un novenario. En la mañana del día 25 se le cantan las mañanitas. Una misa en la que se celebran varios bautismos es el acto religioso más importante durante el día. Los mayordomos acostumbran hacer un recorrido por el pueblo con el Santo a cuestas.

Santiago Atzitzihuacán

Situado en el centro oeste del estado de Puebla, el municipio de Atzitzihuacán fue un antiguo asentamiento nahua. La cabecera municipal, que lleva el mismo nombre, fue dedicada al Apóstol. Se deduce que la evangelización se produjo en el siglo XVI, pero no es claro si fue realizada por franciscanos o dominicos y, desafortunadamente, la actual iglesia de reciente factura no arroja ningún dato al respecto. El edificio es poco interesante desde el punto de vista arquitectónico, salvo por el hecho de que está pintado de azul, el color de Huitzilopochtli, dios con el que se asoció a Santiago.

La anodina construcción de la iglesia es mil veces compensada con la imagen que se encuentra en el altar principal y a la cual no dudamos de calificar de maravillosa. Se trata de un relieve en madera policromada, en el que se representa al Santo en su caballo y que tal vez sea uno de los más antiguos relieves de este tipo que existen en México. Se encuentra dentro de un retablo barroco, el cual destaca por su colorido y porque es la única imagen de un santo esculpida, pues los demás santos que están en el altar aparecen en lienzos. Dado su estilo ingenuo se infiere que su creador fue un escultor indígena. Teniendo como fondo un cielo azul y un verdoso prado, Santiago aparece como un hombre de barbas muy tupidas, ojos grandes y mejillas sonrosadas. Su cuerpo, situado transversalmente sobre el caballo, es pequeño de torax. Un triángulo semeja su muslo y su delgada pantorrilla termina en un esbelto pie. Dorados son la armadura y el casco —ambos decorados con lacerías verdosas—, y la abultada capa roja de ribetes dorados brilla por su intenso colorido.

El caballo, de mirada ingenua, ve hacia el espectador y no a los moros que se encuentran bajo sus patas delanteras. Estos personajes, de rizados bigotes y sonrojadas mejillas, son inexpresivos, pese a que se supone que están heridos o muertos por la acción devastadora de la montura. El Santo tampoco los mira; su maquillada cara tiene un aire de serenidad. La violencia con la que debería representarse esta escena no existe. Hay, pues, una disociación entre el propósito y el resultado de la obra; o bien el escultor tuvo el fin de subliminar la violencia con la cual debería representar al Santo matando a un grupo de herejes.

Para acentuar su virilidad, el sexo del caballo está pintado de negro, color que resalta en lo blanco del animal. Las narices, el hocico y las puntiagudas orejas son de color rosa. Sus ojos rasgados están enmarcados por pestañas de color ocre, que son de pelo natural, lo mismo que la crin y la cola. La inserción de estos elementos pretende dotar de realismo a la escultura. Con este mismo fin, en la mano derecha del Santo se le ha colocado una espada. El relieve, por tanto, no sólo se limita a la madera del que está fabricado, sino que conjuga otros materiales y objetos.

En la capilla lateral de la parroquia hay otra imagen ecuestre de Santiago, menos antigua, con un caballo bobalicón y un santo de mirada indiferente. El animal parece estar riendo, por lo abierto de sus quijadas. Es abundante el pelo natural de sus crines y del fleco que cuelga sobre su cara. Al Santo se le han puesto unas botas vaqueras que encajan en sus espuelas. Cerca de las patas traseras del sonriente animal, se aprecia la cabeza de un moro. Es difícil ver la imagen de Santiago por la infinidad de flores que lo rodean, como si el Santo estuviera envuelto en un hermoso jardín. Un feligrés le ha colocado un caballo de juguete a manera de exvoto.

En Santiago Atzitzihuacán existe una gran devoción por el Apóstol, que el párroco, Salvador Torres Piedras, ha promovido, consciente de la importancia que para la comunidad tienen las tradiciones religiosas. Muchos jóvenes —comenta el sacerdote— han tenido que irse a los Estados Unidos en busca de un mejor porvenir. Antes de partir, pasan a la parroquia para que les dé la bendición y se encomiendan a Santiago, prometiéndole que el primer dinero que ganen lo enviarán para colaborar en sus fiestas.

La fiesta patronal se celebra el 4 de mayo y no el 25 de julio, como suele suceder en la mayoría de las localidades patrocinadas por el Santo. A las 12 del día se celebra una misa con la presencia de diez sacerdotes. En la tarde se reza el rosario y se hace una procesión. No es la única ocasión en que Santiago sale del templo. El 10 de marzo, acompaña la procesión de san José, un santo también muy venerado en este lugar.

A los actos religiosos se suma una verbena popular que incluye cohetes, toritos y música. En la víspera de la fiesta, se lleva la imagen procesional a la casa del que será el nuevo mayordomo y, al día siguiente, se hace el cambio de la mayordomía. Los festejos, que se calculan entre 40 y 60 mil pesos, implican un desembolso muy fuerte para la mayoría de los habitantes de Atzitzihuacán, los cuales, pese a las dificultades monetarias, no dejan de colaborar con entusiasmo.

Los lazos que se tejen alrededor del Santo alcanzan a quienes han tenido que salir de Atzitzihuacán. Los familiares de los migrantes filman los festejos en un video que envían a los Estados Unidos. De esta manera, aún los que están en tierras muy lejanas, participan de los actos que celebran al santo patrono del lugar donde han nacido.

Tochimizolco

Sobre la blanca portada, un alto relieve de Santiago a caballo anuncia a quién está dedicada la pequeña iglesia de Tochimizolco. Pintado de azul y con un gran plumón en la cabeza, el Santo lleva una espada metálica en la mano, mientras que con la otra toma las riendas de su caballo. La mano indígena es evidente en esta escultura en piedra de pequeñas dimensiones, con un Santo de marcadas orejas y expresión asombrada, que monta un pequeño caballo.

El edificio muy probablemente fue construido en el siglo XVI. Además del altorrelieve, tiene esculpidos un escudo con la cruz de Santiago y tres caritas de querubines de cabellos oscuros y largos. Un contrafuerte aéreo se anexó a la construcción para reforzar el muro y la única torre que posee. Desafortunadamente, los muros se han fracturado a causa de los temblores que han ocurrido en el siglo pasado. Algunos de ellos pudieron ser provocados por la actividad del Popocatépetl, que claramente se distingue desde esta comunidad. Pese a que las fumarolas del volcán a menudo asoman del cráter y de las explosiones que en ocasiones se escuchan, los pobladores no se sorprenden ante estos fenómenos naturales que de tanto repetirse se han hecho cotidianos.

Dentro del templo se veneran tres imágenes del Santo. La talla más antigua corresponde a Santiago peregrino. Su capa, toga y sombrero han sido decorados con lacerías doradas. Menos antiguas y colocadas en andas, dos imágenes de Santiago guerrero se sacan en las procesiones. Los dos santos llevan largos vestidos, botas vaqueras y sombreros de ala corta. Montan caballos serenos cuyas patas delanteras están en lo alto.

Teopantlán

Grupos olmecas, mixtecos y teotihuacanos ocuparon este lugar, que después fue dominado por los mexicas. En 1750 estaba bajo la jurisdicción eclesiástica de Izúcar de Matamoros, municipio al que perteneció hasta finales del siglo XIX.

El templo parroquial fue construido por los dominicos en el siglo XVI. En el altar principal se encuentra el apóstol Santiago, que lleva una calabacita sobre un bastón y una espada; bajo sus pies se asoma la cabeza de un moro. Su fiesta es la más celebrada en Teopantlán. El 25 de julio se celebran varias misas y procesiones, se queman juegos pirotécnicos y animan el ambiente festivo bandas de música y bailes tradicionales, como los de *huehues* y de *los doce pares de Francia*.

En la sierra de Puebla

Yaonáhuac

Enclavado en el paisaje nubloso de la sierra poblana, el antiguo Yaonáhuac formaba parte del señorío Tlatlauhquitépec, donde se recolectaban los tributos de los pueblos que se daban a los mexicas. Al parecer, los totonacos fundaron esta población; de su cultura aun quedan vestigios en glifos grabados sobre piedras. El náhuatl es una lengua viva en Yaonáhuac, dada la fuerte presencia indígena que existe en este lugar, donde los hombres aún visten de manta blanca y las mujeres usan faldas negras y rebozos bordados.

La iglesia fue dedicada por los franciscanos al apóstol Santiago. En el atrio, permanentemente está instalado un tronco de árbol para la famosa danza de *los voladores de Papantla*, que se interpreta en los días de fiesta.

Al entrar al templo, se hace evidente la importancia que tiene para los habitantes de Yaonáhuac el culto a los santos. En las naves laterales de la iglesia, hay una galería de nichos, cada uno con un santo distinto y con un cartón de letras brillantes que indica cuál su nombre. Estos curiosos letreros tienen evidentemente propósitos didácticos.

En esta singular exposición sacra, no podía faltar la figura de Santiago. Va vestido con pantalones, camisa y capa de tela lustrosa, sombrero ranchero y botas, las cuales encajan en los estribos de su caballo, que a todas luces son demasiado grandes para sus pies.

Al sonriente caballito de mirada alegre, semanalmente los mayordomos le colocan un vaso de agua y un plato de maíz. Estas ofrendas suponen que el caballo es un animal vivo, capaz de alimentarse y el cual recibe la misma veneración que el Santo. La costumbre de rendirle culto y alimentarlo existe en otras iglesias mexicanas; se relaciona —como ya dijimos antes— con el nagualismo, creencia milenaria aún vigente en varias comunidades mexicanas.[14]

Tres esculturas del Santo encerradas en capelos ocupan el altar principal. Se les reconoce con los nombres de *Santiago morito, Santiaguito* y *Santiago Jacobito.* Es centro del altar es ocupado por Santiaguito, montado en un brioso corcel. Largos listones de colores cuelgan de su sombrero adornado con unas plumas de pavo real. Lleva un elegante traje y una ancha capa cubre casi todo su cuerpo. A los pies de la imagen se han colocado caballitos de juguete, monedas, velas, flores de papel y granos de maíz. Todos los objetos que tiene el Santo, desde la ropa hasta el maíz, son ofrecidos por los feligreses para agradecer, o bien pedir favores. Su valor se supone inestimable, pues además de que varios de estos objetos son costosos, ponen de manifiesto los sentimientos religiosos de quienes los ofrecen.

Santiago morito se encuentra en el extremo izquierdo del altar. Tiene un moro que se defiende de la embestida del caballo. La dramaticidad de esta escena contrasta con la sonriente montura de Santiago. El Santo, si bien lleva una armadura y está a punto de descargar su espada sobre el enemigo, parece estar muy conmovido por la acción que está a punto de ejecutar. Los tres elementos de esta imagen (jinete, caballo y moro) están disociados entre sí; el artista que la fabricó no pudo dotarlas de unidad expresiva.

En el otro extremo del altar se expone a *Santiago Jacobito,* una imagen que representa al Santo en su calidad de apóstol. En una de sus manos lleva un bastón, el cual ha sido adornado con un ramillete de flores de papel metálico, adorno que le da un aire de san José. La escultura, aparentemente de madera, parece ser la más antigua de los tres santiagos que hay en el altar.

La iglesia de Yaonáhuac es una muestra muy clara de la importancia que en las devociones populares tienen las imágenes de los santos, no sólo por su número, sino porque de un solo personaje se tiene más de una representación. Santiago, como hemos visto, tiene cuatro, tres de ellas en el altar principal, que los devotos distinguen con nombres distintos, cual si el Santo tuviera la capacidad de desdoblarse en personalidades diferentes. Los diminutivos con que se

[14] El tema ha sido desarrollado por Louis Cardaillac en *Santiago acá, allá y acullá. Miscelánea de estudios jacobeos,* pp. 127-139.

han bautizado a las imágenes expresan el cariño que se les tiene. Los mayordomos procuran el maíz y el agua para las monturas, sin que haya un solo día del año en que no estén custodiando el templo dedicado a Santiago.

Chignahuapan

En la parte norte de la sierra poblana se localiza Chignahuapan, poblado situado en una región que antes fuera habitada por nahuas, por una considerable minoría de totonacas y por algunos otomíes.[15] La actual población fue fundada por Juan Alonso de León en 1527, con el nombre de Santiago Chiquinahuitle, cuyo término náhuatl significa "nueve ojos de agua".[16] Se tiene conocimiento que antes de esta fecha un grupo de ocho españoles ya había explorado la zona entre 1519 y 1520. Durante la época colonial, Zacatlán, junto con Xiloxochitlán y Chignahuapan, fue encomienda del conquistador Antonio de Carvajal hasta su muerte en 1565. A finales del siglo XVII todavía un miembro de esta familia recibía el tributo de esta región.

Desde Tlaxcala, frailes franciscanos salieron a la sierra norte de Puebla para evangelizar a los indígenas. Los conventos-doctrinas que fundaron con el tiempo se secularizaron. Es muy probable que la actual parroquia de Chignahuapan fuera una doctrina dependiente de Zacatlán.

En el interior de la iglesia hay tres imágenes de bulto del Santo: en una se le representa como apóstol, y en dos las restantes, como jinete, siendo estas últimas de muy reciente fabricación. Una de ellas es colocada en la entrada del templo durante la fiesta patronal. La figura es de finas facciones y de gran movimiento y, como en otros lugares, se cree que fue creada por un artista italiano (se cree que los escultores de esta nacionalidad son los únicos capaces de crear imágenes bellas). Los fieles suelen tocar las patas del caballo y los zapatos del Santo, luego de lo cual se persignan para contagiarse de la sacralidad de la imagen.

El sacerdote que en los últimos años dirigió la parroquia de Chignahuapan dio poca importancia al culto de Santiago. Más devoto de la Virgen, hizo edificar una iglesia en su honor a unos metros de la parroquia, construcción de arquitectura moderna, con una descomunal escultura de la Inmaculada Concepción de María que se extiende a todo lo ancho del ábside.

Poco convencido del arte popular, siendo párroco mandó que se sustituyera el caballo de una de las imágenes de Santiago por parecerle poco elegante.

[15] Peter Gerhard, *op. cit.*, p. 400.
[16] *Los municipios del Puebla*, p. 306.

También imaginó pintar de gris la colorida fachada de la parroquia, pretensión que, afortunadamente, no concretó.

La fachada de Chignahuapan es considerada una joya del barroco colonial indígena. Los estípites y los medallones están adornados por querubines y ángeles de negros cabellos y piel tostada, así como de frutas tropicales, como plátanos, piñas y sandías. Sobre el blanco yeso, la colorida decoración expresa la alegría por la vida de un pueblo que suma el color a sus manifestaciones religiosas.

La fachada está coronada por un altorrelieve de Santiago a caballo que, acorde al resto de la decoración, es de factura indígena. El Santo está vestido con un traje guerrero de color azul y una capa roja. Lleva un estandarte con la cruz de Cristo y una espada. Barbado y de piernas regordetas, monta un caballo blanco, al que se le han pintado de negro la cola, los crines y los cascos.

Chignahuapan festeja a su Santo los días 24 y 25 de julio. Al parecer, antes existía una asociación santiaguista que organizaba los festejos, los que ahora están en manos de los sacerdotes del templo. Una misa y una procesión componen los actos religiosos. Bajo el contexto de la fiesta se verifica una feria regional y se presentan las *danzas de los segadores, los negritos, los santiagos* y *los vaqueros.* Visitantes de los poblados cercanos llevan velas, flores y estandartes y algunos rancheros llegan montados en sus caballos.

Zautla

Zautla, también ubicada en la sierra norte de Puebla, tiene una iglesia parroquial patrocinada por Santiago que data del siglo XVI. Se dice que su nombre deriva de Zautic, cacique indio que gobernaba esta región, donde totonacos y otomíes se dedicaban a explotar minas de oro y plata.[17]

En agosto de 1519, Cortés y sus hombres se hospedaron durante una semana en Iztaquimaxtitlán, señorío aliado de Moctezuma, cercano a Zautla y al cual esta población muy probablemente pertenecía. Francisco de Oliveros, conquistador portugués, la tuvo como encomienda, que heredó a su hijo en 1550, fecha de su muerte.[18]

El blanco templo de Zautla destaca en el marco del paisaje montañoso que rodea a esta pintoresca población, donde todavía se habla el náhuatl. A los franciscanos se les debe la introducción del culto jacobeo y la dedicación de la parroquia. La imagen del charro mexicano ha gustado mucho a los feligreses, que han vestido a su santo patrono con un traje de luces, sombrero de ala

[17] *Ibid.*, p. 1149.
[18] Peter Gerhard, *op. cit.*, p. 236.

ancha y botas vaqueras y un gran moño que adorna su chaqueta. Una capa roja y una espada recuerdan su calidad de Santiago Matamoros, así como su caballo, muy simpático, de cara rosada y unas largas orejas de conejo.

Santiago Xocanatlán

Al pie de la sierra, a unos kilómetros de Zautla, encontramos Xonacatlán, otro poblado también patrocinado por el Apóstol. Todo parece indicar que en este sitio los frailes franciscanos tenían una de las casas menores que dependían del convento-doctrina de Iztaquimaxtitlán.

La iglesia tiene dos imágenes escultóricas de Santiago que no son muy antiguas: una como apóstol en el altar principal y otra ecuestre sobre una mesa procesional. En la representación apostólica, el Santo lleva un sombrero de peregrino, un bastón con calabaza y una *Biblia*. En la procesional, va vestido a la manera de un militar de alto rango, cuyo estilo mezcla lo antiguo con lo moderno. El casco de reminiscencia española, adornado con una gran pluma, contrasta con las modernas casaca y capa con que se le ha vestido. La indumentaria del Santo muestra la libertad que gozan los feligreses para vestirlo, los cuales tal vez se guíen por gustos, modas, o simplemente, por meras cuestiones circunstanciales. Cualquiera que sea la razón, cada año le regalan al Santo una nueva indumentaria.

Xonacatlán es un poblado pequeño que termina en las faldas de un monte. Una roca vertical destaca respecto a las demás: se ha pintado de color azul, cielo imaginario en el cual se representa a Santiago volando sobre su caballo blanco. La pintura produce el efecto de que el Santo emerge de la roca. Las montañas y los montes eran adorados por los antiguos nahuas, porque creían que dentro vivían los dioses que producían la lluvia. En varias entrevistas y relatos que hemos recogido para este libro, una de las asociaciones más recurrentes que se establecen con el Santo es precisamente con el agua. Desde esa perspectiva, la original pintura de Xonacatlán muestra al Santo saliendo de un mundo acuoso. Aquí Santiago es una presencia ineludible, una marca que señala el territorio que patrocina.

Hueytamalco

El edifico de la parroquia no debe tener muchos años y es difícil de encajar en un estilo arquitectónico. Tanto la fachada como las torres están cubiertas de mosaicos, y ciertos elementos decorativos, como las balaustradas y el frontón, recuerdan la arquitectura clásica. En el friso de la iglesia, con mosaicos multicolores, se representa a Santiago a la manera de las estampas populares, es decir, volando sobre un caballo blanco y con varios musulmanes heridos a sus pies.

En Hueytamalco ha perdurado la tradición de la *danza de moros y cristianos*. Según Miguel Ángel Bello Pérez, representante y patrocinador de los bailarines,[19] fue introducida en 1926 por el presbítero Jesús Sánchez, al considerar que a los pobladores les faltaba diversión y en qué ocupar su tiempo libre.[20] Puesto que la danza era desconocida en el lugar, fue hasta San Martín Texmelucan por un instructor que hospedó en la parroquia. Magdaleno Montes, como así se llamaba el profesor, enseñó los pasos y los diálogos a un grupo de hombres y buscó a una banda de música para que interpretara la melodía que cada parte de la danza amerita.

Al principio, la danza se pensó como una obra de teatro; de ahí que se actuara en el atrio de la iglesia, como sucediera en el siglo XVI, cuando los misioneros llevaban a escena piezas teatrales para evangelizar a los indios. En 1935, en la fiesta del 25 de julio, por primera vez se interpretó al aire libre. Salvo algunos años en que dejó de actuar, desde que fuera introducida en Hueytamalco la danza de moros y cristianos no se ha dejado de interpretar en la fiesta patronal. En la preservación de esta danza tradicional han tenido mucho que ver sus integrantes y patrocinadores, como don Miguel Ángel, quien ha dado a conocer los argumentos y la forma en que se baila en un libro que ha financiado por cuenta propia.

SANTIAGO XALITZINTLA, AL PIE DEL VOLCÁN[21]

La comunidad más cercana al volcán Popocatépetl se llama Santiago Xalitzintla. Para llegar a ella se debe tomar El paso de Cortés, ruta que tomara el conquistador español y sus hombres para ir al encuentro con el emperador Moctezuma, por un camino que atraviesa los volcanes Iztaccíhuatl y Popocatépetl.

La mayoría de la población penosamente vive del campo; las tierras son de temporal y están a expensas a los rigores del clima. Por eso una de sus mayores preocupaciones son las tormentas, el granizo y los rayos. Para protegerse de las

[19] Hemos tomado los datos del libro *Danza de los moros y cristianos*, de Miguel Ángel Bello Pérez.

[20] Tal como lo hemos analizado en el capítulo III de este libro, esta danza no sólo tiene fines festivos, sino didácticos y religiosos, en tanto que muestra la superioridad de los cristianos respecto a los moros y el triunfo del cristianismo sobre el paganismo. Imaginamos que el sacerdote sabía cuáles los objetivos de la danza, de ahí su interés por llevarla a Hueytemalco.

[21] Sobre Santiago Xalitzintla hemos publicado un artículo, del cual hemos tomado la información que aquí se presenta. *Vid.* Araceli Campos Moreno "Al pie de los volcanes, Santiago", *Iacobus revista de estudios jacobeos y medievales*, núm. 17-18, pp. 318-343.

inclemencias del tiempo, en los montes que rodean el pueblo, los habitantes de Xalitzintla han clavado cruces y cuelgan amuletos de los muros del atrio de la iglesia.

La iglesia data de 1712, pero es probable que existiera otra construcción más antigua sobre la cual se edificó la del siglo XVIII. Dentro del atrio se construyó además una pequeña capilla dedicada a Santiago, a fin de utilizar este espacio para encender veladoras y evitar hacerlo dentro del templo.

Muchas imágenes de Santiago que se encuentran en el recinto sagrado han sido donadas por los feligreses, así como sus vestimentas y accesorios (sombrillas, pelucas, unas botas metálicas, capas), la puerta principal de la iglesia, la capilla, las fuentes y los faroles atriales. Llaman a estas donaciones "promesas", es decir, ofrendas para pedir, o bien para mostrar agradecimiento al Santo.

Tanto en el atrio como dentro de la iglesia hay en total 31 caballitos: en fuentes, luminarias, nichos, pinturas, esculturas, etcétera. Muchos acompañan al Apóstol, pero, vistos en conjunto, es indiscutible que predominan respecto al Santo.

La gran cantidad de caballitos que existe nos lleva a pensar en el nagualismo. El catolicismo censuró esta creencia, al relacionar a los naguales con el demonio, cuando en realidad estos seres tenían funciones agrícolas benéficas, como producir la lluvia, o perjudiciales, enviar granizo y tormentas, y ocasionalmente producían enfermedades.[22]

El nagualismo nace entre los huastecos. Nahualpilli (Mago Jefe, Principal Hechicero o Gran nagual) era un dios poderoso que poseía "todos los secretos necesarios para hacer descender la lluvia sobre el yermo desierto".[23] Los aztecas al conquistar a los huastecos robaron este dios y lo llevaron a Tenochtitlan, donde lo fundieron con Tláloc, deidad de la lluvia.

La evangelización no pudo erradicar el nagualismo de la mente de los indios, quienes lo reelaboraron bajo el marco de la nueva religión. Sustituyeron a los antiguos espíritus guardianes por los santos que la iconografía cristiana representa con animales, como san Marcos y el león alado, san Miguel Arcángel y la serpiente, san Martín y su caballo, santa Marta y el dragón, etcétera.[24] Elegidos patronos de sus comunidades, identificaron a estos santos con los ani-

[22] Gonzalo Aguirre Beltrán, *Medicina y Magia*, p. 98.

[23] *Ibid.*, p. 97.

[24] La apropiación del santoral cristiano llega a adquirir connotaciones tan interesantes como desconcertantes. Entre los huicholes, los santos se reconocen con el nombre de "delicados", es decir, sagrados e intocables, y sus atributos se conciben de manera diferente a los establecidos por la hagiografía institucional. Tal es el caso de Santiago apóstol, santo patrono en el arte de cabalgar, al cual se le imagina hijo de un huichol pobre, débil y haragán, que fue seducido por una mujer rica en una fiesta, Félix Báez-Jorge, *Entre los naguales y los santos*, p. 118.

males que los acompañan y con fenómenos atmosféricos, como el rayo, el granizo y las tormentas.

Santiago atrajo la atención de los naturales, por ser un guerrero y por el poderoso animal que lo acompañaba, nagual del Santo. Fray Francisco Ximénez, en su *Descripción histórica de la provincia de Chiapas y Guatemala* de 1720, señala que los indios eran muy inclinados a celebrar los santos que están a caballo, como Santiago y san Martín, en el entendido que no lo hacían por mera devoción, sino porque asociaban los caballos con sus antiguas deidades.[25]

En Santiago Xalitzintla la importancia que adquiere el animal es apabullante. Parece multiplicarse hasta en los resquicios del templo y los feligreses lo veneran igual o más que al jinete. A tono con las características del nagual, es el espíritu protector de Xalitzintla, que defiende a sus habitantes de los temporales. Recientemente, en una visita a este lugar, un vecino contó una historia protagonizada por Santiago y el Sacromonte (santo entierro muy venerado en un santuario ubicado en la cueva de un cerro), situado en el otro lado del volcán[26]. El relato fue el siguiente:

> Les voy a contar una historia, que a mí también me contaron aquí, en Ameca, en Amecameca; sí, allá, me lo contó un señor de allá; él cómo va a saber. Dice, un día, dice, el patrón fue allá, fue a invitar al Sacromonte:
> –Vas, porque ya va llegar mi fiesta.
> Entonces dice el Sacramontito:
> –Pero vete, porque, mira, en tu pueblo va a caer la manga de agua.
> Y Santiaguito viene y con su espada, y con su espada desbarató la nube.

En el relato, los santos se comportan como personas. El Sacromonte, amigo de Santiago, le aconseja regresar para cortar una tormenta que amenaza caer sobre su pueblo. Utilizando su espada, el Apóstol logra aniquilar el peligro y cumplir con la función que le ha encomendado su feligresía, esto es, proteger al pueblo de los temporales. Si como hemos dicho la población depende de los cultivos, el papel que se le ha otorgado no es un asunto menor, sino de vital importancia.

La relación de Santiago con los temporales ha sido documentada tiempo atrás, en el siglo XVII, por Jacinto de la Serna. El párroco, que oficiaba en el Valle de Tenango, refiere el caso de un tiempero que trató de alterar la dirección

[25] *Apud* Félix Báez-Jorge, *op. cit.*, p.166.

[26] Se encuentra en el pueblo de Amecameca, situado en el lado opuesto a Xalitzintla, en el estado de México. Como en otros pueblos cercanos al Popocatépetl, hay tiemperos, los cuales, en determinadas ocasiones, suben al volcán acompañados por los tiemperos de Xalitizintla. La imagen del Sacromonte es de caña de azúcar. Se considera sagrado el monte donde se encuentra y del cual deriva su nombre. En la cosmogonía náhuatl, la cueva podría ser una de las entradas al Tlalocan.

de las nubes y las tormentas para proteger la próxima cosecha de maíz. Entre los santos que invocó estaba Santiago, al que definió como un santo viril, valiente y de gran poder militar: "Santiago, el mozo, ayudadme para que [no] se pierdan las obras y hechuras de Dios poderoso".[27]

En la tradición oral también se manifiesta la relevancia del Santo y especialmente de su montura. En las calles de Xalitzintla todavía corre la leyenda de la aparición del Apóstol en un paraje cercano al pueblo. Si bien la relación del milagro varió de un informante a otro (como suele suceder en la literatura oral), en ningún caso se olvidó enfatizar el papel que en la aparición jugó el caballo del Apóstol.

Los lugareños cuentan que "el caballito", como cariñosamente lo llaman, escapaba de su pueblo donde vivía, para ir a Xalitzintla y beber la deliciosa agua de un arroyo que allí estaba. El Apóstol varias veces fue en busca de su montura, pero, ante la insistencia del animal de quedarse en Xalitzintla y cansado de sus frecuentes huidas, decidió avisar a un pastor que se quedarían en aquel sitio. La historia fue contada por Teodoro Álvarez, fiscal principal de Santiago en los siguientes términos:

> El Santo pus venía y venía a ensillar su caballo, seguía caminando él, él venía caminando. Hasta que entró uno, dice, uno que venía a cuidar, un pastor, y ese pastor fue que lo encontró allá, en el campo, lo vio adelante.
>
> –No, pues avisa, porque ya mi caballo no se quiere ir, ya no se quiere ir, y ya no se quiere ir, ¿y yo qué hago? Donde mi caballo, debo estar yo.

Como se aprecia en el relato, la cabalgadura actúa con independencia y decisión, y el Santo no tiene más remedio que acatar sus deseos. El argumento del Apóstol parece convincente: él estará donde su caballo esté, argumento que supone la unión entre el jinete y el animal, dos elementos que, aunque distintos, no se conciben separados. Según el fiscal, el propio caballo pidió a su dueño quedarse en el pueblo: "Aquí me quedo —le dijo— porque a mí me gusta, y aquí tengo qué comer y tengo agua".

La búsqueda del agua, fuente de vida, justifica plenamente la decisión del caballo de quedarse en Xalitizintla. El paraje donde se ubica la aparición es muy significativo, pues antaño fue un lugar fértil, bañado por un arroyo y es el sitio donde arranca el volcán. Los tiemperos, encargados de hacer las predicciones del clima, suben a adorar al volcán cada año, para pedirle que los beneficie con la lluvia.

[27] William B. Taylor, *Ministros de lo sagrado. Sacerdotes y feligreses en el México del siglo XVIII*, t. II, p. 444.

Puesto que se cree que el caballo es agente fertilizador, se le pide al Santo fructificar los cultivos y, en ocasiones, dar hijos a sus mujeres. Mónica Castera, oriunda del poblado, aseguró haber conocido a dos parejas infértiles que pidieron al Apóstol tener hijos. El Santo oyó sus súplicas y uno de los bebés nació, significativamente, el 25 de julio, por lo cual sus agradecidos progenitores lo bautizaron con el nombre de Santiago.

Como en muchas comunidades patrocinadas por el Santo, se cree que Santiago ronda las calles y los parajes cercanos. Nuestra entrevistada recuerda que cuando las calles no estaban asfaltadas se podían ver las pisadas del caballo que por la noche había salido de la iglesia.

Acerca de las numerosas imágenes ecuestres de Santiago que existen en la iglesia se puede decir que no reflejan la belicosidad y la agresividad de las imágenes españolas. Casi todas son pequeñas, y sus pacíficos jinetes montan caballos rechonchos, de patas cortas, sonrientes y de largas pestañas. A una de las representaciones se le ha colocado una capa muy larga, un sombrero redondo y de alas cortas y una gran sombrilla circular. De esta representación la mayordomía mandó hacer un montaje fotográfico, en la cual aparece el Santo volando sobre el pueblo de Xalitzintla. La fotografía, que se repartió en una de las fiestas, muestra plásticamente el sentimiento de que el Santo protege a su pueblo desde el cielo.

Además de las esculturas, también hay dos pinturas colgadas en las paredes. En una de ellas el Santo aparece en medio de los dos volcanes Iztaccíhuatl y Popocatépetl y encima de la iglesia. Al lado de la iglesia se observa un grupo de jinetes montados en caballos blancos, que representan al ejército cristiano, y un conjunto de moros con largas lanzas. Varias cabezas aparecen repartidas sobre el campo de batalla. La pintura, de gran colorido, tiene una inscripción en el marco de madera que dice "Señor Santiago aparece en los altos volcanes del pueblo de Xalitzintla".

Contrario a lo que podría esperarse, el patronazgo de Santiago es tardío. Es muy probable que el pueblo fuera fundado bajo la titularidad de los apóstoles Santiago y san Felipe, que siglos antes se festejaran el mismo día. Este hecho fue contado por el fiscal de la cofradía en términos confusos, pues en su testimonio ligó los nombres de los santos en una frase: Santiago-san Felipe, como si fueran uno solo. Finalmente, para dilucidar quién es el patrón de Xalitzintla, señaló al santo "del caballito".

Según el fiscal, Santiago no destronó al antiguo patrón de mala manera; la sustitución se resolvió sabiamente: la imagen del apóstol Felipe fue revestida con un bastón y un sombrero, insignias de Santiago. Prueba de esta transformación es un letrero que lleva la imagen con el nombre de "Santiago-Felipe". Asimismo, muy cerca del altar principal, hay imágenes procesionales que llevan grabadas los nombres de "Santiago-Felipe". Esta doble asociación no parece alarmar a los lugareños, quienes conviven con el recuerdo del que fuera el anterior patrón de su pueblo.

El acercamiento entre los dos santos fue favorecido por los franciscanos. En algunas obras del teatro de evangelización que se representaron en el área central de México, Santiago y Felipe aparecieron como personajes. Fray Bernardino de Sahagún lo señala en su *Historia general de las cosas de la Nueva España* y él mismo compuso una *Psalmodia cristiana y sermonario de los santos del año en lengua mexicana,* publicada en México, en 1583, en la cual dedica el mes de mayo a los dos santos, los cuales figuran juntos en las ilustraciones que acompañan al texto.[28]

Desde mediados y finales de la Colonia, Santiago desempeñó el papel de patrón local. Como suele suceder en otros lugares, el patronazgo da independencia e identidad a la comunidad que lo recibe. A los habitantes de Xalitzintla el cambio de patrono debió favorecerlos más, en la lógica de que un santo armado para la guerra y montado en una bestia poderosa, bien podría defenderlos de sus preocupaciones cotidianas, como los intempestivos cambios climáticos.

En relación al caballo de Santiago, vale la pena preguntarse por qué los indígenas han venerado a un animal que fue utilizado contra los suyos y, más aún, por qué un santo de profunda raíz hispánica ha proliferado en sus comunidades.

Algunas de las respuestas a estas interrogantes ya han sido contestadas a lo largo de estas páginas. Hemos visto cómo Santiago se nagualizó, al igual que otros santos, pues tomó el lugar de los espíritus guardianes precolombinos que resguardaban los cultivos de los temporales. La nagualización del Santo es el resultado de la apropiación que los nativos han hecho de los símbolos cristianos y de un complejo proceso de sincretismo religioso.

En cuanto a la paradoja de que los indígenas adoren a un santo que simboliza la conquista española y la sumisión de sus congéneres, habría que pensar que el culto a Santiago no fue una copia de la devoción que se le rendía en España. Como acertadamente lo señala William Taylor, en tierras mexicanas adquirió nuevas significaciones. Durante la Colonia, entre los nativos se esparció la idea de que podían compartir la formidable fuerza del Santo y su caballo. Se dio, entonces, una inversión de valores: el Santo hispánico pasó a ser de los indígenas; los conquistados ahora simpatizaban con él porque deseaban adquirir sus poderes extraordinarios. Taylor documenta casos notables, como el del

[28] María Concepción García Sáinz, "Santiago en el camino de la Nueva España", *Santiago y América,* p. 153.

cacique Nicolás Montañés, quien, en 1531, "atribuía su victoria contra sus enemigos chichimecas más a la ayuda del apóstol Santiago que al valor de los muchos guerreros indios que lucharon bajo su mando"".[29]

Por otra parte, se puede considerar que al quedarse sin dioses los indígenas debieron buscar otros que cumplieran sus expectativas. Santiago fácilmente fue identificado con Huitzilopochtli, dios dedicado al arte de la guerra como el santo guerrero de los españoles. Como Huitzilopochtli llevaba un arma mortal, la espada, semejante al rayo que, según la mitología azteca, había empuñado para matar a la Luna y las estrellas.

Es muy probable que los naturales fueran perdiendo el miedo que les causara en un principio el Santiago y que admiraran su arrojo, así como la fuerza del caballo y de su espada. Al hacerlo suyo, podían apropiarse de sus cualidades.

> Fue así como en los siglos XVI y XVII, muchos señores indígenas, a raíz de los combates, tomaron el nombre del Santo, pensando así, de modo mágico, se les vendría encima la fuerza que Santiago transmitía a los españoles. El primer caso conocido fue el del hijo de la cacica de Tonalá. Otro interesante es el de un cacique de la jurisdicción de Durango, quien alrededor de 1600, suscitó una rebelión de los indios. Adoptó el nombre de Santiago porque, según confesó, había oído decir a los españoles que aquel santo era su patrón y escudo en el combate.[30]

Sin duda, el caballo del Apóstol estimuló y continúa estimulado el imaginario colectivo. Santiago Xalitzintla lo ejemplifica con la apabullante presencia de imágenes equinas que tiene su iglesia, sin la belicosidad y la agresividad que caracterizan a los caballos españoles. Los artistas populares hicieron de los caballos animales simpáticos e inocuos. Visto así, el caballo del Santo resulta un sujeto de culto aprehensible, entrañable, con el cual es fácil la comunicación.

Sin duda, el patrón de Xalitzintla, Santiago y su caballito, satisface las necesidades de los pobladores, quienes se sienten orgullosos de que en el humilde pueblo donde moran, en las orillas de un imponente volcán que continuamente humea, se haya aparecido nada menos que el apóstol Santiago.

[29] William B. Taylor, *op. cit.*, p. 437.

[30] Louis Cardaillac, *Santiago apóstol, el santo de los dos mundos*, p. 240.

Santiago en Querétaro y la Sierra Gorda

Dice un hombre que ha visto a Santiago
en tropel con doscientos guerreros,
iban todos cubiertos de luces,
con guirnaldas de verdes luceros,
y el caballo que monta Santiago
era un astro de brillos intensos.

Federico García Lorca

De una aparición a otra

Como ya antes lo hemos mencionado, las crónicas de la Conquista registran la aparición de Santiago en México. Supuestamente ayudó al ejército de Cortés en la batalla de Centla (marzo 1519). Meses más tarde, vuelve a presentarse, esta vez en la explanada del Templo Mayor en México. Según Gómara, los indios dijeron que "el caballo hería y mataba tanto con la boca y los pies y manos como el caballero con la espada".[1] De nuevo, el 14 de julio de 1520, Santiago, que no escatimaba sus favores a los suyos, aporta su ayuda a los castellanos en la batalla de Otumba, episodio que refiere Muñoz Camargo:

> En este lugar, vieron los naturales visiblemente pelear uno de un caballo blanco, no le habiendo en toda la compañía, el cual les hacía tanta ofensa que no podían en ninguna manera defenderse dél ni aguardarle; y así en memoria de este milagro, pusieron en la parte que esto pasó una ermita del apóstol Santiago.[2]

En la conquista posterior del territorio que será la Nueva Galicia, Santiago seguirá en su papel de "ayudador" de los cristianos. En Tetlán, cerca de Tonalá, el 25 de marzo de 1530, se desarrolló una reñida y sangrienta batalla

[1] Francisco López de Gómara, "Conquista de México", en *Historiadores de las Indias*, t. XXII, pp. 295-455.

[2] Diego Muñoz Camargo, *Historia de Tlaxcala*, p. 228.

contra los indígenas sublevados. "Los desbarató Santiago", muchos indios murieron, y algunos, que lograron huir por una quebrada, salvaron la vida.

A partir de allí, la penetración española se dirige hacia varias direcciones y Santiago la sigue acompañando. En el centro del país, el 25 de julio de 1531, se dio una batalla en que se enfrentaron los españoles con los indios otomíes en el cerro de Sangremal, cerca de Querétaro; los españoles invocaron en su ayuda a su santo patrono, señor Santiago, cuya fiesta se celebraba en aquel día. El Santo acudió a sus súplicas, viniendo inmediatamente a su socorro. La aparición estuvo rodeada de varios prodigios: se produjo un eclipse de sol y se oscureció de tal manera que en el cielo se vieron las estrellas. En lo alto del cielo se aparecieron una cruz luminosa y el apóstol Santiago sobre un brioso corcel. Se terminó el día con una doble victoria, la de las armas y la de la conversión de los nativos. "Ante ese prodigio —añade el cronista— cesó la porfiada refriega y el hecho milagroso causó reverente admiración y arrancó muchas lágrimas a los gentiles quienes abrazaron gustosos la luz del evangelio".[3] Desde entonces, se dio a la ciudad el nombre de Santiago de Querétaro y en su escudo figura todavía hoy la imagen del Apóstol.

Los protagonistas de la batalla que se dio a partir de las seis de la mañana fueron dos caciques: el indio tlaxcalteca don Fernando de Tapia y don Nicolás de San Luis Montañés. Ambos se habían cristianizado y como prueba definitiva de su asimilación habían cambiado sus nombres indígenas.

Una investigación reciente emite la hipótesis, por cierto muy bien documentada, de que Nicolás de San Luis Montañés fue "el creador, el mistificador" de ese día señalado. El autor del artículo, Ignacio R. Frías y Camacho, establece que el cacique había recibido de Cortés, a modo de recompensa por su valiosa ayuda en la pacificación de otras tierras, doce arrobas de pólvora, treinta escopetas, un magnífico caballo blanco y una armadura de caballero. Según parece hizo estallar la pólvora en plena batalla y en medio del gran humo que allí nació (hasta ocultar el sol) salió el cacique, como caballero medieval, montado en su caballo blanco. ¿Escenificación perfecta, parodia de aparición, celo excesivo de un neófito? Es posible y aún probable.[4]

Pero lo más interesante es que los cronistas guardan silencio sobre los nombres de los españoles que participaron en la batalla. Aquí parecen oponerse cristianizados contra chichimecas idólatras. Por ahora, Santiago no abando-

[3] Rafael Heliodoro Valle, *Santiago en América*, pp. 26-27. Cita varios cronistas queretanos: Isidro Félix de Espinosa, Nicolás de San Luis Montañés, Valentín F. Frías, Juan Antonio Servín Lozada y José Fernández Rojas.

[4] Ignacio R. Frías Camacho, "La conquista de Querétaro por Nicolás de San Luis Montañés o el apóstol Santiago", en *Mural*.

nó los intereses de los españoles, pero sí está ya entre las manos de los indígenas aliados, ¡y de qué manera!

Parece ser que los cronistas franciscanos contribuyeron a crear la anécdota religiosa. Una vez conquistado el pueblo, bien podía entregarse a Santiago y a los franciscanos. La vida se va a organizar en los primeros veinte años como base militar y religiosa de la que van a salir campañas militares de pacificación en territorios chichimecas, encabezadas por los otomíes, y campañas de evangelización.

El caso de don Nicolás de San Luis Montañés, cacique otomí, a quien Cortés regaló un magnífico caballo blanco y que ganó junto con don Hernando de Tapia la batalla de Sangremal, es particularmente interesante. Aparece asimilado cuando ya posee un caballo y lo monta, se le ve como un prototipo transcultural en el mundo indígena. El caballo ha servido de catalizador, facilitando la operación de la integración perfecta; un indígena es ya caballero cristiano.

El otro cacique otomí conocido como Conín, y por su nombre cristianizado Fernando de Tapia, también se asimiló completamente a la cultura española. Construyó el primer convento franciscano en 1548. Del primitivo convento sólo se conserva, en la fachada del actual templo de san Francisco, un relieve de cantera rosa que recuerda la fundación de la ciudad. Representa la aparición de Santiago en el cielo; es un caballero armado que contempla los moros que yacen deshechos a los pies de la montura.

San Francisco y Santiago fueron los dos grandes santos particularmente venerados aquí. Los religiosos franciscanos dedicaron la primera iglesia que hubo en Querétaro, y que de hecho fue su primera parroquia, al apóstol Santiago. En un principio, no fue más que una pequeña ermita que conservaba la milagrosa cruz de piedra, supuestamente aparecida en el curso de la batalla de Sangremal. En 1654, se edificó una iglesia más amplia con un convento anexo a ella y en 1682, una bula del papa Inocencio XI fundó allí un Colegio de Misioneros de *propaganda fide*. Actualmente el templo está dedicado a la Santa Cruz.

Más tarde se construyó una iglesia especialmente dedicada a Santiago en la parte baja de la ciudad y cuando se creó la diócesis de Querétaro en 1863, la bula de erección del papa Pío IX confirió a Santiago el Mayor la titularidad de la catedral y lo estableció patrono principal de la diócesis. Ya gozaba el Apóstol del título de patrón de la ciudad desde su fundación.[5] En el curso de los años la ciudad de Santiago de Querétaro se llamó a secas Querétaro. Pero desde hace unos diez años, las autoridades decidieron volver a la primitiva apelación.

[5] Para más detalles ver el libro del sacerdote Manuel Malagón Castañón, *La titularidad de Apóstol Santiago el Mayor en la primera parroquia de Querétaro y su patronato en la diócesis de Querétaro y titular de la santa iglesia catedral*.

Las parroquias de Santiago de Querétaro conservan desde el siglo XVIII figuras de Santiago apóstol con rasgos de peregrino. Una de ellas es la escultura del queretano Mariano Arce, a la que ya nos hemos referido en el capítulo de iconografía.

La Sierra Gorda: una evangelización de altos riesgos

La Sierra Gorda ocupa partes importantes de los estado de San Luis Potosí, Guanajuato, Hidalgo y Querétaro. En fecha muy temprana los españoles se apoderaron de la zona. Nuño Beltrán de Guzmán, gobernador del Pánuco, firmó el 6 de octubre de 1533 una cédula por la cual se adueña del lugar y naturales. Al pie de la sierra se funda la villa de Santiago de los Valles; desde allí, en una carta, el gobernador se queja de los chichimecas del macizo vecino: "Defienden bien su capa sin tenerla y pelean y escaramuzan como si fueran moros de Granada".[6]

Los agustinos

Por esas fechas, exactamente en 1537, los agustinos tienen sus primeros contactos con los chichimecas-pames de la Sierra Madre Oriental, después de haber evangelizado a los nahuas y otomíes en la Sierra Alta y en la Huasteca.

Cuando en 1550, los españoles llegan a la Sierra Gorda Oriental, los acompañan los primeros misioneros, fray Antonio de Roa y fray Luis Gómez. Con ellos empezaban doscientos años de trabajos heroicos y pacientes de los misioneros agustinos en la Sierra Gorda. Allí supieron adaptar sus acciones a la forma de existencia peculiar de los chichimecas.

Las relaciones fueron a veces muy difíciles: se produjeron varias sublevaciones de chichimecas. En 1568 fueron quemados algunos pueblos, entre ellos Jalpan. También mataron a los frailes agustinos Ambrosio de Montesinos, Francisco Peralta y Alonso de la Fuente.

Diez años más tarde se produjo otra rebelión (1587-1588). Los sublevados destruyeron el convento de Montserrat de Tzitzicaxtla y mataron a fray Juan de las Peñas. Los agustinos no se desanimaban: uno de ellos se destacó por su celo evangélico, el holandés, fray Cornelio Bye que bautizó indígenas a millares, se calcula que unos 16 000 en una década.

[7] José de Jesús Solís de la Torre, *Bárbaros y ermitaños. Chichimecas y agustinos en la Sierra Gorda, siglos XVI, XVII y XVIII*, p. 102.

Las sublevaciones eran una manera de oponerse a la estrategia de sedentarización que se aplicaba a los nómadas, ya que el hábitat ultradisperso dificultaba el esfuerzo de los misioneros. Esta sociedad de cazadores-recolectores se sintió desestabilizada cuando se le quiso suprimir su modo de vida ancestral y transformarla en sociedad de agricultores. Es una de las explicaciones a esas reacciones violentas.

Una manera de acercarse a la población era que cada aldea que se transformaba en pueblo conservara su apelativo vernáculo, pero al mismo tiempo, se le añadía un nombre religioso, colocándolo así bajo la protección de un santo. La toponimia indígena cristianizada es una clara señal del acercamiento buscado.

En general, el santo patrón no fue elegido arbitrariamente. Muchos son los casos en que se relacionaba con el dios tutelar local. Santiago y san Miguel frecuentemente substituyeron a dioses guerreros y la Virgen María tomó el relevo de las diosas madres. En la Sierra Gorda, Jalpan se llamó Santiago de Jalpan. Pero, a falta de otra información, podemos suponer que aquí fue por motivo pedagógico: era necesario enseñar a los indígenas la imagen de un santo a caballo y con espada que sabía vencer a sus enemigos, representados aquí por el moro pisado por el caballo. La verdad del evangelio tiene que vencer finalmente, cualquiera que sea el respeto manifestado a los valores tradicionales.

En 1608 se reunieron en la ciudad de México el provincial del Santo Evangelio (franciscano) y el de la Provincia del Santo Nombre de Jesús (agustino). Durante años los celosos hermanos menores pretendieron la exclusividad misional de la Sierra Gorda, pero tuvieron que darse cuenta que no la podían lograr por faltarles ministros que supiesen hablar como los chichimecas, mientras que los agustinos sí tenían frailes hablantes de las lenguas indígenas.[7]

En la junta los dos provinciales decidieron transferir buena parte de la zona de los chichimecas-pames a los agustinos: la zona de la Conca, Santa María, Jalpan y Jiquilpan, con alguna que otra misión más pasó a los frailes ermitaños en 1609. El cronista fray Esteban García nos da su visión de la zona y de sus habitantes en esos principios del siglo XVII:

> El uno se llama Xalgan [Jalpan], dista de México hacia el norte casi cuarenta leguas. La gente es muy rústica y feroz de su naturaleza, aunque ha muchos no hacen daño la gente, que en los ganados lo hacen cada día o por mejor decir, cada noche que con las lunas han destruido haciendas muy gruesas. La lengua es diferente en cada ranchería y como no tienen pueblos formados ni asiento permanente, a modo de árabes de África, no se consigue el fruto que se desea, por-

[7] Para más informaciones ver el libro de Solís de la Torre *ut supra*, especialmente el capítulo VIII.

que la tierra es muy áspera, montuosa y tan larga que llega hasta el mar del norte, y ellos andan siempre en quebradas tan profundas o en alturas tan ásperas que es muy difícil hallarlos y así sólo se administran los que acuden.

En cada convento suele haber dos religiosos, ermitaños en el nombre y en hecho, que pasan harto trabajo por la escasez de lo necesario que llega de muy lejos; hay un río tan caudaloso que no se puede vadear en tiempo de aguas y es forzoso prevenirse de harina y carne salada para los seis meses de las aguas, pues si llevan animal vivo, lo hurtan para comer los chichimecas, que es nación muy carnívora, sin perdonar sabandija, aunque sea muy ponzoñosa, quitan las partes donde tiene la ponzoña y comen el resto. Son pobrísimos conventos, porque los indios no dan obtención ni limosna por la administración. Antes suelen saquear los conventos o por lo menos se les da lo que piden, por caridad y miedo. La caja real de México da quinientos pesos a cada convento (anuales) cobrados tarde y con merma, que es muy corto estipendio y más comprando todo lo necesario a precios excesivos, por estar tan apartados del comercio. Mas todo es tolerable por bautizar aquellas almas y descargar la real conciencia.[8]

A fines del siglo se agudizó la competencia entre órdenes religiosas. Los franciscanos, desde varias décadas habían extendido sus zonas de evangelización: los de Michoacán que misionaban en el suroeste de la Sierra Gorda se pasaron hacia el noroeste y los de México del este al sureste. Pretendieron otra vez la exclusividad de la evangelización en la Sierra Gorda.

En 1744, presionados por las autoridades que estimaban que este tipo de evangelización no llegaba a satisfacer los intereses coloniales, los agustinos del centro de la Sierra Gorda abandonaron sus misiones. La feligresía que entregó el último ermitaño de la zona, fray Lucas Cabeza de Vaca, a sus sucesores era de 7000 pames: 3480 en la misma misión y los demás dispersos en una enorme jurisdicción misional.[9]

Los franciscanos

Los franciscanos de la provincia de Michoacán fueron los primeros en penetrar en la Sierra. Construyeron un convento en Tolimán. El atrio y el convento formaban un sistema de defensa. La muralla tenía una torre de vigilancia y aún se conserva una hermosa pila bautismal del siglo XVI, con elementos del sincretismo religioso (como flores y rombos con círculos en el centro).[10]

[8] *Ibid.*, pp. 102-103.
[9] *Ibid.*, p. 307.
[10] *Querétaro, tesoros de la Sierra Gorda*, p. 38.

Hacia 1610 se abandonaron varios asentamientos de misiones debido a los ataques de los indios jonaces. En 1617, la penetración llegó hasta el valle de Concá.

Los franciscanos de la provincia del Santo Evangelio de México entraron a partir de 1607 en la Sierra, procedían de sus misiones en la Huasteca. Se atribuye a fray Juan de Sanabria la pacificación de los indios pames de Cerro Gordo, que se habían sublevado desde 1615. A partir de 1683 fundaron varias misiones que tendrán sólo existencia efímera, entre ellas Santiago del Palmar. Lo mismo pasó con la misión de Santa Teresa de Maconí, que tuvo que enfrentarse con los intereses particulares de los hacendados.

El Colegio de la Santa Cruz de Querétaro era la sede misional franciscana de la Sierra. Cadereyta, fundada en 1640, les sirvió de base de penetración a partir de 1683. A mediados de 1732, fue el Colegio de San Fernando de México el que tomó el relevo, pero el envío de dos misioneros, con el plan de fundar misiones, fracasó.

En 1740, los franciscanos fernandinos de México fundaron San José de Vizarrón, no muy lejos de Cadereyta, pero tuvieron que enfrentarse con los indígenas jonaces que no se dejaban dominar por medios pacíficos. Por fin en 1744, las autoridades quitaron las misiones del centro de la Sierra Gorda a los agustinos. Se les acusaba de no haber cumplido con la evangelización. Las misiones fueron dadas al Colegio de San Fernando de México que ya misionaba en San José de Vizarrón.

Por aquel entonces comenzó la gran época de las misiones y del célebre misionero fray Junípero Serra, que fue el coordinador de otros once frailes de su orden. Fundaron cinco misiones franciscanas en la parte oriental de la Sierra Gorda, en pueblos ocupados precedentemente por los agustinos: Jalpan, Tancoyol, Landa, Tilaco y Conca. Fueron misiones muy activas hasta 1770, cuando ya se encargó de ellas el clero secular.

En memoria de su estancia nos quedan cinco joyas barrocas, cinco templos de cal y canto y bóveda, construidos con mano de obra pame. El de Jalpan está dedicado a Santiago. Es digno de los templos que se construyeron en el momento de las grandes empresas misioneras del siglo XVI. Fray Junípero Serra que sabía la lengua indígena y se metía a trabajar con sus fieles, actuando de peón, emprendió y dejó casi terminada la construcción del templo, después de permanecer allí de 1750 a 1758.

Los dominicos

Los dominicos también fueron a la Sierra Gorda, a la zona de los chichimecas jonaces, reconocidos como los indios más bravos, difíciles y antisociales, que vivían sin ninguna organización social, la mayoría en cuevas.[11]

Los franciscanos que habían sido encargados de la zona se quedaron allí poco tiempo (1683-1684) y se fueron, al parecer, desanimados por el poco éxito de su empresa. Los dominicos de la provincia dominicana de Santiago de México, a petición del virrey, aceptaron hacerse cargo de la conversión de esos chichimecas jonaces, creando la misión de Santo Domingo de Soriano en 1705. En la zona fray Luis de Guzmán logró apaciguarlos y asentarlos en la misión. Aquí los dominicos van a ser fieles a sus principios misioneros y van a defender a los naturales. Para eso "tuvieron que luchar a brazo partido con las autoridades civiles, con los militares de fronteras y con los hacendados circunvecinos de las misiones, pues todos se creían con el derecho de explotar a los pobres indios".

Los religiosos fundaron las misiones en lugares donde los nativos podían edificar sus jacales, cultivaban las tierras, criaban ganado y, al mismo tiempo, recibían instrucción religiosa y vivían en sociedad.

Sin cesar, los dominicos enfrentaron innumerables dificultades. Sus principales opositores eran los hacendados próximos a las misiones, quienes a pesar de poseer territorios enormes, no querían dejar una pequeña parte de los terrenos robados a los indios. Los hacendados, además, propagaban mil calumnias acerca de los frailes.

También los misioneros sufrieron abusos de los militares de fronteras, los cuales no respetaban ni el carácter sagrado de la iglesias de donde sacaban a los indios para maltratarlos y aun matarlos, con el pretexto de que cometían algunos robos en las haciendas. Así que los frailes se vieron en la necesidad de denunciar esos atropellos ante el virrey y ante el mismo rey de España, Carlos II, patrono de las misiones.

La tensión llegó a tales extremos que los frailes no vieron más solución que pedir al virrey, en 1703, que diera la orden de retirar de la Sierra Gorda a todos los militares. Quisieron aplicar otra vez la política misionera de fray Bartolomé de Las Casas que dio tan buenos resultados en la Tierra de guerra (actualmente Guatemala), en el siglo XVI, que estuvo basada en las relaciones de

[11] Utilizamos aquí los datos proporcionados por Esteban Arroyo en su libro *Los primeros y principales abanderados de los derechos humanos de los indios fueron los misioneros dominicos (según sus cronistas de los siglos XVI, XVII y XVIII)*. Más informaciones en Esteban Arroyo, *Las misiones dominicanas en la Sierra Gorda de Querétaro.*

confianza establecidas con las comunidades indígenas. El virrey aceptó la propuesta de los dominicos y nombró al fraile Luis de Guzmán, dominico y vicario provincial de las misiones, como teniente capitán general de la Sierra Gorda.

Ya las cosas tomaron otro rumbo. Se comenzó reconociendo públicamente la dignidad y capacidad de gobierno de los indios. Hasta se dio a los de mayor confianza cargos de autoridad civil y se les trató con mucha delicadeza, como a seres humanos. Así que en poco tiempo se logró reducir a todos los indios que moraban en esas tierras inhospitalarias.

Pero la partida no estaba ganada definitivamente. A la muerte de fray Luis de Guzmán, algunos se remontaron de nuevo a la sierra, temerosos que, después de perder su amparo, tuvieran que sufrir de nuevo atrocidades por parte de las autoridades civiles y militares, como así pasó. El 7 de junio de 1711, cuatro de ellos escribieron al virrey:

> El día 28 de este mismo mes de mayo, lunes, salió el alcalde mayor con todos los españoles de la Villa de Cadereyta a nuestras rancherías que tenemos junto a las haciendas de las Aguas, y al amanecer nos cayeron, estando durmiendo; y después allí ahorcaron a cinco y abusaron de dichas indias; y luego pasaron a las faldas de la Sierra Gorda donde apresaron a Nicolás Mina, gobernador de la Sierra, y lo aporrearon junto con sus compañeros y un muchacho de catorce años [...] le pedimos, excelentísimo señor, que nos ampare por Nuestro Señor y mire también a nuestra causa, pues con toda crueldad se ha obrado con nosotros.[12]

Así avisaban los evangelizadores y los mismos indios que sólo podían florecer las misiones en un ambiente de paz y en el reconocimiento de la dignidad indígena. Lo que hacían los misioneros, muy a menudo lo deshacían los militares y muchos cristianos no militares. Bien fueron los dominicos, con o sin Santiago, "los principales abanderados de los derechos humanos de los indios".

Finalmente, los religiosos de las tres órdenes mendicantes, trabajando en una misma viña, pretendían un mismo fin y las más de las veces llegaban a acuerdos jurisdiccionales, aunque en algunas circunstancias se produjeron rivalidades que dañaban las buenas relaciones fraternales.

Los agustinos fueron los más activos en la Sierra Gorda, pero a partir de 1774 fueron sustituidos por los franciscanos. Cuando los últimos de los agustinos salieron de allí, en 1859, año en que fueron exclaustrados todos los religiosos del país por las leyes de Reforma, habían transcurrido 322 años desde la llegada en 1537 de fray Antonio de Roa.[13]

[12] *Ibid.*, p. 455.

[13] Solís de la Torre, *op. cit.*, pp. 315-316.

Santiago en la Sierra Gorda

El apóstol Santiago no está —cuantitativamente— muy presente en la Sierra. Allí sólo dos pueblos llevan su nombre: el uno, fundado por los agustinos como dependencia de Jalpan, Santiago de Tongo, y el otro, Santiago del Palmar, que fue una de las misiones efímeras fundadas por los franciscanos a partir de 1683.

Santiago está presente en Jalpan, ya que la iglesia del convento, hoy iglesia parroquial, está bajo su patronazgo. Su hermosísima fachada bien merece ser analizada. Su estudio nos llevará una vez más a algunas consideraciones sobre el arte cristiano mexicano y las aportaciones indígenas.[14]

Una fachada barroca

La estructura es común a muchos templos, con algunas variaciones. Aquí dos grandes entablamentos definen los tres cuerpos. Tiene cuatro filas de columnas estípites, las dos interiores se resuelven en el tercer cuerpo en salomónicas. Esto significa que estamos en presencia de una hermosa fachada barroca de exuberante decoración que da a ese tipo de fachada-retablo un sello inconfundible. Esos adornos son de todo tipo: flores y florones estilizados, frutas varias, como granadas al pie de las columnas estípites, pámpanos y también mazorcas de maíz. Todo aquello se presenta en guirnaldas y arabescos, volutas y roleos que sugieren el movimiento dentro de este conjunto de argamasa. No hay que olvidar tampoco las ocho cabezas de ángeles diseminadas en las columnas, así como representaciones humanas repartidas en cuatro medallones en el cuerpo de abajo.

Se añade a esta profusa decoración otro elemento que suele encontrarse a menudo en los templos de este estilo: una graciosa ventana de ingenioso dibujo que simula a los lados un pesado cortinaje recogido por ángeles. Encima de la ventana, otro cortinaje flanquea la escultura de Santiago, hoy sustituida por un reloj. El caso de las cortinas en el arte barroco correspondía a la visión de la vida que se transmitía en la época, la del gran teatro del mundo. El arte barroco por algunos elementos evoca la escenificación teatral (pensemos en la disposición de la Plaza San Pedro del Vaticano).

¿Cómo pudo llegar al arte barroco a la Sierra Gorda? Se sabe que fray Junípero Serra en 1749 pasó nueve meses en la ciudad de México. Allí pudo conocer importantes obras arquitectónicas de composición y diseño barroco que

[14] Al respecto, fue valioso el libro *Querétaro, tesoros de la Sierra Gorda*, ya citado en páginas anteriores.

acababan de concluir o que estaban en proceso, como la sede de los jesuitas, La Profesa, o el altar de los reyes en la catedral metropolitana donde por primera vez se utilizó el estípite como elemento decorativo en el barroco mexicano. No se sabe si Junípero Serra llevó a la Sierra algún alarife al tanto de esas novedades, pero el resultado está allí presente.

Una construcción franciscana en honor a Santiago

También los frailes dejaron en esos templos y en esas fachadas la marca de su orden. En esos conventos-fortaleza construidos en un territorio en curso de evangelización, se descubren los elementos básicos de los conventos construidos por los franciscanos en el siglo XVI. Delante de la construcción, un amplio atrio rectangular estaba delimitado en los ángulos por capillas posas que servían de estaciones en las procesiones y en ellas se "posaba" la custodia con el Santísimo en el curso de esos actos religiosos. Algunos de esos conventos las conservan todavía. Es probable que existieran en todos, pero varias fueron destruidas.

La fachada de Santiago de Jalpan venera al santo patrón de la iglesia: la estatua de Santiago ocupaba el sitio de honor, encima de todos los adornos. También se venera al fundador de la orden. En el segundo tramo, en correspondencia con la parte alta, hay un escudo franciscano con la tradicional representación de dos brazos cruzados clavados en una cruz, el uno de Cristo, desnudo, y el otro de san Francisco, con su vestimenta. En las dos manos se representa la llaga de la crucifixión. Además, en la parte inferior, en un pequeño medallón hay otro emblema franciscano: las cinco llagas de los estigmas de san Francisco.

Como es de tradición en las iglesias de la orden, a cada lado de la puerta de entrada, dos nichos alojan las esculturas de san Pedro y san Pablo, los dos pilares de la fe: el primero, jefe de la Iglesia y el segundo, gran misionero, "el apóstol de los gentiles".

En el tramo bajo, también de cada lado de la puerta, pero esta vez entre los dos estípites, en sus respectivos nichos, tenemos a san Francisco de Asís y a santo Domingo, los fundadores de las dos grandes órdenes que evangelizaron la Sierra.

Por fin, también entre los estípites del segundo tramo, aparecen las imágenes de la Virgen de Guadalupe y la española Virgen del Pilar. Es notable que en esta fachada dedicada a Santiago, la veneración de María corra pareja con la del Apóstol. De la misma manera que los cronistas de la Conquista señalaban que en varias apariciones se mostraron juntos, en muchas iglesias mexicanas se asocian el culto de la Virgen con el de Santiago. Como ya lo señalamos, la orden franciscana era muy devota de los dos.

A pesar de su ausencia en lo alto de la fachada, el Apóstol está aquí muy presente a través de símbolos de evidente interpretación. La puerta de acceso al templo que se inscribe en un arco de medio punto está engalanada con una magnífica concha embutida, y esta misma concha es el motivo central de la fachada, ya que el lucernario que da luz al coro interior se incluye dentro de una concha de forma romboidal que pregona que el edificio se levantó en honor del Apóstol.[15]

Y una mano de obra indígena

En la parte más baja de la fachada, llama la atención un motivo decorativo que se repite a los dos lados: un águila bicéfala que devora una serpiente. Se trata del emblema de la casa de los Austrias que reinó España en los siglos XVI y XVII. Aquí tenemos un ejemplo del sincretismo cultural propio de los monumentos levantados por indígenas bajo dirección cristiana. Por su localización, este motivo aparece como si fuera la firma de los operarios.

¿Qué podía representar en la mentalidad indígena el uso de tales símbolos? Probablemente, el águila bicéfala no evocaba la dinastía de los Habsburgo; para los escultores sólo podía ser un elemento más de los que adoptaron de las representaciones europeas. El águila, a la par que los atlantes de Concá o las sirenas de cola con escamas de Tilaco, alimentan el imaginario del artista que lo recrea con algunas especificidades locales. Así "se integran en la decoración de las fachadas elementos o símbolos prehispánicos de gran significado, que para los indígenas eran parte de su lenguaje cotidiano con los dioses y ritos del pasado, lenguaje obviamente incomprensible para los frailes constructores".[16]

De esta manera, la profusa vegetación y los frutos que se han esculpido en la fachada, pueden interpretarse como símbolo de grandeza y ofrenda ritual. En esta nueva cosmogonía se mezclan (aquí o en las demás fachadas de las misiones) los animales rampantes, las caras de dioses con lenguas bífidas, ángeles con instrumentos musicales que llevan penachos de plumas de carácter guerrero prehispánico. También hay águilas, tigres y jaguares (representación de lo sublime), conejos (símbolos de la embriaguez ritual) y el caracol (asociado a la fecundidad).

[15] Otra ventana que repite el motivo de la concha, también subrayado con pintura roja, se sitúa al pie de la torre, fuera de los límites de la fachada.

[16] Ortiz Lajous, *op. cit.*, p. 68.

Un nuevo lenguaje llega hasta nosotros, a veces difícil de interpretar. Algo parecido pasó con el arte mudéjar en España: los moriscos aragoneses aportaron a los templos cristianos su propia simbología y hasta se ha demostrado que, en algunos de ellos, la caligrafía musulmana utilizada como adorno, no era más que un versículo de Corán (los cristianos no lo sabían leer) y en la pared de enfrente unos caracteres góticos podían expresar una frase evangélica. Caso extremo, producto de un choque de civilizaciones, la musulmana y la cristiana, parecido al choque que se produjo en México y que también se refleja en el arte.

La Sierra Gorda, un enclave misional en el centro de México[17]

Muchos intentos de penetración y de pacificación por parte de las órdenes mendicantes en el territorio de la Sierra Gorda, no dieron los resultados esperados. La zona, reducto de los indios chichimecas, fue una de las últimas regiones evangelizadas y dominadas en el siglo XVIII.

Este macizo montañoso no fue, pues, una zona de frontera, sino una zona de guerra cerrada sobre sí misma. Las órdenes religiosas, cada una a su manera, aportaron a las etnias pames y jonaces los valores evangélicos y de la civilización castellana.

Los chichimecas mantuvieron un estado de guerra que duró de 1550 a 1600. Sus ataques eran frecuentes y muchas veces tomaban la forma de emboscadas. La situación conflictiva con los indígenas se acentuó con la apertura del Camino de la plata que pasaba por el territorio chichimeca y conectaba las minas de Zacatecas con México. De una parte y otra hubo saña y violencia. A partir de 1576 un ramal del camino pasó por Jalpan. Las encomiendas de la Sierra Gorda se organizaron para protegerse de los indios y para apoyar a las misiones. El papel de las misiones era doble: primero suponía una defensa contra ataques indígenas (y así los conventos se organizaron como fortines con sus almenas y muros defensivos) y al mismo tiempo defendían a los indígenas del rigor militar.

En tales condiciones no podía prosperar Santiago. Aquí, a diferencia de lo que pasó en Oaxaca, no se trataba de sustituir a unos ídolos por santos; la labor misionera tuvo cauces muy diferentes. En la Sierra Gorda, los indígenas rendían culto a las fuerzas de la naturaleza y poseían alguna que otra representación de sus dioses. Se sabe que entregaron a fray Junípero una representa-

[17] *Vid.* Lino Gómez Canedo, *Sierra Gorda, un típico enclave misional en el centro de México (siglos XVII-XVIII).*

ción de su diosa Cachum, y que éste a su vez la entregó a su convento de san Fernando de la ciudad de México. Pero no pasó de allí y no se refieren más casos. Los misioneros de las tres órdenes estaban preocupados por "poner a los indígenas con policía", es decir hacerlos dejar los montes, enseñarles a vivir en comunidades organizadas. Se buscaba la realización de la promoción humana integral y la evangelización estaba dentro de esta óptica.[18]

Fueron distintos los procesos y las circunstancias de evangelización de Querétaro y la Sierra Gorda. En Querétaro, zona fronteriza, poblada de indios otomíes, la evangelización se situó en los principios de la Conquista. Ahí, los evangelizadores lograron instaurar el culto a Santiago. No tuvieron el mismo resultado en la Sierra Gorda. La catequización fue tardía en esta zona de guerra, habitada por indios rebeldes.

[18] Eduardo Loarca Castillo, "Las misiones de la Sierra Gorda", en *Artes de México. Querétaro,* núm. 16, pp. 64-79.

Santiago en lugares dispersos del norte al sur del territorio

Tiene un caballo blanco, tiene una espada: todo tiene el del caballo.

Federico Bernadac, vecino de Bayacora, Durango

Presencia de Santiago y de los jesuitas en el México del norte

La unidad histórico-geográfica del México del norte está constituida por los estados de Chihuahua, Sonora, Sinaloa y Durango que, en la época colonial, formaron parte de la provincia de la Nueva Vizcaya. El territorio fue descubierto por el capitán Francisco de Ibarra entre 1554 y 1567; partió de Zacatecas con el apoyo del comendador Diego de Ibarra, su tío, y del virrey don Antonio de Velasco.

El 8 de julio de 1563, Francisco de Ibarra y su pequeño ejército fundaron la villa de Durango, capital de la provincia, que sirvió de apoyo para fundaciones y conquistas posteriores. Así se constituyó la mayor zona del país, superior entonces al actual territorio nacional, pues se prolongaba a los actuales estados de Arizona, Nuevo México y Texas.

Hay que subrayar el papel de Zacatecas, "la madre del norte", la ciudad más importante después de la de México durante la segunda mitad del siglo XVI y las tres primeras décadas del XVII. Fue el punto de partida de la colonización y evangelización del norte a partir del momento en que fueron descubiertas sus minas en 1546. Para explotar las minas se abrió un camino entre Santiago de Querétaro y Zacatecas, gracias al cual surgió una "zona intermedia", la más equilibradamente mestiza, tierra que fuera cuna de la Independencia. Zacatecas fue también cabeza de una provincia franciscana que llevaba su nombre, desde donde salieron los frailes que fundaron conventos en Charcas y en Saltillo, en 1582, y también los que se asentaron en Monterrey, en 1692.

La primera evangelización del norte fue obra de los franciscanos. La labor misional conoció sus primicias en las tierras del actual estado de Durango, a pesar del duro conflicto entre los chichimecas y los españoles.

Después de la derrota infligida a los indígenas por el capitán Francisco de Ibarra en 1554, llegaron a la zona distinguidos misioneros, encabezados por fray Jerónimo de Mendoza, sobrino del primer virrey de América, que levantó un modesto templo en san Francisco de Nombre de Dios. A su llamado acudieron varios franciscanos, entre ellos fray Pedro de Espinareda que, además de haber sido inquisidor de Nueva España, fue de los primeros doce franciscanos enviados por la provincia de Santiago. Él y sus compañeros fundaron varios conventos (en Durango y Peñón Blanco) y doctrinas que posteriormente se erigieron en parroquias como Topia y san Bartolomé. En diciembre de 1566, se estableció la custodia de San Francisco de los Zacatecas, con sede en la ciudad de Nombre de Dios, fundada años antes por Ibarra.[1] Unos años más tarde se levantó en San Juan del Río (último cuarto del siglo XVI), un convento de franciscanos para dar la doctrina a los zacatecanos que allí se congregaban.

Notamos que en este fin de siglo entre los frailes menores, el culto de Santiago ha perdido algo de su importancia, siendo substituido por san Juan Bautista. Dan los franciscanos este patronazgo no sólo al convento de San Juan del Río, sino también al de San Juan de Guadalupe y a algunos más edificados en esta segunda etapa en Durango y también más al norte.[2] En buena parte, serán los jesuitas los grandes propagandistas de Santiago.

Después de la evangelización de los franciscanos, los religiosos de la Compañía de Jesús vinieron a secundarlos y en algunos lugares a sustituirlos, a invitación del gobernador neovizcaíno. Rodrigo del Río de Lorsa tuvo que enfrentar, como lo vamos a ver, los ataques y grandes rebeliones de tepehuanos y tarahumaras.

Los jesuitas evangelizaron México de 1572 a 1767, fecha de su expulsión, es decir, durante casi dos siglos. Cuando llegan son los portadores de la corriente hispánica tradicional influenciada por la iglesia romana postridentina. Sin embargo, pronto ponen sus pasos en el camino trazado por los franciscanos, adaptando los métodos de evangelización que ya habían mostrado su eficiencia. Estudian el náhuatl y las demás lenguas indígenas y actúan en el mismo sentido que sus predecesores.

Fieles al ideal de su fundador que hizo de ellos la milicia espiritual de Cristo, la Compañía de Jesús acompañó las tropas conquistadoras, siempre en las primeras filas y en las zonas todavía inseguras. A medida que fue avanzando la frontera hacia el norte, dejaron a su paso cierto número de mártires, víctimas de las sublevaciones indígenas. En este proceso, Santiago, el santo que siempre fue defensor de las empresas españolas más arriesgadas, no podía faltar.

[1] Más informaciones en *Los municipios de Durango*, pp. 82-83.

[2] *Ibid.*, p. 127.

Nada extraño pues que lo encontremos hasta el extremo norte de la penetración hispánica. En Nuevo México, antigua colonia de la Nueva España, hoy parte los Estados Unidos, se puede admirar una imagen de Santiago en un retablo de piedra que durante siglos estuvo en la catedral de Santa Fe y hoy se encuentra en el templo llamado de Cristo Rey de la misma ciudad.

Se trata de un retablo churrigueresco policromado (1761), en el que se mezclan las estructuras hispánicas (está organizado a base de pilastras estípites a modo de cariátides, con esculturas en los entrepaños) pero, como lo señaló Manuel Toussaint, "con técnicas indígenas sobre un fondo único de la creación artística: el cristianismo".[3]

El retablo está dedicado a Nuestra Señora de la Luz[4] y a Santiago apóstol, representado a caballo. En los entrepaños, las figuras representan a santos de la devoción jesuita y franciscana: san Francisco Solano, san Ignacio de Loyola, san José y san Juan Nepomuceno, patrono de los sacerdotes.[5]

Tampoco Santiago podía faltar en la toponimia de los estados del norte. Hay diez poblaciones en Chihuahua, cinco en Sonora, cinco en Sinaloa y doce en Durango, más algunos municipios que sin llevar el nombre del Santo se reclaman del patronazgo de Santiago, como Satevo en Chihuahua, la misma capital del estado de Sinaloa y Mapimí, en Durango.

En cuanto a California, en un mapa del archivo histórico de la Compañía de Jesús donde se ven representados los confines nortes de California, con indicaciones de las nuevas naciones y nuevas misiones (1698-1701), en la orilla izquierda del Río Azul, aparecen una serie de pueblos con nombres de santos.[6] De oeste a este destacan san Pedro, san Pablo, san Mateo, san Simeón y el último de todos, san Felipe[7] y Santiago, dos santos considerados en América, como los grandes custodios en zonas de peligro.

En el mismo mapa aparece otro Santiago en la desembocadura del río Santo Tomás, cerca del Puerto del Año Nuevo de 1685, en el Mar del Sur. Aquí tenemos unas pruebas más de que Santiago acompañó a la conquista militar y espiritual, en su avance hacia el norte.

[3] Manuel Toussaint, *Arte colonial en México*, p. 212.

[4] La devoción a Nuestra Señora de la Luz fue introducida en México por los jesuitas, junto con la de Nuestra Señora de Loreto. La primera imagen, traída de España, se conserva todavía en un templo de León, Guanajuato. Representa a la virgen sacando a las ánimas del purgatorio.

[5] Descripción del retablo en *The missions of New México, (1776)*, de fray Francisco Anastasio Domínguez, p. 34.

[6] El mapa está reproducido en *Artes de México. Misiones jesuitas*, núm. 65, p. 49.

[7] San Felipe, al igual de Santiago, era visto como un caballero al que se dedicaban fuertes y plazas fuertes.

RESEÑA DE LAS PRINCIPALES POBLACIONES JACOBEAS NORTEÑAS

Sinaloa

La villa de Sinaloa fue fundada el 30 de abril de 1583 con el nombre de San Felipe y Santiago. Fue destruida y despoblada por la belicosidad de los indígenas, y en 1585 se dio la segunda fundación.

En 1591, llegaron los misioneros jesuitas Gonzalo de Tapia y Martín Pérez a catequizar la población. Allí fundan una misión en medio de grandes dificultades. En 1594 el padre Tapia es asesinado por un indígena que se oponía al nuevo orden cristiano.[8]

En 1769 empieza una gran emigración de nativos de la villa de San Felipe y Santiago de Sinaloa hacia la de Alta California, llegando a ser los fundadores de poblaciones tan importantes como San Francisco, Monterrey, San Diego y Los Ángeles.

Chihuahua

En Chihuahua, más que en otros estados, la presencia de Santiago está íntimamente relacionada con la conquista militar. La presencia jesuítica —y algunas veces franciscana— se hace notar en zonas muy sensibles donde a veces las misiones no tuvieron más que una existencia efímera.

En 1640, los jesuitas fundan una misión en un puesto avanzado en plena región tarahumara: San Francisco Javier de Satevo, obra del padre José Pascual. En el período 1648-1653, tuvo que enfrentarse a tres sublevaciones de los caciques indios que terminaron por saquearla e incendiarla. Veinte años más tarde, en 1673, los religiosos regresaron. Fortificaron y restauraron Satevo y no lejos de allí, edificaron el templo dedicado a Santiago apóstol, en Babonoyaba.[9]

En el mismo estado, cuando en 1715 el sargento mayor Juan Antonio de Treviño y Retes fundó Coyame, otro puesto de avanzada, los jesuitas establecieron allí mismo una misión con el nombre de Santiago de Coyame. Los misioneros estuvieron allí sólo diez años y en 1752 los franciscanos repoblaron el lugar. En 1780, allí mismo se estableció un presidio llamado del Príncipe.[10]

[8] Roberto Galván Ramírez, coord., *Enciclopedia de los municipios de Sinaloa*, p. 93.
[9] *Los municipios de Chihuahua*, p. 294.
[10] *Ibid.*, p. 84.

Durango

Santiago Papasquiaro

Santiago Papasquiaro en el actual estado de Durango fue fundado en la primavera del año 1597, por el jesuita Jerónimo Ramírez. El lugar está en plena zona de los tepehuanes, en un corredor de la Sierra Madre Occidental. El conquistador español comprendió lo estratégico de la posición: allí la nación tepehuana se defendía fácilmente ante las incursiones de tarahumaras y chichimecas.[11]

Los primeros españoles llegaron en 1563, cuando Francisco de Ibarra inició su exploración por el territorio del valle de Topia. A partir de esta fecha se inició el poblamiento de pequeñas estancias en el territorio tepehuano. Sólo algunos españoles se instalaron en este sitio para obtener algunos beneficios de las minas aledañas.

La primera misión se fundó 34 años más tarde. Santiago Papasquiaro se levantó como el centro de las actividades evangelizadoras y colonizadoras de toda la zona de influencia de los tepehuanes, pero su desarrollo no fue una empresa fácil.

En 1616, la pequeña iglesia y la población española fueron atacadas. Los naturales, encabezados por sus caciques asesinaron a los religiosos jesuitas que allí residían, los padres Bernardo Cisneros y Diego de Orozco. La muerte de los dos religiosos causó gran conmoción en la zona neovizcaína. La sublevación, que estuvo a punto de extenderse hasta Durango, fue sofocada por las tropas que enviaron el gobernador y el virrey.

En 1620, se reorganizó la misión, pero la tranquilidad no fue completa hasta 1690. En esta fecha, el padre Bañuelos informó de la total sumisión de los tepehuanos. Los jesuitas seguirán evangelizando un medio siglo más. En 1753, entregaron todos sus curatos al clero secular.

En la actualidad, se sigue venerando al Apóstol en Santiago Papasquiaro. La iglesia ostenta una hermosa imagen ecuestre y las festividades del 25 de julio siguen atrayendo a muchos fieles. Está precedida por una feria que dura del 15 al 25 de julio.

Señalemos, además, que el río de Santiago corre en el valle de sur a norte desde su nacimiento en la cumbre de la sierra y que a unos 100 km de allí a la altura de Nuevo Ideal (antes llamado Santiago), una laguna lleva precisamente el nombre de Santiaguillo.

[11] Más detalles en *Los municipios de Durango*, p. 148.

Mapimí

Mapimí es otra ciudad de Nueva Vizcaya fundada en su afán evangelizador por Agustín de Espinoza y el capitán Antonio de Zapata en una zona casi desértica. Llegaron en el mes de julio de 1598, y el día 25, al pie de un cerro, fundaron la población de Santiago de Mapimí.

La gran inestabilidad de la región impidió el desarrollo armónico de la población. En 1648, se produjo la primera gran invasión de indios tobosos. En 1642, Santiago de Mapimí y otras poblaciones fueron asaltadas por los tarahumaras. Una relativa tranquilidad reinó hasta 1715, cuando Mapimí fue destruida por los indios tobosos, muriendo la mayor parte de sus habitantes. Allí se estableció un presidio de carácter militar para contener las sublevaciones.

En la actualidad, Mapimí ya perdió el apelativo de Santiago, pero aún conserva un templo colonial dedicado al Apóstol, cuya efigie ecuestre está representada en el centro de la fachada. Hay otra imagen suya en el altar principal. El Santo tiene los elementos que lo identifican como peregrino (lleva unas conchas doradas sobre su esclavina y un bastón de peregrino) y va vestido con el hábito franciscano. Es decir, en su representación confluyen, por un lado, la tradición hispánica del Santo y por la otra la orden que evangelizó a Mapimí.

La rebelión en la sierra de los acaxee, bajo el signo de Santiago

De la misma manera que en la sierra del Mixtón surgieron chamanes que predicaron en contra de los españoles, estimulando a los indígenas a rechazar su enseñanza y su presencia, en el sector noroeste del actual estado de Durango, entre los altos cañones de la Sierra Madre Occidental, se organizó una resistencia análoga.[12]

En 1598 se estableció una misión en Topia dirigida por el jesuita Hernando de Santarén (1598). Los indígenas locales, los acaxee, veneraban ídolos de piedra y madera cuyos guardianes eran chamanes a quienes se atribuía poderes sobrenaturales. Los padres predicaban "lo abominable de sus ídolos y de las supersticiones"[13] e intentaron reunir a los grupos serranos en pueblos cercanos a las doctrinas; todavía existen en esta zona los pueblos de Santiago, San Pedro, San Miguel, San Diego fundados en aquel entonces. Los indios se sintieron agredidos en su vida más íntima y se sublevaron cuando los jesuitas quemaron a sus ídolos en un auto de fe.

[12] Utilizamos un artículo, todavía en prensa, de Mauren Harem, "Los espacios del ídolo y del santo: guerra ritual y martirio en fronteras misioneras del noroeste novohispano". Aparecerá en 2006, en *Estudios sociales*, núm. 23.

[13] Esta cita y las que siguen se encuentran en el artículo citado en la nota precedente.

Los hechiceros que dirigieron la conspiración predicaban el retorno a la vida de los ancestros. El enfrentamiento fue muy duro: en los alzamientos, ocho jesuitas perdieron la vida, a la par que el gobernador Francisco de Urdiñola organizaba una brutal campaña de represión.

Uno de los adalides de la rebelión fue un indio llamado Perico, que se hizo pasar por enviado de Dios, encargado de enseñar a sus hermanos la verdadera doctrina que se oponía a la de los religiosos de la Compañía de Jesús. Decía que él era obispo y depositario de la única verdad en la que todos podrían salvarse, "y siendo éste creído de los indios de las dichas naciones, mucho número de gentes recibieron el bautismo de mano de este indio, y les descasó a muchos y les volvió a casar y mudar sus nombres y les decía misa y enseñábales otras oraciones de las católicas".

Sus seguidores se lanzaron en encarnizada lucha contra colonos, soldados y religiosos. Además mandó a dos delegados por las sierras, el uno decía que era Santiago y otro san Pedro. Organizó parodias de las ceremonias católicas, utilizando, a través de una liturgia paralela, la práctica de los sacramentos y el culto de los santos.

En esto vemos, una vez más, cómo, especialmente en las zonas fronterizas, se enfrentan violentamente dos poderes. El chamán Perico transforma y pervierte los símbolos cristianos: el de san Pedro, que representa el poder de Roma, y el de Santiago, que representa el militarismo católico. Voltea los papeles de los símbolos contra los jesuitas, utilizando sus propias armas. El indígena perdió la partida: fue capturado y ejecutado. En cuanto al discípulo que se hacía pasar por Santiago, confesó en un proceso que así lo hizo "por haber escuchado a los españoles decir que ese santo era su patrono y su capitán".

La lucha era desigual. Santiago, el de los españoles, siguió guiándolos en sus conquistas hacia el norte.

Baja California

Baja California Sur, ubicada en la región noroeste de la República mexicana, se relaciona íntimamente, en cuanto al tema que nos interesa, con los tres estados del norte. En efecto, se trata de una zona confiada a la evangelización de los jesuitas.

En los últimos años del siglo XVII, los jesuitas obtuvieron la licencia real para tomar a cargo la administración de las Californias: se les confió no sólo la evangelización, sino también la protección militar y el desarrollo económico del territorio.

El padre Salvatierra se embarcó en la costa de Sonora, el 10 de octubre de 1697, con un grupo de seis soldados y unas gentes más.[14] Llegaron a la bahía de San Dionisio y allí se celebró una primera misa y se entronizó la imagen de Nuestra Señora de Loreto, en un lugar que sería el primer centro misional de la Península. Así empezaba una gran aventura utópica, una más, que consistía en establecer el reino de Cristo entre los paupérrimos aborígenes del lugar. El fraile y sus hombres llegaron "a una tierra en donde no existían pueblos o aldeas, ni siquiera caseríos".[15]

Primero los jesuitas solos, luego con la ayuda de los franciscanos y dominicos, van a cambiar con sus misiones el rostro de California, tanto de la Alta como de la Baja. En unas décadas, se desgranaron fundaciones a lo largo de la Península que llevaron los nombres de los santos predilectos de las tres órdenes religiosas, especialmente de los jesuitas. La madre de las demás misiones fue la que se dedicó a la virgen de Loreto, advocación de María particularmente apreciada entre los jesuitas procedentes de Italia, entre ellos Salvatierra, Kino, Piccolo y Nápoli. Dos años más tarde fueron creadas las de San Francisco Javier y San Juan Bautista y, en las tres primeras décadas del siglo XVIII, la expansión se hizo en todas las direcciones. Hacia el norte se levantaron las misiones de San José, La Purísima Concepción, Nuestra Señora de Guadalupe, Santa Rosalía y San Ignacio y hacia el sur Nuestra Señora de los Dolores, San Luis Gonzaga, Nuestra Señora del Pilar de la Paz, Santa Rosa de las Palmas de Todos los Santos y, en la extrema punta, Santiago de los Coras y Estero de las Palmas de San José del Cabo.

Una misión representaba un centro de evangelización y de reagrupación de los indígenas. Las láminas del *Codex pictoricus mexicanus* (*ca.* 1770), conservado en la Biblioteca Nacional de la República Checa, nos permite imaginar su organización. En la figuración de la misión de San Jacobo en California o en la de San José del Cabo, observamos estructuras idénticas: en la entrada hay una capilla con el cementerio al lado. La pequeña población, a imitación de un castillo medieval, está rodeada con un foso con agua, de modo que se entra a ella gracias a un puente. Una plaza central representa lo esencial del poblado dispuesto en círculo: a la derecha, la parte habitada por los españoles y los frailes: son viviendas de fábrica elaborada con su puerta decorada con arcos y pilastras. De ese lado está la escuela, la iglesia y sus dependencias. En el otro extremo de la plaza, en unas casas más bajas, redondas, de aperturas sencillas y de techo de paja, vivían los indígenas. En el centro, de suelo de tierra, pasa-

[14] Para más detalles, ver Miguel León-Portilla, "Baja California: geografía de la esperanza", *Artes de México. Misiones jesuitas*, núm. 65, pp. 65-71.

[15] *Ibid.*, p. 65.

ban algunos españoles a caballo conduciendo rebaño vacuno. A la entrada estaban los caballos en un potrero cerrado. En los alrededores inmediatos, había huertos y cultivos, con sistema de irrigación. Vemos que la preocupación de los misioneros era lograr tanto el bienestar espiritual como material de los indios. Para edificar las misiones se buscaban lugares que tuvieran abundante agua y buena tierra. Pero como lo señala en su estudio Miguel León-Portilla "no todo en la historia de las naciones fue color de rosa".

Los naturales no siempre aceptaban de buena gana los cambios que se les proponían. En 1734, los jesuitas Lorenzo Carrasco y Nicolás Tamaral perdieron la vida en un levantamiento de indígenas.[16] El padre Lorenzo Carrasco era ministro de la misión de Santiago: con flechas y piedras, los indios, con mucha rabia, le quitaron la vida. Dos días más tarde, a 50 km más al sur, en la misión de San José del Cabo, mataron al padre Nicolás Tamaral. En los dos casos, los rebeldes pretendieron eliminar la presencia extranjera y aniquilarla; quemaron los cuerpos de los misioneros ya difuntos con buena parte de los objetos litúrgicos que había en la misión. Para las comunidades aborígenes la presencia de los frailes era muy perturbadora, y pretendían así recuperar su autonomía.[17]

Por otra parte, el nuevo modo de vida, estricto, impuesto a gentes que siempre habían vivido en la libertad total, así como las nuevas enfermedades traídas por los soldados y marineros, afectaron gravemente a la población de los nativos, provocando una "catástrofe demográfica". De esta empresa evangelizadora quedan impresionantes monumentos que jalonan el territorio, entre ellos, la misión de Santiago.

La misión de Santiago apóstol de los coras (aiñini)

La misión fue fundada el 10 de agosto de 1721 por el padre Ignacio María Nápoli, en la costa del Golfo, en los Coras. En 1723 fue trasladada al interior por el padre Jaime Bravo y el capitán Esteban Rodríguez. Al año, el padre Nápoli levantó el templo en un tercer y definitivo sitio, el actual, de cuatro visitas; estuvo a cargo de él junto con los sacerdotes Lorenzo Carranco y Antonio Tempis. El 1 de octubre de 1734, los sucesos referidos de la sublevación de los indígenas pericúes no sólo produjeron la muerte de Carranco, dos de sus sirvientes y un joven indio, sino también provocaron muchos daños a los edifi-

[16] *Ibid.*, p. 70.

[17] Ignacio del Río, "La rebelión indígena de 1734", en *Artes de México. Misiones jesuitas*, núm. 65, p. 73.

cios. Hacia 1736, el padre Nápoli emprendió una reconstrucción de la misión, aunque ésta continuó en decadencia debido a diferentes epidemias.

Finalmente, los padres lograron, pagando un duro precio en su evangelización, y después de muchos fracasos, ganarse el afecto de los indios. Cuando salieron al exilio, el 3 de febrero de 1768, los indios, según un cronista de la orden, "mostraron con lágrimas su sentimiento de que les fueran sus padres, y especialmente al salir de las misiones fueron tantos sus llantos y gritos que no podía dejar de enternecerse el corazón más duro".[18]

Santiago en Veracruz

Tamiahua

La villa de Tamiahua, cabecera del municipio del mismo nombre, está situada en la orilla de una laguna que da al mar, en el litoral norte del Golfo de México. La laguna, de 110 km longitud y 25 km de anchura, constituye una fuente inigualable de riqueza pesquera. La expedición de Juan de Grijalva pasó por ahí en el año 1518.

Tamiahua fue capital del reino huasteco veracruzano. El reino huasteco fue dominado por los chichimecas que invadieron sus tierras. Hacia 1440, Moctezuma I emprendió la conquista de la Huasteca, que después de varios años de guerra, fue sometida por el imperio mexica.[19]

Después de la conquista española, el municipio de Tamiahua formó parte de la provincia de Huachinango y a mediados del siglo XVI, junto con Tenestipac, perteneció a un encomendero de nombre Juan Villagómez. Según Peter Gerhard, la población de esta zona costera disminuyó considerablemente en las décadas 1520 y 1530.[20] Hasta el siglo XVIII aumentó la población, casi toda constituida por españoles, mestizos y, sobre todo, mulatos. Hacia 1656, la villa de Tamiahua ya no era un pueblo indio.[21] Desde la época colonial, en la Huasteca se establecieron estancias de ganado y pescaderías, que hasta la fecha siguen siendo las principales actividades económicas.

Tamiahua recibió el nombre del Apóstol en 1540, debido a que las autoridades judiciales del pueblo (capitanes y militares españoles) pertenecían a la

[18] León-Portilla, *op. cit.*, p. 71.

[19] Cruz Reyes Gabriel, Hernández García Salvador y Salguero Nina, *Tamiahua, una historia compartida*, pp. 8-21.

[20] Peter Gerhard, *Geografía histórica de la Nueva España 1519-1821*, pp. 121 y 122.

[21] Gerhard, *op. cit.*, p. 123.

orden de Santiago.[22] Al parecer, los franciscanos llegaron poco después de esta fecha para enseñar la doctrina cristiana a los naturales. Hace pocos años, se remodeló la iglesia. En el altar mayor se encontraron vestigios prehispánicos (ídolos, restos de cerámica, figuras antropomorfas y el dios de la fertilidad Güegüe, que era muy venerado por los huastecos). El descubrimiento dejó en evidencia que los franciscanos habían fundado el templo sobre un santuario indígena.

Al entrar el siglo XX, los pobladores de la laguna ya habían olvidado a su patrono. Esta situación preocupó al padre Luis Cano Carus, quien decidió impulsar el culto del Santo. Jorge Hernández, el actual párroco, ha continuado el trabajo de su predecesor. Durante muchos años dirigió la parroquia de Tantoyuca, un lugar de fuerte presencia indígena donde es muy venerado el Santiago. Las autoridades eclesiásticas posiblemente tomaron en cuenta la experiencia que había tenido en Tantoyuca para designarlo sacerdote de Tamiahua.

La imagen que se encuentra en el altar principal fue adquirida en el 2005, por iniciativa del padre Hernández, quien envió al artesano hasta Tantoyuca para que tomara como modelo la que se venera en aquel lugar. La nueva imagen adquirió relevancia ante los pobladores del puerto, ya que es la reproducción de un Santiago, supuestamente, muy antiguo, y con mucho prestigio.

Santiago se representa como apóstol: con una mano sostiene el libro de los evangelios y con la otra, un bastón. Acorde a su contexto, se le ha colocado una red de pesca, adornada con unos peces y jaibas de papel. Para que los habitantes de Tamiahua se identificaran con su patrono, el párroco ha insistido en el hecho de que el Santo fue un pescador. Por esta causa, en uno de los murales que tiene el templo —muy al estilo de exvotos que se pintan sobre metal— se representa al Apóstol sobre una barcaza, en la laguna de Tamiahua junto a la iglesia, hacia la cual el santo pescador extiende sus brazos.

Antes de que se mandara hacer la imagen actual, ocupaba el altar una escultura que en nada remite al Apóstol y que es muy similar al Sagrado Corazón. Ahora se guarda bajo llave, sólo se saca el día 25 en una procesión que lo lleva por la laguna de Tamiahua, sobre una balsa de madera que se ha hecho especialmente para ella.

La fiesta del Apóstol está precedida por un novenario. Cuarenta días antes la gente se prepara para los festejos, en los cuales conviven con otras comunidades que peregrinan hasta Tamiahua para participar en los festejos.

Durante la fiesta, los feligreses suelen ofrendar comida. El 24 julio el obispo celebra una misa. A la mañana siguiente, se realiza una procesión con

[22] Cruz Reyes, *op. cit*, p. 37.

el Santo a lo largo de la laguna. Varias barcas adornadas con globos de colores lo acompañan. El padre lleva el Santísimo, con el cual bendice a las personas que se arremolinan a lo largo de la laguna. Ese día se celebran dos misas y varios niños realizan su primera comunión. La tarde se dedica a los festejos profanos, con carreras de caballos y bailes populares.

Tantoyuca

Tantoyuca, al igual que Tamiahua, pertenece a la Huasteca veracruzana. Durante el virreinato formó parte de la provincia del Pánuco. La región estaba habitada por huastecos que practicaban la agricultura, la caza, la pesca y la recolección. En 1519, Francisco Garay mandó un barco capitaneado por Alonso Álvarez de Pineda a las costas de este territorio. Desde los primeros contactos, los aborígenes se enfrentaron violentamente a los conquistadores. Ante la rebeldía que mostraban, Hernán Cortés decidió encabezar una tropa para dominarlos y después de una cruda resistencia, en 1522 logró fundar la villa de San Esteban. En los años siguientes, los huastecos volvieron a sublevarse. Fue hasta a mediados del siglo XVIII que la región fue sometida definitivamente.[23]

En 1527, Nuño de Guzmán llegó al Pánuco como gobernador. Sus aventuras pronto le alejaron de allí, dejando el mando del gobierno a sus lugartenientes. El brazo del Río Pánuco, llamado Tamesí, era la frontera con la región chichimeca, la cual atravesaban los españoles en busca de esclavos, que algunas veces llevaban hasta las Antillas.

La población nativa disminuyó a causa de las epidemias y la esclavitud. Los indígenas del Pánuco fueron evangelizados por franciscanos, carmelitas y agustinos. La mayor encomienda de la región era Metatepec, que más tarde se conoció con el nombre de Tantoyuca.

Actualmente, Tantoyuca tiene una capilla, al parecer del siglo XVI, construida por los agustinos y donde posiblemente estuvo la primitiva imagen de Santiago. Un templo moderno se construyó al lado de la capilla, donde se venera una escultura policromada del Santo, que lleva un largo bastón. La iglesia tiene un gran vitral, donde aparece Santiago Matamoros en un brioso caballo.

La parroquia de Tantoyuca comprende un extenso territorio, compuesto por alrededor de 350 ranchos. Existen muchas asociaciones religiosas que el día del Santo se dan cita en la iglesia y que desde el 16 de julio empiezan a llegar en peregrinaciones de muy distintos lugares. La cantidad de gente que acude

[23] Gerhard, *op. cit.* p. 218.

para los festejos es multitudinaria. Tan sólo en una misa se pueden celebrar 400 comuniones y por el prestigio que tiene esta parroquia, el obispo oficia la misa del 25 de julio.

En la víspera, se realiza una "velada", en la cual se expone al Santísimo. En esta región hay muchas asociaciones que e nombran "adoradores del Santísimo"; se trata de un tipo de organización religiosa que tiene mucho tiempo en la parroquia. El día siguiente de la velada, se organiza una procesión con Santiago por las calles de Tantoyuca.

Como símbolo de los tiempos presentes, Santiago se encuentra en el extremo derecho del altar principal; en el otro, está la virgen de Guadalupe y en el centro, un gran crucifijo.

Temapache

La iglesia de Temapache se considera la más antigua de la región norte de Veracruz. Construida de mampostería, tiene una sola torre y un arco de medio punto que adorna la puerta principal. El arco está decorado por flores de cuatro pétalos, labradas en piedra sobre un fondo rosado que casi ha perdido su color. Todo parece indicar que fuera construida por los agustinos en el siglo XVI. Su importancia radica en que este templo es el primero, o uno de los primeros, que fueron dedicados al Santo en Veracruz y que se ha conservado casi intacto.

Dentro del templo se encuentra una escultura de Santiago Matamoros. El Santo, con una mirada serena y de largas pestañas, monta un caballo de cuello ancho, que tiene mechón en la frente y que sonríe a los espectadores. El jinete, un tanto inclinado sobre la montura, parece que le da instrucciones. Debajo de caballo se encuentra un moro de cuerpo rígido y poco expresivo, cuyo brazo funciona de apoyo al animal.

Para la fiesta patronal de este año, los feligreses de Temapache le han colocado a Santiago una larga capa roja de terciopelo con flecos dorados, una elegante camisa blanca de apretados puños, un pantalón de tela aterciopelada y unas botas negras, toscas y de suela gruesa, propias de los obreros. De su cuerpo cuelga un morral de ixtle y un sombrero de mimbre, accesorios que emplean los indígenas de la región. Simbólicamente, este conjunto de vestidos y accesorios son una mezcla de culturas diversas, que pueden contraponerse entre sí, como el morral con las botas antes mencionadas. El Santo, al llevar todo encima, se convierte en un receptáculo de tal diversidad cultural.

Moloacán

Moloacán es un pequeño poblado donde se hablaba el náhuatl, la lengua de sus antaños pobladores. Se sabe que en el siglo XVIII tenía un vicario subordinado al cura de San Francisco Ocuapa.[24] Hoy pertenece al obispado de Coatzacoalcos y se encuentra en un zona petrolera importante: a escasos kilómetros están Pajaritos y La Cangrejera, dos complejos petroleros muy importantes. Moloacán tiene alrededor de 4 mil habitantes que mal viven del campo. La industria petrolera no ha solucionado la falta de empleos, razón por la cual muchos han tenido que emigrar a los Estados Unidos. Mientras que en otras comunidades la fiesta patronal reúne a los emigrados, aquí, casi todos los que se van no regresan al pueblo, según nos informara Mariano Cortés Mayo, ministro de la iglesia.

Para celebrar al Apóstol se hacen dos fiestas: el 23 de mayo, también llamado vísperas, y el 25 de julio, fecha en la cual se oficia una misa de acción de gracias y se da el sacramento del bautismo a varios niños cuyos padres esperan que sus hijos sean bautizados ese día. La imagen se baja del altar para realizar una procesión en las cercanías de la pequeña y humilde iglesia.

Como suele suceder en varios templos mexicanos, Santiago no es la única figura principal en el altar. De hecho, el lugar central lo ocupa un Cristo, flanqueado por la Virgen de Guadalupe y Santiago. Al Apóstol se le ha colocado una capa de terciopelo rojo y un bastón de madera, del cual penden largos listones de colores, que casi siempre son de los colores de la bandera mexicana, o bien, blancos, azules y rosas.

En Moloacán existe la creencia que los listones tienen la virtud de curar a los niños enfermos; la gente los vela durante nueve días antes de colorarlos en el bastón del Apóstol. Mariano Cortés recordó, que un 25 de julio, con uno de los listones, una madre ató a su hijo gravemente enfermo de asma. Diez años después, regresó al pueblo para contarle a todos que el niño milagrosamente había sanado de su enfermedad. "No necesitó llevarlo a ningún médico, quedó sanito" —cuenta el ministro—, y para autentificarlo, la madre presentó a su hijo a la comunidad, que ya era un saludable joven de quince años.

La cura de enfermedades infantiles no es la única especialidad del Santiago de Moloacán. También llevó la lluvia, cuando hace diez años hubo una fuerte sequía que afectó a varios poblados. El párroco de Cuichapa convocó a una concentración bastante inusual: mandó que se reunieran los 22 patrones de las poblaciones que sufrían la falta de agua. Los feligreses acudieron a su llamado. En camionetas de redilas adornadas con flores y globos, llevaron sus respectivas imágenes hasta Chuichapa. Hasta allá también fueron los de Moloacán, que

[24] *Ibid.*, p. 143.

al regresar, decidieron organizar una procesión en el pueblo pidiéndole a Santiago que les mandara la lluvia. Recuerda Mariano Cortés que, "al día siguiente, se deja venir un aguacero, agua, ahora sí, en abundancia. Y la gente tiene ese testimonio muy lindo de Santiago apóstol, patrono del lugar."

Mecayapan

Don Toribio, coordinador de la iglesia, al igual que sus antepasados, tiene mucha fe en el Apóstol. No hubo más que insinuarle que nos contara los milagros que ha hecho el Santo, para que con aire ceremonioso enlazara una historia con otra, dejándonos la impresión de que podría continuar así durante horas. Es muy probable que su manera de contar, con muchas enumeraciones y con un evidente respeto a sus oyentes, provenga de la antigua narrativa indígena. Pero cual sea el origen de su estilo narrativo, es indudable que este hombre tiene impregnadas a su memoria infinidad de relatos maravillosos que expresan una manera ingenua y sincera de concebir al Apóstol.

Nuestro informante es originario de Mecayapan, comunidad situada al sur de Veracruz, antes de llegar a Minatitlán, donde la mayoría de sus habitantes habla el náhuatl, además del español. Desde hace varios años, otras iglesias evangélicas han ganado adeptos en este lugar, fenómeno frecuente en Veracruz hasta donde hemos podido comprobar. La Iglesia católica ha perdido feligreses, aún en poblados tradicionalmente católicos como Meyacapan.

En el templo hay dos imágenes ecuestres del Santo de clara factura indígena. A la de mayor tamaño se le conoce con el nombre de *Santiago el Verdadero* y la pequeña es procesional. Esta imagen, supuestamente destinada a visitar las comunidades aledañas, rara vez sale de la iglesia, dado que los nahuas de la región prefieren a Santiago el Verdadero, un santo al que consideran muy poderoso.

Don Toribio es el encargado de llevar la apretada agenda del Apóstol. Cual si recitara un rosario, enumeró todos los lugares que próximamente visitará Santiago y en los cuales se efectuará una velada, esto es, una reunión nocturna, en la cual será honrado con rezos, música y una comida comunitaria. Al Santo le gusta que la gente esté contenta y que le brinde alegría —nos dijo—, y encauza la generosidad hacia los demás, pues si alguien mata a un toro y piensa vender la carne, prefiere que se reparta, "que le den de comer todo el que llega en esa velada, que le den de comer aunque de a poquito a todos, que no vaya nadie sin comer". Desde la perspectiva de nuestro entrevistado, la presencia del Santo en las comunidades que visita es un detonante de la felicidad y la solidaridad colectivas.

Durante las veladas, Santiago el Verdadero escucha las peticiones de sus devotos, que le piden trabajo, dinero, cosechas, ganado, salud, que crezcan los animales que se crían en los ranchos, que prospere algún negocio, etcétera. También se sabe que ha ayudado a algunos a obtener una profesión universitaria, así como a los que migran a los Estados Unidos.

También sabe cuidar las tierras que pertenecen a sus feligreses. Se cuenta que en Acayucan, un hombre que tuvo que ir a trabajar hasta Ciudad Juárez, le rogó al Santo que cuidara su solar. Cada vez que hablaba por teléfono con su esposa le preguntaba: "mujer ¿no han visto nada ahí?". Un día ella le contestó: "Hasta el momento no hemos visto nada. Nada más hemos visto en la noche un caballito, anda aquí rondando, aquí, en este solar, anda retocando, anda comiendo, nada más es eso". Al oír esto, cayó en la cuenta que Santiago el Verdadero había escuchado sus ruegos y rondaba su propiedad.

Así como se reciben favores del Santo, también se deben cumplir las promesas que a cambio se le ofrecen. Una vecina de nombre Paula prometió dar en la fiesta "un torete grandísisimo de tres años, tronco de animal". Un ganadero la convenció de canjearlo por dos novillos. En la fiesta sólo dio uno y conservó el otro. Al poco tiempo murió el animal, con lo cual, se quedó sin nada, castigo que le había enviado Santiago por no acatar la promesa que le había manifestado.

Las promesas, los ritos y hasta trasladar la imagen de Santiago el Verdadero a otra comunidad deben realizarse con devoción, so pena de causar el enojo del Apóstol. Para demostrar su disgusto, envía viento, lluvia, nubes y rayos a los infractores, elementos naturales que claramente remiten a Tláloc, dios de la lluvia en la mitología prehispánica. De acuerdo a la infracción cometida, el castigo puede ser apenas "un zumbidito de aire" o bien, un aguacero inclemente. Una familia que no tuvo a tiempo la comida que se había de ofrecer durante la visita del Apóstol, vio formarse sobre su casa una enorme nube, de la cual salió un sonoro rayo; a continuación se hicieron remolinos de viento y cayó una tormenta. La comida que se preparaba se echó a perder y ni los ruegos ni las lágrimas de la familia lograron detener la fuerza devastadora del Santo.

Santiago el Verdadero nunca sale solo de Mecayapan. Varios miembros de la mayordomía, incluyendo nuestro entrevistado, lo acompañan, además de las mujeres más ancianas de la comunidad. Sus salidas son muy frecuentes y los recorridos pueden ser largos y penosos, por eso, a veces, Santiaguito se fatiga. Cuando esto sucede, saca los piecitos de los estribos, "empieza a pitar del estribo, le empieza a sobar los piecitos", aseguró don Toribio. Muchos han querido ver esta maravilla y hasta lo han intentado filmar, pero han sido muy pocos los afortunados testigos de su cansancio.

El 25 de julio es un gran día para Mecayapan. Más de diez comunidades son invitadas a la fiesta, a la que también llegan danzantes y bandas de música.

Al Santo se le ofrece carne, arroz, refrescos... y los feligreses acostumbran escribir cartas expresándole sus deseos. Para que todos puedan verlo, se organiza una procesión por las calles del pueblo, ocasión en la cual Santiago el Verdadero es escoltado por 100 caballos, cuyos jinetes no pierden ocasión de estar junto a este santo tan milagrero.

Coatzintla

Coatzintla, situada a escasos kilómetros de El Tajín, pertenece al municipio de Papantla. En su iglesia se rinde culto a una imagen de Santiago a caballo, al parecer de madera policromada, cuya montura de mirada infantil lleva crines de pelo natural. Los devotos suelen colocar a los pies de la escultura un plato de granos de maíz, y en los días de fiesta, un rollo de sacate y un vaso de agua, para alimentar al caballito del Santo.

El padre José de la Luz Silva no impide que los devotos hagan este tipo de ofrendas. Durante veinte años fue sacerdote en la sierra veracruzana. Interesado por su feligresía, aprendió el totonaca, lengua que habla con fluidez, y ha documentado varias danzas aborígenes, como la de los *voladores de Papantla* y la de los *güeües*, que se bailan durante las fiestas patronales.

Los danzantes que van a la fiesta de julio no son de Coatzintla, provienen de otras comunidades. Gracias a un video que el sacerdote filmó, supimos que ahí todavía se interpreta la *danza del caballito.* Los indígenas la bailan dentro de la iglesia y frente a la imagen. Se trata de una ofrenda que le dan al Santo y es el primer acto ritual que se realiza el 25 de julio, muy de mañana, cuando la imagen se ha bajado del altar.

El sacerdote también nos explicó que ocho días antes de la fiesta, los danzantes se abstienen de tener relaciones sexuales y tomar alcohol para purificarse y ser dignos de presentarse ante el Santo. Si alguno de ello inflige esta norma o tiene algún mal comportamiento durante la fiesta, los bailadores cometen errores en la danza y peor aún, si la norma infligida es muy grave, el caballito de trapo oprime la cintura del danzante que lo lleva puesto. Durante la fiesta patronal se bailan seis o siete danzas distintas. Asimismo, se hace una comida popular para recibir a los danzantes y a todos aquellos que quieran participar en los festejos. El 24 de julio se saca en andas a Santiago, en una procesión que recorre todo el pueblo, y durante varias noches se encienden cohetes.

Santiago apóstol es invocado para proteger a sus feligreses. Junto a la imagen patronal se ha colocado una oración, en la cual el invocante le pide que lo libere de sus enemigos. Como es sabido, este tipo de textos mágico-religiosos a menudo funcionan como amuletos de protección. La oración es la siguiente:

Oración señor Santiago

Señor Santiago, el Mayor apóstol del Verbo eterno,
a tu protección me acojo,
haz que cumpla en mi estado
y que adorando a mi Dios
venere a la Santa Virgen
para que a la hora de mi muerte
me siente yo junto a vos,
para alabaros por siempre.

Primo hermano del Señor,
que la cruz de Jerusalén me proteja,
y me defiendas
y ablande los corazones de quien me quiera hacer mal,
y que si a traición combaten contra mí los enemigos
con tu valeroso interpongas tu poderoso escudo,
en donde embotarse deban las armas que contra mí lleven.
Por Cristo Nuestro Señor,
Amén.

A Santiago también se le pide producir la lluvia. Según nos lo explicara el sacerdote, cuando hay sequía las comunidades le piden en préstamo la imagen para llevarla a un manantial o a un arroyo, con la esperanza de que el Santo, al ver el agua, provoque la lluvia. Con el mismo fin, bañan a la imagen y le cuelgan un guaje lleno del vital líquido.

En la larga entrevista que generosamente nos concedió, narró una leyenda que hace referencia a Temapache, donde, como ya lo hemos señalado, existe una iglesia que fue fundada por los agustinos y que posiblemente sea el primer lugar de veneración dedicado al Apóstol en el estado de Veracruz.

La leyenda relata la historia de un cura que contra la voluntad de las personas, trasladó el Santiago de Temapache a Coatzintla. "Pero Santiago Temapache se reunía en las noches en su anterior iglesia, y que se oían por la noche los cascos [del caballo], y mucha gente grande ahora nos lo cuenta así. Y llega en momento en que se fastidió la gente, entonces mandaron a hacer otro santo semejante a aquél". La solución fue aceptada por todos, pues el Santiago de Temapache se quedó, poniendo fin a sus sonoras salidas nocturnas; por su lado, los habitantes de Coatzintla, se quedaron con una réplica del Santo, a la que pronto le tomaron cariño. La voluntad de Santiago fue, finalmente, respetada.

La leyenda acerca a dos comunidades que le rinden culto a Santiago, a pesar de que están muy alejadas entre sí (la distancia que existe entre ellas es alrededor de 100 kilómetros); es decir el relato funciona como nexo de pueblos y santos. Si bien no es la primera vez que hemos escuchado este tipo de leyendas, llama la atención que perviva en la memoria la referencia a Temapache, un antiguo lugar de culto jacobeo.

Santiago Tuxtla

En la parte central de Veracruz se encuentra Santiago Tuxtla. Antes de la conquista española, la zona estaba dividida en tres señoríos: Ixcalpan, Cuetlaxtlan y Toztla (Tuxtla), que durante el reinado de Axayácatl fueron sometidos al imperio azteca. Por aquellas costas navegó la expedición de Grijalva en 1918. Los primeros señoríos se sometieron a los españoles en 1519 y Tuxtla, en 1522.

Dice Peter Gerhard en su libro que "Cortés consideró a los indios de toda el área de la costa del Golfo como vasallos personales suyos", razón por la cual se los asignó a sí mismo en encomienda. La caña de azúcar fue introducida por los españoles y que hasta ahora se cultiva en grandes cantidades. El conquistador supo apreciar la riqueza de estas tierras, por eso, muy cerca de Tuxtla, en 1525, instaló una hacienda azucarera.[25]

La población indígena era muy densa cuando llegaron los españoles, pero, como sucedió en otras partes, muchos murieron a causa de las epidemias y gran cantidad de poblados quedaron sin habitantes. Los esclavos negros, acostumbrados a los trabajos pesados, fueron llevados a trabajar en los cañaverales. Pronto descollaron del resto de la población, al grado de que en 1806, en Tuxtla, la mitad de sus pobladores eran negros y mulatos.

La iglesia de Tuxtla tiene una imagen ecuestre del Santo. Se dice que data de 1712 y que fue donada por el rey Felipe IV. No parece muy antigua: su caballo evoca los caballitos de los carruseles infantiles. Se cuenta que la cabalgadura original se cambió; la sustitución, imposible de comprobar, es un tópico de las leyendas mexicanas.

Otra de las leyendas que se cuenta en Tuxtla es que la imagen del Apóstol estaba en el cerro al poniente de la ciudad. De paso rumbo a las Higueras, Cortés ordenó trasladarla a la convergencia de dos ríos, en lo que hoy es el barrio del Marqués, nombre que se le puso en memoria del conquistador.

Los franciscanos se encargaron de la catequización de los tuxtleños. En la fiesta patronal se baila la danza de moros y cristianos y se hace una procesión con caballos adornados con cintas de colores. En 1664 hizo erupción el volcán san Martín, por lo cual la antigua población debió trasladarse a su actual em-

[25] *Ibid.*, pp. 350 y 351.

plazamiento. Santiago Tuxtla adquirió la categoría de ciudad en 1950 y en su escudo de armas se incluyó la espada de Santiago.

Ixmatlahuacán

En una zona cañera cercana a Cosamaloapan se encuentra Ixmatlahuacán. Sus habitantes son descendientes de los esclavos negros que fueron traídos en el siglo XVI por los españoles para trabajar en las haciendas azucareras. Hasta hoy, la industria cañera es la principal fuente de ingresos de la región.

Los vecinos de Ixmatlahuacán consideran que la imagen que se venera en el templo es el santo de la agricultura, y cuentan que a su caballo blanco se le ha visto cabalgar entre los cañaverales, cuidando las cosechas.

Se sabe que hacia 1880 ya había una capilla dedicada al Apóstol. La capilla se quemó y se mandó construir otro recinto que estaba emplazado en lo que hoy es el palacio municipal. En 1950 se construyó el edificio actual.

En la iglesia existen dos imágenes del Santo: una apostólica y otra ecuestre. La primera es de yeso y moderna, la segunda ha sido guardada bajo llave para protegerla de los ladrones de arte, pues según el sacerdote, es muy antigua. La imagen saldrá de su encierro hasta que no se construya un nicho cerrado y en lo alto que sea inaccesible a los malhechores.

Antigua o no, la escultura es interesante. El jinete, vestido con un lustroso traje azul, lleva en una mano un gran escudo que tiene la cruz de Santiago y en la otra, empuña una espada. Por la rigidez de su cuerpo y lo abierto de sus ojos, el Santo parece sorprendido. Su caballo, despeinado y con la misma expresión facial del jinete, tiene las patas delgadas, separadas y flacas, mientras que el tronco del cuerpo es regordete.

Según el padre Joel López Sánchez, la gente tiene mucha fe en Santiago. Le han contado que en las noches se escuchaban los cascos de su caballo y que le gustaba salir de la iglesia al despuntar la mañana. También se cuenta que, hace mucho tiempo, la gente lo corrió del pueblo al no saber de quién se trataba. Puesto que se aparecía en las noches, pensaron que se trataba de un fantasma, causando temor en los vecinos.

El sacerdote ha promovido peregrinaciones con el Santo a otros pueblos veracruzanos. Generalmente, la procesión sale el 21 de julio y regresa al pueblo el 24 por la noche. En cada comunidad, el padre explica a la gente quién fue el Apóstol, ya que casi siempre no saben nada, o muy poco, de su vida.

En su fiesta se oficia una misa que preside el obispo. Después, al medio día, se realiza una cabalgata. Santiago es colocado en una camioneta y tras ella va un grupo de jinetes, al que se la ha puesto en nombre de Ejército de Santiago.

Localidades veracruzanas donde ha decaído el culto

Coacoazintla está situada en el norte de Xalapa, a 30 km, aproximadamente. La sencilla y bonita iglesia guarda una imagen de Santiago apóstol, vestido de azul, sobre un caballo blanco que parece estar marchando. No tiene la actitud de estar en guerra y es evidente que la escultura es de fabricación reciente. A pesar de ser el patrono del pueblo, Santiago no está colocado en el lugar central del altar, sino al lado de un gran crucifijo. Dada su ubicación, parece ser que ya no es el santo más venerado en este lugar.

Isabel Cano, responsable de la iglesia, corroboró nuestra impresión. Antes, en Coacoazintla se le celebraba con más boato. Actualmente, se reza el rosario cuatro domingos antes de la fiesta patronal. El 24 de julio los tres mayordomos del Santo encabezan una procesión con "la caja", nombre que dan a una pequeña vitrina con una imagen de Santiago que pertenece a la mayordomía. También cargan un arco de madera adornado con flores que para tal ocasión se manda hacer y que se coloca en la puerta de la iglesia. La colocación implica un ritual. El arco se va levantando del suelo mediante cuerdas, en varios movimientos. Cada movimiento es marcado por el estruendo de un cohete.

Ya son pocas las historias que se cuentan de Santiago en este lugar. La abuelita de doña Isabel le contó que había visto al Apóstol en el cerro cercano, en tiempos de la Revolución Mexicana. El Santo la espantó, pues le pareció que el caballito estaba encantando. También le dijo que cuando los jinetes van a competir, limpian sus caballos con una veladora que antes han frotado en el caballito de Santiago.

Santiago Xihuatlán es otro de los lugares donde ha decaído el culto al Apóstol. Es una ranchería, habitada por 1 300 personas dedicadas al cultivo y comercio del café. El pueblo ha quedado muy dividido con la llegada de tres iglesias evangélicas. En una capilla se venera una imagen ecuestre del Santiago que es recordado en su día con la celebración de una misa.

Al sur de Martínez de la Torre, en la frontera con Puebla, se encuentra Tlapacoyan. El pueblo está dividido en dos barrios: Santiago y San Pablo, cada uno con capilla. No se sabe cuándo, pero la que estaba dedicada a Santiago desapareció y su imagen fue trasladada a la iglesia principal.

La escultura es bastante interesante. El jinete es moreno y de negras barbas tupidas. Es muy original el caballo que monta: el contorno de los ojos, el interior de las orejas y parte del hocico se han delineado de color café, decoración que le da una apariencia muy extraña. A ello se suman, sus rubios e hirsutos crines y los dorados cascos de sus patas. Por la expresión de su cara, se puede decir que se trata de un caballito jocoso, al que es más fácil imaginar jugando, que transportando ceremoniosamente a su sagrado jinete.

Santiago es el nombre de una ranchería que está a unos cuantos kilómetros de Tlapacoyan. Sus habitantes se dedican al cultivo del plátano, que se da profusamente en aquellas tierras calurosas. La pequeña iglesia tiene una imagen de Santiago como apóstol, al que poco se festeja.

TABASCO

Tucta

Tucta, cuyo nombre chontal quiere decir "un hombre blanco", fue fundada sobre una laguna que hace unos años se rellenó a fin de asentar ahí a un conjunto de pueblos chontales. Cuentan los indígenas de esta zona que sus antepasados ayudaron a Hernán Cortés en la batalla de Centla y que en agradecimiento el conquistador les regaló una corona, una campana y una silla de montar fabricadas en oro. Se dice que la campana se llevó a un río para protegerla de la persecución religiosa; hace algunos años resurgió de las aguas, sumergiéndose nuevamente a causa de su peso. La silla fue escondida en una montaña; un ambicioso militar quiso encontrarla. Excavó la montaña hasta hacerla desaparecer. No se sabe cuál fue el destino de la corona.

Estas historias evidencian la honda huella que en la imaginación colectiva dejó el conquistador español. Según Román Montero de la Cruz, quien alterna el oficio de carpintero con el de mayordomo de Santiago, la imagen que se venera en Tucta fue regalada por Hernán Cortés cuando pasó por el pueblo. Los más ancianos le han contado que, cuando un tal gobernador de nombre Tomás Garrido llegó hasta allí con el propósito de quemar las imágenes de los santos, los pobladores de Tucta lograron salvar la imagen ocultándola entre los matorrales.

En la iglesia de torres azuladas se veneran dos imágenes del Santo: una tiene un moro a los pies del caballo y la otra no. Esta última se supone que es la que regaló Hernán Cortés y se le reconoce como *Santiago de Galicia.* La montura es de color café y su arnés es dorado, algunos suponen que el caballo es de oro. Las dos esculturas no son muy antiguas. Los jinetes, de finas facciones y miradas serenas, llevan sombreros redondos y son poco expresivas sus respectivas monturas.

Las leyendas han cimentado la devoción del Santiago de Galicia. Se cree el Santo se apareció en Tucta y al decir de nuestro entrevistado, "por donde está la escuela primaria, junto a la iglesia, había un cerrito" con unas piedras que tenían grabados "los pasos que supuestamente había dejado Santiago".

La mayordomía organiza la fiesta patronal del 16 al 26 de julio. El 22 de julio se ofrecen al Santo *enramas*, esto es, donaciones que dan los feligreses y que pueden ser desde frutas hasta animales domésticos. Hay quien asegura que Santiago de Galicia ha llegado a recibir hasta caballos como ofrendas. El 25 se baila una danza denominada *baile viejo*, interpretada por cuatro o cinco hombres que se visten como ancianos. Llevan máscaras y tocan cuatro tambores, así como una flauta de carrizo.

La fiesta incluye una gran comida colectiva, en la que se comen tamales y se bebe pozol. Como en muchos otros lugares, se organiza una procesión por el pueblo. El último día, los habitantes de Tucta van a pedirle perdón al Santo por el mal comportamiento que tuvieron algunas personas durante la fiesta.

La milagrosidad del Santiago de Galicia ha trascendido las fronteras de esta pequeña comunidad chontal. De otros poblados van a festejarlo y pedirle favores. Hay quienes le han solicitado tener un caballo blanco, como el que monta el Santo. Hay que tener cuidado de cumplir las promesas que a cambio se le hagan, pues si bien es un santo generoso, castiga a quienes no saben agradecer sus favores.

Sandial

Sandial es una ranchería que tiene un modesto templo dedicado a Santiago. En el altar principal, dentro de una vitrina, se encuentra un Santiago Matamoros. La figura es de yeso, y el Santo lleva un vestido de azul con esclavina adornada de conchas. En la mano derecha sostiene una bandera con la cruz santiaguera y sus pies están descalzos. El caballo blanco, con un gran mechón negro, es totalmente inexpresivo y dirige su mirada hacia abajo, donde se encuentra un moro que empuña un gran cuchillo para defenderse del animal.

Al parecer, antes de que se construyera la iglesia existía una capilla donde se le rendía culto al Santo. Algunos devotos lo consideran protector de los caballos. En su día se le ofrecen animales y frutos tropicales. También se construyen *barreras*, es decir, ruedos para corridas de toros, y se realizan competencias de caballos.

En la Huasteca potosina

Terminamos este capítulo dedicado a los lugares dispersos dedicados a Santiago con la mención de una pequeña comunidad llamada el Retroceso, enclavada en la Huasteca potosina. A las orillas de la carretera hay una pequeña capilla.

Fue construida por Pedro Hernández Rubio, en el mismo lugar donde está su casa, al lado de la tiendita que atienden él y su esposa.

La capilla es una muestra del contexto social y personal en el que se desarrolla la devoción a Santiago. En México, muchas personas han tenido que emigrar a los Estados Unidos en buscar de un mejor porvenir. Los hijos de don Pedro tuvieron que hacer lo mismo. El preocupado padre los encomendó al Apóstol para que lograran pasar la frontera y consiguieran trabajo en aquellas lejanas tierras. Sus deseos se vieron cumplidos, por eso, en agradecimiento, financió la capilla y compró la imagen ecuestre del Santo que ésta guarda.

El Santo no está solo. Don Pedro colocó a un lado una imagen de la Virgen de Guadalupe. Mandó decorar las paredes de la capilla con un verdoso paisaje, que rememora la esplendorosa naturaleza de la Huasteca potosina. La capilla está abierta a todos: a los viajeros que pasan por la carretera y a los habitantes de la comunidad.

Cerca de ahí, existe una cueva donde, dicen los lugareños, se apareció el Santo. La cueva está en lo alto, enclavada en un cerro desde donde se puede ver una cordillera de imponentes montañas. Para darle un toque celestial, las paredes han sido pintadas de azul. En el fondo, el visitante se encuentra con una pequeña escultura de Santiago a caballo, dentro de una caja de cristal, rodeado de flores y veladoras. Entrar ahí produce la sensación de haber tomado un camino a otro mundo, irreal, extraño. Cada 25 de julio, los feligreses se reúnen en este sitio para honrar al santo que milagrosamente se apareció en la cueva.

Conclusiones

> *Calificar de "sincrético" al catolicismo indígena no debe ser tomado peyorativamente. Todas las religiones —y el cristianismo en especial— están en proceso constante de renovación y asimilación... Bastide lo compara a un maridaje en el que cada uno de los cónyuges debe cambiar un poco para adaptarse al otro.*
>
> Enrique Marroquín, *La cruz mesiánica*

El sincretismo y el culto de Santiago

A lo largo de los capítulos anteriores, hemos señalado varias veces la apropiación de los santos por los indígenas. En muchas comunidades los santos son adorados como si fueran dioses. El caso de Santiago no es más que uno entre otros. Llegando ya a la conclusión del libro, a la luz de los más recientes trabajos de los antropólogos, podemos ahondar más este aspecto esencial de la religiosidad indígena.

Los santos son parte del orden del universo que determina la visión del mundo de la población. Están relacionados con conceptos cósmicos de las diferentes etnias. Veamos algunos ejemplos.

Según lo explica Van Zantrwijk, en su libro *Los servidores de los santos: la identidad social y cultural de una comunidad tarasca*, para los tarascos, el universo se divide en tres partes: cielo, tierra e inframundo y los santos son dioses celestes, aunque tengan implicaciones terrenas. Los dioses de la tierra son el dios de la lluvia, del viento y del agua. Los tarascos piensan en ellos cuando algún fenómeno natural se presenta: los pescadores llevan ofrendas al lago cuando se desata una tempestad y los campesinos invocan a los dioses de la lluvia y del trueno en contra del granizo que amenaza con destruir sus cultivos. Los dioses del inframundo son invocados en la brujería.

La religión católica que profesan esas comunidades indígenas es la mezcla de elementos autóctonos y de elementos cristianos. El grado de sincretismo depende de las influencias recibidas del exterior. Para sobrevivir, las viejas religiones tuvieron que usar ropas nuevas. Tal es el caso de Ihuatzio, la comunidad estudiada por el autor, y de las poblaciones tarascas del lago de las cercanías de Pátzcuaro, en las cuales "la Iglesia católica romana, como institución, está incorporada en una organización indígena firmemente cerrada, con carácter predominante tradicional. Pero los conceptos cristianos apenas si han penetrado".[1]

Van Zantrwijk concluye su estudio afirmando que la religión politeísta de los tarascos ha sufrido cambios drásticos. Ha desaparecido el dios más importante de la tribu, así como sus ofrendas de leña, los sacrificios humanos y la huatapera (la habitación donde las mujeres lo consagran). Sin embargo, el carácter de la religión allí practicada "es decididamente indígena y ésta es la razón principal de que a nuestro parecer, no sea una religión fundamentalmente cristiana".[2]

Otro caso interesante es el de los indígenas de las montañas de Oaxaca, que en fechas recientes han estudiado varios antropólogos. Este estado comprende 16 etnias con modalidades culturales y religiosas propias; pero el hecho de haber sido evangelizadas por la orden dominica favoreció a darles cierta homogeneidad en su sincretismo.

El autor que nos inspiró en este apartado, Enrique Marroquín, es antropólogo y sacerdote. Su libro, *La cruz mesiánica*, se presenta como "una aproximación al sincretismo católico indígena". Según él, en el sincretismo oaxaqueño hay que distinguir distintos momentos: en la primera evangelización, que coincidió con campañas antiidolátricas, se produjo un sincretismo de disfraz. Pero luego, a partir del siglo XVII, se dio una auténtica conversión, de modo que en la actualidad la mayoría de los indígenas —salvo en algunos reductos muy aislados— hacen consistir su identidad religiosa en esta síntesis sincrética.[3] Otro sacerdote-antropólogo, el jesuita Manuel Marzal, con anterioridad había expresado el mismo punto de vista en referencia a las comunidades mayas de Chiapas:

> Parece que también en el mundo hispánico —como en el cusqueño— hubo una verdadera transformación religiosa y una aceptación fundamental por parte de los indios de las principales creencias, ritos y formas de organización del catolicismo colonial, aunque la diseminación de la atención pastoral por la gran rebe-

[1] R.A.M, Van Zantrwijk, *Los servidores de los santos: la identidad social y cultural de una comunidad tarasca*, p. 194.

[2] *Supra.*, p. 194. El autor precisa que san Francisco, el patrón de la comunidad, es venerado como un dios y añade: "No cabe duda que en Ihuatzio se adora a los santos como si fueran dioses. Están relacionados con conceptos sociales y cósmicos y son parte del orden del universo que determina la visión tarasca del mundo: la división tripartita en cielo, tierra e inframundo", p. 191.

[3] Enrique Marroquín, *La cruz* mesiánica, p. 12.

lión de comienzos del siglo XVIII y, sobre todo, por la salida de los dominicos de la zona a mediados del siglo XIX, hizo que muchos viejos ritos y creencias renacieran en el horizonte religioso de los indios.[4]

Es posible que la evangelización en los estados de Oaxaca y Chiapas haya dado resultados más concretos que en Michoacán. Pero cualquiera sea la diferencia de apreciación, los tres autores citados coinciden en un punto importante: nace en esas poblaciones un nuevo ritual relacionado con ritos cósmicos o festivos anteriores que organizan el tiempo y el espacio. Este ritual se inserta dentro del ciclo vital del individuo y en la cosmogonía del grupo. Los conceptos cristianos tienen gran dificultad para penetrar ese mundo íntimo.

El culto a los santos, que abrió la puerta al sincretismo, es una piedra de toque del choque que supuso el contacto de dos sistemas religiosos contradictorios: el autóctono que era abierto y no excluía nada, mientras que el importado parecía cerrado y no toleraba la diversidad.[5] La religión importada se presentaba como una fe monoteísta: convertirse iba a significar en el Nuevo Mundo una ruptura, es decir, el abandono de cualquier otra deidad. Los conflictos con el islam y el judaísmo en la Península habían acentuado este exclusivismo religioso contra los infieles. Por otra parte, el momento que se vivía en el siglo XVI, marcado por la Contrarreforma, había asignado a España un papel preeminente en la defensa de la ortodoxia cristiana. En esta misma perspectiva el desarrollo del culto de los santos en España, luego su exportación a América, hizo que la Iglesia, con la ayuda del tribunal inquisitorial, se afanara en la persecución de cualquier herejía.

Si en una perspectiva cristiana la conversión aparecía como una ruptura, en el sistema religioso indígena no era más que la integración de nuevos valores o de nuevos dioses que de ninguna manera estaban en contradicción con los aceptados anteriormente.[6]

SANTIAGO, FACTOR DE IDENTIDAD DE LA COMUNIDAD

El culto de Santiago, como el de la Virgen y de los otros santos, está en el meollo mismo de la religiosidad indígena. Con las observaciones siguientes pretendemos sólo sintetizar algunas reflexiones dispersas a lo largo del libro y aducir

[4] Manuel Marzal, *El sincretismo iberoamericano*, p. 155.

[5] Marroquín, *op. cit.*, p. 16.

[6] Es evidente que la relación de las comunidades indígenas con el cristianismo se debe estudiar en relación a las diferentes etapas. Enrique Marroquín en su libro establece una "periodización historiográfica", pp. 20-30.

algunas informaciones más. Los santos, y especialmente cuando se trata del santo patrón, contribuyen a dar identidad a la comunidad y a estructurarla.

Una observación previa se impone, en relación con lo que acabamos de desarrollar. El santo propuesto por el evangelizador para presidir los destinos del pueblo y protegerlo es adaptado por los indígenas a su visión del mundo. Es muy ilustrativo el caso de san Francisco, patrón de Ihuatzio, que sustituyó a Kurí Kaweri, el cual tenía ahí su templo y era muy venerado. Todavía el número tres se considera sagrado: en la iglesia se veneran tres imágenes "que pueden tomarse como substituto del antiguo dios, Kurí Kaweri, el cual también estaba asociado con varias formas de tri-partición".[7]

Con Santiago sucedió lo mismo. En las poblaciones nahuas vino a sustituir a los dioses Huitzilopochtli y Tláloc, como lo testifican varias de las leyendas que se recogieron en esta investigación.

Muchas veces en los templos jacobeos la imagen del Santo aparece duplicada. Este fenómeno nos acerca al concepto prehispánico de dualidad del mundo nahua, en el cual, adaptándose al contexto cristiano, un mismo santo se desdobla con personalidades distintas. Ilustrativas al respecto son las dos imágenes de Santiago que se veneran en la iglesia de Tepalcatlalpan, en Xochimilco, a las cuales los feligreses le dan dos personalidades distintas: una severa y la otra protectora. Recordemos al respecto también el culto de san Felipe y Santiago, dos santos que cuando se veneran en el mismo templo, suelen ser confundidos. La confusión llega al colmo en Xalizintla, en el estado de Puebla, donde una misma imagen se identifica con un letrero que dice "Santiago-san Felipe". Obviamente la hagiografía cristiana importa poco en este caso.

Tal vez el ejemplo más curioso sea el de Ajacuba, en Hidalgo, donde la santa tutelar es santa Jacoba, un doble femenino de Santiago, que no aparece en el santoral cristiano y pese a lo cual se le hacen grandiosas fiestas del 16 al 31 de julio. El día 25, en la madrugada, se cantan las mañanitas a santa Jacoba; a las 11 de la mañana se celebra una misa solemne en su honor y en la tarde los pobladores la llevan en procesión por las calles. Termina el día con un baile popular y la quema de fuegos pirotécnicos. Los días siguientes continúan los bailes populares y, paralelamente, las familias organizan el rezo del novenario.

Además de tiempo, las personas invierten mucho dinero en las fiestas de santa Jacoba. Pero si uno pregunta sobre su identidad, nadie sabe nada. El cuidador de la iglesia recordó que la imagen fue regalada por un hacendado que la había recibido en herencia.

En todas partes lo que importa es la imagen del santo. En el caso extremo de santa Jacoba no existe ningún referente. Esta veneración se relaciona con

[7] Van Zantrwijk, *op. cit.*, p. 190.

los antiguos *ixiptla* y como tales, las imágenes reciben un culto muy especial, pues se cree que contienen un espíritu superior que les da vida. Este concepto nada tiene que ver con las imágenes católicas que, según la ortodoxia, representan a seres que están en el cielo.

La representación de Santiago caballero con sus tres elementos es particularmente interesante, ya que se encaja en conceptos prehispánicos; es un ejemplo muy ilustrativo de la devoción mezclada de los indios. Como se ha escrito: "la conversión no les llevó al rechazo de las creencias prehispánicas, sino más bien los indujo a una práctica cristiana de la idolatría."[8]

Los feligreses se sienten seguros al quedar protegidos por el Apóstol, o mejor dicho, por su imagen. En numerosos pueblos existe la creencia que de noche sale para vigilar y socorrer a sus habitantes (lo hemos apuntado mil veces). Sus cabalgatas nocturnas lo llevan por los caminos y las veredas; ronda las siembras para fructificar la tierra y hay quienes aseguran que ha intervenido para defender los territorios en conflicto entre comunidades vecinas.

El Santo es vínculo de identidad entre aquellos que emigran a los Estados Unidos en busca de trabajo y que allá siguen festejando a Santiago de la misma forma que lo hacían en su pueblo. A su alrededor, los migrantes refuerzan sus lazos culturales.

Los fieles creen que Santiago escogió quedarse entre ellos. A menudo se cuenta la leyenda de que el Santo quiso estar en la comunidad que patrocina. Cuando una gente del exterior quiere sacar la imagen de los límites de la parroquia, repentinamente se hace pesada, impidiendo de esta manera ser trasladada a otra parte. Curiosamente se podrían contar episodios análogos relacionados con vírgenes o santos en España.

Entre todos estos conceptos no hay que buscar una estricta lógica interna. Los santos comparten un mundo sobrenatural contradictorio, producto de las diferentes concepciones religiosas que entraron en juego durante los siglos anteriores. Al mismo tiempo que se ignora la historia evangélica de Santiago, se le atribuyen lazos familiares y episodios de vida, que lo particularizan y le dan una identidad.

En numerosas comunidades indígenas y mestizas, se considera que algunas imágenes mantienen entre sí una relación de parentesco que, además de unirlas, establece lazos simbólicos entre los pueblos.[9] En Halachó, Yucatán, se cuenta que el Apóstol suele ir a visitar a su primo Diego de Alcalá, en Calkiní. Otras veces se cuenta que visita a sus hermanos, que pueden ser san Juan, san

[8] Christian Duverger, *La conversión de los indios de Nueva España*, p. 208.

[9] Sobre el tema véase Miguel Ángel Rubio, *Fiesta de los pueblos indígenas. La morada de los santos, expresiones del culto religioso en el sur de Veracruz y en Tabasco.*

Felipe o san Cristóbal. En el municipio de Huixquilacan del valle de Toluca, dos pueblos de origen otomí festejan simultáneamente a Santiago y a san Cristóbal, hermanándolos.[10]

A veces estas relaciones de parentesco pueden engendrar conflictos entre los santos. En Jiquipilco el Viejo, en el estado de México, se cuenta que los hermanos san Felipe y Santiago riñeron a causa de la posesión de un caballo, razón por la cual, se distanciaron.

Los santos tienen sentimientos y se comportan como los humanos. En varios lugares se cuenta que Santiago tiene una novia a la que sale a cortejar de noche; en general se trata de María Magdalena, pero puede ser cualquier otra santa, como en Santiago Cuaxustenco, donde sus pobladores cuentan que su novia es *la Güera*, una virgen rubia del pueblo vecino.

El parentesco de hermandad alcanza a veces situaciones insospechadas. En varios lugares de Michoacán se dice que el caballo es nada menos que su hermano san Juan, que se ha transformado en equino. Estas circunstancias nos conducen a precisar que estamos en un nivel de religiosidad popular, en el cual se opera en toda libertad una resemantización de las imágenes católicas: es una de las consecuencias de la fusión entre las religiones prehispánicas y el cristianismo.

Es una creencia generalizada que los santos, especialmente el santo patrón, pertenecen al pueblo. Por esa razón, sus feligreses se encargan de los ritos y de las procesiones; organizan los rezos y las fiestas; cuidan de la imagen patronal y la visten al gusto de la población: de ranchero, con botas y sombrero tejanos; de yucateco con sombrero de mimbre, filipina y pantalón blanco; de indígena con huaraches y sarape; de campesino, con machete y herramientas para el trabajo de campo; de mariachi, con sombrero de ala ancha y traje de luces... La vestimenta le da identidad y expresa la pertenencia al Santo, el cual de esta manera, se mimetiza con la población y responde a los deseos de sus devotos. Es un doble movimiento de apropiación, el Santo pertenece al pueblo y el pueblo al Santo.

Otra observación importante: el culto perdura no sólo por la fe que le profesan sus devotos, sino también porque constantemente se actualiza a las nuevas circunstancias y necesidades sociales. En el pueblo de Xalizintla, situado al pie del Popocatépetl, los lugareños piden a Santiago que "dialogue" con don Goyo, nombre que le han dado al volcán, que en los últimos años ha amenazado con hacer erupción; recientemente, los pescadores de Río Lagartos le rezaron un novenario, rogándole que "golpeara" al huracán *Stan* para que no

[10] *Apud* A. Tonatiuh Romeo Contreras y Laura Ávila Ramos, "El culto al apóstol Santiago en el valle de Toluca", artículo inédito que nos proporcionaron los autores.

llegara a su puerto ubicado en el caribe yucateco. En muchas comunidades donde existe una alta migración hacia los Estado Unidos, los migrantes lo consideran su guía para pasar la frontera; a él se encomiendan antes de salir, prometiéndole que si logran conseguir trabajo, le enviarán los primeros dólares que ganen. Para la fiesta patronal, envían considerables sumas de dinero y el Santo, ese día, es adornado con los prometidos billetes verdes.

Los lazos entre Santiago y la comunidad que patrocina son muy profundos y personales, y aún a la distancia, perduran, si no es que se afianzan más.

El culto del Santo estructura la comunidad

Los misioneros, en su estrategia evangelizadora, toleraron el culto de los santos patronos en correspondencia con el culto de los dioses tutelares indígenas. También apoyaron las fiestas patronales que organizaban los gremios, las cofradías y las mayordomías, agrupaciones que fácilmente aceptaron los indígenas, acostumbrados a tener sus propias organizaciones sociales.[11]

Actualmente esas asociaciones son muy activas. A lo largo del año, se encargan del cuidado de las imágenes y del buen desarrollo del culto que se les debe. El nombre varía según la región y mientras más tradicional es una comunidad, mayor importancia tienen sus miembros. En muchos casos, forman una auténtica jerarquía que estructura a la población. Cuando una persona obtiene un cargo, se gana el respeto de los demás. Ya hemos evocado el caso de la comunidad de Ihuatzio, en el área tarasca. Allí, como en toda la zona, la jerarquía de cargos sigue vigente y estructura la comunidad. *Los cargueros* forman un gobierno fuertemente oligárquico. Para recorrer todos los peldaños de la jerarquía, se necesita no sólo ser apreciado por los otros miembros, sino también tener recursos económicos necesarios para escalar de punto en punto la cumbre. A menudo desarrolla el sentimiento de solidaridad; las familias relativamente ricas apoyan a un pariente para saltar los obstáculos y conseguir el puesto deseado.[12]

En Ihuatzio, dos hombres están encargados especialmente de organizar la fiesta patronal: se les llama el capitán soldado y el capitán moro. Cada uno tiene un asistente y es ayudado por dos personas, llamadas el alférez y el sargento. El capitán moro del año anterior actúa de asesor en las danzas y combates rituales.

[11] Este punto ha sido estudiado por Dubravka Mindek, *Fiestas de gremios ayer y hoy*.
[12] Van Zantuijk, *op. cit.*, pp. 143-144.

En la meseta central el sistema de las cofradías es mucho más activo y eficaz. Están encabezadas generalmente por una persona que desempeña el cargo de gran responsable de la iglesia con el título de cofrade mayor o de juez, encargado de cuidar la vigilancia del templo y su mantenimiento. El visitante forastero tendrá que pedirle autorización para sacar fotografías o sencillamente entrevistar al sacristán; si no lo hace, se le cerrarán las puertas. En cuanto a nuestra experiencia, los autores de este libro podemos decir que fuimos muy bien recibidos por las mayordomías cuando les dimos un trato deferente. Algunas veces nos acompañaron los representantes del pueblo, hasta diez personas, que con entusiasmo respondían nuestras preguntas y entablaron con nosotros un fructífero diálogo.

En la zona maya, en Yucatán, predominan los gremios, al parecer, herederos de los antiguos *calpulli*, que eran una estructura social importante, en la que se reunían los que practicaban un mismo oficio.[13] Son sucesores de la institución medieval española de los gremios que se implantó en México y que tuvo un papel destacado en la vida social y religiosa de la Colonia. Su presencia sobresalía en las fiestas populares que se efectuaban dentro del marco del calendario católico.[14]

Una de las más importantes prácticas del culto prehispánico eran las ofrendas que se regalaban a los dioses. Las que ofrendaban los miembros del calpulli se distinguían porque eran muestras de los oficios que practicaban. Los oficios habían sido creados por los dioses. Cada calpulli tenía el suyo y a él se encomendaban los trabajadores.

Los grupos afines se consideraban emparentados entre sí. Se festejaban unos a otros y se invitaban a los convites, mientras que sus dioses recibían recíprocamente ofrendas. Así se reforzaban las relaciones entre distintos calpulli afines. Al respecto escribe Sahagún:

> El barrio de los amantecas y el barrio de los pochtecas estaban juntos, y también los dioses de los amantecas y de los pochtecas estaban pareados. El uno se llamaba Yiacatecuhtli, que es el dios de los mercaderes, y el otro se llamaba Coyotlinahual, que es el dios de los amantecas; por esta causa los mercaderes y los oficiales de la pluma se honraban los unos a los otros. Y cuando se sentaban en los convites, de una parte se sentaban los mercaderes y de la otra parte los oficiales de la pluma. Eran casi iguales en las haciendes y en el hacer de las fiestas o banquetes.[15]

[13] Dubravka Mindek, *op. cit.*, pp. 20-21.

[14] *Ibid.*, p. 31.

[15] *Ibid.*, p. 29.

De la misma manera, las cofradías, las mayordomías y los gremios de hoy suelen visitarse entre sí a las fiestas, llevando consigo a sus santos. En estas visitas, también a la usanza antigua, "se pasean" los santos de uno y otro lado, hasta el punto de que el imaginario colectivo ha llegado a crear parentesco entre ellos que los une mucho más.

¿Qué será del culto de Santiago en el siglo XXI?

En el umbral del nuevo siglo contestar a esta pregunta es sumamente difícil. Sólo se pueden señalar las condiciones actuales en que se desarrolla este culto, que no es más que un aspecto de la religiosidad indígena en su vertiente popular. Estamos en un mundo globalizado que tiende a borrar las diferencias culturales y las identidades, pero al mismo tiempo los grupos tradicionales tienden a defenderse para preservar sus rasgos propios. Tal es el dilema en que se enfrentan esos grupos.

En el siglo XX se ha acentuado un proceso de desindianización que ha generado en muchas zonas otro igual de aculturación. En estos casos, el rostro indígena ha sido sustituido en gran parte por el mestizaje. Miguel Ángel Rubio escribe acerca de los pueblos del sur de Veracruz y de Tabasco:

> En nuestros días aquella inmensa región del pasado que albergaba a todos esos pueblos de extracción nahua, mixe-zoque y maya-chontal es una zona eminentemente mestiza en la que subsisten, dentro de pequeñas islas territoriales, un pequeño conjunto de comunidades indígenas.[16]

Conforme las regiones están sometidas a profundas transformaciones, tanto a nivel de hábitat como en términos de geografía humana, las condiciones de vida evolucionan. El proceso irreversible de desarrollo que conocen estas zonas provoca la movilidad de la población y tiende a romper los lazos comunitarios establecidos desde siglos. Circunstancias nuevas, como el desarrollo de la agricultura intensiva, la deforestación de grandes espacios, el abandono de cultivos y de las técnicas tradicionales, la construcción de carreteras, etcétera, empujan a la población a buscar fuera medios económicos de complemento. Se van perdiendo los viejos estilos de vida y el idioma natal cada vez más se sustituye por el español. Las señas de identidad de las comunidades se van borrando.

[16] Miguel Ángel Rubio, *op. cit.*, p. 34.

Asistimos a un viaje sin retorno de muchos aspectos culturales. La modernización se impone, aunque tarde en establecerse, a la par que la adaptación imprescindible a nuevas formas de vida. Se está creando, en un ambiente que muchas veces se puede calificar como de crisis, una nueva identidad cultural marcada por el mestizaje.

Hasta ahora, la identidad religiosa lo permeaba todo y cohesionaba a los devotos del área. La gente confería gran importancia a los santos y a las imágenes. Una organización paralela a la oficial del pueblo era admitida por todos: cofradías, mayordomías, gremios eran la expresión de la comunidad, por ser de naturaleza colectiva. Esas organizaciones congregaban simbólicamente en una sola comunidad de fieles a los miembros de cada pueblo, confirmándole una singular identidad religiosa. La existencia del santo patrono que justificaba dichas organizaciones traía consigo la formación de un sentimiento colectivo de unidad y de particularidad. Pero en la actualidad este unanimismo tiende a desmoronarse bajo la influencia de ciertos factores exteriores que hay que analizar ahora.

El papel de la Iglesia

La Iglesia católica, después del concilio Vaticano II, se encuentra actualmente en un nuevo capítulo de su historia misional. A raíz de este acontecimiento, emprendió una nueva campaña evangelizadora destinada a reconvertir a los campesinos e indígenas.

En relación con el tema que tratamos aquí, por una parte, el culto de los santos ha sido oficialmente reivindicado y fomentado por las autoridades religiosas. El papa Juan Pablo II detiene el récord de las canonizaciones en la historia de la Iglesia. Ha beatificado y canonizado a más personas que todos los anteriores papas juntos desde la fundación en 1514 de la Congregación para la causa de los santos. El papa ha procedido a 470 canonizaciones y 1250 beatificaciones.

Por otra parte, la Iglesia, después de las nuevas orientaciones del Concilio Vaticano II y de la Conferencia Episcopal de Medellín, redobló el interés hacia las culturas originales de los nativos, elaborando su propio indigenismo.[17] La tercera Conferencia general de Puebla de los obispos latinoamericanos (1979), en su documento final sobre la evangelización de la cultura, afirmaba que "América Latina tiene su origen en el encuentro de la raza hispano-cristiana con las culturas precolombinas y las africanas. El mestizaje racial y cultural ha

[17] Marzal, *op. cit.*, p. 140.

marcado profundamente este proceso." Al mismo tiempo que se hacía una nueva evangelización, se buscaban recursos para colmar las deficiencias de "esta piedad popular católica que no ha llegado a impregnar adecuadamente las poblaciones".

En el terreno hemos podido comprobar que, en general, el clero manifiesta respeto por las culturas indígenas. En algunos casos busca erradicar las prácticas de las creencias antiguas que se apartan demasiado de la enseñanza oficial de la Iglesia católica.

Es evidente, en cuanto al culto de Santiago se refiere, que se ha programado un gran esfuerzo pedagógico, expresado en sermones, folletos y carteles para situarlo en una perspectiva evangélica. En muchas iglesias se puede ver un gran cartel aclaratorio que remite a la vida del Santo apóstol. Y en las iglesias nuevas que llevan su titularidad se da una preferencia muy marcada a la imagen que lo representa de pie con el evangelio en la mano, eliminando deliberadamente la representación del caballo.

La aparición de las iglesias protestantes en las comunidades

En los dos últimos decenios se ha propagado de manera acelerada el protestantismo bajo sus diferentes tendencias y el número de adeptos crece año tras año. La identidad religiosa católica cohesionaba a todos los devotos de una población. La iglesia del pueblo congregaba a los fieles simbólicamente en una sola comunidad. Después de siglos de unanimismo religioso, ya se abrió un nuevo capítulo que muchas veces se escribe con lágrimas.

Hasta ahora, esos pueblos encontraban en los momentos cruciales de la vida colectiva, un recurso inconsciente para afirmar su especificidad grupal. Entre estos fenómenos de alta carga simbólica la apropiación de un santo patrono era el pilar más fuerte que sustentaba la identidad étnica y cultural. De allí se derivaban unos actos colectivos que fortalecían todavía más el sentido identitario: todos participaban en las grandes fiestas anuales que daban motivo a visitas desde fuera, lo que representaba el reconocimiento por los otros de esta personalidad.

Para organizar esas fiestas, delegados del pueblo, que actuaban con el consenso de todos, a turno daban su tiempo y dinero. Y esta unanimidad se encontraba también en las mentalidades y en la adhesión a un mismo pensamiento mítico-histórico, en referencia a los orígenes comunitarios. En muchos pueblos de Santiago se afirma que el mismo Santo allí se apareció o bien, que su imagen fue encontrada de modo milagroso. Así desde tiempos inmemoriales, Santiago estuvo sentado a la vera del camino por donde transcurre la historia local: alimentó a sus habitantes cuando padecían hambre, curó epidemias, propició buenas cosechas. Siempre estuvo presente, siempre lo consideraron como un santo muy milagroso.

Y de repente, entre los vecinos, unas personas hacen una nueva lectura de la historia y dan una nueva interpretación de la *Biblia*, reprochando a la Iglesia haber pervertido su mensaje. Pretenden ir a lo esencial: se dicen evangélicos, ya que para ellos lo que cuenta es el mensaje de la palabra revelada. Todo lo demás, culto de los santos, leyendas del pueblo, autoridad de clero y de la enseñanza católica... está puesto en tela de juicio.

Y esta situación se vive, hasta en los lugares más apartados, como una grave crisis. Los espíritus se calientan y en estas circunstancias se rompen lazos comunitarios. Ya se han producido enfrentamientos religiosos. La prensa da cuenta de ellos y parece que se multiplican. Señalemos algunos del año 2005, que nos permitirán ver en qué consiste este ambiente de enfrentamientos.

Un enfrentamiento se produjo en mayo, en la comunidad de Cuatecometl del municipio de San Felipe de Orizatlán, Hidalgo. Allí 30 habitantes de los 115 que la habitan no son católicos, pertenecen a la Fuente del Cielo. Primero, recibieron amenazas, por practicar una religión distinta a la católica. Después, un grupo encabezado por el delegado municipal irrumpió en el servicio del templo de los evangélicos y retuvo al pastor y a algunos asistentes. Fueron liberados después de pagar una multa muy alta: mil pesos cada uno.

También en otro pueblo de Hidalgo, en noviembre del mismo año, los católicos militantes impidieron a los evangélicos de línea pentecostal, construir el templo ya autorizado por el ayuntamiento. Y en diciembre, en un municipio cerca de Pachuca, unas 200 personas excavaron hasta encontrar la red de agua potable que suministraba el líquido a una familia recién convertida a la fe evangélica. Después de que le cortaron el servicio, esta familia debe ir al pueblo vecino a comprar agua.

En Oaxaca, en octubre, se produjeron varios conflictos. En Jaltepec de Caoloyoc, Mixe, 15 familias integrantes de la asociación religiosa La Luz del Mundo tuvieron que cumplir con el tequio que se da en esa localidad cada domingo, presionados por los católicos para poder seguir residiendo ahí.

En este clima de tensión, los actos de fanatismo y de intolerancia religiosa tienden a multiplicarse. Nadie puede augurar el futuro. A nuestro nivel, sólo podemos citar las palabras de un gran antropólogo español, Julio Caro Baroja, gran conocedor de los pueblos de Castilla y del norte de España, sobre los cuales escribió varios libros. En uno de ellos nos da una clave importante que abre las puertas de la convivencia:

> Si hay una identidad, hay que buscarla en el amor. Ni más ni menos. Amor al país en el que hemos nacido o vivido. Amor a los montes, prados, bosques, amor a su idioma y costumbres, sin exclusivismos. Amor a sus grandes hombres y no sólo a un grupito entre ellos. Amor a los vecinos y a los que no son como nosotros...[18]

Son palabras profundas de un gran escritor que nada tenía de mojigato y que supo expresar en las líneas citadas mucha sensatez. Su guerra más constante fue contra la intolerancia y el eco de sus palabras, a los diez años de su muerte, llega hasta nosotros.

Epílogo

Al concluir la obra, los autores tuvieron la impresión de haber hecho un recorrido íntimo, a través de los siglos, por la historia mexicana, y haber penetrado en el secreto de una aventura excepcional: la de dos pueblos que no sólo mezclaron su sangre, sino también sus culturas. La Nueva España nació "a sangre, fuego y dolor".[19] Así son los partos, pero éste fue particularmente difícil.

Luego, el Viejo y el Nuevo Mundo tuvieron una historia compartida con varios momentos de desencuentro. Pero lo esencial fue que esos nuevos consortes adoptaron la inspiración cristiana, mientras que, en un acuerdo tácito, se podían conservar los rasgos prehispánicos. De este mestizaje salió el México actual, que —como todo ser vivo— no acaba de evolucionar y transmutarse.

Santiago fue para nosotros, en nuestros años de investigación, compañero de viaje, revelador de una realidad profunda a la cual nos acercamos y objeto de estudio. Nuestros informantes, muchas veces, nos interrogaban sobre el porqué de este interés. Que este libro sea para ellos la contestación a su pregunta.

Fiestas jacobeas en el Estado de México

Preparando la comida colectiva

Veladoras para el santo

Rezando a Santiago

Carrera de caballos

25 de julio en Texcatitlán, Estado de México

El pueblo en fiesta

Procesión

Llegada a la iglesia

Jinete con estampita

Imágenes mexiquenses

Santiaguito Cuaxustenco

Yeché

Acutzilapan

Oxtempan

Santiago Casandejé

La ofrenda de la alfalfa, Chalco

Jiquipilco El Viejo

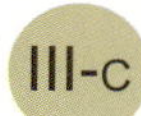

Santiago Tilapa

Santiago en Higalgo

Atotonilco

Hacienda de Tetlapayac

Acayutlán

Santiago en Tlaxcala

"El españolito" de Villalta

Hacienda de Santiago Brito

Altzayaca

Santiago Tetla

Santiago en Matatlán, Oaxaca

Santo en majestad con huaraches

Imagen procesional y detalle del apoyo del caballo

Santiago en Jalisco

Imagen de Ameca

Peregrinación con el Santiago de Nextipac

En la iglesia de San Miguel de Mezquitán, Guadalajara

Exvoto de Nextipac

Santiago el Pinar, Chiapas

En el altar principal

Apóstol con espejo y bastón de mando

Santiago Nurio, Michoacán

Apóstol en el coro de la iglesia

Imagen principal arropada con toallas y sarapes

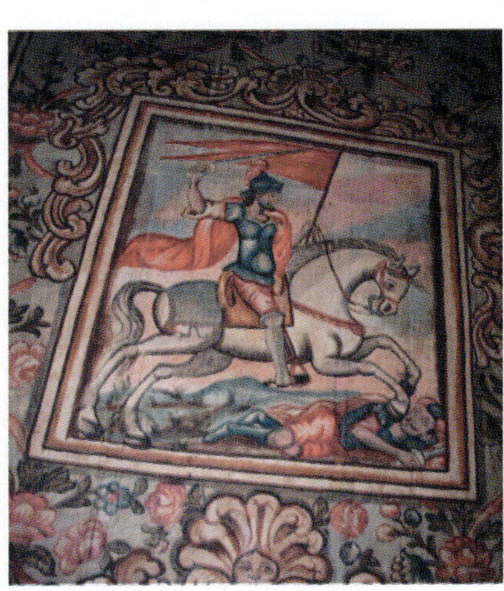

Pinturas en las paredes de la capilla de la guatapera

Valle de Santiago, Guanajuato

Santiago el Mayor

Dibujo de un niño

El “Original”

El ropero del santo

XI

Atzizihuacán, Puebla

En el retablo principal de la iglesia

Imágenes poblanas

En el altar principal de Atzala

Imagen procesional de Tochimizolco

"Santiago Jacobito", Yaonáhuac

Querétaro y Veracruz

Mural sobre la aparición de Santiago en el Sangremal, Querétaro

El santo que cuida los cañaverales Ixmatlahuacán, Veracruz

XIV

En el norte de México

El Santiago que luchó en la guerra cristera
Bayacora, Durango

El santo que dibujó un camino de harina
en el cielo, Mapimí, Durango

Bibliografía

ABRAMSON, Pierre-Luc, "Survie et adaptation d'un rituel populaire espagnol au Mexique: La danza de moros y cristianos de Zacatecas" en *Hommage à Jaime Díaz Rozzotto. Annales littéraires de l'Université de Franche-Comté.* Besançon, Diffusion Les Belles Lettres, 1990, pp. 249-260.

ACEVES ASCENCIO, Modesto Alejandro, *Perspectiva de templos de Jalisco.* México, Secretaría de Cultura Jalisco, 2004.

Actas del III Congreso Internacional sobre los franciscanos y el Nuevo Mundo. Madrid, Deimos, 1991.

AGUIRRE BELTRÁN, Gonzalo, *Medicina y magia. El proceso de aculturación en la estructura colonial.* México, UV / INI / FCE / Gob. de Veracruz, 1992.

ALBERRO, Solange, "Los franciscanos y la tabula rasa en la Nueva España" en María Sten coord., Óscar Armando García y Alejandro Ortiz Bullé-Goyri, comps., *El teatro franciscano en la Nueva España.* México, UNAM / CONACULTA, 2000.

———, *Del gachupín al criollo o cómo los españoles dejaron de serlo.* México, El Colegio de México, 1997.

ALBERT-LLORCA Marlène y José Antonio González Alcantud, eds., *Moros y cristianos. Representaciones del otro en las fiestas del Mediterráneo occidental.* Toulouse, Diputación de Granada / Presses Universitaires du Mirail, 2003.

ALCINA FRANCH, José, *Calendario y religión entre los zapotecos.* México, UNAM, 1993.

ALONSO LUTTEROTH, Armida y Roberto Alarcón, "Un Santiago de técnica mixta: el de la iglesia de Santa María Chiconautla, Estado de México" en *Imaginería virreinal. Memorias de un seminario.* México, UNAM / INAH, 1990, pp. 109-117.

ARACIL VARÓN, María Beatriz, *El teatro evangelizador. Sociedad, cultura e ideología en la Nueva España del siglo XVI.* Roma, Bulzoni Editore, 1999.

ARCE VALDÉS, Blanca Oralia, *Texcatitlán. Monografía Municipal.* México, Instituto Mexiquense de Cultura / Gobierno del Estado de México, 1999.

ARROYO, fray Esteban, *Las misiones dominicanas en la Sierra Gorda de Querétaro.* Querétaro, Universidad Autónoma de Querétaro, 1987.

———, *Los primeros y principales abanderados de los derechos humanos de los indios fueron los misioneros dominicos (según sus cronistas de los siglos XVI, XVII y XVIII).* Querétaro, Universidad Autónoma de Querétaro, 1983.

———, *Los dominicos, forjadores de la civilización oaxaqueña. Oaxaca-México, 1959-1961.* México, Imprenta Camarena, 1961. 2 vols.

AUBRY, Andrés, *Los obispos de Chiapas.* San Cristóbal de las Casas, Instituto de Asesoría Antropológica para la Región Maya, 1990.

———, *San Cristóbal de las Casas, su historia urbana, demográfica y monumental, 1528-1990.* México, Instituto de Asesoría Antropológica para la Región Maya, 1991.

BÁEZ-JORGE, Félix, *Entre los naguales y los santos. Religión popular y ejercicio clerical en el México indígena.* Xalapa, Universidad Veracruzana, 1998.

BAÑOS URQUIJO, Francisco, coord. *Gerónimo de León, pintor de milagros.* México, Empresario, 1996.

BAUDOT, Georges, *La pugna franciscana por México.* México, Alianza Editorial Mexicana / CONACULTA, 1990.

BECERRA FLORES, Miguel, "Tonalá, sus fiestas y tradiciones", en Monografía del Diplomado en Cultura Jalisciense de El Colegio de Jalisco, 2000 [mecanografiado].

BERABAS, Alicia Mabel, Miguel Alberto Bartolomé y Benjamín Maldonado, *Los pueblos indígenas de Oaxaca. Atlas etnográfico.* México, CONACULTA / INAH / FCE, 2004.

Boletín del Archivo Histórico Diocesano de San Cristóbal de las Casas. San Cristóbal, núm. 2 y 3, t. II, 1985.

BORGES, Pedro, *Los métodos misionales en la cristianización de América.* Madrid, CSIC, 1960.

BRAVO Galván, Héctor y Horacio Gnemani Bohogué, *Rescate de la antigua parroquia de Marfil.* León, IPBSA, 2004.

BURDI, Patricia, "Los tiempos de la fiesta. Estructura ritual y valencias simbólicas del culto a Santiago Matamoros (Sierra norte de Puebla, México)" en Ingrid Geist, comp., *Procesos de escenificación y contextos rituales.* México, Plaza y Valdes, 1996, pp. 179-200.

BURGOA, fray Francisco de, *Geográfica descripción de la parte septentrional del polo Ártico de la América y nueva iglesia de las Indias occidentales y sitio astronómico de esta provincia de predicadores de Antequera valle de Oaxaca.* México, Porrúa, 1943. 2 vols.

CALZADA, Nazario, *Historia de Santo Santiago, patrono titular de Ixtlahuacán de los Membrillos.* Guadalajara, El Regional de Ixtlahuacán de los Membrillos, 2003.

CAÑAS, Joseph, *México, mis años con los indígenas.* Trad. Delia Mateovich. Zapopan, El Colegio de Jalisco / Viena Ediciones / Fideicomiso Teixidor, 2003.

CARDAILLAC, Louis y Angélica Peregrina, coords., *Ensayos en homenaje a José María Muriá.* Zapopan, El Colegio de Jalisco, 2002.

CARDAILLAC, Louis, "Las órdenes religiosas y el culto de Santiago en el México colonial" en *Iacobus,* núms. 17-18. Valladolid, Centro de Estudios del Camino de Santiago, 2004, pp. 243-274.

———, *Moriscos y cristianos. Un enfrentamiento polémico (1492- 1640).* 2a. ed. México, FCE, 2004.

———, *Santiago acá, allá y acullá. Miscelánea de estudios jacobeos.* Pról. Miguel León-Portilla. Zapopan, El Colegio de Jalisco / Fideicomiso Teixidor, 2004.

———, *Santiago apóstol, el santo de los dos mundos.* Pról. José María Muriá. Zapopan, El Colegio de Jalisco / Fideicomiso Teixidor, 2002.

CAREAGA VILIESID, Lorena, *Hierofanta combatiente. Lucha, simbolismo y religiosidad en la Guerra de Castas.* México, Conacyt / Universidad de Quintana Roo, 1998.

CARO BAROJA, Julio, *El laberinto vasco.* San Sebastián, Txertoa, 1984.

CARREÑO KING, Tania, *El charro. La construcción de un estereotipo nacional (1920-1940).* México, Instituto Nacional de Estudios Históricos de la Revolución Mexicana / Federación Mexicana de Charrería, 2000.

CASAS, fray Bartolomé de las, *Apologética historia de las Indias.* Est. introd. de Juan Pérez Tudela Buejo. Madrid, BAE, 1958.

Catálogo de construcciones religiosas del Estado de Yucatán, t. I. México, Talleres Gráficos de la Nación, 1945.

CAUCCI VON SAUCKEN, Paolo, ed., *Santiago, la Europa del peregrinaje.* Barcelona, Lunwerg, 1993.

CERTEAU, Michel de, *La escritura de la historia.* 2a. ed. Trad. de Jorge López Moctezuma México, UIA, 1993.

CHÁVEZ GARCÍA, José, *Tlajomulco en el tiempo.* Guadalajara, Euterpe, 2000.

CHÁVEZ, Octavio, *La charrería: tradición mexicana.* Toluca, Instituto Mexiquense de Cultura, 1994.

CHOMEL, Martine, "Santiago Nurio, corazón de la sierra tarasca", en *México desconocido,* núm. 292. México, 2001, pp. 36-44.

CIUDAD REAL, fray Antonio de, *Tratado curioso y docto de las grandezas de la Nueva España.* Ed., est. y apéndices de Josefina García Quintana y Víctor M. Castillo Farreras. México, UNAM, 1993. 2 tt.

CIVIL, Pierre, "De Saint Jacques matamore a Saint Ignace de Loyola: stratégies de l'image des saints face à l'altérité religieuse, Espagne, XVI-XVII siécles" en Augustin Redondo, dir., *Les représentations de l'Autre dans l'espace ibérique et ibéro-américain.* París, Presses de la Sorbonne Nouvelle, 1993, pp. 75-95.

COLLIN, Laura, "Temoaya: territorio otomí" en *Fiestas de los pueblos indígenas. Ritual y conflicto.* México, INI, 1994, pp. 7-59.

CONTRERAS BOCANEGRA, María Esther, "La fiesta de Santo Santiago en la comunidad de San Juan de Ocotán", en Monografía del Diplomado en cultura jalisciense de El Colegio de Jalisco, 2002 [mecanografiado].

CORONA, Carmen, "Los autos de Tlaxcala en 1539 y el Códice de Autos Viejos" en *Literatura Mexicana,* vol. IV. México, UNAM, 1993, pp. 327-342.

CORTÉS DE LEÓN, Leticia, "Tradiciones de la fiesta de Santo Santiago", en Monografía del Diplomado en cultura jalisciense de El Colegio de Jalisco, 2002 [mecanografiado].

CORTÉS TOLEDO, Oscar Jesús, *Valle de Santiago 2003.* [s.p.i.], [s.p.]

CRUZ VELÁSQUEZ, Sergio, "La danza guerrera de los tastoanes de santa Ana Tepetitlán", en Monografía del Diplomado en cultura jalisciense de El Colegio de Jalisco, 2000 [mecanografiado].

CRUZ Y MOYA, fray Juan José de la, *Historia de la santa y apostólica Provincia de Santiago de predicadores de México en la Nueva España,* vol II. Introd. e índice de Gabriel Saldívar. México, Librería de Manuel Porrúa, 1949.

CRUZ, José Antonio *et al., Indios y franciscanos en la construcción de Santiago de Querétaro (siglos XVI y XII).* Santiago de Querétaro, Gobierno del Estado de Querétaro, 1997.

CUADRIELLO, Jaime, "El origen del reino y la configuración de su empresa: episodios y alegorías del triunfo y fundación" en Jaime Soler Frost, coord., *Los pinceles de la historia. El origen del reino de la Nueva España 1680-1750.* México, Museo Nacional de Arte / Fomento Cultural Banamex / CONACULTA / INBA, 1999, pp. 50-107.

DAVID MARKMAN, Sydney, *San Cristóbal de las Casas.* San Cristóbal, Patronato Bartolomé de las Casas, 1987.

DÍAZ DEL CASTILLO, Bernal, *Historia verdadera de la conquista de la Nueva España.* Ed. crít. de Carmelo Sáenz de Santa María. Madrid, CSIC, 1982.

DOMÍNGUEZ, fray Francisco Anastasio, *The Missions of New México, (1776).* Trad. de Eleanor B. Adams y fray Angélico Chávez. Albuquerque, The University of New Mexico Press, 1956.

Dos sermones panegíricos sobre Santiago el Mayor pronunciados en la ciudad de México, años 1802 y 1809. Ed. facs. Est. introd. de Louis Cardaillac. México, El Colegio de Jalisco, 2002.

DURÁN, fray Diego, *Historia de las Indias de Nueva España e islas de tierra firme*, vol. I. Introd., notas y paleografía de Ángel Ma. Garibay. México, Porrúa, 1967.

DURAND, Jorge y Douglas S. Massey, *Milagros en la frontera. Retablos de migrantes mexicanos en Estados Unidos.* San Luis Potosí, El Colegio de San Luis / CIESAS, 2001.

DUVERGER, Christian, *La conversión de los indios de la Nueva España.* México, FCE, 1987.

———, *Agua y fuego, arte sacro indígena de México en el siglo XVI.* Trad. de Una Pérez Ruiz. Fotogs. Michel Zabé. México, Océano México, 2003.

———, *La conversión de los indios de Nueva España. Con el texto de los Coloquios de los doce de Bernardino de Sahagún (1564).* Trad. de María Dolores de la Peña. México, FCE, 1993.

EGON, Martha J., "Milagros, antiguos iconos de fe" en *Artes de México. Exvotos.* México, núm. 53, 2001, pp. 24-38.

ELIADE, Mircea, *Mito y realidad.* Bogotá, Colombia, Labor, 1994.

Enciclopedia de los pueblos del Estado de México. México, Secretaría de Gobernación / Centro Nacional de Estudios Municipales/ Centro Estatal de Estudios Municipales, 1988. (Enciclopedia de los municipios de México).

ESCALANTE GONZALBO, Pablo, "Pintar la historia tras la crisis de la Conquista" en Jaime Soler Frost, coord., *Los pinceles de la historia. El origen del reino de la Nueva España 1680-1750.* México, Museo Nacional de Arte / Fomento Cultural Banamex / CONACULTA / INBA, 1999, pp. 24-49.

ESPINA BARRIO, Ángel, dir., *Antropología en Castilla y León e Iberoamérica. Aspectos generales y religiosidades populares.* Salamanca, Instituto de Investigaciones Antropológicas de Castilla y León, 1998.

ESTRADA REYNOSO, Ezequiel, *Allá abajo en Moyahua.* Guadalajara, Talleres Gráfica Nueva, 1989.

ESTRADA, Álvaro, *Vida de María Sabina, la sabia de los hongos.* México, Siglo XXI, 1980.

FAGETTI, Antonella, "El nacimiento de Huitzilopochtli-Santiago: un mito mexica en la tradición oral de San Miguel Acuexcomac" en *Cuicuilco. Revista de la Escuela Nacional de Antropología e Historia,* t. 10. México, 2003, pp. 183-195.

FREJES, fray Francisco, *Memoria histórica de los sucesos más notables de la conquista particular de Jalisco por los españoles,* 3a. ed. Ed. facs. Guadalajara, Benemérita Sociedad de Geografía y Estadística del Estado de Jalisco, 1990.

FRÍAS CAMACHO, Ignacio R., "La conquista de Querétaro por Nicolás de San Luis Montañés o el apóstol Santiago" [versión abreviada] en *Mural,* 16 de julio, 2000.

GALVÁN RAMÍREZ, Roberto, coord., *Enciclopedia de los municipios de Sinaloa.* México, Secretaría de Gobernación/ Centro Nacional de Estudios Municipales/ Centro Estatal de Estudios Municipales, 1988. (Enciclopedia de los municipios de México).

GARCÍA, Estrellita, *Colima, El fruto de sus fieles. Patrimonio y devoción en el Occidente de México*, vol. I. [Próxima publicación.]

GARCÍA, Óscar Armando *et al.*, *Fiesta y teatralidad en la pastorela mexicana.* Pról. de Araceli Campos. México, UNAM, 2004.

GARCÍA MARTÍNEZ, Bernardo, "La conversión de 7 Mono a don Domingo de Guzmán" en *Arqueología mexicana.* Oaxaca, núm. 26, 1997, pp. 54-59.

GARIBAY, Ángel María, *Historia de la literatura náhuatl*, t. II. México, Porrúa, 1953, pp. 123.

GERHARD, Meter, *Geografía histórica de la Nueva España 1519-1821.* Trad. de Stella Mastrangelo. México, UNAM, 1986.

GÓMEZ CANEDO, Lino, *Sierra Gorda, un típico enclave misional en el centro de México (siglos XVII-XVIII).* México, Documentos de Querétaro, 1988.

GÓMEZ HERNÁNDEZ, Alfonso, "La fundación de la ciudad en Europa y América" en Ángel B. Espina Barrio, dir., *Antropología en Castilla y León e Iberoamérica. Aspectos generales y religiosidades populares.* Salamanca, Instituto de Investigaciones Antropológicas de Castilla y León, 1998, pp. 57-82.

GONZÁLEZ CAMACHO, Adolfo, "La danza de los tastuanes", en Monografía del Diplomado en cultura jalisciense de El Colegio de Jalisco, 2000 [mecanografiado].

GONZÁLEZ, Anáhuac, "Los concheros: la (re)conquista de México" en Jesús Jáuregui y Carlos Bonfiglioli, coords., *Las danzas de Conquista. México contemporáneo.* México, CONACULTA / FCE, 1996, pp. 207-227.

Gremios de Maxcanú. Recopilación comunitaria. Mérida, INI/ Maldona Editores, 2000.

GRUZINSKI, Serge, *La guerra de las imágenes. De Cristóbal Colón a "Blade Runner" (1492-2019).* México, FCE, 1994.

GUTIÉRREZ CONTRERAS, Salvador, *Historia de Compostela, Nayarit.* Compostela, Nayarit, [s.e.], 2003.

———, *La Iglesia de Compostela, Nayarit a través de los años.* Compostela, Nayarit, [s.e.], 2000. (Edición conmemorativa del 150 aniversario de la Fiesta Jurada al Señor de la Misericordia).

HAREM, Mauren, "Los espacios del ídolo y del santo: guerra ritual y martirio en fronteras misioneras del noroeste novohispano". [Aparecerá en 2006, en *Estudios Sociales*, Revista del Departamento de estudios de la Cultura Regional, núm. 23, Universidad de Guadalajara].

HERNÁNDEZ RODRÍGUEZ, Rosana, *El valle de Toluca, época prehispánica y siglo XVI.* Toluca, El Colegio Mexiquense / Ayuntamiento de Toluca, 1998.

HIGAREDA RANGEL, Yesica y Louis Cardaillac, "Una leyenda nahua acerca de

Santo Santiago" en *Revista de Literaturas Populares,* núm. 2. México, UNAM, 2002, pp. 59-67.

HORCASITAS, Fernando, "El teatro popular en náhuatl y una danza de Santiago" en *Revista de la Universidad de México,* t. XXIX, núm. 5. México, enero, 1975, pp. 1-9.

———, *Teatro náhuatl. Épocas novohispana y moderna,* vol I. Pról. Miguel León-Portilla. Revisión del texto náhuatl por Librado Silva Galeana. México, UNAM, 2004.

IGUÍNIZ, Juan B., "Los gobernantes de Nueva Galicia" en *Et caetera,* 2a. época, núm. 22, Guadalajara, 1921, p. 77-182.

IXTLIXÓCHITL, Fernando de Alva, *Historia de la nación chichimeca.* Edmundo O'Gorman, ed. México, UNAM, 1975.

JÁUREGUI, Jesús, "Santiago contra Pilatos: ¿la reconquista de España?" en Jesús Jáuregui y Carlos Bonfiglioli, coords., *Las danzas de Conquista. México contemporáneo.* México, CONACULTA / FCE, 1996, pp. 165-204.

JIMÉNEZ M., Víctor y Rogelio González M., *El ex–obispado de Oaxaca.* México, Tule, 1992.

KUBLER, George, *Arquitectura mexicana del siglo XVI.* México, FCE, 1982.

La ciudad oral. Literatura tradicional urbana del sur de Madrid. Teoría, métodos, textos. Ed. y est. de José Manuel Pedrosa. Coord. de Sebastián Moratalla. Madrid, Comunidad de Madrid, 2002.

LAFAYE, Jacques, *Plazas mayores de México. Arte y Luz.* México, BBVA Bancomer, 2002, pp. 81- 155.

———, *Quetzalcóatl y Guadalupe. La formación de la conciencia nacional.* México, FCE, 1977.

LEÓN DÁVILA, Antonio, "Crónica y folklore religioso de Atemajac de Brizuela", en Monografía del Diplomado en cultura jalisciense de El Colegio de Jalisco, 2002 [mecanografiado].

LEÓN-PORTILLA, Miguel, *La flecha en el blanco. Francisco Tenamaztle y Bartolomé de las Casas en lucha por los derechos de los indígenas 1541-1556.* México, Diana/ El Colegio de Jalisco, 1995.

———, "Baja California: Geografía de la esperanza" en *Artes de México. Misiones jesuitas.* México, núm. 65, 2003, pp. 65-71.

———, *De Teotihuacán a los aztecas. Antología de fuentes e interpretaciones históricas.* UNAM, México, 1983 (Lecturas universitarias, 11).

———, *La California mexicana. Ensayos acerca de su historia.* México, UNAM / Universidad Autónoma de Baja California, 1995.

Liber Santi Jacobi, "Codex Calixtinus". Trad. de A. Moralejo. C. Torres y J. Feo. España, Xunta de Galicia, 1999.

LIDA DE MALKIEL, María Rosa, *Jerusalén: el tema literario de su cerco y destrucción por los romanos.* Pról. Yacov Malkiel. Buenos Aires, Universidad de Buenos Aires, 1972.

LOARCA CASTILLO, Eduardo, "Las misiones de la Sierra Gorda, Querétaro", en *Artes de México,* núm. 16, México, 1992, pp. 64-79.

LÓPEZ AUSTIN, Alfredo, "Los ritos, un juego de definiciones" en *Arqueología mexicana,* vol. VI, núm. 34, *Ritos del México prehispánico,* México, 1998, pp. 4-17.

———, "Misterios de la vida y de la muerte" en *Arqueología mexicana,* núm. 40, México, 1999, pp. 4-9.

———, *Cuerpo humano e ideología,* t. I. México, UNAM, 1984.

LÓPEZ DE GÓMARA, Francisco, "Conquista de México", en *Historiadores de las Indias.* t. XXII. Madrid, BAE, 1946, pp. 295-455.

LÓPEZ OLIVAS, José Manuel, *Anales de Mapimí,* t. XXII, Torreón, Ayuntamiento de Torreón, 2005 (Centenario).

LÓPEZ, Sandra y Gutiérrez Aceves Piña, *Tonalá, raíces que perduran.* México, Ágata, 1994 (bilingual edition).

Los agustinos, aquellos misioneros hacendados. Historia de la provincia de San Nicolás de Tolentino de Michoacán, escrita por fray Diego de Basalenque, 2a. ed. Introd., selección de textos y notas de Heriberto Moreno García. México, CONACULTA, 1998.

Los franciscanos y el Nuevo Mundo. Sevilla, Monasterio de Santa María de la Rábida, 1992.

Los municipios de Hidalgo. México, Secretaría de Gobernación / Gobierno del Estado de Hidalgo, 1988.

LUJÁN MUÑOZ, Luis, *Máscaras y morerías de Guatemala.* Guatemala, Museo Popol Vuh / Universidad Francisco Marroquín, 1987.

MALAGÓN CASTAÑÓN, Manuel, *La titularidad del apóstol Santiago el Mayor en la primera parroquia de Querétaro y su patronato en la diócesis de Querétaro y titular de la Santa iglesia catedral.* Santiago de Querétaro, Archivo Histórico del Estado, 1996.

MARIANA, Juan de, *Historia general de España.*

MARION, Oettinger Jr., ed., *Folk Art of Spain and the Americas.* San Antonio, San Antonio Museum of Art Abbeville Press Publishers, 1997.

MARROQUÍN, Enrique, *La cruz mesiánica. Una aproximación al sincretismo católico indígena.* México, Palabra Ediciones, 1999.

MARTÍNEZ LÓPEZ, Cano *et al.*, *Cofradías, capellanías y obras pías en la América colonial.* México, UNAM, 1998.

MARTÍNEZ SALDAÑA, T., *La diáspora tlaxcalteca. Colonización agrícola del norte mexicano.* 2a. ed. Tlaxcala, Ediciones Tlaxcallán del Gobierno del Estado de Tlaxcala, 1998.

MARTÍNEZ, Héctor Antonio, *La Catedral de Guadalajara.* Guadalajara, Amate, 1992.

MARTÍNEZ, José Luis, *Hernán Cortés.* México, FCE, 1990.

MARZAL, Manuel M., *El sincretismo iberoamericano. Un estudio comparativo sobre los quechuas (Cusco), los mayas (Chiapas) y los africanos (Bahía)*. Lima, Universidad Católica de Perú, 1985.

MASKMAN, Sydney David, *San Cristóbal de las Casas.* San Cristóbal de las Casas, Patronato fray Bartolomé de las Casas, 1987.

MATA TORRES, Ramón, *Los tastuanes de Nextipac.* Guadalajara, Gobierno de Jalisco, 1987.

———, *Santo Santiago en tierras de la Nueva Galicia.* Doc. inéd.

MEDINA, Dante, "De las 'distracciones' de la historia. Memoria de un diálogo lleno de monólogos" en Louis Cardaillac y Angélica Peregrina, coords., *Ensayos en Homenaje a José María Muriá.* Zapopan, El Colegio de Jalisco, 2002, pp. 453-469.

MENDIETA, fray Jerónimo de, *Historia eclesiástica indiana.* Ed. facs. México, Porrúa, 1971.

MENÉNDEZ PIDAL, Ramón, dir., *Historia de España.* Ról. de Juan Torres Fuentes. Madrid, Espasa Calpe, 1990, pp. XIII-LCI.

MINDEK, Dubravka, *Fiestas de gremios ayer y hoy.* México, CONACULTA, 2001.

Mitos indígenas. Est. prelim., selec. y notas de Agustín Yáñez. México, UNAM, 1991.

Monografía de Santiago Zapotitlán, Tláhuac. México, [s.e], [s.p.]

MONTES BARDO, Joaquín, "Iconografía santiaguista y espiritualidad franciscana en la Nueva España, siglo XVI" en *Historia del Arte. Espacio, tiempo y forma,* t. VIII, 1995, pp. 135-165.

MOTA PADILLA, Matías de la, *Historia del reino de Nueva Galicia en la América septentrional.* Guadalajara, Instituto Jalisciense de Antropología e Historia / Universidad de Guadalajara, 1973.

MOTOLINÍA, fray Toribio de Benavente, *Memoriales e Historia de los indios de la Nueva España.* Est. prelim. de Fidel de Lejarza. Madrid, BAE, 1970.

MOYA RUBIO, Víctor José, *Máscaras, la otra cara de México.* México, UNAM, 1978.

MARÍA MURIÁ, José María, ed. y comentario, "Francisco de Sandoval Acacitli. Conquista y pacificación de los indios chichimecas", en supl. de *Et caetera,* núm. 22, Guadalajara, 1971.

MARÍA MURIÁ, José, dir., *Historia de Jalisco.* Guadalajara, UNED, 1980. 4 vols.

MULLEN, Robert J., *La arquitectura y la escultura de Oaxaca 1530-1980. El Estado, primera parte,* vol. II. México, Codex Editores, 1994.

MÜNICH GALINDO, Gerardo, *Historia y cultura de los mixes.* México, UNAM, Instituto de Investigaciones Antropológicas, 2003.

MUÑOZ CAMARGO, Diego, *Historia de Tlaxcala.* Publicación y notas de Alfredo Chavero. Ed. de Edmundo Aviña Levy. México, Ateneo Nacional de Ciencias y Artes de México, 1972 (Biblioteca de facsimilares mexicanos, 6).

———, *Descripción de la ciudad y provincia de Tlaxcala.* Ed. de René Acuña. México, UNAM, 1984.

———, *Historia de Tlaxcala*. Paleografía, introd. y ed. de Luis Reyes García. México, Gobierno de Tlaxcala / Universidad Autónoma de Tlaxcala, 1998.

NÁJERA-RAMÍREZ, Olga, *La fiesta de los tastoanes. Critical encounters in mexican festival performance*. Albuquerque, University of New Mexico Press, 1998.

OLEZA, Juan, "Las transformaciones del teatro medieval" en Luis Quitante, ed., *Teatro y espectáculo en la Edad Media, Actas del Festival d'Elx 1990*. Diputación de Alicante, Edición de L. Quirante, 1992, pp. 47-65.

ORNELAS MENDOZA y fray Nicolás Antonio de Valdivia, *Crónica de la provincia de Santiago de Xalisco*. Guadalajara, Universidad de Guadalajara / IJAH, 1962.

OROZCO CONTRERAS, Luis Enrique, *Iconografía mariana de la provincia eclesiástica de Guadalajara*, t. VII. Guadalajara, Gráficas Jalisco, 1981.

Oaxaca, tesoros del centro histórico. México, Grupo Azabache, 1994.

Querétaro, tesoros de la Sierra Gorda. Ed. de Grupo Azabache. Texto de Jaime Ortiz Lajous. Fotogs. de Guillermo Aldama. Querétaro, Gobierno del Estado de Querétaro, 1992.

OTHÓN, Arróniz, *Teatro de evangelización en Nueva España*. México, UNAM, 1978.

PÁEZ, Rubén, "Las manos y la memoria" en *Artes de México. Cerámica de Tonalá*. 2a. ed., núm. 14. México, 1998, pp. 71-80.

PEÑA, Francisco de la, *Los hijos del sexto sol, un estudio etnopsicoanalítico del movimiento de la mexicanidad*. México, INAH, 2002.

PEÑA, Guillermo de la, "Cultura de conquista y resistencia cultural: apuntes sobre el festival de los tastoanes en Guadalajara" en *Alteridades*, 8 (15), 1998, pp. 83-89.

QUINTAL AVILÉS, Ella Fanny, *Fiestas y gremios en el oriente de Yucatán*. Mérida, Gobierno del Estado de Yucatán / CONACULTA / INAH, 2000.

RADÍN, Paul, *La civilisation indienne*. París, Payot, 1980.

RAMOS SMITH, Maya, "Siglo de la Conquista" en *La danza en México durante la época colonial*, México, Alianza Editorial Mexicana / CONACULTA, 1990.

REMESAL, Antonio de, *Historia General de las Indias occidentales y particularmente de Chiapas y Guatemala*, t. I. Madrid, Atlas, 1964 (BAE).

RENDÓN GARCINI, Ricardo, *Haciendas de México*. México, Fomento Cultural Banamex, 1994.

REYES, Alfonso, *Letras de la Nueva España*. México, FCE, 1986.

RICARD, Robert, "Contribution à l'étude des fêtes de moros y cristianos au Mexique" en *Journal de la société des américanistes de Paris*, t. XXIV. París, 1932, pp. 51-84.

———, *La conquista espiritual de México. Ensayo sobre el apostolado y los métodos misioneros de las órdenes mendicantes en la Nueva España, 1523-1524 a 1572*. México, Jas, 1947; *La conquista espiritual de México*, 2a. ed. México, FCE, 1986.

RÍO, Ignacio del, "La rebelión indígena de 1734" en *Artes de México. Misiones jesuitas*. México, núm. 65, 2003, pp. 72-80.

RIVERA LÓPEZ, Julián y Federico García García, *Ayapango. Monografía municipal.* México, Instituto Mexiquense de Cultura / Gobierno del Estado de México, 1991.

RIVERA Y SAN ROMÁN, Agustín, "Discurso sobre la poesía" en Arturo Camacho Becerra, ed., *Tres lecciones de historia del arte.* Zapopan, El Colegio de Jalisco, 2001.

RODRÍGUEZ ACEVES, J. Jesús, *Danza de moros y cristianos.* Guadalajara, Gobierno del Estado de Jalisco, 1988.

RODRÍGUEZ PELÁEZ, María Elena, *Tequixquiac. Monografía municipal.* México, Instituto Mexiquense de Cultura, 1999.

ROJAS GARCIDUEÑAS, José, *El teatro de Nueva España en el siglo XVI.* México, SEP-Setentas, 1973.

ROMÁN GUTIÉRREZ, José Francisco, *Sociedad y evangelización en Nueva Galicia durante el siglo XVI.* Zapopan, El Colegio de Jalisco / INAH / Universidad Autónoma de Zacatecas, 1993.

ROMÁN GARZA, José Trinidad, *De Jacobo a Santiago, de Cafarnaúm a Sahuayo.* Zapopan, México, Amate Editorial, 1998.

ROMERO, José Miguel, *Breve Historia de Colima* en Alicia Hernández Chávez, coord., México, Colmex / Fideicomiso Historia de las Américas / FCE, 1994. (Serie breves historias de los Estados de la República Mexicana).

RUBIO, Miguel Ángel, *Fiestas de los pueblos indígenas. La morada de lo santos, expresiones del culto religioso en el sur de Veracruz y en Tabasco.* México, INI / Secretaría de Desarrollo Social, 1995.

RUBIAL GARCÍA, Antonio, *El convento agustino y la sociedad novohispana (1533-1630).* México, UNAM, 1989.

RUIZ MORALES, Alejandra y Ofelia Morales Velarde, *Los tastuanes,* en Monografía del Diplomado en cultura jalisciense de El Colegio de Jalisco, 1996 [mecanografiado].

RUIZ RODRÍGUEZ, Javier y José Luis Rodríguez Benítez, *La danza de moros y cristianos (tastuanes), parte del folklore de Jalisco,* en Monografía del Diplomado en cultura jalisciense de El Colegio de Jalisco, 1998 [mecanografiado].

RUIZ RODRÍGUEZ, Mayra Yolanda y María Antonia Alvarado Espinosa, *La danza de los tastuanes en Zalatitán, municipio de Tonalá, Estado de Jalisco,* en Monografía del Diplomado en cultura jalisciense de El Colegio de Jalisco, 1998 [mecanografiado].

SAHAGÚN, fray Bernardino de, *Historia general de las cosas de Nueva España.* introd., paleografía, glosario y notas de Josefina García Quintana y Alfredo López Austin. México, Alianza Editorial Mexicana, 1989. 2 tt.

SALADO ÁLVAREZ, Victoriano, en *El Correo de Jalisco,* 3 de agosto, 1895.

SANDOVAL, María de los Ángeles, *No hay otro lugar como Valle de Santiago.* [s.l.], [s.e.], 2004.

SANTOSCOY FAUDÓN, Fernán Gabriel, "Controversia Alberto Santoscoy, Victoriano Salado Álvarez, Rafael de Alba" en *Et caetera*, núm. 2, supl. Guadalajara, abril-junio, 1950.

SANTOSCOY, Alberto, *Obras completas*. México, Gobierno de Jalisco, 1984. II tt.

SCHÖNDUBE, Otto, "Alfarería prehispánica" en *Artes de México. Cerámica de Tonalá*. 2a. ed. núm. 14. México, 1998, pp. 27-33.

Santiago y América. Santiago de Compostela, Monasterio de San Martiño Pinario 1993, pp. 276-288.

SELLSCHOPP GUIRAO, Augusto, *Historia de Yajalón*. [s.e.], [s.f.], biblioteca de Yajalón [folleto dactilografiado].

Seminario de los jesuitas en el norte de Nueva España. Sus contribuciones a la educación y al sistema misional. Coord. e introd. de José de la Cruz Pacheco Rojas. Durango, Universidad Juárez del Estado de Durango, Instituto de Investigaciones Históricas, 2004.

SEPÚLVEDA, Roberto, coord., *Arte virreinal y del siglo XIX de Chiapas*. México, CONACULTA, 2000.

SIGAL, Pierre André, *Les marcheurs de Dieu, pèlerinages et pèlerins au Moyen Âge*. París, Armand Colin, 1974.

SOLÍS DE LA TORRE, J. Jesús, *Bárbaros y ermitaños. Chichimecas y agustinos en la Sierra Gorda, siglos XVI, XVII y XVIII*. SLP / Hidalgo/ Querétaro, Universidad Autónoma de Querétaro, 1983.

TAPIA, Andrés de, *Crónicas de la conquista de México*. Ed. de Agustín Yáñez. México, UNAM, 1963. (Biblioteca del estudiante universitario, 2).

TAYLOR, William B., "Santos e imágenes" en *Ministros de lo sagrado. Sacerdotes y feligreses en el México del siglo XVIII*. Trad. de Óscar Mazarín y Paul Kersfy, vol. 2. Trad. de Óscar Mazín y âul Kersey. Zamora, El Colegio de Michoacán / Secretaría de Gobernación / El Colegio de México, 1999, 395-447.

Teatro medieval. Ed. y est. introd. de Lázaro Carreter. Madrid, Castalia, 1997.

Teatro mexicano. Historia y dramaturgia. Teatro de evangelización en náhuatl, t. II. Notas y est. introd. de Armando Partida. México, CONACULTA, 1992.

TELLO, fray Antonio, *Crónica miscelánea de la sancta provincia de Jalisco*, libro II, vol. I y II. Guadalajara, Instituto Jalisciense de Antropología e Historia / Universidad de Guadalajara, 1968-1973.

TODOROV, Tzvetan, *La conquista de América. El problema del otro*. México, Siglo XXI, 1987.

TORIZ PROENZA, Martha, "La danza entre los Mexicas" en Maya Ramos Smith y Patricia Cárdenas Lang, dirs., *La danza en México. Visiones de cinco siglos. Ensayos históricos y analíticos*, t. I. México, CONACULTA, 2002.

TORQUEMADA, fray Juan de, *Monarquía Indiana*, t. III. México, UNAM, 1964.

TORREBLANCA, Marcelo, Irma Zárate de Lino y Alejo Quiroz Mira, "Los santiagueros" en *Catálogo de cinco danzas del Estado de México.* México, Dirección General de Culturas Populares / SEP, 1986, pp. 38-46.

TORRE, Renée de la, "Danzar: una manera de practicar la religión" en *Estudios jaliscienses. La religiosidad popular,* núm. 60. Zapopan, El Colegio de Jalisco, mayo, 2005, pp. 6-18.

TORRES SÁNCHEZ, Pablo, *Retazos de la historia de Ixtlán del Río.* México, Ayuntamiento de Ixtlán del Río, 2005.

TOUSSAINT, Manuel, *Arte colonial en México.* México, UNAM, Instituto de Investigaciones Estéticas, 1990.

ULLOA, Daniel, *Los predicadores divididos. Los dominicos en Nueva España, siglo XVI.* México, El Colegio de México, 1977.

VALLE, Rafael Heliodoro, *Santiago en América.* México, Gobierno de Querétaro, 1996.

VAN ZANTRWIJK, R.A.M., *Los servidores de los santos: la identidad social y cultural de una comunidad tarasca.* México, INI / SEP, 1974.

VÁZQUEZ SANTA ANA, Higinio, *La charrería mexicana.* México, [s.e.], 1950.

VELÁZQUEZ, María de Carmen, *Colotlán, doble frontera contra los bárbaros.* México, UNAM, 1961.

———, *La frontera norte y la experiencia colonial.* México, SRE, 1982.

VILLAGRANA VILLAGRANA, Moisés, *La tradiciones de mi tierra. Los tastuanes de Nextipac,* en Monografía del Diplomado en cultura jalisciense de El Colegio de Jalisco, 1998 [mecanografiado].

WACHTEL, Nathan, *La vision des vaincus.* París, Gallimard, 1971. (Collection folio histoire, 47).

WARMAN GRYJ, Arturo, *La danza de moros y cristianos.* México, SEP-Setentas, 1972 (núm. 46).

WECKMANN, Luis, *La herencia medieval de México.* 2a. ed. México, FCE, 1994.

WRIGHT, David, *Querétaro en el siglo XVI. Fuentes documentales primarias.* Querétaro, Dirección del Patrimonio Cultural, 1989.

ZAVALA, Jorge Félix, "Los concheros" en *Una civilización negada. Querétaro en septiembre.* Querétaro, [s.e.], 2000.

ZAVALA, Mercedes, "Temas, motivos y fórmulas en las leyendas de la tradición oral del Noreste de México" en *El folclor literario en México.* Ed. de Herón Pérez Martínez y Raúl González. Zamora, El Colegio de Michoacán / Universidad Autónoma de Aguascalientes, 2003, pp. 191-201.

Índice

Indios y cristianos. Cómo en México el Santiago español se hizo indio,
de Araceli Campos y Louis Cardaillac,
se terminó de imprimir en marzo de 2007
en los talleres de Impresiones Integradas del Sur, S.A. de C.V.
El tiro fue de 1 000 ejemplares.